Verhaltenstherapeutische Supervision

Theorie und Praxis

von

Dieter Schmelzer

Hogrefe · Verlag für Psychologie
Göttingen · Bern · Toronto · Seattle

Dr. phil. Dieter Schmelzer, geb. 1952. 1973-1978 Studium der Psychologie in Erlangen. Nach dem Diplom 1979 tätig an der Psychologischen Beratungsstelle in Nürnberg-Langwasser (Träger: Caritasverband für die Diözese Eichstätt e. V.), seit 1983 Leiter dieser Einrichtung. Arbeits- und Interessenschwerpunkte: Verhaltenstherapie/Selbstmanagement-Therapie, Erziehungs-, Jugend- und Familienberatung, Grundlagen des Therapieprozesses, Therapieausbildung, Supervision und Selbsterfahrung.
Korrespondenzadresse: Psychologische Beratungsstelle, Giesbertsstr. 67b, D-90473 Nürnberg

Die Deutsche Bibliothek - CIP - Einheitsaufnahme
Schmelzer, Dieter:
Verhaltenstherapeutische Supervision : Theorie und Praxis /
Dieter Schmelzer. - Göttingen ; Bern ; Toronto ;
Seattle : Hogrefe, Verl. für Psychologie, 1997
Zugl.: Bamberg, Univ., Diss., 1996
    ISBN 3-8017-1067-X

Die vorliegende Arbeit wurde unter dem Titel "Theorie und Praxis verhaltenstherapeutischer Supervision: Die Selbstmanagement-Perspektive" von der Fakultät Pädagogik, Philosophie, Psychologie der Otto-Friedrich-Universität Bamberg als Dissertation angenommen.

© by Hogrefe Verlag, Göttingen · Bern · Toronto · Seattle 1997
    Rohnsweg 25, D-37085 Göttingen

Umschlagbild: Julia von Strauß und Torney, Göttingen
Gesamtherstellung: Dieterichsche Universitätsbuchdruckerei
W. Fr. Kaestner GmbH & Co. KG, D-37124 Rosdorf / Göttingen
Printed in Germany
Auf säurefreiem Papier gedruckt

ISBN 3-8017-1067-X

Vorwort

Dieser Text ist in der Absicht entstanden, als wissenschaftlich interessierter Therapeut und Supervisor einen Beitrag zum wissenschaftlichen Corpus der Klinischen Psychologie zu leisten, um das Thema „Supervision" etwas aus dem Stadium „zwischen passionierter Praxis und hilfloser Theorie"* herauszuführen. Als Befürworter des „Wissenschaftler-Praktiker-Modells" („scientist-practitioner": vgl. Barlow, Hayes & Nelson, 1984; Kanfer, 1989, 1990, 1996) und leidenschaftlicher Verfechter einer möglichst engen Verbindung von Theorie und Praxis der Klinischen Psychologie war das Bemühen um einen solchen Brückenschlag für mich eine besondere Herausforderung. Schließlich gibt es immer das Risiko, beim Überschreiten der Kluft zwischen diesen beiden Welten „abzustürzen" – mit der Konsequenz, für Praktiker als zu theoretisch und für Theoretiker als zu praktisch oder zu unwissenschaftlich zu gelten.

Drei Personen – die ich hier in der Reihenfolge des persönlichen Kennenlernens anführen möchte – haben mich während meiner Berufslaufbahn in dieser Haltung stark geprägt. Zunächst Professor Dr. Franz-Josef Schermer (seit 1983 an der Fachhochschule Würzburg), damals Leiter der Psychologischen Beratungsstelle in Nürnberg-Langwasser und einer der ersten (damals vom DBV) anerkannten deutschen Verhaltenstherapeuten: Er machte mir ab 1977 deutlich, daß Lerntheorien nicht nur in Universitätsseminaren oder im experimentellen Labor ihren Platz haben, sondern auch für die verhaltenstherapeutische *Praxis* hilfreich sind. Er fungierte die ersten Jahre für mich als unmittelbarer Berufsbegleiter, Lehrtherapeut und Supervisor und zeigte, daß es durchaus zum Routinealltag eines Praktikers gehört, den Kontakt zur Grundlagenforschung zu halten, theoretische Fachbeiträge zu lesen, sich aus eigenen Stücken weiterzuqualifizieren und sein praktisch-therapeutisches Handeln in Einklang mit dem aktuellen Stand der wissenschaftlichen Klinischen Psychologie zu gestalten.

Auf seine Anregung hin besuchte ich im Jahr 1980 dann den ersten Workshop von Professor Dr. Frederick H. Kanfer (mittlerweile Emeritus an der University of Minnesota in Minneapolis), dessen Person und Werk auf mich den wohl intensivsten Einfluß ausgeübt hat. Es ist sicher überflüssig, über diesen „elder statesman" der Verhaltenstherapie an dieser Stelle viele Worte zu verlieren oder seinen Beitrag für die internationale Entwicklung der Klinischen Psychologie zu würdigen (vgl. Reinecker-Hecht & Reinecker, 1996). Seine Auffassung von Verhaltenstherapie, sein Modell der Selbstregulation und des „Selbstmanagement" bilden natürlich – mit allen philosophischen und praktischen Implikationen – die entscheidende Basis der vorliegenden Arbeit. In allen persönlichen Kontakten über die Jahre hat er mich durch sein unmittelbares Beispiel in der Überzeugung bestärkt, daß es *möglich* ist, auf hohem Niveau Praxis mit Wissenschaft (und umgekehrt) zu verbinden.

Der „Dritte im Bunde", Professor Dr. Hans Reinecker, nahm bereits lange vor einem persönlichen Kennenlernen indirekt auf meine therapeutische Orientierung Ein-

---

* einem Buchtitel von Finger & Steinebach (1992) zu einem anderen Thema entnommen...

fluß: Im Gefolge der sog. „Kognitiven Wende der Verhaltenstherapie" war sein Buch zur „Selbstkontrolle" (Reinecker, 1978) einer der Grundlagentexte meiner theoretischen VT-Ausbildung und stellte mit die Weichen für meine Präferenz des Selbstmanagement-Konzepts. Seit Anfang/Mitte der 80er Jahre konnte ich mir dann einen *persönlichen* Eindruck davon verschaffen, wie es auch ihm möglich ist, wissenschaftliche Exaktheit und intensive praktische Erfahrung exzellent zu kombinieren. Die bewährte Zusammenarbeit bei mehreren Buchprojekten im Laufe der vergangenen Jahre machte es mir leicht, ihn auch für die Betreuung der vorliegenden Arbeit zu gewinnen. Für die vielfältigen Anregungen im Lauf der Jahre, seine jederzeitige Diskussionsbereitschaft und Geduld möchte ich mich hier ganz herzlich bedanken. Seine Rückmeldungen zur vorliegenden Arbeit waren für mich eine beispielhafte Kombination von positiver Verstärkung und konstruktiver Kritik – immer geprägt von persönlicher Wertschätzung, Akzeptanz und Unterstützung.

Die Achse „Schermer – Kanfer – Reinecker" war für mich auch gekennzeichnet durch viele Lern- und Interaktionserfahrungen, die es mir (in einer Mischung aus wohlwollender Förderung und Anregungen/Herausforderungen zur Weiterentwicklung) erleichterten, ein Gefühl der „Selbsteffizienz" aufzubauen. Nun ist es an mir, in dieser Arbeit einiges von dem zu zeigen, was ich gelernt habe.

Vor dem Hintergrund der „Selbstmanagement-Therapie" (Kanfer, Reinecker & Schmelzer, 1991, 1996[2]) und ihrer Grundannahmen möchte ich ein Konzept verhaltenstherapeutischer Supervision präsentieren, in dem praktisch bewährte Handlungsstrategien mit Ergebnissen der empirischen Grundlagenforschung zusammengeführt werden. Auf diese Weise soll ein in sich stimmiges theoretisches Konzept entstehen, das dem Supervisionsprozeß sowohl ein Stück subjektiver Orientierungslosigkeit und Willkür nimmt, als auch effektive Strategien/Vorgehensweisen zu heuristischen Leitlinien für die Praxis „bündelt". Ich würde mir wünschen, wenn sich viele VT-Supervisoren mit ihrem praktischen Tun im vorliegenden Text wiederfinden könnten. Ob der Anspruch, ein hilfreiches Supervisionsmodell bieten zu wollen, tatsächlich einzulösen ist, muß die künftige Forschung und Praxis zeigen. Somit bitte ich um rege Rückmeldungen (positive Anregungen wie Kritik) auf schriftlichem, telefonischem oder persönlichem Weg.

Eine solche Arbeit ist nicht möglich ohne ein entsprechendes persönliches Umfeld. Hier sind als erstes meine Frau Sabine und unsere beiden Töchter Christina und Katarina zu nennen, denen ich für ihre Geduld und Rücksichtnahme danken möchte und bei denen ich mich entschuldigen muß für manche physische oder gedankliche Abwesenheit in den letzten Monaten. Aber alles hat seine Zeit – und so wird ab jetzt wieder mehr Raum sein für die gewohnten gemeinsamen Aktivitäten. Als Gewissensberuhigung kann mir allenfalls der Übergang in eine neue familiäre Entwicklungsphase dienen (Pubertätseintritt unserer Kinder und ihre beginnende Ablösung vom Elternhaus), denn er zeigt mir, daß ich *als Vater* mittlerweile nicht mehr ganz so wichtig und notwendig bin wie noch vor 5 oder 10 Jahren...

Außerdem gilt ein Dank dem Team meiner Beratungsstelle, das über die Jahre von wohltuender Kontinuität, wechselseitiger Unterstützung und einer Atmosphäre geprägt war, die es mir leicht machte, in der Freizeit von den Aufgaben der Arbeitsstelle abzuschalten und mich „der Wissenschaft" zu widmen.

VI

Ich danke auch vielen weiteren Personen, die meinen Werdegang und auch meine Vorstellungen von Therapie und Supervision beeinflußt haben. Hunderte von Klienten, von Studenten in Seminaren und Teilnehmern an Workshops oder Kongressen, Dutzende von Ausbildungskandidaten und Supervisanden haben (hoffentlich) nicht nur von meinen Angeboten profitiert, sondern mir umgekehrt wichtige Lernerfahrungen verschafft und mich gezwungen, vor ihnen und vor mir selbst für mein Tun Rechenschaft abzulegen. Eine große fachliche wie persönliche Hilfe waren auch meine kollegiale Supervisionsgruppe für *Supervisoren* sowie einige Kolleginnen und Kollegen, mit denen ich Teile der vorliegenden Arbeit intensiv diskutieren konnte. Statt sie hier nur namentlich zu nennen, ziehe ich es vor, ihnen in *persönlicher* Form meinen Dank auszusprechen.

Abschließend möchte ich mich beim Verlag Hogrefe (insbesondere Herrn Dr. Michael Vogtmeier und Frau Antje Roth) für die unkomplizierte Übernahme des Manuskripts und die gute Zusammenarbeit in der Herstellungsphase ganz herzlich bedanken.

Schwarzenbruck bei Nürnberg
Juni 1996 und März 1997

Dieter Schmelzer

Inhalt

I Allgemeine Aspekte von Supervision: Eine kursorische Bestandsaufnahme

III Verhaltenstherapeutische Supervision nach dem „Selbst-management"-Ansatz: Ein Mehrebenen-Prozeßmodell für die Supervisionspraxis

IV Praktische Anregungen, Hilfsmittel und Methoden für die Therapieausbildung und Supervision

V Anhang

Einführende Orientierung

> „In einer treffenden – und ironischen – Formulierung hat Freud das Analysieren neben dem Regieren und dem Erziehen als dritten 'unmöglichen' Beruf identifiziert. Wenn wir nach einer Steigerung dieser Unmöglichkeit suchen, werden wir bei der Supervision fündig"
> (Schmidbauer, 1990, S.48).

Supervision ist ein gleichermaßen modernes wie ambivalentes und diffuses Thema. Sowohl aus dem klinisch-psychologischen Arbeitsfeld (Stichwort: „Beratung/Therapie") als auch aus dem psychosozialen Sektor insgesamt (Stichwort: „Sozialarbeit") ist Supervision nicht mehr wegzudenken. Selbst im Wirtschafts- und Geschäftsleben (Stichworte: „Management", „Unternehmensberatung", „Organisationsentwicklung" und „Coaching") hat sie mittlerweile Fuß gefaßt. Entsprechend vielgestaltig – um nicht zu sagen chaotisch – sind die Konzepte, Begriffsverwendungen, Begründungen und Vorgehensweisen. Die Bemerkung von Holloway & Johnston (1985) hinsichtlich (Gruppen-)Supervision: „...widely practiced but poorly understood..." beschreibt die Situation nach wie vor sehr treffend. Supervision ist heutzutage „in", jeder macht sie, jeder „hat" sie in irgendeiner Form – doch trotz einiger aktueller Versuche einer systematischen theoretischen Fundierung (siehe unten) steht ein befriedigendes Rahmenkonzept noch aus.

Neben unklaren Vorstellungen davon, was man unter Supervision überhaupt verstehen kann, existieren im psychosozialen Lager auch viele Illusionen. McCarthy, DeBell, Kanuha & McLeod (1988) haben – aus der Perspektive der US-amerikanischen „Beratung" (counseling) – 7 *Mythen der Supervision* präsentiert, die ich hier leicht umformuliert wiedergeben möchte:

1. Die verfügbare Supervisionsliteratur hält einen reichen Erfahrungsschatz bereit, der für eine Anleitung der Supervisionspraxis hilfreich ist.
2. Gute Therapeuten sind auch gute Supervisoren.
3. Ein Supervisor kann alles.
4. Supervision läuft für alle nach dem gleichen Muster ab.
5. Einzelsupervision ist die günstigste Form der Supervision.
6. Supervision benötigt keine eigenen ethischen Standards.
7. Supervisoren brauchen keine Ausbildung.

Oft sind an Supervision übertriebene Erwartungen geknüpft: An erster Stelle möchte ich die „Supervisions-Utopie" nennen, hinter der die Hoffnung steht, bestimmte Ziele, die bislang *mittels Therapie* oder *Sozialarbeit* nicht zu erreichen waren, *mittels Supervision* doch noch möglich zu machen. Umgekehrt existieren vielfach emotionale Vorbehalte: Manche halten Supervision – aus Unkenntnis oder wegen der Möglichkeit einer Persönlichkeits- oder Systemveränderung – für ein riskantes Unterfangen und schrecken davor zurück; andere sehen darin ein besonders perfides Manipulationsmittel zur Kontrolle und Überwachung von Mitarbeitern. Negative Vorerfahrungen mit „schlechter" Supervision, bei der z.B. Offenheit bestraft oder statt einer Verbesserung der Arbeitsbedingungen Selbsterfahrung bzw. Psychotherapie praktiziert wurde, unterbinden jedes Interesse an neuerlichen Versuchen.

Supervision ist auch ein Paradebeispiel für die Kluft zwischen von Theorie und Praxis. Daß viele Supervisionsmodelle den Ansprüchen an wissenschaftliche Theorien nicht genügen und kaum von empirischen Forschungsergebnissen gestützt sind, stellt für manche Sozialberufler aber keineswegs einen Grund zur Beunruhigung dar: Viele ziehen sich auf den Standpunkt „typischer Praktiker" zurück, wonach Intuition und persönliche Erfahrung vorrangig und akademische Theorien verzichtbar seien – bis hin zu einer offenen Wissenschaftsfeindlichkeit als modisches Glaubensdiktat in manchen Kreisen. So nimmt es nicht Wunder, daß Supervision auch in der Arena des „Psychobooms" zu finden ist, in der es – frei nach der Maxime des „Anything goes" (Feyerabend, 1983) und in auffallender Duplizierung der Situation auf dem „Psychomarkt" – nichts gibt, was es nicht gibt. Supervision wird dann schnell als Lebensform, Psychokult(ur), als Überlebenstechnik für psychosozial Tätige betrachtet oder gar zur Spielwiese für deren Selbsterfahrung. Dabei hatte Huppertz schon 1975 mit seiner kritischen Reflexion der Lage der Supervision in der Sozialarbeit für Aufsehen gesorgt und solche Zustände angeprangert. Seine Hauptkritikpunkte lauteten u.a.: In der Supervisionsliteratur bis zu damaligen Datum gibt es (1) eine Unmenge an Leerformeln, (2) vage Konzepte, die sich jeder kritischen Überprüfung entziehen, (3) kaum Beschreibungen dessen, was in der Supervision tatsächlich vorgeht, (4) kaum Anleitungen zur konkreten Supervisionsdurchführung, (5) eine durch nichts gerechtfertigte „Beratungs- bzw. Supervisionsmanie", (6) wiederholte Bekundungen „hilfreicher" Aspekte von Supervision, ohne zu konkretisieren, was denn genau die Hilfe ausmache bzw. (7) ein Verständnis von Supervision, das eher mit Eigentherapie oder Selbsterfahrung gleichzusetzen ist. Insgesamt vermittelt eine *kritische* Einschätzung der heutigen Situation den Eindruck, daß sich in den letzten 20 Jahren daran zumindest *qualitativ* nicht besonders viel geändert hat.

Gröning (1993, S.60) lenkt den Blick auf finanzielle Verlockungen und die Gefahr, daß Supervision mehr durch ihre sekundäre materielle Verstärkung als durch fachlich fundierte nachgewiesene Effekte bestimmt wird. Sie schreibt recht drastisch von der drohenden „Yuppiefizierung" der Supervision, bei der „geschniegelte Lackaffen" im Anzug versuchen, z.B. mit „Coaching" im Profit-Bereich der Wirtschaft die „schnelle Mark" zu machen. Auch im Non-Profit-Sektor sind Supervisoren wohl nie ganz vom Verdacht frei, wie „schlitzohrige Haustürverkäufer" psychosozial Tätigen etwas aufzuschwatzen, das diese vielleicht gar nicht brauchen... Der *Nachweis* hilfreicher Effekte zur Legitimation der professionellen (und damit zu bezahlenden) Supervisionsarbeit wird für Supervisoren auf Dauer nicht mehr zu umgehen sein.

Trotz vieler Ungereimtheiten ist der gesellschaftliche „Marktwert" von Supervision hoch: Längst wird bei Stellenausschreibungen im psychosozialen Bereich die Tatsache einer regelmäßigen Supervision besonders hervorgehoben oder von Bewerbern als wichtige Bedingung genannt. Berker (1989a) schildert Ergebnisse einer Umfrage zum Themenbereich Supervision bei 46 deutschen Institutionen, wonach Supervision allgemein für notwendig gehalten und entsprechend gefördert wird. Amerikanische Psychotherapeuten bezeichnen klinische Supervision als einen der wichtigsten Beiträge zu ihrer professionellen Entwicklung (Henry, Sims & Spray, 1973). Seit 1947 ist Supervision ein wichtiger Pflichtbaustein der Psychotherapieausbildung in allen „graduate curricula" in den U.S.A. (APA, 1947); eine ähnliche Situation ist mittlerweile für alle akkredidierten Ausbildungsgänge in Deutschland zu berichten (vgl. AGPT, 1995/96). Schneider & Buchkremer (1995) haben kürzlich *ständige Supervision* und Weiterbildung als erforderliche Qualitätssicherungsmaßnahmen für Psychotherapie genannt. Insofern ist die Frage nach der Daseinsberechtigung oder Legitimation von Supervision fast schon wieder obsolet: Längst ist Supervision ein anerkanntes Faktum, das im Psychotherapie- und Sozialbereich *existiert*. Robiner & Schofield (1990, S.297) berichten – wieder auf die U.S.A. bezogen – daß Supervision dort zu den fünf Tätigkeiten zählt, mit denen Psychologen die meiste Arbeitszeit verbringen, und daß über 2/3 der in Beratung und Therapie tätigen Psychologen klinische Supervision geben. Dabei haben allerdings nur wenige (ca.10-15 %) eine formelle Ausbildung zum Supervisor absolviert, wie man überhaupt wenig darüber weiß, auf welche Weise Supervisoren die Rolle des Supervisors annehmen. Auch dies deutet darauf hin, daß Theorie und Praxis der Supervision weit auseinanderklaffen, und daß es künftig noch ein weites Betätigungsfeld für empirische Forschung gibt.

Die *Verhaltenstherapie* (VT) war lange Zeit – zumindest explizit – bemerkenswert zurückhaltend, wenn es um die prozessuale und inhaltliche Beschreibung von Therapieausbildung/Supervision ging. War es aufgrund der Wissenschaftsauffassung der Verhaltenstherapie bis in die 70er Jahre noch verzeihlich, das Thema Supervision zu ignorieren (vgl. z.B. Kraiker, 1974; Kanfer & Phillips, 1970/dt.1975 etc.), so ist der Begriff nach wie vor in vielen verhaltenstherapeutischen „Standardwerken" oder Büchern zur Therapeut-Klient-Beziehung noch nicht einmal im Stichwortverzeichnis zu finden (vgl. beispielsweise Deutsche Gesellschaft für Verhaltenstherapie, 1986; Fliegel, Groeger, Künzel, Schulte & Sorgatz, 1994; Kanfer & Goldstein, 1991; Schaap, Hoogduin & Schindler, 1993; Schindler, 1991 etc.). In anderen Arbeiten (z.B. Linden & Hautzinger, 1993 oder Reinecker, 1994a, S.79) wird allenfalls in einem Nebensatz betont, daß Supervision – etwa bei Problemen der Anwendung bestimmter Techniken oder bei der Auswahl von Therapiezielen – durchaus „wichtig" sei. Einerseits steht dies zwar in der Tradition der Behandlung des Themas „Therapeut-Klient-Beziehung", welches ebenfalls viele Jahrzehnte ein theoretisches Schattendasein führen mußte (vgl. Kap.9). Andererseits war Supervision im Rahmen fast jeder verhaltenstherapeutischen Ausbildung schon immer ein zentrales praktisches Betätigungsfeld. Dieses Mißverhältnis zwischen theoretischer Abstinenz und intensiver Supervisionstätigkeit in der *Praxis* zieht sich wie ein roter Faden durch die bisherige Geschichte und stellt mit einen Grund dar, in der vorliegenden Arbeit eine *Systematisierung* zu versuchen.

Auch wenn das Interesse seitens der Verhaltenstherapie langsam zunimmt (vgl. Kap.1.2), so ist doch festzustellen, daß sich *andere* Therapieschulen wesentlich früher und wesentlich intensiver mit Supervision auseinandergesetzt haben (vgl. Kap.1.1 und Kap.3). Insgesamt ist sowohl in vielen psychotherapeutischen Richtungen als auch in der Sozialarbeit in den letzten Jahren eine wahre *Publikationsflut* zu diesem Thema zu konstatieren. McCarthy, Kulakowski & Kenfield (1994) berichten von über 700 englischsprachigen Arbeiten über „clinical supervision" seit 1982. Robiner & Schofield (1990, S.297) fanden mittels des Computer-Literaturdienstes PsycLIT genau 1.346 englischsprachige Literaturstellen zum Stichwort „Supervision" – und zwar nur begrenzt auf die Jahre 1983 bis 1989. Eine eigene Datenbank enthält mittlerweile bereits fast 2.000 Einträge mit supervisionsrelevanten Beiträgen! Neben einer Fülle von Zeitschriftenartikeln erschienen zwischenzeitlich viele Bücher und Sammelbände zu unserem Thema. Als wichtigste *englischsprachige* Publikationen sind – in der Chronologie ihrer Publikation – u.a. zu nennen: Hess (1980a); Hart (1982); Loganbill, Hardy & Delworth (1982); Gambrill & Stein (1983); Alonso (1985); Middleman & Rhodes (1985); Borders & Leddick (1987); Stoltenberg & Delworth (1987); Liddle, Breunlin & Schwartz (1988); Hawkins & Shohet (1989), Leith, McNiece & Fusilier (1989); Mead (1990); Dryden & Thorne (1991); Bernard & Goodyear (1992); Munson (1993); Feltham & Dryden (1994); Greben & Ruskin (1994) oder Holloway (1995). Zwei spezielle Fachzeitschriften (COUNSELOR EDUCATION AND SUPERVISION: seit 1960; THE CLINICAL SUPERVISOR: seit 1982) erscheinen dort regelmäßig.

Auch im *deutschsprachigen Raum* wurden viele Bücher veröffentlicht, die das steigende Interesse an diesem Thema dokumentieren (vgl. z.B. Plessen & Kaatz, 1985; Pühl & Schmidbauer, 1986; Scobel, 1989; Fatzer & Eck, 1990; Pühl, 1990a, 1994a; Rappe-Giesecke, 1990, 1994; Brandau, 1991a; Pallasch, 1991; Schreyögg, 1991a, Auckenthaler & Kleiber, 1992, Belardi, 1992; Kersting, 1992; Kersting & Neumann-Wirsig, 1992; Bernler & Johnsson, 1993; Neumann-Wirsig & Kersting, 1993; Schreyögg, 1994a; Auckenthaler, 1995; Petermann, 1995a; Wilker, 1995; Kersting & Neumann-Wirsig, 1996 etc.). Seit Mai 1982 existiert die Zeitschrift SUPERVISION. 1993 hat sich das (psychoanalytisch-gruppendynamisch orientierte) FORUM SUPERVISION dazugesellt, und seit 1994 erscheint ORGANISATIONSBERATUNG – SUPERVISION – CLINICAL MANAGEMENT.

Selbstredend weisen die bislang vorliegenden Veröffentlichungen (egal, ob deutsch- oder englischsprachig) unterschiedlichste Qualitätsstufen, theoretische Orientierungen und thematische Schwerpunkte auf: Sie reichen von den subjektiven Erfahrungsberichten von Praktikern über isolierte Betrachtungen von Einzelthemen, über eingeengt-therapieschulenspezifische Fragestellungen, über Versuche, das „Rad der Therapie" am Beispiel des Themengebiets „Supervision" neu zu erfinden bis hin zu ersten empirisch fundierten Forschungsansätzen. Eine kritische Sichtung dieser Literatur zeigt vor allem, daß die Quantität der Arbeiten deren Qualität bei weitem übersteigt. Es ist daher *auch* eine (anspruchsvolle) Aufgabe, bisherige Publikationen – nach dem Beispiel der Nadel im Heuhaufen – nach qualitativ ergiebigen Beiträgen zu durchforsten (insbesondere nach solchen, die mit unserem Grundkonzept kompatibel sind und deren Ergebnisse sich in eine Theorie und Praxis verhaltenstherapeutischer Supervision integrieren lassen).

Was die *deutschsprachige* Literatur zum Thema anbetrifft, so ist festzustellen, daß zunächst vor allem die *Sozialarbeit* die Diskussion bestimmt hat (vgl. z.B. Akademie für Jugendfragen Münster, 1979; von Caemmerer, 1970; Huppertz, 1975; John & Fallner, 1980; Gaertner, 1979; Kersting, Krapohl & Leuschner, 1988; Strömbach, Fricke & Koch, 1975 etc.). In der deutschen Sozialarbeit gibt es auch die ersten offiziellen Ausbildungsgänge zum „Diplom-Supervisor"*, die als längerfristige Curricula (meist berufsbegleitend über ca. 2 Jahre) angelegt sind und sich auch mit „Lehrsupervision" beschäftigen. Wenn auch die Arbeitssituation eines Sozialarbeiters/Sozialpädagogen in vieler Hinsicht von typischen (verhaltens-)therapeutischen Settings und Vorgehensweisen abweicht, so lassen sich doch manche Gesichtspunkte und Erfahrungen für unsere Zwecke nutzen. Auch von der dortigen Öffnung in Richtung organisations- und institutionsbezogener Supervision lassen sich möglicherweise Anleihen nehmen. *Ein* Anliegen dieser Arbeit wird es somit auch sein, theoretische Ansätze sowie praktische Vorgehensweisen der *sozialpädagogisch* orientierten Supervision zu sondieren und kritisch auf Verwendbarkeit im verhaltenstherapeutischen Rahmen zu prüfen.

Supervision ist – bezogen auf das umfassendere Gebiet der empirischen Klinischen Psychologie bzw. der Therapieforschung – in vielen Aspekten eine *Sekundärthematik*. Damit ist gemeint, daß sie sich zum Teil auf Erkenntnisse bezieht, die seitens der Grundlagenforschung mit *primärem* Charakter abgehandelt werden (z.B. Rolle von Beziehungsvariablen, ideale Therapeutenfertigkeiten, effektive Interventionen, fundierte Ausbildungscurricula etc.). Diese müssen hier sozusagen akzeptiert und (evtl. adaptiert) übernommen werden; eine Theorie der Supervision kann somit nicht den Erkenntnissen der Therapieforschung *vorauseilen*, sondern muß sich in vieler Hinsicht damit befassen, *wie* solche Primärerkenntnisse optimal genutzt, d.h. angewandt, umgesetzt, weitergegeben und erlernt werden können. Jedoch kann eine Supervisionstheorie nicht *nur* daraus bestehen, Ergebnisse der Grundlagenforschung auf das ihr eigene Gebiet zu übertragen: Aufgrund der Tatsache, daß es zwischen Supervision und Therapie einige grundlegende *Unterschiede* gibt (vgl. S.54 ff.), werden auch spezifische Supervisionsfragen zu diskutieren sein. Angesichts des derzeitigen Forschungsstands besteht ein sehr bescheidenes Ziel darin, *erste Schritte* auf dem Weg zu größeren Theorientwürfen zu gehen und eine Vielzahl von forschungsrelevanten Fragen erst zu entdecken. Darüberhinaus ist die Situation in der empirischen Psychotherapieforschung keineswegs so, daß man die dort „fertigen" oder „gesicherten" Ergebnisse einfach auf den Sektor Supervision übertragen könnte. Die vorliegende Arbeit versucht daher, in manchen Aspekten zu differenzieren, wo (a) ein einfacher Erkenntnistransfer zulässig ist bzw. (b) die eigenständige Erforschung spezieller Supervisionsthemen notwendig wird. Dies ist auch deshalb ratsam, weil manches, was derzeit unter dem Stichwort „Supervision" (erneut) diskutiert wird, nur ein bescheidener Abklatsch dessen ist, was im Bereich Therapieforschung längst behandelt und ausdiskutiert bzw. als Sackgasse entdeckt wurde. Manche Arbeiten dokumentieren die vielbeschrie(b)ene Kluft zwischen Theorie und Praxis in erschreckendem Ausmaß, indem sie so tun, als habe es in den letzten Jahrzehnten grundlegende Entwicklungen der Psychologie bzw. Therapie nicht gegeben (was sich z.B. an Fragestellungen zeigt wie: „Ist Supervision überhaupt empirisch zugänglich?" ... „Integration vs. differentielle Indikation?" ... „Wirkt die Beziehung *oder* die Technik?" ... „Sind Kompetenzen von Therapeuten oder Supervisoren eigentlich meßbar?" etc.).

---

* Adressen siehe Zeitschrift SUPERVISION.

Ein kritischer Umgang mit Forschungsresultaten ist für unser Thema insgesamt ratsam. So warnen Strosahl & Jacobson (1986) aus der Perspektive skeptischer Forscher vor ungerechtfertigten Schlußfolgerungen:

Fast alle klinisch-psychologischen Ausbildungsgänge gehen z.B. von der Annahme aus, es gebe einen positiven Zusammenhang zwischen Ausbildungsdauer und klinischer Effektivität des Therapeuten. Leider legen die empirischen Befunde nahe, daß ein solcher Schluß in dieser Allgemeinheit zu früh ist. Ebenso deuten manche Ergebnisse zu den Themen „professionelle vs. paraprofessionelle Helfer" (vgl. z.B. Gunzelmann, Schiepek & Reinecker, 1989; Durlak, 1979; Hattie, Sharpley & Rogers, 1984 etc.) bzw. „Bedeutsamkeit therapeutischer Erfahrung" (vgl. z.B. Stein & Lambert, 1984) darauf hin, daß wir sowohl den Wert professioneller Ausbildung als auch die Relevanz langjähriger klinischer „Erfahrung" (ausgedrückt in Berufsjahren) bislang wohl überschätzt haben. Selbst wenn manche dieser Aussagen mittlerweile relativiert wurden (vgl. z.B. Garfield & Bergin, 1994; Robiner, Arbisi & Edwall, 1994), können wir nicht ausschließen, daß einige zentrale Annahmen unseres Berufsstands möglicherweise auf Vorurteilen bzw. selbstwertdienlichen Verzerrungen beruhen.

Das Thema Supervision reiht sich somit nahtlos ein in eine Vielzahl von Gegenstandsbereichen der Klinischen Psychologie, die mehr von persönlichen Überzeugungen und „klinischer Folklore" bestimmt sind als von empirisch demonstrierten Befunden bzw. Wirkmechanismen. Umgekehrt kann aber niemand von der Forschung gesicherte Erkenntnisse mit 100%iger Erfolgsgarantie erwarten. In diesem Spannungsfeld zwischen Illusion/Ineffektivität einerseits und Streben nach gesicherten Befunden andererseits muß sich auch der vorliegende Beitrag bewegen. Die empirische Befundlage zur generellen Effektivität von Supervision (vgl. Kap.4) macht es bisher nicht leicht, *eindeutige* Aussagen zu treffen; selten gab es wohl in der Klinischen Psychologie und der psychosozialen Arbeit ein Gebiet, auf das die Formulierung „further research is needed..." besser zutrifft – möglicherweise sogar in der verschärften Version „research is *urgently* needed..."

Jede Arbeit fußt auf impliziten und expliziten Grundüberzeugungen. Solche *Kernannahmen* (Herrmann, 1976) sind nicht empirisch zu beweisen oder zu widerlegen, sondern stellen a priori formulierte „Glaubenssätze" dar, die allen weiteren Überlegungen und empirischen Überprüfungen vorgelagert sind. Wittgenstein (1970) drückt dies mit seiner „Tür- und-Angel-Metapher" aus: „Dieses Nicht-Geprüfte in nicht ein Un-Geprüftes, sondern ein Außer-Zweifel-Stehendes. Es ist wie die Angeln, die feststehen müssen, wenn eine Tür sich drehen soll" (Über Gewißheit, § 343). In dieser Hinsicht werden alle Betrachtungen der vorliegenden Arbeit aus der Perspektive einer „Verhaltenstherapie der III. Generation" vorgenommen: War die Verhaltenstherapie der I. Generation noch stark lerntheoretisch geprägt und methodenfixiert, und wurde in der II. Generation zunächst die sog. „kognitive Wende" vollzogen, so bezieht die jetzige Verhaltenstherapie im Prinzip sämtliche empirisch fundierten Ergebnisse der Grundlagenforschung ein. Sie nähert sich im Idealfall einer „Allgemeinen Psychotherapie" an, wie sie Grawe, Donati & Bernauer (1994; Grawe, 1994) skizziert haben. Insbesondere stellt das Konzept der „Selbstmanagement-Therapie" die zentrale Hintergrundphilosophie dar (Kanfer, Reinecker & Schmelzer, 1991, 1996); deren wichtigste Annahmen werden in Kap.5 auf unser Thema übertragen. Genaugenommen bildet das hier vorgelegte Supervisionsmodell mit dem Therapiekonzept des Selbstmanagement-Ansatzes (und folglich mit dem Selbstmanagement-Buch) eine Einheit. Logischerweise werden besonders solche Kolleginnen und Kollegen profitieren, die bereits entsprechende Vorkenntnisse und Fertigkeiten besitzen. Außerdem sind für die späteren Kapitel u. a. folgende Annahmen konstitutiv:

- Psychotherapie (und auch Supervision) ist – in groben Zügen – eine *lehr- und lernbare* Angelegenheit.
- Ein empirisch-wissenschaftlicher Ansatz kann wichtige Beiträge zur Erforschung, Klärung und Vermittelbarkeit zentraler Vorgehensweisen leisten.
- Wissenschaftliche Forschung ist ein Mittel, um die Begrenztheit individuell-persönlicher Erfahrungen zu überwinden. Systematische wissenschaftliche Erkenntnismethoden können insbesondere die privaten und verzerrten subjektiven Erkenntnisse einzelner Personen korrigieren helfen.
- Ein Brückenschlag zwischen Theorie und Praxis ist schwierig, aber nicht unmöglich.
- Therapeuten (und Supervisoren) jedweder Schulrichtung können von anderen Ansätzen lernen („Prüfet alles – das Beste behaltet...!").
- Die offene Diskussion und Weitergabe psychologischen Wissens (Larson, 1984 bzw. Miller, 1969: „giving psychology away") verbessert die Lebensbedingungen der Bevölkerung und ist dem Horten esoterischen Geheimwissens durch wenige „Auserwählte" vorzuziehen.
- Pragmatische Orientierung: Gerade für die Therapie- und Supervisions*praxis* geht es nicht um die Suche nach „Wahrheit", sondern um die Frage: „Wie hilfreich/nützlich ist ein bestimmtes Vorgehen in bestimmten Situationen für bestimmte Zwecke?"

Entsprechend dieser Vorbemerkungen bestehen die *Ziele* der präsentierten Arbeit in erster Linie in folgenden Punkten:

1.) Begriffliche Klärung von „Supervision" und verwandten Tätigkeiten;
2.) Ausarbeitung und Systematisierung einer *Theorie* der verhaltenstherapeutisch orientierten Supervision (im Sinne des „Selbstmanagement-Modells" von Kanfer et al., 1996);
3.) Entwicklung eines praxisorientierten, in sich stimmigen, widerspruchsfreien Rahmenmodells für die *Praxis* der Selbstmanagement-Supervision;
4.) Sondierung und Nutzung vorliegender empirischer Forschungsergebnisse;
5.) Sondierung der Supervisionskonzepte *anderer* Ansätze mit dem Zweck, (a) gewisse Elemente auf Verwendbarkeit im VT-Rahmen zu prüfen bzw. (b) Unvereinbarkeiten und Abgrenzungen zu verdeutlichen;
6.) Sondierung und Nutzung dokumentierter „klinischer Praxiserfahrung", d.h. von Erfahrungsberichten aus der Arbeit von Supervisoren (a) mit verhaltenstherapeutischer Grundorientierung sowie (b) anderer Schulrichtungen;
7.) Ansatzweises Entwickeln einer „Therapie- und Supervisionsdidaktik" zum optimalen Vermitteln relevanter Kompetenzen;
8.) Klären der Möglichkeiten und Grenzen von Supervision;
9.) Herausführen der VT-Supervision aus der weitgehenden Selbstbeschränkung auf *Ausbildungssupervision* (d.h. auch: Anwendung auf die spätere Berufspraxis sowie auf Teams, Institutionen, Projekte usw.);
10.) Formulierung eines Modells, das interessante Fragen für die weitere empirische Forschung ermöglicht.

Auf einen Nenner gebracht laufen die meisten Punkte auf eine *auf empirisches Wissen begründete klinische Praxis* hinaus, wie sie Orlinsky (1994) als realistische Alternative des Umgangs mit dem Theorie/Praxis-Dilemma propagiert. Solche datenbasierten klinischen Empfehlungen sind nicht im strengen Sinne „wissenschaftlich abgesichert", sondern allenfalls empirisch fundierte Leitlinien, die heuristisch auf die Praxis übertragen und dort hinsichtlich ihrer Effekte überprüft werden. Ihr Vorteil liegt in intersubjektiv nachprüfbaren Aussagen, die einen verhaltensnahen Zugang für die künftige Forschung liefern können. In Form einer „Kreuz- bzw. Konstruktvalidierung" oder „konvergierenden Evidenz" von Aussagen soll eine Querverbindung von empirischen Daten und theoretischen Grundlagen geschaffen werden. Abbildung 1 zeigt, daß es mir dabei um das Weben von einer Art „Supervisionsteppich" geht, in dem persönliche und klinische Erfahrungen mit empirisch gestützten Befunden der Grundlagen-, Therapie- und Supervisionsforschung verknüpft werden:

Empirische Ergebnisse der Grundlagen-,
Therapie- und Supervisionsforschung

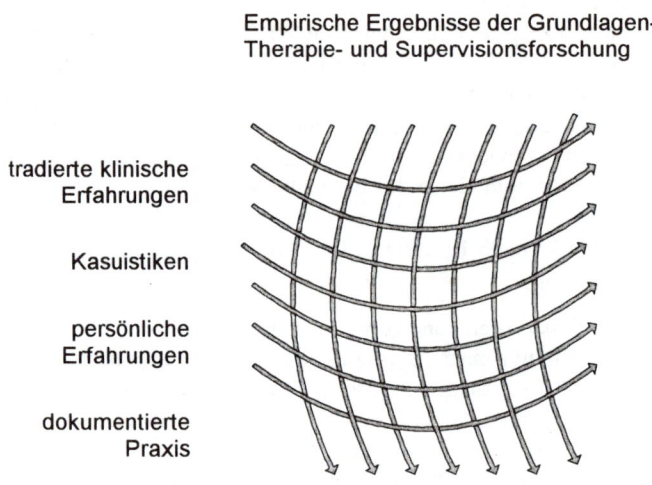

tradierte klinische
Erfahrungen

Kasuistiken

persönliche
Erfahrungen

dokumentierte
Praxis

Abbildung 1. Symbolischer „Supervisionsteppich" aus klinischer Erfahrung und empirischen Befunden der Grundlagenforschung.

Beim derzeitigen Erkenntnisstand müssen wir feststellen, daß dieser symbolische Teppich an manchen Stellen dichter, an anderen dünner ist und woanders noch große Löcher hat. Sobald er jedoch größer geworden ist, kann in Theorie und Praxis weitergeknüpft, umgestrickt oder ein ganz neues Modell entworfen werden. Dabei dürfte manches darauf hinauslaufen, das, was „gute" und erfahrene Supervisoren schon immer taten, zu sichten und in ein stimmiges Konzept zu integrieren. Quantensprungartige, revolutionäre Neuentwicklungen sind wohl unwahrscheinlich; eher geht es um die Suche nach einer plausiblen, soliden, umfassenden theoretischen Basis und um die bessere Verbindung von Theorie mit Praxis. Dazu sind einerseits eine pragmatische Grundorientierung und andererseits ein zielorientiertes, zweckabhängiges Vorgehen hilfreich, um zu verhindern, daß ein konzeptloser Eklektizismus entsteht. Folgende Aspekte sind dabei relevant:

- Verträglichkeit der verwendeten Elemente mit der übergeordneten verhaltenstherapeutischen *Rahmentheorie* (insbesondere mit der „Selbstmanagement"-Perspektive);
- Problemorientierter Ansatz (d.h. klare Spezifikation der Ausgangslage aller Supervisionsbemühungen);
- Zielorientiertes Vorgehen (d.h. zweckgerichtete Planung der jeweiligen Interventionen unter Bezug auf konkrete Ziele);
- Pragmatische Nutzung bekannter Ziel-Mittel-Relationen (d.h. Einsatz solcher Interventionen, von denen bekannt ist, daß sie bei gegebener Ausgangslage und konkreter Zielsetzung als Mittel zur Problemlösung geeignet sind);
- Evaluation der Effektivität (sowohl im jeweiligen Einzelfall als auch im Rahmen empirischer Therapie- bzw. Supervisionsforschung).

Eine Explikation der eingehenden Elemente auf dieser Basis ist auch Grundvoraussetzung dafür, daß konkrete Hypothesen formulierbar sind, die mittels weiterer Forschung *überprüft* werden können. Denn bezogen auf verschiedene Stadien wissenschaftlicher Erkenntnis befinden wir uns mit dem Thema Supervision allenfalls in einem *Anfangsstadium*, in dem aus (dokumentierten) Praxiserfahrungen und ersten theoretischen Entwürfen tentative Modellbildungen – als *Vorstufe* zum späteren empirischen Testen – möglich sind. In dieser Phase ist auch zu klären, welche Fragen noch offen, unbeantwortet oder noch gar nicht gestellt sind.

Ebenso ist hilfreich, zu präzisieren, was im Rahmen dieser Arbeit *nicht* angestrebt wird. Dies sind z.B.:

- Erstellen einer Theorie mit definitiv letztgültigem Anspruch, die von allen anderen Schulrichtungen und Orientierungen übernommen werden müßte;
- Rezept- oder kochbuchartige Sammlung sicherer Erkenntnisse mit Erfolgsgarantie im Einzelfall;
- Eklektisches Zusammensetzen von Supervisionselementen ohne übergeordnetes Konzept, ohne Indikations- oder Zwecküberlegungen sowie ohne Effektivitätsmaßstab (sogenanntes „Bauchladen-System" bzw. intuitives Konzept von „Versuch und Irrtum");
- Formulieren einer Supervisionstheorie für fachfremde Anwendungsgebiete wie z. B. (a) andere Psychotherapie-Schulen, (b) die Sozialarbeit, (c) den Bereich Pädagogik oder (d) den Wirtschafts-, Geschäfts- oder Management-Sektor (dies schließt nicht aus, daß Elemente des hier vorgelegten Beitrags von dort aufgegriffen werden bzw. daß von dortigen Erfahrungen für den eigenen VT-Ansatz *Anleihen* zu nehmen sind);
- Anspruch, eine *völlig* neue Therapie- oder Supervisions-Theorie erfinden zu können oder so zu tun, als gäbe es bislang *keine* theoretischen wie praktischen Versuche, von denen man profitieren könnte.

Die vorliegende Arbeit ist in vier Hauptteile gegliedert:

In *Teil I* (Kapitel 1 bis 4) werden wichtige *allgemeine* Aspekte von Supervision in Form einer kursorischen Bestandsaufnahme bestehender Ansätze behandelt. Neben der historischen Entwicklung stehen Begriffsklärungen, Ziele, Formen und Einsatzfelder, unterschiedlichste Konzepte sowie die Forschung zur generellen Effektivität von Supervision im Blickpunkt.

In *Teil II* (Kapitel 5 bis 9) geht es dann um die *theoretischen Grundlagen* einer verhaltenstherapeutischen Supervision nach dem „Selbstmanagement"-Ansatz. Nach der Darlegung von Basisannahmen wird die Supervision als Lehr-, Lern- und Veränderungsprozeß betrachtet, welcher auf einem Rahmenmodell des „Selbst" von Therapeuten fußt, Fragen der Kompetenz und Performanz, Wissens- und Kompetenzspeicher sowie die Einbettung des „Selbst" in Systemzusammenhänge analysiert sowie verhaltensdiagnostische und therapie- bzw. supervisionsdidaktische Gesichtspunkte näher betrachtet. Die Person des *Therapeuten=Supervisanden* (als Referenzkriterium für die Ausbildung und Supervision) und des *Supervisors* (als Assistent und Katalysator für positive Entwicklungs- und Veränderungsprozesse) werden zunächst getrennt voneinander analysiert, bevor die wichtigsten Erkenntnisse in ein zielabhängiges Modell der Supervisor/Supervisand-Beziehung einfließen.

In *Teil III* (Kapitel 10 bis 14) werden die theoretischen Grundlagen in ein *Mehrebenen-Prozeßmodell* für die Supervisions*praxis* eingearbeitet. Für die grobe Orientierung läßt sich zunächst eine *Makro-Ebene* (Gesamtrahmen: Vorstadium, Beziehungs- und Motivationsaufbau, kontinuierliche Evaluation) von einer *Mikro-Ebene* (sechsstufiges rekursives Problemlösemodell für die unmittelbare Supervisionssituation) unterscheiden. Während die *Meta-Ebene* sich mit Hinweisen zum Umgang mit dem Modell insgesamt beschäftigt, werden nach Rückkehr zur Makro-Ebene die Endphase und das Stadium nach dem Abschluß der Supervision näher betrachtet, bevor sich der Blick auf notwendige Modifikationen des Modells für spezifische Anwendungsschwerpunkte richtet.

Teil IV (Kapitel 15 bis 18) befaßt sich mit praktischen Anregungen, Hilfsmitteln und Methoden für die Therapieausbildung und Supervision. Vom Umgang mit Zeit und Struktur, dem Einsatz von Hilfsmitteln (Dokumentation, Protokollierung, Fragebögen und Beobachtungssysteme) und Medien (Video, Audio, kreative Materialien) bis hin zu einem alphabetischen Glossar wichtiger Methoden im Rahmen der Selbstmanagement-Supervision spannt sich der Bogen der Themen, bevor im abschließenden Kapitel noch ein Ausblick folgt.

Im *Anhang* sind abgedruckt: eine Lernzieltaxonomie des Selbstmanagement-Modells, das Beispiel eines Supervisionsvertrags, diverse Frage- und Protokollbögen, Leitfragen für den „Kernprozeß" und ein Leitfaden für verhaltenstherapeutisch orientierte Falldarstellungen.

Das umfangreiche *Literatur*- bzw. *Sachverzeichnis* hat zum Ziel, Kolleginnen und Kollegen die Suche nach relevanten Literaturstellen und speziellen Themenschwerpunkten zum Zweck einer vertiefenden Bearbeitung zu erleichtern.

10

I

Allgemeine Aspekte von Supervision:

Eine kursorische Bestandsaufnahme

1 Zur historischen Entwicklung der Supervision

Um die heutige Situation der Supervision innerhalb und außerhalb der Verhaltenstherapie besser einordnen und verstehen zu können, ist ein Blick auf deren Entwicklungsgeschichte hilfreich (vgl. auch Leddick & Bernard, 1980; Weigand & Wieringa, 1990). Historische Rückblicke beinhalten natürlich immer Interpretationen und subjektive Perspektiven. Manche Entwicklungslinien werden auch erst im Zuge dieser Post-hoc-Betrachtung deutlich oder *entstehen* genau im Moment der retrospektiven Analyse. Außerdem gestalten sich Geschichtsüberblicke erfahrungsgemäß umso schwieriger, je mehr sie sich der unmittelbaren Gegenwart nähern (vgl. das Beispiel von Schorr, 1984, zur Geschichte der VT), wo es zum betreffenden Zeitpunkt oft unmöglich ist, kurzfristige Modeerscheinungen von Entwicklungen mit bleibendem Wert zu differenzieren. Unter Berücksichtigung dieser Prämissen möchte ich zunächst (1.1) die Geschichte der Supervision *außerhalb* der Verhaltenstherapie (d.h. im Bereich der Sozialarbeit und der Psychoanalyse) beleuchten, um danach einen Überblick über Ansätze zur VT-Supervision im engeren Sinn (1.2) zu geben. Danach folgt noch ein Blick auf (1.3) verwandte Ansätze, Beiträge zur VT-Ausbildung und Arbeiten, denen ein gewisser Einfluß auf die Konzepte der VT-Supervision beizumessen ist, bevor nach der Sichtung sonstiger relevanter Trends in der geschichtlichen Entwicklung der Supervision (1.4) ein vorläufiges Fazit (1.5) gezogen wird.

1.1 Zur Geschichte der Supervision *außerhalb* der Verhaltenstherapie

Während sich die Verhaltenstherapie erst sehr spät mit dem Thema Supervision beschäftigte (vgl. unten), haben andere psychosoziale Tätigkeitsfelder schon weitaus früher Erfahrungen sammeln können. Für unser Thema sind besonders *zwei* geschichtliche Strömungen relevant: (1.1.1) Die Entwicklung der Supervision im Bereich der Sozialarbeit und (1.1.2) Supervision im Rahmen der Psychoanalyse.

1.1.1 Die Entwicklung der Supervision im Bereich der Sozialarbeit

Die Geschichte der Supervision im Bereich der Sozialarbeit ist eng verbunden mit der Entwicklung der Sozialarbeit im allgemeinen (vgl. z.B. Belardi, 1992; von Caemmerer, 1970; Kamphuis, 1968; Siegers, 1974 etc.). In menschlichen Kulturen gab es schon immer Personen, die Dienstleistungen verrichteten, welche man heute als „Sozialarbeit" bezeichnen würde. Solche Aufgaben wurden früher unentgeltlich übernommen, waren eingebettet in stammesgeschichtliche Traditionen bzw. religiöse/ideologische Leitlinien (z.B. christliche Nächstenliebe) und von ihrer Art her eher unsystematische Hilfestellungen. Erst im 19. Jahrhundert wurden mit der von England ausgehenden „industriellen Revolution" *materielle* Hilfen (z.B. Lohn, Wohnung, Almosen etc.) als Mittel der öffentlichen Wohlfahrt möglich. Bald wurde erkannt, daß Sozialarbeit auch psychische Anteile hat, und daß sich eine Unterstützung nicht auf das Verteilen materieller Güter beschränken darf. Aus Gründen der Effektivierung der Wohlfahrtsarbeit begannen Schulungen/Fortbildungen der freiwilligen Helferinnen (meist Frauen aus der „bürgerlichen" Gesellschaftsschicht) durch einige wenige hauptamtliche Mitarbeiter. Belardi (1992, S.34) hebt hervor: „Die Bedeutung dieser frühen Supervision wird vor allem klar, wenn man sich das Zahlenverhältnis von hauptamtlichen und ehrenamtlichen Sozialarbeitern vergegenwärtigt. Um 1890 waren dies in den 78 Charity Organizations der USA bei 174 fest angestellten Sozialarbeitern über zweitausend ehrenamtliche Kräfte (Kutzik, 1977, S.33)". Mit den Anfängen einer eigenständigen beruflichen Entwicklung von Sozialarbeitern (vor allem in den USA) bemühte man sich um systematischere Konzepte des Vorgehens und begann im Zuge wachsender Professionalisierung auch, *Supervision* einzubeziehen.

Weigand (1989) unterscheidet – ähnlich wie Wieringa (1979) – für die Anfänge der Supervision in der Sozialarbeit mehrere Entwicklungsphasen. Die nachfolgende Darstellung orientiert sich grob an diesen Quellen:

In der *Anfangsphase* (ca. 1870 bis 1900) bezog sich Supervision in erster Linie auf „überwachende" Funktionen hinsichtlich der Arbeit von Sozialarbeitern in der Praxis und wurde von Personen in hierarchisch übergeordneten Positionen ausgeübt. Reynolds (1938, S.8) beschreibt die Auffassung von Sozialarbeit zur damaligen Zeit wie folgt: „Die Gesellschaft hielt es für notwendig, die Menschen, die wirtschaftlich nicht erfolgreich waren, außerhalb ihres Kreises zu stellen, und sie beauftragte Sozialarbeiter damit, dafür zu sorgen, daß sie nicht durch diese Menschen und ihre Familien behelligt wurde". Entsprechende Maßnahmen wurden – nach einem strengen „Von-oben-nach-unten"-Denken – *für* die Betroffenen (statt *mit* ihnen) geplant; Reynolds (1938, S.8) berichtet weiter von der damals üblichen Praxis, sogenannte „Überredungsgespräche" („interviews of persuasion") zu führen, „...in dessen Verlauf der Sozialarbeiter versuchte, die Familie zur Annahme des aufgestellten Planes zu bringen".

Selbstredend beschränkte sich Supervision in dieser Zeit – wenn man überhaupt schon diesen Begriff dafür verwenden kann – allenfalls auf das möglichst „geschickte" Abwickeln solcher Obrigkeitsmaßnahmen sowie auf die Kontrolle der Berechtigung von Ansprüchen auf materielle Hilfen.

Die *Phase der „Psychologisierung"* (ca. 1900 bis 1960) der Supervision in der Sozialarbeit lief – gesellschaftlich betrachtet – parallel zur geänderten Art von Hilfsbedürftigkeit um die Jahrhundertwende: Während sich die materielle Not – bedingt durch die ökonomischen Verbesserungen im Zuge der Industrialisierung sowie durch erste Ansätze einer Sozialgesetzgebung – allmählich etwas linderte, rückte die *psychische* Befindlichkeit der Hilfsbedürftigen (und später auch der Helfer) in den Blickpunkt. In Einklang damit standen wachsende Bedürfnisse von Sozialarbeitern nach professioneller Kompetenz und systematischeren, fundierten Arbeitskonzepten. Die Entwicklung der Sozialarbeit als *Beruf,* d.h. die *Professionalisierung* begann. Damit veränderte sich auch die Rolle und das Selbstverständnis des Sozialarbeiters, nämlich weg von einer ehrenamtlich hilfeleistenden Person (die sich auf das effektive Verteilen materieller Leistungen beschränkte) hin zu einer Fachkraft, die auch die psychosoziale Notlage der Hilfsbedürftigen adäquat zu berücksichtigen versucht.

14

Supervision verlagerte demzufolge ihren Schwerpunkt von der Überwachung administrativer Maßnahmen auf deutlich *pädagogisch-therapeutische Funktionen*. Gleichzeitig lieferten Entwicklungen in Medizin und Psychologie neue Erkenntnisse für praktische Hilfestellungen. Es dauerte zwar einige Zeit, bis z.B. Vorstellungen und Begriffe der Psychoanalyse Freuds in die Sozialarbeit eingingen; spätestens im Ansatz des *„social casework"* (Richmond, 1917/1965) in den Vereinigten Staaten wurden viele psychodynamische Elemente explizit in die Arbeit einbezogen (vgl. im Überblick z.B. Belardi, 1992, S.36 ff.; Kamphuis, 1968; Reynolds, 1938 etc.): Durch die Kontakte zwischen Sozialarbeit und Psychoanalyse (intensiver etwa ab den 20er Jahren) erfolgte Supervision in dieser Zeit meist in Anlehnung an die Konstrukte „Übertragung" und „Gegenübertragung" und bezog neben der direkten Fallarbeit die *Person* des Sozialarbeiters mit ein. Supervision fand dabei – dem klassisch-psychoanalytischen „Setting" entsprechend – fast ausschließlich in einem individuellen Rahmen statt, wobei viele Supervisoren zunächst Psychiater und Psychologen waren und erst nach und nach durch Personen aus der Berufsgruppe „Sozialarbeiter" abgelöst wurden.

Der *direkt-persönliche* Einfluß Freuds, der schon 1909 die Clark University in USA besucht hatte, bleibt allerdings ziemlich unklar; es waren wohl eher seine Schüler, die in der Folgezeit seine Ideen nach USA transportierten und für die Sozialarbeit nutzbar machten (Munson, 1993, S.51 ff.): So kam beispielsweise Adolf Meyer, der schon mit 26 Jahren in die Vereinigten Staaten ausgewandert war, für seine Ausbildung nach Europa zurück, um dann wiederum – zusammen mit seiner Frau – sehr wesentlich die ersten Ausbildungsgänge für amerikanische Sozialarbeiter zu beeinflussen. Meyer war auch bekannt mit Mary Richmond, einer der bedeutsamsten Protagonistinnen der US-Sozialarbeit, und so nimmt es nicht Wunder, daß aus solchen persönlichen Kontakten auch viele Anregungen für Supervisionskonzepte entstanden.

Soziokulturell betrachtet hatten sicher noch weitere Faktoren Einfluß auf die gesellschaftliche Entwicklung und die Sozialarbeit in vielen Ländern: Zwei Weltkriege mit völlig unterschiedlicher Betroffenheit sowie unterschiedlichen materiellen und sozialen Folgen für bestimmte Nationen wirkten sich auch unterschiedlich auf die jeweilige Sozialarbeit und deren Supervision aus. So war es sicher kein Zufall, daß die U.S.A. theoretisch wie praktisch wieder einmal eine Vorreiterrolle spielten, und daß sich in Europa *andere* Staaten (vor allem die Niederlande: vgl. die Ansätze von Kamphuis, 1968 oder Siegers, 1974) lange vor der Bundesrepublik Deutschland mit systematischen Konzepten der Sozialarbeit und deren Supervision beschäftigten (für einen Vergleich der Entwicklung der Supervision in verschiedenen Ländern vgl. besonders das von Oberhoff, 1986, herausgegebene Themenheft der Zeitschrift SUPERVISION).

In der *„soziologisierenden" Phase* (ca. 1960 bis 1970) der deutschen Supervision wurden erstmals – u.a. beeinflußt durch von der „Studentenbewegung" aufgegriffene marxistische Ideen – *gesellschaftskritische* Aspekte deutlich, die zunächst die Sozialwissenschaften (z.B. die sogenannte „Frankfurter Schule") an den Universitäten, dann aber sehr schnell die sogenannte „bürgerliche Gesellschaft" insgesamt durchströmten. Als primäres Mittel zur Linderung der psychosozialen Probleme wurde eine Veränderung der Gesellschaft propagiert. Statt eines Menschen, der Personen in ihrer individuellen Notlage stützt oder sie gar an destruktive Strukturen anpaßt, sind jetzt gesellschaftskritische, „alternative" Helfer gefragt. Einzelsupervision ist in diesem Verständnis wenn nicht schädlich, so doch zumindest irrelevant. Aktionismus, Projektarbeit, Handlungsforschung, Bürgerinitiativen, Gruppendynamik, Emanzipation, Kommunikation und Gesellschaftskritik sind nach Wieringa (1979, S.16 f.) wichtige Schlagworte dieser Periode. Die Hauptaufgaben von Supervision bestehen demzufolge darin, solche Aktivitäten in Gang zu setzen. Somit lassen sich Ideen der „soziologisierenden" Phase (mit dem Leitmotiv: Alle gesellschaftlichen Probleme sind strukturell bedingt...) als Gegenpol zur individualisierenden Anfangsphase der Sozialarbeit verstehen. Wenn sich auch der übertriebene Optimismus in Richtung Systemveränderung mittlerweile gelegt hat, so läßt sich doch festhalten, daß für die Supervision einige Impulse in Richtung Erweiterung des Spektrums und des Variantenreichtums geblieben sind (z.B. Supervision alternativer Projekte, selbstorganisierte Supervision, Gruppensupervision, Organisationsberatung, Systemanalyse etc., vgl. unten).

Eine fundierte Einschätzung der Zeitspanne von 1970 bis heute ist sicherlich erst mit einigem Abstand möglich. Relevante Strömungen der Supervisionsliteratur in der deutschen Sozialarbeit für diesen Zeitraum hat wiederum Belardi (1992, insbesondere S.49 ff.) zusammengefaßt. Entsprechend dem Wandel der sozialpädagogischen Profession fanden in den 80er Jahren zusätzliche *therapeutische* Schwerpunkte (besonders aus sog. „humanistischen Ansätzen" wie Gestalttherapie und Psychodrama etc.) in viele Konzepte Eingang. Später rückten Institutions-, Organisations- und Teamsupervision sowie Leitungsberatung in den Blickpunkt. „Integrative" Ansätze (vgl. Schreyögg, 1991a), Methodenpluralismus, Gruppen- und Systemorientierung etc. wurden neue Schlagworte eines „modernen" sozialpädagogischen Arbeits- und Supervisionsverständnisses. Als schlüssige Folge der kontinuierlichen Professionalisierung wurde 1989 die DEUTSCHE GESELLSCHAFT FÜR SUPERVISION (DGSv: vgl. Wilker, 1995, S.5) gegründet. Dabei ist im Moment eine offene Entwicklungssituation gegeben, bei der sich viele Sozialpädagogen im Spannungsfeld zwischen dem „Zurück zur klassischen Sozialarbeit – weg von der Therapeutisierung!" und „Profilierungsgewinn/Image-Bereicherung/Aufstiegsmöglichkeit" durch eine Verlagerung der Tätigkeit auf Supervision, Organisationsberatung und Sozialmanagement wiederfinden.

1.1.2 Supervision im Rahmen der Psychoanalyse

Freuds Anleitung des Vaters des „Kleinen Hans" (Freud, 1909) wird von Argelander (1980) als die Geburtsstunde der Supervision angesehen, ohne daß Freud selbst dafür diese Bezeichnung verwendet hat*. Von Supervisoren aus dem Bereich der Sozialarbeit wird allerdings gerne bezweifelt, daß Freud als „Erfinder der Supervision insgesamt" (Denker, 1994) gelten soll. So wurde ja im vorigen Kapitel deutlich, daß die allerersten Wurzeln der Supervision tatsächlich lange vor den Anfängen der Psychoanalyse lagen (vgl. Belardi, 1992, S.36 ff.).

Ohne sich am Streit zwischen Psychoanalyse und Sozialarbeit über den „wahren Beginn" der Supervision beteiligen zu wollen, läßt sich feststellen, daß die Psychoanalyse spätestens ab Mitte der 20er Jahre dieses Jahrhunderts wesentliche Impulse für die Supervisionsarbeit setzte. Ich möchte mich hier auf eine kursorische Skizzierung wichtiger *Entwicklungsstationen* der Ausbildung und Supervision in der Tradition der Psychoanalyse Freuds beschränken, welche sich nach wie vor auf die Grundpfeiler (1)

---

* Im Begriffssystem der Verhaltenstherapie würde man diese Art des Vorgehens ebenfalls nicht als „Supervision", sondern als *Mediatoren-Therapie* (im Sinne von Tharp & Wetzel, 1975) bezeichnen.

Lehranalyse, (2) Kontrollanalyse, (3) psychoanalytische Seminare und Lehrveranstaltungen sowie (4) Balint-Gruppenarbeit stützt. Dabei steht in diesem Kapitel die *historische Entstehung* im Blickpunkt, wobei ich mich bei meinen Ausführungen in erster Linie auf Arbeiten von Domann (1994), Fiala (1986), Hinrichs (1992), Kutter (1994a) und Schindler (1994) beziehe. Eine *Beschreibung* und Diskussion der einzelnen Formen, Konzepte und Vorgehensweisen wird in Kap.3.1.1 folgen.

Die *Lehranalyse* als psychoanalytischer Behandlungsprozeß eines Analysanden, der sich während seiner Ausbildung selbst von einem Lehranalytiker analysieren läßt, wurde erst 1925 auf einem Kongreß in Bad Homburg für Ausbildungskandidaten zur Pflicht. Obwohl Freud bereits 1910 auf einem Nürnberger Kongreß den Vorschlag gemacht hatte, eine Lehranalyse zur unabdingbaren Voraussetzung einer psychoanalytischen Tätigkeit zu erklären, blieb sie zunächst den Kandidaten selbst überlassen. Geht man historisch noch weiter zurück, so stößt man um die Jahrhundertwende zunächst auf Freuds Versuche einer *Selbstanalyse*, die er offensichtlich als Reaktion auf eine Depression nach dem Tod seines Vaters im Jahre 1896 begonnen hatte, und die im Zusammenhang mit Arbeiten zur Traumdeutung als Vorläufer der späteren psychoanalytischen Behandlungsmethode gelten darf. Allerdings wurden ihm bald die Grenzen einer Selbstanalyse bewußt, und so entstand seine Empfehlung, „...es solle sich jeder, der Analysen an anderen ausführen will, vorher selbst einer Analyse bei einem Sachkundigen unterziehen" (Freud, 1912, S.382). In der Zeit bis 1925 kam die erste Generation der Psychoanalytiker aber noch ohne formale Lehranalyse aus: Freuds erste Schüler (z.B. Fließ und Breuer) waren ihm lose Gesprächspartner, und anfängliche Versuche der Analyse bzw. Ausbildung von Kollegen waren unsystematisch bzw. erfolgten zum Teil auf Spaziergängen (um 1905). Mit der sagenumwobenen elitären „Mittwochs-Gesellschaft bei Professor Freud" (ab 1906) und der Gründung der ersten „Internationalen Psychoanalytischen Vereinigung IPV" (1910) begannen wichtige Prozesse der Institutionalisierung, die im Laufe der folgenden Jahre die Entwicklung der gesamten Psychoanalyse beeinflußten und zur Formierung einer Kerngruppe bzw. zur Abspaltung mancher „Dissidenten" (z.B. Adler, Jung, Reich, Stekel) führten.

Hatten die „Psychoanalytiker der ersten Stunde" noch keinerlei Lehranalyse oder formelle Ausbildung durchlaufen, so ist mittlerweile die Ausbildungszeit auf mindestens vier Jahre ausgedehnt (Domann, 1994, S.49), und für die Lehranalyse werden in fast allen anerkannten Instituten ca. 1.000 Stunden (Cremerius, 1994a, S.71) bei einer Frequenz von durchschnittlich vier Sitzungen pro Woche gefordert. Thomä (1992, S.134/135) stellt fest, daß im Lauf der Jahrzehnte zwei sprunghafte Steigerungen der Lehranalyse-Stunden zu verzeichnen waren: Einmal in Europa zu Beginn der 30er Jahre durch ältere Analytiker, die dadurch gewisse Mängel ihrer früheren Ausbildung zu kompensieren suchten, und andererseits nach 1945, als in den USA eine ehrgeizige junge Kandidatengeneration nachdrängte, denen ältere Analytiker erhöhte quantitative Anforderungen präsentierten, um einen allzu raschen Abschluß zu erschweren.

Ich möchte hier nicht näher auf manche Widersprüchlichkeiten der Lehranalyse (z.B. Verstoß gegen ureigenste analytische Behandlungsprinzipien, Machtausübung, Anpassungsdruck etc.) oder die dogmatischen Strukturen mancher Ausbildungsinstitute (als

„Kombination von Berufsschule und Priesterseminar": Kernberg, 1984, S.62) eingehen. Hierzu gibt es zwischenzeitlich selbstkritische Arbeiten aus dem psychoanalytischen Lager (z.B. Cremerius, 1994a, 1994b; A.Freud, 1938/1994; Streeck &
Werthmann, 1992; von Werder & Peter, 1992 etc.), die interessanterweise – wie der
Beitrag Anna Freuds – entweder lange „unter Verschluß" gehalten wurden oder nur
von bereits arrivierten älteren Analytikern verfaßt werden konnten. Es mehren sich
allerdings die Anzeichen, daß die Lehranalyse der Zukunft mehr mit der Grundphilosophie der eigenen Schulrichtung (z.B. Cremerius, 1992) und auch mit empirischen
Befunden der psychologischen Grundlagenforschung in Einklang stehen wird. Insbesondere gibt es Bestrebungen, die Lehranalyse wieder (auf 300 - 400 Stunden) zu
verkürzen, statt aus ihr eine „unendliche Supertherapie" zu machen (vgl. Thomä,
1992, S.154).

Die *Kontrollanalyse* ist (nach Kutter, 1994a, S.462) etwa zur selben Zeit wie die
Lehranalyse entstanden. Als deren Ergänzung haben hauptsächlich die Berliner Schule
(Abraham, Sachs) sowie die ungarische Linie in Budapest (Ferenczi, Kovacs, Rank)
eine gezielte Reflexion des analytischen Arbeitens eines Kandidaten – im Sinne einer
überprüfenden Kontrolle – befürwortet, „...in der er vor den Ohren seines Lehrers
oder eines anderen erfahrenen Analytikers sein eigenes analytisches Handeln unter
Beweis stellt: Deuten, Intervenieren, Bewußtmachen von unbewußten Inhalten oder
Träumen oder Einfällen, Revitalisieren von Beziehungsmustern in der Übertragung
und Gegenübertragung..." (Domann, 1994, S.49/50). Kutter (1994a, S.461 ff.), auf
den ich mich bei den nachfolgenden Passagen stütze, weist darauf hin, daß Freud
selbst in seinen Arbeiten die Begriffe „Kontrolle" oder „Supervision" nie verwendet
hat. Das Verfahren hat sich vielmehr aus den kollegialen Falldiskussionen der ersten
Analytikergeneration herausgebildet. In der Folgezeit wurde – wie auch über die
Lehranalyse – auf mehreren Kongressen (Budapest 1918; Berlin 1920; Wien 1921)
heftig über die Kontrollanalyse debattiert. Auch Ferenczi und Rank haben in ihrem
umstrittenen Buch (1924) in Ergänzung zur Lehranalyse eine Kontrolle der praktischen Behandlungen vorgeschlagen, insbesondere um solche Probleme anzugehen, die
sich erst in der direkten Arbeit mit Patienten bemerkbar machen. Viele Jahre später
(beim Budapester Kongreß 1937) standen Technik und Methode der Kontrollanalyse
erneut im Mittelpunkt, wobei erstmals über eine Evaluation der professionellen Fähigkeiten von Kandidaten diskutiert wurde (d.h. über eine „Kontrolle" im engeren Sinn
mit allen negativen Implikationen). Während die Berliner und Wiener Schule von Anfang an für eine strikte Trennung von Lehr- und Kontrollanalyse eintraten, hielt die
Budapester Gruppe dies nicht für notwendig, machte aber gleichzeitig aus dem traditionellen psychoanalytischen Vorgehen eine „aktivere" Methode. Heute wird in der
Mehrzahl der analytischen Ausbildungsinstitute das sogenannte „non-reporting system" (Thomä, 1992, S.152) bevorzugt, d.h. die über die Zulassung eines Kandidaten
urteilenden Lehranalytiker erhalten *keinen* Zugang zu Informationen aus deren Lehranalyse.

Neben *psychoanalytischen Seminaren und Lehrveranstaltungen*, denen in der
analytischen Ausbildung eine eher sekundäre Bedeutung zukommt, sind *Balint-
Gruppen* eine weit verbreitete Form psychoanalytischer Supervision (für eine Beschreibung des Vorgehens vgl. Kap.3.1.1). Als Michael und Enid Balint (nach frühe-

ren Versuchen in den 30er Jahren) im Jahr 1950 begannen, an der Tavistock Clinic in London regelmäßige „Diskussionsseminare über psychologische Probleme in der ärztlichen Praxis" zu halten (Nedelmann, 1989, S.14), war noch nicht abzusehen, daß sich dieses Vorgehen als „Methode der Balintgruppe" etablieren würde und sich eines hohen Zuspruchs in Theorie und Praxis erfreuen sollte. Balint vertrat in der Tradition der Ungarischen Schule ein erweitertes Verständnis von Psychoanalyse und bemühte sich, (a) die engen Grenzen des klassischen Settings „Couch" zu überschreiten und (b) der gesamten Medizin eine „ganzheitliche" Betrachtung nahezubringen, d.h. auch für praktische Ärzte psychotherapeutische Elemente einzuführen. Ein Schlüsselerlebnis für ihn war, „...daß das bei weitem am häufigsten verwendete Medikament in der Allgemeinpraxis *der Arzt selbst* ist" (Balint, 1989b, S.94). Da die organbezogene Ausbildung von Medizinern kaum Raum für das Reflektieren und Nutzen der „Droge Arzt" ließ, entwickelte er seine besondere Form der Balint-Gruppenarbeit. Mittlerweile bildet dieses Konzept nicht nur einen festen Bestandteil der Aus- und Weiterbildung von Ärzten zum Zusatztitel „Psychotherapie", sondern wird auch in der Supervision tiefenpsychologischer Fachkliniken bzw. für die Betreuung anderer psychosozialer Berufsgruppen verwendet (vgl. Belardi, 1992, S.120 bzw. S.123).

Hatten Lehr- und Kontrollanalyse hauptsächlich „innerschulische" Bedeutung für die Ausbildung von Psychoanalytikern, so markieren Balintgruppen den Übergang zur breiter angelegten *„psychoanalytisch orientierten Supervision"*: Damit möchte ich das Vorgehen bezeichnen, die grundlegenden *Konzepte* der Psychoanalyse (z.B. Übertragung/Gegenübertragung, Persönlichkeitsentwicklung, „Unbewußtes" etc.) auf die Berufspraxis psychosozialer Helfer und auf deren Supervision anzuwenden (vgl. wiederum Kap.3.1.1). Die Vermittlung psychoanalytischen Denkens, Wahrnehmens und Handelns an Personen *außerhalb* der Gruppe von Psychoanalytikern (Allgemeinärzte, Sozialarbeiter, Pädagogen etc.) war ja immer auch ein Anliegen Freuds gewesen, um die „splendid isolation" der von ihm begründeten Richtung zu überwinden. Hatte sich die Psychoanalyse bis Anfang der 30er Jahre noch hauptsächlich in den deutschsprachigen Ländern entwickelt, so erfolgte durch die politische Situation in Hitler-Deutschland (Judenverfolgung und die damit verbundene Flucht bzw. Auswanderung vieler namhafter Analytiker) eine Verlagerung in die angelsächsischen Länder. Diese rasche Ausbreitung psychoanalytischen Gedankenguts hatte zur Folge, daß an vielen Orten weniger dogmatisch und „FREUD-treu" gedacht wurde, was auch ein erweitertes Verständnis von Supervision nach sich zog. In deren Mittelpunkt steht logischerweise die therapeutische *Beziehung* (mit allen Übertragungs-/Gegenübertragungsphänomenen und „Widerständen"). Ein wichtiges Konzept dabei ist der sogenannte *„Parallelprozeß"*, der das Phänomen beschreibt, daß die Beziehung zwischen Supervisand und Supervisor viele Abläufe der Interaktion zwischen Patient und Supervisand widerspiegelt (vgl. dazu besonders Kap.9.3.2).

In der Tradition dieser breiteren Auffassung von psychoanalytischer Supervision sind ab Ende der 50er Jahre in den USA mehrere „Meilensteine" der Supervisionsliteratur erschienen wie z.B. Ekstein & Wallersteins (1958/1972) Buch „The Teaching and Learning of Psychotherapy", Fleming & Benedeks (1966) „Psychoanalytic Supervision" oder die von Wallerstein (1981) herausgegebene Studie zur Praxis der analytischen Ausbildung/Supervision. Auch Caligor, Bromberg & Meltzer (1984)

oder Alonso (1985) sind hier zu nennen, ebenso kleinere Zeitschriften- bzw. Buchbei-
träge von Moldawsky (1980), Pedder (1986) oder Rioch (1980). In den deutschsprachigen Ländern hatte vor allem das Buch von Pühl & Schmidbauer (1986) wegwei-
sende Funktion, daneben Einzelbeiträge z.B. von Argelander (1980), Bolk-Weischedel (1986), Kutter (1990, 1994b), Pühl (1990b), Raguse (1990a), Steiner (1991a)
oder Szecsödy, Kächele & Dreyer (1993).

Mittlerweile haben sich – ausgehend von den psychoanalytischen Wurzeln – viele
Verästelungen gebildet, und so werden neben der einzelfallorientierten Supervisionsarbeit zusätzlich analytische *Gruppensupervisionsmodelle* beschrieben (z.B. nach dem
Modell von Foulkes: vgl. z.B. Gfäller, 1990; nach dem Modell von Bion: vgl. z.B. Lazar, 1990; in Kombination mit TZI-Elementen: Oberborbeck & Regel, 1979). Andere
beziehen systemische Perspektiven mit ein bzw. beschreiben psychoanalytische Supervision mit Teams und Institutionen (vgl. z.B. Becker, 1995; Conrad & Pühl, 1983;
Rappe-Giesecke, 1990, 1994 etc.). Das von Wittenberger (1984a) herausgegebene
Themenheft der Zeitschrift SUPERVISION, die seit März 1993 vorliegende Zeitschrift
FORUM SUPERVISION oder der vom Verein für psychoanalytische Sozialarbeit (1994)
editierte Sammelband geben einen breiten Überblick über die *aktuelle* Situation im
deutschsprachigen Raum und dokumentieren, daß die Psychoanalyse weit über die eigene Disziplin hinaus bis heute viele psychosoziale Ausbildungsgänge anderer Berufsgruppen mit ihrem theoretischen und praktischen Hintergrund befruchtete.

1.2 Bisherige Supervisionsansätze der Verhaltenstherapie –
ein Überblick

In Einklang mit Krasners Feststellung (1982), daß die Verhaltenstherapie zwar eine
lange Vergangenheit, aber eine kurze Geschichte habe (was für die VT-Supervision in
besonderer Form zutrifft), beginnt der historische Überblick zur VT-Supervision relativ spät: Erst seit etwa 25 Jahren finden sich erwähnenswerte Publikationsversuche in
der Literatur. In der nachfolgenden Übersicht 1 sind – ohne Anspruch auf Vollständigkeit – einige Arbeiten zur verhaltenstherapeutischen Supervision im *engeren* Sinn
zusammengestellt:

Wolpe (1972a bis 1973d)	Hautzinger (1986)
Levine & Tilker (1974)	Langlotz-Weis & Sturm (1986)
Schmidt (1979)	Strosahl & Jacobson (1986)
Linehan (1980)	Hirschenberger, McGuire & Thomas (1987)
Kratochwill, Bergan & Mace (1981)	Kurpius & Morran (1988)
Lutz & Koppenhöfer (1981)	Leith, McNiece & Fusilier (1989)
Wasik & Fishbein (1982)	Tillmanns (1990/1994)
Hosford & Barmann (1983)	Lieb (1993)
Ponterotto & Zander (1984)	Engelhardt (1994)
Sturm & Zielke (1984)	Linehan & McGhee (1994)
Zapotoczky & Bruckner (1985)	Frank (1995)
Frank & Vaitl (1985, 1986, 1987; fortgesetzt in	Schmelzer (1995)
Frank et al., 1992, 1996 oder Frank, 1996)	Zimmer (1996)

Übersicht 1. Einige Arbeiten zur VT-Supervision im engeren Sinn.

Die in der obigen Übersicht enthaltenen Publikationen bezeichnen sich dezidiert als „Verhaltenstherapie-Supervision". Andere Arbeiten, die in ihren Grundaussagen mit VT hoch kompatibel sind (z.B. Kaatz, 1985; Plessen & Kaatz, 1985 etc.) folgen in Kap. 1.3. Der nachfolgende Text orientiert sich – was die Reihenfolge der Präsentation betrifft – am jeweiligen Erscheinungsdatum der Beiträge laut obiger Übersicht. Dabei geht es hier primär um deren Bedeutung für die historische Entwicklung. Empirische Forschungsergebnisse folgen in Kap. 4, und viele konzeptuelle sowie inhaltliche Erkenntnisse sind in das eigene Supervisionsmodell (ab Kap. 5) eingeflossen.

Joseph Wolpe war einer der ersten Verhaltenstherapeuten, der mit seinen schon „klassischen" Supervisions-Transkripten an die Öffentlichkeit ging*. In einer siebenteiligen Artikelreihe gestattete er Einblick in seine eigene Art, Therapieausbildung und Supervision zu betreiben:

Im Rahmen ihrer Arbeit an der Behavior Therapy Unit der Temple University in Philadelphia erhielten Ausbildungskandidaten die Gelegenheit, problematische eigene Fälle in Supervision zu bearbeiten. Dabei war jeder der meist 3-4 *aktiven* Teilnehmer (zusätzlich gab es für andere die Möglichkeit, passiv zuzuhören) im Rahmen der Gesamtdauer von etwa 1 1/2 Stunden ca. 15-20 Minuten mit eigenem Fallmaterial an der Reihe. Dabei ging es um Themen wie „Angst vor Erfolg" (Wolpe, 1972a), „Probleme eines Therapieanfängers" (Wolpe, 1972b), „Probleme bei einem Fall mit Klaustrophobie" (Wolpe, 1972c), „Planung therapeutischer Interventionen" (Wolpe, 1973a), „Selbstbehauptungstraining" (Wolpe, 1973b), „hypochondrische Angst" (Wolpe, 1973c) bzw. „Mißachtung der Lebensgeschichte und andere grundlegende Fehler" (Wolpe, 1973d).

Levine & Tilker (1974) stellten einen sehr technikzentrierten VT-Supervisionsansatz vor, der auf das Entwickeln, Erweitern und Verfeinern der theoretischen Kenntnisse und der praktischen Kompetenzen von Supervisanden ausgerichtet ist:

Eingebettet in ein umfassendes Ausbildungsprogramm und aufbauend auf die grundlegenden Entwicklungsstadien Hogans (1964; vgl. auch Kap. 3.2) gingen die Autoren davon aus, daß optimales therapeutisches Lernen nach dem Muster einer graduierten Annäherung an die klinische Praxis vonstatten gehe. Im Verlauf der Ausbildung wurden Klientenkontakt und Eigenverantwortung der Supervisanden entlang des folgenden Kontinuums gesteigert: (1) Unbeteiligtes Beobachten („non-participatory observation"), (2) Rollenspiel, (3) passive Teilnahme an Sitzungen („sitting-in"), (4) unmittelbares Begleiten der Sitzungen durch den Supervisor mittels der sog. „Knopf-im-Ohr"-Prozedur („bug-in-the-ear": vgl. Kap. 16.2.2) und (5) Besprechung von Audio- und Videobändern eigener Therapien. Neben Theorie- und Technikaspekten wurden auch interpersonale Fertigkeiten (Empathie, Sensivität, Interesse am Klienten etc.) trainiert.

---

* Wegen der gängigen Praxis von Fachzeitschriften, vorrangig solche Arbeiten zu publizieren, die dem jeweils vorherrschenden Wissenschaftstrend entsprechen (vgl. z.B. Mahoney, 1977a), darf darüber spekuliert werden, ob diese Transkripte zur damaligen Zeit nur deshalb veröffentlicht werden konnten, weil Wolpe sie *in seiner eigenen Zeitschrift* publizierte...

Schmidt (1979) präsentierte einen Supervisionsansatz auf der Basis der kognitiven Verhaltenstherapie (sensu Ellis, 1977; Mahoney, 1977 bzw. Meichenbaum, 1979), der den generellen Prozeß über spezifische Techniken stellt. Seiner Meinung nach bestehen die Hauptziele von Supervision darin, daß Therapeuten lernen, (a) relativ angstfrei zu arbeiten, (b) auf der Basis von Beobachtungen und Verbalberichten Hypothesen über das Klientenverhalten zu bilden sowie (c) auf dieser Basis effektive Änderungstechniken auszuwählen. Er trennt dabei zwischen Supervision für Therapieanfänger (d.h. Supervision während der *Ausbildung*) und Supervision in der *Praxis*:

Für Supervision in der *Ausbildung* diskutiert er (a) bestimmte Rollenmerkmale (inkl. Gemeinsamkeiten und Unterschiede von Therapie und Supervision), (b) Übertragung, Gegenübertragung und „Parallelprozeß" (vgl. Kap.9.3.2, wobei Supervision zur *Klärung*, nicht aber zur Elimination solcher Prozesse beitragen soll), sowie (c) Einstellungen gegenüber Therapie (insbesondere problematische / irrationale Überzeugungen).

Für eine Supervision in der *Praxis* regt Schmidt – entsprechend seinem Anliegen einer „Systematisierung" – folgende Stufenfolge an: (1) Der Supervisand präsentiert schwierige/ konflikthafte Aspekte in verhaltensnah beschreibender Form; (2) auf lerntheoretischer Basis werden Hypothesen über die Funktion des Problemverhaltens diskutiert; (3) Umgang mit den Emotionen und kognitiven Selbstverbalisationen des Supervisanden; (4) auf der Basis von 1-3 erfolgt eine Analyse der Frage: Welche therapeutischen Ansätze bzw. welche spezifischen Techniken sind sinnvoll? sowie (5) Der Supervisand rekapituliert die Diskussion bzw. Erkenntnisse.

Linehan (1980) legte einen für die damalige Zeit bemerkenswerten Breitbandansatz verhaltenstherapeutischer Supervision vor, der auf einem dreidimensionalen Modell aus (1) Ausbildungszielen, (2) Methoden/Vorgehensweisen sowie (3) Anwendungsgebieten (z.B. Settings, Kliententypen, Problemfeldern) fußt. Neben der Betonung einer Spezifizierung therapeutischer Kompetenzen auf den klassischen drei Ebenen des Verhaltens versucht sie, VT-Prinzipien auf das Training von Ausbildungskandidaten zu übertragen. Während sie die Themen „Lerntransfer" und „Evaluation" von Supervision nur kurz streift, äußert sie sich ausführlich zu konkreten therapeutischen Basisfertigkeiten (von Theoriewissen über Informationsverarbeitung/klinische Urteilsbildung, über Kommunikation/Interaktion, Diagnostik, Therapiemethoden bis zum Umgang mit emotionalen Reaktionen während der Therapie) sowie zu den wichtigsten Supervisionsmethoden (Problemlösen, „skills training" etc.).

Kratochwill, Bergan & Mace (1981) versuchten in ihrem (auf den Bereich Schulpsychologie bezogenen) Artikel, Prinzipien der Lern- und Verhaltenspsychologie auf die Ausbildung und Supervision zu übertragen. Neben der Spezifizierung professioneller Kompetenzen und der Betonung empirisch fundierter Vorgehensweisen legen sie Wert auf eine *Evaluation* der Ausbildungs-/Supervisionsergebnisse, wobei sie sich zum Teil auf das oben zitierte Modell von Linehan (1980) stützen.

Lutz & Koppenhöfer publizierten 1981 einen der ersten *deutschsprachigen* Erfahrungsberichte zur Supervision. Sie beklagen zunächst das Fehlen eines theoretischen Supervisionsrahmens und reduzieren ihren Anspruch darauf, mittels Weitergabe ihrer Erfahrungen bei der Supervision eines Einzelfalls einen „vorwissenschaftlichen" Beitrag zur Hypothesen- und Theorie*bildung* zu leisten. In subjektiv-deskriptiver Weise schildern sie – konkret und mit verhaltensanalytischem Denken – zunächst ihre Ansichten zu Definition, Inhalten und zeitlichem Verlauf von Supervision; danach folgen Überlegungen zum Theorie-Praxis-Verhältnis und eine Beschreibung von neun Aufgaben bzw. Interventionsprinzipien des Supervisors, bevor sie mit kritischen Anmerkungen zur Rolle des Supervisors als „Übertherapeut" schließen. Ihre Bitte an praktisch tätige VT-Supervisoren, ihre Erfahrungen (mit dem Ziel der Entwicklung eines fundierten Supervisionskonzepts) *weiterzugeben*, kann an dieser Stelle nur unterstrichen werden.

Wasik & Fishbein (1982) haben ein Problemlösemodell für Supervision vorgelegt, das mit neueren VT-Ansätzen hoch kompatibel ist. Sie übertragen die klassischen Problemlöseschritte von D'Zurilla & Goldfried (1971) explizit auf das Vorgehen während des Supervisionsprozesses. Die Stufen (1) „problem identification", (2) „generation of alternative solutions", (3) „evaluating solutions", (4) „decision making", (5) „actual performance" und (6) „evaluating results" können dabei als Strukturierungshilfe für den gesamten Supervisionsprozeß benutzt werden. Außerdem lassen sich mit ihrer Hilfe z.B. Stärken und Schwächen zu Beginn, Fortschritte während der Supervision oder auch Themenbereiche, die intensivere Weiterarbeit erfordern, erfassen. Einige konkrete praktische Anregungen der Autoren sind mit dem eigenen Prozeßmodell (Kap.11) grundlegend in Übereinstimmung.

Hosford & Barmann (1983) beschrieben einen Supervisionsansatz auf Basis der sozialen Lerntheorie Banduras (1979). In diesem Verständnis werden Probleme der Supervisanden bei ihren Therapien als *Lerndefizite* aufgefaßt. Die Aufgabe des Supervisors besteht darin, Supervisanden zu helfen, das jeweils notwendige Wissen und/oder Können zu erwerben. Ihr Grundmodell der Supervision orientiert sich demzufolge an den Problemlöseschritten: (a) Identifikation der zu ändernden Verhaltensweisen, (b) Festlegen der Arbeitsziele, (c) Auswahl und Anwendung der adäquaten Interventionen, um diese Ziele zu erreichen, und (d) Evaluation der Lernfortschritte. Des weiteren betonen die Autoren den Aspekt des „Lehr- und Lernprozesses" sowie ein maßgeschneidertes Supervisionsvorgehen.

Ponterotto & Zander (1984) formulierten – auf Basis der „Breitband-Verhaltenstherapie" von Arnold Lazarus – ein *multimodales* Supervisionsmodell. Dabei dient das Akronym des „BASIC-ID" (Behavior, Affect, Sensation, Imagery, Cognition, Interpersonal relationships, Diet/ drugs) als grundlegende Orientierung, und zwar sowohl als Suchraster für mögliche Schwierigkeiten von Supervisanden in den einzelnen Bereichen als auch als Lernzielvorgabe und Hilfe für die Planung möglicher Interventionen während der Supervision. Folgende Schritte werden als wesentlich erachtet: (a) Verhaltensdiagnostik auf Basis des „BASIC-ID" (zur Konstruktion eines individuellen „Modalitätenprofils" und Ableitung von Lernzielen), (b) Flexibilität des Vorgehens (auf Basis eines „selektiven technischen Eklektizismus" spezifisch auf Supervisanden zugeschnittene Interventionen), (c) kontinuierliches Aufzeichnen/Evaluieren der Supervisandenfortschritte (u.U. Modifikation/Revision des Modalitätenprofils), und (d) Betonung der Supervisand/Supervisor-Beziehung (mit Schwerpunktsetzung auf der „edukativen" Funktion).

Zapotoczky & Bruckner (1985) stützten sich auf Gedankengänge von Sturm & Zielke (1984), deren Beitrag vier Variablen unterscheidet, auf die sich Supervision beziehen kann: (1) Patient; (2) Strategie/Methode; (3) Therapeut; (4) institutionelle Faktoren. Sie betonen neben der edukativ-didaktischen Ebene der VT-Supervision auch Beziehungsaspekte. Folglich bestehen die Hauptziele ihrer Supervisionspraxis (damals bezogen auf die Verhaltenstherapie-Station der Psychiatrischen Universitätsklinik Wien) darin, daß die im multidisziplinären Team arbeitenden Supervisanden sowohl (1) Sicherheit in „Techniken" als auch (2) Sicherheit hinsichtlich „Beziehungs- und Begegnungsaspekten" im unmittelbaren Patientenkontakt erlangen.

Frank & Vaitl (1985, 1986, 1987; Frank, Rzepka & Vaitl, 1996; Frank, Walter & Vaitl, 1992) gingen vom entwicklungsorientierten Supervisionsmodell Hogans (1964) aus, auf dessen Basis sie einen faktorenanalytisch konstruierten mehrdimensionalen Supervisionsfragebogen entwickelten („Fragebogen zur Erfassung von Supervisions- aspekten" FSPT). Teil I des Selbstbeurteilungs-Fragebogens für Therapeuten enthält 4 Skalen zu den Aspekten „Therapeutische Sicherheit" und „Supervisionseinstellungen"; Teil II erfaßt mit 5 Skalen unterschiedliche „Supervisionsbedürfnisse". Die Autoren setzen mittlerweile das Instrument zur Ausbildungsplanung und zur Überprüfung der Effektivität von Supervision ein. Erste empirische Analysen ergaben eine grundsätzli- che Bestätigung der Annahmen Hogans sowie eine Differenzierung von schulenüber- greifenden vs. schulenspezifischen (d.h. verhaltenstherapeutisch geprägten) Super- visionsmerkmalen. Erfreulicherweise wird die Entwicklung und Erforschung von VT- Ausbildung und Supervision von der Gießener Gruppe um Frank und Vaitl weiter fortgesetzt (vgl. Frank, 1996).

Hautzinger (1986) stellte ein kategoriales Beurteilungssystem für Verhaltensthe- rapeuten vor, welches die konzeptgetreue Umsetzung der kognitiven VT bei Depres- sionen kontrollieren soll. Das Vorgehen des Therapeuten wird von erfahrenen Klini- kern mittels elf Kategorien (z.B. Planung der Therapiestunde, Hausarbeiten bearbei- ten, Begründungen geben usw.) – formal analog zu den Skalen von Truax (1961) in der Gesprächspsychotherapie – nach jeweils 5 Stufen beurteilt. Bezogen auf die ur- sprüngliche Absicht, sicherzustellen, daß ein Therapeut, der vorgibt, bei reaktiv- neurotischen Depressionen kognitiv-verhaltenstherapeutisch zu arbeiten, dies auch tatsächlich tut, erbrachte ein Probelauf recht zufriedenstellende Ergebnisse. Erleichtert wurde das Erstellen valider Beurteilungsskalen durch den Umstand, daß für die ko- gnitive Therapie der Depression sehr gute (d.h. konkrete) Behandlungsmanuale (vgl. z.B. Beck, Rush, Shaw & Emery, 1979/dt.1981) vorliegen, an denen sich Therapeu- ten wie Skalenkonstrukteure orientieren können. Allerdings liegt hier ein relativ einge- schränktes Verständnis von Supervision zugrunde, wonach es primär um die Kontrol- le der manualgetreuen Umsetzung von Therapieschritten geht.

Langlotz-Weis & Sturm (1986) beschreiben das Vorgehen und die Besonderhei- ten der Supervision in einer verhaltenstherapeutisch orientierten Fachklinik für psy- chosomatische Erkrankungen (Bad Dürkheim). Supervision findet dort in den jeweili- gen multidisziplinären Behandlungsteams statt. Neben Ablaufritualen, Methoden und Inhalten gehen die Autoren auch auf Rollenkonflikte ein, die z.B. durch die Einbin- dung des (internen) Supervisors in die Klinikhierarchie und dessen Vorgesetztenrolle entstehen.

Strosahl & Jacobson (1986) versuchten, auf Basis einer kohärenten Rahmentheo- rie ein verhaltensorientiertes Trainingsmodell zu entwickeln. Sie betonen vor allem die

Einheit von (Verhaltens-)Diagnostik und Therapie sowie die Bedeutung von Behandlungstechniken. Als Kernstück der Verhaltenstherapie gilt für sie der empirische Zugang zu allen Themen während des Therapieverlaufs. Daneben diskutieren sie aber auch die Rolle der Therapeut-Klient-Beziehung und ethische Aspekte. Die Hauptaufgabe von Therapie und Supervision besteht nach den Autoren darin, aus der jeweiligen Fallkonzeptualisierung adäquate Behandlungstechniken abzuleiten. Als wichtigste Arbeitsschwerpunkte nennen sie (a) Strukturieren der Therapiesituation; (b) Selbstkontrolle (z.B. via „Hausaufgaben") und (c) verhaltenstherapeutische Änderungstechniken. Sie empfehlen zwei Prinzipien, nämlich (1) kriterienbezogenes Training (d.h. klar definierte Ziele, operationalisierte Fertigkeiten auf verschiedensten Ebenen) und (2) optimales Lernen in klinisch relevanten Dimensionen (schrittweise Weiterentwicklung, graduiertes Steigern der Schwierigkeit und Komplexität).

Hirschenberger, McGuire & Thomas (1987) haben ein Kompetenztraining für die Ausbildung von Verhaltenstherapeuten präsentiert, das 32 Fertigkeitsbereiche in lernzielorientierter Form enthält. Diese Kompetenzen sind vorbildlich operationalisiert, so daß sowohl Training als auch Evaluation in der Supervisionspraxis stark erleichtert werden. Inhaltlich gehe ich in Kap. 7.3 noch näher auf diese Vorschläge ein.

Kurpius & Morran (1988) stellen den traditionellen Supervisionsmodellen (psychotherapeutischer Ansatz bzw. fertigkeitsorientiertes „Skills training") ihr *kognitiv-verhaltensorientiertes* Konzept zur Seite. Sie untergliedern ihre Präsentation in kognitiv-verhaltenstherapeutische Techniken (mentales Üben, verdecktes und kognitives Modell-Lernen) sowie in drei kognitiv-verhaltenstherapeutische „Interventionsprogramme" (kognitives Umstrukturieren, Selbstinstruktionen und kognitives Selbstmanagement"). Alles in allem handelt es sich mehr um eine Sammlung kognitiv-verhaltenstherapeutischer Techniken, angewendet auf Ausbildung und Supervision. Nach Ansicht der Autoren besteht die günstigste Form des Lernens aus einer Kombination dieser Techniken mit traditionellen „Skills-Training-Approaches".

Leith, McNiece & Fusilier (1989) bauen auf der kognitiven Verhaltensmodifikation Meichenbaums (1977/dt.1979) auf. Im Zentrum ihres „kognitiv-behavioralen System-Ansatzes" stehen die Interaktionen zwischen Therapeut und Klient (im Sinne wechselseitiger S-O-R-Beziehungen) sowie klar operationalisierte therapeutische Kompetenzen. Dazu integrieren sie lerntheoretische Prinzipien (operantes Konditionieren, Lernen am Modell) mit einem lernzielorientierten, gestaffelten Vorgehen und propagieren 13 Aufgaben für VT-Supervisoren, die in Kap.8.1.4 zu finden sind. Ihre angeführten 43 Kompetenzbereiche (geordnet nach den Oberkategorien Planung, Interaktionen, grundlegende Therapiegestaltung, therapeutisches Vorgehen, Diagnostik, Sonstiges) sind in der Übersicht 11 in Kap.7.3 aufgelistet.

Tillmanns (1990/1994) fiel im Rahmen des von Pühl herausgegebenen umfangreichen „Handbuchs der Supervision" die – angesichts des begrenzten Raumes schwierige – Aufgabe zu, unter fast 40 Beiträgen die *verhaltenstherapeutisch* orientierte Supervision zu umreißen:

In erster Linie bezieht sich sein Beitrag auf Supervision in der Verhaltenstherapieausbildung im Rahmen eines VT-Curriculums zum Zweck der Zulassung zur kassenärztlichen Versorgung. Tillmanns legt die Supervisionsdefinition von Plessen & Kaatz (1985, vgl. unten: S.39) zugrunde und formuliert als Endziel der Ausbildung den eigenverantwortlich tätigen Verhaltenstherapeuten. Wichtige *Aufgaben* der Supervision in der VT-Ausbildung sind (a) Wissensvermittlung, (b) Rückmeldung des Wissens- und Erfahrungsstands der Supervisanden sowie (c) das Vermitteln von Erfahrungen unter Anleitung. *Lerninhalte* der Supervision umfassen (1) *theoretische Kenntnisse* (z.B. Diagnose-Erstellung/Bedingungsanalyse/Hypothesenbildung und Therapieplanung/Operationalisieren von Therapiezielen/verhaltenstherapeutische Strukturierung) und (2) *praktische Fertigkeiten* (z.B. Interaktionsstil/Flexibilität/Umsetzen der strukturierten Planung/Fördern von Kooperation/Fördern einer verhaltenstherapeutischen Einstellung/Umgang mit Krisen und Konflikten/Selbstreflexion/Anwendung von VT-Methoden/Lernbereitschaft). Ein Teil dieser Aspekte wird uns an anderer Stelle noch näher beschäftigen. Leider werden einige andere wichtige Themen (z.B. Lehranforderungen an den Supervisor, Therapiedidaktik, Gruppensupervision, Selbsterfahrung) nur am Rande gestreift.

Lieb (1993) hat eines der bislang ausgereiftesten Konzepte vorgelegt, das auf der Basis aktuellen theoretischen Hintergrundwissens und klinischer Erfahrung den *Prozeß* der VT-Supervision prägnant beschreibt. Nach einer kurzen Klärung von Begriffen und der Darstellung eines Anforderungsprofils an VT-Supervisoren präsentiert er ein 9stufiges Prozeßmodell, das speziell für die *Fallsupervision* gedacht ist. Darin ist die schwierige didaktische Aufgabe einer plausiblen Umsetzung der vielfältigen klinischen Urteilsprozesse von Supervisoren in sprachliche Form dadurch gelöst, daß in Analogie zu Computer-Software ein sogenanntes „Hauptprogramm" mit mehreren „Unterprogrammen" beschrieben wird (vgl. auch Rappe-Giesecke, 1990, 1994). Das *Hauptprogramm* enthält folgende Stufen: (1) Blitzlicht, (2) Themensammlung, (3) Fallauswahl und fallbezogene Fragestellung/Problemstellung, (4) Fallrekonstruktion, (5) Ratifikation oder Korrektur der Fragestellung, gegebenenfalls Umschalten auf Unterprogramme, (6) Lösungssuche, (7) Ratifikation der Lösung, (8) Lösungstransfer, (9) Abschluß oder Neueinstieg in 3. Als *Unterprogramme* werden genannt: Kontextanalyse (bezüglich der Umgebung, d.h. Ausbildungs- bzw. Arbeitskontext), Selbstreferenz (Selbsterfahrung/Selbstreflexion bezogen auf Supervisand, Supervisor bzw. deren Beziehung), Interaktionsanalyse (Beziehung Supervisand/Klient), „VT-Teaching" (Vermittlung von VT-Wissen und -Handeln) und Therapieanweisungen durch den Supervisor (z.B. Eingreifen aus Gründen des Patientenschutzes). Das Modell von Lieb weist viele Ähnlichkeiten zum später dargestellten eigenen Konzept auf, was durch die gemeinsame Hintergrundphilosophie (Berufung auf die Selbstmanagement-Therapie) und den Einfluß der Person Fred Kanfers auf die berufliche Sozialisation der Autoren erklärbar ist.

Engelhardt (1994) gibt im „Handbuch zur stationären Verhaltenstherapie" von Zielke & Sturm einen Überblick über die VT-Supervision im klinischen Setting. Er nimmt ebenfalls deutlich auf das Selbstmanagement-Konzept von Kanfer Bezug und liefert einen Abriß begrifflicher Klärungen und Formen der Supervision, Fertigkeiten von Supervisoren, Umgang mit Beziehung und emotionalen Reaktionen sowie didaktischer Hilfen und Methoden. Am Schluß beschreibt er noch kurz das praktische Vorgehen in einer Klinik, empirische Ansätze und rechtliche Aspekte.

Linehan & McGhee (1994) haben eine modifizierte Version des Linehan-Modells von 1980 publiziert. Schwerpunktthema jeder Supervision sind danach die Basiskompetenzen effektiver Verhaltenstherapeuten (vgl. auch Kap. 7). Als methodisches Vorgehen empfehlen sie ein sensibles, flexibles Oszillieren zwischen (a) Validierung vorhandener Fertigkeiten von Supervisanden (durch Beobachtung, Rückmeldung und Konzentration auf Entwicklungsfortschritte) sowie (b) eine Kombination aus Problemlösen und Fähigkeitstraining. Ziel ist jeweils der Aufbau erforderlicher Fertigkeiten (bzw. der Abbau inadäquaten Verhaltens), wobei Problemlösen im Sinne verhaltensorientierter Kompetenzdiagnostik (notwendige „Skills" vorhanden?) verstanden wird, um danach die entsprechenden Fertigkeiten trainieren zu können. Am Schluß geben sie noch generelle Hinweise für eine Therapie nach dem Modell ihrer „dialektischen Verhaltenstherapie", die speziell für Borderline-Patienten entwickelt wurde.

Frank (1995) hat – aus der VT kommend – kürzlich einen knappen, aber fundierten Überblick über „Psychotherapie-Supervision" gegeben. Sie beschreibt zunächst einige Verwendungszwecke und favorisiert sodann schulenübergreifende Meta-Konzepte (Problemlösen, Entwicklungsmodelle der Supervision), um den Prozeß der Supervision zu organisieren, und erwähnt abschließend als wichtigste Aufgabe von Supervisoren, bei ihren Supervisanden für entwicklungsgerechte Lernanreize zu sorgen.

An anderer Stelle (Schmelzer, 1995) habe ich mich zur Bedeutung von Supervision als Maßnahme zur Qualitätssicherung (QS) von Therapie geäußert und darauf aufmerksam gemacht, daß es sich um eine sekundäre QS-Strategie handelt, da zunächst einmal Strukturqualität (z.B. gut ausgebildete Therapeuten, ausreichendes Personal etc.) in den Prozeß *eingebracht* werden muß, bevor mit Hilfe von Supervision dessen Ergebnis überprüft und optimiert werden kann. Auch auf die Gratwanderung zwischen dem notwendigen Herstellen einer Vertrauensbeziehung und eventuellen Sanktions- und Kontrollmaßnahmen durch Supervision habe ich hingewiesen.

Zimmer (1996) liefert im Handbuch der Verhaltenstherapie von Margraf einen aktuellen Beitrag zur Verhaltenstherapie-Supervision, der ebenfalls auf dem Selbstmanagement-Ansatz Kanfers aufbaut. Darin behandelt er sowohl Ziele/Methoden einer VT-Ausbildung und Supervision, Anforderungen an Supervisoren, Rollenerwartungen für Supervisoren und Supervisanden, allgemeine und spezielle Supervisionsmethoden, Unterschiede zwischen Supervision und Therapie bzw. Selbsterfahrung, Kriterien für eine Supervision nach anerkannten Ausbildungsrichtlinien als auch ethische Richtlinien, Ausbildung von Supervisoren und Evaluation.

Je aktueller die deutschsprachigen Beiträge zur VT-Supervision werden, umso deutlicher wird deren Bezug zum Selbstmanagement-Modell Frederick Kanfers – was nicht verwundert, wenn man dessen Einfluß auf die gesamte Entwicklung der deutschsprachigen Verhaltenstherapie in den letzten Jahrzehnten berücksichtigt (siehe dazu besonders den von Reinecker & Schmelzer, 1996, herausgegebenen Sammelband). Auch gibt es zunehmend größere Überlappungen mit Ansätzen zur Therapieausbildung und Supervision, denen im weitesten Sinn ein „empirisch-wissenschaftliches" Verständnis zugrundeliegt und die im folgenden Abschnitt beschrieben sind. Dies wird wohl mit der generellen Entwicklung der Klinischen Psychologie hin zu einer empirisch fundierten *Allgemeinen Psychotherapie* (Grawe et al., 1994; Orlinsky, 1994) plausibel.

So gut wie allen bisherigen Supervisionskonzepten der Verhaltenstherapie sind folgende Elemente gemeinsam: Verhaltensnahe Beschreibung von Fertigkeiten der Supervisanden, Zentrierung auf Ausbildungssupervision, Evaluation und Nähe zu empirischen Ansätzen bzw. Forschung, klare Operationalisierung von Ausbildungs- und Supervisionszielen, lerntheoretische Fundierung der Kompetenzvermittlung sowie problem- und zielorientiertes Vorgehen. Diese immer wieder vorfindlichen Kriterien machen den elementaren Kern „verhaltenstherapeutischer" Supervisionskonzepte deutlich, die in Kap.3.1.5 zu Modellen anderer Therapieschulen in Beziehung gesetzt sind.

1.3 Verwandte Ansätze, Beiträge zur VT-Ausbildung bzw. Arbeiten mit Einfluß auf Konzepte der VT-Supervision

Neben den direkt auf VT-Supervision bezogenen Arbeiten gibt es eine Reihe von verwandten Ansätzen, die wegen ihrer empirischen Grundorientierung dem VT-Vorgehen relativ nahestehen. Andere hier skizzierte Beiträge betreffen speziell die verhaltenstherapeutische oder klinisch-psychologische *Ausbildung* oder haben im Lauf der Jahre einen gewissen Einfluß auf die VT-Supervision ausgeübt.

Hohe Kompatibilität mit verhaltenstherapeutischen Sichtweisen haben Supervisionsmodelle aus dem *Beratungssektor* („counseling"). Insbesondere in den U.S.A. haben diese Konzepte sehr früh lerntheoretische Grundgedanken absorbiert und vor allem hohen Wert auf konkret operationalisierte Beraterfertigkeiten gelegt (vgl. z.B. Bellucci, 1972; Delaney, 1972; Gavilan & Ryan, 1979; Horan, 1972 etc.).

Loganbill, Hardy & Delworth (1982) schrieben eine vielbeachtete fünfteilige Monographie zu einem „*konzeptuellen Modell der Supervision*". Darin äußern sie sich ausführlich zu folgenden Themen: (1) Definition und Funktionen der Supervision; (2) Hintergrund/theoretische Grundlagen der Supervision (Literaturüberblick über Ansätze aus der Sozialarbeit, der Psychoanalyse sowie der Klinischen Psychologie); (3) Diagnostik („assessment") im Hinblick auf (a) Entwicklungsmodelle der Supervision (vgl. Kap.3.2), (b) Supervisor, (c) Supervisand, (d) Supervisor/Supervisand-Beziehung sowie (e) Kontextfaktoren; (4) Interventionsstrategien und (5) Ausbildung von Supervisoren. Wegen der Nähe zu empirisch gestützten Forschungsarbeiten und der engen Verbindung von Diagnostik und Interventionen ist eine hohe Kompatibilität zum verhaltenstherapeutischen Vorgehen vorhanden. Angestoßen durch diesen Beitrag gaben ein Jahr später Bartlett, Goodyear & Bradley (1983) ein Themenheft der Zeitschrift THE COUNSELING PSYCHOLOGIST heraus. Viele Bücher zur Ausbildung und Supervision von Beratern folgten im angloamerikanischen Sprachraum (z.B. Bernard & Goodyear, 1992; Borders & Leddick, 1987; Boyd, 1978; Bradley, 1989; Dryden & Feltham, 1994; Dryden & Thorne, 1991; Feltham & Dryden, 1994; Hawkins & Shohet, 1989; Holloway, 1995 etc.).

Erwähnenswert ist auch ein Supervisionsmodell aus dem niederländischen Bereich (Haan & van Kessel, 1993; van Kessel & Haan, 1993a, 1993b), das ein verhaltensnah formuliertes Phasenmodell präsentiert.

Als eine Kombination von *Problemlösestufen, Microtraining und handlungstheoretischen Grundgedanken* sind die Supervisionsmodelle von Kaatz (1985) und Plessen & Kaatz (1985) zu sehen. Was die *inhaltlichen* Lernziele betrifft, werden gesprächstherapeutische Wurzeln deutlich:

Kaatz (1985) legte ein Strukturmodell der Supervisionstätigkeit vor, das den Anspruch eines therapieschulenübergreifenden Konzepts vertritt. Prinzipien und Strukturelemente der Supervision sind in Form eines zielorientierten Handlungsprozesses dargestellt, der die Arbeitsphasen Orientierung, Information, Gewichtung, Rückmeldung und Kontrolle umfaßt. Insgesamt stellt der Artikel eine Art Vor- oder Parallelarbeit zum ebenfalls 1985 erschienenen Buch von Plessen & Kaatz (1985) dar. Dieses wird von den Autoren mit dem Anspruch auf integrative, generelle Geltung präsentiert. Nach einer Beschreibung von Anwendungsbereichen, Determinanten und Bedingungen der Supervision sowie der Rollen von Supervisand und Supervisor wird der eigentliche Prozeß der Supervisionstätigkeit in fünf Phasen (siehe oben) gegliedert. In der zweiten Hälfte des Buches schildern sie ein praktisches Übungsprogramm, das jeweils konkrete Trainingselemente für jede einzelne Phase enthält. Am Schluß folgen noch Anmerkungen und Anregungen zur Effektkontrolle in der Praxis. Die praktischen Übungen sind meist als „Paper-und-Pencil"- oder Diskussionsanregungen konstruiert. Positiv anzumerken ist, daß versucht wurde, ein sehr verhaltensnahes, konkret spezifiziertes Konzept zu entwikkeln, welches Trainingselemente in gut operationalisierter (und damit trainierbarer) Form enthält – wenn auch eingeschränkt auf den kognitiven Bereich.

Im Überlappungsbereich zur Gesprächspsychotherapie (GT) sind Arbeiten zu nennen, die sich entweder auf die Ausbildung in therapeutischen Basisvariablen (z.B. Hackney & Cormier, 1993; Tscheulin, 1980a-c) oder die Supervision klientenzentrierter Psychotherapie (Auckenthaler, 1995) beziehen, dabei aber durchaus über klassisches GT-Vorgehen hinausgehen.

Einen wichtigen Anstoß für die Entwicklung von Therapieausbildung und Supervision gab auch die Gruppe um Carkhuff und Truax, die sich vor allem mit den empirischen Grundlagen der Gesprächstherapie-Variablen beschäftigte. Ihr „*Integratives didaktisch-experientielles Trainingsprogramm (IDET)*" (Carkhuff, 1969; Carkhuff & Berenson, 1967; Truax & Carkhuff, 1967) wird uns noch an anderer Stelle begegnen (Kap.17). Weitere Impulse gingen von der Arbeitsgruppe um Ivey aus, die Themen wie „*Microtraining*", „*Microteaching*" oder „*Microcounseling*" in die Diskussion brachte (vgl. z.B. Forsyth & Ivey, 1980; Ivey, 1971, 1974, 1983; Ivey & Authier, 1978; Ivey & Galvin, 1984; vgl. auch Kap.17). Ähnlich einflußreich wurde die Methode des „*Interpersonal Process Recall (IPR)*" von Kagan (1980, 1984; Kagan & Schauble, 1969). Wegen guter Fundierung seitens der empirischen Forschung (vgl. Kap.4) sind Elemente dieser Programme längst in die VT-Ausbildung und Supervision eingeflossen.

Einige Publikationen zielen vor allem auf die Verbesserung der klinischen Urteilsbildung, Informationsverarbeitung und Therapieplanung von Therapeuten ab (z.B. Gambrill, 1990; Gambrill & Stein, 1983; Makover, 1992; Schulte, 1996) oder leiten diese zu konstruktiven Selbstinstruktionen an (Morran, Kurpius, Brack & Brack, 1995).

Allgemeine Übersichtsbeiträge zur Supervision haben – in unterschiedlich umfangreicher Form – auch Zielke (1982), Fengler (1986a), Auckenthaler & Kleiber (1992) oder Filsinger & Schäfer (1992) präsentiert. Ein kürzlich erschienener Artikel (Thiel, 1996) sieht Supervision als besondere Form der Beratung an und betont eine schulenübergreifende Perspektive. Im deutschen Sprachraum sind vor allem die Bücher von John & Fallner (1980), Scobel (1989), Fatzer & Eck (1990), Pühl (1990a, 1994a), Rappe-Giesecke (1990, 1994), Brandau (1991a), Schreyögg (1991a, 1994a) oder Wilker (1995) weit verbreitet, während international das von Hess (1980a) herausgegebene Buch einen Markstein gesetzt hat. Mit dem Erscheinen seiner aktualisierten Zweitauflage wird in den nächsten Wochen gerechnet.

Andere Bücher beziehen sich speziell auf die Sozialarbeit (Belardi, 1992; Bernler & Johnsson, 1993; Munson, 1993) oder die Pädagogik (Pallasch, 1991; Pallasch, Mutzeck & Reimers, 1992; Petermann, 1995a).

Weitere Einflüsse entstammen Versuchen, entwicklungspsychologische Gedankengänge (z.B. Stufenmodelle) auf die Supervision zu übertragen. Hogan (1964) hat in einem ebenso kurzen wie einflußreichen Artikel eines der ersten *„Entwicklungsmodelle"* vorgelegt, in dem er vier Stadien propagiert, welche idealtypisch von angehenden Therapeuten durchlaufen werden. Viele Autoren haben mittlerweile Hogans Modell genutzt, weiterentwickelt oder verfeinert (vgl. z.B. Frank & Vaitl, 1985, 1986, 1987; Frank, Rzepka & Vaitl, 1996; Frank, Walter & Vaitl, 1992; Reising & Daniels, 1983; Skovholt & Ronnestad, 1992; Stoltenberg & Delworth, 1987; Watkins, 1995 etc.). Einige typische Aspekte von Entwicklungsmodellen der Supervision werden in Kap.3.2 noch ausführlicher dargestellt.

Die ersten *Ausbildungskonzepte für Verhaltenstherapeuten* bauten auf konkret operationalisierten Lernzielen auf, die meist nach den Prinzipien der operanten Konditionierung und des Lernens am Modell vermittelt wurden. In Einklang mit Konzepten wie Zielanalyse, Lernzieltaxonomien oder lernzielorientierter Unterricht (Krathwohl, Bloom & Masia, 1978; Mager, 1965, 1973 etc.), mit Vorschlägen von Krumboltz (1966) oder Kompetenzlisten von Sulzer-Azaroff, Thaw & Thomas (1975) konzentrieren sie sich z.B. auf beobachtbares, konkret beschreibbares Verhalten und verstehen die VT-Ausbildung als kreative Anwendung von Lerngesetzen auf konkrete Praxissituationen (vgl. z.B. Evans, 1976; Jakubowski-Spector, Dustin & George, 1971; Yen & McIntyre, 1976). Dabei fungiert der Supervisor als Person, die für die Lernziele und für Ausbildungs-Curricula verantwortlich ist, optimales Lernen fördert, als Vorbild dient und adäquates Verhalten verstärkt.

Andere bekannte Verhaltenstherapeuten gaben in frühen Beiträgen eher ihre persönlichen Haltungen und Erfahrungen zur VT-Ausbildung kund: So schrieb z.B. Krasner (1969) in einem Buchbeitrag über Wertfragen und praktische Möglichkeiten der erfahrungsorientierten Ausgestaltung einer längerfristig angelegten VT-Ausbildung. Entsprechend dem damals vorherrschenden Reformoptimismus betont er die Rolle von Therapeuten als Agenten für einen sozialen Wandel und propagiert den Nutzen von verhaltensmodifikatorischen Prinzipien für die Verbesserung menschlicher Lebensbedingungen.

A.A.Lazarus (1969) empfahl, die unmittelbare Ausbildungszeit vor allem für solche Vorgehensweisen zu nutzen, die *nicht* aus Büchern zu lernen sind (z.B. Identifikation relevanter Probleme aus den Beschwerden von Klienten, adäquate Auswahl von Methoden, Beobachtung anderer Verhaltenstherapeuten in Aktion, Arbeit als Co-Therapeut, Rollenspiele zu Übungszwecken mit Tonbandaufzeichnung etc.).

Hector, Elson & Yager (1977) beschäftigen sich in ihrem Artikel mit dem Erwerb von Beratungsfertigkeiten mittels Selbstmanagement-Prozeduren*. Sie halten das Erlernen von Selbstmanagement-Fähigkeiten sowie die Erfahrung eines Änderungsprozesses „am eigenen Leib" für effektive Methoden der Beraterausbildung.

Während eines 10wöchigen Kurses wählen Kandidaten *einen* Aspekt ihres Beraterverhaltens zur Selbstmodifikation aus. Dabei sollen drei schriftliche Aufgabenstellungen helfen: (1) Zu Beginn wird eine *Problembeschreibung und -analyse* vollzogen, welche konkret und in verhaltensnahen Begriffen die problematischen Verhaltensweisen und die aufrechterhaltenden Bedingungen spezifiziert. (2) Drei Wochen später folgen die *Zielformulierung* (von vage nach konkret), das *Erheben von Baseline-Daten* sowie der Entwurf einer *Änderungsstrategie*. (3) Am Ende des Prozesses stehen die *Beschreibung der Ergebnisse* und eine *Reflexion des durchlaufenen Selbstmanagement-Prozesses*. Als wichtigste allgemeine Selbstmanagement-Strategien führen die Autoren an: (1) Selbstbeobachtung und -analyse, (2) Ändern von Auslösern („cues"), (3) Kontingenzmanagement, (4) Beobachtung anderer Personen und (5) Selbstinstruktionen.

Bootzin & Ruggill (1988) schrieben im Rahmen einer Miniserie der Zeitschrift JOURNAL OF CONSULTING AND CLINICAL PSYCHOLOGY zum Thema „Psychotherapie-Ausbildung" über Ausbildung in Verhaltenstherapie. Ihr Fokus liegt dabei mehr auf den relevanten klinischen Prozeßfertigkeiten (z.B. Identifizieren von Problemen, Auswahl geeigneter Interventionen, Evaluation des Klientenfortschritts, Nutzung von Beziehungsfaktoren) als auf der Umsetzung einzelner Techniken. Ein wichtiges Ziel besteht nach den Autoren darin, Ausbildungskandidaten zu aktiv Lernenden für den Rest ihrer beruflichen Laufbahn zu machen. Weitere Aspekte ihres Artikels betreffen Evaluation und Qualitätssicherung der Ausbildung, wozu sie eine wissenschaftliche Ausbildung von Therapeuten sowie fundierte empirische Forschung für unabdingbar halten.

Die generell zunehmende empirische Orientierung und das Interesse an Forschungsergebnissen zur Therapieausbildung und Supervision wird ab den 70er Jahren anhand erster Review-Arbeiten deutlich. So behandelt z.B. der Überblick von Matarazzo (1971) sowohl die Ausbildung in psychoanalytischen, klientenzentrierten und verhaltensmodifikatorischen Ansätzen, medizinisch orientierte Psychotherapieausbildungen als auch Ausbildungsprogramme für professionelle und Laientherapeuten. Inhaltliche Ergebnisse ihrer später aktualisierten Reviews (Matarazzo & Patterson, 1986 bzw. Matarazzo & Garner, 1992) werden uns an anderer Stelle noch begegnen.

Erste Reviews speziell zur *Supervision* erschienen ab 1971 (Hansen & Warner, 1971) und wurden später fortgesetzt (Hansen, Pound & Petro, 1976; Hansen, Robins

---

* Hector, Elson & Yager (1977) verwenden den Selbstmanagement-Begriff allerdings enger und technikzentrierter als Kanfer et al. (1996).

& Grimes, 1982). Ihre wichtigsten Ergebnisse sind – ebenso wie die aus anderen/neueren Publikationen: vgl. z.B. Holloway & Neufeldt, 1995; Lambert, 1980; Lambert & Arnold, 1987; Russell, Crimmings & Lent, 1984 – in Kap.4 integriert.

Die Gestaltung der Ausbildung von Klinischen Psychologen und Psychotherapeuten – sei es im Rahmen universitärer Studiengänge oder in Form von Postgraduierten-Modellen – stand national wie international im Mittelpunkt von Arbeiten wie z.B. Birtsch & Tscheulin (1980), Peake & Archer (1984), Strupp & Schacht (1984), Drabman (1985), Kleiber (1985), Collins jr., Foster & Berler (1986), Dana & May (1987) oder Peterson, McHolland, Bent, Davis-Russell, Edwall, Polite, Singer & Stricker (1991). Andere Übersichtsbeiträge zur Therapieausbildung liegen von Garfield (1977), Ford (1979), Edelstein (1985), Edelstein & Berler (1987), Alberts & Edelstein (1990), Binder (1993) oder Beutler & Kendall (1995) vor.

Eine Buchreihe, die seit Beginn der 70er Jahre Forschungsergebnisse zur Klinischen Psychologie und Psychotherapie auf hohem Niveau zusammenträgt und auf diese Weise für den empirisch fundierten „Unterbau" von Ausbildung und Supervision sorgt, stammt von Bergin & Garfield (1971) und ist zwischenzeitlich in der 4.Auflage (Bergin & Garfield, 1994) erschienen. In dieser Hinsicht ist auch die Publikation von Grawe, Donati & Bernauer (1994) zu nennen. Ebenfalls grundlegende Beiträge zum Wissensfundus von Therapeuten liefern die von Reinecker (1994b) oder Petermann (1995) herausgegebenen Überblickswerke zu den wichtigsten klinischen Störungsbildern von Erwachsenen bzw. Kindern und Jugendlichen. Weitere wichtige Publikationen zur allgemeinen Entwicklung der Verhaltensdiagnostik und -therapie setze ich hier als bekannt voraus.

Zwischenzeitlich nehmen die *aktuellen* Arbeiten zur verhaltenstherapeutischen Ausbildung (z.B. Diesinger & Mehring, 1996; Frank, 1996; Reinecker & Schindler, 1996 etc.) explizit Bezug auf den empirisch gestützten Fundus klinisch-psychologischen Wissens und beziehen dementsprechende Lernziele/Inhalte wie Vorgehensweisen in die Ausarbeitung von Curricula ein.

1.4 Sonstige relevante Trends in der geschichtlichen Entwicklung der Supervision

Matarazzo & Patterson (1986) machen auf den heute kaum mehr vorstellbaren Sachverhalt aufmerksam, daß – vor allem in der Tradition und Logik der Psychoanalyse – die Therapiestunde ursprünglich als so mysteriös und sakrosankt betrachtet wurde, daß niemand Einblick in das tatsächliche Geschehen bekam. Auch Tonband- und Videoaufzeichnungen waren entweder technisch noch nicht möglich oder aber tabu.

Entsprechend dieser Einstellung kamen in der ersten Hälfte unseres Jahrhunderts in der Psychotherapie vor allem die Supervision in Form von *Fallbesprechungen* („case conference method") zum Tragen. Notgedrungen handelt es sich bei diesem Vorgehen immer um „Besprechungen von Besprechungen" und nicht um das *aktuelle Geschehen* in der Therapiestunde.

Rogers (1942) war der erste, der Tonbandaufzeichnungen von Therapiesitzungen anfertigte und mit Einwegscheiben arbeitete. Dies bedeutete einen großen Schritt vorwärts in Richtung *Beobachtung der realen Therapiesituation* und wurde in der Folgezeit von vielen therapeutischen Schulen aufgegriffen, verfeinert und intensiviert. Der technischen Entwicklung entsprechend sind mittlerweile *Video*aufnahmen zum Standard geworden (vgl.Kap.16.2.1).

Auch die Publikationstätigkeit insgesamt hat einen regen Verlauf genommen. Allerdings war bis Mitte der 60er Jahre das Thema Therapieausbildung in der Literatur kaum existent. Strupp & Bergin (1967) hatten damals zwar 2.741 Stellen zum Thema Psychotherapieforschung zusammengestellt, aus denen Garfield (1977, S.68) aber nur 20 Quellen ermitteln konnte, die sich – oft nur am Rande – mit Aspekten der Ausbildung beschäftigten. Viele der ersten Beiträge zu Ausbildung und Supervision waren anekdotische Schilderungen (vgl. z.B. Doehrman, 1976, zum „Parallelprozeß") und lieferten qualitative Beschreibungsaspekte, die allenfalls in Frühstadien der wissenschaftlichen Erkenntnis (Entdeckungszusammenhang: Reichenbach, 1938) ihre Berechtigung besitzen. Wie wir in Kap.4 diskutieren werden, müßten relevante Beiträge mittlerweile über Kasuistiken und das Mitteilen persönlicher Erfahrungen hinausgehen. In jedem Fall leisten Publikationen einen Beitrag zur intersubjektiven Diskussion und Erforschbarkeit/Prüfbarkeit subjektiver Standpunkte. Ihre Zahl geht bezüglich Supervision mittlerweile in die Tausende (vgl. oben: S.4), und mittlerweile sind drei deutsche und zwei englischsprachige Fachzeitschriften auf dem Markt gut etabliert (SUPERVISION, FORUM SUPERVISION, ORGANISATIONSBERATUNG/SUPERVISION/CLINICAL MANAGEMENT bzw. COUNSELOR EDUCATION AND SUPERVISION, THE CLINICAL SUPERVISOR).

Für das Ziel realitätsnaher Forschung sind auch Videobänder kompetenter Supervisoren hilfreich, wie sie Goodyear (1982) mit Erving Polster, Carl Rogers, Norman Kagan, Rudolph Ekstein und Albert Ellis angefertigt hat (Transkripte der Sitzungen sind bei Bernard & Goodyear, 1992, S.307 ff. abgedruckt). Sie können nach bestimmten Kriterien analysiert werden und außerdem Modellcharakter für ähnliche Forschungsprojekte annehmen.

Weitere Entwicklungsschritte waren sogenannte *„Mediatorentrainings"*, die sich mit der Ausbildung von Laien (z.B. Eltern, Lehrkräften, Erzieherinnen, Klinikpersonal etc.) in bestimmten therapeutisch relevanten, aber eingegrenzten Anwendungsfeldern beschäftigten (vgl. z.B. Innerhofer, 1977, 1993; Tharp & Wetzel, 1975; zusammenfassend auch Matarazzo & Patterson, 1986, S.831 ff. sowie Matarazzo & Garner, 1992, S.858 ff. etc.) und eine Behandlung im natürlichen Umfeld zum Ziel hatten. Dazu war notwendig, die zu lernenden Fertigkeiten zunächst in gut operationalisierter Form vorzulegen, didaktische Gesichtspunkte der Vermittlung zu berücksichtigen und die Trainingseffekte zu evaluieren.

Einen weiteren Fortschritt stellten *Manuale* zu diversen Fertigkeitsbereichen von Beratern/Therapeuten dar. Neben elementaren Kompetenzen der Gesprächsführung und Interaktion (Ivey & Authier, 1978; Kagan, 1984; Truax & Carkhuff, 1967) wurden für bestimmte Störungsbilder (vgl. z.B. Depression: Beck et al., 1979/dt.1981 etc.) die zentralen Therapieschritte in Manualform gebracht, wobei sich die Supervision dann auf das Überwachen der manualgetreuen Umsetzung beschränkt (Hautzinger,

1986). Wie Dobson & Shaw (1988, 1993) oder Moras (1993) diskutieren, erfüllen Manuale und griffige Übungsanleitungen für therapeutische Standardmethoden (z.B. Fliegel, Groeger, Künzel, Schulte & Sorgatz, 1994; Linden & Hautzinger, 1993) gerade für Ausbildungszwecke hilfreiche Funktionen.

Weitere einflußreiche Entwicklungen entstammen einerseits der *Familientherapie* (z.B. Liddle, Breunlin & Schwartz, 1988) und der *Systemtheorie* (z.B. Brandau, 1991a) und andererseits der *Gruppendynamik* (vgl. Antons, 1996; Rechtien, 1992; Rappe-Giesecke, 1990, 1994 etc.). Andere Impulse kamen aus dem Bereich *Organisationsberatung und -entwicklung* (auf die Supervision übertragen: vgl. vor allem Fatzer & Eck, 1990), wobei sich die Supervision – speziell in der Sozialarbeit – in den letzten Jahren insgesamt stark zur Institutions-/Organisationsberatung hin orientiert hat (Belardi, 1992, 1994; Weigand, 1996).

Zunehmende „Kombinationsmodelle" (z.B. Psychoanalyse + TZI: Oberborbeck & Regel, 1979; Balint-Arbeit und Organisationsentwicklung bzw. eine Kombination aus Psychoanalyse, Systemtheorie und Gruppendynamik: Rappe-Giesecke, 1990, 1994 etc.) lassen alte Grenzen klassischer Therapieschulen verschwinden. Dabei kombinieren „integrative" Ansätze unterschiedlichste Elemente oft auf höchst idiosynkratische Weise und setzen je nach soziokultureller Herkunft (USA vs. Deutschland) andere Akzente (vgl. Kap.3.3.7).

Für ein speziell verhaltenstherapeutisches Supervisionskonzept hilfreich sind noch Weiterentwicklungen der *VT im Gruppenkontext* (vgl. z.B. Grawe, 1980; Fiedler, 1986, 1987, 1995, 1996, 1996a etc.) sowie ein intensiviertes theoretisches wie praktisches Interesse an *Beziehungsvariablen* (siehe Kap.9) und an *„Selbsterfahrung/ Selbstreflexion"* (vgl. z.B. Bruch & Hoffmann, 1996; Laireiter & Elke, 1994; Görlitz & Hippler, 1992; Kanfer et al., 1996, S.506 ff.; Schmelzer, 1994a, 1994b, 1996 etc.).

Andere „Entwicklungsschübe" kamen wohl eher fachfremd von außen dazu, so z.B. die Zulassung der Verhaltenstherapie zur Abrechnung als Leistung der gesetzlichen Krankenkassen in Deutschland ab 1987 (mit der Verpflichtung zur Erstellung KV-zugelassener Ausbildungsmodelle, die verpflichtende Supervision beinhalten: vgl. Diesinger & Mehring, 1996).

1.5 Fazit

Betrachtet man die historischen Aspekte für ein abschließendes Resümee, so werden viele unterschiedliche Linien deutlich. Von einer „Entwicklung" der Supervision (im Sinne einer aufeinander aufbauenden Abfolge mit systematischer Nutzung der jeweils vorherigen Erkenntnisstufe) kann allerdings nicht die Rede sein. Es existiert vielmehr eine unglaubliche Fülle heterogener, isolierter Ansätze mit äußerst unterschiedlicher wissenschaftlicher Qualität und weitgehend ungeklärten Zusammenhängen zwischen behaupteten und tatsächlichen Effekten. Dabei fällt vor allem ein Mangel an empirisch fundierter Forschung sowie an wechselseitiger Durchdringung von Theorie und Praxis auf.

Für die *Verhaltenstherapie* läßt sich sagen, daß Supervisionsansätze – insbesondere im Ausbildungsbereich – in bescheidenem Rahmen schon immer vorhanden waren, daß die „Praxis" aber einen zeitlichen Vorsprung gegenüber der dazugehörigen Theorieentwicklung vorweisen kann. Viele Stärken und bereits bewährte VT-Elemente (z.B. Konkretisierung/Operationalisierung von Lernzielen und Verhaltensweisen, fundierte Lern- und Veränderungsmodelle, Problemlöse-Ansatz als Meta-Konzept, Verpflichtung zu Evaluation, Nähe zur wissenschaftlichen Vorgehensweise, effektive Therapiemethoden etc.) stellen auch für Ausbildung und Supervision die Basis dar. Andere Themen, die im Verlauf der VT-Geschichte später Beachtung erfahren haben (z.B. Beziehung, Kommunikation und Interaktion, kognitive Repräsentation von Erfahrungen, Selbstregulation und Selbstkontrolle etc.), werden mittlerweile ebenfalls einbezogen. Weitere Aspekte (z.B. konstruktivistische Sichtweise, systemisches Denken, Schema-Ansatz, Emotionen etc.) finden erst langsam Eingang in VT-Konzepte. Hier wird ein Zweck der vorliegenden Arbeit auch darin bestehen, solche Gedankengänge schlüssig in die VT-Supervision einzubeziehen.

Bislang hat die VT-Supervision m.E. bemerkenswert wenig von den Erfahrungen anderer Schulrichtungen profitiert und sich selten die Mühe gemacht, über den Tellerrand der Ausbildungssupervision hinauszuschauen. Zwar kann längst nicht alles, was andernorts (z.B. in Psychoanalyse oder Sozialarbeit) praktiziert wird, unbesehen übernommen werden; jedoch sollte in Zukunft die selbstgewählte Verpflichtung zur Akzeptanz empirisch überprüfter Vorgehensweisen dazu führen, bestimmte Elemente oder Perspektiven in ein VT-Konzept einzubeziehen. Falls mit ihrer Hilfe nachweislich bestimmte Zwecke erfüllt werden können, sollte es egal sein, in welchen Bezugssystemen diese ursprünglich einmal entwickelt worden waren.

Der Blick auf die geschichtliche Entwicklung der Supervision hat in diesem Zusammenhang bereits einige Themenkreise ins Interesse gerückt, die im Rahmen der vorliegenden Arbeit noch auf Brauchbarkeit geprüft werden. Dies sind u.a. Erfahrungen und Elemente aus Supervisionskonzepten anderer Therapieschulen und Versuche der Nutzung der VT-Supervision für Zwecke, die über Ausbildungssupervision hinausgehen (z.B. Gruppen- und Teamsupervision, Organisations-/Institutionsberatung etc.). Die VT-Supervision kann m.E. auch von englischen und amerikanischen Konzepten zur Beratung („counseling") profitieren, weil dort konkrete Fertigkeiten operationalisiert sind, die in Form von Curricula vermittelt und evaluiert werden.

Andere Elemente haben sich bereits im *therapeutischen* Kontext als hilfreich erwiesen, müssen zum Teil aber noch speziell auf die Supervision hin übertragen werden, wie z.B. Beziehung und Motivation, Lernen und Veränderung, Problemlösen und Prozeßmodelle, Selbstregulation und Selbstmanagement, Lernzielorientierung und Kompetenzvermittlung, Lehren und Didaktik oder Evaluation und Qualitätssicherung des Vorgehens.

Insgesamt ist m.E. auch im Bereich der Therapieausbildung und Supervision über die Jahre ein Trend zu einer schulenübergreifenden Entwicklung und zum wechselseitigen Erfahrungsaustausch zu verzeichnen. Allerdings hat die Verhaltenstherapie nach wie vor Probleme mit Konzepten, die nicht objektivierbar/operationalisierbar sind, sich gegen Kritik immunisieren und eher dogmatischen Glaubensüberzeugungen als wissenschaftlich prüfbaren Modellen gleichen. Statt der Proklamation von Supervisionsansätzen, die lediglich auf den persönlichen Erfahrungen von Einzelpersonen beruhen, setzt aber erfreulicherweise eine langsame Öffnung und Hinwendung zu fundierter empirischer Forschung ein. Insgesamt wird wohl erst in Jahren und Jahrzehnten genauer zu beurteilen sein, was sich im Stahlbad von Evaluation und Effektkontrolle bewähren kann, welche Entwicklungslinien sich fortsetzen bzw. nur kurzfristige „Modetorheiten" darstellen.

Falls es in den nachfolgenden Kapiteln gelingt, zusätzliche effektive Vorgehensweisen herauszuarbeiten und diese mit bislang bewährten VT-Erfahrungen – auf Basis der „Selbstmanagement-Philosophie" (Kap. 5) – in ein stimmiges Gesamtmodell zu integrieren, wäre ein wesentliches Ziel dieser Arbeit erreicht.

2 Supervision: Begriffsklärung, Ziele, Formen und Einsatzfelder

Nach dem geschichtlichen Überblick stehen jetzt begriffliche Klärungen (2.1), eine Beschreibung/Analyse von Zielen und Funktionen (2.2), die Betrachtung diverser Formen der Supervision inkl. der Abgrenzung zu verwandten Aktivitäten (2.3) sowie bisherige Einsatzfelder von Supervision (2.4) im Blickpunkt.

2.1 Vorliegende Definitionen – ein beispielhafter Überblick

Viele Autoren haben sich bereits an die anspruchsvolle Aufgabe gemacht, zu einer Beschreibung und Begriffsklärung von „Supervision" zu gelangen, und dementsprechend heterogen ist das Spektrum der vorgeschlagenen begrifflichen Lösungen. Dabei stellt die jeweils zugrundeliegende theoretische Orientierung eine Hauptquelle für Differenzen dar.

Manche beginnen damit, das Wort „Supervision" sprachlich zu zerlegen und Assoziationen zu den Begriffsbestandteilen zu bilden (vgl. z.B. auch Leith et al., 1989, S.4; Schumacher, 1993, S.35 etc.):

So konnotieren einige zum Wort „SUPER" die Bedeutungen „von oben (herab?)", „darüber", „übergeordnet", „höherwertig" bzw. „Über..." (der Supervisor als Übermensch oder Übertherapeut...); „VISION" wird assoziiert mit „sehen, überblicken, voraussehen", „seherische Kräfte" bis hin zu quasi übersinnliche Mächte haben. „SUPER" und „VISION" *in Kombination* ergeben dann Wortspielereien wie „Sicht von oben" (Barthe, 1985, S.143), „Überblick bewahren", „von oben herab sehen", „darüber stehen", „überwertige Visionen haben" im Sinne von bessere Lösungen anbieten können. Andere Bedeutungsgehalte wie „Supertherapeut mit magisch-seherischen Kräften" lassen mystisch-illusionäre Erwartungen anklingen. Aber auch „Überwachen" im Sinne von Kontrolle bzw. „Fachaufsicht" durch übergeordnete Personen (Vorgesetzte) werden thematisiert, mit allen weitergehenden Assoziationen wie Angst vor Kontrolle bzw. Einschränkung persönlicher Freiheiten. Schnell wird dann in der Phantasie aus Supervision eine „Horrorvision" (Lehrmann, 1990, S.26).

Andere versuchen Herleitungen mit Hilfe von Lexika bzw. aufgrund lateinischer Sprachbedeutungen:

So entnimmt Retzer (1990, S.358) dem Wörterbuch die Bedeutungen „Kontrolleur", „Aufseher", „Oberaufseher" bzw. „Inspektor"; aus dem Lateinischen entstammen Tätigkeitsbeschreibungen wie „(zu)sehen", beobachten", „erkennen", „darauf achten", „wahrnehmen", oder „erwägen".

Wieder andere (z.B. Scobel, 1989, S.12) verweisen auf die Notwendigkeit, den geschichtlichen Entstehungshorizont des Begriffs adäquat zu berücksichtigen:

So deutet einiges darauf hin, daß das Wort „Supervision" ursprünglich aus dem Bereich der Industrie in den angloamerikanischen Ländern stammt, wo es für das Überwachen der ordnungsgemäßen Herstellung von Produktionsteilen reserviert war (vgl. auch Brandau, 1991b, S.13). Erst später wurde der Begriff auf *soziale* Tätigkeiten übertragen und mit anderen – z.B. therapeutischen – Funktionen versehen (vgl. auch Kap.1.1.1). Dies erklärt möglicherweise, weshalb bei amerikanischen Supervisionsansätzen nach wie vor die überprüfende Kontrollfunktion eine wichtige Komponente ist, während z.B. niederländische Supervisionskonzepte die administrative Seite bewußt ausgeklammert lassen (vgl. van Kessel & Haan, 1993a).

Wir sehen hier bereits, daß es mit einer subjektiven Extrapolation von *Wort*bedeutungen und privaten Assoziationen nicht getan sein kann. Andere Ansätze gehen deshalb weit über die Interpretation einzelner Begriffsbestandteile hinaus und legen umfangreiche Definitionen vor. Auch dieses Unterfangen ist nicht ohne Schwierigkeiten, weil es unterschiedlich weit bzw. eng gefaßte Definitionen geben kann. Im Prinzip rangieren alle vorliegenden Definitionsversuche zwischen den beiden folgenden Extremen:

1. *All-inklusive Definition:* „Supervision ist alles, was ein (dieser) Supervisor tut. Supervision ist jede Form von Begleiten von Berufsarbeit" (Siegers, 1990, S.36).
2. *Definitionsverzicht:* Damit ist die – angesichts des begrifflich-definitorischen Wirrwarrs durchaus verständliche – Haltung gemeint, sich in seinem Beitrag/Buch/Artikel ganz einfach um die Formulierung einer Definition zu drücken.

Die von Siegers eher kritisch-ironisch gemeinte „allumfassende Definition" (vgl. 1) hilft dabei für unsere Zwecke ebensowenig wie der – egal ob durch kognitive Kapitulation, Inkompetenz, Trägheit oder eine „Weisheit des Nicht-Wissens"* motivierte – *völlige* Verzicht auf eine nähere Begriffsbestimmung (vgl. 2). Um das Spektrum *zwischen* diesen Extrempolen etwas ausloten, möchte ich – rein illustrativ und ohne Anspruch auf Vollständigkeit – in der Übersicht 2 (vgl. nächste Seite) eine Reihe von Begriffsbestimmungen anführen, die von Autoren aus verschiedenen Kontexten vorgeschlagen wurden. Nach Definitionen aus dem Bereich der (1) *Sozialarbeit* folgen solche aus dem Bereich (2) *allgemeiner „Beratung und Therapie"*, dann (3) *psychoanalytisch* geprägte sowie einige (4) *„systemische"* Definitionsansätze, gefolgt von (5) genuin *verhaltenstherapeutischen* Begriffsbestimmungen. Die exemplarische Aufreihung verfolgt mehrere Ziele: (1) Sie vermittelt einen Eindruck von der Heterogenität und Divergenz der Ansätze und (2) macht die Theorieabhängigkeit, Perspektivenrelativität und Schulenbezogenheit der Definitionen deutlich. (3) Falls wichtige Bestimmungsstücke trotz Schulenbezogenheit häufiger genannt werden als andere, könnte dies auf deren „schulenübergreifende" Bedeutung hinweisen. (4) Sie lenkt den Blick auf Abgrenzungsversuche und -probleme hinsichtlich anderer, verwandter Aktivitäten (z.B. Therapie: vgl. S.54 ff.) und (5) auf Themenkreise, die noch eingehender zu diskutieren sind.

---

* Im Sinne von Sokrates: „Scio nescire – ich weiß, daß ich nichts weiß".

(1) Definitionen aus dem Bereich der Sozialarbeit:

„Supervision ist in erster Linie eine Art des Lehrens, eine *Methode des Lehrens und Lernens*" (Kamphuis, 1968, S.102).

Supervision „...ist ein Verfahren, das 'problematische berufliche Interaktionsereignisse' (Münch, 1979) zwischen Helfer, Klient und Institution in den Blick nimmt, um diese Interaktionen wahrzunehmen und zu verstehen. Die Reflexion zielt auf die Lösung schwieriger und den Supervisanden belastender beruflicher Situationen. Dabei handelt es sich um Probleme und Konflikte, die die Person des Supervisanden selbst, seine berufliche Rolle, die Beziehung zu den Klienten und die institutionelle Aufgabe des Arbeitsfeldes betreffen" (Weigand, 1989, S.248/249).

„Supervision ist eine methodisch angelegte Beratung, die problemorientiertes Lernen ermöglicht. Ihr Ziel ist es, auf Prozesse in Berufsfeldern einzuwirken, die sich mit Erziehung und Bildung, mit Konfliktlösungen, mit der Wiederherstellung gestörter Beziehungen, mit Therapie und mit sozialer Planung befassen. Dieser Lernprozeß ist langfristig angelegt und bezweckt eine durch Erfahrung verstärkte Verhaltensänderung auf der kognitiven, affektiven und psychomotorischen (Gestik, Mimik) Ebene" (Strömbach, Fricke & Koch, 1975, S.3).

(2) Definitionen aus dem Bereich allgemeiner „Beratung und Therapie":

„Supervision ist ein pädagogisch/erzieherischer oder therapeutisch/beratender Einflußprozeß, bei dem eine erfahrene und fachlich kompetente Person (Supervisor) einer fachlich unerfahreneren Person (Supervisand) Lernmöglichkeiten in Form von Beratungen, Anleitungen oder Kontrollen, verbunden mit spezifischen Arbeitsaufgaben, anbietet, mit dem Ziel der Erweiterung oder Vertiefung der persönlichen, fachlichen und sozialen Handlungskompetenz. Die Lernmöglichkeiten, die der Supervisand dabei erhält, beziehen sich auf die eigene Person oder auf seine Interaktionen mit anderen, wie Klienten, Gruppenmitgliedern etc." (Plessen & Kaatz, 1985, S.25).

„Als gemeinsamen Nenner sehe ich folgende Kriterien, die gleichsam als *Definition* aller berufsbezogenen Beratungsverfahren (Supervision, Balint-Arbeit, Institutionsberatung, Organisationsentwicklung) Gültigkeit besitzen:

1. Supervision als Form der berufsbezogenen Beratung ist entstanden im Zuge der Differenzierung von Berufsfeldern und der Standardisierung von Berufsvollzügen.
2. Ziel ist in jedem Fall die Kompetenzerweiterung bzw. der -erwerb des Supervisanden bzw. des Supervisandensystems (z.B. Team, Institution).
2. Supervision steht somit eindeutig in einer pädagogischen Tradition, da es um Lernen geht.
4. Der Kontrollaspekt spielt immer eine Rolle: entweder in institutionalisierter Form in der Ausbildungs-Supervision bei der Frage, ob die beruflichen Standards erreicht sind, oder im Sinne von Selbstkontrolle, wenn der Supervisand seine Arbeit im geschützten Rahmen reflektiert. Bei den Formen von Beratung in Institutionen (Teamsupervision, Organisationsberatung) stehen Kontrolle und Selbstreflexion in einem unklaren Schnittverhältnis, hier geht es um die Überprüfung des Arbeitsauftrages.
5. Es handelt sich immer um eine Form geleiteter, prozeßorientierter, berufsbezogener Beratung.
6. Die Anleitung findet durch einen erfahrenen Fachmann statt, der über besondere Kompetenzen für diese Arbeit verfügt.
7. In der Regel wird die Beratung in Gruppen durchgeführt" (Pühl, 1990a, S.3).

„Psychotherapeutisch angelegte Supervision ... sollte dazu dienen, daß professionelle Helfer - egal welcher Ausbildung und welcher Sparte - in einer selbstgewählten Form und mit selbstgewählten Themen lernen, ihr eigenes Handeln und Fühlen im beruflichen Alltag zu überdenken, emotionale und kognitive Hintergründe aufzudecken und – wenn möglich – die eigene Geschichte familiär und beruflich mit einzubeziehen. Supervision wird hier folglich und in erster Linie als Prozeß der Selbst- und Fremdreflexion definiert..." (Scobel, 1989, S.15/16).

(3) Definitionen aus dem Bereich Psychoanalyse:

„Das Ziel der psychoanalytischen Supervisionsmethode bleibt in jedem Fall die Aufhellung und Erkenntnis der unbewußten Übertragungsbeziehung zwischen Ratsuchendem und Berater" (Argelander, 1980, S.66).

„Wir haben es in der Supervision mit einem komplizierten Beziehungsgeflecht zu tun. Helfer und Klient stehen sich als Personen mit je spezifischen Sozialisationserfahrungen gegenüber. ... Supervision als kritisch angeleiteter Prozeß der Selbstreflexion hat die Aufgabe, dieses komplizierte Beziehungsgeflecht, das sozusagen direkt durch die Person des Helfers verläuft, in seiner bewußten und unbewußten Dynamik zu entwirren" (Pühl & Schmidbauer, 1986, S.16).

(4) Definitionen aus dem Bereich „systemischer Therapie":

„Ganz gleich, ob sie als Kontrolle der Kontrolleure, Beobachtung der Beobachter, Anleitung der Anleiter, Reflexion der Reflektierenden, (Meta)Dialog der Dialogisierenden usw., oder gar als Supervision der Supervisoren verstanden wird, intendiert Supervision – hinsichtlich welcher Kriterien auch immer – eine Instanz zu sein, die professionellen Helfern beim Helfen hilft. Supervision stellt – darüber dürften sich alle Theoretiker dieser Disziplin trotz erheblicher Divergenzen in begrifflicher und praktischer Hinsicht einig sein – 'Hilfe für den Helfer' bereit" (Ludewig, 1991, S.54).

„Supervision erscheint unter dieser Perspektive als ein selbststeuerndes System, das sich in einer komplexen Umwelt erhält, zu dieser Umwelt Kontakt aufnimmt und sich gleichzeitig von ihr abgrenzt und so seine Identität sichert. Supervisor und Supervisanden erscheinen als soziale Rollen, als Elemente dieses Systems" (Rappe-Giesecke, 1990, S.5/6).

(5) Definitionen aus dem Bereich der Verhaltenstherapie:

„In Kongruenz mit einer behavioralen Orientierung wird Supervision aufgefaßt als das Verändern spezifischer Reaktionsmuster beim angehenden Therapeuten, so daß er fähig wird, seinem Klienten zu helfen, die beiderseits gewünschten und vereinbarten Verhaltensänderungen effektiv umsetzen zu können" (Levine & Tilker, 1974, S.182; Übersetzung durch DS).

„Die grundlegenden Ziele therapeutischer Supervision - egal welcher therapeutischen Orientierung - bestehen darin, dem Therapeuten sowohl dabei zu assistieren, zum momentanen Zeitpunkt effektiv therapeutisch tätig zu sein, als auch, ihm die Fähigkeit zu vermitteln, effektive Therapie in Abwesenheit des Supervisors zu betreiben. Im Kern zielt Supervision – zumindest innerhalb professioneller Ausbildungsprogramme – darauf ab, einer Person beim Erlernen von Therapie (oder eines bestimmten Typs von Therapie) zu helfen, wobei die Klienten und das Fallmaterial der betreffenden Person verwendet werden" (Linehan, 1980, S.149; Übersetzung durch DS).

„Psychotherapeutische Supervision wird in diesem Rahmen verstanden als gemeinsames Bemühen, die Vorbereitung, Durchführung und Auswertung verhaltenstherapeutischer Maßnahmen bei Patienten mit zum Teil erheblichen psychosomatischen und psychiatrischen Störungen möglichst erfolgreich zu gestalten und die therapeutische Behandlungskompetenz der Beteiligten stetig zu verbessern" (Langlotz-Weis & Sturm, 1986, S.330).

Übersicht 2. Beispielhafte Auswahl von Supervisionsdefinitionen aus verschiedenen Kontexten.

Anhand einer Inhaltsanalyse der obigen Übersicht 2 lassen sich *wesentliche* Begriffsbestandteile wie folgt zusammenfassen und als *vorläufige Arbeitsdefinition* für unsere Zwecke nutzen: Supervision läßt sich verstehen als ein (1) *Lehr- und Lernprozeß*, der eine (2) *berufsbezogene Hilfestellung* insbesondere für „Beziehungsarbeiter" darstellt, sich also auf die Anforderungen der professionellen Arbeitssituation (im Gegensatz zu einer *persönlichen Therapie*) konzentriert. Durch (3) *pädagogisch-erzieherische* und *beratend-therapeutische Mittel* wird (4) auf *systematisch-methodische* Weise eine (5) *Analyse, Reflexion und Bearbeitung problematischer beruflicher Situationen/Interaktionen* vollzogen, die (6) *mehreren Zwecken* dienen kann: (a) Erwerb, (b) Gewährleistung/Aufrechterhaltung und (c) Verbesserung beruflicher Handlungskompetenzen, (d) Lösung von Interaktionskonflikten bzw. Verbesserung von Arbeitsbeziehungen in Teams bzw. Institutionen, (e) Qualitätssicherung und Schutz der Patienten vor unsachgemäßer Behandlung, (f) emotionale Unterstützung in schwierigen Situationen etc. Diese Einflußnahme wird (7) je nach Aufgabenstellung, Perspektive, Orientierung und Schulrichtung mit *anderen* Schwerpunkten, Konzepten, Formen und Vorgehensweisen vollzogen (vgl. auch Kap.2.3 bzw. Kap.3). (8) Supervisanden/Supervisoren nehmen dabei unterschiedliche *Rollen* ein (vgl. Kap.9.2), wobei sich *Supervisoren* in der Regel durch einen *Erfahrungs- und Kompetenzvorsprung* auszeichnen, den sie konstruktiv – und mit ethischer Verantwortung – für die Begleitung der Supervisanden nützen. Dabei kommt auch dem (9) *Arbeitsfeld* und den *Rahmenbedingungen* eine hohe Bedeutung zu.

Würde eine *Definition* genügen, um ein Phänomen erschöpfend zu beschreiben, könnte an dieser Stelle die Arbeit beendet werden. Eine noch so treffende Begriffsbestimmung kann jedoch immer nur Hinweischarakter oder Wegweiser-Funktion besitzen; sie entspricht mehr einem bibliothekarischen Stichwort oder Suchbegriff, die das Lesen des entsprechenden Quellenbandes weder ersetzen können noch sollen. Die üblichen begrifflichen Unschärfen einer Definition – besonders zum „Rand" (d.h. zu benachbarten Begriffen) hin – hat Wittgenstein sehr schön mit seiner *Ofen-Metapher* umrissen: Ähnlich wie es bei einem Ofen müßig ist zu fragen, wo denn nun die Hitze aufhöre und die Kälte anfange (vgl. Wittgenstein, 1978, PG 76, S.120), existieren für „Supervision" keine messerscharfen begrifflichen Konturen, sondern Unschärfen an den „Rändern" sowie Überschneidungen und Überlappungen*. Wegen dieses Sachverhalts würde wohl niemand dem Ofen seinen Nutzen (z.B. „Wärme spenden") absprechen. Auch bei „Supervision" werden wir häufig – trotz dominanter Kernziele bei bestimmten Aufgabenstellungen – partielle Überlappungen und Berührungspunkte mit verwandten Aktivitäten finden (z.B. Therapie, Selbsterfahrung, Weiterbildung etc.: vgl. Kap.2.3.2) und ständig mit dem Bild „ausgefranster Begriffsränder" konfrontiert sein. Für die Supervisions*praxis* läßt sich daher empfehlen, sich nicht mit knappen definitorischen Begriffshülsen zufriedenzugeben, sondern in jedem Einzelfall den Zweck und die Aufgabenstellung genauer zu klären, um einen adäquaten Zuschnitt der jeweiligen Supervisionsbemühungen zu ermöglichen.

---

* Seit längerem gibt es jedoch auch in den „strengen" Wissenschaften Möglichkeiten, um solche Unschärfen bzw. nicht streng disjunkte Merkmalsklassen „hinreichend exakt" abzubilden und sogar für neue technologische Entwicklungen zu nutzen: die sog. „fuzzy sets" (vgl. z.B. Zadeh, 1965). Ein gut verständliches, lesenswertes Einführungsbuch zu den Grundzügen der „Fuzzy-Logik" hat kürzlich Kosko (1995) publiziert. An dieser Stelle kann jedoch nicht näher auf das künftige theoretische Potential der „Fuzzy-Logik" für die Klinische Psychologie und Abläufe der Psychotherapie eingegangen werden.

2.2 Ziele und Funktionen von Supervision

Die Funktions*vielfalt* von Supervision zwischen Ausbildung, administrativen Aufgaben und Therapie ist seit langem bekannt (vgl. Ekstein, 1964). Kadushin (1976) ist mit seiner vielzitierten, fast „klassischen" Einteilung einer frühen Arbeit von Dawson (1926) gefolgt und hat die wesentlichen *übergeordneten Funktionen* von Supervision wie folgt beschrieben (vgl. Abbildung 2):

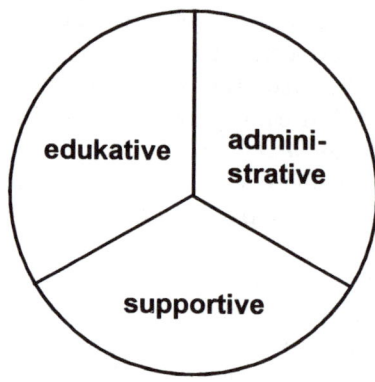

Abbildung 2. Funktionen der Supervision nach Kadushin (1976).

Diese umfassen im einzelnen folgende Bereiche:

(1) Edukative Funktion: z.B. Ausbildung, Lehren, Erziehen, Vermittlung von Wissen und Können, Training/Üben von Methoden und Vorgehensweisen, Anleitung zu Selbstreflexion, konstruktives Feedback, berufliche Sozialisation, Fördern der professionellen Identität etc.

(2) Administrative Funktion: z.B. Qualitätssicherung, Evaluation, Gewährleisten/ Verbessern der Tätigkeit von psychosozialen Helfern bzw. des optimalen „Funktionierens" einer Einrichtung, Einhaltung von ethisch-berufsständischen Richtlinien, Kontrolle von gesetzlichen oder Verwaltungsvorschriften, Patientenschutz, Optimieren der Arbeitsabläufe etc.

(3) Supportive Funktion: z.B. emotionale Unterstützung bei schwierigen Berufssituationen, Begleitung bzw. Entlastung, Assistenz beim Umgang mit beruflichem Streß, Aufbau von Selbstschutz gegen Überbelastung, persönliche Psychohygiene, Prävention von „Burnout" etc.

Kadushin (1976) ist es offenbar gelungen, mit seiner Einteilung die wichtigsten Überkategorien zu erfassen, denn eine Analyse einer Vielzahl in der Supervisionsliteratur genannten *Ziele* und *Funktionen* (vgl. auch Rich, 1993) erbrachte nur eine einzige *zusätzliche* Rubrik, nämlich die

(4) Emanzipatorisch-aufklärerische Funktion: z.B. Reflexion, Aufdecken, Bewußtmachen und Verändern bislang unbekannter persönlicher, interaktioneller und institutioneller Bedingungen, Förderung/Entfaltung menschlicher Entwicklung (vgl. z.B. Kallabis, 1992; Kersting & Lehmenkühler-Leuschner, 1988; Pühl, 1991; Schmidbauer, 1986) bis hin zu Hoffnungen auf innovative Wirkungen der Supervision für die psychosoziale Arbeit insgesamt (Belardi, 1992, S.29).

In der Regel erfüllt jede Supervision *multiple* Funktionen. Auch können die dominanten Schwerpunkte je nach Perspektive, Zweck und Variante sehr unterschiedlich verteilt bzw. kombiniert sein:

Während es z.B. in einer typischen „Ausbildungssupervision" (vgl. auch Kap.2.3) in erster Linie um die Vermittlung von Wissen und Können sowie das feedback-gestützte Erlernen/Üben spezifischer beruflicher Handlungskompetenzen (also um *edukative* Maßnahmen) geht, haben Einrichtungsträger (z.B. Klinikleitung) besonderes Interesse an Qualitätssicherung, Evaluation, Patientenschutz oder günstigen Kosten-Nutzen-Relationen (d.h. an *administrativen* Aspekten). Wegen der besonderen Belastungen durch ihre Berufssituation verbinden viele Therapeuten ihre Supervision mit dem Wunsch nach emotionaler Unterstützung und Entlastung (bevorzugen also *supportive* Gesichtspunkte). Dies verdeutlicht sehr persönliche bzw. interessenbedingt *unterschiedliche Schwerpunktsetzungen* mit der Konsequenz möglicher Zielkonflikte, Machtkämpfe und Kontroversen. Wenn auch das Spannungsfeld unterschiedlichster Interessen über die gesamte Supervision hinweg vorhanden ist, so finden wir üblicherweise eine gehäuftes Konfliktpotential in der *Anfangsphase* (bzw. oft schon in der Kontaktphase vor dem „offiziellen" Beginn: vgl. Kap.10.2). Hier muß unbedingt geklärt werden, was die betreffende Supervision überhaupt leisten soll und kann, so daß es statt unproduktiver „Grabenkämpfe" oder eines versteckten Machtgerangels zu offenen Dialogen und produktiven Konfliktbewältigungen kommen kann.

In der Literatur werden Ziele und Funktionen der Supervision auch unter dem Gesichtspunkt betrachtet, welche dominanten *Rollenverteilungen* sich für Supervisoren und Supervisanden daraus ergeben. Im einzelnen sind dies folgende (vgl. z.B. Bernard & Goodyear, 1992; Blocher, 1983; Doyle, 1982; Hess, 1980b; Holloway, 1984 etc.):

(1) Lehrer – Schüler (instructor – student) bzw. Meister – Lehrling (master – apprentice): Der Supervisor als „Meister seines Faches" lehrt spezifische Inhalte und Fertigkeiten, die der auszubildende Supervisand für seine Arbeit benötigt; Schwerpunkt: edukative Funktion.

(2) Therapeut – Klient (counselor – client): Der Supervisor stellt eine therapieanaloge Situation her, in der an der Person des Supervisanden gearbeitet sowie dessen persönliches und professionelles „Wachstum" gefördert wird. Überwiegend supportive Funktion (mit edukativen Anteilen), wobei auf die Differenzen zwischen Supervision und Therapie aufmerksam gemacht werden muß (vgl. S.54 ff.).

(3) Aufsichtsperson – Berater (monitor – counselor): Der (einer Institution oder einem Ausbildungsverband verpflichtete) Supervisor übernimmt eine Art Aufsichtsfunktion und überwacht die Arbeit des Supervisanden; Referenzkriterien sind Einhaltung ethischer, berufsständischer und institutioneller Richtlinien bzw. die Arbeit nach den „Regeln der

Zunft". Typische Rollenverteilung in der amerikanischen Tradition des Sozialarbeit; Schwerpunkt: administrative Funktion. Abgeschwächte Version: *Fachberater – Supervisand* (consultant – supervisee): Der Supervisor steht dem Supervisanden als zu konsultierender Experte beiseite; der Supervisand gibt einen Teil der Verantwortung an den Fachberater ab, der die Arbeit konzeptualisieren hilft; Mischung aus edukativer und administrativer Funktion.

(4) Kollege – Kollege (colleague – colleague): Supervisor und Supervisand pflegen auf kollegialer Ebene einen Austausch von Erfahrungen und geben sich wechselseitig Hilfestellung. Je nach Schwerpunkt eher supportive (Unterstützung), edukative (Lernen) oder administrative Funktion (gegenseitige Kontrolle im Sinne einer „Peer Review").

Speziell für die Supervision nach den Basisannahmen des Selbstmanagement-Modells (Kanfer et al., 1996, S.18) sind noch zusätzlich zu nennen:

(5) Der Supervisor als Impuls- und Anstoßgeber („instigator"): Er gibt Anregungen, stellt reflektierende Fragen, hilft bei der funktionalen Analyse von Zusammenhängen; dies kann durchaus „emanzipatorisch-aufklärerische" Züge annehmen (siehe oben).

(6) Der Supervisor als Problemlöse-Assistent („facilitator of problem-solving"): Er nimmt Supervisanden keine Probleme ab, sondern leitet diese mittels Orientierung an bewährten Schritten des Problemlöseprozesses an, mit ihren Anliegen selbst besser umzugehen (vgl. besonders Kap.11).

(7) Der Supervisor als Unterstützer und Herausforderer („supporter and challenger") in einer Person: Die Beziehungsgestaltung des Selbstmanagement-Supervisor repräsentiert eine besondere Kombination von empathischer Unterstützung bei gleichzeitiger Herausforderung zu anderen/neuen Perspektiven und Handlungsweisen (insbesondere im Hinblick auf den bisherigen Umgang mit Problemen).

Diese besonderen Rollenmerkmale sind in Kap.8, 9 und 10.3.2 weiter ausgeführt. Im später präsentierten Supervisionsmodell wird ein *zielorientierter* Standpunkt vertreten, wonach auf Basis einer generellen Selbstmanagement-Orientierung in jedem Einzelfall *adäquate Schwerpunkte* zu setzen sind, und zwar in Abhängigkeit von den jeweiligen Problemen, Zielen, Personen und deren Kontext. Die obigen Funktionen und Rollenverteilungen sind *im Prinzip* alle relevant (nur nicht alle gleichzeitig...); sie sind nicht von vornherein „gut" oder „schlecht", sondern müssen mit den jeweiligen Notwendigkeiten in Einklang gebracht werden.

Beispielsweise ist bei einem Supervisanden, der akut darunter leidet, daß ein Klient Suizid begangen hat, eine *supportive* Rolle des Supervisors angezeigt; nach Überwindung der akuten emotionalen Betroffenheit kann die *edukative* „Lehrer"-Rolle dominieren, wenn es in späteren Sitzungen darum geht, dem Supervisanden prinzipielle Fertigkeiten zum Umgang mit suizidgefährdeten Patienten zu vermitteln. Bei Verstößen gegen ethisch-berufsständische Richtlinien ist ein klar *administrativer* Standpunkt einzunehmen und als „Kontrollinstanz" zu intervenieren.

Die entscheidende diesbezügliche Prozeßfrage ist für Supervisoren: „Welche Rolle ist derzeit für die Ziele der Supervision angemessen?" Zwei damit zusammenhängende und *weiterführende* Fragen sind: (1) „In welcher Funktion sprechen mich die Supervisanden jeweils explizit und implizit an?" und (2) „Welche Funktionen kann, will oder muß ich tatsächlich übernehmen?" Dazu möchte ich noch folgende begrifflichen Anmerkungen vorausschicken:

(a) Explizite vs. implizite Funktionen der Supervision: Explizite Funktionen werden sozusagen „offiziell" als Ziele bekundet, während sich die impliziten (oft auch „heimlichen" oder versteckten) Funktionen erst im Verlauf des Prozesses durch eine Beobachtung der realen Vorgänge eruieren lassen. Gerade in Institutionen oder zwischen mehreren Personen kommt es häufig zu einer Verschleierung, Verzerrung oder Täuschung der „wahren" Absichten: So kann die offiziell von der Institutionsleitung verkündete Begründung einer Supervision auf „Verbesserung der innerbetrieblichen Kommunikation" lauten, während sie implizit einen langfristig geplanten Abbau inkompetenter Mitarbeiter vorbereiten soll.

(b) Deskriptive Analyse von Funktionen vs. Präskription von Zielen und Aufgaben: Die deskriptive Analyse zielt auf eine möglichst „neutrale", nicht-wertende Beschreibung/Erfassung der *tatsächlichen* Supervisionsfunktionen mit expliziten *und* impliziten Anteilen ab und versucht, Funktionen so zu beschreiben, wie sie *sind*. Dies kann in der Praxis durch den Supervisor selbst (bei der Reflexion seiner Tätigkeit), durch externe Beobachter, durch Rückmeldungen an den Supervisor durch andere Personen (z.B. in seiner eigenen Supervision) oder aber im Zuge der empirischen Supervisionsforschung erfolgen. Demgegenüber bezieht sich ein *präskriptiver Ansatz* um eine Beschreibung der Supervision so, wie sie *sein sollte*, damit sie „erfolgreich" abläuft. Idealerweise fließen präskriptive Gesichtspunkte als Leitlinien in praktische Supervisionsanleitungen oder Ausbildungen für Supervisoren ein. Dann läßt sich auch von *„Aufgaben"* der Supervision sprechen.

Mögliche destruktive Funktionen von Supervision. Die obigen Begriffsdifferenzierungen können dazu beitragen, im Zuge des Supervisionsprozesses *problematische Funktionen* zu erkennen, „Fehlfunktionen" zu beseitigen oder (präventiv) gar nicht erst entstehen zu lassen. Die Literatur ist voll von Beschreibungen schwieriger Supervisionskonstellationen, die zu „Reibungsverlusten", Mißerfolgen bis hin zur Sabotage aller Supervisionsbemühungen führen können (vgl. z.B. Auckenthaler, 1991; John & Fallner, 1980, S.26/27; Kadushin, 1968; Salvesberger, 1995; Sauer, 1996; Weigand, 1994a etc.):

So kann Supervision für eine Institution als *Alibi* dienen, um anderweitige Wünsche der Mitarbeiter nach besseren Arbeitsbedingungen blockieren zu können („Seht, was wir alles für Euch tun – Ihr habt sogar Supervision...!"). Anderen Einrichtungen dient Supervision – besonders mit namhaften Supervisoren – mehr zur *Imagepflege* und zum *Renommee*.

Auch *Supervisanden* haben illusionäre Ziele oder verdeckte Eigeninteressen: Neben der Hoffnung, daß die Supervision (oder am besten der Supervisor) alle Probleme beseitigen kann, hegen andere die Erwartung, grandiose (Selbst-)Erfahrungen zu machen, scheinbar mühelos aus therapeutischen Klemmen herauszukommen, ihre Verantwortung an den Supervisor abgeben zu können, „Umstürze" oder revolutionäre Entwicklungen im System ihrer Institution auszulösen oder mittels Supervision Illusionen zu bewahren (z.B. das leiterlose, gleichberechtigte Team: Weigand, 1994a). Andere möchten sich statt des Erwerbs notwendiger Kompetenzen und einer Suche nach Lösungen in der Supervision lieber mit endlosen Klärungsversuchen der Frage zu beschäftigen, „warum" die Probleme bestehen und wie sie in der Vergangenheit entstanden sind. Ab und zu nehmen auch „regressive Bedürfnisse" die Überhand, und Supervision wird mehr zu einer Schutzzone, einem Kaffeekränzchen oder einer Plauderstunde. Primär *kognitive* Bedürfnisse lassen sich gut in einer Supervision nach Art eines „existenzialphilosophischen Zirkels" oder *emotionale* in der Suche nach exorbitanten persönlichen Erfahrungen („peak experiences") befriedigen. Andere nehmen Supervision als „Trostpflaster" für mißliche Arbeitsbedingungen und schlechte Bezahlung oder als Möglichkeit, dem tristen Berufsalltag für kurze Zeit zu entfliehen.

Weitere destruktive Wirkungen haben damit zu tun, daß der Supervisor Funktionen ausübt, die *in der speziellen Situation* oder *zu der betreffenden Problematik* bzw. *Person* des Supervisanden nicht passen, d.h. daß er ungefragt als *Therapeut* tätig ist, *Selbsterfahrung* macht, sich als Erfüllungsgehilfe der Institution oder umgekehrt als Kumpan gegen die Organisationsspitze benutzen läßt, auf Harmonie setzt, wo klärende Konfrontation unausweichlich ist, nach personbedingten Einflüssen beim Supervisanden sucht, wo *institutionelle* Faktoren im argen liegen, Mitleid und Empathie mit gescheiterten Supervisanden zeigt, anstatt ihnen beim Erwerb fehlender Bewältigungskompetenzen zu helfen, von außen aufklärerisch-emanzipatorische Ziele oder konfrontative Interventionen setzt, ohne auch nur im geringsten die „im System" geltenden Regeln zu kennen o.ä.

Auch kann er beispielsweise *administrative* Pflichten übertreiben und zu stark auf *Kontrolle* samt negativer Sanktionen für inadäquates Verhalten setzen. Qualitätssicherung ist zwar *eine* Aufgabe von Supervision (vgl. auch Frank, 1995; Schmelzer, 1995) – bei zu starker Ausprägung evaluativer Kontrollkomponenten besteht jedoch die Gefahr, daß die Supervision zur „Snoopervision" („Schnüffelvision": Kadushin, 1990, S.20) wird und scheitert. Eine *heimliche* Kontrolle von Mitarbeitern unter dem Deckmäntelchen Supervision ist in jedem Fall ethisch inakzeptabel.

Diese Beispiele zeigen, daß es darauf ankommt, nicht nur auf die verbal bekundeten Ziele, sondern auf die *tatsächlichen Funktionen* zu achten. *Ein* Mittel ist die aufmerksame Analyse der Nachfrage zu Beginn (vgl. Kap.10.2); meist läßt aber erst eine funktionale Analyse die realen Funktionen der Supervision (bzw. *Diskrepanzen* zwischen den „offiziell" geäußerten Zielen/Anliegen und den tatsächlichen Abläufen/Funktionen) erkennen. Im wesentlichen geht es während des *gesamten* Supervisionsprozesses dann darum,

- offene Dialoge über Erwartungen, Hoffnungen und Wünsche zu führen, um zu (konstruktiven) Zielen zu gelangen,
- aus geäußerten Zielen solche (bewältigbaren) Aufgaben für die Supervision abzuleiten, daß die *propagierten* mit den *tatsächlichen* Funktionen der Abläufe weitgehend übereinstimmen,
- Zielkonflikte zu klären und zu bewältigen,
- destruktive/versteckte Funktionen zu erkennen und damit umzugehen (auch: sich als Supervisor nicht gleich auf alles einzulassen!),
- adäquate Schwerpunkte zu setzen,
- lösbare Probleme von unlösbaren Tatsachen zu unterscheiden,
- Grenzen/Illusionen/Utopien zu erkennen und als solche zu akzeptieren

und vieles mehr. Das (zielorientierte) Mehrebenen-Prozeßmodell in Kap.10 ff. gibt entsprechende Orientierung für die praktische Umsetzung.

2.3 Formen der Supervision und Abgrenzung zu verwandten Aktivitäten

Supervision hat vielerlei Varianten und steht im Kontext psychosozialer Aufgaben und Dienstleistungen normalerweise nicht isoliert. Daher soll in diesem Abschnitt die Formenvielfalt von Supervision umrissen und zu verwandten Tätigkeiten in Beziehung gesetzt werden. An dieser Stelle geht es lediglich um eine *Kurzcharakteristik* zur besseren Klärung von Gemeinsamkeiten und Unterschieden; eine *ausführlichere* Beschreibung der meisten Spielarten (mit einer Diskussion der Vor- und Nachteile sowie mit praxisrelevanten Hinweisen zur optimalen Gestaltung aus der Sicht des Selbstmanagement-Modells) folgt erst in Kap. 14.

Einen ersten Überblick über die Strukturzusammenhänge verschiedener Supervisionsformen gibt die nachstehende Abbildung 3, in der die Ausführungen von Barthe (1985, S. 143) und Gaertner (1982, S. 59) zusammengefaßt und graphisch veranschaulicht sind:

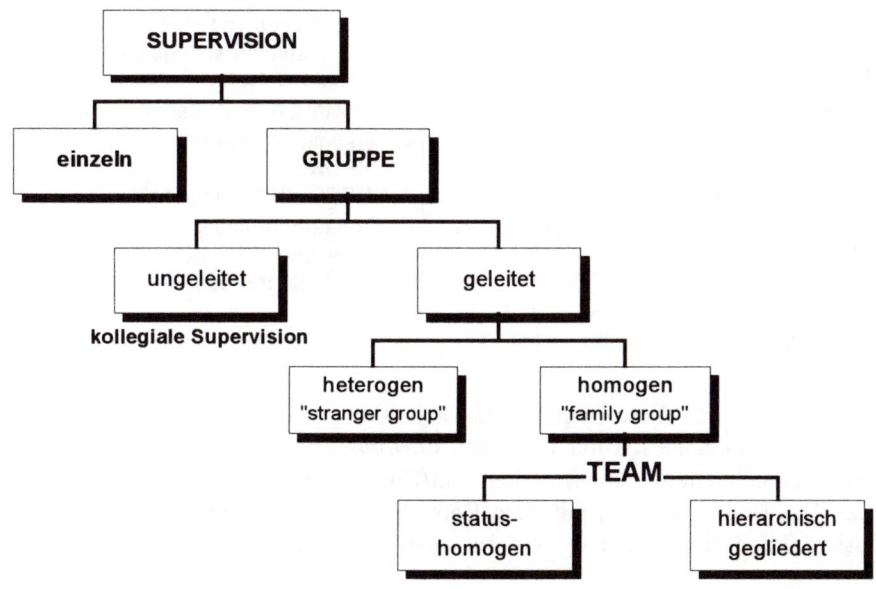

Abbildung 3. Überblick über verschiedene Supervisionsformen.

Die wichtigste Differenzierung betrifft den Aspekt, ob Supervision *einzeln* oder in einer *Gruppe* stattfindet. Letztere läßt sich anhand der Fragen „Ungeleitete vs. angeleitete Gruppe?", „Heterogene vs. homogene Zusammensetzung?" bis hin zur Team-Ebene weiter verästeln. Dort können Personen auf gleichberechtigter Ebene (statushomogen), aber auch mit unterschiedlichen Kompetenzbefugnissen (Vorgesetzte/ Untergebene, hierarchisch gegliedert) zusammenarbeiten.

Nach dieser grundlegenden *strukturellen* Gliederungsmöglichkeit möchte ich *inhaltlich* auf wichtige Formen bzw. supervisionsverwandte Tätigkeiten eingehen. Dabei werde ich mich den der nachfolgenden Übersicht 3 orientieren, in deren linken Spalte mögliche *Varianten* der Supervision angeführt sind, während die rechte Spalte einige Begriffe enthält, die sich auf *ähnliche, verwandte Aktivitäten* (mit sehr unterschiedlicher Schwerpunktsetzung) beziehen. Auch hier hat die „Ofen-Metapher" Wittgensteins ihre Gültigkeit (vgl. oben, S.41), so daß wir keine streng disjunkte Klassifizierung vorfinden; vielmehr weisen manche Aspekte gewisse Überlappungen auf, beziehen sich auf verschiedene Dimensionen bzw. können in kombinierter Form zur Anwendung kommen.

Varianten der Supervision	Verwandte Aktivitäten
• Einzel- vs. Gruppensupervision • Ausbildungs- vs. Praxissupervision • Fallsupervision • Teamsupervision (kollegial vs. extern) • Institutionsberatung / Organisationsentwicklung • Leitungsberatung / „Rollencoaching" • Projektsupervision • Live-Supervision • Kollegiale Supervision („Intervision") • Selbstsupervision • Lehrsupervision (Ausbildung für Ausbilder) • Supervision für Supervisoren („Kontroll-Supervision")	• Therapieausbildung allgemein • Fort- und Weiterbildung • Fallpräsentationen • Experten-Konsultation • kontinuierlicher kollegialer Austausch (kollegiales Netz) • Selbsterfahrung / Selbstreflexion • persönliche Therapie *EXKURS:* SUPERVISION vs. THERAPIE • Mediatorentraining • Begleitung von Laienhelfern und Selbsthilfegruppen

Übersicht 3. Varianten der Supervision und verwandte Aktivitäten.

Nachfolgend werden diese Begriffe präzisiert. Entsprechend der Reihenfolge der obigen Übersicht beginne ich mit typischen *Varianten* der Supervision (2.3.1) und beschreibe danach einige Ähnlichkeiten mit/Unterschiede zu *verwandten Aktivitäten* (2.3.2). Das Kapitel schließt mit einer Betrachtung von *Organisationsformen* der Supervision (institutionsintern vs. extern, freiberuflich etc.) und deren Implikationen (2.3.3).

2.3.1 Varianten der Supervision

Einzel- vs. Gruppensupervision. Wie es die Begriffe schon aussagen, steht in der Einzelsupervision jeweils ein einzelner Therapeut=Supervisand mit seiner beruflichen Situation im Mittelpunkt, während im anderen Fall die Supervision im *Gruppenkontext*, d.h. mit mehreren Supervisanden stattfindet (vgl. z.B. Holloway & Johnston, 1985 etc.). Je nachdem, ob die Gruppe nur zum Zweck der Supervision zusammenkommt und danach wieder auseinandergeht („stranger group": Kersting & Krapohl, 1994, S.96) oder ob sie auch außerhalb der Supervision ständig zusammenarbeitet („family group"), ergeben sich zwei grundlegende Arten von Gruppensupervision:

Einzelsupervision im Gruppenkontext. Ein externer Supervisor arbeitet mit ca. 3 – 6 Supervisanden an deren jeweiligen Fällen bzw. individuellen Supervisionsanliegen. Den Fokus bildet meist die Fallsupervision einzelner Gruppenmitglieder, hier eben in Anwesenheit und mit Unterstützung der restlichen Gruppe, eventuell unter Nutzung interaktiver bzw. gruppendynamischer Prozesse. Ein weiteres Beispiel sind Lerngruppen in der Therapieausbildung (vgl. Kap.14.1).

Gruppensupervision im eigentlichen Sinn. Bezieht sich auf eine Gruppe von Supervisanden, die in irgendeiner Form auch außerhalb der Supervision ein „soziales System" oder Arbeitsteam bilden. Eine Paradebeispiel dafür ist die externe Teamsupervision (siehe unten). In dieser speziellen Gruppensituation sind besonders gruppendynamische und interaktionsbezogene Prozesse zu beachten und zu nutzen (vgl. im Überblick Rechtien, 1992 bzw. Grawe & Dziewas, 1978). Neben Fallsupervision geht es dabei in der Regel um Interaktions- und Kommunikationsprobleme der Teammitglieder untereinander sowie um die institutionale Einbindung des Teams.

Ausbildungs- vs. Praxissupervision. Der Begriff *„Ausbildungssupervision"* bezieht sich speziell auf Supervision, die als verpflichtender Bestandteil eines Curriculums zur Therapieausbildung absolviert werden muß. Supervisoren wie Supervisanden sind dabei den Lernzielen und Spielregeln der Ausbildungsorganisation verpflichtet. In der Regel enthält die Ausbildung noch viele andere Aktivitäten, wie z.B. begleitende Lektüre, Wissensvermittlung, Selbsterfahrung, Fallbesprechungen, Praxisseminare und Workshops zu bestimmten Fragestellungen. Schwerpunkte der Ausbildungssupervision liegen vor allem auf (1) pädagogisch-didaktischen Vorgehensweisen des Lehrens und Lernens (Methoden- und Kompetenzerwerb, oft in künstlichen Situationen wie z.B. Rollenspielen), (2) Bearbeiten des Lernzielkatalogs des jeweiligen Ausbildungs-Curriculums, (3) aktiv-direktiver Praxisanleitung, (4) Aktivitäten des Supervisors zur „Überprüfung/Überwachung" der zu erlernenden Fertigkeiten, wobei (5) der Supervisor auch Verantwortung übernehmen muß, falls die Ausbildung bereits mit Realklienten durchgeführt wird. Von Supervisoren wird ein hohes Qualitätsniveau in Theorie, Praxis und Didaktik gefordert. Idealerweise befinden sie sich in ständiger Auseinandersetzung mit den Ausbildungszielen und -methoden und nehmen ihre Verpflichtung ernst, ihre Kompetenzen mit dem aktuellem Stand ihrer Disziplin in Einklang zu halten. Neben der eigentlichen Supervisionstätigkeit haben sie allerdings auch Prüfungsfunktion, d.h. sind evaluations- und sanktionsberechtigt, was die Offenheit ihrer Kandidaten beeinträchtigen kann bzw. Machtkonflikte impliziert (Gefahr von anpasserischem Verhalten, Arbeiten „für den Schein": vgl. auch John & Fallner, 1980, S.21).

Von *„Praxissupervision"** möchte ich dann sprechen, wenn ein bereits fertig ausgebildeter Therapeut seine Praxistätigkeit supervidieren läßt. Dies impliziert, daß der Therapeut=Supervisand bereits eigenverantwortlich tätig ist, daß es um tatsächli-

---

* Frank (1995, S.33) bezeichnet dies als „Fortbildungs-Supervision" – ein Begriff, den ich für etwas mißverständlich halte, weshalb ich „Praxissupervision" vorziehe...

che Therapie und Realklienten geht (und nicht mehr um Rollenspiele bzw. fiktive Therapiesituationen), sowie daß das Spektrum zu bearbeitender Fragestellungen aus dem
unmittelbaren Arbeitsgeschehen des Therapeuten heraus erwächst und nicht mehr von
extern vorgegebenen curricularen Lehr- und Lernzielen abhängt. Praxissupervision kann
in jeder Phase der späteren Berufstätigkeit stattfinden; sie hat hohe inhaltliche Frei-
heitsgrade, ist freiwillig (was – besonders bei Selbstfinanzierung der Supervisionsho-
norars – oft eine hohe Motivation indiziert), kann aber deswegen auch voreilig – z.B.
bei unangenehmen Rückmeldungen – abgebrochen werden.

Fallsupervision. Sowohl im Einzel- oder Gruppenkontext ist Fallsupervision eine der
häufigsten inhaltlichen Schwerpunktsetzungen. Im Gegensatz zur Analyse von Interaktionen, Kommunikationsstrukturen, Teamkonflikten, persönlichen Einflußfaktoren,
institutionalen Gegebenheiten oder Systembedingungen steht die *Begleitung der
unmittelbaren Fallarbeit* der Supervisanden („Wie kann ich mit Klient X weiterkommen?") im Mittelpunkt. Unter Zuhilfenahme von Audio- und Videobändern, Protokollen und Falldokumentationen wird der Supervisand zu einem verbesserten Umgang
mit seinen meist schwierigen Fällen angeregt. Wie das später präsentierte Supervisionsmodell zeigen wird, ist es auch bei der Fallarbeit für die Suche nach neuen Lösungen aber in der Regel erforderlich, die funktional-systemische Analyse sowohl auf
persönliche Anteile des Supervisanden (Kompetenzen/Defizite? Persönliche Einstel-
lungen/Konfliktbereiche? etc.) als auch auf Kontexteinflüsse (förderliche/hinderliche
Faktoren des „Systems"?) auszudehnen.

Teamsupervision. Hier sind zwei Varianten zu unterscheiden: *(a) Kollegiale Supervision im Team:* Ein bestehendes Team supervidiert sich wechselseitig, wobei alle
Vor- und Nachteile der „kollegialen Supervision" zum Tragen kommen (vgl. unten
bzw. vgl. Kap.14.6). *(b) Externe Teamsupervision:* Bei dieser „eigentlichen" Form
der Teamsupervision holt sich das Team einen Supervisor von außen, um z.B. bestimmte Binnenkonflikte, Kommunikationsbarrieren oder institutionell bedingte Probleme zu überwinden. Ziel ist in diesem Fall das (Wieder-)Herstellen einer funktions-
fähigen Teamstruktur, so daß das Team die ihm übertragenen Aufgaben sachgerecht
erfüllen kann (vgl. z.B. – wenn auch aus einer anderen Therapierichtung – Rappe-
Giesecke, 1994). Im Unterschied zur Einzelsupervision in Gruppen bleibt das Team
auch außerhalb der Supervision als Team bestehen, was für die Arbeit des Supervisors
besondere Bedeutung hat (vgl. dazu das ausführliche Kap.14.2). Teamsupervision
kann auch in Institutionsberatung übergehen oder einen Teil von Organisationsent-
wicklungsmaßnahmen darstellen (vgl. unten), was den hohen Wert der Reflexion institutioneller Einbindungen unterstreicht.

Institutionsberatung/Organisationsentwicklung. Diese Supervisionsvarianten haben
zum Ziel, die Abläufe innerhalb einer Institution oder Organisation zu verbessern (z.B.
Teamkonflikte bearbeiten, Kommunikationsabläufe effektivieren, Rollen und Kompetenzen klären, Organisationsstrukturen optimieren), häufig unter Nutzung systemischer und/oder gruppendynamischer Ansätze (vgl. z.B. König & Volmer, 1994). Institutionelle Strukturen und Abläufe sollen mit ihrer Hilfe so um- oder neuorganisiert
werden, daß die Institution die ihr zugedachten Aufgaben besser (oder zumindest an-

gemessen) erfüllen kann. In diesem Zusammenhang können analysiert werden: Hierarchie der Institution, Arbeitsbedingungen und -verträge, Rahmenbedingungen, Ideologie der Institution, rigide Richtlinien, bürokratische Abläufe, Arbeitsatmosphäre, Kommunikationsstil u.v.m. (vgl. z.B. Fatzer & Eck, 1990; Weigand, 1985, 1990a). Auch Maßnahmen zur „Teamentwicklung" (vgl. Voigt, 1993) oder „Personalentwicklung" (Sonntag, 1992) können angezeigt sein, wobei der Begriff „Entwicklung" meist darauf hinweisen soll, daß nicht unbedingt gravierende Probleme vorhanden sein müssen, sondern daß auch eine bereits funktionstüchtige Einheit noch Chancen der Weiterqualifizierung aufweist.

Leitungsberatung/„Rollencoaching". Diese Sonderform der Supervision dient der Reflexion und Verbesserung von Leitungsfunktionen, insbesondere in Institutionen. Leitungsberatung konzentriert sich auf spezielle Anforderungen und Unsicherheiten, die sich aus der Rolle von Führungskräften ergeben (wie z.B. Macht in Organisationen, Führungsstil, Personalplanung, Umgang mit der eigenen Autorität, Ausübung von Kontrollfunktion etc.: vgl. Eck, 1990b; Leffers, 1990 etc.). Der Grund, Personen in Leitungsfunktion getrennt zu beraten, liegt darin, daß eine offene, selbstkritische Auseinandersetzung mit der eigenen Rolle in Gegenwart von Mitarbeitern einen Gesichtsverlust bedeuten und in einer „normalen" Team- oder Gruppensupervision* nicht riskiert werden kann. Ziel ist ein effektiveres Umsetzen von Leitungsrollen mit der Konsequenz, daß sich dadurch die institutionellen Aufgaben besser erfüllen lassen. Für dieses praktische Einüben von Leitungsaufgaben paßt der Begriff „Rollencoaching" besonders treffend (vgl. Kap. 14.4).

Projektsupervision. Supervisoren können auch die Aufgabe übertragen bekommen, bestimmte Projekte zu begleiten (z.B. Aufbau einer psychotherapeutischen Einrichtung, Planung eines neuartigen Ausbildungscurriculums, innovative Forschung, interdisziplinäre Projekte etc.). Meist handelt es sich um zeitlich begrenzte Aufträge zum „Anschub" dieser Vorhaben. Supervisoren haben in erster Linie anstoßgebende und beratende Expertenfunktion für eine Projektgruppe und „überwachende" Funktion der Projektrealisierung inne, was neben hervorragender Fachkompetenz auch Fertigkeiten des Projektmanagements und der Koordination unterschiedlichster Personen und Ziele beinhaltet (Eck, 1990c; vgl. auch Kap. 14.5).

Live-Supervision. Insbesondere seitens systemisch-familientherapeutischer Ansätze ist es üblich, die unmittelbare Therapiesituation „live" zu supervidieren (vgl. z.B. Liddle, Breunlin & Schwartz, 1988; Schroll & Walton, 1991; Wark, 1995 etc.). Live-Supervision ist in vielen Variationen durchführbar, meist mittels Beobachtungskabinen und Einwegspiegeln bzw. unter Zuhilfenahme von Gegensprechanlagen (West, Bubenzer, Cantrell & Arnold, 1992), aber auch im gleichen Raum mit mehreren Therapeuten und Supervisoren in häufig wechselnden Konstellationen. Die extrem hohe Nähe zur Realsituation hat große Vorteile: Im Gegensatz zum sonstigen (meist zeitversetzten) Reden über Supervisionsabläufe kann der Supervisor die tatsächlichen In-

---

* Dies heißt aber nicht generell, daß Leitungskonflikte immer nur in Form von „Leitungsberatung" zu bearbeiten wären; in vielen Fällen ist eine Einbeziehung der Leiter in die Gruppensupervision der Gesamtinstitution möglich und konstruktiv.

teraktionen hautnah beobachten und bei Bedarf selbst ins Geschehen eingreifen. Anderseits ist ein hoher Zeit- und Personalaufwand zu veranschlagen, da es sich genaugenommen um eine Co-Therapie mehrerer „Profis" handelt.

Kollegiale Supervision. Diese Supervisionsform, die in der Literatur auch „Peer-Supervision" bzw. „Peer-Group-Supervision" (Borders, 1991) oder „Intervision" (Fengler, 1986b) genannt wird, stellt das gängigste (weil preisgünstigste) Modell für Praktiker in späteren Jahren ihrer Berufstätigkeit dar und kann als eine Art „psychosoziale Selbsthilfeinitiative" interpretiert werden. Dabei geben sich Kollegen *wechselseitige* Unterstützung, was dyadisch, triadisch oder in größeren Gruppen vonstatten gehen kann (zur praktischen Umsetzung vgl. Kap.14.6).

Selbstsupervision. Darunter läßt sich die Fähigkeit erfahrener Therapeuten verstehen, den *Prozeß* der Supervision auf die eigene Person anzuwenden. Dies stellt sozusagen die autonome „Endstufe" des Entwicklungsprozesses von Therapeuten dar, die gekennzeichnet ist durch hohes (selbst-)reflexives Arbeiten, kontinuierlichen kollegialen Austausch, selbstinitiierte Fort- und Weiterbildung, Offenheit für Feedback von anderen, Bereitschaft zur beruflich-persönlichen Weiterentwicklung, Kenntnis eigener Grenzen und die Fähigkeit zur Entscheidung, wann *andere* externe Formen der Supervision oder verwandte Aktivitäten (vgl. unten) bis hin zu einer persönlichen Therapie notwendig werden. Jede gute professionell-externe Supervision sollte die Supervisanden auch systematisch auf eine Selbstsupervision *vorbereiten*, indem sie die Fähigkeiten der Selbstbeobachtung/Selbstkonfrontation (auch mittels Medien) und Selbstreflexion aktiv vermittelt (siehe auch Kap.13.3).

Lehrsupervision. Dieser Begriff bezieht sich (ebenso wie der folgende) speziell auf die *Supervisoren* und deren *Ausbildung*. In Kap.8.3 sind einige Argumente und praktische Hinweise für eine systematische Supervisorenausbildung zusammengetragen, da nicht davon ausgegangen werden darf, daß gute Therapeuten automatisch gute Supervisoren wären. Für die Begleitung dieses Lehr- und Lernprozesses zum effektiven Supervisor benötigt man natürlich auch besonders qualifizierte Lehrsupervisoren.

Supervision für Supervisoren („Kontrollsupervision"). Auch „fertige" oder „erfahrene" Supervisoren benötigen (kollegiale) Unterstützung in dieser speziellen Funktion; wenn sich Supervisoren in eigener Regie um ein Forum bemühen, in dem sie schwierige Situationen bei der Supervisionsarbeit diskutieren und bewältigen können, möchte ich von „Supervision für Supervisoren" sprechen. Sobald diese verpflichtend angeordnet wird oder – z.B. während einer Lehrsupervision – der externen Überprüfung supervisorischer Kompetenzen dient, ist der Begriff „Kontrollsupervision" eher adäquat (vgl. Kap.8.3).

2.3.2 Verwandte Aktivitäten

Neben den obigen Varianten der Supervision gibt es eine Reihe von Tätigkeiten und Begriffen, die für Therapeuten ebenfalls sinnvoll und notwendig sein können, sich jedoch – trotz einer entfernten „Familienähnlichkeit" (Wittgenstein, 1980, PU Nr.67,

S. 57) und gewissen Überlappungen – im Kern von „Supervision" so gravierend unterscheiden, daß sie den „verwandten Aktivitäten" zuzurechnen sind.

Therapieausbildung allgemein. Jede anerkannte Ausbildung umfaßt in spezifizierten Curricula (mit konkreten Lernzielen, Eingangs-, Zwischen- und Abschlußprüfungen, Zertifikaten etc.) viele Elemente, die weit über die – ebenfalls enthaltenen – Supervisionsanteile hinausgehen: z.B. Theorie- und Literaturarbeit, didaktisches Lehren und Lernen, Beobachten von Experten, Gruppenübungen zum Erwerb notwendiger Basisfertigkeiten, Fallseminare, Workshops, Selbsterfahrung u.v.m. (vgl. AGPT, 1995/1996). Dennoch hat Supervision in jeder Ausbildung eine fundamentale Bedeutung, insbesondere aufgrund der Expertise und Kompetenz von Supervisoren, die in der Regel erfahrene und qualifizierte Therapeuten sind.

Fort- und Weiterbildung. Therapeuten haben die berufsständische Verpflichtung, auch *nach dem offiziellen Ende* einer Ausbildung mit den aktuellen Entwicklungen des eigenen Berufsstands – zumindest im speziellen Arbeitsfeld – in Kontakt zu bleiben oder sich in bestimmten Themen/Vorgehensweisen zu schulen. Diese Aktivität hat nur dann Berührungspunkte mit „Supervision", wenn neu erworbene theoretische und/oder praktische Kompetenzen angewandt werden sollen, und diese Umsetzung von einem Supervisor begleitet/unterstützt wird.

Fallpräsentationen. Fallberichte und Falldarstellungen gehören zwar auch in der Supervision zu den elementaren Vorgehensweisen (vgl. Kap. 16.1.1), stellen jedoch ein Handwerkszeug dar, das den beruflichen Alltag von Therapeuten *allgemein* begleitet. Die Fertigkeit zu prägnanter Fallpräsentation, deren Ausführlichkeit, sprachliche Darstellung, Medienbegleitung (Audio, Video, Folien etc.) immer vom Verwendungszweck und den Adressaten bestimmt sein muß, wird meist in der Therapieausbildung gelernt und in der Supervision verfeinert.

Experten-Konsultation. Damit möchte ich das gezielte Beratschlagen von Fragestellungen mit bzw. das Einholen von Spezialinformationen bei Berufskollegen bezeichnen, die besonderen Sachverstand oder Erfahrung mit bestimmten Themen besitzen (z.B. Spezialisten für Angststörungen, Kindertherapie oder Altersdiabetes). Eine Konsultation kann auch Personen einbeziehen, die in einer *anderen* Wissenschaftsdisziplin arbeiten, deren Erkenntnisse aber für den Fortgang eines Falles von Nutzen sein können (z.B. mit EEG- oder Biofeedback-Spezialisten, juristischen Experten etc.). Eine Experten-Konsultation ist meist freiwillig, punktuell angelegt und impliziert keinen fortlaufenden Beratungs- oder intensiven Veränderungsprozeß des Ratsuchenden.

Kontinuierlicher kollegialer Austausch (kollegiales Netz). Neben kollegialer Supervision ist ein kontinuierlicher kommunikativer Austausch in einem Netzwerk von Kollegen in jeder Phase der Berufstätigkeit hilfreich. Wichtige Funktionen dabei sind: Fachlicher Erfahrungsaustausch, wechselseitige Anregungen, emotionaler Rückhalt, soziale Unterstützung, Kennenlernen anderer Perspektiven und Arbeitsfelder, Gelegenheit zum Registrieren eigener „blinder Flecken" und zum Reflektieren persönlicher Werte und Normen etc.

Selbsterfahrung/Selbstreflexion. In Ergänzung zur Supervision lenkt die (berufs-bezogene) Selbsterfahrung die Aufmerksamkeit speziell auf *persönliche Anteile* des Therapeuten, um *Risiken zu begrenzen*, die durch die Person des Therapeuten in die Therapie einfließen (vgl. Bruch & Hoffmann, 1996; Laireiter & Elke, 1994 etc.). Neben der Konzentration auf negative Einflüsse (blinde Flecken, Probleme, Konflikte, Vorurteile) zielt Selbsterfahrung auch auf das Registrieren, Entwickeln und Kultivieren *persönlicher Stärken*, die eine Therapie effektivieren. Die Selbst*reflexion* betont den Aspekt des *Auswertens* solcher Selbsterfahrung und bezieht sich auf die konstruktiven Schlußfolgerungen solcher Reflexionen hinsichtlich der künftigen Therapiedurchführung. Ziel ist, daß therapeutisch relevante Interessen der Klienten sowie fachliche Notwendigkeiten die Therapie bestimmen, nicht jedoch schädliche persönliche Motive des Therapeuten. Wenn es auch möglich ist, Anteile von Selbsterfahrung im üblichen Rahmen der Supervision zu thematisieren (vgl. z.B. Lieb, 1994), wird mittlerweile in allen anerkannten VT-Ausbildungsgängen eine (parallel laufende) externe Selbsterfahrungsgruppe vorgeschrieben (vgl. AGPT, 1995/1996). In der *Supervision* lassen sich wichtige Selbsterfahrungs-Erkenntnisse des Supervisanden mit seiner praktischen Fallarbeit wieder zusammenführen. Umgekehrt kann die Supervision wertvolle Hinweise auf Themen geben, die der Supervisand mittels Selbsterfahrung (oder bei Bedarf mittels persönlicher Therapie) intensiver bearbeiten sollte.

Persönliche Therapie. Während andere Therapieschulen eine Eigentherapie zur Voraussetzung einer eigenständigen Berufsausübung machen, ist die Verhaltenstherapie – gestützt auf die Befundlage der empirischen Therapieforschung – der Ansicht, daß eine Therapie nur bei entsprechender *Indikation* (d.h. bei akuten oder chronischen Problemen des Therapeuten) in Gang gesetzt werden und ansonsten eine freiwillige Empfehlung bleiben sollte (vgl. zusammenfassend Schmelzer, 1996). Ziel einer persönlichen Therapie ist in jedem Fall die Sicherung oder Wiederherstellung der beruflichen Kompetenz des Therapeuten und der „sachgerechte Ablauf" seiner Therapien, unbeeinträchtigt von negativen persönlichen Einflüssen. Supervision kann zwar Hinweise darauf geben, ob und aus welchen Gründen angehende oder fertige Therapeuten sich (woanders!) einer Therapie unterziehen sollten – viele Stimmen warnen jedoch davor, Supervision zu Therapie umzufunktionieren.

Exkurs: Zum Verhältnis von Supervision und Therapie.

Von den meisten therapeutischen Schulrichtungen werden immer wieder die Unterschiede zwischen Supervision und Therapie betont (vgl. Blocher, 1983; Bordin, 1983; Burns & Holloway, 1989; Doehrman, 1976, S.79; Rubinstein, 1992 etc.). Besonders bei Autoren mit psychoanalytischer Orientierung erhält die Warnung, Supervision nicht zur persönlichen Therapie werden zu lassen, fast den Status einer Beschwörungsformel (vgl. z.B. Ekstein & Wallerstein, 1972, S.242 ff. oder Tarachow, 1963, S.303).

Aus dieser Tradition heraus wird die Gefahr einer „Therapeutisierung" der Supervision auch besonders verständlich – wenn nämlich der Fokus der Supervisionsarbeit nahezu ausschließlich auf die *Person* des Supervisanden und dessen lebensgeschichtliche (frühkindliche?) Übertragungstendenzen gerichtet wird, statt aktiv und zukunftsorientiert die aktuellen Arbeitsprobleme anzugehen, die letztlich zum Wunsch nach Supervision geführt hatten und die neben individuellen auch *institutionale* Bedingungen haben („System" bzw. „Kontext"). Die deutliche Kritik mancher Autoren, nicht nur die Person des Supervisanden oder gar dessen gesamte Institution „auf die Couch" zu legen (vgl. Fatzer, 1990a, S.82), sondern eine institutionell-systemische Perspektive einzunehmen, kann aus Selbstmanagement-Sicht voll unterstützt werden.

Die Gefahr einer falschen individuell-therapeutischen Schwerpunktsetzung von Supervision bei gleichzeitiger Ausblendung institutionaler Einbindungen ist jedoch nicht auf psychoanalytisch orientierte Supervision beschränkt. So beschreibt z.B. Gröning (1993, S.67) ihre Erfahrungen mit den Supervisionserwartungen einer Gruppe von Supervisandinnen wie folgt: „Der Wunsch, die Supervision zu einer therapeutischen Inszenierung umzufunktionieren, begründete sich teilweise in den beruflichen Perspektiven der Mitarbeiterinnen, von denen mehrere eine Zusatzausbildung in einer Therapierichtung der Humanistischen Psychologie absolvierten. Supervision wurde mit Gestalttherapie, mit Psychodrama oder Gesprächspsychotherapie quasi identifiziert – es hatte teilweise den Anschein, als sei es das Interesse der Supervisandinnen, sich als Entschädigung für die schlechten Arbeitsbedingungen von der Institution eine persönlich motivierte Therapie bezahlen zu lassen".

In der nachfolgenden Übersicht 4 (vgl. nächste Seite) werden sowohl Gemeinsamkeiten als auch Unterschiede zwischen Supervision und Therapie gegenübergestellt; im unteren Teil sind noch einige Besonderheiten bezüglich der „Supervision von Therapeuten" aufgeführt. Die genannten Gesichtspunkte tragen sicherlich schon gewisse Spuren einer *Selbstmanagement*-Supervision in sich; auf deren besondere Charakteristika gehe ich allerdings erst in Kap.5 intensiver ein.

Obwohl Supervision und Therapie (besonders auf der *Prozeß*ebene) einige Überlappungen in Strukturmerkmalen aufweisen, unterscheiden sich die *inhaltlichen und thematischen Schwerpunkte*: Während Supervision immer auf den Bereich „effektive Berufsausübung" begrenzt ist, bezieht sich Therapie auf das Bearbeiten von *persönlichen* Problemen und Konflikten im *Leben* und geht weit über den beruflichen Sektor hinaus. Die Versuchung, Supervision in Therapie umzuwandeln, ist natürlich dort besonders groß, wo sog. *persönliche Anteile* für einen Großteil der beruflichen Schwierigkeiten von Supervisanden verantwortlich sind. Mit den meisten Autoren bin ich in dem Punkt einig, die Supervision primär als *hinweisgebende Instanz* für den funktionalen Einfluß von Personfaktoren zu nutzen, eine intensive therapeutische Bearbeitung persönlicher Schwierigkeiten aber *außerhalb* der Supervision (in einem Extra-Setting) zu empfehlen. *Kleinere* persönliche Themen von Supervisanden mit engumrissenen Lernzielen, die mit Ausbildung/Supervision in direktem Zusammenhang stehen und bei denen innerhalb von zwei bis fünf Sitzungen Fortschritte zu erzielen sind (z.B. Umgang mit weinenden oder mürrischen Patienten, chaotische Aktenführung, besseres Zeitmanagement etc.), sind natürlich nicht auszuklammern; dabei sollten Supervisoren wie Supervisanden bei der Bearbeitung aber immer auf den *beruflichen Bezug* solcher Themen achten.

Supervision und Therapie	
Gemeinsamkeiten	**Unterschiede**
• *Allgemeine Struktur* (Lern- bzw. Änderungsprozeß; hilfreich: grobe Orientierung an idealtypischen Phasen des Problemlösens) • Kooperative Arbeitsbeziehung und Motivation als Fundament • Wechselseitiger Einflußprozeß • Zielorientiertes Arbeiten (Suche nach Klärungen und Lösungen) • Orientierung an geltenden ethisch-berufsständischen Richtlinien und geltenden Gesetzen • Hohe Zieloffenheit: weitgehende „Freiheit" beim Vereinbaren von Therapiezielen (innerhalb ethischer, juristischer bzw. menschlicher Grenzen und jeweils soziokulturell akzeptabler Standards) • Fokus: Realsituation „draußen" (Leben bzw. Berufssituation) • Sinnvoll: Indikation und zeitliche Begrenzung	• *Inhalt bzw. Themen* (bei Therapie: *persönliche* Lebensprobleme; bei Supervision: *berufliche* Probleme im Umgang mit Klienten bzw. professionellen Anforderungen; bei Ausbildungssupervision: Erwerb diagnostisch-therapeutischer Kompetenzen) • Aufsichtspflicht oder Patientenschutz („Wohl des Klienten") macht u.U. ein externes Eingreifen des Supervisors notwendig und legitim • etwas engerer Spielraum für die Ziele von Supervision (durch Vorgabe von Lernzielen in Ausbildungs-Curricula bzw. durch Verantwortung des Supervisors in Richtung „Kontrolle des sachgerechten Arbeitens" nach fachlichen Standards) • höhere didaktisch-edukative Anteile besonders bei Ausbildungssupervision • Supervision kann in bestimmten Phasen oder auch Arbeitsfeldern eine Dauerbegleitung darstellen
Sondersituation „Supervision von Therapeuten"	
• Supervisor und Supervisand haben den gleichen Beruf (mit *Vorteilen* wie ähnliches Arbeitsfeld, Experten bezüglich Psychotherapie in Theorie und Praxis, gemeinsam geteilter Hintergrund, aber auch *Risiken* wie z.B. Konkurrenzdenken, Rivalität, fehlende „Naivität" z.B. bei paradoxen Interventionen, kollektive Illusionen, Probleme mit der Wahrung einer *professionellen* Supervisionsbeziehung etc.) • „Schneeballeffekt" als Idealvorstellung: *Supervisor* hilft mittels Supervision dem *Therapeuten*, mittels Therapie seinem *Klienten* zu helfen, im Alltagsleben besser zurechtzukommen...	

Übersicht 4. Gemeinsamkeiten und Unterschiede bezüglich Supervision und Therapie.

Mediatorentraining. Schon vor langer Zeit haben sich Verhaltenstherapeuten mit Erfolg darum bemüht, andere Berufsgruppen als „Mediatoren" in pädagogischen/therapeutischen Vorgehensweisen auszubilden, um über diese „zwischengeschalteten" Personen (z.B. Lehrer, Eltern, Erzieherinnen, Krankenschwestern, Pflegepersonal) indirekt auf die Endadressaten (z.B. Kinder, Patienten) einzuwirken. Unter Bezug auf spezifische Zielgruppen firmierten solche Kurse meist als Eltern- oder Lehrertrainings (vgl. z.B. Innerhofer, 1977, 1993; Mutzeck & Pallasch, 1983; Tharp & Wetzel, 1975 etc.) und sind in der Regel auf Teilgebiete begrenzt (z.B. Anwendung lerntheoretischer Prinzipien, Gesprächsführung und Kommunikation, Durchführung von Entspannungs- oder Angstbewältigungsübungen etc.). Ihre Effektivität ist gut belegt (vgl. im Überblick Matarazzo & Patterson, 1986; Matarazzo & Garner, 1992 etc.).

Begleitung von Laienhelfern und Selbsthilfegruppen. Die emotionale und fachliche Unterstützung von Laienhelfern (z.B. in der Telefonseelsorge oder Altenpflege) und Selbsthilfegruppen (z.B. chronisch kranker Personen) mit einer eher konsultatorischen bzw. supportiven Rolle ist als „Hilfe zur Selbsthilfe" gedacht. Im Selbstmanagement-Modell ist das Ziel dabei, allenfalls als Start- oder „Geburtshelfer" für solche Gruppen aktiv zu werden und sich möglichst bald als Experte überflüssig zu machen (was eine zuvorige Stimulation der dortigen Ressourcen erfordert). Ein Sabotieren der Selbsthilfepotentiale durch Therapeutisierung sollte ausgeschlossen sein, wobei gegen ein punktuelles Wahrnehmen der Expertenfunktion (z.B. als Informationsvermittler neuester Forschungsdaten oder Behandlungsmöglichkeiten) nichts einzuwenden wäre.

Der Überblick über *verwandte* Aktivitäten hat deutlich gemacht, daß außer Supervision noch eine Fülle *anderer* wichtiger psychosozialer Dienstleistungen gibt. In der professionellen Kommunikation sollten wir diese nicht undifferenziert als „Supervision" bezeichnen, sondern die jeweils passenden Begriffe und Vorgehensweisen wählen – dies auch deshalb, weil es jeweils um unterschiedliche Ziele, Aufgabenstellungen, Spielregeln und Lösungsmöglichkeiten geht.

2.3.3 Organisationsformen der Supervision und ihre Implikationen

Supervision kann in verschiedenen *Organisationsformen* ablaufen. Dabei ist es nicht gleichgültig, ob die Tätigkeit von einem „freien", angestellten, haupt- oder nebenberuflichen, institutionsinternen oder externen Supervisor ausgeübt wird, ob die Supervisanden der gleichen Berufsgruppe angehören bzw. eine sehr heterogene berufsgemischte Gruppe repräsentieren (vgl. auch John & Fallner, 1980, S.15 ff.). In der Praxis können manche nachstehend genannten Aspekte *in Kombination* auftreten (z.B. in der Person des „freien", nebenberuflichen, institutionsexternen Supervisors...). Auf solche Besonderheiten und deren Implikationen für die Supervisionsarbeit soll hier näher eingegangen werden.

Institutionsinterne Supervision. Interne Supervision (im Gegensatz zur *externen*: vgl. auch Berker, 1994 oder das von Weigand herausgegebene Themenheft 12/1988 der Zeitschrift SUPERVISION) umfaßt alle Formen von Supervision mit Personen – und zwar sowohl Supervisanden als auch Supervisoren –, die der gleichen Institution angehören. Dazu gehört sowohl die wechselseitige kollegiale Supervision von Teams (als routinemäßige Praxisbegleitung und Qualitätskontrolle im Sinne einer „Peer Review") als auch die Einzel- oder Gruppenarbeit mit einem organisationszugehörigen Supervisor. Letzteres kann organisationsintern als permanentes Hilfsangebot bereitgehalten werden (z.B. in einem psychosomatischen Fachkrankenhaus, einem Heim oder einer Suchtklinik), durch akute Probleme motiviert sein oder der einführenden Begleitung noch relativ unerfahrener Kollegen dienen. In der Regel sind damit auch administrative Funktionen verbunden, insbesondere wenn die Supervision mehr einer „Fachaufsicht" betreffs sachgemäßer Durchführung der angebotenen Dienstleistungen entspricht und ihr Ziel in der Gewährleistung/Kontrolle der institutionalen Arbeitseffektivität besteht.

John & Fallner (1980, S.16 ff.) unterscheiden interne Supervisoren „in der Linie" vs. „aus der Stabsfunktion heraus". In beiden Fällen sind diese in die Struktur der jeweiligen Institution eingebunden, was einerseits zwar einen guten Einblick in die institutionellen Regeln gestattet, andererseits jedoch auch das Risiko mit sich bringt, durch überhohe Identifikation „betriebsblind" für neuralgische Strukturen und Abläufe zu sein.

Supervisoren „in der Linie" sind primär als Abteilungsleiter/Referenten tätig und üben erst sekundär ihre Supervisionsfunktion aus. Sie sind in alle institutionsinternen Leitungs-, Entscheidungs- und Weisungslinien eingebunden. Neben den Vorteilen guter Kenntnisse der „Interna" können sich durch die unklare Differenzierung von alltäglichen Arbeitsaufgaben vs. Supervisionspflichten (mit Sanktions- und Kontrollfunktionen!) aber starke Rollenkonflikte ergeben. Die direkte Betroffenheit von institutionellen Regeln und Abläufen sowie emotionale Anteile (Sympathie/Antipathie) aus anderweitigen Kontakten mit den Mitarbeitern können die Supervisionsarbeit schwierig werden lassen.

Supervisoren mit „Stabsfunktion" sind speziell zur Deckung des Supervisionsbedarfs einer Institution (außerhalb der üblichen Mitarbeiterlinie, meist nur gegenüber der obersten Leitung weisungsgebunden) angestellt und nur in dieser Funktion tätig. Daraus können hoher Erwartungsdruck bzw. entsprechende Rollenzuschreibungen (institutioneller „Problemlöser", „Konfliktexperte", „Sündenbock" o.ä.) resultieren. Der Sonderstatus bringt zwar etwas Vorteile durch gewisse Distanz, kann aber sowohl bei der Institutionsleitung als auch bei Supervisanden zu Mißtrauen und einem Außenseiterdasein führen. Für Supervisanden wird es schwer (außer auf eigene Kosten), sich von außerhalb der Institution einen Supervisor zu holen („Was wollt Ihr denn – wir haben doch selbst einen...!").

Die Vorteile interner Supervision bestehen in relativ günstigen Kosten, besonders bei permanentem Bedarf in größeren Institutionen, sowie in der hohen Arbeitsfeldkompetenz der Supervisoren (Erfahrung mit institutionsinternen Besonderheiten). Wesentliche Nachteile sind: Mangelnde Offenheit der Supervisanden wegen möglicher institutionsinterner Sanktionen, gemeinsame Fixierung auf Lösungen innerhalb der ideologischen Grenzen des Systems, Verdacht der Parteilichkeit und Rollenkonflikte der Supervisoren (Loyalität mit der Institution vs. Loyalität mit den Supervisanden).

Externe Supervision. *Externe* Supervision mit einem Supervisor von außerhalb der Institution ist besonders dann indiziert, wenn der Anlaß auf Organisationsprobleme hindeutet (vgl. Berker, 1994, S.352) oder wenn z.B. Interaktionsprobleme in Teams vorhanden sind, die vom System selbst nicht zu lösen sind. Ihre Vorteile sind: Unvoreingenommene Außenperspektive ohne Loyalitätszwang, hohe Offenheit wegen fehlender Sanktionsmöglichkeiten, „frischer Wind" durch Anregungen von außen, Supervisor ist von institutionellen Machtstrukturen persönlich unabhängig und kann deshalb „rücksichtslos" analysieren. Nachteile sind relativ hohe Kosten und die Gefahr, daß der Supervisor zu geringe Feldkompetenz und zu wenig Verständnis für die institutionellen Einbindungen besitzt (vgl. z.B. Nellessen, 1988; Weigand, 1990a, 1990b).

John & Fallner (1980, S.22/23) machen auf eine mancherorts praktizierte *Zwischenlösung* zwischen interner und externer Supervision aufmerksam, bei dem Supervisoren im „Austauschverfahren" arbeiten (ein bei Institution A angestellter Supervisor macht Supervision für Institution B und umgekehrt...).

Freiberufliche Tätigkeit als Supervisor. Im Gegensatz zur institutionsinternen Angestelltentätigkeit haben Supervisoren in freier Praxis das Image von „Freiheit und Tüchtigkeit" (Nellessen, 1988, S.14), da sie sich ohne Rücksichtnahme auf organisationsbedingte oder bürokratische Spielregeln individuell beweisen/bewähren müssen. John & Fallner (1980, S.24/25) nennen als Hauptvorteile die Unabhängigkeit von der Institution und deren Ideologie bzw. Machtverhältnissen sowie weitgehende Neutralität; freiberufliche Supervisoren stehen weniger im Verdacht, Erfüllungsgehilfe der Leitung zu sein und haben diesbezüglich einen gewissen Bonus. Nachteile liegen in erster Linie darin, daß sie den Spielregeln des freien Marktes (Angebot und Nachfrage) unterworfen und für Akquisition selbst verantwortlich sind (vgl. Kap.10.2.1): Sie müssen sich und ihr Konzept erst bekannt machen. Ein weiterer Malus kann sein, daß sie evtl. durch ihre Außenposition zu viel Distanz bzw. zu wenig Verständnis für institutionelle Regeln/Abläufe aufweisen und im institutionsfernen Freiraum ohne Bezug zur institutionellen Realität „schweben". Möglicherweise sind sie aus Existenz- oder Profitgründen auch zur Übernahme von Aufträgen veranlaßt, die weit über Supervision hinausgehen (z.B. „Coaching" im privatwirtschaftlichen Sektor: vgl. z.B. Wirbals, 1994, S.114) oder müssen wegen schlechter Auslastung „dubiose" Aufträge annehmen, die von vornherein zum Scheitern verurteilt sind. Wegen der Existenzgrundlage ihrer Honorare stehen sie außerdem häufig unter Erfolgszwang, so daß finanzielle Auswahlkriterien (im Gegensatz zu sachlichen) ein Übergewicht erhalten.

Haupt- vs. nebenberufliche Tätigkeit. Hauptberuflich als Supervisoren tätige Personen erfreuen sich offenbar einer besseren öffentlichen Wertschätzung als nebenberufliche (und vermeintlich weniger qualifizierte) „Hobby-Supervisoren" (Nellessen, 1988, S.13). Neben der Gefahr attribuierter Kompetenzdefizite ist auch die Notwendigkeit zur Kombination zweier Identitäten zu erwähnen, was umso schwieriger sein dürfte, je weiter Grund- und Nebenberuf voneinander abweichen.

Selbstorganisierte vs. Pflichtsupervision. In der Regel spricht eine Supervision, die von Supervisanden selbst initiiert und organisiert wird, für hohe Motivation. Eventuell ist sie aber auch nur eine Notlösung, weil Institutionen die Supervisionswünsche ihrer Mitarbeiter nicht unterstützen oder sogar boykottieren. Umgekehrt gibt es häufig (sowohl bei Ausbildungen als auch in manchen Organisationen) eine Supervisions-*verpflichtung*, bei der es im Einzelfall zu klären gilt, ob es sich um eine *lästige* oder eher *willkommene* Pflicht handelt. Insbesondere dann, wenn es sich seitens der Supervisanden um eine „Schein-Supervision" handelt (weil diese nur an einem Zertifikat interessiert sind...), sollten sich Supervisoren fragen, inwieweit sie solche Tendenzen unterstützen.

Supervision mit homogenen vs. heterogenen Berufsgruppen. Homogene Supervisandengruppen (z.B. lauter Psychologen, Therapeuten, Psychiater, SozialpädagogInnen, Erzieherinnen etc.) sind in der Regel einfacher zu betreuen, weil es eine gemeinsame Plattform an theoretisch-praktischen Erfahrungen gibt, ähnliche Probleme, Aufgabenstellungen, Themen und Anliegen vorhanden sind und zudem ein stellvertretendes Lernen möglich ist. Heterogene Gruppen sind *nicht von vornherein* ungünstig (z.B. sind *Teams* meist aus Angehörigen verschiedener Berufsgruppen zusammengesetzt); bei zu starken Differenzen oder extremem Konkurrenzdenken ist jedoch bereits bei der Gruppenzusammenstellung auf günstige Konstellationen zu achten.

Supervision mit Therapeuten anderer Schulrichtungen. Hier gilt ebenfalls der Grundsatz, daß bei zu großen Differenzen in grundlegenden Orientierungen/Haltungen in der Supervision eher Schwierigkeiten zu erwarten sind, weil es dann um „Spiele" mit unterschiedlichen Regelsystemen geht. Im übertragenen Sinn läßt sich dies mit der Situation vergleichen, daß ein Fußball-Bundesligaverein für seine Mannschaft einen Tennis- oder Eishockeytrainer verpflichtet. Unter günstigen Rahmenbedingungen ist in der Supervision allerdings durchaus eine positive Kooperation möglich; diese wären z.B.: (1) Hoher Meinungspluralismus, Toleranz und gegenseitiger Respekt, (2) Bekenntnis zu einer gemeinsamen Linie auf einer Meta-Ebene (z.B. eine Art „Allgemeine Psychotherapie" im Sinne Grawes, 1994 oder die Orientierung an einem schulenübergreifenden Problemlösemodell), (3) Verzicht auf Fall- oder Therapiesupervision, stattdessen Arbeit an Teamkonflikten und Interaktionsproblemen, (4) bewußte Suche nach Lösungen *außerhalb* der Routinen des eigenen therapietheoretischen Rahmens, (5) Vertrautheit des Supervisors bzw. (6) der Supervisanden mit den jeweils anderen Therapiemodellen.

Supervision mit berufsfremden Gruppen. Hier ist primär die Feldkompetenz des Supervisors entscheidend; eine *gewisse* Kenntnis von typischen Anforderungen und Merkmalen des (fremden) Berufsfelds ist sicherlich von Vorteil. Bei guter Kooperation, die den *Prozeß* (z.B. Orientierung an den Problemlöseschritten) dem Supervisor, die *Inhalte* (arbeitsfeldspezifische Probleme, Ziele und Lösungsschritte) jedoch den Supervisanden überläßt und diese z.B. mit der „ethnographischen Methode" (Kap.17) sensibel zu erschließen versteht, wird eine effektive Begleitung von Erzieherinnen, Ärzten, Lehrkräften, Sozialpädagogen etc. durch psychologische Supervisoren durchaus denkbar.

Selbstverständlich haben auch alle bereits in Kapitel 2.3.1 beschriebenen *allgemeinen* Formen der Supervision (z.B. Ausbildungs- vs. Praxissupervision, ambulant vs. stationär, einzeln vs. in Gruppen, Teams oder Institutionen, kollegial, Leitungsberatung, Live-Supervision usw.) entsprechende Implikationen. *Alle* Organisationsformen bringen offene und versteckte Rollenzuschreibungen an den Supervisor mit sich (vgl. Berker, 1994; John & Fallner, 1980, S.26 ff.), so daß dieser gut daran tut, die jeweiligen Erwartungen, Funktionen (implizit, explizit), Ziele, Abhängigkeiten, Loyalitätsansprüche und daraus resultierende „Spiele" zu reflektieren, insbesondere, wenn sie bestimmte „Fallen" bereithalten (vgl. Kap.9.4). Allerdings muß betont werden, daß es niemals

100 % problemfreie Entscheidungen gibt, sondern daß bereits die Präferenz für bestimmte Arbeitsformen eine Art Kompromißbildung darstellt.

Die begrifflichen Klärungsversuche der bisherigen Abschnitte haben u.a. sichtbar gemacht, daß Supervision sehr unterschiedliche Ziele und Funktionen verfolgen kann. Statt sich nur an oberflächlichen Begriffshülsen festzuklammern (unter denen verschiedene Personen meist Verschiedenes verstehen), sollte im Einzelfall sehr genau analysiert werden, welche Aufgaben die Supervision erfüllen soll. Auf dieser Basis kann dann über die optimale Arbeits- und Organisationsform entschieden werden. Zudem gibt es neben Supervision eine Reihe anderer, verwandter Vorgehensweisen, die für bestimmte Zwecke besser geeignet sind (und für die auch andere sprachliche Etiketten verwendet werden sollten: z.B. Selbsterfahrung, Fallbesprechungen, persönliche Therapie). Für Supervisoren besteht daher eine der wichtigsten Aufgaben darin, sich bereits ab der Auftragsannahme (vgl. Kap.10.2) über die jeweiligen Anliegen klar zu werden und zu differenzieren, (a) ob „Supervision" im eigentlichen Sinn indiziert ist, (b) welche *Variante* der Supervision gewählt werden soll (d.h. welche adaptierte Version des allgemeinen Supervisionsmodells zur Anwendung kommen kann: vgl. Kap.14), und (c) auf andere Aktivitäten umzuschalten bzw. Alternativempfehlungen auszusprechen, falls diese für das Erreichen bestimmter Ziele besser geeignet erscheinen. Schließlich geht es auch darum, den Kontext und die jeweilige Organisationsform der Supervision zu beachten sowie *verschiedene* Möglichkeiten zu kombinieren/koordinieren oder in eine bestimmte Abfolge zu bringen (z.B. Supervision + Selbsterfahrung + Fallbesprechungen oder z.B. erst Leitungsberatung, dann Teamsupervision + Personalentwicklung). Adäquate begriffliche Differenzierungen haben dabei Orientierungsfunktion für weitere praktische Konsequenzen und durchaus handlungsleitende Implikationen.

2.4 Einsatzfelder von Supervision

Supervision wird nicht nur im Ausbildungskontext, sondern mittlerweile in allen denkbaren psychosozialen Tätigkeitsfeldern eingesetzt. Das vorliegende Kapitel gibt ohne Anspruch auf Vollständigkeit einen *beispielhaften Überblick*. Dabei geht es vorrangig um den Einteilungsgesichtspunkt potentieller *Einsatzfelder*; Supervision im Rahmen bestimmter *Therapieschulen* wird in Kap.3.1 beleuchtet. In den zitierten Beiträgen sind sowohl typische Anforderungen für die Beschäftigten als auch häufige Fragestellungen/Probleme und wichtige Hinweise für die Supervision im entsprechenden Bereich nachzulesen. Interessierte Personen können sich auf dieser Basis eine Art „Kontextmatrix" der Anforderungen („environmental demands") bestimmter Arbeitsfelder zusammenstellen, welche dort sozusagen schulenübergreifend anzutreffen sind. U.a. werden in der Literatur folgende Einsatzfelder beschrieben (Übersicht 5, vgl. nächste Seite):

- **Supervision in der AIDS-Arbeit:** Filsinger, Schäfer & Vollendorf (1991), Schäfer (1992), Schaeffer, 1992, Walther & Mason (1994) etc.
- **Supervision der Arbeit mit alten Menschen:** Lair (1980), Michelson (1993), Peake & Philpot (1991), Teising (1995) etc.
- **Supervision bei/mit Ärzten:** Hertel & Wrede (1991), Kahleyss (1979), Wickramasekera (1979) sowie besonders die gesamte Literatur zu Balint-Gruppen (vgl. Kap.3.1.1).
- **Supervision bei diagnostischen Aufgabenstellungen:** Bommert (1980), Watkins (1991) etc.
- **Supervision im Bereich Fortbildung/Erwachsenenbildung:** Fürstenau (1995), Geißler (1984), Leinfelder (1987), Pühl (1986), Richter (1989b), Schäffter (1990), Stock-Döring (1990), Wack (1994) etc.
- **„Frauensupervision" (feministische Projekte, Arbeit im Frauenhaus etc.):** Bauer & Gröning (1994); Hege (1990) etc.
- **Supervision in der Frühförderung bzw. Heilpädagogik:** Baumann (1987), Przytulla (1985), Spiess (1991), Wölpert (1985) etc.
- **Supervision in der Gemeindepsychologie:** Aponte & Lyons (1980), Baker, Healy & Lenzi (1991), Gerspach (1991) etc.
- **Supervision im Heimbereich:** Flosdorf, Schuler & Weinschenk (1987), Lempp (1994), Reichel (1989), Schoppig (1987) etc.
- **Supervision im Hochschulbereich:** Brunk (1991), Heekerens (1985), Kutter (1983), Pühl (1994c), Schmidtchen (1985), Stark (1988) etc.
- **Supervision in der Therapie mit Jugendlichen, in der Jugendarbeit und Jugendhilfe:** Blesken (1989), Gotthardt-Lorenz (1986), Hess & Hess (1980) etc.
- **Supervision mit Justizangehörigen, im Justizvollzug bzw. in der Bewährungshilfe:** Borduin (1991), Krauskopf (1982), Misek-Schneider (1995), Sagebiel & Zundel (1983) etc.
- **Supervision im Bereich Kindergärten/Kindertagesstätten:** Baer (1994), Dübjohann (1993), Knoke (1993), Kriwat (1987), Lehmenkühler-Leuschner (1984) etc.
- **Supervision in der Kindertherapie:** Blesken (1989), Jaffa (1987), Kleefeld (1994), Reisman (1980), Shirk & Phillips (1991), Webb (1989) etc.
- **Supervision in Kliniken:** Blesken (1992), Degenhardt (1994), Deissler (1990), Externbrink & Schmitz (1990), Hartmann et al. (1994), Kahleyss (1979), Langlotz-Weis & Sturm (1986), Mark-Stemberger & Kessler (1991), Rost (1988), Schaub (1994), Schmidt (1990), Strotzka (1990), Widauer (1991, 1994) etc.
- **Supervision von Krankenschwestern/-pflegern:** Bauer & Bauer (1990), Frisch (1989), Hartmann, Murjahn, Bay, Fritzsche, Gallisch, Scheidt, Stein, Weidmann, Wirsching & Wittich (1994), Ivey & Galvin (1984), Kaslow (1986), Kimmig-Pfeiffer & Schabel (1994), Leffers (1992c), Maier (1985) etc.
- **Supervision von Laienhelfern:** Kauderer-Huebel & Huebel (1987), Kratochwill et al. (1981, S.437), Kruger et al. (1988), Weikert (1991), Zielke (1980) etc.
- **Supervision von Lehrern:** Acheson & Gall (1987), Connemann (1993), Downing & Maples (1979), Ehinger & Hennig (1994), Eichberger (1990), Garlichs (1984), Goldstein (1982), Kratochwill et al. (1981), Meidinger (1987, 1991), Münch (1984a, 1984b, 1986, 1990), Nielebock & Ramminger (1994), Pallasch (1991), Pallasch, Mutzeck & Reimers (1992), Petermann (1995a), Pühl (1994) etc.
- **Supervision im Pastoralbereich:** Andriessen & Miethner (1985), Anschau (1987), Estadt, Compton & Blanchette (1987) etc.
- **Supervision sozialer und/oder alternativer Projekte:** Berker (1989b), Bauer & Gröning (1990), Brauner (1990), Busch & Deserno (1989), Conen (1989), Eck (1990c), Heinevetter (1989), Karnath (1989), Pühl (1989), Scheffler (1989), Schultes (1989), Steffen (1989), Weigand (1982) etc.

> - **Supervision in der Psychiatrie:** Becker (1991), Deutschmann (1990, 1994), Findeklee (1986), Linden & Jansssen (1986), Overbeck (1990), Ruckgaber (1989), Schaub & Schwall (1988), Schneider (1990), Streeck (1989), Vollmoeller (1991), Williams (1988) etc.
> - **Supervision in der Rehabilitation bzw. mit Behinderten:** Lipponer (1988), Lynch (1995), Stutts (1991), Wittern (1992) etc.
> - **Supervision in der Sozialarbeit und in der Sozialpädagogen-Ausbildung (auch „field instruction"):** Alperin, Gray & Wik (1990), Belardi (1992), Berker (1988), Bernler & Johnsson (1993), Fiedler (1990), Geißler & Hege (1981), Gitterman (1989), Gotthardt-Lorenz (1986), John & Fallner (1980), Jordi (1990), Kadushin (1976/1985, 1990, 1992a, 1992b), Kerson (1994), Middleman & Rhodes (1985), Munson (1993), Nisivoccia (1990), Schild (1988), Schreyögg (1991a, 1994a), Siegers (1974), Stark (1988), Strotzka, Czerwenka-Wenkstetten & Wilfing (1987), Verein für Psychoanalytische Sozialarbeit (1994), Wilson (1981) etc. (vgl. auch Kap.1.1.1).
> - **Supervision von Schulpsychologen und Schulberatern:** Downing & Maples (1979), Kratochwill et al. (1981).
> - **Supervision bei bestimmten Störungsbildern:** Depression (Hautzinger, 1986); Eßstörungen (Hamburg & Herzog, 1990); psychotische Jugendliche (Becker, 1990); Sprech- und Hörstörungen (Leith et al., 1989); Zwänge (Chalfin & Altieri, 1991) etc.
> - **Supervision in der Suchttherapie:** Freeman (1990), Hegenscheidt-Renartz (1986), Herdieckerhoff (1990), Jansen (1989), Powell (1989), Rost (1988), Schreyögg (1990c) etc.
> - **Supervision in der Verwaltung:** Hoffmann (1989), Koetz (1994), Pallasch (1991, S.25), Stahmer & Brauner (1994) etc.
> - **Supervision therapeutischer Wohngemeinschaften:** Schwinger (1984) etc.

Übersicht 5. Einsatzfelder von Supervision.

Andere Anwendungsfelder seien nur der Vollständigkeit halber erwähnt, wie z.B. Supervision mit Direktoren bayerischer Gymnasien (Gfäller, 1995), von Hebammen (Wirbals, 1993), in Industrie und Wirtschaft (Butzko, 1994; Luxen, Trautmann-Werkshage & Weber, 1995), bei Therapie im Militärwesen (Ball & Gingras, 1991), in Pflegefamilien-Programmen (Baker et al., 1991; Sondermann, 1992), bei der Polizei (Ricken, 1994), im Reisebüro (Kaupp, 1993), bei selbstverwalteten Betrieben (Heinevetter, 1989) oder sogar mit einem Projektteam des Frankfurter Opernhauses bei der Inszenierung der „Meistersinger von Nürnberg" (Kähling & Nel, 1995).

3 Konzepte der Supervision

Ungeachtet der recht dürftigen qualitativen Befundlage zur generellen *Effektivität* von Supervision (vgl. Kap.4) existiert eine schier unüberschaubare Fülle verschiedenster Supervisionstheorien, so daß es nicht übertrieben ist zu behaupten, daß es möglicherweise so viele Supervisionskonzepte gibt wie Supervisoren. Bei dieser chaotischen Vielzahl ist es ganz natürlich, daß Forscher wie Praktiker – aus Gründen kognitiver Orientierung und Reduktion der riesigen Informationsmengen – nach Ordnung streben. Viele Autoren haben daher schon versucht, vorliegende Supervisionsmodelle auf einer Meta-Ebene nach übergeordneten Kategorien zu klassifizieren:

Beispielsweise stellen Bernard & Goodyear (1992) folgende Bereiche dar: (1) Psychotherapiebasierte Supervision, (2) Entwicklungsmodelle der Supervision, (3) andere konzeptuelle Modelle (z.B. „Interpersonal Process Recall": vgl. Kap.17), (4) auf persönliches Wachstum angelegte Supervision und (5) „isomorphe" Konzepte, in deren Zentrum der sog. „Parallelprozeß" (vgl. Kap.9.3.2) steht.

Boyd (1978) differenziert (1) psychotherapeutische, (2) behaviorale, (3) systemorientierte und (4) „integrative" Supervisionsansätze. Leddick & Bernard (1980) sehen als Hauptrichtungen die (1) analytisch-psychodynamische, (2) wachstumserleichternde („facilitative"), (3) behaviorale, (4) fähigkeitsorientierte („skills training") Supervision an – ergänzt durch (5) eine Restkategorie vermischter, kombinierter oder „integrativer" Konzepte.

Im deutschen Sprachraum wird eine Einteilung meist entweder unter Bezug auf die klassischen Therapieschulen oder in Relation zu den Haupt*formen* der Supervision (einzeln vs. Gruppen, Teamsupervision, Institutions- und Organisationsberatung) vorgenommen (vgl. Fatzer & Eck, 1990; Fengler, 1986a, Pühl, 1990a, 1994a etc.).

Meist sagen solche Gliederungen mehr über die kognitiven Schemata der einteilenden Autoren als über den einzuteilenden Sachverhalt aus. Mit dieser Einschränkung habe ich mich für folgende Grobklassifikation entschieden: (3.1) Therapieschulenspezifische Konzepte, (3.2) Entwicklungsmodelle der Supervision, und (3.3) eine funktions- und prozeßorientierte Einteilung.

Eine Begründung dieser Einteilung folgt im Text, dessen Unterkapitel entsprechend gegliedert und numeriert wurden. Dabei dient die Betrachtung *anderer* Supervisionsansätze hauptsächlich dem Zweck, den später präzisierten *eigenen* Standpunkt zu verdeutlichen, Ähnlichkeiten und Unterschiede hervorzuheben und das Einbeziehen zusätzlicher Ideen und Strategien aus diesen Modellen in das eigene zu ermöglichen. Für eine *umfassende* Darstellung sämtlicher Basisannahmen, praktischer Prinzipien, Methoden und Techniken der jeweiligen Konzepte wird auf die dort zitierte Grundlagenliteratur verwiesen.

3.1 Therapieschulenspezifische Konzepte

Ein erstes wichtiges Einteilungskriterium für Supervisionskonzepte stellen die herkömmlichen „Therapieschulen" dar. Zwar zeichnet sich ab, daß diese Richtungen langsam aus der Mode kommen bzw. durch eine empirisch fundierte allgemeine Psychotherapie ersetzt werden könnten (vgl. Grawe, Donati & Bernauer, 1994); außerdem haben *Praktiker* in ihrer alltäglichen Arbeit längst traditionelle Grenzen verwischt: In einer Umfrage von Jensen, Bergin & Greaves (1990) bezeichneten sich 68 % der befragten amerikanischen Psychotherapeuten als „integrativ" oder „eklektisch". Dennoch bleiben die traditionellen Schulen der Psychotherapie wichtige Bestimmungshilfen beim Markieren theoretischer und praktischer Positionen (und sei es nur auf der Basis von Vorurteilen oder Stereotypen). In einer holzschnittartigen Vereinfachung, bei der lediglich die größten, bekanntesten bzw. „anerkannten" Richtungen berücksichtigt sind, werden im folgenden Text die (1) psychoanalytische, (2) gesprächstherapeutische, (3) gestalttherapeutische, (4) familientherapeutische, (5) verhaltenstherapeutische Supervision und (6) sonstige Supervisionskonzepte nacheinander skizziert. Die Darstellung der nicht-verhaltenstherapeutischen Ansätze wurde nach bestem Wissen und Gewissen vorgenommen; Verständnisfehler, naive Verkürzungen oder perspektivische Verzerrungen gehen zu Lasten der „blinden Flekken" des Autors.

3.1.1 Psychoanalytische Supervision

Innerhalb dieser Sparte lassen sich „innerschulische" Supervisionselemente im Rahmen der psychoanalytischen *Ausbildung* (Lehranalyse und Kontrollanalyse) von einem erweiterten Supervisionsverständnis unterscheiden, das sich an einen breiten Adressatenkreis psychosozialer Helfer wendet („psychoanalytisch orientierte" Einzel- und Gruppensupervision sowie Balint-Gruppen). In jedem Fall stehen bei der psychoanalytischen Supervisionsarbeit die Prozesse der „Übertragung" und „Gegenübertragung", die sich während der Arbeit des Therapeuten=Supervisanden manifestieren, im Zentrum.

Lehranalyse. Wie schon in Kap.1.1.2 unter historischer Perspektive beleuchtet, versteht man hierunter die persönliche Analyse von Ausbildungskandidaten, die sich – nach Vorliegen weiterer Voraussetzungen – für den Beruf des Psychoanalytikers entschieden haben (vgl. Cremerius, 1994a; Domann, 1994; A.Freud, 1938/1994; Streeck & Werthmann, 1992 etc.). Über einen Zeitraum von mindestens 4 Jahren mit durchschnittlich 4 wöchentlichen Sitzungen und einem Gesamt-Zeitaufwand von ca. 1.000 Stunden lernen sie das psychoanalytische Vorgehen „am eigenen Körper" – meist im traditionell analytischen „Setting", d.h. auf der Couch. Ziel ist der Erwerb der „analytischen Grundhaltung" (vgl. z.B. Moldawsky, 1980, S.126), wobei nach Ansicht Freuds die beste Art des Lernens darin besteht, diese selbst in der Ausbildungssituation (als Supervisand) zu erleben.

Kontrollanalyse. Diese dient dazu, die ersten Behandlungsversuche von Kandidaten hinsichtlich der adäquaten Umsetzung psychoanalytischen Vorgehens zu überprüfen und zu kontrollieren. Für die Ausbildung wird empfohlen, daß die Kandidaten erst dann mit Behandlungen von Patienten (und der Kontrollanalyse) beginnen, wenn sie in ihrer Lehranalyse schon sehr weit fortgeschritten sind. Während die Lehranalyse *direkt* auf die Person des Analytikers und das „Durcharbeiten" seiner lebensgeschichtlich entstandenen Übertragungen/Gegenübertragungen abzielt, hat die Kontrollanalyse didaktische Schwerpunkte und bezieht sich in erster Linie auf das adäquate Umsetzen der psychoanalytischen Prinzipien bei der eigentlichen Patientenbehandlung. Dies impliziert zwar auch das *Registrieren* persönlicher Einflüsse; für deren *Bearbeitung* wird allerdings in der Regel auf die Lehranalyse verwiesen. In dieser Hinsicht kommt die Kontrollanalyse der später präzisierten Auffassung von „Supervision" relativ nahe, während die Lehranalyse solche Inhalte thematisiert, die im VT-Ansatz – wenn überhaupt – unter der Rubrik „Persönliche Therapie und Selbsterfahrung" diskutiert werden (vgl. Schmelzer, 1996).

„Psychoanalytisch orientierte" Einzelsupervision. Im erweiterten Begriffsverständnis, das über die *Ausbildung* von Analytikern hinausgeht, läßt sich Supervision als „angewandte Psychoanalyse" (Wittenberger, 1984a) verstehen, bei der psychoanalytisches Gedankengut auf Pädagogik, Sozialarbeit, Beratung und Therapie übertragen wird. Logischerweise finden zentrale Konzepte der psychoanalytischen Theorie (Unbewußtes, Übertragung/Gegenübertragung, Persönlichkeitstheorie etc.) auf die Supervision Anwendung. Weiterführende Hinweise finden sich in den Arbeiten von Bauriedl (1993), Bolk-Weischedel (1986), Caligor, Bromberg & Meltzer (1984), Cremerius (1994b), Ekstein & Wallerstein (1958/1972), Fleming & Benedek (1966), Kutter (1994b), Moldawsky (1980), Rappe-Giesecke (1994), Pühl (1990b), Pühl & Schmidbauer (1986), Strupp, Butler & Rosser (1986), Wittenberger (1984a) oder dem Verein für Psychoanalytische Sozialarbeit (1994) etc.

In Anlehnung an Wittenberger (1984b, S.19 ff.) läßt sich das *typische Vorgehen* wie folgt beschreiben:

In der psychoanalytischen Einzelsupervision wird in der Regel das klassische analytische Setting („Couch") zugunsten eines Sitzarrangements schräg gegenüber aufgelöst. Der Supervisand eröffnet die Sitzung, arbeitet aus dem Material Themen aus, assoziiert weiter und verknüpft das Material mit Lebens- und Arbeitszusammenhängen. Der Supervisor hört in „gleichschwebender Aufmerksamkeit" zu, befolgt die Grundregeln von Abstinenz und Neutralität, nimmt dabei seine eigenen Gegenübertragungsgefühle wahr und konfrontiert, klärt und deutet auf dieser Basis das Beziehungsgeschehen des Supervisanden. Er achtet besonders auf dessen affektive Momente, welche als Hinweis für unbewußte Übertragungssituationen interpretiert werden. Nach Bauriedl (1980), die Supervision als „Beziehungsanalyse" auffaßt, geht es vor allem um immer wiederkehrende Beziehungsprobleme im professionellen Feld. In wöchentlichen Sitzungen, die über 2 bis 5 Jahre dauern können, steht also die Supervisand-Klient-Beziehung mit ihren Übertragungs- und Gegenübertragungsaspekten im Mittelpunkt; hingegen wird die Beziehung zwischen Supervisor und Supervisand nicht systematisch thematisiert (Dies wäre nach psychoanalytischer Auffassung bereits eine Art Lehranalyse bzw. persönliche Therapie des Kandidaten). Als illustratives Beispiel ist ein Transkript einer psychoanalytisch orientierten Supervisionssitzung von Rudolph Ekstein in Bernard & Goodyear (1992, S.330 ff.) abgedruckt.

Viele Psychoanalytiker betonen besonders den sogenannten *„Parallelprozeß"* in der Supervision, der das Phänomen beschreibt, daß Supervisanden die Supervisionssituation in ähnlicher Weise „inszenieren" wie die zu supervidierende Therapiesituation beschaffen ist, bzw. daß die Interaktionen zwischen Supervisand und Supervisor die Interaktion zwischen Klient und Therapeut „widerspiegelt" (vgl. Kap.9.3.2).

Läßt sich die herkömmliche psychoanalytische Einzelsupervision u.a. deswegen kritisieren, daß sie ein zu starkes Augenmerk auf das Individuum und dessen unbewußte Wiederinszenierung vergangener Interaktionsmuster richtet, so beziehen viele neuere Ansätze auch explizit Gruppen- und Institutionsabläufe mit ein (vgl. z.B. Rappe-Giesecke, 1994).

Balint-Gruppenarbeit. Im Gruppenkontext wird vor allem die Methode der *Balint-Gruppenarbeit* praktiziert (vgl. z.B. Buchinger, 1990; Dickhaut & Luban-Plozza, 1990; Gnädinger, 1990; Hege, 1983; Loch, 1989; Nedelmann & Ferstl, 1989; Rappe-Giesecke, 1994; Roth, 1990 etc.). Wie bereits in Kapitel 1.1.2 angedeutet, hat Michael Balint – in der Tradition der ungarischen Schule um Ferenczi – die Psychoanalyse als „aktive Technik" ausgestaltet, die von der „klassisch-zurückgenommenen" psychoanalytischen Haltung (des möglichst wenig als Person erkennbaren Analytikers) abweicht und Therapie mehr als Wechselbeziehung zwischen Analytiker und Analysant versteht (Bauriedl, 1984, S.47). Auf diese Weises wurden Ansätze einer „angewandten Psychoanalyse" zunächst auf Ärzte, später auf „helfende Berufe" insgesamt ausgedehnt. Bei meiner *Beschreibung des üblichen Balint-Vorgehens* beziehe ich mich vor allem auf die Arbeiten im Buch von Nedelmann & Ferstl (1989) sowie auf Bauriedl (1984):

Die typische Balintgruppe umfaßt regelmäßige Treffen (z.B. einmal pro Woche oder alle 14 Tage) für ca. 1 1/2 bis 2 Stunden am selben Ort, für eine Dauer von 2 und mehr Jahren, mit demselben Leiter, der in der Regel Psychoanalytiker ist. Die Gruppe sollte möglichst homogen zusammengesetzt sein, ohne daß die Teilnehmer in irgendeinem Abhängigkeitsverhältnis zueinander stehen. Die Zuständigkeit für den jeweils besprochenen Fall behält immer der betreffende Therapeut.

Im Mittelpunkt der Aufmerksamkeit steht die Arbeit des Therapeuten mit seinen Patienten, insbesondere die Analyse fallbezogener Spiegelungsphänomene sowie das „Zulassen und Durcharbeiten der an der Gegenübertragung erkennbaren Beteiligung des Therapeuten am pathologischen System des Patienten" (Bauriedl, 1984, S.58). Wichtigstes Mittel dafür ist der frei gehaltene, „spontane" Bericht des Therapeuten über seinen Patienten und das, was sich zwischen ihm und dem Patienten ereignet. Dabei kommt es nicht auf eine umfassende, exakte Darstellung von Inhalten an, sondern vielmehr auf die *formalen* Aspekte der Präsentation (z.B. auf welche Weise der Therapeut berichtet, welche Lücken, Auslassungen oder Brüche existieren, welche Überlegungen und Gefühle vorkommen, auch spätere Ergänzungen bzw. die ganze Reihenfolge des Berichts). Die restliche Gruppe hört mit „gleichschwebender Aufmerksamkeit" zu und ist dazu angehalten, die eigenen Wahrnehmungen ohne Bewertung zu registrieren. Unter behutsamer Anleitung durch die jeweiligen Gruppenleiter wird der Bericht des Therapeuten nach dem Prinzip des freien Einfalls in der Gruppe diskutiert.

Die Aufgabe des Balint-*Gruppenleiters* besteht darin, angemessene Rahmenbedingungen und eine geeignete Arbeitsatmosphäre zu schaffen, in der die Teilnehmer in freier Assoziation und mit „Mut zur eigenen Dummheit" (Balint, 1989a, S.84) nicht werten und beurteilen, sondern *analysieren und deuten.* Er fungiert als Modell für adäquates Zuhören, schafft Bedingungen, die Nachdenken, Geduld und Toleranz begünstigen, hält sich zurück, so daß die Teilnehmer ihre eigenen Gegenübertragungsphantasien erleben und mitteilen können (bei denen es vor allem auf die innere Gefühlsbeteiligung ankommt). In der Regel bringt der Gruppenleiter seine eigenen Phatasien und Deutungen erst *nach* der restlichen Gruppe ein. Im Gegensatz zu *therapeutischen* Gruppen, bei denen Deutungen der persönlichen Lebensgeschichte vollzogen werden und die Beziehung zwischen den Teilnehmern und dem Gruppenleiter im Fokus steht, geht es in Balintgruppen immer um die Gegenübertragung des Therapeuten auf seinen Patienten und um das Ziel, ihn mit Hilfe dieser Methode therapeutisch wirkungsvoller zu machen.

Insgesamt läßt sich festhalten, daß es große Anstrengungen zur empirischen Erforschung des Vorgehens, der Abläufe und Effekte von Balint-Gruppen gibt (vgl. z.B. Giesecke & Rappe-Giesecke, 1983; Rappe-Giesecke, 1994 etc.). Seit 1988 ff. existiert in Deutschland auch eine Buchreihe *„Die Balint-Gruppe in Klinik und Praxis"* (herausgegeben von Heigl-Evers et al.) mit entsprechenden theoretischen und praktischen Beiträgen. In der Ausbildung und Supervision von Ärzten und Sozialberuflern darf die Balint-Gruppenarbeit jedenfalls als gut etabliert gelten.

Andere Modelle psychoanalytischer Gruppensupervision. Eine andere Variante ist die Supervision nach dem gruppenanalytischen Modell von Foulkes (1978), wie es bei Gfäller (1986 bzw. 1990) beschrieben ist. Stark verkürzt geht es davon aus, daß sich die „unbewußte Dynamik" der Gruppenmitglieder im jeweiligen Gruppengeschehen widerspiegele. Die Gruppenanalyse zielt auf das Aufdecken von Widerständen ab, so daß verdrängte Inhalte zur Sprache kommen können. Auf eine ausführlichere Darstellung möchte ich hier allerdings verzichten, da das Vorgehen sehr person- und selbsterfahrungsbezogen abläuft und – wie auch bei einer ähnlichen Supervisionsform (Bion, 1990: vgl. auch Lazar, 1994a, 1994b) – wegen mangelhafter Operationalisierbarkeit schwer mit einer empirisch-wissenschaftlichen Orientierung kompatibel ist.

3.1.2 Supervision in der Gesprächspsychotherapie (GT)

In konsequenter Selbstanwendung des eigenen Modells ähnelt die gesprächspsychotherapeutische *Supervision* stark dem Vorgehen, das in der klienten- oder personzentrierten* *Therapie* üblich ist. Dementsprechend besteht das erste Ziel in der Schaffung „wachstumserleichternder Bedingungen" (facilitative conditions) für die Supervisanden, was nach Überzeugung der Gesprächstherapeuten ausreicht, um Schwierigkeiten von Supervisanden mit ihren Klienten zu verringern. Nach Rice (1980) besitzen klientenzentrierte Supervisoren ein hohes Vertrauen in die „inneren Wachstumspotentiale" ihrer Supervisanden, die in der Supervision durch das Realisieren der gesprächsthera-

---

* Ich verwende im folgenden die Begriffe „klientenzentriert", „personzentriert" und „gesprächs(psycho)therapeutisch" synonym.

peutischen Basisvariablen entfaltet werden sollen. Rogers selbst hat als wesentliche Supervisionsziele (a) wachsendes Selbstvertrauen des Therapeuten, verbessertes Verständnis (b) für die eigene Person sowie (c) für den Therapieprozeß genannt und Supervision als modifizierte Form des therapeutischen Interviews bezeichnet (Hackney & Goodyear, 1984). Ein Transskript einer Supervisionssitzung von Carl Rogers findet sich in Bernard & Goodyear (1992, S.319 ff.). Hierin wird die konsequente Umsetzung der Variablen „Empathie", „unbedingte Wertschätzung" und „Kongruenz" deutlich.

Westermann (1991, S.75) umreißt die GT-Supervision wie folgt: „Der personenzentrierte Ansatz beläßt die bestimmende Gestaltung der Interaktion beim Einzelnen bzw. bei der Gruppe und sieht den Supervisor in der Rolle desjenigen, der den Prozeß verstehend begleitet und durch sein akzeptierendes, wertschätzendes Verhalten ein Lernklima schafft, in dem es dem Supervisanden möglich wird, einen Zugang zu seinen bewußten und unbewußten Problemanteilen zu bekommen. Orientiert an den Aussagen von Rogers gilt für den Supervisionsprozeß, daß die dort stattfindende Entwicklung als Wachstumsprozeß im Hier-und-Jetzt zu sehen ist. Die Geschwindigkeit und Richtung liegt in der Verantwortung des Supervisanden bzw. des zu supervidierenden Systems". Neben den bereits erwähnten Quellen von Rice (1980) oder Westermann (1991) geben z.B. Auckenthaler (1995), Patterson (1983), Schulz (1986) oder Linster & Panagiotopoulos (1994) einen Überblick über das klientenzentrierte Supervisionsvorgehen.

Die frühzeitige empirische Orientierung der GT brachte es mit sich, daß ab Mitte der 60er Jahre erste Programmpakete von „Basisvariablen therapeutischer Gesprächsführung" für die Ausbildung von Psychotherapeuten genutzt werden konnten (Truax & Carkhuff, 1967; Tscheulin, 1980a-c etc.). In diesen wurden elementare Gesprächsfertigkeiten in systematischer, erfahrungsorientierter Form zu Übungszwecken aufbereitet und deren Umsetzung supervidiert. Methoden des „Microcounseling", „Microtraining" bzw. „Microteaching" (vgl. Kap.17) kombinieren didaktische mit erfahrungsorientierten Vorgehensweisen und profitieren zudem von technischen Hilfsmitteln (Video- bzw. Audiofeedback: vgl. Kap.16.2).

Alles in allem dürften manche Elemente gesprächstherapeutischer Supervision in vielen heutigen Supervisionskonzepten zu finden sein. Insbesondere die Betonung therapeutischer Basisvariablen als Grundlage jedweder therapeutisch-supervisorischer Arbeit, die Hinwendung zu empirisch überprüften/überprüfbaren Vorgehensweisen und die Akzentuierung „humanistischer" Menschenbildannahmen machen den Ansatz für die Supervision insgesamt interessant. Allerdings deuten die meisten Resultate der Therapieforschung darauf hin, daß es sich bei den klassischen GT-Variablen lediglich um *notwendige*, nicht aber schon *hinreichende* Bedingungen für Therapie- bzw. Supervisionserfolg handelt (vgl. z.B. Bergin & Garfield, 1994; Grawe et al., 1994 etc.). Ähnliche Einschränkungen dürften für eine entsprechend angelegte Supervision gelten.

3.1.3 Gestalt-Supervision

Gestalt-Supervision beansprucht meist den philosophischen Hintergrund der sogenannten „humanistischen" Psychologie für sich, welcher gerne mit phänomenologischen oder hermeneutischen Modellen kombiniert wird (vgl. Schreyögg, 1991a etc.).
Besondere Betonung liegt auf Subjektivität, Wahrnehmen/Empfinden, persönlichem
Bewußtsein („awareness"), Erleben und Erfahrung, wobei Emotionen meist ein Primat
gegenüber Kognitionen erhalten. Mintz (1983, S.18) vertritt dementsprechend die
Ansicht, daß sich die Supervision von Gestalttherapeuten am besten – wenn auch
nicht ausschließlich – *erlebnisorientiert* („experiential") vollziehen sollte. Wenn die
subjektiv-persönlichen Erfahrungen von Therapeuten so im Vordergrund stehen,
nimmt es kaum Wunder, daß ein Großteil der Ausbildung und Supervision als
„Selbsterfahrung" abläuft.

In Einklang mit gestalttherapeutischen Prinzipien setzt Supervision an solchem
Material an, wo Supervisanden im Therapiegeschehen „steckenbleiben" („stuck state"
bzw. „impasse"). Folglich bilden die Supervisanden selbst den Fokus und explorieren
mit Hilfe üblicher Gestalttechniken – einzeln oder in Gruppen – eigene Gefühle,
Identifikationen, Projektionen, Ambivalenzen und Konflikte. Ein „Durcharbeiten" soll
dann wieder zu einer „Verflüssigung" des „stuck state" führen. Der typische Interaktionsstil bei Gestalt-Supervision ist wiederum einem Transkript von Erving Polster in
Bernard & Goodyear (1992, S.310 ff.) zu entnehmen. Weitere wichtige Literatur
existiert von Fengler (1993), Glickauf-Hughes & Campbell (1991), Hinnen (1990),
Mintz (1983), Müller & Müller-Ebert (1994), Schreyögg (1990b, 1991b) oder Shalit
(1990).

Die Betonung erfahrungsorientierten Lernens mit hoher emotionaler Beteiligung
bei einer gewissen „spielerischen" Note, eine Fülle von Gestalt-Techniken, viele kreative Materialien und die Berufung auf eine sympathisch klingende Basisphilosophie
lassen die Gestalt-Supervision für viele interessant werden. Ihre Defizite in kognitiver
Strukturierung, Systematisierung oder empirischer Forschung müssen aus aktueller
klinisch-psychologischer Sicht jedoch stark kritisiert werden. Eine Überbetonung des
Erlebnisaspekts birgt auch die Gefahr in sich, daß Supervision in eine reine Selbster-
fahrungsveranstaltung abgleitet und mit den „eigentlichen" professionellen Anforderungen und Aufgabenstellungen nichts mehr zu tun hat. Außerdem ist sie einseitig in-
dividualisiert, personbezogen und phänomenologisch. Falls es aber künftig gelingt,
manche Konzepte und Vorgehensweisen zu konkretisieren und über private Erfahrungen hinaus empirisch zu erforschen, könnte diese Richtung wertvolle Beiträge zur Supervision insgesamt liefern.

3.1.4 Familientherapeutische Supervision

Wegen der rasant fortschreitenden Ausdifferenzierung und sehr unterschiedlichen
Schwerpunktsetzung diverser familientherapeutischer Modelle gestaltet sich ein
Kurzüberblick äußerst schwierig und muß sich auf wenige Facetten und „gut etablier-
te" Konzepte beschränken. In fast allen Ansätzen (vgl. im Überblick z.B. Liddle,

Breunlin & Schwartz, 1988) wird Ausbildung und Supervision in „isomorpher" Form, d.h. in enger Analogie zum Vorgehen und unter Verwendung der Konzepte der jeweiligen *Therapie** vollzogen. So achtet die *strukturell-familientherapeutische Supervision* besonders auf Hierarchien, Macht, Grenzen, Koalitionen und Verstrickungen (vgl. Zimmer Höfler, 1990); bei *direktiv-strategischen* Ansätzen stehen Verschreibungen, paradoxe Interventionen, Lösungen im Hier-und-Jetzt etc. im Mittelpunkt; *psychodynamisch-familientherapeutische* Konzepte betonen die persönliche (und insbesondere familiäre) Entwicklung von Kandidaten, u.U. über mehrere Generationen hinweg, und bei der Supervision der *entwicklungsorientierten Familientherapie* geht es vorrangig um eine Realisierung von Basisannahmen Virginia Satirs (vgl. Bosch, 1990). Neben dem ausführlichen Handbuch von Liddle, Breunlin & Schwartz (1988) findet sich weitere Literatur z.B. bei Brandau (1991a), Cantwell & Holmes (1994), Everett (1980), Everett & Koerpel (1986), Fatzer & Eck (1990), Friedman (1991), Juergens (1983), Klatte (1983), Olsen & Stern (1990), Rigazio-DiGilio & Anderson (1994), Snyders (1986), Storm & Heath (1991) oder Wark (1995).

Allerdings existieren in vielen Bereichen noch ungelöste Probleme. So tragen z.B. strategische Ansätze ein direktives, nicht-egalitäres Verhältnis zwischen Therapeut und Klient in sich, was einen ethisch verantwortungsvollen Umgang mit Machtfragen impliziert (vgl. Protinsky & Preli, 1987). Auch darf bezweifelt werden, daß Methoden, die in der Therapie zum Einsatz kommen (z.B. Verschreibungen, paradoxe Botschaften etc.), gleichermaßen in der Supervision funktionieren, wenn die „nichtnaiven" Supervisanden deren Absicht erkennen. Offen ist zudem, ob die propagierten Effekte (dokumentiert meist durch eindrucksvolle Schilderungen von *Einzelfällen*) einer systematischen Evaluation standhalten, zumal sich manche FT-Modelle durch wissenschaftstheoretische Kunstkniffe (vom Bezug auf die Heisenbergsche Unschärferelation über den Anarchismus Paul Feyerabends bis zum radikalen Konstruktivismus) der „Gefahr" einer empirischen Erforschung entziehen möchten. Jay Haley (1995) hat kürzlich in seiner ihm eigenen satirischen Form auf den Anachronismus hingewiesen, daß der beliebteste Ansatz der Familientherapie noch immer die Betonung des Individuums ist – zumindest in der diesbezüglichen *Ausbildung*: „Die am weitesten verbreitete Ausbildungsmethode in der Familientherapie ist die Konzentration des Auszubildenden auf sich selbst in einer persönlichen Therapie oder durch seine Familiengeschichte in Form eines Genogrammes" (S.47). Dies steht im Widerspruch zu der Tatsache, daß sich die meisten familientherapeutischen Supervisionsmodelle mehr oder weniger explizit auf die *Systemtheorie* beziehen, von der es genaugenommen wieder viele Auffassungen gibt (vgl. z.B. Lieb, 1995; Schiepek, 1991). Umgekehrt mehrt sich die Kritik an einer systemischen *Praxis*, bei der das Individuum (mit all seinen Kompetenzen und Defiziten) zugunsten einer ausschließlichen Systemsicht *aus der Betrachtung ausgeblendet* und als „lästige Tatsache" empfunden wird (vgl. z.B. den Band von Hörmann, 1994, und daraus besonders Mühlfeld, 1994).

Systemische Supervisionsmodelle gehen in der Regel weit über die inhaltlichen Schwerpunkte der obigen familientherapeutischen Schulen hinaus und nehmen *syste-*

---

* Grundkenntnisse über familientherapeutische Begriffe und Konzepte setze ich hier voraus (vgl. dazu z.B. Böse & Schiepek, 1989; Simon & Stierlin, 1984).

misches Denken als Basis ihrer Arbeit (vgl. dazu die Ausführungen in Kap.3.3.6). Wenn dies mit *strategischem Problemlösen in komplexen Systemen* in der Tradition Dörners (1989; Dörner, Kreuzig, Reither & Stäudel, 1983; Strohschneider & von der Weth, 1993 etc.) verknüpft wird, ergeben sich viele konstruktive Hinweise für unsere Selbstmanagement-Supervision. In dieser Hinsicht trägt das später präsentierte eigene Modell durchaus „systemische" Züge.

3.1.5 Verhaltenstherapeutische Supervision

Wie in Kap.1.2 beschrieben, war die Verhaltenstherapie-Supervision bislang meist mit der sogenannten „Ausbildungssupervision" identisch. Die vorliegenden Supervisionskonzepte zielen primär auf den Erwerb professioneller *Kompetenzen* („skills": vgl. z.B. Linehan, 1980) ab. Unter Nutzung lerntheoretisch fundierter und praxiserprobter Strategien (z.B. Beobachtungslernen, Rollenspiel, „learning by doing" mit unmittelbarem Feedback etc.) werden angehende Kandidaten von erfahrenen Kollegen graduell an die Aufgabenstellungen klinisch-psychologischer Arbeit herangeführt.

Neben dem *Prozeßaspekt des Lernens* beschäftigt sich die VT-Supervision auch mit dem Herausarbeiten *inhaltlicher Lernziele* für Therapeuten. Dabei kommt ihr die Nähe zur empirischen Therapieforschung und die Selbstverpflichtung zur Operationalisierung von Begriffen, Methoden und Vorgehensweisen sehr zugute. Aufbauend auf eine aktive, auf Problembewältigung und Kompetenzerwerb ausgerichteten Grundhaltung erleichtert das konkrete, verhaltensnahe Vorgehen automatisch die Vermittlung relevanten Therapeutenverhaltens an Ausbildungskandidaten – bis hin zur Entwicklung von *Manualen* für Therapie oder Multiplikatorentrainings. Häufig werden technische Hilfsmittel (Video, Tonband, Einweg-Beobachtungsscheibe etc.) für die Supervision genutzt. Auch die *Evaluation* des Vorgehens anhand von Beobachtungen („Werden die jeweiligen Lernziele erreicht?") sowie der geplante *Transfer* gelernter Strategien auf andere Situationen/Personen gehören zu den Stärken der Verhaltenstherapie und auch deren Supervision.

Selbstkritisch ist jedoch anzumerken, daß bisher wohl *Methoden/Techniken* oder Fragen der sachgerechten Therapieplanung (funktionale Verhaltensanalyse) zu sehr im Vordergrund standen und *persönliche* Aspekte (Beziehung/Interaktion) sowie *System- und Kontextfaktoren* (auch: institutionelle Einbindung) in der Praxis zu wenig Beachtung fanden. Je aktueller die Beiträge zur VT-Supervision allerdings werden, umso eher sind solche Einflußgrößen thematisiert (vgl. z.B. Lieb, 1993; Engelhardt, 1994; Frank, 1995; Zimmer, 1996). In Einklang mit den Befunden der Psychotherapieforschung (vgl. z.B. Beutler, Machado & Neufeldt, 1994; Grawe, Donati & Bernauer, 1994; Margraf & Brengelmann, 1992; Schaap, Bennun, Schindler & Hoogduin, 1993; Schindler, 1991; Zimmer, 1983 etc.) hat die Verhaltenstherapie mittlerweile die therapeutische *Beziehung* als wesentliche *Basis* akzeptiert und bezieht deren konstruktive Gestaltung folglich auch in ihre Ausbildung/Supervision ein, inkl. beruflich relevanter *Selbsterfahrung* (vgl. z.B. Bruch & Hoffmann, 1996; Laireiter & Elke, 1994 etc.).

Es ist auch ein Anliegen der vorliegenden Arbeit, auf bisherige Mängel und inhaltliche Schwachstellen von VT-Supervision hinzuweisen und entsprechenden „Nachbesserungs-Bedarf" anzumelden. Einige Themen, die in späteren Kapiteln noch diskutiert werden (und m.E. in künftigen VT-Supervisionsansätzen enthalten sein sollten), sind z.B. Beziehungs- und Motivationsaspekte, Entwicklung und Lernen, Kompetenzen von Therapeuten und Supervisoren, Therapie- und Supervisionsdidaktik, „Selbst" und die Rolle von Selbsterfahrung/Selbstreflexion, optimale therapeutische Kommunikation, systemisches Denken und Problemlösen in dynamisch-komplexen Realsituationen, gruppendynamische Einflüsse und die Nutzung von Gruppenprozessen, Anwendungsfelder außerhalb der Ausbildungssupervision (z.B. Teamsupervision, Organisations-und Institutionsberatung etc.) und vieles mehr. Dazu lohnt es sich, über den Tellerrand der eigenen Schulrichtung hinauszuschauen und die Erfahrungen anderer zu sichten.

3.1.6 Sonstige

Neben den Supervisionskonzepten der obigen Therapieschulen gibt es eine kaum mehr überschaubare Zahl von therapeutischen Ansätzen, die ihre jeweils eigene Form der Supervision praktizieren. Beispielhaft möchte ich nennen: Supervision nach dem Modell der *Transaktionsanalyse* (TA: z.B. Karnath, 1989 etc.), *Themenzentrierte Interaktion* (TZI: z.B.: Eichberger, 1990 etc.), *Neurolinguistisches Programmieren* (NLP: z.B. Brandau, 1991c; Kutschera, 1991; Lankton, 1991; Schüers, 1991 etc.), *Psychodrama* (z.B. Buer, 1996; Krüger, 1990; Schreyögg, 1991a, S.337 ff.; Schwinger, 1986; Weiß, 1991 etc.), *Rational-Emotive Therapie* (RET: z.B. Wessler & Ellis, 1980, 1983 etc.), *Realitätstherapie* (z.B. Peterson & Parr, 1989), *Provokative Therapie* (z.B. Farrelly, 1991 etc.), *Integrative Bewegungstherapie* (z.B. Orth & Petzold, 1988), diverse sog. *„integrative" bis eklektische Therapieformen* (z.B. Halgin, 1986; Norcross, 1988; Reichel, 1989; Schneewind, 1989; Schreyögg, 1991a; Yogev, 1982 etc.) und viele mehr. Daneben gibt es noch eher „ausgefallene" Modelle (z.B. das ABCX-Modell von Sharon, 1986, die Supervision in Anlehnung an die Anthroposophie Rudolf Steiners: Zeller, 1990 oder die Supervision transpersonaler Psychotherapie: z.B. Scotton, 1985), auf die ich nicht näher eingehen möchte. So gut wie allen Ansätzen ist gemeinsam, daß sie in therapieanaloger Weise die Grundkonzepte und Methoden der jeweiligen Richtung auf die Supervisionssituation übertragen. Außer subjektiven Erfahrungsberichten steht eine systematische Erforschung und Evaluation ihrer Effekte aber meist noch aus.

3.2 Entwicklungsmodelle der Supervision

Eine Reihe von Ansätzen versteht sich als *„Entwicklungsmodelle der Supervision"* (vgl. z.B. Blocher, 1966; Frank, Walter & Vaitl, 1992; Hogan, 1964; Kaslow & Friedman, 1986; Loganbill, Hardy & Delworth, 1982; Skovholt & Ronnestad, 1992;

Stoltenberg, 1981; Stoltenberg & Delworth, 1987; Stoltenberg, McNeill & Crethar, 1994; Watkins, 1995; Willutzki, 1995; Worthington, 1984, 1987 etc.). Diese beziehen sich primär auf „Ausbildungssupervision" und gehen von der Prämisse aus, daß Supervision als „Entwicklungsprozeß" betrachtet werden kann, und daß allgemeine Entwicklungstheorien den Rahmen vorgeben, in dem der Supervisionsprozeß analysiert werden sollte. Im Vergleich zu den vorherigen therapieschulenspezifischen Modellen nehmen sie eine *Sonderstellung* ein. Genaugenommen könnte man sie zwar dem prozeß- und funktionsorientierten Kapitel 3.3 zuordnen – die hohe Zahl der zwischenzeitlich publizierten Fachbeiträge zu diesen Konzepten rechtfertigt allerdings eine Extra-Rubrik, zumal sie in Deutschland bislang weitaus weniger Beachtung gefunden haben als im englischen Sprachraum (Ausnahmen: Frank & Vaitl, 1985, 1986, 1987; Frank, Rzepka & Vaitl, 1996; Frank, Walter & Vaitl, 1992; Willutzki, 1995).

Entwicklungsmodelle der Supervision gehen davon aus, daß Therapeuten nicht schon als solche geboren werden, sondern bestimmte Entwicklungsstadien durchlaufen, die mit dem Erlernen einfacher, konkreter Kompetenzen beginnen und stufenweise zu immer komplexeren, abstrakteren Einheiten fortschreiten. Diese Entwicklungsrichtung ist unter normalen Umständen irreversibel; jede Stufe stellt somit die Basis für die jeweils folgende dar (sequentielle Struktur). Ich beziehe mich bei meinen weiteren Ausführungen hauptsächlich auf das Entwicklungsmodell von Stoltenberg & Delworth (1987), weil dieses wohl als das bislang differenzierteste und konkreteste Werk gelten kann und somit als eine Art „Prototyp" fungiert, an dem wichtige Merkmale aufzuzeigen sind.

Für die Definition von „Entwicklung" lehnen sich Stoltenberg & Delworth an die Begriffsbestimmung von Baltes, Reese & Nesselroade (1977, S.4) an, nach denen sich „Entwicklungspsychologie mit der Beschreibung, Erklärung und Modifikation (Optimierung) von intraindividuellen Verhaltensänderungen über die Lebensspanne und mit interindividuellen Unterschieden (und Ähnlichkeiten) bei intraindividuellen Veränderungen beschäftigt"*. Für die *verhaltenstherapeutische* Supervision ist dieser Grundgedanke deswegen interessant, weil sich „Entwicklung" auch als „Lernen" verstehen läßt, wodurch sich eine gute Kompatibilität mit verhaltenstherapeutischen Lerntheorien ergibt (vgl. Kap.6).

Das „integrierte Entwicklungsmodell der Supervision" von Stoltenberg & Delworth (1987) baut hauptsächlich auf die Arbeiten von Hogan (1964) und Loganbill et al. (1982) auf. Es enthält drei *Ebenen* der Entwicklung (vom „Anfänger" bis zum „Fortgeschrittenen"), drei sogenannte „*Strukturen*" (Motivation/Autonomie/Richtung der Aufmerksamkeit) sowie acht inhaltliche *Entwicklungsbereiche* (von Interventionsfertigkeiten bis zu Berufsethik). Dabei wird dem Supervisor empfohlen, seine Art der Supervision in Abhängigkeit vom Entwicklungsstand und den Bedürfnissen der Supervisanden *zu variieren.*

---

* Übersetzung von DS; Originaltext: „Developmental psychology deals with the description, explanation, and modification (optimization) of intraindividual change in behavior across the life span, and with interindividual differences (and similarities) in intraindividual change".

In der folgenden Übersicht 6 sind die Inhalte der acht Entwicklungsbereiche mit den drei Entwicklungsstufen in Beziehung gesetzt:

Ebenen X Bereiche:	„Ebene 1": Anfänger	„Ebene 2": Mittleres Entwicklungsstadium	„Ebene 3": Fortgeschrittene
(1) Interventionsfertigkeiten	• Bedürfnis nach klaren, eng umschriebenen Fertigkeiten in strukturiertem Format (Problem: Fragen der Indikation oder Adaptation von Interventionen bleiben „auf der Strecke"); • Angst und Ambiguität: Kann ich die Technik schon adäquat? • Abhängigkeit vom Supervisor betr. Wissen über Techniken und deren Einsatz; • Wunsch nach Klarheit, Struktur und positivem Feedback.	• mehr Vertrautheit mit mehr Interventionen (jedoch noch nicht hoch-integriert); • Klient steht mehr im Mittelpunkt (dies kann allerdings die sachgerechte Anwendung von Interventionen stören).	• Erfahrungen mit einer *Vielzahl* von Interventionen; • bessere Anpassung der Interventionen an die Klientensituation und den Behandlungsplan; • Möglichkeit der *Modifikation* von Plänen in Abhängigkeit von den Ergebnissen; • mehr Kreativität beim Methodeneinsatz; • Lernen neuer, ungewöhnlicher Methoden ist möglich.
(2) Diagnostische Verfahren	• Unerfahrenheit und rigider Umgang mit Diagnostik (Verfahren werden „zu wörtlich" genommen; Anfänger verlassen sich auf Interview-Eindrücke ohne weitere Validierungsversuche an Daten, pressen Klienten in vorgegebene Kategorien, kochbuchartige Auswahl von Tests und rezeptartige Interpretation der Ergebnisse); • hohe Abhängigkeit vom Supervisor hinsichtlich der Auswahl und Interpretation von Diagnostikverfahren.	• verbesserte diagnostische Fähigkeiten (aber noch wenig Verständnis für die Konsequenzen hinsichtlich Therapie); • Klient steht mehr im Mittelpunkt (dies beeinträchtigt u.U. die Anwendung diagnostischer Klassifikationen, weil diese als zu „starr" und zu „kalt" erlebt werden).	• Die Extreme aus „Ebene 1" (übergroßes Vertrauen) vs. „Ebene 2" (negative Einstellung gegenüber Diagnostik) weichen einem *relativierten Standpunkt*: Welche Arten von Diagnostik sind für welche Zwecke geeignet? • u.U. Erlernen neuer Diagnostikmethoden.
(3) Interpersonale Kommunikationsabläufe	• Anfänger sind so auf sich fixiert, daß es ihnen schwer fällt, die eigene Person für die Diagnostik interpersonaler Prozesse zu nutzen; • Probleme mit unerwarteten Bemerkungen/Handlungen des Klienten; • Supervisor soll die Wahrnehmungen des Supervisanden validieren oder aber alternative Konzeptualisierungen liefern.	• mehr Verständnis für die Perspektive des Klienten; • Probleme: Trennung eigener Anteile von sachlichen therapeutischen Interventionen (Übertragungs-/Gegenübertragungsphänomene).	• weg von Stereotypen; • *individuelle* Sicht: Klient wird als einzigartiges Wesen berücksichtigt; • adäquates Bewußtsein: Selbst vs. andere. *(Fortsetzung nächste Seite)*

75

(4) Fallkonzeptualisierung	• selektive Fokussierung der Aufmerksamkeit auf bestimmte *Ausschnitte* (z.B. auf die Lebensgeschichte, die aktuelle Situation, die „Persönlichkeit" von Klienten); relevante Informationen fehlen); • weitreichende Schlußfolgerungen auf Basis kleiner Informationsdetails; • „Psychopathologisierung" oder „Normalisierung" des Falles; • Supervisor soll als „Korrektiv" oder als formale Hilfe bei der Fallkonzeptualisierung fungieren.	• geprägt von genauerem/vollständigerem Verständnis der „Welt" von Klienten; • dennoch: selektive Aufmerksamkeit, d.h. bestimmte Ausschnitte bleiben über- bzw. unterrepräsentiert (u.U. jetzt zu stark in der Sicht des Klienten verhaftet).	• weder wird zu sehr die Klientensichtweise übernommen noch zu sehr die eigene Sicht als „einzig wahre" unterstellt; • individuelle Fallkonzeptualisierung (einzelfallorientiertes Vorgehen selbst für ähnliche Fälle mit gleicher Diagnose).
(5) Individuelle Unterschiede	• Trotz Wissens um soziokulturelle Unterschiede sowie unterschiedliche Störungsbilder noch wenig Verständnis für deren Einflüsse auf die Klienten; • Supervisanden verlassen sich noch *zu sehr* auf ihre persönliche Erfahrung (entweder: „Alle nehmen die Welt wie ich selbst wahr…" oder aber: „Keinerlei Gemeinsamkeit", d.h. auch keine Empathie möglich); • übergeneralisierte Einstellungen wie: „Alle Störungen lassen sich mit Behandlung X angehen" etc.	• Individuelle Differenzen werden besser wahrgenommen (aber Fehler 1.Art: Stereotypisierungen à la *Alle* Männer/Frauen…"; Fehler 2.Art: Spezieller Klient wird als *Ausnahme* von *jeder* Regel betrachtet).	• weg von Stereotypen; • Berücksichtigung von „Klienten als Individuen", aber auch Verständnis für die jeweilige „Person im Kontext" (soziokulturelle Einflußfaktoren).
(6) Theoretische Orientierung	• Festhalten, Sich-Klammern an *eine* leicht verständliche, plausible, akzeptierbare Theorie (dies reduziert zwar die erste Verwirrung/Angst/Ambiguität; aber dadurch Einengung des Blickfelds für die „Realität"); • Inflexibilität/Rigidität; • Neigung, sich auf die Sichtweise des Supervisors zu verlassen oder sich an dessen Perspektive anzuhängen.	• statt einem starren Festhalten an einer Theorie kommt es jetzt zu einer eher persönlichen und eklektischen Theorienbildung; • es fehlen Kriterien: Was ist wann adäquat? Wie komme ich aufgrund meiner theoretischen Ausrichtung zu einer bestimmten Technik?	• mehr theoretisches Wissen; • Zugehörigkeit zu einer theoretischen Position; • theoretische Orientierung wird als Perspektive und Werkzeug genutzt; • andere Positionen können zugelassen und auch verstanden werden.

(7) Behand-lungsziele und -pläne	• Anfängern fällt es schwer, die einzelne Therapiestunde mit der Gesamttherapie in Zusammenhang zu bringen (z.B. mit Langzeitzielen/Plä-nen von A nach B etc.); • Supervisand folgt einem strukturierten Programm (eventuell Manual), ohne dessen Angemessenheit zu prüfen bzw. notwendige Än-derungen zu vollziehen.	• Ziele/Pläne der Be-handlung sind jetzt schwieriger zu spezifi-zieren (zu *starke* Über-nahme der Klientenper-spektive kann zu Pessi-mismus/fehlender Hilfestellung beitragen; Konfusion durch vage oder widersprüchliche Konzeptualisierungen; Entmutigung oder Auf-geben, falls der erste Plan nicht funktioniert etc.).	• zyklisches Ineinander-fließen von Diagnostik, Fallplanung und Inter-ventionen; • auf dieser Basis sind auch Modifikationen des Vorgehens möglich (adaptives Handeln); • Therapieplanung und -durchführung sind ko-härent; • Ziele und Pläne werden als Steuerungsinstru-mente der Therapie genutzt.
(8) Berufs-ethik	• Allgemeine Ethikrichtlinien sind zwar bekannt (z.B. durch Lektüre); die *persön-liche* Umsetzung/der Ab-gleich mit persönlichen Werten fehlt noch; • Bei gravierenden ethischen Problemen muß der Super-visor Verantwortung über-nehmen (Klientenschutz!).	• Fragen der Berufsethik werden besser ver-ständlich als in Ebene 1; • Komplexität ethischer Entscheidungen wird bewußt; • Notwendigkeit des Kli-entenschutzes wird er-kannt.	• breite Basis von Wis-sen sowie praktischer Erfahrungen machen eine *persönliche* Ethik möglich; • verantwortungsvoller Umgang mit ethisch komplizierten Pro-blemstellungen.

Übersicht 6. Entwicklungsmodell von Stoltenberg & Delworth (1987): Matrix „Entwicklungs-ebenen" mal „Bereiche".

Im folgenden Text werden die wichtigsten von Stoltenberg & Delworth (1987) zu-sammengetragenen Ergebnisse bezüglich der drei *Entwicklungsstufen* von Supervi-sanden auf einen Nenner gebracht:

Anfangsphase („Ebene 1"). Auf *„Ebene 1"* sind Supervisanden relativ stark vom Supervisor abhängig, imitativ, sich vieler Abläufe und Prozesse nicht bewußt. Wegen starker Ambiguität und Unsicherheit haben sie ein hohes Bedürfnis nach Struktur, Unterstützung, Instruktionen und positivem Feedback. Sie sind noch wenig bereit für Konfrontationen, sondern eher technikorientiert. Dabei wird der Supervisor als Autorität, Rollenmodell und Experte betrachtet. Seitens der Supervisanden ist „Evaluationsangst" in dieser Phase ganz natürlich.

Die Aufgaben des Supervisors bestehen in dieser Anfangsphase demzufolge darin, Unterstützung und Struktur zu geben. Um die (natürliche) Anfangsangst von Supervi-sanden auf einem akzeptablen Niveau zu halten, sind u.a. folgende Interventionen hilf-reich: Beziehungsstiftende Kommunikation („facilitative communication"), Informa-tionsvermittlung, Therapeuten oder „peers" beobachten lassen, Imitation, spezifische Instruktionen geben, Rollenspiele, Fallpräsentationen, strukturierte Programme, Ori-entierung an Leitfäden/Manualen, mit „leichten" Klienten beginnen lassen etc. *Kontra-indiziert* sind sind in dieser Phase *konfrontative* Interventionen, weil diese noch zu angsterzeugend erlebt werden. All diese strukturgebenden Interventionen sollten in eine *unterstützende Grundhaltung* eingebaut sein, wobei vom Supervisor in dieser Phase unter Umständen viel Geduld verlangt wird.

Mittlere Entwicklungsphase („Ebene 2"). Die *„Ebene 2"* läßt sich auch als „Stadium der Verwirrung" (Loganbill et al., 1982, S.18) bezeichnen. Supervisanden spüren, daß „Therapeut-Werden" ein langer und beschwerlicher Prozeß ist. Dementsprechend ist die Phase gekennzeichnet durch Brüche, Ambivalenzen, Instabilität, und es sind insgesamt weniger lineare Fortschritte zu erwarten als auf „Ebene 1". Supervisanden zeigen eine stark fluktuierende Motivation, streben nach Unabhängigkeit, werden selbstbewußter, ahmen Supervisoren weniger nach, stecken jedoch wegen der immer noch wenig integrierten Fertigkeiten häufig in einem Abhängigkeits-/Autonomie-Konflikt. In „Ebene 2" sind starke emotionale Schwankungen zu erwarten. Allerdings sind die Inhalte der Ebene 2 kaum durch empirische Daten gestützt, d.h. Validierungsstudien für diese Ebene fehlen fast völlig (Stoltenberg & Delworth, 1987, S.81). Entsprechend vorsichtig sind daher auch die nachfolgenden Hinweise an Supervisoren zu interpretieren.

Nach Stoltenberg & Delworth sollten Supervisoren in dieser Phase flexibler sein, Supervisanden weniger Struktur geben und mehr Autonomie erlauben. Dabei ist starke Unterstützung wichtig, in deren Rahmen Ambivalenzen geklärt werden können. Supervisanden können jetzt auch schwierigere Klienten übertragen bekommen. Eine weitere Aufgabe des Supervisors besteht darin, den Fortschritt der Supervisanden genau zu evaluieren. Wichtige Supervisionstechniken in dieser Phase sind: Unterstützende, beziehungsstabilisierende Techniken (als Basis), während präskriptive Interventionen, die spezielle Direktiven beinhalten, hier weniger zum Einsatz kommen. Des weiteren sind „katalytische" Interventionen zu nennen, die „Dinge aufrühren" und bestimmte Beobachtungen des Supervisors in das Bewußtseins des Supervisanden bringen, außerdem Konfrontationen sowie Versuche der Konzeptualisierung des Behandlungsprozesses.

Fortgeschrittene Entwicklungsphase („Ebene 3"). Die *„Ebene 3"* stellt gewissermaßen die „Ruhe nach dem Sturm" dar (Stoltenberg & Delworth, 1987, S.93). Supervisanden dieser Ebene sind in der Lage, autonom zu arbeiten; die Rolle von Supervisoren wechselt demgegenüber zu einer eher kollegialen Position. Der Supervisor liefert genügend Stimulation und Herausforderung; sein Vorgehen ist flexibel und personorientiert; der Supervisor veranlaßt den Supervisanden zu einer sorgfältigen und ehrlichen Bestandsaufnahme der eigenen Stärken und Schwächen; das Fortbestehen einer guten Arbeitsbeziehung ist dabei selbstverständlich. Auf dieser Ebene ist eine *Mischung aus Unterstützung und Konfrontation* optimal. Dementsprechend kommen – auf Basis einer guten Beziehung – vor allem „katalytische" Interventionen zum Einsatz, mit deren Hilfe „Dinge in Bewegung kommen"; daneben wird auch mit dem „Parallelprozeß" gearbeitet; außerdem ist dem Supervisor jetzt eher eine Selbstöffung („self-disclosure") möglich.

Stoltenberg & Delworth haben noch eine weitere Ebene spezifiziert: nämlich *„Ebene 3 integriert": „Meister-Therapeuten".* Diese (höchste) Entwicklungsebene entspricht der Ebene 4 in den Modellen von Hogan (1964) bzw. Stoltenberg (1981). Auch Skovholt & Ronnestad (1992) haben sich damit intensiver beschäftigt. Auf dieser Ebene sind sogenannte „Meister-Therapeuten" zu finden. Im Vergleich zur Ebene

3 gibt es keine grundlegenden Strukturveränderungen, sondern eher *zusätzliche* Entwicklungen. Dies erklärt auch, weshalb diese letzte Ebene nicht explizit in der obigen Übersicht mit aufgeführt wurde. Therapeuten der Stufe „Ebene 3 integriert" haben eine vollständigere und komplexere Integration aller Arbeitsbereiche vollzogen. Nach Stoltenberg & Delworth (1987, S.101) erreichen Supervisanden dieses Stadium selten schon gegen Ende ihrer Ausbildung; im Mittel sind 5 bis 6 Jahre Berufserfahrung nötig; es ist außerdem festzuhalten, daß die meisten Therapeuten nach Ansicht der Autoren ihr Leben lang in Stufe 3 verbleiben (daß also die „Ebene 3 integriert" überhaupt nur von relativ wenigen Therapeuten erreicht wird). Auch diese Stufe wurde noch nicht empirischen Studien unterzogen.

Alles in allem läßt sich nach Ansicht von Stoltenberg & Delworth (1987, S.110) der Entwicklungsprozeß von Ebene 1 zu Ebene 3 während der Supervision in Analogie zum *Erziehungsprozeß* betrachten: Den Autoren zufolge entspricht die Ebene 1 der Kindheitsphase, die Ebene 2 der Phase der Pubertät oder Adoleszenz, wohingegen die Ebene 3 der Begleitung junger Erwachsener entspricht, die sich anschicken, das Elternhaus zu verlassen und Unterstützung bei (bzw. Erlaubnis zu) ihren Autonomiebestrebungen erhalten, sich bei Bedarf aber auch noch Rat und Beistand von den Eltern holen können.

Nützliche und kritische Aspekte von Entwicklungsmodellen. Eine Analyse dieser Konzepte läßt u.a. folgende Schlußfolgerungen zu:

1.) Entwicklungsmodelle teilen das allgemeine „Schicksal" von Stufenmodellen (wie z.B. in der Entwicklungspsychologie), mit denen es einige wissenschaftliche Probleme gibt (Stoltenberg & Delworth, 1987, S.8 ff.):

- Spezifische Entwicklungsstufen entsprechen nicht eindeutig spezifischen Verhaltensweisen und konkreten Kompetenzen, sondern stehen mit solchen nur in loser Verbindung.
- Die Stufen sind nicht am Alter oder an der „Erfahrung" (gemessen in Jahren) von Individuen festzumachen.
- Wissenschaftstheoretisch betrachtet lassen sich Stufentheorien empirisch weder bestätigen noch widerlegen (vgl. z.B. Kuhn, 1978; Phillips & Kelly, 1975 etc.). Sie haben somit allenfalls pragmatische Bedeutung als *Orientierungsmodelle*.
- Stufen sind eigentlich keine „Stufen" sondern drücken implizite Hierarchien aus (wobei hierarchische Theorien nicht notwendigerweise Entwicklungstheorien sein müssen). In diese Richtung argumentieren Phillips & Kelly (1975), die darauf hinweisen, daß Entwicklungstheorien eigentlich nur das Fortschreiten von simplen zu komplexen Hierarchien beschreiben, wobei komplexe Aufgaben immer aus einfacheren Aufgaben bestehen.
- Stufenmodelle haben allenfalls *deskriptive*, jedoch keine explanatorische Funktion.

2.) *Daß* sich Ausbildungskandidaten/Supervisanden während ihrer Ausbildung/Supervison verändern, d.h. „entwickeln", steht außer Zweifel. Die Entwicklung von „unerfahrenen Neulingen" zu „alten Hasen" ist empirisch anhand vieler Änderungen von Kompetenzen nachgewiesen (vgl. z.B. Frank et al., 1992; Heppner & Roehlke, 1984; Hill, Charles & Reed, 1981; McNeill, Stoltenberg & Pierce, 1985; Rabinowitz, Heppner & Roehlke, 1986; Reising & Daniels, 1983; Stoltenberg, McNeill & Crethar, 1994; Watkins, 1995; Worthington, 1984, 1987 etc.).

3.) Dagegen ist die Frage nach der Anzahl sinnvoller oder notwendiger *Zwischenstufen* nicht eindeutig zu beantworten. Ein Vergleich der *Extrempole* (Anfänger vs. Fortgeschrittene) bringt in der Regel deutliche Differenzen (siehe oben), jedoch ist strittig, *wieviele Zwischenstufen* sinnvoll und welche Aspekte dabei zentral sind, sowie ob es sich tatsächlich um eine zwingende Reihenfolge handelt. Die selbstkritische Aussage von Stoltenberg & Delworth (1987, S.81), daß für die Ebene 2 kaum empirisch gestützte Forschungsdaten existieren, machen es bislang ziemlich willkürlich, ob ein, zwei, drei oder mehr Zwischenstufen angenommen werden. Aus praktisch-pragmatischer Sicht würde *eine* einzige Zwischenstufe ausreichen, welche sich durch gewisse motivationale/emotionale Turbulenzen kennzeichnet und eine Übergangsphase darstellt (in diesem Sinn ist die *Dreiteilung* von Stoltenberg & Delworth plausibel und ökonomisch).

4.) Trotz mancher wissenschaftstheoretischer Kritikpunkte können Entwicklungsmodelle wegen ihrer *deskriptiven* Funktion eine praktische Hilfe (z.B. für unerfahrene Supervisanden wie Supervisoren) darstellen: Sie liefern kognitive Strukturen (im Sinne von „advance organizers": Ausubel, 1968), so daß ein neuer Supervisor z.B. erfährt, daß Anfänger Orientierung brauchen, während Fortgeschrittene sich eher konfrontieren und mit persönlichen Anteilen in Kontakt bringen lassen (vgl. auch McNeill & Worthen, 1989, S.331); umgekehrt lernen Supervisanden wie Supervisoren, daß in der mittleren Phase einer Ausbildung und Supervision motivationale und emotionale Schwankungen üblich sind. Der deskriptive Aspekt legt auch nahe, zu Beginn der Ausbildung und Supervision zunächst einfache, konkrete Aspekte und Aufgaben zu behandeln, während später die Komplexität zunehmen kann.

Fazit für die VT-Supervision. Faßt man die wichtigsten Gesichtspunkte speziell für eine verhaltenstherapeutisch orientierte Supervision zusammen, so lassen sich folgende Aspekte nennen:

1.) *Unterschiede zwischen Anfängern und Fortgeschrittenen machen unterschiedliches Supervisorenverhalten nötig*: Die inhaltliche Differenzierung von Entwicklungsstufen ist für die Planung von Ausbildung/Supervision insofern hilfreich, als es große Unterschiede in den Fähigkeiten, Bedürfnissen und Erwartungen zwischen Anfängern und Fortgeschrittenen gibt. Dementsprechend sollten sich Supervisoren von ihrem Verhalten her auf den groben Entwicklungsstand ihrer Supervisanden einstellen.

2.) *Präventive Funktion*: Supervisoren wie Supervisanden können sich z.B. darauf einstellen, daß es im mittleren Stadium mit hoher Wahrscheinlichkeit „Turbulenzen" gibt. Somit kann „Entwicklungsstörungen" der Supervisanden vorgebeugt werden (wenn beide Seiten aufgrund des Modells z.B. wissen, daß die Erschütterungen und Konflikte in Ebene 2 als eine Art „natürliches Durchgangssyndrom" zu werten sind).

3.) *Versuche der Fein-Klassifikation in Entwicklungskategorien sind bislang wenig hilfreich*: Welche Kompetenzen im Einzelfall beim betreffenden Supervisanden aufzubauen sind, klärt im Regelfall eine individuelle Verhaltensanalyse (vgl. Kap.6.2). Versuche einer sehr subtilen Klassifikation (d.h. die diagnostische Einordnung von Supervisanden in entsprechende Entwicklungskategorien) erscheinen bislang nicht vielversprechend – zumindest nicht zum Zweck der Supervisionsplanung.

Somit darf angemerkt werden, daß Entwicklungstheorien der Supervision zwar einige Verfahrenshinweise für Supervisoren geben können (z.B. am Anfang Struktur und Sicherheit vermitteln, später autonom arbeiten lassen), für die *direkte Planung* einzelner Supervisionsschritte jedoch *keine* wesentliche Hilfe darstellen. Hier gilt das Motto: *Klassifikation ersetzt keine individuelle funktionale Verhaltensanalyse.* Ihr Hauptnutzen liegt wohl in der *deskriptiven* Darstellung von Entwicklungsverläufen vom Anfängerstadium zum Fortgeschrittenenstadium, was im didaktischen Verhalten von Supervisoren flexible, adaptive Vorgehensweisen nahelegt. Insgesamt verspreche ich mir mehr von einem (zunächst inhaltlich offenen) *allgemeinen* Kompetenzmodell, welches dann – je nach Einsatzzweck und Arbeitsfeld – mit den jeweils notwendigen Fertigkeiten für Therapeuten „gefüllt" werden kann. Im Einzelfall müssen diese (nach einem kompetenzdiagnostischen IST/SOLL-Vergleich) in Form von praxisrelevanten Lernzielen für die betreffende Person spezifiziert und – in handhabbare „Bausteine" zerlegt – in einer sinnvollen hierarchisch-sequentiellen Anordnung nach therapiedidaktischen Kriterien vermittelt werden (vgl. dazu Kap.6.1).

3.3 Funktions- und prozeßorientierte Einteilung

Neben Einteilungsversuchen, die entweder auf traditionellen Therapieschulen beruhen oder Entwicklungsaspekte der Supervision betonen (vgl. Kap.3.1 und 3.2), lassen sich Supervisionsansätze auch anhand ihrer dominanten Funktionen und Prozesse beschreiben. Damit sind Schwerpunkte gemeint, die durchaus *Affinitäten* zu bestimmten schulenspezifischen Konzepten haben und in vielen *als zentrale Elemente* enthalten sein können, jedoch deren enge Richtungsgrenzen sprengen. Manche Supervisionsmodelle (darunter auch die „Selbstmanagement"-Supervision) enthalten *mehrere* davon, u.U. in vielfältig kombinierter Form, so daß sich zusätzliche und immer neue Varianten ergeben können. Die nachfolgende Betrachtung erfolgt aus unterschiedlichsten Perspektiven und auf Basis relativ „windschiefer" Dimensionen. Alle Typisierungen sind wiederum als „fuzzy sets" zu verstehen, deren zentrale Merkmale sich um einen „Kern" gruppieren und umgekehrt umso undeutlicher werden, je mehr wir uns den Begriffsrändern nähern.

3.3.1 Therapieanaloge Supervisionsmodelle

Zu Beginn dieser funktions- und prozeßorientierten Einteilung ist zunächst die Gruppe der *therapieanalogen* Ansätze zu nennen, die ihre Supervision in Anlehnung an das im jeweils zugrundeliegenden Therapiekonzept befolgte allgemeine Vorgehen praktizieren. Als ein Paradebeispiel kann der Ansatz von Ponterotto & Zander (1984) gelten, die die multimodale Verhaltenstherapie von Arnold Lazarus inkl. seines BASIC-ID auf Supervision anwenden. Einige typische Modelle sind:

- *Supervision auf der Basis von Beziehungsanalyse und „Parallelprozeß":* Entsprechende Konzepte haben ihre Wurzeln in der Psychoanalyse und setzen den Schwerpunkt auf die Analyse von Übertragung und Gegenübertragung bzw. auf den sog. „Parallelprozeß" (vgl. Kap.9.3.2), wonach die Supervisionssituation die Therapiebeziehung zwischen Supervisand und Klient wiederspiegele. Diese Grundgedanken werden auch auf Gruppen, Teams und Organisationen übertragen.

- **„Wachstumserleichternde" Supervision:** Ansätze mit diesem Schwerpunkt (im englischen auch „facilitative" bzw. „personal growth supervision" genannt) beanspruchen in der Regel den philosophischen Hintergrund der „Humanistischen Psychologie" für sich. Durch Gestaltung einer Supervisionsatmosphäre, die das persönliche „Wachstum" der Supervisanden erleichtert, sollen quasi automatisch positive Wirkungen für deren therapeutisches Tätigsein entstehen. Viele klientenzentrierte Modelle der Supervision (z.B. Patterson, 1983) gehören zu dieser Rubrik.

- **Erlebnisorientierte Supervision:** Wenn die eben genannte wachstumserleichternde Supervision besondere Schwerpunkte auf das persönliche Erleben der Supervisanden setzt, läßt sie sich als erlebnisorientiert bezeichnen („experiential supervision": vgl. z.B. Shalit, 1990). Mittels „Awareness"-Übungen, Gestalt- und Körpermethoden werden insbesondere emotionale Anteile angesprochen in der Hoffnung, daß sich die produzierten Erfahrungen hilfreich auf den therapeutischen Alltag der Supervisanden auswirken.

- **Behaviorale Supervision:** In der Tradition klassischer Verhaltenstherapie steht hier das offen beobachtbare Verhalten von Supervisanden im Mittelpunkt (vgl. z.B. Delaney, 1972). Therapieprobleme werden als Verhaltensdefizite betrachtet, und demzufolge zielt die Supervision darauf ab, mittels Instruktion, Modellernen und positiver Verstärkung geschicktere Strategien des Umgangs zu erlernen. Konkrete Operationalisierung von Verhalten, Evaluation der Effekte und enge Anlehnung an die Prinzipien von Lerntheorien kennzeichnen diesen Ansatz, der sich mit dem „skills approach" überschneidet (siehe unten).

Psychotherapieanaloge Modelle haben gewisse Vorteile im Rahmen der „Ausbildungssupervision", weil sie die wichtigsten Strategien der jeweiligen Richtung konzeptgetreu umzusetzen versuchen. Ob sie ohne Modifikationen oder Erweiterung ihrer Grundannahmen auf „außerschulische" Anwendungsfelder übertragen werden können, muß zumindest hinterfragt werden: So hat man beispielweise der psychodynamischen Supervision den Vorwurf gemacht, für Teams und Institutionen zu kurz zu greifen, weil sie personbezogen konzipiert sei und nicht in der Lage, Umgebungs-, Kontext- bzw. Systemeinflüsse in Organisationen adäquat zu berücksichtigen (vgl. Fatzer, 1990a, S.82).

3.3.2 Lernziel- und Kompetenzorientierung („skills approach")

Hier stehen vor allem therapeutische *Fertigkeiten* („skills") im Vordergrund, weshalb auch der Begriff „fähigkeitsorientierte Supervision" gewählt wird. Nach didaktischen Prinzipien werden Interaktions- und Therapiestrategien trainiert, wobei die zu erwerbenden Kompetenzen genau beschrieben sind, Lernziele konkretisiert werden und oft Manuale oder Videofeedback als Hilfsmittel zum Einsatz kommen. Hier sind Trainingsmethoden der Gesprächsführung auf Basis gesprächstherapeutischer Elemente (Truax & Carkhuff, 1967), „Microtraining" und „Interpersonal Process Recall" (vgl. Kap.17) genauso zu subsumieren wie Fertigkeitstrainings aus der verhaltenstherapeutischen Richtung (z.B. Alberts & Edelstein, 1990; Hirschenberger, McGuire & Thomas, 1987; Leith, McNiece & Fusilier, 1989; Linehan, 1980; Linehan & McGhee,

1994 etc.). Zielorientiertes Lernen nach optimalen didaktischen Gesichtspunkten macht den Kern dieser Ansätze aus und bildet auch *ein* Element unserer „Selbstmanagement"-Supervision, insbesondere bei „Ausbildungssupervision".

3.3.3 Problemlöse-Orientierung

Dem Trend der kognitiven Verhaltenstherapie folgend und in Einklang mit handlungstheoretischen Modellen verstehen sich viele Supervisionskonzepte als angewandtes Problemlösen. Meist folgen sie – mit einer unterschiedlichen Anzahl von Zwischenstufen und oft abgewandelten Schrittbezeichnungen – dem rudimentären Gerüst, das schon John Dewey (1910) umrissen hatte, und das D'Zurilla & Goldfried (1971) in die Verhaltenstherapie einbrachten: Allgemeine Orientierung, Definition und Formulierung des Problems, Suche nach Alternativen, Entscheidungsfindung, Implementation der Lösungen und Effektkontrolle. Auf Basis dieser Problemlöseschritte wird zunächst eine Analyse von IST/SOLL-Zuständen vollzogen, um Interventionen zu planen, die sich als Mittel zum Ziel, d.h. „Lösungen" verstehen lassen. Ihre Effekte werden direkt beobachtet und fließen sofort wieder in die weitere Analyse und Planung ein. Neben eng an die klassischen Stufen angelehnten Supervisionsmodellen (z.B. Wasik & Fishbein, 1982) gibt es Ansätze, die auch handlungstheoretische Gedankengänge und therapeutisches Basisverhalten in ihre Arbeitsphasen einfließen lassen (Plessen & Kaatz, 1985) bzw. bereits eine Kombination von Stufenmodell und Fähigkeitsansatz (Lieb, 1993) oder von Problemlöse- und Entwicklungsmodellen (z.B. Frank, 1996) darstellen. Die Kapitel 11 und 12 werden zeigen, daß auch die „Selbstmanagement"-Supervision *im Kern* einem solchen Problemlösekonzept folgt, jedoch noch viele weitere Elemente einbezieht.

Manche Ansätze legen ihren Schwerpunkt besonders auf den Aspekt der *Lösungen*: So haben schon Watzlawick, Weakland & Fisch (1979) darauf hingewiesen, daß oft die versuchten Lösungen das eigentliche „Problem" sein können, und daß jede Person selbst einen Teil ihrer Probleme darstellt, welche immer nur in einem bestimmten Kontext (= persönlicher und sozialer Bezugsrahmen) verständlich sind. Um eine unproduktive Fortsetzung der Suche nach Lösungen 1.Art (ein „Mehr desselben") zu unterbinden und zu rahmensprengenden Lösungen 2.Art zu gelangen, sind auch *provokative Strategien* nach Art von Farrelly (1991) einsetzbar. Zum anderen richten pragmatische Ansätze einer *lösungsorientierten Supervision* im Sinne von de Shazer (1989a, 1989b, 1992) die Aufmerksamkeit fast ausschließlich auf die Konstruktion künftiger neuer Lösungsschritte und halten sich nicht lange mit der Suche nach Problembedingungen und deren Entstehung auf (vgl. Marek, Sandifer, Beach, Coward & Protinsky, 1994).

3.3.4 Funktionsorientierung

Eine andere Einteilung der Supervision kann die jeweiligen Hauptfunktionen zugrundelegen, die Kadushin (1976; vgl. Kap.2.2) als edukativ, supportiv und administrativ bezeichnet hatte:

- *Edukative Supervision – Supervision als Ausbildung und Erziehung:* Modelle mit dieser Funktion dienen vor allem der adäquaten beruflichen Sozialisation der Kandidaten (vgl. z.B. Morton & Kurtz, 1980). Van Kessel & Haan (1993a, S.7) stellen bei der Präsentation ihres holländischen Supervisionsmodells dieses Element sogar so stark in den Vordergrund, daß sie überprüfend-kontrollierende bzw. sanktionierende Funktionen absichtlich ausklammern („exclusive supervision" im Gegensatz zu administrativer „inclusive supervision"). Viele pädagogische Elemente und optimales didaktisches Vorgehen kennzeichnen diese Richtungen.

- *Supportive Supervision:* Wenn emotionale Begleitung, Stützung und kollegiale Hilfestellung im Mittelpunkt stehen, läßt sich von „supportiver Supervision" sprechen. Oft wird auf evaluative Momente bewußt verzichtet, um sowohl Offenheit als auch Vertrauen und persönliche Entwicklung der Kandidaten nicht zu gefährden.

- *Administrative Supervision.* Im Gegensatz dazu umfaßt diese alle Tätigkeiten/Aufgaben, die z.B. mit Qualitätssicherung, Leistungskontrolle, Patientenschutz bzw. Kosten-Nutzen-Effektivität von Therapie oder psychosozialer Arbeit zu tun haben. An anderer Stelle habe ich darauf aufmerksam gemacht, daß Supervision und Qualitätssicherung in einem diffizilen Verhältnis zueinander stehen (Schmelzer, 1995), und daß ein Übermaß an Kontrolle die Gefahr in sich birgt, Supervision zur „Snoopervision" („Schnüffelvision": Kadushin, 1990, S.20) werden zu lassen. Van Kessel & Haan (1993a) haben aber darauf hingewiesen, daß die Kontrolle, Überwachung und Evaluation psychosozialer Tätigkeiten im angelsächsischen Sprachraum – insbesondere in der amerikanischen Sozialarbeit – zu den Selbstverständlichkeiten von Supervision gehört und dort nichts Anrüchiges an sich hat.

Supportive Supervision *in Kombination* mit edukativem Vorgehen wird im englischen Sprachraum auch als *„clinical supervision"* (vgl. Rich, 1993) bezeichnet; als vierte Grundfunktion habe ich in Kap.2.2 noch die *„aufklärerisch-emanzipatorische"* Supervision angeführt. In einem ergebnisorientierten VT-Supervisionsverständnis interessieren weniger die *behaupteten*, sondern vielmehr die real umgesetzten Funktionen. Dabei sind *im Prinzip* zwar sämtliche Schwerpunkte möglich – in der Praxis ist jedoch immer die Frage nach den *momentan erforderlichen, d.h. vorrangigen* Zielsetzungen zu stellen.

3.3.5 Supervision in der Tradition von Gruppendynamik und/oder Organisationsberatung

Eine Reihe von Supervisionskonzepten hat ihre Wurzeln in der *Gruppendynamik*, die sich im Gefolge der Ideen Kurt Lewins (z.B. 1936) zu einer der Hauptströmungen der „Human Relations"-Bewegung entwickelte (vgl. z.B. Antons, 1996; Rechtien, 1992 etc.). Ihr Augenmerk liegt bevorzugt auf der Interaktionsdynamik in Teams und Institutionen, auf Beziehungen, Rollen und Interessenkonflikten in Gruppen oder auf der Entwicklung konstruktiver Kommunikationsformen, wobei die Analyse/Reflexion von Gruppenprozessen mittels gegenseitigem Feedback bzw. mittels Meta-Kommunikation eine vorgeordnete Rolle spielt (vgl. z.B. Leinfelder, 1994; Leuschner & Schaaf, 1988; Nellessen, 1990; Rappe-Giesecke, 1990, 1994 etc.).

Während sich die Gruppendynamik mehr mit der persönlichen (psychisch-menschlichen) Seite von Interaktionen beschäftigte, nehmen Supervisionsansätze im Gefolge der *Organisationsberatung* auch und vor allem Strukturen, Rollen, Positionen (und ihre Anforderungen) sowie Macht- und Einflußfaktoren in Organisationen ins Blickfeld. Dabei gibt es eine große Spannbreite von Vorschlägen, die von der Übertragung psychodynamischer Grundgedanken auf Instutitionen bis hin zu pragmatischen Management-Konzepten und Unternehmensberatung reichen (vgl. z.B. Belardi, 1992; Butzko, 1994; Dreesmann & Kraemer-Fieger, 1994; Fatzer & Eck, 1990; Fürstenau, 1970; Gfäller, 1990; König & Volmer, 1994; Schönig & Brunner, 1993; Schreyögg, 1991c; Weigand, 1985 etc.). Insbesondere hat sich die Supervision der deutschen Sozialarbeit in den letzten Jahren deutlich in Richtung Organisationssupervision und soziales Management entwickelt (vgl. Weigand, 1996).

Da viele Grundgedanken und Vorgehensweisen in Kap.14 ausführlicher beschrieben und mit dem Selbstmanagement-Supervisionsmodell in Verbindung gebracht sind, verzichte ich hier auf eine breitere Darstellung. Manche ursprünglich gruppendynamischen Ideen finden sich mittlerweile auch in den nachfolgend präsentierten sog. „systemischen" Ansätzen wieder.

3.3.6 Systemische Orientierung

Systemische Perspektiven liegen in aller Regel den bereits in Kap.3.1.4 skizzierten *familientherapeutischen* Schulen zugrunde; Ansätze zur systemischen Supervision sind damit aber nicht deckungsgleich (vgl. z.B. Blesken, 1989; Borwick, 1990; Brandau, 1991a; Buchinger, 1988a; Degwart & Krüger, 1990; Retzer, 1990 etc.). Das praktische Vorgehen wird meist unter Rückgriff auf kybernetische und systemtheoretische Begriffe strukturiert (Homöostase, Rückkoppelung, Systemregeln, Selbstreferenz etc.: vgl. im Überblick z.B. Böse & Schiepek, 1989; Lieb, 1995; Schiepek, 1991; Simon & Stierlin, 1984 etc.). Häufig wird eine Mischung aus radikalem Konstruktivismus (Cantwell & Holmes, 1994; Feixas, 1992; Hargens & Grau, 1992, 1995; Watzlawick, 1985), Pragmatismus (gut ist, was für bestimmte Zwecke und Situationen *nützlich* ist) und Kontextrelativismus (jedes Verhalten ist kontextabhängig) propagiert, wobei Supervisoren ihren Supervisanden helfen, durch optimale Kommunikationsstrategien das jeweilige System zu neuen/andersartigen Entwicklungen anzuregen oder zu „verstören": Supervisoren sind in dieser Hinsicht „...nicht nur Leute, die stören, sondern Störer, die das Stören lehren" (Kersting, 1991a, S.143). Dazu dienen zirkuläre Fragen ebenso wie unzählige Varianten der Live-Supervision (vgl. Kap.17), bestimmte Formen von Co-Therapie (Klatte, 1983) oder das Konzept des „Reflektierenden Teams" (Andersen, 1990).

Überhaupt sind unter systemischem Vorzeichen in den letzten Jahren unzählige neue, kreative Interaktions- und Arbeitsformen der Supervision geschaffen und beschrieben worden (vgl. z.B. Kersting & Lehmenkühler-Leuschner, 1988; Kersting, 1991b, 1992; Kersting & Neumann-Wirsig, 1992; Kersting, Vogel, Nebel & Bürger, 1995; Landau-Stanton & Stanton, 1986; Mazza, 1988; Neumann-Wirsig & Kersting, 1993 etc.). Diese reichen von Metaphern, Parabeln, Humor und Provokation über ständig wechselnde Therapeuten/Supervisoren-Teams bis hin zu Inszenierungen von Supervisionssituationen nach dem Vorbild des absurden Theaters. Vieles davon befindet sich aber noch im Experimentierstadium und wurde in den seltensten Fällen einer empirischen Effektprüfung unterzogen. Auch sind mittlerweile vielfältige Kombinationen mit Elementen aus anderen therapeutischen Richtungen (Psychodrama, Gestalt, Gruppendynamik etc.) zu beobachten, so daß es umso schwerer fällt, *systemische Supervision* in „Reinform" zu beschreiben.

Eine kurze kritische Würdigung systemisch orientierter Supervisionsansätze macht in einigen Punkten eine gewisse Nähe zu unserem Selbstmanagement-Ansatz deutlich, bei dem z.B. auch Systemdenken, Pluralismus der Lebenshaltungen und subjektiv konstruierte Lebenswirklichkeiten betont werden (vgl. Lieb, 1995, 1996). Der über das Individuum hinaus erweiterte Blick auf die kontextuelle Einbindung und Vernetzung, ihre pragmatische Handlungs- und Lösungsorientierung und die Betonung optimaler Kommunikations- und Interaktionsstrategien (mit vielen neuen Interventionsmöglichkeiten) machen die Richtung auch für traditionelle Verhaltenstherapeuten interessant. Dabei geht es vor allem um eine Nutzung der System*perspektive*: Systemisches *Denken* läßt sich nämlich auf Einzelpersonen genauso wie auf Paare, Familien, Teams, Gruppen, Institutionen oder gar Gesellschaften anwenden (vgl. z.B. Fisch, Weakland & Segal, 1987; Kanfer et al., 1996, S.22 ff.; Vester, 1984). Hier versprechen vor allem Ansätze zum *Problemlösen in Systemen* eine Hilfe für Supervisoren bzw. Therapeuten, weil sie diese als „Aktoren" in dynamisch-komplexen Umfeldern auffassen (vgl. auch Haken, 1990; Lieb, 1996) und ihnen etwas Orientierung für ihr Handeln unter Ungewißheit vermitteln (vgl. Dörner, 1989; Dörner et al., 1983; Strohschneider & von der Weth, 1993).

Insgesamt können wohl alle Supervisionsansätze, die mit Personenkonstellationen des Typs n>1 arbeiten (Teams, Gruppen, Organisationen), auf systemisches Denken nicht mehr verzichten. Falls die Ansätze noch eine ihrer eigenen Prämissen („Wir tun so, *als ob* die Welt ein System wäre...") ernst nehmen und die *Vorteile* der Übernahme einer solchen Perspektive in irgendeiner Form *belegen* (z.B. durch die Demonstration kurzfristig und langfristig hilfreicher Praxiseffekte eines Handelns nach dieser Sichtweise), könnten sie aus dem Stadium einer modischen Zeitgeistströmung treten und zu einer empirisch fundierten, etablierten Richtung werden.

3.3.7 „Integrative" und „vermischte" Supervisionsmodelle

Der Begriff „Integration" (ebenso wie „Eklektizismus") wird zwar oft sehr undifferenziert und vieldeutig verwendet; im Zusammenhang mit Supervision müssen wir uns dieser Vokabel aber aus verschiedenerlei Gründen zuwenden:

(1) Umfragen unter praktisch tätigen Psychotherapeuten in USA wie in Deutschland fördern immer wieder zutage, daß sich die überwiegende Mehrheit als „integrativ" oder „eklektisch" bezeichnet (was dies auch immer bedeuten mag; vgl. dazu z.B. die Tabelle 1.1 in Garfield & Bergin, 1994, S.7).

(2) Textor (1995) behauptet sogar, daß praktisch tätigen Therapeuten angesichts der Heterogenität der Therapieschulen gar nichts anderes übrig bleibt, als „eklektisch" oder „integrativ" zu arbeiten.

(3) In Deutschland ist – im Gefolge der sogenannten „Integrativen Therapie" (Petzold, 1991-1993) – eine Richtung entstanden, die sich als „Integrative Supervision" bezeichnet (vgl. vor allem Schreyögg, 1991a, 1994a). Auf der Basis phänomenologischer Annahmen werden psychoanalytische, erlebnisaktivierende, gestalttherapeutische, kommunikationstheoretische, psychodramatische Theorien und Methoden zu einem – nach eigenen Aussagen – „integrativen" Ansatz verschmolzen.

(4) In den U.S.A. hat sich – in einer ganz anderen Tradition und m.E. eher in Einklang mit empirisch-wissenschaftlichen Forschungsergebnissen – ebenfalls eine „integrative Supervision" (oder besser: Supervision von integrativen Therapieansätzen) entwickelt, als deren prominentester Vertreter Norcross (1988) gelten kann.

(5) In den U.S.A. werden Integrationsversuche mit verhaltenstherapeutischen Wurzeln mittlerweile oft als „systems approach" bezeichnet, wobei sowohl ein anderes Verständnis von „Integration" als auch von „System" zugrundeliegt (vgl. z.B. Holloway, 1995; Leith et al., 1989).

Bei allem Verständnis für Praktiker, die gegen eine allzu rigide Einengung auf traditionelle Therapieschulen rebellieren und sich längst eine subjektive integrative Position (oft „Intuition" genannt) geschaffen haben, ist kritisch anzumerken, daß das Attribut „integrativ" allzu leichtfertig benutzt wird, um als modern, offen, „ganzheitlich", kreativ oder kombinationsfreudig zu gelten. Dabei könnte man nochmals konzeptuelle „Integrationisten" (die auf Basis eines schlüssigen Grundmodells bestimmte Methoden integrieren) von willkürlichen „Eklektikern" (die sich ohne erkennbare Logik mal auf dieses, mal auf jenes Konzept beziehen) differenzieren. Beide sind jedoch – sehr zum Ärger von theoretischen oder wissenschaftstheoretischen „Puristen" – in der Praxis eine „Realität", die weder im Rahmen von Therapie/Sozialarbeit noch im Rahmen von Supervision zu ignorieren ist.

3.3.8 Die „Selbstmanagement"-Supervision

Das Modell der Selbstmanagement-Supervision versteht sich als eine besondere Spielart in der Tradition der kognitiven Verhaltenstherapie à la Bandura, Mahoney, Meichenbaum und besonders *Frederick H. Kanfer*. Es besitzt eine bestimmte Hintergrund-Philosophie (vgl. Kap.5) und kann als problemlöse- und zielorientiertes Systemmodell bezeichnet werden. Ein Hauptschwerpunkt liegt sicherlich darin, Supervisanden zur eigenständigen Bewältigung ihrer professionellen Anforderungen zu *befähigen*, weshalb der Aufbau von Kompetenzen (bzw. das Beseitigen von Performanz-Hindernissen) besonders wichtig ist. Diese „Hilfe zur Selbsthilfe" wird unter Bezug auf Erkenntnisse und Befunde der empirischen Grundlagenforschung optimiert, wobei die theoretischen Grundlagen des Konzepts (vgl. Kap. 5 bis 9) in ein Mehrebenen-Prozeßmodell für die Supervisionspraxis münden (vgl. Kap. 10 bis 14). Es berücksichtigt dezidiert die wichtigsten therapeutischen Wirkprinzipien, die Grawe (1994; Grawe, Donati & Bernauer, 1994) in seinen Studien herausgearbeitet hat, nämlich (1) Problembewältigung, (2) Klärung, (3) unterstützende Beziehung und (4) Ressourcenorientierung. Eine Besonderheit stellt die kontinuierliche *Anregung* („instigation") von Personen zum eigenständigen Lernen in Richtung Autonomieerwerb dar. Da die gesamte weitere Arbeit im Zeichen dieses Ansatzes steht, erübrigt sich hier eine ausführlichere Beschreibung.

3.4 Fazit

Die zurückliegenden Kapitel haben verdeutlicht, daß eine „reine" Differenzierung von Supervisionskonzepten anhand disjunkter Kriterien schwierig ist. Bezugnehmend auf die Absicht, auch von den Erfahrungen anderer Richtungen für den eigenen Ansatz zu profitieren, stellt sich nun die Frage: „Wo kann sich die verhaltenstherapeutisch orientierte Selbstmanagement-Supervision anschließen bzw. welche zusätzlichen Elemente kann sie evtl. in ihr Modell übernehmen?"

Mit der *psychoanalytischen Supervision* ist sie sich beispielsweise über die hohe Bedeutung der jeweiligen Lerngeschichte einig. Zwar wird eine langwierige Aufarbeitung vergangener Erfahrungen nicht für notwendig gehalten, und viele Implikationen unbewußter Übertragungs- und Gegenübertragungsprozesse werden *nicht* geteilt, jedoch kann unter Bezug auf neuere Informationsverarbeitungstheorien jede unmittelbare Interaktion als „reziproker Schema-Transfer" interpretiert werden (vgl. dazu speziell Kap. 9.3). Dabei sind vor allem die momentan aktivierten Schemata wichtig, so daß es auf ein zukunftsorientiertes Erlernen konstruktiverer Interaktionsmuster ankommt. Die in der psychoanalytischen Ausbildung vollzogene strikte Trennung zwischen Lehranalyse und Kontrollanalyse kann m.E. voll übernommen werden: Während die „eigentliche" Supervision der Unterstützung von Supervisanden dient, sollte der Nachweis der therapeutischen Befähigung (z.B. des Erwerbs der notwendigen Kompetenzen) in *anderen* Kontexten gegenüber *anderen* (Prüfungs-)Personen geliefert werden. Um der Gefahr einer zu stark vergangenheits- und personbezogenen Schwerpunktsetzung zu begegnen, werden in der Selbstmanagement-Supervision vor allem das ziel-, zukunfts- und lösungsorientierte Arbeiten sowie die Analyse des jeweiligen Kontexts (System) empfohlen.

Aus Supervisionsansätzen zur *Gesprächstherapie* (GT) kann übernommen werden: (1) Die allgemeine empathische Grundhaltung, (2) das Bemühen um Operationalisierung und Konkretisierung von Basiskompetenzen der Gesprächsführung, (3) die Öffnung hinsichtlich empirischer Forschung und (4) die begleitende Nutzung von Medien wie Tonband und Video. Viele Grundlagen der Gesprächsführung und des therapeutischen Basisverhaltens sind in Programmpakete wie IDET, Microtraining oder IPR (vgl. Kap. 17) eingeflossen. Im Selbstmanagement-Konzept werden die GT-Basisvariablen allerdings nur als *notwendige*, nicht aber schon hinreichende Bedingungen für den Gesamtprozeß betrachtet und in der Regel mit zusätzlichen Kommunikationsstrategien (z.B. Columbo-Technik, reflektierende Fragen, sokratischer Dialog etc.: vgl. Kap.17) kombiniert.

Mit der *Gestalt*-Supervision werden einige „humanistische" Menschenbildannahmen geteilt; ihre Erfahrungsorientierung, viele kreative Techniken und Materialien können in bestimmten Situationen zusätzliche „Zugänge" zu Personen (vor allem über die *emotionale* Ebene) schaffen. Sehr kritisch ist allerdings zu werten, wenn Gestaltansätze ein *einseitiges* Primat der Emotionen propagieren, ihre Arbeit darauf beschränken, emotionale Erfahrungen zu stimulieren und Probleme „aufzureißen", ohne sie danach zielführend weiterzubearbeiten, oder wenn Gestalttherapeuten bzw. -supervisoren auf eine autoritär-direktive Art vorgehen, die unseren (und genaugenommen ihren eigenen) Menschenbildannahmen widerspricht. Leider fehlt auch vielen Methoden/Vorgehensweisen immer noch die empirische Orientierung und Fundierung.

Der *familientherapeutische* Ansatz und diverse *systemische* Modelle haben eine Erweiterung der Perspektiven und eine Vielzahl neuerer Methoden (Live-Supervision, „reflektierendes Team" etc.) geliefert. Sie bieten insbesondere Vorteile bei der Analyse der *Makro-Ebene* und liefern dort ein Grundmodell der Betrachtung komplexer Zusammenhänge, Strukturen und Dynamiken. Systemische Ansätze sind insbesondere bei N>1-Situationen relevant, jedoch auch bei Einzelsupervision, wo es immer darum geht, die Einbettung der jeweiligen Probleme und Ziele in den *Gesamtkontext* adäquat zu berücksichtigen. Hier bevorzugt die Selbstmanagement-Supervision ein „deciderorientiertes" Systemmodell (Lieb, 1996), das den Supervisor als „Navigator im System" besonders hervorhebt (und in Analogie dazu den Therapeuten=Supervisanden im *Therapie*system). Diese Schwerpunktsetzung verhindert, daß die Person – wie in vielen Systemmodellen der Fall – völlig „hinter dem System verschwindet". Vielmehr werden Heurismen herausgearbeitet, die dem jeweiligen Supervisor (bzw. Therapeuten=Supervisanden) beim Befolgen der Devise „Global denken, lokal handeln" behilflich sind. Statt trivialer systemischer Parolen (z.B. „Alles hängt irgendwie mit allem zusammen" ... „Alles ist im Fluß" ... „Nichts ist beliebig steuerbar"), die zwar durchaus berechtigt, aber praktisch wenig hilfreich sind, werden solche Systemmodelle bevorzugt, die es dem Supervisor bzw. Therapeuten erlauben, sich „im System" konstruktiv zu bewegen und relevante Anstöße zu geben. Hierzu können z.B. die systemtheoretischen Vorstellungen zur „Synergetik" von Haken (1990) und besonders das Modell von Dörner (1989; Dörner et al., 1983 etc.: vgl. Kap.6.1.4) wertvolle Hinweise geben.

Ansätze aus der *Gruppendynamik* und *Organisationsberatung* tragen viel zum Verständnis von Strukturen und Prozessen in Gruppen, Teams und Institutionen bei. Sie haben auch eine ganze Reihe wichtiger Analyse- und Interventionsmethoden geliefert (z.B. Johari-Fenster, Rollenanalyse, Survey-Feedback, Organisations-, Personal- und Teamentwicklungstraining etc.: vgl. Kap.17). Der Gefahr, daß Supervision zu einem routinemäßigen Abspulen gruppendynamischer Übungen wird, kann durch eine Konzentration auf die jeweiligen Hauptaufgabenstellungen („primary task": Rice, 1963) vorgebeugt werden.

Aus *Entwicklungsmodellen* der Supervision ist der Hinweis zu entnehmen, die einzelnen Supervisionsschritte an den jeweiligen Entwicklungsstand der Supervisanden anzupassen. Lernen wird dabei als Veränderungs- und Entwicklungsprozeß angesehen, der bestimmten typischen Stufen folgt. Allerdings kann eine Feinklassifizierung von Entwicklungsstufen nicht die individuelle funktionale Verhaltensanalyse und damit die auf den Einzelfall zugeschnittene Supervisionsplanung ersetzen.

Zur Bedeutung des psychoanalytisch geprägten *„Parallelprozesses"* folgen in Kap.9.3.2 nähere Erläuterungen; im eigenen Modell erhält dieser allenfalls eine *Kann*-Funktion, d.h. ein Duplizieren der Therapiesituation in der Supervision ist zwar möglich, aber *nicht zwangsläufig* zu erwarten. Mit psychoanalytischen Gedankengängen wird jedoch die Grundbotschaft geteilt, daß die Beziehung zwischen Supervisor und Supervisanden sehr wichtig ist, d.h. eine *Grundvoraussetzung* jeder effektiven Supervision darstellt und bei Bedarf genauer in den Fokus der Analyse genommen werden muß.

Der *„Skills approach"* der Supervision bzw. *lernzielorientierte Kompetenzmodelle* sind insbesondere für die Ausbildungssupervision relevant und steuern auf ein *Befähigen* („empowerment": Rappaport, 1985) der Kandidaten hin – insbesondere dort, wo die Bedingungen von Therapie- und Supervisionsproblemen in Kompetenz*defiziten* liegen.

Die Selbstmanagement-Supervision folgt im Kern den Grundschritten von *Problemlösemodellen*, wobei die klassischen Problemlöseschritte als Basis dienen (z.B. D'Zurilla & Goldfried, 1971), aber insbesondere durch die Ideen von Dörner und die Betonung von Zielen und Lösungen erweitert werden. Ein solches Modell ist *therapieanalog* im *Prozeß*: auf einer Meta-Ebene folgen also sowohl Therapie als auch Supervision des Selbstmanagement-Konzepts *ähnlichen* Grundstrukturen, während sich die Hauptunterschiede auf die bearbeiteten *Inhalte* beziehen. Dabei sind (vgl. S.54 ff.) einige wesentliche *Differenzen* zwischen Therapie und Supervision zu beachten.

Die *Funktionsorientierung* von Supervision (in Anlehnung an die drei klassischen – edukativen, supportiven und administrativen – Funktionen, ergänzt durch die vierte = emanzipatorische) kommt in unserem *zielabhängigen* Supervisionsmodell besonders zum Tragen, weil dort eine zentrale Frage darin besteht, *welche* Ziele/Funktionen zum jeweiligen Zeitpunkt der Supervision *dominant* sind bzw. sein sollten, sowie, welche dann *tatsächlich* in die Praxis umgesetzt werden.

Viele Gesichtspunkte dieses kurz zusammengefaßten Fazits fließen in den eigenen Standpunkt zur Supervision ein, der ab Kap.5 ausführlich dargelegt und durch viele weitere Facetten ergänzt ist.

4 Empirische Forschung zur generellen Effektivität von Ausbildungs- und Praxissupervision

Von unterschiedlichster Seite wird der Zustand der empirischen Forschung im Bereich Therapieausbildung und Supervision als „desolat" beklagt (vgl. z.B. Alberts & Edelstein, 1990; Binder, 1993; Edelstein & Berler, 1987; M.Ellis, 1991; Galassi & Trent, 1987; Holloway & Hosford, 1983; Lambert, 1980; Lambert & Arnold, 1987; Matarazzo & Garner, 1992; Russell, Crimmings & Lent, 1984 etc.). Sowohl in der Sozialarbeit als auch in klinisch-psychologischen Arbeitsfeldern, sowohl in institutionellen Kontexten als auch in der therapeutischen Ausbildungs- und Praxissupervision jedweder Schulrichtung offenbart sich – auch international betrachtet – eine tiefe Kluft zwischen (a) einer Vielzahl unterschiedlichster Modelle und Konzepte, postulierten Wirkfaktoren, praktizierten Vorgehensweisen, Anzahl von Publikationen und (b) bislang nachgewiesenen Supervisionseffekten. Im Rahmen dieses Kapitels soll zunächst der (4.1) gegenwärtige Stand der Supervisionsforschung umrissen werden, bevor (4.2) einige wichtige inhaltliche Resultate der Prozeß- und Ergebnisforschung folgen. Da wir weit von einer befriedigenden Forschungs- und Ergebnislage entfernt sind, versuche ich am Schluß (4.3) einige konstruktive Schlußfolgerungen für die Supervisionsforschung der Zukunft zusammenzufassen.

4.1 Zum gegenwärtigen Stand der Supervisionsforschung

Seit der fundamentalen Kritik von Huppertz (1975) am Zustand der Supervision in der deutschen Sozialarbeit, die nicht nur zu konstruktiven Reflexions- und Forschungsaktivitäten, sondern auch zu wüsten Beschimpfungen des Kritikers führte*, sind nach wie vor wesentliche Fragen ungeklärt, vernebelt bzw. noch gar nicht gestellt. Viele seiner Kritikpunkte (wie z.B. vage Modelle mit begrifflichen Unschärfen, fehlende Operationalisierbarkeit enthaltener Grundkonzepte und postulierter Wirkvariablen, Verzicht auf Analysen des tatsächlichen Supervisionsgeschehens, ungeprüfte Behauptungen über „hilfreiche" Supervisionseffekte und eine insgesamt ungerechtfertigte Supervisionseuphorie) sind auch heute noch aktuell.

Die Befundlage zur Supervision in der internationalen Klinischen Psychologie und Psychotherapie ist nicht viel besser. Dies beginnt mit der unbefriedigenden Situation im Bereich therapeutischer *Ausbildung*, die Supervision als ein entscheidendes Element enthält. So wird die Effektivität und Qualität der traditionellen Psychotherapieausbildung meist als selbstverständlich gegeben unterstellt; Forschungsergebnisse da-

---

* Eine Parallele dazu findet sich in der persönlichen Diskriminierung Klaus Grawes durch Personen/Schulrichtungen, die bei seinen Studien zur Therapieforschung nicht sehr gut weggekommen sind (vgl. Grawe, 1995).

zu geben – wenn sie nicht gänzlich fehlen – eher Anlaß zu Skepsis (vgl. z.B. Alberts & Edelstein, 1990; Binder, 1993; Matarazzo & Garner, 1992 etc.).

M.Ellis (1991, S.239) stellt seinem Plädoyer für eine Intensivierung der wissenschaftlichen Supervisionsforschung eine schonungslose Bestandsaufnahme voran und weist auf folgende Kritikpunkte hin:

(a) Die bisherige Forschung ist weitgehend konzeptlos und mit erheblichen methodischen Mängeln behaftet (vgl. auch Holloway & Hosford, 1983). (b) Die meisten theoretischen Supervisionsmodelle wurden noch keinen strengen empirischen Prüfungen unterzogen. (c) Appelle in Richtung einer theoriegeleiteten, programmatischen, empirisch fundierten Praxisforschung verhallten bislang meist ungehört. (d) Die bisherige Literatur liefert allenfalls grobe Vorschläge und Anhaltspunkte für die Praxis, Ausbildung oder Standards der Supervision. (e) Die existierenden Supervisionsmodelle waren weitgehend unfähig, der Forschung und Theoriebildung – wegen fehlender Operationalisierung ihrer Schlüsselkonzepte – wichtige Anstöße zu geben. (f) Falls Theorien tatsächlich empirisch geprüft *wurden*, wiesen sie erhebliche Defizite auf, was aber in der Folgezeit keineswegs zu ihrer Korrektur oder Modifikation geführt hat.

Eine detaillierte Beurteilung der bisherigen Bemühungen anhand *harter* Forschungskriterien (z.B. nach Campbell & Stanley, 1963; Kazdin, 1994 o.ä.) trübt das diffuse Bild umso mehr. So sind z.B. zu verzeichnen: Geringe Stichprobengröße, Analogstudien, unqualifizierte Supervisanden und Supervisoren im Anfängerstadium bzw. Studenten, willkürliche Auswahl von Teilnehmern an Studien, Umfragen statt Beobachtung spezifizierter Kriterien, Zufriedenheitsbefragungen statt Ergebnisforschung, unzuverlässige und wenig valide Meßskalen/Fragebögen, vage/globale Beurteilungskriterien, fehlende Zufallsauswahl der Zuteilung zu experimentellen Bedingungen, keine systematische Bedingungsvariation, ungeprüfte Auswirkungen der Supervisionssitzungen auf die reale Arbeits- und Lebenssituation inkl. Stabilisierung/Transfer, fehlende Gruppenvergleiche etc. Als weitere Schwierigkeiten sind zu nennen:

- Die eigentlichen Klienten (als „Arbeitsgegenstand" und ultimative Nutznießer von Supervision ihrer Therapeuten bzw. Sozialhelfer) sind „abwesende Dritte", d.h. in der Ergebnisforschung zur Supervision *nicht existent* (vgl. auch Belardi, 1992, S.252).
- Studien mit Methoden, die allenfalls den *Startpunkt* für intensivere Forschung bilden können (und zum Zweck der Hypothesenbildung durchaus ihren Stellenwert besitzen: vgl. z.B. exploratorische Befragungen, anekdotische Schilderungen oder Umfragen zur Zufriedenheit der Teilnehmer) werden bereits als fundierte „Evaluation" ausgegeben (Beispiel: Schreyögg, 1992).
- Mangel an Beobachtungsskalen und Fragebögen, die *für das jeweilige Modell* repräsentativ sind (z.B. sind *Gesprächstherapie*-Beurteilungsskalen für eine *psychoanalytische* Supervision inadäquat, andere Fragebögen wie z.B. CERS: Myrick & Kelly, 1971 oder BLRI: Barrett-Lennard, 1962 oder CRF: Barak & LaCrosse, 1977 etc. fokussieren ebenfalls auf bestimmte *Ausschnitte* des Geschehens: vgl. Kap.16.1.3).

Spezielle Probleme für jede Supervisionsforschung. Einige besondere Umstände lassen die Supervision zu einem recht schwierigen Forschungsgegenstand werden:

- „Von Natur aus" haben wir es in der Supervision mit sehr kleinen Stichproben zu tun (vgl. auch Bernard & Goodyear, 1992, S.229).
- Unlösbares Dilemma zwischen interner und externer Validität von Studien (Campbell & Stanley, 1963): Methodologische Strenge und Exaktheit produziert künstliche Bedingungen und Irrelevanz; das Streben nach möglichst großer Annäherung an natürliche Bedingungen beinhaltet meist „weiche" Methoden und Ergebnisse (Gelso, 1979).
- Supervisoren sind (z.B. im Vergleich zu Studenten im Erstsemester) möglicherweise nicht die „pflegeleichtesten" Untersuchungspersonen: (a) Sie sind eine *erfahrene* Berufsgruppe, deren Arbeitszeit wertvoll und teuer ist. Dies erschwert vor allem längere Studien, für die keine adäquate Honorierung erfolgt; (b) Supervisoren haben ihren „eigenen Kopf", d.h. lassen sich nicht als Forschungs*objekte* benutzen (müssen demzufolge für die Mitarbeit gewonnen und motiviert werden); (c) sie besitzen oft mehr Fachkompetenz vom zu untersuchenden Gegenstandsbereich als die betreffenden Forscher, (d) fordern daher viel Mitsprache an der Konzeption von Untersuchungen oder (e) zeigen viel Kritik und lehnen die Teilnahme an – ihrer Ansicht nach – unsinnigen Experimenten ab.
- Langzeitstudien sind generell schwierig wegen (a) natürlicher Ausfallquoten der Probanden und (b) wegen des damit verbundenen Risikos für die (meist kurzfristig angelegte) Karriereplanung von Forschern.

Mögliche Gründe für das Forschungsdefizit. Neben den erwähnten allgemeinen Schwierigkeiten des Forschungsgegenstands sind bei der Suche nach Gründen für den unbefriedigenden Zustand der empirischen Supervisionsforschung auch folgende Gesichtspunkte zu bedenken (vgl. z.T. auch Ellis, 1991):

- Kognitive Einstellungen: Supervision ist sowieso sinnvoll und in der Praxis notwendig; Forschung ist überflüssig. So stellen Holloway & Neufeldt (1995, S.212) z.B. die rhetorische Frage: „Would you choose to see a therapist who had never received direct supervision of his or her work?";
- Pragmatische Prioritäten von Praktikern („Hauptsache, es funktioniert..."): Primäres Interesse an hilfreichen Interventionen für praktische Probleme vs. Vernachlässigung wissenschaftlicher Theorienbildung;
- Negative Defizitspirale: Wegen qualitativ wenig aussagekräftiger eigenständiger Supervisionsliteratur wurde auf bestehende Beratungs-/Therapiemodelle zurückgegriffen und auf die Entwicklung *spezieller* Forschungsprogramme zur Supervision verzichtet;
- Persönliche Überzeugungen von Supervisoren, wonach Supervision eine „Kunst" und nicht der Forschung zugänglich sei;
- Genereller Evaluationsverzicht von Praktikern: So mußte z.B. Schäfer (1992) bei der Analyse der Effekte von Supervision in der AIDS-Arbeit folgende Feststellung machen: „Schließlich gab es auch einzelne SupervisorInnen, denen Fragen nach der Wirksamkeit und dem Nutzen von Supervision anscheinend spontan eher fremd waren: 'Unter dem Gesichtspunkt der Wirksamkeit habe ich die Supervision bisher nicht betrachtet'." (S.73);
- „Natürlicher Trägheitseffekt": Es ist einfach Geduld und Zeit des Wartens vonnöten, da sich relevante Theorien erst langsam in dem Maße entwickeln, in dem die Supervisionspraxis fortschreitet und das Feld für Forschung öffnet;
- Allgemeine Mißverständnisse, Vorurteile und ablehnende Haltungen gegenüber Wissenschaft und Forschung (zusammengefaßt bei Ellis, 1991, S.243 ff.);

- Wissenschaftsfeindlichkeit als „Modetrend" bei manchen Praktikern („Das Eigentliche ist unsichtbar"), verknüpft mit einer Vorliebe für persönliche Glaubenslehren und „spontane" private Erfahrungen („Intuitionen") bzw. einer unkritischen Akzeptanz guruhafter Heilslehren.

Das Bemühen mancher Autoren und Institutionen, Supervision als *eigenständige* Disziplin zu befürworten (vgl. z.B. Friedlander & Ward, 1984; Stoltenberg, 1981; Weigand, 1989, S.257 bzw. Deutsche Gesellschaft für Supervision DGSv oder European Association for Supervision EAS: Wilker, 1995, S.5 etc.) beinhaltet – trotz mancher Vorteile für eine adäquate Professionalisierung – die Gefahr, sich ungerechtfertigterweise von Ergebnissen und Vorgehensweisen der Psychotherapieforschung abzukoppeln. Dabei haben Lambert & Arnold schon 1987 (S.222) ihre Ansicht geäußert, daß die Ergebnisforschung zur Supervision nicht schneller fortschreiten wird als das Wissen über effektive Ingredienzien der Psychotherapie insgesamt. Im Hinblick auf Praxissupervision läßt sich diese Haltung auf Befunde der Grundlagenforschung insgesamt ausdehnen (also auch auf das überprüfte Wissen z.B. hinsichtlich von Gruppen, Institutionen/Organisationen, Lernen und Didaktik, Hypothesenprüfung und Theoriebildung, Forschung, Evaluation und Qualitätssicherung u.v.m.). Eine eigenständige Supervisionsforschung sollte daher in erster Linie auf die speziellen *Inhalte* und *arbeitsfeldspezifischen Besonderheiten* von *Supervision* abheben, sich ansonsten aber auf die bewährten Methoden (und auch Ergebnisse) der allgemeinen Psychotherapie- und Grundlagenforschung stützen. Mit anderen Worten geht es also um eine Nutzung längst vorhandener Ressourcen, nämlich die Anwendung der Spielregeln von Prozeß- und Ergebnisforschung auf das Gebiet „Therapieausbildung und Supervision".

Dabei müssen wir alles in allem anerkennen, daß wir uns trotz erster Lichtblicke nach wie vor im allerersten Forschungsstadium befinden, in dem es langsam darum geht, aus obigen Kritikpunkten zu lernen und verbesserte Studien in Gang zu setzen. Von der Ausgangsfrage „Wirkt Supervision überhaupt?" über „Was genau sind die Effekte genau welcher Art von Supervision?" über Vergleichsuntersuchungen in Richtung „Welches Vorgehen X oder Y ist für welche Zwecke effektiver?" bis hin zu differentiellen Indikationen im Sinne der adaptierten Kiesler-Frage (1966): „Was wirkt bei wem, wann, in welcher Situation, zu welchem Zweck etc.?" ist es noch ein weiter Weg.

4.2 Inhaltliche Resultate der Supervisionsforschung

Was die Inhalte dieses Kapitels betrifft, so stehen vor allem Daten zur direkten generellen oder spezifischen *Effektivität* von Supervision im Blickfeld. Eine „effektive" Supervision sollte ja – in Einklang mit den allgemeinen Zielen und Aufgaben (vgl. Kap.2.2) – die professionellen Kompetenzen des Supervisanden verbessern oder zumindest ein Arbeiten nach gewissen Minimalstandards der Zunft gewährleisten. Sie sollte auch die propagierten Hauptfunktionen (edukativ, supportiv, administrativ: vgl. Kadushin, 1976) *nachgewiesenermaßen* erfüllen können.

Indirekt nutzbare empirische Erkenntnisse der Grundlagenforschung, die sich beispielsweise auf bestimmte *Teilaspekte* der Supervision beziehen, sind in die übrigen Kapitel dieser Arbeit „eingewoben". In konsequenter Umsetzung des verhaltenstherapeutischen Prinzips einer möglichst engen „Affinität" zwischen Theorie und Praxis (Schmelzer, 1985, S.128) fließen sie in die jeweiligen Themenschwerpunkte ein, wie z.B.:

- Therapeut/Klient-Beziehung bzw. Supervisionsbeziehung in Kap.9;
- Grundlagen der Schema-Theorie und des „Selbst" in Kap.6.1;
- Didaktik von Lehr-/Lernprozessen in Kap.6.3;
- Problemlösen in komplexen Systemen in Kap.11 und 12;
- Wichtige Supervisionsmethoden in Kap.17;
- Verhaltensdiagnostische Elemente in Kap.6.2;
- Basiskompetenzen von Therapeuten=Supervisanden in Kap.7 bzw. von Supervisoren in Kap.8;
- Motivationsaspekte in Kap.10.3.3;
- Einflüsse aus den Stadien vor und nach der Supervision in den Kap.10 bzw. 13;
- Spezifische Anwendungsschwerpunkte (z.B. Gruppen- oder Teamsupervision, Institutions-/ Organisationsberatung, Leitungsberatung, Projektsupervision, kollegiale Supervision) in Kap.14;
- Hilfsmittel und Medien in Kap.16;
  etc.

Andere Aspekte wie z.B. die Auflistung typischer *Anwendungsbereiche/Einsatzfelder* von Supervision fanden sich bereits in Kap.2.4. Auch Arbeiten zu historischen Entwicklungen, begrifflichen Differenzierungen, Vor- und Nachteilen spezifischer Supervisionsformen etc. sind – ebenso wie empirische Forschung zu sogenannten „Entwicklungsmodellen" der Supervision (vgl. zusammenfassend Watkins, 1995) – bereits an anderen Stellen eingearbeitet und werden hier nicht wiederholt. Auf die Darstellung von Befragungsstudien, die sich lediglich mit theoretischen Orientierungen oder Erwartungen von Supervisanden an ihre Supervisoren etc. beschäftigen, wurde genauso verzichtet wie auf Untersuchungen zur Effektivität von *persönlicher Therapie*, die in einer anderen Publikation (zum Thema „Selbsterfahrung": Schmelzer, 1996) näher beschrieben sind.

In den nachfolgenden Passagen wird aus Gründen des besseren Überblicks zwischen *Prozeß-* vs. *Ergebnis*-Ebene differenziert (vgl. auch die diesbezügliche Therapieforschung: z.B. Lambert & Hill, 1994; Orlinsky, Grawe & Parks, 1994 etc.); eine weitere Untergliederung bezieht sich auf *Ausbildungs-* bzw. *Praxissupervision* in Anlehnung an die Begriffsbestimmung auf S.49/50.

4.2.1 Einige Forschungsresultate zum Supervisionsprozeß

*Prozeß*aspekte von Ausbildung und Supervision beziehen sich auf die Vorgänge *während* des jeweiligen Geschehens; durch eine Klärung der Frage „Wie gehen Ausbilder/Supervisoren am besten vor?" erhofft man sich ein Optimieren der Ergebnisse (vgl. das nächste Kap.4.2.2). Dabei haben die konstatierten Effekte idealerweise wieder Rückwirkung auf die Gestaltung des Prozesses, d.h. geben Hinweise darauf, was man in einer „guten" Supervision tun *sollte*, um zu bestimmten Resultaten zu gelangen.

a) Zur Ausbildungssupervision

Lernen am Modell ist eine der effektivsten Formen der Therapieausbildung (vgl. z.B. Alssid & Hutchison, 1977; Gulanick & Schmeck, 1977; Matarazzo & Patterson, 1986; Matarazzo & Garner, 1992 etc.). Dies bestätigen auch Lambert & Arnold (1987, S.222) und fügen in ihrer Literaturübersicht noch Anleitung, praktisches Üben und Feedback hinzu. Baum & Gray (1992) schildern hilfreiche Effekte einer Kombination von Modell-Lernen (Präsentation von „Experten") und Videofeedback für den Erwerb therapeutischer Basisfertigkeiten.

Binder (1993, S.309) faßt die Ausbildungsliteratur dahingehend zusammen, daß eine besonders effektive Lehrstrategie darin besteht, präzise definierte Einzelkompetenzen in strukturierter Form zu vermitteln und dabei von grundlegend-einfachen Komponenten zu immer komplexeren Handlungen fortzuschreiten. Statt unspezifischer Vorgehensweisen empfiehlt sich somit ein *lernzielorientierter* Aufbau von Kompetenzen mittels didaktischer und erfahrungsbezogener Elemente, wie es für Ansätze des sog. *„skills training"* (vgl. z.B. Hirschenberger et al., 1987; Larson, 1984; Leith et al., 1989; Linehan, 1980; Linehan & McGhee, 1994 etc.) oder das *„Integrative didaktisch-experientielle Training"* (IDET: vgl. Truax & Carkhuff, 1967; vgl. Kap.17) typisch ist. Insbesondere die Effektivität von *Microtraining* (Kap.17) ist gut dokumentiert, vor allem bezogen auf elementare Gesprächsführung und therapeutisches Basisverhalten (Ivey, 1971, 1974, 1983; Ivey & Authier, 1978; Ivey & Galvin, 1984; Moreland, Ivey & Philipps, 1973 etc.). Die Überlegenheit solch *systematischen* Vorgehens über unspezifische Supervision belegen auch Ford (1979) und Lambert & Arnold (1987, S.218) in ihren Literaturübersichten bezüglich der fertigkeitsorientierten Therapieausbildung. Dabei gibt es laut Lambert & Arnold (S.219) Hinweise darauf, daß vor allem Kandidaten im *Anfängerstadium* von den klar beschriebenen, schrittweise aufeinander aufbauenden Fertigkeitspaketen profitieren.

Das „Wie" des jeweiligen Vorgehens wird auch durch *Manuale* erleichtert: Gut operationalisierte Verhaltensweisen minimieren die (eher negativen) persönlichen Einflußmöglichkeiten des Therapeuten/Supervisanden und gewährleisten eine konzeptgetreue Umsetzung (vgl. z.B. Dobson & Shaw, 1988, 1993; Hautzinger, 1986; zusammenfassend Kanfer et al., 1996, S.304 ff.; Lambert & Arnold, 1987, S.220 ff. oder Matarazzo & Patterson, 1986, S.834). Sie zwingen außerdem Supervisoren wie Therapieforscher zu einer Konzentration auf relevante Kernbereiche, zu klaren Beschreibungen der Ziele, Vorgehensweisen und typischen Effekte; sie liefern in der Regel auch Meßmethoden zur Erfolgskontrolle und sind daher – wenn man von einer Negativwirkung durch allzu starre Vorschriften einmal absieht – durchaus hilfreich.

Eine Reihe von Befragungsstudien bezieht sich (a) auf die Einschätzung des Supervisors während der Supervision durch seine Supervisanden bzw. (b) auf die Beurteilung der Arbeit des Supervisanden in seinen Beratungs-/Therapiesitzungen durch den Supervisor – meist mithilfe von Fragebögen, die aus dem Therapiekontext stammen (vgl. z.B. Holloway, 1984). Da diese aber entweder anderen Zwecken dienen (z.B. Evaluation) oder nur „Meinungen/Überzeugungen über..." wiedergeben, wird hier auf eine Darstellung verzichtet.

b) Zur Praxissupervision

Hansen & Warner (1971) schlossen aus den zum damaligen Zeitpunkt vorliegenden 25 Studien, daß deren Ergebnisse wenig Auskunft darüber geben, wie sich der Supervisionsprozeß effektiv gestalten läßt. Auch Leddick & Bernard (1980) schätzten die Forschungsergebnisse zu Themen wie optimale Supervisorenrollen, Supervisionsbeziehung, Effekte der „Erfahrung" eines Supervisors auf die Supervision etc. als sehr widersprüchlich und wenig informativ für die Praxis ein. Daneben gibt es aber auch Arbeiten mit weniger pessimistischen Untertönen: Die meisten Studien analysierten – aus dem Blickwinkel verschiedenster Schulrichtungen – die *Beziehung* zwischen Supervisoren und Supervisanden. Relevante Befunde zur Gestaltung einer tragfähigen *Supervisionsbeziehung* sind zwar größtenteils in anderen Kapiteln dieser Arbeit nachzulesen (vgl. z.B. Kap.9 und 10.3.2); einige davon sollen hier dennoch zusammengefaßt wiedergegeben werden:

- „Gute" Supervisoren realisieren – in Analogie zu „guten" Therapeuten – grundlegende Basisvariablen wie Empathie, Echtheit, Respekt und emotionale Wärme (vgl. z.B. Carkhuff & Berenson, 1967; Ford, 1979; Pierce, Carkhuff & Berenson, 1967; Pierce & Schauble, 1970 etc.), wobei sich ihre Supervisanden im Lauf der Zeit diesem Grad an Empathie annähern.
- Eine gute Supervisor/Supervisand-Beziehung ist unverzichtbar (Lambert, 1980). Möglicherweise müssen aber die Variablen einer „förderlichen Beziehung" (der sog. „facilitative conditions") in der *Supervision* nicht so ausgeprägt vorhanden sein wie in Beratung/Therapie (Lambert, 1974; Lambert & Beier, 1974), ohne daß das Supervisionsgeschehen darunter leidet. Carifio & Hess (1988) berichten in Anlehnung an die Ergebnisse von Lambert (1974), daß Supervisoren sich in ihren Supervisionen weniger förderlich verhalten als in ihren Therapien, daß sie ihr Basisverhalten aber *je nach Situation* variieren.
- Holloway, Freund, Gardner, Nelson & Walker (1989) weisen darauf hin, daß es nie um einseitige Einflüsse von Supervisor zum Supervisanden, sondern um reziproke Effekte zwischen den Beteiligten geht.
- Carifio & Hess (1988, S.24) fassen einige weitere Forschungsergebnisse dahingehend zusammen, „... daß ein didaktisch gut aufbereitetes, einsichts- und gefühlsorientiertes Vorgehen des Supervisors von den Ausbildungskandidaten positiver aufgenommen wurde als autoritäre, konfrontative und Laissez-faire-Ansätze".

- Kandidaten, die den Supervisor zu Beginn ihrer Ausbildung als attraktiv einschätzten, waren gegen Ende effektiver (Dodenhoff, 1981), was der Autor als Vorbedingung für die Bereitschaft interpretierte, sich leichter dessen Einfluß auszusetzen.
- In einem Videovergleich zwischen als „gut vs. durchschnittlich" eingeschätzten Supervisoren zeichneten sich „gute" Supervisoren durch folgende Verhaltensweisen aus: (1) mehr didaktische Hinweise zu Patienten und zu Techniken, (2) Mittelweg zwischen extremer Passivität und direktiv-autoritärem Interaktionsstil und (3) hilfreichere Kommentare und Informationen zur Psychotherapiedurchführung (Goin & Kline, 1974).
- In einer Befragung von Nelson (1978) bevorzugten Supervisanden solche Supervisoren, die hohes Interesse und Motivation zur Supervision zeigten, schätzten als persönliche Elemente Flexibilität, Zugänglichkeit und Wärme, wobei sie als beliebteste Lernmethode die Beobachtung des Supervisors bei dessen eigenen Therapiedurchführungen (vor Co-Therapeut-sein) nannten. Die Arbeit mit Videobändern wird einer direkten Therapiebeobachtung vorgezogen.

Vermischte Ergebnisse. Das Fehlen kohärenter Theorien, in deren Rahmen systematische Prozeßforschung sinnvoll wäre, schlägt sich auch in der heterogenen Sammlung nutzbarer Resultate nieder, die sich auf sehr unterschiedliche Themen beziehen. Einige nennenswerte Ergebnisse sind:

- Sofort an die Therapiestunde anschließende Supervision dürfte vom „Timing" her günstiger sein als zeitverzögerte, d.h. erst Tage später durchgeführte (Doyle, Foreman & Wales, 1977).
- Da Aufzeichnungen von Therapeuten, die erst *nach* der Therapiestunde angefertigt wurden, im Vergleich zu den Video-Bändern derselben Sitzung starke Verzerrungen aufwiesen (Chodoff, 1972), empfiehlt sich ein möglichst datennahes Vorgehen (mit Audio-, Video- oder Live-Supervision bzw. In-Vivo-Beobachtungen).
- Günstig ist zudem ein *zielorientiertes Vorgehen*, d.h. sich sowohl als Therapeut als auch als Supervisor kontinuierlich *Ziele zu setzen* (Archer & Peake, 1984; Fox, 1983; Rotholz & Werk, 1984).
- Hilfreich ist ferner, wenn Supervisoren über eine *Vielfalt* von Techniken und Lehrmethoden verfügen (Brannon, 1985), was ihnen eine Flexibilität des Vorgehens in Abhängigkeit von den jeweiligen Zielen erlaubt.
- Manche Arbeiten berichten eine Überlegenheit von lernpsychologisch fundierten Vorgehensweisen (Supervision als Prozeß der gelenkten Erfahrungsbildung) im Vergleich zu „facilitativer" Supervision; andere fanden keine signifikanten Unterschiede (vgl. zusammenfassend Carifio & Hess, 1988, S.25). Dies deutet aber auf gute Kombinationsmöglichkeiten mit „Integrierten Didaktisch-Experientiellen Trainingsprogrammen" (IDET: Truax & Carkhuff, 1967) oder Microtraining hin.
- Hilfreich ist auch die *Strukturierung* des Vorgehens (durch Fragen, Manuale oder Lernprogramme).

4.2.2 Wichtige Effekte und Ergebnisse von Supervision

In diesem Kapitel geht es um wichtige Effekte und Ergebnisse von Supervision, die als *Folge* des jeweiligen Ausbildungs- und Supervision*sprozesses* zustandekommen. Auf eine geplante weitere Differenzierung nach *proximalen* (direkt auf Supervisanden bezogenen) vs. *ultimativen* Wirkungen (auf die *Klienten* des jeweiligen Supervisanden) wurde verzichtet, denn: Obwohl Matarazzo bereits 1971 die Prüfung der Supervisionseffizienz an den *Klienten* (und nicht nur an Supervisanden) angemahnt hatte, berichten die Reviews, die gezielt auf der Suche nach Wirkungen auf Klienten waren, einhellig: „Fehlanzeige – keine Studien vorhanden!" (z.B. Holloway, 1984; Matarazzo & Garner, 1992, S.855 bzw. S.870).

Auch in einem kürzlich publizierten Beitrag von Holloway & Neufeldt (1995) ist nur eine knappe halbe Seite zu diesem Thema zu finden – mit ebenfalls wenig ergiebigen Befunden:

Während eine *einzige* Studie (Dodenhoff, 1981) Hinweise darauf gibt, daß der Einsatz direkter Instruktionsmethoden in der Ausbildung die Effektivität von Supervisanden und die Therapieergebnisse ihrer Klienten verbessern konnte, fanden z.B. Steinhelber, Patterson, Cliffe & LeGoullon (1984) *keine* Zusammenhänge zwischen der Menge/dem Ausmaß an Supervision und der Verbesserung von Klienten. Drei weitere zitierte Studien sind wegen konfundierter Variablen wenig aussagekräftig; allenfalls sind ihre Nebenergebnisse interessant: So hatten Supervisoren anscheinend große Schwierigkeiten, die Kompetenzen von Therapeuten=Supervisanden überhaupt adäquat zu beurteilen, bzw. scheinen „schwierige" (suizidale) Klienten den Wunsch von Therapeuten nach Supervision zu erhöhen (Holloway & Neufeldt, 1995, S.211).

a) Ergebnisse zur Ausbildungssupervision

Bootzin & Ruggill (1988) fassen die von ihnen gesichtete Literatur dahingehend zusammen, daß es durchaus Belege für eine effektive Vermittlung spezifischer VT-Techniken während der Ausbildung gibt (daß aber offen bleibt, ob die jeweiligen Therapeuten die Methoden dann auch *im realen Setting* adäquat anwenden).

Einige Studien berichten eine Überlegenheit von fertigkeitsorientierten Ausbildungen („skills trainings") über rein „wachstumserleichternde" („facilitative") Supervision (z.B. Cormier, Hackney & Segrist, 1974; Payne & Gralinski, 1968; Payne, Weiss & Kapp, 1972 etc.), wobei auch hier Mängel in Bezug auf Stabilisierung und Transfer dieser Fertigkeiten aufgefallen sind (Mahon & Altmann, 1977; McCarthy, Danish & D'Augelli, 1977; Spooner & Stone, 1977). Lambert & Arnold (1987, S.220) berichten über verbesserte Generalisierungseffekte, wenn diese (z.B. mit kognitiv-verhaltenstherapeutischen Strategien) explizit *geplant* werden.

Das „Integrierte didaktisch-experientielle Trainingsprogramm" (IDET) von Truax & Carkhuff (1967), welches seine Wurzeln im klientenzentrierten Ansatz hat und speziell für therapeutisches Basisverhalten konzipiert ist, kann als empirisch überprüft gelten (vgl. auch Carkhuff & Berenson, 1967; Carkhuff, 1969 etc.). Seine Stärken liegen in gut operationalisierten Gesprächsführungskompetenzen, die in systematischer Form in realen und/oder künstlichen Rollenspielsituationen unter Supervision von Supervisor und Ausbildungsgruppe nach dem Muster des „Microtraining" (Kap.17) trainiert werden.

Hansen & Warner (1971) sichteten im Zeitraum 1960-1969 Forschungsarbeiten zum Thema Beratungssupervision. Zwar gab es Hinweise auf hinreichend valide Einschätzkalen für die Beratungtätigkeit, doch ließen die bisherigen Befunde (z.B. hinsichtlich der Rolle des Supervisors oder der Gestaltung der Supervision) mehr Fragen als schlüssige Antworten zu. Fünf Jahre später konstatierten Hansen, Pound & Petro (1976) eine quantitative Zunahme von Forschungsartikeln und – trotz Fortbestehens vieler Mängel – etwas strengere Forschungsmethoden. Im wesentlichen wurden in ihrer Übersicht folgende vier Punkte gestützt: (1) Effektivität von Techniken auf Basis des Modell-Lernens; (2) beim Vergleich von didaktischen und erlebnisorientierten („experiential") Ansätzen schneiden erstere effektiver ab; (3) Audio- und Videofeedback waren ähnlich wirksam, und (4) Ausbildung in zentralen Komponenten therapeutischer Basisfertigkeiten („facilitative communication": meist gleichbedeutend mit „Empathie") stellte ein Hauptthema der Supervisionsforschung dar (vgl. Hansen et al., 1976, S.113). Hansen, Robins & Grimes (1982) setzten diese Review-Serie für die Jahre 1975-80 fort. In diesem Zeitraum ergaben sich als wichtigste empirische Befunde: (1) Ein „Matching" von Supervisanden und Supervisoren (auf Basis ähnlicher Persönlichkeits-„Traits") stellte sich als wenig hilfreich heraus; (2) auf der Methodenebene zeigte sich wiederum die Effektivität von Modell-Lernen, didaktischen und erfahrungsorientierten Interventionen, und (3) es gab gewisse Hinweise auf den Nutzen von „Peer-Supervision".

Garfield (1977) beschäftigte sich in einem ausführlichen Literaturüberblick mit der Forschung zur Ausbildung professioneller Therapeuten. Er kommt zu ähnlichen Ergebnissen wie Ford (1979), der in einem „klassischen" Übersichtsartikel den Stand der empirischen Forschung der Jahre 1960-78 hinsichtlich der Ausbildung von Beratern und Therapeuten zusammengefaßt hat. Dabei konzentriert er sich – nach einem kurzen Überblick über Trainingsansätze, die untersuchten abhängigen Variablen, Forschungsdesigns etc. – in erster Linie auf Ausbildungs*methoden*. So gibt es tendenzielle Hinweise zur Effektivität von Feedback, Modellernen, Rollenspielen, Microcounseling bis hin zu „traditionellen Methoden" wie Vorlesungen, Seminaren, Filmen etc. Viele Arbeiten werden allerdings durch ungenügende methodische Forschungsdesigns, ein enges Spektrum trainierter Fertigkeiten (z.B. nur eine bestimmte Gesprächstechnik) sowie meist geringe klinische Relevanz der Studien (z.B. „Labor"-Charakter oder Simulationen mit studentischen Versuchspersonen) getrübt.

Alberts & Edelstein (1990) versuchen, die von Ford (1979, vgl. oben) in dessen Review-Artikel begonnene Linie fortzusetzen und berichten, daß bestimmte Interventionen während einer Therapieausbildung (meist eine Kombination aus Instruktion, Modell-Lernen, Feedback und/oder praktisches Üben) sehr wohl zu einem effektiven Erwerb therapeutischer Basisfertigkeiten führen. Dabei ist das Lernen nicht auf einfache Gesprächsführungselemente wie Fragen, Zuhören etc. beschränkt, sondern auch auf Konzeptbildung und Entscheidungsfindung übertragbar. Der *spezifische* Beitrag der Einzelinterventionen ist allerdings meist schwer festzustellen, da die meisten Studien - trotz gewisser Verfeinerungen seit der Arbeit von Ford (1979) - nach wie vor an gravierenden methodischen Schwächen leiden.

Matarazzo & Garner (1992, S.854 ff.) fassen eine Reihe von Studien zur Therapieausbildung zusammen. Wichtige Ergebnisse sind danach:

• Eine Fülle von Forschungsarbeiten weist auf die Effektivität von *Microtraining* (Ivey, 1983; Ivey & Authier, 1978 etc.) für das Erlernen spezifischen Therapeutenverhaltens hin, wobei dessen Wirksamkeit offenbar dem „Integrativen didaktisch-experientiellen Trainings-programm" (IDET) von Truax & Carkhuff (1967) überlegen ist (S.855).

- Eine *Kombination* verschiedener Trainingskomponenten (didaktisches Material, Modell-Lernen, Video-Feedback, Simulationen und In-Vivo-Übungen etc.) war effektiver als die Einzelkomponenten.
- Spezifische Lernziele beim Erwerb von Gesprächstechniken (z.B. kürzere Gesprächsbeiträ-ge, weniger Unterbrechungen des Klienten) konnten mit Video-Feedback durch einen Su-pervisor besser umgesetzt werden als bei alleiniger Selbstkonfrontation des Kandidaten.
- Wichtig ist konkretes und unmittelbares Feedback des Supervisors.
- Manuale stellen einen wichtigen Fortschritt beim Vermitteln bestimmter Psychotherapie-Programme an Ausbildungskandidaten dar, ihr Einsatz sollte jedoch von Supervision beglei-tet sein (S.856).

Frank et al. (1992) erhoben mittels Fragebogen als wichtigste Effekte von (verhaltens-therapeutischer) Ausbildungssupervision (a) eine deutliche Stärkung der „VT-Identi-tät" sowie (b) eine Erhöhung der therapeutischen Sicherheit.

In anderen Studien zeigte sich, daß Ausbildungskandidaten die theoretische Ori-entierung ihrer Supervisoren übernehmen (Beutler & McNabb, 1981; Guest & Beut-ler, 1988), daß es also gewisse Sozialisationseffekte in Richtung professioneller Grundeinstellungen gibt.

b) Ergebnisse zur Praxissupervision

Filsinger & Kleiber (1987) interessierten sich für den *subjektiven* Wert begleitender Supervision. Danach war Supervision für Supervisanden das wichtigste Element der Weiterbildung und eine wertvolle Hilfe zur Entwicklung persönlicher wie fachlicher Kompetenzen. Auch der Umgang mit Arbeitsbelastungen, die Arbeit mit Klienten sowie die Selbsteinschätzung wurde von den Supervisanden als verbessert erlebt.

Klüsche (1990, S.185) kam in einer Befragung von ca. 300 Sozialpädagogen zu dem Ergebnis, daß 87 % der Befragten den „Unterstützungswert" von Supervision schätzten.

Gerspach (1991) berichtet – auf einer leider nur sehr vagen Basis – , daß sich bei den Teilnehmern von Supervision für die Sozialdienste einer Kleinstadt u.a. die Ar-beitszufriedenheit erhöht und der Kommunikationsstil verbessert hat.

Schäfer (1992) schildert nutzbringende Wirkungen der Supervision bei Fachkräf-ten in der AIDS-Arbeit, insbesondere hinsichtlich subjektiver Entlastung und Unter-stützung, Reflexion und Strukturierung klientenbezogener Fallarbeit und Verbesse-rung der Teamkommunikation.

Mark-Stemberger & Kessler (1991) berichten über eine Minderung von „Burnout" durch Supervision. Ähnliche Ergebnisse schildern z.B. Auckenthaler & Kleiber (1992, S.19 ff.) oder Filsinger & Kleiber (1987).

Widauer (1991, S.121) liefert einige Zahlen, die besonders für Träger und Admi-nistration interessant sein können, weil sie auf *Kostenersparnis- und Wirtschaftlich-keitseffekte* von institutioneller Supervision hinweisen: So sanken nach der Einführung von Supervision in einem Krankenhaus sowohl (a) die schriftlichen Beschwerden von

Patienten, (b) die Zahl der Versetzungsanträge seitens des Personals, und (c) die Zahl der jährlichen Gesamtkrankenstunden des Personals von 1327 auf 440 Stunden. Zudem gaben die „weichen" Befragungsdaten Hinweise darauf, daß beim Personal eine bessere Kommunikation, offenere Diskussion von Problemen und wachsende gegenseitige Akzeptanz der verschiedenen Berufsgruppen resultierten.

Über *differentielle Supervisionseffekte* (z.B. Gruppen- vs. Einzelsupervision oder Gruppenkonzept A vs. B etc.) ist kaum etwas bekannt (vgl. z.B. Holloway & Hosford, 1983, S.74; Holloway & Johnston, 1985). Im deutschsprachigen Raum gibt es zwar viele Arbeiten zur Effektivität von *Balintgruppen* (vgl. Kap.3.1.1). Diese können allerdings nicht als genereller Beleg für die Wirksamkeit von Gruppensupervision gewertet werden und sind außerdem – wegen anderer Zielrichtung und Vorgehensweisen – für eine VT-Supervision nur bedingt aussagekräftig.

Zusammenfassung der Forschungsergebnisse. Sicherlich ist angesichts der derzeitigen Befundlage noch kein *endgültiges* Fazit möglich, denn wir stehen eher am *Beginn* als am Ende fruchtbarer Forschungsbemühungen. Einige wesentliche Resultate zur generellen Effektivität von Ausbildungs- und Praxissupervision lassen sich dennoch wie folgt zusammenfassen: Spezifische Kompetenzen von Therapeuten können nach systematischen Methoden (didaktisch-experientiell, Microtraining, Lernen am Modell, Feedback, evtl. mit Unterstützung durch Manuale etc.) durchaus effektiv vermittelt werden, wobei das Gesetz gilt: je spezifischer und verhaltensnäher, desto spezifischere Wirkungen (bzw. je vager und unspezifischer, desto vager die Resultate). Neben diesen Hinweisen auf eine adäquate Umsetzung der *edukativen* Funktionen sind auch *supportive Wirkungen* der Supervision sowie gewisse „Burnout"-reduzierende Effekte belegt, zumindest auf der Basis subjektiver Einschätzungen von Supervisanden. Solche Aspekte könnten sich indirekt (z.B. Abnahme von Krankmeldungen, Verbesserung der Kommunikation etc.) auf die Arbeitseffektivität der Beschäftigten auswirken. Ob sich die erhofften *administrativen* Wirkungen (Patientenschutz, Qualitätssicherung, Arbeit nach professionellen Standards etc.) tatsächlich ergeben, kann derzeit ebenfalls nur indirekt (z.B. über manualtreues Arbeiten, Peer Review, Evaluation der geleisteten Arbeit mittels Fragebögen und Beobachtung) geschlossen werden. Was *direkte* Supervisionseffekte auf die *Klienten* der Supervisanden betrifft, so existieren dazu so gut wie keine Studien.

Geht man davon aus, daß der Autor einer selektiven Suchstrategie (nach *positiven* Belegen) gefolgt sein dürfte, so ist die Ausbeute insgesamt als sehr bescheiden zu bezeichnen. Allerdings sind viele supervisionsrelevante Detailaspekte (z.B. Ergebnisse zum effektiven Lösen von Problemen in komplexen Situationen; Aspekte der Motivation; optimales Lernen bzw. Therapiedidaktik; Basiskompetenzen von Therapeuten und Supervisoren; Vor- und Nachteile bestimmter Formen und Varianten der Supervision; spezifische Supervisionsmethoden etc.) an *anderer* Stelle dieser Arbeit diskutiert bzw. in das eigene Supervisionskonzept eingebaut worden. Nimmt man diese „eingewobenen" empirisch fundierten Hinweise dazu, so sieht die Befundlage wohl weniger dürftig aus als dieses Kapitel suggerieren mag.

Trotz der unbefriedigenden Situation hinsichtlich der generellen Effektivität von Supervision darf alles in allem behauptet werden, daß noch viel ungenutztes Wissen

„auf der Straße" liegt und nur darauf wartet, entdeckt, „aufgehoben" und auf das Gebiet der Therapieausbildung und Supervision übertragen zu werden (um es anschließend wieder einer empirischen Brauchbarkeitsprüfung zu unterziehen). Somit geht es
nicht nur um eine Intensivierung, sondern um eine *bessere*, praxisrelevante Forschung
für die Zukunft, die einen Brückenschlag zwischen Theorie und Praxis versucht, umgekehrt aber auch praktizierende Supervisoren aus dem Stadium selbstgefälliger subjektiver Überzeugungen herausholt und ihr Tun auf den Boden intersubjektiv prüfba-
rer „Tatsachen" stellt. Das folgende Kapitel soll einige Hinweise in Richtung einer
künftigen Supervisionsforschung liefern, um aus bisherigen Defiziten und Fehlern zu
lernen und in Kooperation von Forschern und Praktikern zu hilfreicheren Ergebnissen
zu führen.

4.3 Konstruktive Schlußfolgerungen für die Supervisions-
forschung der Zukunft

In Einklang mit dem Grundbestreben des Selbstmanagement-Ansatzes, eine möglichst
enge Verbindung zwischen Theorie und Praxis herzustellen, sollen nunmehr einige
konstruktive Schlußfolgerungen abgeleitet werden. Dabei wird die Bedeutung von
empirisch fundierter Forschung schon allein aus der Tatsache ersichtlich, daß sie u.a.
eine wertvolle Korrekturinstanz für die subjektiven Erfahrungen und Überzeugungen
einzelner Personen darstellt, also vor „blinden Flecken" schützt und eine Art
„Konstruktvalidierung" auf intersubjektiver Basis ermöglicht. In dieser Hinsicht hat
eine „gute" Forschung die Aufgabe, behauptete Effekte mittels anerkannter und be-
währter Erkenntnismethoden (vgl. z.B. Kazdin, 1994; Reinecker, 1983 etc.) auf den
Prüfstand zu stellen und Theoretiker wie Praktiker aus dem Stadium persönlicher
Überzeugungen herauszuführen. Wiederkehrende Belege für nützliche Konzepte und
zweckdienliche Methoden fließen dann in Form „konvergierender Evidenz" zusammen
und bilden einem Grundstock empirisch fundierten Wissens (Orlinsky, 1994). Diese
sind immer nur für eine bestimmte Zeit („bis auf Weiteres") gültig und müssen bei
neuer Datenlage modifiziert werden. Beispiele für solche wertvollen Dokumentationen aktueller Befunde der empirischen *Therapie*forschung geben z.B. der Sammelband von Bergin & Garfield (1994) oder das Buch von Grawe et al. (1994).
    Alles in allem können wir folgende Gesichtspunkte zu einem Plädoyer für mehr
und vor allem *bessere* Supervisionsforschung zusammenfassen:

• Einladung an/Motivieren von Forschern sowie Supervisoren und Supervisanden zu aktiven
  Bemühungen um eine intensivere und bessere Supervisionsforschung;
• Ziele der Wissenschaft (Beobachtung, Deskription, Erklären, Verstehen, Prognostizieren
  etc.) nach wissenschaftstheoretischen Kriterien auch für unser Thema umsetzen (vgl. z.B.
  M.Ellis, 1991, S.240 ff.; Kazdin, 1994; Reinecker, 1983 etc.); Übertragung wissenschaftlichen und kritischen Denkens auf das Gebiet der Supervision (Gegenteil: Supervision als
  „wissenschaftsfreie Zone"...);
• Bevorzugung einer *bescheidenen* Position im derzeitigen Erkenntnisstadium, die zunächst
  mehr auf Entdeckungs- als auf Begründungszusammenhänge (Reichenbach, 1938) setzt;

- *Befähigen* von Therapeuten und Supervisoren zu wissenschaftlichem Denken und Arbeiten, d.h. bereits in Studium und Ausbildung den Sinn und Zweck von Forschung überzeugend und praxisnah vermitteln (inkl. der Funktion von Wissenschaft als Mittel zur Korrektur persönlicher Glaubenslehren und egozentrischer Beurteilungsfehler);
- Anerkannte Regeln für die Forschungsdurchführung sowie für das Sammeln und Auswerten von Daten beachten (auch z.B.: klare Erfolgs- und Beurteilungskriterien, multiple Beobachtungsperspektiven, Kombination qualitativer und quantitativer Methoden, Querschnitts- und Längsschnittstudien, reliable und valide Meßskalen und Fragebögen/Beobachtungssysteme konstruieren und nutzen: vgl. auch Bernard & Goodyear, 1992, S.226 ff.; Lambert, 1980 etc.);
- Adäquate Theoriebildung (z.B. Formulieren eines systematischen Konzepts mit eindeutiger Begriffsdefinition, Spezifikation von Beziehungen zwischen Variablen, Konstrukte prüfbar formulieren und empirisch untersuchen, klare/konkrete Beschreibungen des Vorgehens etc.);
- Alle zentralen Hypothesen, Begriffe und behaupteten Effekte (a) operationalisieren und (b) prüfen; dabei Beobachtungen/Daten von *Schlußfolgerungen* aus solchen Beobachtungen trennen;
- Effektive *Praxisforschung* (vgl. z.B. Beerlage & Fehre, 1989), die mit den beteiligten Praktikern *kooperiert* und diese in Konzeption und Durchführung von Projekten einbezieht, anstatt sie zu Forschungsobjekten zu degradieren; möglichst *realitätsnahe* Forschung (Realstudien mit erfahrenen Supervisoren im natürlichen Arbeitsfeld, datennahe Erfassung der Abläufe mittels Video/Audio etc.);
- Zunehmende Konzentration der Forschung auf die umgemünzte Kiesler-Frage (1966): „Welche Art von Supervision, durchgeführt durch welche Person, ist geeignet für welche Person für das Erreichen von welchem Zweck, in welcher Ausgangssituation und mit welchen Mitteln?"
- Einbeziehen der *Klienten* der Supervisanden in den Forschungsprozeß (als *ultimative* Adressaten und zumindest indirekte „Nutznießer" der Supervision ihrer Therapeuten oder Betreuer);
- Wechselwirkung von Theorie und Praxis fördern und Wissenschaft als kontinuierlichen selbstkorrigierenden Prozeß betrachten.

Systematischer lassen sich solche Forschungsimpulse darstellen, wenn man ein Einteilungsraster verschiedener *Stadien* der Wissenschaftsentwicklung zugrundelegt (vgl. auch Holloway & Hosford, 1983; Bernard & Goodyear, 1992, S.226 ff.). In der nachfolgenden Übersicht 7 (vgl. rechte Seite) habe ich die m.E. zentralen Gesichtspunkte nochmals zusammengefaßt.

Die Übersicht lenkt auch den Blick darauf, daß wir uns bezüglich Therapieausbildung und Supervision überwiegend in Stadium I der Forschung befinden, daß allenfalls spärliche Versuche für Stadium II oder III zu verzeichnen sind, und daß Stadium IV noch in weiter Ferne liegt. Für die Stadien II und III gibt es jedoch enormes Handlungspotential für die unmittelbare Zukunft.

Stadium I	**Rudimentäre Anfangsphase:** Anekdotische Schilderungen, subjektive Erfahrungsberichte, naturalistische Erkundungsstudien, Einzelfalldarstellungen, Befragungen, dokumentierte klinische Erfahrungen etc.
Stadium II	**Zwischenstadium – Vor- und Aufbereitung für Stadium III:** Systematisierung von Fragestellungen, Operationalisierung von Begriffen, Ableitung prüfbarer Hypothesen aus bisherigen Modellen, Konzeption von Forschungsprojekten

Stadium III — **Kontrollierte Forschung nach anerkannten wissenschaftlichen Standards:**

Prozeßforschung ⇔	Ergebnisforschung			
Was passiert in/während der Supervision?	*Welche Wirkungen sind feststellbar in Richtung:*			
Welche Prozesse laufen ab mit welchen Effekten?	*Klienten bzw. Patienten*	*Therapeu- ten = Supervisan den*	*Super- visoren*	*Sonstige (z.B. System, Gesellschaft)*
	z.B. Erhalt besserer/effek- tiverer Thera- pie oder Dienst- leistungen	z.B. effektivere Performanz, Kommuni- kation, mehr Sicherheit	z.B. bessere Dienst- leistung als „Katalysator"	z.B. Qualitäts- kontrolle der Dienst- leistungen, Patien- tenschutz

Stadium IV	**Rückwirkung der Ergebnisse auf Modellbildung (Theorie) und Praxis:** Theoriekonstruktion auf Basis empirischer Ergebnisse (und umgekehrt); Modifikation und Revision bestehender Konzepte; Verbesserung der Pra- xis, normative Aussagen (Was *sollten* Supervisoren und Therapeuten auf- grund der Forschungsresultate tun?); differentielle Indikationsaussagen; Vernetzung von Praxiserfahrung mit Forschungsergebnissen (und umge- kehrt); kontinuierliches Wechselspiel von Theorie und Praxis

Übersicht 7. Unterschiedliche Stadien der Wissenschaftsentwicklung und Forschung, übertra- gen auf das Gebiet der Therapieausbildung und Supervision.

In diesem Zusammenhang läßt sich auf noch vielversprechende ungenutzte Berüh- rungspunkte zwischen Supervision und anderen Forschungsbereichen, insbesondere zur menschlichen Informationsverarbeitung und den „cognitive sciences" (vgl. auch Bernard & Goodyear, 1992, S.234 ff.; Binder, 1993) hinweisen, wie z.B.:

- Forschung zum Wissen und Handeln anerkannter Experten (Binder, 1993; Chi, Glaser & Farr, 1988 etc.);
- Soziale und insbesondere klinische Urteilsbildung (vgl. z.B. Gambrill, 1990; Nisbett & Ross, 1980; Turk & Salovey, 1988; vgl. zusammenfassend auch Kanfer et al., 1996, S.540 ff. etc.);

• Problemlösen in dynamisch-komplexen Systemen (z.B. Dörner, 1989; Dörner et al., 1983 etc.).

Eigentlich ist es sehr verwunderlich, daß diese Forschungsfelder den Bereich „Supervision" noch nicht entdeckt haben, denn offensichtlich zeichnen sich gerade „gute" Therapeuten und Supervisoren durch eine exzellente Informationsverarbeitung aus, deren Einzelkompetenzen nach wie vor – z.B. mittels naturalistischer Forschung – noch ungenügend entschlüsselt sind (vgl. auch Garb, 1989). Binder (1993, S.310 ff.) faßt die bisherige Literatur dahingehend zusammen, daß Experten über eine ausgezeichnete Mustererkennung verfügen und im Verlauf ihrer Erfahrungen hochqualifiziertes, arbeitsfeldrelevantes Wissen und Können gesammelt haben, welches sie sehr flexibel je nach Erfordernissen der Situation zum Einsatz bringen.

Ich möchte an dieser Stelle behaupten, daß das in in Kap.6 ausgeführte Kompetenz-Modell einen hilfreichen Rahmen zur Darstellung von Expertenfähigkeiten darstellen könnte. Bei der Analyse solcher Supervisionsexperten wäre dann – z.B. mittels der Methode des „Interpersonal Process Recall" (IPR: Kap.17) – nach internen wie extern beobachtbaren kognitiven, emotionalen und behavioralen Komponenten effektiven Handelns zu forschen, z.B. anhand der Leitfragen: (1) Wie gehen kompetente Experten genau vor? (2) Welche Kompetenzen sind für den effektiven Umgang mit bestimmten professionellen Anforderungen notwendig? (3) Wie sieht der geschickte Umgang im beruflichen *Alltag* aus? (4) Welche Lernprozesse helfen beim effektiven Erwerb solcher Kompetenzen und für deren Umsetzung in optimale Performanz?

Ansonsten bleiben viele weitere Fragen offen (vgl. auch Binder, 1993, S.309 ff.). Eine davon betrifft potentielle *Negativeffekte* von Ausbildung und Supervision und verdient noch etwas ausführlichere Beachtung:

Gibt es auch negative Wirkungen von Supervision? Ähnlich wie in der Therapieforschung handelt es sich dabei um ein lange Zeit tabuisiertes Thema (Ausnahme: z.B. Auckenthaler, 1992, S.25). Angesichts der guten Verdienstmöglichkeiten für praktisch tätige Supervisoren setzt dies natürlich Bereitschaft zu Selbstkritik und Selbstkontrolle („Widerstehen einer Versuchung", hier: immenser materieller Verstärkung) voraus. In Anlehnung an Auckenthalers Kritikpunkte sollte sich eine Supervisionsforschung aber auch mit einer Analyse folgender Fragen beschäftigen:

• Sabotiert Supervision vorhandene Selbsthilfepotentiale der professionellen Helfer (erlernte Hilflosigkeit nach dem Motto: Menschen sind nicht ohne Therapeuten, und Therapeuten nicht ohne Supervisoren lebensfähig...)?
• Setzt Supervision den Trend fort, institutionelle oder gesellschaftliche Mängel zu individualisieren und den Helfern oder Helfer-Teams in die Schuhe zu schieben, die sich angesichts sozialer Mißstände erfolglos in destruktiven Kontexten abmühen?
• Hat die durchaus belegte subjektive „Entlastungsfunktion" einer Supervision negative Wirkungen auf andere Bereiche des Gesamtsystems? Verhindert sie die kritisch-aufklärerische Funktion und dringend notwendige Veränderungen (Supervision als Anpassung an negative Arbeitsbedingungen durch kurzfristig hilfreiches „Betätigen des Entlastungsventils"...)?
• Dient die Bewilligung von Supervision durch Trägerinstitutionen lediglich der Gewissensberuhigung („Was wollt Ihr denn – Ihr habt doch Supervision...!?") und wird Supervision dann zur Alibi-Veranstaltung?

- Wird Supervision statt zur Unterstützung zur sanften Kontrolle und Disziplinierung von Mitarbeitern eingesetzt (vgl. Hüppauf, 1985 bzw. „soft control": Irle, 1984)?
- Trüben die finanziellen Verdienstmöglichkeiten für Supervision den Blick für schädliche Wirkungen und lenken sie die Aufmerksamkeit selektiv auf „werbewirksame" Erfolge (eventuell nur auf dem Behauptungsniveau)?
- Wo führt Supervision – trotz Indikation bzw. Bemühens um sachgerechte Durchführung – zu Mißerfolgen? Gibt es typische Risiken, „Stolperfallen" und Problemhäufungen (vgl. z.B. Salvesberger, 1995; Sauer, 1996)?

Gerade der letztgenannte Aspekt weist auf die erkenntnisförderliche Funktion einer „Mißerfolgsforschung" hin, aus der konstruktive Schlußfolgerungen für Theorie und Praxis abzuleiten wären. Auch in Bezug auf Forschung zu Therapieausbildung und Supervision kann daher ein Appell in Richtung „Fehlerfreundlichkeit" (vgl. Kleiber & Wehner, 1988) ergehen.

Das gesamte Kapitel 4 dürfte deutlich gemacht haben, daß bezüglich der zukünftigen Supervisionsforschung noch große Entwicklungspotentiale brachliegen. Eventuell können die aufgegriffenen Kritikpunkte sowie die daraus abgeleiteten Vorschläge einige Verbesserungsimpulse geben. Über die wichtige Frage der generellen Effektivität hinaus existieren allerdings noch viele *spezifische* Möglichkeiten der Optimierung verschiedenster Facetten des Supervisionsprozesses. *Eine* Aufgabe der vorliegenden Arbeit besteht ja darin, die Grundlagenforschung nach brauchbaren Elementen zu durchforsten und diese empirisch gestützten Befunde mit den klinischen Erfahrungen in der Supervision zu einem „Theorie/Praxis-Teppich" zu verknüpfen. Auf dieser (themenspezifischen, problem- und zielorientierten sowie heuristischen) Basis sind in den restlichen Kapiteln m.E. noch Dutzende von Mini-Hinweisen zu finden.

II

Verhaltenstherapeutische Supervision nach dem „Selbstmanagement"-Ansatz:

Theoretische Grundlagen

5 Basisannahmen der Selbstmanagement-Supervision

5.1 Konzeptueller Rahmen: Verhaltenstherapie als „Selbstmanagement"

Angesichts der Tatsache, daß es unter dem breiten Dach der Verhaltenstherapie viele *unterschiedliche* Konzepte gibt, ist zunächst eine grobe Skizzierung des *theoretischen Rahmens* (vgl. z.B. Reinecker, 1994a) hilfreich. Dieser liefert das begriffliche und inhaltliche Fundament, auf dem die gesamten theoretischen und praktischen Schritte plausibel werden. Für die vorliegende Arbeit bildet das sogenannte *„Selbstmanagement-Konzept"* das Grundgerüst; es wurde ursprünglich von Frederick H. Kanfer entwickelt und während der letzten 30 bis 40 Jahre in einer engen Verbindung von Theorie und Praxis kontinuierlich verfeinert, empirisch überprüft und weiterentwickelt. Seit 1991 liegt eine umfassende deutschsprachige Darstellung in lehrbuchartiger Form vor (vgl. Kanfer, Reinecker & Schmelzer, 1991, 1996), die als weiterführende Quelle dienen kann.

In den nachfolgenden Passagen wird eine kurze Zusammenfassung prägnanter Grundsätze des „Selbstmanagement"-Ansatzes präsentiert. Ich beginne dabei mit einigen Aspekten der Selbstmanagement-*Philosophie*, die für die Supervision entsprechende Konsequenzen haben. Ziele und Kennzeichen der verhaltenstherapeutischen Supervisions*praxis* folgen in Kap.5.2.

Der wichtigste Leitgedanke der Selbstmanagement-Philosophie besteht darin, Menschen (unter gezielter Nutzung psychologischer Gesetzmäßigkeiten) dazu zu befähigen, ihr Leben (wieder?) selbst zu gestalten und möglichst bald von Therapie und Therapeuten unabhängig zu werden. Als Oberziele des gesamten Ansatzes können somit Autonomie, Selbstverantwortung bzw. Selbststeuerung gelten. Diese Aspekte werden nicht als gegeben oder angeboren betrachtet, sondern als *lernbare Fertigkeiten* verstanden. Folglich besteht eine Hauptaufgabe der Selbstmanagement-Therapie u.a. darin, Menschen wichtige Fähigkeiten zum selbstbestimmten Leben zu *vermitteln*. Im Zusammenhang damit werden Aspekte bevorzugt wie z. B. *Präferenz für eine aktive Rolle* im Leben, *Maximierung von persönlicher Freiheit* (im Rahmen menschlicher Grenzen) sowie ein grundsätzlicher *Pluralismus von Werten und Lebensstilen*.

„Therapie" versteht sich in diesem Rahmen als *zeitlich begrenzter, problem- und zielorientierter Lernprozeß (= Veränderungsprozeß)*, der idealtypische Phasen aufweist (vgl. Kanfer & Grimm, 1980; Kanfer et al., 1996; Kanfer & Schefft, 1988; Schmelzer, 1986) und sich an Problemlöse-Modellen und Theorien der Veränderung orientiert. Die so häufig propagierte „Hilfe zur Selbsthilfe" wird in Form eines siebenstufigen Prozeßmodells der Therapie in enger Anlehnung an bewährte klinische Erfahrungen und empirische Forschungsergebnisse systematisch umgesetzt. Die *Per-*

son des Therapeuten stellt für diesen Veränderungsprozeß ein wichtiges (notwendiges, aber nicht hinreichendes) *Instrument* dar, welches „Katalysator"-Funktion für das Lernen von Klienten innehat. Eine gute kooperative Therapeut/Klient-Beziehung ist somit eine „conditio sine qua non" für Therapieerfolg, muß jedoch durch zusätzliche Prozesse und Methoden ergänzt werden.

Die Betonung von Veränderbarkeit und lernbaren Fähigkeiten ist der Ausdruck eines *vorsichtigen therapeutischen Optimismus*, der davon ausgeht, daß in jedem Leben (trotz natürlich-menschlicher Grenzen) *zumindest minimale* Veränderungen zum Positiven möglich sind. Selbst in sehr kritischen Lebenssituationen werden bescheidene therapeutische Fortschritte für erreichbar gehalten (mit Ausnahme von Extremzuständen wie z.B. unheilbaren Krankheiten im Finalstadium o.ä.).

Entsprechend der verhaltenstherapeutischen Tradition wird die *Nähe zur empirisch-wissenschaftlichen Grundlagenforschung* betont und ein Vorgehen favorisiert, das dem *„ Wissenschaftler/Praktiker-Modell"* („scientist-practitioner": vgl. z.B. Barlow, Hayes & Nelson, 1984; Kanfer, 1989, 1990, 1996 etc.) entspricht. Theorien werden in diesem Verständnis als „Modelle", „Konstruktionen" oder „Landkarten" verstanden, die in heuristischem Sinn als Hilfe für das Bewältigen praktisch-psychologischer Aufgaben genutzt werden können. Für die Praxis werden solche Strategien oder Interventionen favorisiert, deren Effektivität hinsichtlich des Erreichens bestimmter Ziele durch die empirische Grundlagenforschung gestützt ist. Dabei muß die erfolgreiche Umsetzung im Einzelfall jedoch erneut überprüft, d.h. evaluiert werden. Die Grundlagenforschung stellt außerdem ein Hilfsmittel dar, um die Begrenztheit der subjektiv-persönlichen Einzelerfahrung zu „transzendieren".

Als philosophisches *Menschenbild* liegt ein „ganzheitliches" Person-Modell zugrunde, das ein kontinuierliches Zusammenwirken biologischer, psychischer und sozialer Einflußfaktoren annimmt, ohne dabei ein festgelegtes Idealmodell des Menschen zu vertreten. Außer den übergeordneten Zielen eines prinzipiellen Pluralismus der Lebensstile, persönlicher und sozialer Verantwortung sowie Selbstbestimmung ist die inhaltliche Ausfüllung eine Aufgabe der jeweiligen Personen.

Die Philosophie des Ansatzes – insbesondere die hohe Betonung von Autonomie und Mitbestimmung – sollte sich nicht nur im therapeutischen Vorgehen, sondern auch in allen Umgangsweisen und Interaktionen während der Ausbildung und Supervision widerspiegeln („Practice what you preach!").

Frederick Kanfer hat schon vor langer Zeit mit seinem Selbstregulations- bzw. Selbstkontroll-Modell (Kanfer, 1970; Kanfer & Karoly, 1972) die Tatsache berücksichtigt, daß Reaktionen einer Person nur unter Bezug auf die subjektiven Erfahrungen und das jeweilige Ziel- und Wertsystem verständlich sind. Jede „objektive" Situation wird von uns Menschen subjektiv interpretiert, wodurch sich viele Parallelen zu Grundannahmen des *Konstruktivismus* (vgl. z.B. Fischer, 1995; Guidano & Liotti, 1985; Lorenzen, 1994; Neimeyer, 1993; Watzlawick, 1985 etc.) ergeben. Wenn *Gesellschaften* oder *soziale Systeme* (bzw. Gruppierungen oder Subsysteme) ihr Überleben sichern wollen, müssen „gemeinsam geteilte *soziale* Wirklichkeiten" (Berger & Luckmann, 1970) entstehen – ein Gedanke, der uns bei der Analyse und Supervision von Gruppen, Teams, Institutionen oder Organisationen wieder begegnen wird.

Einige Konsequenzen für die Supervision. Die obigen Grundannahmen bilden auch die Basis der „Selbstmanagement-Supervision" und haben u.a. folgende Implikationen:

- Supervision sollte so angelegt sein, daß auch Supervisanden *nicht* von Supervisoren *abhängig* werden, sondern sich möglichst bald von diesen „emanzipieren" können.
- Dementsprechend wird auf S.115 als wichtigstes Oberziel für eine VT-Supervision die *eigenständige, eigenverantwortliche Berufsausübung* (egal, ob als Therapeut oder sonstiger psychosozialer Helfer) genannt.
- Im Rahmen der Selbstmanagement-Supervision geht es vorrangig darum, die Supervisanden zu *befähigen*, ihre berufliche Tätigkeit als Therapeut *autonom* und *adäquat* – d.h. „lege artis": nach den aktuellen Regeln der „verhaltenstherapeutischen Zunft" – auszuüben. Folglich wird ein *kompetenzorientierter Ansatz* bevorzugt, der ein „empowerment" (vgl. Rappaport, 1985 etc.) der jeweiligen Personen ermöglicht.
- Dazu gehört auch, daß Supervisanden lernen, (negativ ausgedrückt:) therapeutische Probleme aktiv zu bewältigen bzw. (positiv formuliert:) therapeutische Ziele zu klären und in der Folge einer Lösung oder Verbesserung näherzukommen.
- Supervision wird als *zeitlich begrenzter* Lehr- und *Lernprozeß* verstanden (mit dem Ziel, die Lernkriterien eines Ausbildungscurriculums zu erfüllen, falls es um „Ausbildungssupervision" geht bzw. wieder ohne Hilfe des Supervisors auskommen zu können, falls es sich um „Praxissupervision" handelt). Minimalkriterium einer „erfolgreichen" Supervision wäre, daß der Therapeut=Supervisand gelernt hat, *ohne ständige Assistenz* von Supervisoren zu arbeiten.
- Entdeckendes Lernen, „learning by doing", sokratischer Dialog, Fragen stellen (statt fertige Antworten zu liefern), den „Ball zurückgeben" etc. sind Schlagworte, die das didaktische Vorgehen während dieses Lehr- und Lernprozesses kennzeichnen.
- Die Supervision ist ein *„kooperatives" Unternehmen*: Supervisoren, die in der Regel einen Erfahrungsvorsprung besitzen und noch weitere Kompetenzkriterien *als Supervisor* erfüllen sollten (vgl. Kap.8), sind verantwortlich für den *Prozeß* (z.B. Abdecken der curriculären Lernziele, adäquater Grad der Unterstützung, „Timing" etc.); Supervisanden sind – besonders bei „Praxissupervision" – mitverantwortlich für die *Inhalte* (z.B. Probleme, Lernziele, soweit diese nicht durch Ausbildungspläne, empirische Befunde sowie therapieschulenspezifische Basiskonzepte vorgegeben sind). Mitsprache, hohe Eigenbeteiligung und wechselseitiges Aushandeln von Themen und Vorgehensweisen sind typisch für diese Kooperation.
- Ähnlich wie der Therapeut im Therapieprozeß stellt der Supervisor im Supervisionsprozeß ein wichtiges *Instrument* dar; er ist „Änderungsassistent", „Entwicklungshelfer", „Katalysator" für das Lernen von Supervisanden. Entsprechend gilt die Supervisor/Supervisand-Beziehung – analog zu ihrer Rolle in der Selbstmanagement-Therapie – als *unbedingt notwendiges, nicht aber schon hinreichendes Mittel* für den Supervisionserfolg.
- Da jedes Verhalten und Erleben nur unter Bezug auf die persönliche und soziale Perspektive der Beteiligten plausibel zu machen ist, muß der Supervisor zunächst die subjektiv konstruierte „Wirklichkeit" seiner Supervisanden empathisch erkunden (z.B. mittels der ethnographischen Methode, der Columbo-Technik oder mit hypo-

thetischen/reflektierenden Fragen: vgl. Kap.17). Dies trifft auf Einzelpersonen genauso zu wie auf Gruppen, Teams und Institutionen.

- Der Supervisor befolgt das *Prinzip der „minimalen Intervention"* (vgl. Kanfer, 1975) und unterstützt den Supervisanden nur solange bzw. mit möglichst wenig Eingriffen in dessen beruflich-privates Leben, bis dieser (wieder?) autonom und effektiv therapeutisch tätig sein kann. Dies bedeutet nicht unbedingt eine zeitlich kurze oder gar auf wenige Sitzungen begrenzte Supervision; vielmehr ist deren Dauer immer von den gemeinsam vereinbarten Lernzielen abhängig (vgl. Kap.15.2).
- Falls diese Lernziele (z.B. im Rahmen einer standardisierten Ausbildung) *vorgegeben* sind, sollten sie „relativ rational begründbar" sein (Westmeyer, 1979). In diesem Fall erhält der Supervisor durch den Lernzielkatalog des Curriculums eine Legitimation, das Prinzip der minimalen Intervention (im Rahmen der Lernziele) zu überschreiten.
- Wichtig ist in jedem Fall, daß der Supervisor keine Selbsthilfe-Ressourcen des Supervisanden untergräbt/sabotiert und keine Hilfe anbietet, wo der Supervisand zu eigenständigen Schritten in der Lage ist (vgl. auch Harry S. Sullivan: „God keep me from a therapy that goes well, and God keep me from a clever therapist!": Levenson, 1984, S.157 bzw. „Keep me from a supervisory relationship that goes well": Lesser, 1984, S.151).
- Dazu ist es kein Widerspruch, wenn der Supervisor ständig die Haltung eines *„Instigators"* (im Sinne der *„instigation therapy"* von Kanfer & Phillips, 1966) einnimmt, der Anregungen für die weitere Entwicklung des Supervisanden gibt. Vielfach zielt diese „Instigation" auf die Förderung der *positiven* Talente und Ressourcen von Supervisanden ab, die meist viel zu wenig für therapeutische Zwecke genutzt werden.
- Der Supervisand erhält keine Einheitsbehandlung nach starrem Schema, sondern in jedem Einzelfall eine *„maßgeschneiderte Supervision"*, bei der die jeweiligen Probleme und Ansatzpunkte ebenso jeweils neu gemeinsam entwickelt werden wie individuelle Ziele, Lösungswege sowie ein (jeweils für die Person des Supervisanden passender) Supervisionsstil. Für diese Aufgabe gibt ein *„Prozeßmodell der Supervision"* den Rahmen vor (vgl. Kap.10 – 13).
- In jedem Fall erfolgt ein *zielorientiertes*, *lösungsorientiertes* und *zukunftsorientiertes* Arbeiten im „Hier und Jetzt", welches bei Bedarf mehr edukative, supportive oder administrative Schwerpunkte setzt (vgl. Kadushin, 1976).
- Die Prinzipien des *„erfahrungsorientierten Lernens"* und des *aktiven, änderungsorientierten Vorgehens* sind nicht auf die unmittelbaren Supervisionstermine beschränkt, sondern laufen – in Form von *Aufgaben* und *Hausaufgaben* – auch zwischen den Sitzungen im beruflichen Alltag der Supervisanden.
- Die *Nähe von Theorie und Praxis* kommt in der (auch ethisch begründbaren) Verpflichtung für Supervisoren wie Supervisanden zum Ausdruck, sich mit den aktuellen Ergebnissen ihrer Wissenschaftsdisziplin (und manchmal auch von Nachbardisziplinen) hinreichend vertraut zu machen. Die subjektive Erfahrung von Praktikern gilt zwar als *eine* wichtige Quelle für therapeutische Entscheidungen – da aber das ausschließliche Sich-Verlassen auf die eigene Erfahrung einer grandiosen Selbstüberschätzung gleichkommt, sollten Therapeuten die empirische Befundlage ihrer

Wissenschaft als willkommene Orientierung (und als Korrektiv für allzu verzerrte eigene Perspektiven) nutzen.

- Entsprechend der Grundphilosophie werden *Entscheidungsfreiheit*, *Mitsprache* und *Transparenz* betont; sofern Inhalte und Vorgehensweisen der Supervision durch offizielle Curricula festgelegt sind, werden diese Prinzipien innerhalb des Lernzielrahmens umgesetzt (z.B. Mitentscheidung an der Reihenfolge der Themen, plausible Begründung aller Schritte etc.).
- Als letzter und wichtigster Grundsatz für die Zeit *nach* der „erfolgreich abgeschlossenen" Supervision gilt: *„BE YOUR OWN SUPERVISOR"* (vgl. Kap.13.3). Das bedeutet nicht, von nun an als „geläuterter Einzelkämpfer" in der Illusion zu leben, niemals mehr Supervision oder Kontakt zu anderen zu benötigen. Nach Abschluß einer qualitativ hochstehenden Ausbildung, in der nicht nur Techniken, sondern auch Prozesse und Selbstmanagement-Fertigkeiten (z.B. Problemlösen, Entscheiden, Selbstregulation etc.) gelernt werden, sollten sich Therapeuten weiterhin („bis ans Lebensende") als *aktiv lernende Personen* begreifen. Dazu gehören auch kontinuierlicher kollegialer Austausch, „Peer-Supervision", Weiterbildung, Bereitschaft zu Selbsterfahrung und Selbstreflexion etc. incl. der Fähigkeit, Entscheidungen zu treffen, wann (z.B. bei welchen Anlässen und in welchem Rahmen) wieder eine – zeitlich begrenzte – Supervision vonnöten ist.

5.2 Ziele und Kennzeichen der Selbstmanagement-Supervision

5.2.1 Wichtige Ziele

In Anlehnung an das globale Ziel der Selbstmanagement-Therapie, Personen zu befähigen, ihr Leben (wieder) selbst zu gestalten und möglichst bald von Therapie und Therapeuten unabhängig zu werden, läßt sich als Ziel der Verhaltenstherapie-Supervision der *eigenständig und eigenverantwortlich tätige Verhaltenstherapeut* formulieren (vgl. auch Tillmanns, 1994). Dies gilt insbesondere für die *„Ausbildungssupervision"*, die ein Hilfsmittel darstellt, sich den – empirisch ermittelten – Kriterien eines „guten Therapeuten" (vgl. Kap.7) anzunähern.

Diese relativ global formulierten Ziele lassen sich noch konkretisieren und in eine Reihe von *Unterzielen* zerlegen. Dazu gehören u.a.: (1) Fähigkeit zu fachlich korrekter Therapiedurchführung nach den aktuellen Regeln der Zunft; (2) Sensibilität für persönliche Einflüsse auf die Therapie sowie die Fähigkeit, mit diesen Einflüssen adäquat umzugehen; (3) Fertigkeit zum Registrieren von System- bzw. Kontexteinflüssen und zur Schaffung günstiger Rahmenbedingungen für die Arbeit; (4) Bereitschaft zur Kooperation mit Kolleginnen und Kollegen – auch anderer Schulrichtungen; (5) Offenheit für – positives wie negatives – Feedback bei späterer Fallarbeit; (6) selbstreflexives Arbeiten; (7) Motivation zu lebenslanger Weiterentwicklung (ohne Perfektionismus-Syndrom); (8) Sensibilität für die Notwendigkeit zu kollegialem Austausch, Supervision, Intervision, Falldiskussionen auch später (bei Bedarf).

Inhaltliche Ziele leiten sich aus den Schwerpunktzielen des diagnostisch-therapeutischen Prozesses in der Verhaltenstherapie ab. Sie sind z.B. für die Ausbildung zum Selbstmananagement-Therapeuten verbindliche Referenzstandards. Eine Lernzieltypologie hinsichtlich der im 7-Phasen-Modell von Kanfer et al. (1996) beschriebenen Basiskompetenzen wird in Anhang A präsentiert.

Außerhalb einer Ausbildung erfüllt Supervision den Zweck, die diagnostisch-therapeutische oder psychosoziale Arbeit zu optimieren, indem sie mithilft, (1) die Effektivität von Einzelpersonen, Teams oder Institutionen zu gewährleisten bzw. zu erhöhen und (2) Fehlerquellen und Risiken geringzuhalten. Sie ist somit auch eine qualitätssichernde Maßnahme (Frank, 1995; Schmelzer, 1995). Insgesamt läßt sich Supervision somit als ein Instrument zum Erwerb bzw. Wiederherstellen der *Fähigkeit zum adäquaten Umgang mit professionellen Anforderungen* bezeichnen. Dabei ist es die gemeinsame Angelegenheit von Supervisoren und Supervisanden, im Verlauf des Supervisionsprozesses die (*zunächst* nicht lösbaren) Probleme in bewältigbare berufliche Aufgaben zu verwandeln. Hierzu ist ein *interaktives Problemlösen*, d.h. der korrektive Austausch von Supervisanden mit der neutralen, außenstehenden Perspektive des als „Problemlöse-Assistenten" geschulten Supervisors von entscheidender Bedeutung.

Selbstmanagement-Supervision – Versuch einer Begriffsbestimmung. Nachdem in Kap.2.1 auf Supervisionsdefinitionen verschiedener Schulrichtungen eingegangen und zunächst eine *Arbeitsdefinition* von Supervision präsentiert worden war, folgt jetzt ein eigener Versuch der Begriffsbestimmung. Generell betrachtet ist Supervision bei psychosozial Tätigen ein *Mittel zum Gewährleisten des adäquaten Umgangs mit professionellen Anforderungen*. Im *weiten* Sinne kann Supervision auf das funktionsadäquate Erfüllen psychosozialer Aufgaben von Einzelpersonen, aber auch von ganzen Teams, Institutionen und Organisationen gerichtet sein. Im *engeren* (auf Therapie bezogenen) Sinn bezieht sie sich auf eine Situation, in der ein Therapeut in eigener Verantwortung Klienten betreut und bei dieser Aufgabe von einem Supervisor (in der Regel von einer „kompetenteren" und/oder „erfahreneren" Person) unterstützt wird. Die Supervision zielt dann vorrangig auf das Optimieren (zumindest jedoch die Sicherung) eines „sachgemäßen" Ablaufs der Interaktion zwischen Therapeut und Klient(en) zum Zweck der Verbesserung der Lebenssituation des Klienten ab. Sie dient dem Aufbau notwendiger Fertigkeiten oder versucht, Hindernisse/Blocks auf dem Weg zu optimaler Performanz zu beseitigen. In *noch engerem* Verständnis meint sie die Begleitung des *erstmaligen* Erwerbs von professionellen Kompetenzen (z.B. im Zuge einer Ausbildung). Das spätere Mehrebenen-Prozeßmodell der Selbstmanagement-Supervision (Kap.10 ff.) macht ein Bearbeiten *sämtlicher* eben skizzierter Anwendungsbereiche möglich – evtl. in adaptierter Form für spezifische Verwendungszwecke (vgl. Kap.14). Supervision wird dabei als mehrdimensionaler Lehr-, Lern- und Veränderungsprozeß betrachtet (vgl. Kap.6), der sich – insbesondere im *therapeutischen* Kontext – auf folgende Einflußgrößen konzentriert (Abbildung 4, vgl. rechte Seite):

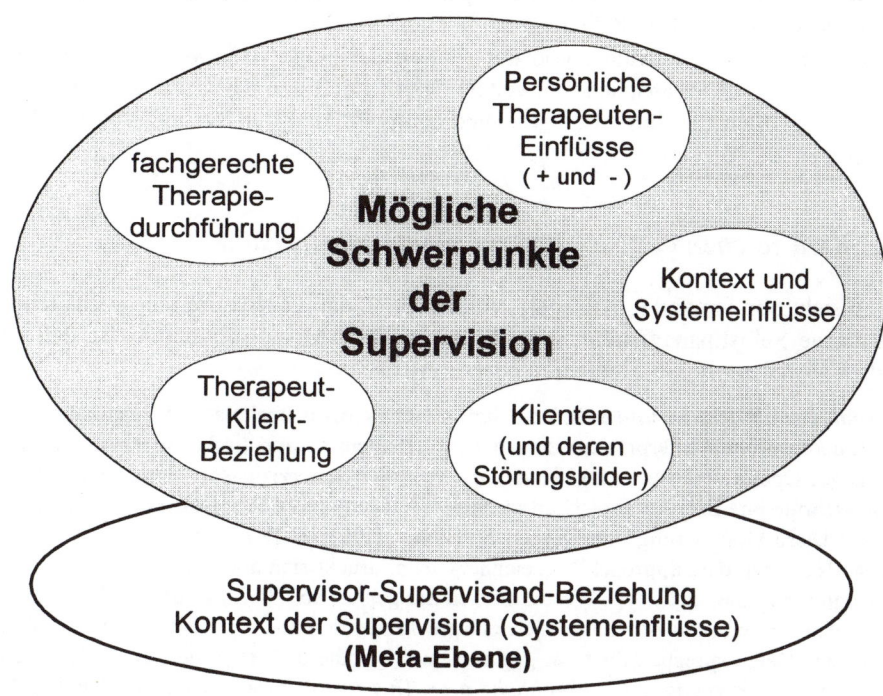

Abbildung 4. Mögliche Schwerpunkte der Selbstmanagement-Supervision.

Laut obiger Abbildung bezieht sich die Selbstmanagement-Supervision auf folgende möglichen *Schwerpunkte*, welche in der Praxis in Anlehnung an die heuristischen Fragen des Prozeßmodells jeweils neu/anders gesetzt werden:

- Fachliche Aspekte des Therapieablaufs (z.B. „ordnungsgemäße/sachlich korrekte" Therapiedurchführung nach den aktuellen Erkenntnissen und Regeln der „verhaltenstherapeutischen Zunft");
- Einflüsse aus der Therapeuten=Supervisanden-Person (persönlicher Stil, positive wie negative Motive, blinde Flecken etc.);
- Institutionale Rahmenbedingungen für die Arbeit des Supervisanden („Setting" bzw. „Kontext" der *Arbeitssituation*);
- Klient(en) des Supervisanden (inkl. evtl. Besonderheiten der jeweiligen „Störungsbilder");
- Therapeut-Klient-Beziehung;

sowie (auf einer Meta-Ebene):

- Supervisor-Supervisand-Beziehung
- spezielle Situation der Supervision (unmittelbarer Kontext der *Supervision* inkl. deren Rahmenbedingungen).

Die Meta-Meta-Ebene (Reflexion der Supervisionstätigkeit in Form einer Supervision für Supervisoren: vgl. Kap.8.3) lasse ich hier außer acht.

Der Ansatz geht zunächst von der *Person* des Supervisanden aus, ist in dieser Hinsicht also „individualistisch", erweitert dann jedoch den Blick auf das Netz externer Einflußgrößen (bis hin zu „Systembedingungen" und der Vernetzung im Makro-Bereich).

5.2.2 Kennzeichen der Selbstmanagement-Supervision

Woran sieht nun jemand (sozusagen „von außen"), daß es sich um eine verhaltenstherapeutische Selbstmanagement-Supervision handelt? Meines Erachtens ist dafür folgende *Konstellation* von Elementen charakteristisch:

- *Verhaltensnah denken und arbeiten.* Statt vager Begriffe, spekulativer Behauptungen und nicht überprüfbarer Interpretationen arbeiten verhaltenstherapeutische Supervisoren auf ein ständiges Operationalisieren und Konkretisieren aller Supervisionsprobleme, Ziele und Lösungsschritte hin. Ihre Kernbotschaft an Supervisanden (und sich selbst) lautet: „Look at the data!" Diese Orientierung, die Dryden & Thorne (1991, S.21 ff.) in anderem Zusammenhang als „actual data approach" bezeichnet haben, drückt sich auch in Fragen aus wie z.B.: „Woran sehen Sie, daß...?", „Woran merken Sie genau, ob...?" Im Lauf der Zeit sind Kandidaten dann selbst in der Lage, sich entsprechende Fragen zu stellen wie z.B.: „Welche konkreten Daten sprechen für bzw. gegen meine Hypothese?" etc. Eine weitere Konsequenz stellt die *Bevorzugung direkt beobachtbarer Therapieabläufe* (Video, Tonbänder, Live-Supervision) dar, welche wesentlich valider/reliabler über das Geschehen Auskunft geben als noch so ausführliches Reden *über* eine Situation.

- *Verschränkung diagnostisch-therapeutischer Maßnahmen.* Das VT-Prinzip der engen Verknüpfung von Diagnostik und Therapie greift auch bei Supervision: Supervisor und Supervisand betreiben anhand der Supervisionsanliegen kontinuierlich „Kompetenzdiagnostik", d.h. nehmen eine Bestandsaufnahme derzeit vorhandener Fertigkeiten des Supervisanden vor, um daraus hilfreiche Schritte (Kompetenzaufbau, Abbau von Performanzproblemen, Schaffung geeigneter Kontextbedingungen etc.) abzuleiten. Die konkreten Handlungsergebnisse der jeweiligen Interventionen fließen wieder in den Prozeß zurück und ziehen weitere (gegebenenfalls neue bzw. modifizierte) Maßnahmen nach sich. Jede Diagnostik ist somit auch Intervention, und jede Intervention liefert wiederum diagnostisch verwertbare Daten.

- *Ziel- und lösungsorientiert vorgehen.* Selbstmanagement-Supervision läßt sich als Lösungsprozeß für klinische Probleme auffassen (vgl. Kap.11). Sie ist zwar nicht so radikal lösungsorientiert wie z.B. der Ansatz von de Shazer (1989a, 1989b, 1992), teilt jedoch mit diesem die Haltung, daß es mehr auf die aktuellen Lösungen ankommt als auf ein endloses Analysieren der Problementwicklung oder -geschichte. Statt einer ausschließlichen Konzentration der Aufmerksamkeit auf die negative Seite von Problemen (die letztlich ein Problem aufrechterhalten kann) kreisen die Supervisionsbemühungen um Fragen wie: „Woran werden wir erkennen, daß das Supervisionsthema kein *Problem* mehr ist?" ... „Was genau müßte sein, daß die Situation OK wäre?" ... „Welchen minimalen Schritt könnten Sie tun, um einer Lösung näherzukommen?" etc.

- *Kreativ an Veränderungen arbeiten.* Lösungsorientierung bedeutet *aktives Arbeiten* an Bewältigungsmöglichkeiten. Gespräche sind zwar auch in der Supervision wichtig, aber *niemals Selbstzweck*; sie haben immer das Ziel, auf kreative Weise neue, andersartige Lösungen vorzubereiten. Statt des Gefangenseins in alten, unproduktiven Mustern sind eine „schöpferische" Atmosphäre, Veränderungsoptimismus und eine Art „motivationale Aufbruchstimmung" zu schaffen.

- *Supervisionsmotivation berücksichtigen bzw. aufbauen.* Bereits durch das Umsetzen der SMT-Grundbedingungen (Transparenz, Mitsprache, Setzen eigener Ziele etc.) sind günstige motivationale Voraussetzungen zu schaffen. Das Stimulieren von intrinsischer Motivation (Neugier, Lernen, Interesse) und der gezielte Aufbau von Selbsteffizienz („self-efficacy": Bandura, 1977) mittels erfolgreicher kleiner Schritte schaffen zusätzlich *positive* Lernmotivation. Diese ist auf Dauer – z.B. wegen besserer Generalisierungs- und Transfereffekte – günstiger als eine ausschließliche Motivation durch „Leidensdruck" (angesichts schwieriger Therapiefälle oder interpersonaler Konflikte in Teams oder Institutionen).

- *Flexibel-dynamisches Problemlösen.* Angesichts ständiger Veränderungen des menschlichen Lebens werden alle Anliegen, Ziele und Interventionsschritte einer Supervision kontinuierlich neu definiert und adaptiert. Sämtliche Entscheidungen haben nur Gültigkeit „bis auf Weiteres" und sind bei Bedarf (z.B. bei neuer Informationslage) zu revidieren und modifizieren. Statt einer rigiden Festlegung ist flexibles Planen nötig, welches stets mit der Möglichkeit des Scheiterns vorgefaßter Pläne und der Notwendigkeit zu Veränderung/Neuanpassung rechnet.

- *Interaktives Problemlösen.* Die Interaktion mit anderen Personen – hier mit dem Supervisor – trägt zu einer *Re-Definition* von Problemen (und Zielen) der Supervision bei, und zwar im günstigen Fall so, daß wieder Lösungen möglich sind. Der Übergang von automatisierter zu kontrollierter Informationsverarbeitung, das Umdeuten/Neu-Rahmen von Problemen, das Erkennen andersartiger Problem- und Zielperspektiven sowie von Lösungen 1. und 2.Ordnung (Watzlawick, Weakland & Fisch, 1979) oder das Anwenden zielführender Lösungsstrategien (im Sinne Dörners, 1989) fallen leichter, wenn eine neutral-außenstehende Person den Prozeß begleitet. Erst durch die systematische Anleitung zum Problemlösen und durch Konfrontation mit anderen Sichtweisen wird es möglich, eigene „Scheuklappen" abzulegen, „blinde Flecken" zu bemerken und zu „Aha-Erlebnissen" in Richtung neuer, bislang nicht realisierter Lösungsstrategien zu gelangen (oder unabänderliche Tatsachen als solche zu erkennen).

- *„Fehlerfreundlichkeit" der Lernatmosphäre.* Die Beziehung zwischen Supervisanden und Supervisoren sollte eine Atmosphäre schaffen, in der man Fehler machen und auch zugeben darf, um dann aus diesen für die Zukunft zu lernen. In Einklang mit den Erkenntnissen der Lernpsychologie, wonach aus Mißerfolgen mehr gelernt wird als aus Erfolgen, wird das Prinzip der „Fehlerfreundlichkeit" (vgl. Kleiber & Wehner, 1988) propagiert und befolgt. Die Strategie ist dann effektiv, wenn Supervisanden künftig nicht mehr die gleichen Fehler machen, d.h. tatsächlich ihre Lehren gezogen haben und ihr Verhalten ändern. Insgesamt ist das korrektive Lernen an Mißerfolgen in unserem Ansatz aber immer in einem ausbalancierten Verhältnis zum Erkennen, Würdigen und Nutzen eigener *Stärken* zu sehen.

- *Pluralität der Ansichten, Ziele und Werte auch in der Supervision.* Die für den Selbstmanagement-Ansatz kennzeichnende Akzeptanz multipler Anschauungen und Lebensweisen impliziert auch Toleranz bei Supervision. Außer bei ethisch legitimierten Interventionen zum Schutz von Patienten bzw. bei verbindlichen Lernzielvorgaben in Ausbildungscurricula sollten Supervisanden nicht gezwungen werden, das zu tun, was der Supervisor für richtig hält – insbesondere bei persönlichen Wertentscheidungen. Die Multiplizität der Perspektiven bzw. die „polyokulare Sichtweise" (Bateson, 1982; de Shazer, 1989, S.40) bringt umgekehrt einen erhöhten Informationsreichtum mit sich, bei dem es um ein „anders" (und nicht um ein „richtig-falsch") geht. Richtig ist das, was nützt (pragmatisches Vorgehen) und dabei mit ethisch-gesetzlichen Prämissen in Einklang steht. *Ob* es tatsächlich nützt (und auch *wofür genau*) ist eine Frage der Empirie und muß im Einzelfall erst noch geprüft werden.

- *Natürliche Fachautorität statt formaler Autorität.* Eine ausschließliche Stützung auf *formale* Autoritätsattribute (Macht, Position, „Erfahrung" etc.) ist für eine Selbstmanagement-Orientierung nicht akzeptabel. Supervisoren sollten in der Lage sein, aufgrund ihrer Kompetenzen und ihres Vorsprungs in Wissen und Können eine „natürliche Fachautorität" darzustellen, die sich durch ein kontinuierlich transparentes, fachlich begründetes Vorgehen auszeichnet. Demzufolge sollten Supervisoren – wie wir es auch von Therapeuten verlangen – zu einer „relativ rationalen Rechtfertigung" ihres Handelns im Sinne von Westmeyer (1979) fähig sein. In der Supervision sind daher Dialoge statt Dogmen, Überzeugung statt Überredung, Anregungen statt Anweisungen etc. gefragt – alles Merkmale, die eine dialogisch-partnerschaftliche Interaktion (im Gegensatz zu einer starren Machthierarchie) kennzeichnen.

- *Funktional-systemische Betrachtung.* Der *Einstieg* in den Problemlöseprozeß der Supervision erfolgt jeweils anhand der präsentierten Supervisionsanliegen; Lösungen setzen allerdings nie an den Problemmanifestationen, sondern immer an deren *Bedingungen* an. Anders formuliert arbeitet Supervision immer an den Variablen, die für das Auftreten der Supervisionsprobleme verantwortlich sind. Dafür ist eine *funktionale Analyse* und eine *systemische* Betrachtungsweise hilfreich, in deren Verlauf sich relevante Bedingungen als „Figuren" vor dem restlichen „Hintergrund" verdeutlichen. Im weiteren Vorgehen, das sich zwangsläufig auf bestimmte Ausschnitte konzentriert, bleibt eine kontinuierliche „Hintergrundkontrolle" (Dörner et al., 1983) wichtig, um bei Bedarf Schwerpunktverlagerungen vollziehen zu können.

- *Klärungs- und Bewältigungsperspektive.* Gemäß den wichtigsten Wirkprinzipien, die Grawe (1994, 1996; Grawe, Donati & Bernauer, 1994) in seinen Forschungen herausgearbeitet hat, arbeiten Selbstmanagement-Supervisoren – auf Basis eines „guten" Beziehungsfundaments – sowohl auf Klärungen (Reflexion, Konfrontation) als auch auf aktive Bewältigungsschritte („Coping") hin und bevorzugen erfahrungsorientiertes Lernen.

- *Positiv-ressourcenorientiert denken und arbeiten.* Viele Supervisoren sind bereits aus ihrem verhaltenstherapeutischen Alltag ein ressourcenorientiertes, erfolgszentriertes, kleine Fortschritte würdigendes Arbeiten gewohnt, so daß es ihnen leicht fällt, auch in der Supervision einen „realistischen Optimismus" zu vertreten. Dies bedeutet kein Bagatellisieren von Problemen oder „kognitive Schönfärberei" („Don't worry – be happy!"), sondern die Berücksichtigung der Tatsache, daß alle Probleme, Situationen und Personen *nicht nur negative* Aspekte aufweisen, sondern gleichzeitig eine Vielzahl positiver (aber unterrepräsentierte) Qualitäten.

- *Zukunfts- und entwicklungsorientiert vorgehen und vorausschauend planen.* Die grundlegende Zeitorientierung der VT (vgl. Schmelzer, 1985, S.126 ff.) läßt sich als zukunftsorientiertes Arbeiten im „Hier und Jetzt" unter Berücksichtigung lern- und lebensgeschichtlicher Einflüsse umschreiben. Die zentrale Frage lautet: „Was kann ich *jetzt* aktiv anpacken, um *künftig* besser zurechtzukommen?" In der Supervision wird dieser zukunftsbezogene Anteil noch relevanter, da es immer um ein konstruktives Vorbereiten weiterer Schritte, den Erwerb adäquater Kompetenzen und das künftige Vermeiden alter Fehler bzw. bessere Nutzen eigener Stärken geht. Die persönliche Vergangenheit von Supervisanden ist meist nur insofern interessant, als es um das Lernen aus bisherigen Fehlern geht*. Zum anderen ist ein *vorausschauendes* Arbeiten aus Gründen der Prävention von „Widerstand" günstig: Jede Strategie, jede Intervention, jede Frage sollte in transparentem Zusammenhang mit den jeweils vereinbarten Zielen stehen – ein Grundsatz, der auf Therapie und Supervision gleichermaßen zutrifft und der bereits bei der Planung mitgedacht bzw. vorweggenommen werden kann.

- *Prinzip der kleinen Schritte.* Auch dieses Prinzip ist Kernstück verhaltenstherapeutischen Arbeitens und genauso für Therapieausbildung und Supervision konstitutiv. Nicht ohne Grund sind gerade Fertigkeitstrainings für Ausbildungszwecke schon immer in Form konkreter, überschaubarer und später kombinierbarer Einzelschritte aufgebaut. Optimale motivationsförderliche Wirkung entfaltet das schrittweise Vorgehen in Kombination mit der folgenden Strategie:

- *Entwicklungsförderung durch gezielte Steigerung der Anforderungen („dosierte Diskrepanzerlebnisse": Heckhausen, 1965).* Anknüpfend an das triviale therapeutische Grundrezept, Personen dort „abzuholen", wo sie stehen, wird in Therapieausbildung und Supervision an vorhandenen Kompetenzen der Supervisanden angesetzt. Unter Nutzung des Prinzips der kleinen Schritte wird versucht, in wohldosierter Form die Fertigkeiten von Supervisanden so zu erweitern, daß sie (a) nicht überfordert werden, jedoch (b) ihre bisherigen Grenzen minimal überschreiten. Wie Guy (1987, S.147 ff.) inhaltlich ausführlicher dargestellt hat, läßt sich auch die Entwicklung von Therapeuten als *lebenslanger* Prozeß verstehen (was allerdings nicht ständige Therapie oder bezahlte Supervision erforderlich macht!). Da Entwicklung zeitweise mit Verunsicherungen und Krisen einhergeht, ist die empathisch-unterstützende Supervisionsbeziehung *ein* wichtiges Begleitinstrument.

- *Hypothesenleitung und ergebnisorientiertes Optimieren.* Idealerweise arbeiten Selbstmanagement-Supervisoren theoriebasiert und hypothesengeleitet, d.h. nicht nur auf Basis von subjektiven Erfahrungen oder „Intuition". In der Praxis setzen sie einen „realitäts-orientierten" Ansatz um, d.h. prüfen ihre zuvorigen Hypothesen an den Daten der tatsächlichen Ergebnisse und Optimieren ihr Vorgehen anhand der jeweils eintretenden Entwicklungen.

- *Enge Verbindung von Wissenschaft und Praxis.* In Einklang mit dem „Scientist-Practitioner"-Modell (vgl. S.112) wird auch in der Supervision auf Ergebnisse der Grundlagenforschung Bezug genommen.

- *Kontinuierliche Dokumentation, Evaluation und Effektkontrolle.* Dieses Spezifikum verhaltenstherapeutischen Arbeitens insgesamt dient sowohl der Legitimation und Qualitätssicherung nach außen als auch der internen Optimierung der klinischen Urteilsbildung.

- *Supervision ist für „draußen".* Alle Supervisionssitzungen sind „Mittel zum Zweck", d.h. bemessen sich daran, ob es gelingt, mit den zur Diskussion stehenden Anliegen im professionellen Alltag besser klarzukommen. Alle Problemlöseschritte sind immer auf diesen Ausschnitt bezogen. Ein Spezifikum unseres Ansatzes (und eine Bedingung „sine qua non") sind *Aufgaben* und *„Hausaufgaben"*, mit denen die Verbindung zur Realsituation aufrechterhalten und ein Transfer vollzogen wird. Die jeweiligen Erfahrungen von Supervisanden in der

---

* Falls tiefgreifende persönliche Einflüsse aus der Lerngeschichte häufiger zu therapeutischen Mißerfolgen beitragen, sollte eine Bearbeitung in Selbsterfahrung bzw. in persönlicher Therapie erfolgen.

Zeit zwischen den Supervisionssitzungen (egal, ob Erfolg oder Mißerfolg) werden beim nächsten Termin sofort wieder genutzt.

- *Anleitung zu selbstentdeckendem Lernen.* Reflektierende Fragen, sokratischer Dialog, Aufmerksamkeitslenkung, Hausaufgaben mit „bewußtmachendem" bis „aufklärerischem" Anspruch helfen mit, daß Supervisanden relevante Aspekte, Prozesse und Muster selbst entdecken und in ihre Arbeit einbeziehen.

- *VT-Prinzipien in der Selbstanwendung.* z.B. Problemlösen, Verhaltensbeobachtung, Selbstbeobachtung/Selbstreflexion, Techniken, Datennähe vs. Spekulation, funktionale Analyse etc. werden nicht nur für die unmittelbare therapeutische Arbeit genutzt, sondern kommen auch in der Supervision zum Einsatz („practice what you preach!").

- *Aufgabenorientierung/Zielorientierung.* Eine VT-Supervision ist in der Regel aufgaben- und zielorientiert. Sie wird mit einer bestimmten Indikation *begonnen*, was bedeutet, daß Supervisionsanliegen vorhanden sind, an denen in den Prozeß „eingestiegen" werden kann*. Im gesamten weiteren Arbeiten werden immer wieder neue bzw. verfeinerte Ziele vereinbart („Worum genau soll es gehen?"), wobei nicht immer Inhaltsziele, sondern häufig erst einmal Prozeßziele (z.B. „Chaos entwirren", „Ziele der Supervision klären", „Kommunikation verbessern") im Vordergrund stehen. Auch die *Dauer* der Supervision regelt sich themenabhängig: Sobald die wesentlichen Aufgaben erledigt sind, kann auch die Supervision wieder beendet werden.

- *Berücksichtigung juristischer Vorgaben, berufsständischer Richtlinien und ethischer Grenzen.* Diese Bereiche grenzen die prinzipiellen Freiheiten für Therapeuten und Supervisoren ein und sind auch für Selbstmanagement-Supervisoren das „äußere" Limit für Zielvereinbarungen und Interventionen.

- *Orientierung an anerkannten Standards für „empirisch-wissenschaftliche Therapie".* Ebenso bindend ist für die Selbstmanagement-Supervision die Arbeit in Einklang mit professionellen Richtlinien für die Durchführung von Therapien (vgl. Zemlin & Missel, 1994, S.4).

Während einzelne der obigen Gesichtspunkte sicher auch in anderen Supervisionsansätzen zu finden sind, sollten die obigen Elemente *in dieser charakteristischen Kombination* beobachtbar sein, um von einer Selbstmanagement-Supervision zu sprechen.

***Was ist Selbstmanagement-Supervision* nicht?** Umgekehrt ist auch erwähnenswert, was sie *nicht* kennzeichnet. Dies wären z.B.:

- *Übernahme von Aufgaben (auf Dauer), für die andere Herangehensweisen und sprachliche Bezeichnungen besser geeignet sind* (z.B. Selbsterfahrung, Weiterbildung, persönliche Therapie). Solche Aspekte werden zwar nicht gänzlich aus der Supervision ausgeklammert, sollten aber kein Übergewicht erhalten oder als *Ersatz* für das konstruktive Bearbeiten von Problemen dienen. Supervision kann allerdings durchaus dazu benutzt werden, um (a) eine entsprechende Indikation für solche Alternativangebote zu stellen und (b) Selbsterfahrung oder das Erkennen/Reflektieren persönlicher Anteile in *begrenztem Umfang* (z.B. als berufsbezogenes, erfahrungsorientiertes Lernen) umzusetzen. Eine *intensivere* Bearbeitung

---

* Im Fall von „Ausbildungssupervision" liegen die Themen und Lernziele anhand der Curricula fest.

solcher Schwerpunkte (z.B. in Form einer *persönlichen Therapie*) sollte jedoch parallel oder sequentiell in Form von Extra-Angeboten erfolgen.

• *Supervision als Selbstzweck:* Ein „Drauflosarbeiten" ohne Problemstellung oder Zielperspektiven, d.h ein völliger Verzicht auf Zielorientierung würde dem SMT-Vorgehen kraß widersprechen und zudem keinerlei Effektivitätsbeurteilung zulassen. Auch das sollte nicht mißverstanden werden, als müßten alle Probleme und Ziele der Supervision schon am Anfang – oder gar vor Beginn – klar sein. Viele Ziele können auch als „Prozeßziele" formuliert werden (wie z.B. „Problemknäuel entwirren", „Ziele finden", „Ansatzmöglichkeiten für Veränderungen suchen", „emotionalen Ballast abwerfen" etc.).

• *Supervision als „Spielwiese des Psychobooms".* In ähnlicher Form ist eine Zweckentfremdung der Supervision in Form eines indikationslosen Durchprobierens von gruppendynamischen, gestaltorientierten oder „Encounter"-Methoden nicht zu vertreten. Auch die Haltungen „Laß-das-mal-auf-dich-wirken..." oder „Irgendwelche Erfahrungen wirst Du sicher machen – vertraue einfach Deiner Intuition" haben (vor allem, wenn sie mit Ausschließlichkeit vertreten werden) mit unserem Supervisionsverständnis nichts zu tun.

• *Supervision als „endlose Geschichte".* Personen, die nach einer fundierten Ausbildung im psychosozialen Bereich tätig sind und die Ansicht vertreten, sie wären nur mit *ständiger* Begleitung ihres Supervisors arbeitsfähig, unterlassen es m.E., sich ausreichend um *alternative* Formen des professionellen Austauschs und der eigenen Weiterbildung zu bemühen. Ähnlich wie es im Alltag genauso unsinnig wie utopisch wäre, jedem Menschen „seinen Therapeuten" an die Seite zu stellen, können Therapeuten=Supervisanden nicht auf *fortwährende* Assistenz professioneller Supervisoren angewiesen sein (vgl. Kap.13.3 bzw. 15.2). Nutzung *anderer* Feedback- und Unterstützungsmöglichkeiten wie kollegiale Supervision, Besuch von themenspezifischen Workshops zur eigenen Weiterqualifizierung, Lektüre neuer Fachliteratur, Konsultation mit Kollegen etc. stellen einige Alternativen dar. Dies schließt die Wiederaufnahme von Supervision *bei erneuter Indikation* nicht aus.

Dem später präsentierten Prozeßmodell (vgl. Kap.10 – 14) ist zu entnehmen, wie die Selbstmanagement-Supervision in der Praxis gestaltet werden kann, damit sie tatsächlich partnerschaftlich, kreativ, entwicklungsfördernd, flexibel, effektiv, zielorientiert und auf „wissenschaftlicher" Basis neue Lösungen im beruflichen Alltag der Supervisanden produziert und zunehmende Autonomie von Therapeuten ermöglicht. In Analogie zur kindlichen Selbständigkeitserziehung verläuft diese Entwicklung zunächst unter (fremdbestimmter) Anleitung in geschützter Obhut, um zunehmend und schrittweise in die Eigenverantwortung der Supervisanden überzugehen.

6 Selbstmanagement-Supervision als Lehr-, Lern- und Veränderungsprozeß

Das vorliegende Kapitel 6 konzentriert sich auf den *theoretischen Rahmen* der Selbstmanagement-Supervision, die als als *Lehr-, Lern- und Veränderungsprozeß* verstanden wird. Supervision hilft nach dieser Auffassung – insbesondere während einer *Ausbildung* – mit dazu, bestimmte Kompetenzen zu erwerben, um die Erfordernisse der beruflichen Situation überhaupt erfüllen zu können (Lernprozeß). Bei Praxissupervision, d.h. im späteren Berufsleben, dient sie dem besseren Umgang mit professionellen Anforderungen, indem sie Supervisanden entweder Fertigkeiten vermittelt, Performanzhindernisse beseitigen hilft oder neue Impulse in das jeweilige „System" einbringt (Veränderungsprozeß). Das Vermitteln relevanter Lern- oder Veränderungsprozesse geschieht in systematischer Form (Lehrprozeß) und impliziert für Selbstmanagement-Supervisoren vor allem die Rolle des Anregers, Anstoßgebers und Katalysators („instigators"). Da Lern- und Veränderungsprozesse seit jeher im besonderen Blickpunkt des Interesses von Verhaltenstherapeuten standen (Kanfer & Phillips, 1970/dt.1975 etc.), wird Basiswissen über klassische Lern-, Problemlöse- und Informationsverarbeitungstheorien sowie deren hirnbiologisch-physiologische Grundlagen als bekannt vorausgesetzt. Insgesamt sollen die Ausführungen dieses Kapitels – in Einklang mit dem aktuellen Stand der psychologischen Grundlagenforschung – ein plausibles Rahmenmodell für viele Schritte bieten, die im späteren Mehrebenen-Modell der Selbstmanagement-Supervision enthalten sind.

In diesem Kapitel präsentiere ich zunächst ein inhaltlich offenes Rahmenmodell des therapeutischen „Selbst" (6.1), welches das Lernen von Kompetenzen strukturieren hilft und Aussagen über die Repräsentation der jeweiligen Erfahrungen seitens der betreffenden Personen ermöglichen soll, die sich immer in einem sozialen Kontext befinden (Interaktionen, Systeme). Danach (6.2) steht die praktische Erfassung von Kompetenz/Performanz mittels verhaltensdiagnostischer Prinzipien zur Diskussion, ehe für die optimale Gestaltung von *Lehrprozessen* erste Ansätze einer Therapie- bzw. Supervisionsdidaktik skizziert werden (6.3).

6.1 Lernen von Kompetenzen: Ein inhaltlich offenes Rahmenmodell des therapeutischen „Selbst"

Nach einer kursorischen Betrachtung von Entwicklung und Lernen und der Differenzierung von Kompetenz und Performanz (6.1.1) wird auf den sog. „Schema-Ansatz" zurückgegriffen, um plausibel zu machen, wie die gelernten Erfahrungen in einem hypothetischen „Selbst" repräsentiert sein könnten (6.1.2). Professionell relevante Prozesse und Inhalte werden in einem hypothetischen Modell von „Wissens- und Kompetenzspeichern" konkretisiert (6.1.3), bevor ich abschließend diskutiere, wie das „Selbst" in Interaktion bzw. in Systemzusammenhängen zu sehen ist (6.1.4).

6.1.1 Persönliche Entwicklung und Lernen durch Erfahrungen: Kompetenz und Performanz

Lernen. In Anlehnung an gängige Definitionen (Edelmann, 1994; Kanfer & Phillips, 1970; Lefrancois, 1986 etc.) wird unter *Lernen* eine Veränderung des Verhaltens, Wahrnehmens und/oder Erlebens verstanden, die aufgrund von *Erfahrungen* zustandekommt; nicht gemeint sind Veränderungen aufgrund von Reifungsvorgängen oder Drogeneinflüssen. Auch Therapieausbildung und Supervision lassen sich als Lernprozeß begreifen. Die jeweiligen Lern*ergebnisse* werden im Langzeitgedächtnis der betreffenden Personen gespeichert, um dort als „Verhaltenspotential" für künftige Situationen zur Verfügung zu stehen.

Neuere Lerntheorien, die zum Verständnis dieser Prozesse beitragen, sind meist als Informationsverarbeitungs- und Handlungsmodelle konzipiert (vgl. Edelmann, 1994, S.3 ff.) und integrieren alle bekannten Grundformen des menschlichen Lernens. Entsprechend der Lernpyramide von Gagné (1969) umfassen sie klassisches Konditionieren (Signallernen), instrumentelles Lernen, Lernen am Modell, Begriffsbildung, Abstraktion von Regeln, planvolles Handeln und Problemlösen, wobei auch die Rolle von Motivation und Emotion bzw. Fragen der optimalen Stabilisierung/Generalisierung bis hin zur Selbststeuerung von Individuen diskutiert werden. Dabei gilt Lernen als *aktiver* Informationsverarbeitungsprozeß, der mit aktiven Prozessen der Wahrnehmung, Enkodierung, Speicherung, Erinnerung und Handlungsproduktion zur Selbstregulation von Menschen und zur Auseinandersetzung/ Interaktion mit ihrer Umgebung beiträgt (Bandura, 1977, 1979, 1986; Carver & Scheier, 1981; Kanfer, 1987 etc.).

Im weiteren Text möchte ich zunächst auf das Lernen von Kompetenzen eingehen, die in unserem Verständnis Therapeuten in die Lage versetzen, adäquat mit professionellen Anforderungen umzugehen. Für die Selbstmanagement-Supervision sind Begriffe wie intrinsisch motiviertes, selbstgesteuertes Lernen besonders charakteristisch (vgl. unten, Kap.6.3). Dabei ist es nur auf den ersten Blick paradox, wenn selbstgesteuertes Lernen zunächst durch Fremdsteuerung vermittelt werden muß.

Kompetenz. Unter *„Kompetenz"* wird die prinzipielle *Fähigkeit* zu einem bestimmten (zielgerichteten) Verhalten verstanden: „Unter Erweiterung der Kompetenzdefinition von Sommer (1977) wollen wir Kompetenz als eingeübte Fähigkeit ansehen, all die Tätigkeiten vorzubereiten und auszuführen, die der Erreichung eines hierarchisch organisierten Zielkomplexes dienen" (Kaiser, 1980, S.143). Diese *prinzipielle Fähigkeit* sagt noch nichts darüber aus, ob eine Person sie in einer bestimmten Situation tatsächlich umsetzt, sie stellt jedoch die *unabdingbare Voraussetzung* für die Realisierung dar. Kompetenz ist also nicht gleichzusetzen mit *Performanz* (siehe unten), wohingegen Performanz immer die zugehörige Kompetenz impliziert.

Eine Kompetenz kann sich auf *alle* sogenannten „Verhaltensebenen" (kognitiv, physiologisch, motorisch, emotional*) beziehen, oft von einer bestimmten Ebene dominiert sein oder in bestimmter Kombination auftreten. Für den therapeutischen Bereich ist es sinnvoll, *theoretische* Kompetenzen (=„Wissen") und *praktische* Kompe-

---

* „emotional" = *Kombination* der drei anderen Ebenen.

tenzen (=„Handeln") zu unterscheiden, wobei für eine effektive Handlungsumsetzung in der Regel theoretische *und* praktische Kompetenzen erforderlich sind (vgl. unten).

Weitere Kennzeichen von Kompetenzen sind: (1) Zielgerichtetheit, (2) hierarchische Verschachtelung: Fertigkeit/Teilfertigkeit/Teil-Teilfertigkeit etc. (Differenzierung von global nach konkret) und (3) meist hoher Aufwand/Energieeinsatz beim erstmaligen Erwerb im Gegensatz zu Prozessen der Routinisierung/Gewohnheitsbildung mit zunehmender Praxis („automatic vs. controlled processing": Schneider & Shiffrin, 1977; Shiffrin & Schneider, 1977). Kompetenzen sind in der Regel umso leichter zu erwerben, je besser sie operationalisiert und in Teilschritte zu untergliedern sind. Sie sind zudem eine gute Verkörperung der „Empowerment"-Idee, wonach es für die dauerhafte Entwicklung von Personen günstig ist, zu einer adäquaten Bewältigung ihrer Alltagsanforderungen *befähigt* zu werden (Rappaport, 1985). Bei Therapeuten stellt dies einen Schutz vor permanenter Überforderung und beruflichem Burnout dar. *Inhaltliche* Aussagen dazu, welche Kompetenzen für Verhaltens- und Selbstmanagement-Therapeuten besonders wichtig sind, werden in Kap. 7 folgen.

Kompetenz und Performanz. Aus dem klinischen Alltag und der psychologischen Literatur (z.B. Bandura, 1969; Chomsky, 1965 etc.) ist bekannt, daß Kompetenzen nicht immer in reales Verhalten umgesetzt werden. Manche Kompetenzen sind nur auf der Wissensebene („theoretische Kompetenz") existent; andere zwar auf der Handlungsebene („praktische Kompetenz") – jedoch nicht zum adäquaten Zeitpunkt oder in der richtigen Situation. Andere Kompetenzen sind zwar *prinzipiell* vorhanden, werden aber in bestimmten Situationen oder gegenüber bestimmten Personen nicht gezeigt, wobei die dafür relevanten Bedingungen zunächst im Dunkeln liegen. In der Supervision zeigen sich oft folgende *Performanz-Hindernisse*:

- Persönliche Motive und Interessen (negative Therapeuteneinflüsse, „blinde Flecken", eigene Probleme oder Ängste)
- Hinderliche professionelle Überzeugungen (z.B. „Alle Tests taugen nichts!" ... „Ich arbeite prinzipiell nichtdirektiv, Konfrontation kommt für mich nicht in Frage!" etc.)
- Motivationsmangel (fehlendes Interesse, andere Prioritäten etc.)
- Kompetenzmängel in anderen Bereichen (z.B. „social skills")
- Systembedingungen: Fehlen/Wegfall positiver sozialer Verstärkung, negative Konsequenzen (Angst vor Bestrafung), starre/dysfunktionale Systemregeln, konflikthafte Kontingenzen, Regelkonflikte, hinderliche Kontextbedingungen („Setting") etc.

Wenn Performanz als *realisierte Kompetenz* aufgefaßt wird, folgt für die Therapieausbildung und Supervision, die jeweiligen Lernenden zu befähigen, (a) kompetentere Verhaltensweisen für bestimmte Situationen zu erwerben und (b) die erworbenen Fähigkeiten in den entscheidenden Momenten auch umzusetzen.

Kompetenz- vs. Performanz-Probleme in Therapie und Supervision. Wenn Verhaltenstherapeuten von „Kompetenzen" sprechen, so setzt dies eine adäquate Operationalisierung der betreffenden Begriffe und Beobachtbarkeit voraus. Diese Verpflichtung zu möglichst datennaher Beschreibung wird besonders dann relevant, wenn es in der Supervision um die Differenzierung von *„Kompetenz- vs. Performanz-*

Problemen" geht, welche völlig andere Interventionen nahelegen: Um zu klären, weshalb z.B. ein Supervisand bestimmte „eigentlich sinnvolle" Schritte *nicht* gezeigt hat (was ihm dann Probleme bei der Therapie und einen Anlaß zur Supervision verschafft hat), sind einige wesentliche Fragen zu beantworten:

(1) Ist das Problem des Supervisanden eine Funktion fehlender/inadäquater Kompetenzen?
(2) Ist eher die theoretische Wissens- oder mehr die praktische Handlungsseite betroffen?
(3) Sind die relevanten Kompetenzen zwar prinzipiell vorhanden, gibt es jedoch Performanz-Hindernisse (z.B. personbedingte Einflußgrößen wie Ängste oder fehlende/anders gerichtete Motivation bzw. Systemfaktoren wie z.B. Sanktionen aus der sozialen Umgebung etc.)?
(4) Werden vorhandene Kompetenzen *inadäquat* umgesetzt (fehlen „prozedurale" Kompetenzen, d.h. höhere kognitive Fertigkeiten zur situationsadäquaten Handlungsregulation wie z.B.: empathisch zuhören in Situationen, wo Konfrontieren adäquat wäre)?

Die folgende Abbildung 5 macht deutlich, daß je nach Verzweigung der relevanten Bedingungen *andere* Vorgehensweisen sinnvoll sind (vgl. grau unterlegte Felder):

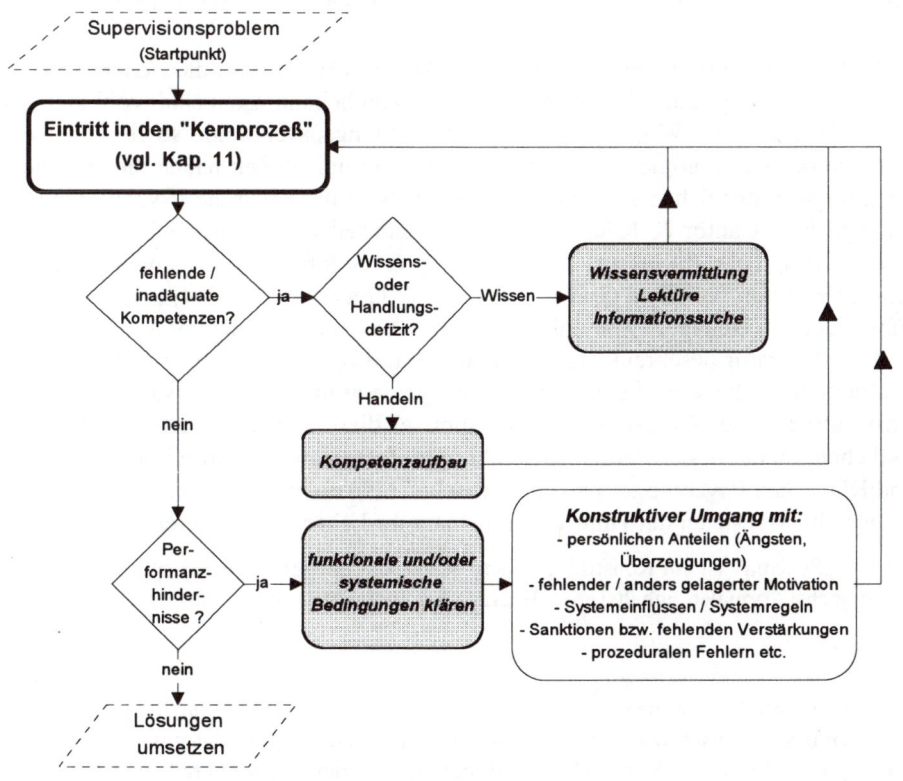

Abbildung 5. Flußdiagramm zur Differenzierung von Kompetenz- vs. Performanzproblemen.

In der Praxis der Therapieausbildung und Supervision leiten sich die jeweiligen Interventionen somit immer aus den Ergebnissen der funktional-systemischen Bedingungsanalyse ab, bei der *eine* entscheidende Frage auf die Differenzierung von Kompetenz- vs. Performanz-Problemen abzielt.

6.1.2 Schematheoretische Überlegungen zum therapeutischen „Selbst"

Stand das vorherige Kapitel noch weitgehend im Zeichen von *Lernprozessen*, so geht es jetzt um die Art, wie deren *Ergebnisse* seitens der betreffenden Personen gespeichert werden. Die jeweiligen Lernerfahrungen machen auch aus verhaltenstherapeutischer Sicht das „Selbst" einer Person aus und beeinflussen entscheidend deren Selbstregulation, Selbstkontrolle und Selbstmanagement (Bandura, 1977, 1978, 1986; Kanfer, 1970, 1987; Logue, 1995; Reinecker, 1978 etc.). Dabei stellt das „Selbst" ein Konstrukt dar, um das Sammelsurium persönlicher Lebenserfahrungen im Verlauf der subjektiven Lerngeschichte – als Basis für das Erleben und Handeln einer Person – „greifbar" zu machen (vgl. Mahoney, 1990; Ross, 1992; Strauman & Higgins, 1993). Die wichtigsten Inhalte/Prozesse der in ständigen Person/Umgebungs-Transaktionen (P x U: Bandura, 1978) gewonnenen Lernerfahrungen sind theoretisch mit Hilfe des *Schema-Ansatzes* zu strukturieren.

Seit der Einführung des Begriffs durch Bartlett (1932) wird das *Schema*-Konzept in vielen psychologischen Theorien verwendet. Am bekanntesten sind wohl die Ansätze von Piaget (z.B. 1946, 1976) in der Entwicklungspsychologie sowie von Neisser (1979) in der Psychologie der Wahrnehmung. Vor einiger Zeit haben die grundlegenden Gedanken der Schema-Theorie auch Eingang in die Klinische Psychologie gefunden (vgl. z.B. Cantor & Kihlstrom, 1981; Goldfried & Robins, 1983; Kihlstrom & Nasby, 1981; Turk & Speers, 1983; Winfrey & Goldfried, 1986 sowie im deutschsprachigen Raum vor allem Grawe, 1987, 1988; Grawe et al., 1994, S.756 ff., Grawe, Grawe-Gerber, Heiniger, Ambühl & Caspar, 1996 bzw. Caspar, 1989). Unter Bezug auf diese Literatur beschränke ich mich auf die thesenhafte Darstellung einiger *zentraler Annahmen*, die viele Schema-Konzepte gemeinsam haben. Entsprechend unserer konstruktivistischen Grundorientierung „gibt" es diese Schemata natürlich nicht im eigentlichen Sinne – sie werden vielmehr von Informationsverarbeitungstheoretikern (und Klinischen Psychologen) als theoretische Hilfskonstruktion benutzt: Wir tun also so, „als ob" Menschen mit Hilfe von Schemata ihr Leben strukturieren*.

1.) Ein „Schema" ist ein Konstrukt, in dem Menschen ihre Erfahrungen speichern; es ist ein zunächst formaler, inhaltsleerer Begriff, der individuell durch die jeweiligen lebensge-

---

* ... wobei sich die Stimmen mehren, die das „Selbst" bzw. „Ich" als *hilfreiche Illusion* zum Zweck des psychischen Überlebens unserer menschlichen Spezies auffassen (z.B. Metzinger, 1995). In diesem Verständnis wird jede Selbsterfahrung/Selbstreflexion zur *Selbsterfindung* (Frenzel, 1991), oder positiver Selbstwert das Resultat „gelungener Selbsteinredungen" (vgl. Vogel, 1994). Philosophische oder wissenschaftstheoretisch-konstruktivistische Implikationen dieser Sichtweise können hier aber nur angedeutet werden.

schichtlichen Erfahrungen gefüllt wird. Ein „Schema" stellt die (sich amöbenartig verändernde) Basiseinheit unseres Informationsverarbeitungssystems dar.

2.) Schemata sind sowohl (a) Resultat der bisherigen Interaktionen eines Individuums mit seiner Umwelt als auch (b) wahrnehmungs- und handlungsleitend für künftige Situationen (prozessuale Komponente). Sie sind somit gleichzeitig Produkt und Produzent der Interaktionen einer Person mit ihrer Umgebung (Grawe et al., 1994, S.757).

3.) Schemata sind hierarchisch organisiert: An der Spitze („top") der Hierarchie lassen sich übergeordnete Schemata denken, die für eine Fülle von spezifischen Einzelsituationen gelten. Zum Boden („bottom") der hierarchischen Pyramide hin werden die Schemata immer feiner verästelt und nach diversen Situationen differenziert. Innerhalb solcher Hierarchien können Schemata sich selbst (Rekursivität) und Subschemata enthalten (Kluwe, 1979, S.21).

4.) Neben der hierarchischen Struktur ist auch eine *laterale* Organisation anzunehmen: Entsprechend der *„Netzwerk-Theorie"* gibt es assoziative Verknüpfungen mit *ähnlichen* Erfahrungen (vgl. Blaney, 1986; Bower, 1981 etc.), was vor allem für *emotionale* Schemata (siehe unten) Bedeutung hat.

5.) Schemata erleichtern bzw. bestimmen Orientierung und Lernen, d.h. das Erkennen, Wahrnehmen, Erinnern, Einordnen und Verknüpfen von Informationen.

6.) Vorhandene Schemata beschleunigen die Informationsverarbeitung beim Problemlösen/Entscheiden (allerdings mit dem Risiko schneller Fehllösungen: vgl. z.B. Abramson, 1989; Kahneman, Slovic & Tversky, 1982; Turk & Salovey, 1988 etc.). Für Therapieausbildung/Supervision hat dies zur Folge, daß dysfunktionale Automatismen im Umgang mit Problemen zunächst einmal durchbrochen bzw. systematische Problemlöseschemata aufgebaut werden müssen.

7.) Person-Umwelt-Transaktionen vollziehen sich mittels der Prozesse *Assimilation* und *Akkommodation* (vgl. Piaget, 1976): Informationen aus der Umgebung werden - soweit möglich - in bestehende Schemata eingefügt, d.h. an sie *assimiliert*. Falls die Umgebungsinformationen zu stark von bisherigen Schemata *abweichen*, müssen Schemata *verändert*, d.h. an die veränderte Situation *akkommodiert* werden.

8.) Bei *zu starker Abweichung* kann davon ausgegangen werden, daß die Person die entsprechenden Informationen gar nicht wahrnehmen kann bzw. diese ignoriert, ausblendet oder „verzerrt". Jede Ausbildung/Supervision muß daher zunächst einmal Anschluß an die *vorhandenen* Schemata suchen.

9.) Assimilation und Akkommodation stehen zeitlebens in Wechselwirkung; Schemata sind daher prinzipiell „in Entwicklung" begriffen, werden weiter ausdifferenziert, angereichert, kontinuierlich modifiziert/korrigiert oder verfeinert.

10.) Eng mit dem Schema-Begriff verknüpft ist das Konzept der *Pläne* (Miller, Galanter & Pribram 1960/dt.1973; vgl. auch Grawe, 1987, S.75). Diese stellen die *handlungssteuernde* Komponente von Schemata dar. Sobald persönlich bedeutsame Schemata aktiviert sind, tendiert ein Individuum dazu, Anstrengungen zu unternehmen, daß die Zielimplikationen eines Schemas erreicht werden. In diesem Sinne ist Handeln ein schemagesteuertes Mittel zum Zweck.

11.) Solche Schemata, die für ein Individuum *zentrale Bedeutung* besitzen (vgl. auch Thomas, 1988) und – trotz aller Fluktuationen – *relativ stabil* über die Zeit bleiben, machen den Kern des „Selbst" einer Person aus (vgl. unten).

12.) Dabei ist es in der Praxis nicht einfach, die individuumsspezifischen Verknüpfungsregeln zwischen Zielen, Plänen und Handlungsweisen einer Person adäquat zu erfassen. Mittels einer *Schema-* oder auch *Plan-Analyse* (Caspar, 1989; Grawe, 1987, S.76; Grawe, Grawe-Gerber, Heiniger, Ambühl & Caspar, 1996 etc.) kann versucht werden, die funktionalen Zusämmenhänge der Lebensweise einer Person mit ihren wichtigsten positiven und negativen Zielen zu beschreiben und dadurch ein Verständnis des „psychischen Funktionierens" der Person zu erleichtern. Im Selbstmanagement-Ansatz stellt dies – speziell bei Ausbildung und Supervision – ein *gemeinsames Unterfangen* dar, das nie Selbstzweck ist, sondern immer zu einer adäquaten Problembewältigung bzw. Weiterentwicklung von Supervisanden beitragen soll.

Für Supervisionszwecke sind vor allem folgende Kategorien von Schemata relevant: (a) *Personschemata*, d.h. „Prototypen" zur Regulation der Personwahrnehmung; (b) *Handlungsschemata*, d.h. „Scripts" für die Regulation typischer Handlungsabläufe in typischen Situationen; sie entsprechen den in Kap.6.1.1 beschriebenen „Kompetenzen"; (c) *emotionale Schemata;* (d) *das Selbst-Schema* als Sammelbegriff für alle Inhalte, Prozesse und Informationen, die sich auf die *eigene Person* beziehen, inklusive aller Implikationen in Bezug auf *Selbsteffizienz* bzw. *Selbstwertbedrohung/Kompetenzschutz;* und letztlich (e) *Interaktionsschemata* für die Beziehungsgestaltung, wobei jede Interaktion als „reziproker Schema-Transfer" verstanden wird (vgl. unten). Diese werden nachfolgend kurz skizziert.

(a) Personschemata. Auch Supervisanden, Ausbildungskandidaten und Supervisoren benötigen gewisse Kategorien, um sich gegenüber anderen Personen orientieren zu können. Kognitive Psychologie und Sozialpsychologie verwenden das Konzept der „Prototypen", um Schemata zur Personwahrnehmung zu beschreiben (vgl. z.B. Cantor & Mischel, 1979). Dabei handelt es sich um (lebensgeschichtlich bzw. professionell-ausbildungsspezifisch erworbene) *typische Kategorien,* mithilfe derer eine mehr oder minder adäquate Klassifikation anderer Personen vorgenommen wird. Auch Supervisoren und Supervisanden haben prototypische Vorstellungen von „motivierten/unmotivierten", „depressiven", „ängstlichen" oder „aggressiven" Klienten, „Müttern", „Vätern", „interessanten" oder „langweiligen" Personen u.v.m. Diese subjektiven Prototypen haben große Auswirkung auf die jeweiligen Handlungsmuster gegenüber den wahrgenommenen Personen. Daher sollten sich gerade Therapeuten (z.B. im Rahmen von Selbsterfahrung/ Selbstreflexion: vgl. Schmelzer, 1996 etc.) intensiv mit ihren bevorzugten Personschemata beschäftigen, um zu verhindern, daß sie *ihre* Prototypen irrtümlich auf Personen übertragen, die damit eigentlich nichts zu tun haben.

(b) Handlungsschemata. Für die interne Repräsentation *typischer Handlungsabläufe* hat sich seit Schank & Abelson (1977; Abelson, 1981 etc.) der Begriff „Script" eingebürgert. Es ist eine Art inneres Drehbuch für das adäquate Reagieren in typischen Situationen, wie z.B. für das Begrüßen oder Verabschieden anderer Personen, das Reagieren beim Einkaufen in Geschäften, beim Telefonieren oder beim Autofahren. Zumindest im Rahmen des Üblichen erleichtern solche Schemata die Orientierung. *Therapeuten/Supervisanden* lernen im Rahmen ihrer Ausbildung viele Handlungsabläufe, auf die sich das „Script-Konzept" übertragen läßt (z.B. „typisches" Vorgehen bei Angstkonfrontation, Durchführen einer Problemanalyse oder Krisenintervention,

Exploration positiver Zielvorstellungen etc.). „Scripts" setzen sich meist aus vielen *Einzelkompetenzen* zusammen. Dabei ist Kompetenz als dispositionales Schema aufzufassen, das einer zweckgerichteten Handlung zugrundeliegt, aus Wissen *und* Handeln besteht, von bestimmten Situationskomponenten („Stimuli") ausgelöst werden kann und auf das Erreichen von Zielen, Erfüllung bestimmter Aufgaben oder Lösung von Problemen hin ausgerichtet ist (vgl. Kap.6.1.1).

„Scripts" sind z.B. auch notwendig, um sachgerechte von erwartungswidrigen Therapieabläufen differenzieren zu können. Idealtypische „Scripts" finden sich u.a. in Behandlungsmanualen, die konkret die Abläufe bei bestimmten Interventionen beschreiben und in gut operationalisierter Form zunehmende Verbreitung finden (zu Vor- und Nachteilen von Manualen vgl. zusammenfassend Kanfer et al., 1996, S.304 ff.). Manuale geben auch Hinweise darauf, *welche* Einzelkompetenzen in einer Ausbildung aufzubauen sind.

(c) Emotionale Schemata. Auch emotionale Reaktionen werden wie alle anderen Informationen als Schemata gespeichert. Dabei haben Emotionen nach neueren Auffassungen (z.B. Greenberg & Safran, 1990; Plutchik, 1990 etc.; vgl. zusammenfassend Kanfer et al., 1996, S.399 ff.) keineswegs nur negative Bedeutung, sondern sind ein natürliches Mittel, um eine Person über ihren momentanen „inneren Zustand" zu informieren; sie haben funktionale Bedeutung für das (Über-)Leben des jeweiligen Individuums. Die positive vs. negative Qualität von Emotionen wird dabei hochgradig durch das Ausmaß bestimmt, in dem es Personen gelingt, (a) ihre subjektiven Ziele mit (b) dem realem Geschehen auf allen Verhaltensebenen in Einklang zu bringen (und umgekehrt). Einige Praxisaspekte zum Umgang mit emotionalen Schemata in Therapieausbildung/Supervision sind:

Indikator-Funktion von Emotionen nutzen. Emotionale Beteiligung kann u.a. anzeigen, daß persönlich sehr bedeutsame Ziele*, Anliegen und Motive betroffen sind. Somit erhalten Supervisanden wie Supervisoren anhand emotionaler Reaktionen wertvolle Hinweise auf die jeweiligen Ziel- und Planstrukturen der Person. Außerdem können Supervisoren in der Supervision – ähnlich wie Therapeuten in der Therapie – die *eigene* emotionale Beteiligung als „Seismographen" für ihre Arbeit nutzen (und sich fragen: „Reagiere ich emotional auf Ereignisse, die direkt zwischen mir und dem Supervisanden ablaufen, oder fungiert dieser nur als Auslöser eines bei mir – unabhängig von ihm – virulenten emotionalen Geschehens?").

Hinderliche emotionale Schemata. Lazarus & Folkman (1984) oder Schwarzer (1993) beschreiben eindrucksvoll, wie Streß und Angst bzw. ein hoher Grad emotionaler Beteiligung die Informationsverarbeitung und Handlungsregulation von Menschen beeinträchtigen. Grawe et al. (1994, S.763 ff.) weisen darauf hin, daß sich negative emotionale Schemata in der Lebensgeschichte von Personen vor allem aufgrund traumatischer Erlebnisse (oder längerdauernder konflikthafter Konstellationen) herausbilden. Solche traumatisch ausgelösten Emotionen werden zu negativen Schemata, die das Individuum in der Folgezeit zu einer *Vermeidung* des mit dem Trauma assoziierten Gefühlszustands prädisponieren.

---

* Umgekehrt werden *Probleme* (mit der Begleiterscheinung *negativer* Emotionen) als Zeichen dafür gewertet, daß persönlich bedeutsame Ziele/Motive derzeit *nicht erfüllt* bzw. *gefährdet* sind (vgl. Kanfer et al., 1996, S.439).

In der Ausbildung und Supervision ist u.a. auf Momente zu achten, in denen übermäßige emotionale Beteiligung ein sachgerechtes Arbeiten beeinträchtigt. Insbesondere sind – z.B. mittels Selbsterfahrung – traumatisierende „life events" von Therapeuten auf ihre arbeitsbeeinflussenden Wirkungen hin zu reflektieren (und bei extremen Auswirkungen u.U. in persönlicher Therapie zu *bearbeiten*); umgekehrt ist in der Ausbildung und Supervision auf eine solche Atmosphäre hinzuarbeiten, die übermäßige Streßbelastungen oder Überforderungen der Kandidaten vermeidet.

Positive emotionale Schemata. Wie z.B. angesichts der Themen „Stimmungskongruenz" und „zustandsabhängige Lerneffekte" (zusammengefaßt bei Kanfer et al., 1996, S.403) deutlich wird, kann eine positive Emotionslage das Lernen persönlich bedeutsamer Fertigkeiten sehr begünstigen. Statt einer ausschließlich auf Mißerfolge, Probleme, Konflikte und Belastungen fixierten Arbeit sollte jede Ausbildung/Supervision auch mittels Konzentration auf (u.U. minimale) Erfolge, Phantasieren positiver Zielzustände, Nutzung von Stärken etc. eine angenehm getönte Lernatmosphäre schaffen.

Aktivierung von Schemata: Erfahrungsorientiertes Lernen. Wie in Kap.6.3 noch erläutert werden wird, steht beim Praxislernen statt kognitiver Wissensvermittlung das Lernen auf allen Verhaltensebenen („mit allen Sinnen") im Vordergrund. Auch die *Korrektur* emotionaler Schemata setzt voraus, daß (a) emotionale Schemata *aktiviert* bzw. – z.B. im Rollenspiel oder mittels anderer erlebnisorientierter Methoden – rekonstruiert werden, bevor (b) durch *neue, andersartige* Erfahrungen auf konstruktivere Bewältigungsstrategien hingearbeitet werden kann.

„Sachgerechte" Arbeit hat Priorität vor „spontan-emotionalem Reagieren". Sowohl Supervisoren als auch Therapeuten=Supervisanden sollten ein Hauptaugenmerk darauf legen, in welchen Situationen ein Übermaß an emotionaler Beteiligung (Wut, Ärger, Ängste, Trauer, Zuneigung etc.) den sachgerechten Umgang mit professionellen Anforderungen verhindert. So sollten primär *fachliche* Kriterien (Arbeit nach den Regeln der therapeutischen Zunft) das Vorgehen bestimmen, nicht jedoch dysfunktionale subjektive Motive und Emotionen.

(d) Das Selbst-Schema. Für das Erleben und Handeln von Personen (hier: Therapeuten) sind besonders alle Inhalte und Prozesse relevant, die die eigene Person betreffen. In der Selbstregulationstheorie Kanfers werden diese als „β-Variablen" bezeichnet (vgl. Kanfer et al., 1996, S.28 bzw. S.33/34). In Anlehnung an Winfrey & Goldfried (1986, S.249) läßt sich formulieren, daß das *„Selbst-Schema"* alle Informationen bezüglich des eigenen Erlebens und Verhaltens organisiert.

In den Theorien von Powers (1973) oder Carver & Scheier (1981) stellt das „Selbst" ebenfalls die höchste Organisationseinheit der hierarchisch regulierten psychischen Aktivität dar. Auch wenn die einschlägigen Theorien etwas unterschiedliche Grundannahmen favorisieren (z.B. gehen Mancuso & Ceely, 1980, von *einem* übergeordneten Selbst-Schema aus, während z.B. Markus & Nurius, 1986 bzw. Markus & Wurf, 1987 für zentrale Sektoren des Lebens jeweils eigene Selbst-Schemata annehmen, deren *Ganzes* dann als „Selbstkonzept" bezeichnet wird), kommen sie zu übereinstimmenden Aussagen in folgenden Punkten:

- Das Selbst-Schema leitet sowohl Wahrnehmen als auch Handeln in persönlich bedeutsamen Situationen (T.B. Rogers, 1981). Auch Grawe et al. (1994, S.759) formulieren: „Wir suchen solche Situationen auf oder stellen sie her, die für unsere Schemata relevant sind, und sind bemüht, uns in unseren Transaktionen mit diesen Situationen im Sinne unserer Schemata zu reproduzieren".

- Während das Selbst (sozusagen als „Sammelbecken" aller lebensgeschichtlichen Erfahrungen) nur zum Teil unserem Bewußtsein zugänglich ist, enspricht das Selbst*konzept* dem Bild, das wir uns von uns selbst machen. Durch Selbstreflexion (und besonders durch externes Feedback, z.B. in Gruppen oder durch Rückmeldungen des Supervisors) können Teile des regulierenden Selbst zu Bestandteilen des Selbstkonzepts, d.h. das Selbstkonzept durch „bewußte Anteile" erweitert werden. Eine praktische Nutzanwendung dieses Prinzips verkörpert die gruppendynamische Kommunikationsübung des „Johari-Fensters" (Kap.17).

- Jedes Selbst-Schema ist mehr oder weniger selbstwertdienlichen Verzerrungen unterworfen. Menschen (und dazu gehören eben auch Therapeuten und Supervisoren...) haben große Probleme mit Informationen, die ihrer bevorzugten Sicht von sich selbst widersprechen. Greenwald (1980) verwendet die Metapher des „totalitären Ich" („totalitarian ego"), um die egozentrische Beurteilungstendenz inkl. der Konservierung des bisherigen Selbstbildes auf einen einprägsamen Nenner zu bringen. Auch Supervisanden=Therapeuten setzen ihr Selbst als Referenzkriterium und Bezugspunkt für das Wahrnehmen und Beurteilen von Informationen ein. Sollten intensive persönliche Probleme, Präokkupationen oder eine Fülle „blinder Flecken" existieren, wäre dies für die therapeutische Arbeit ausgesprochen problematisch.

- Selbst-Schemata sind eher zugänglich, sobald die Selbstaufmerksamkeit gezielt erhöht wird: Carver & Scheier (1981, S.43 ff. bzw. S.52 ff.) berichten, daß zwei Arten von Stimuli nachgewiesenermaßen einen erhöhten Selbst-Fokus produzieren, nämlich (a) eine Fernseh-/ Videokamera und (b) ein Spiegel. In der Selbstmanagement-Ausbildung und -Supervision wird daher sowohl mit Videofeedback (Kap.16.2.1) als auch mit „Spiegel-Übungen" (Kap.17) gearbeitet.

- *Zentrale* Aspekte des Selbst (Thomas, 1988) oder sog. *Kernbereiche* („core organizing principles": Meichenbaum & Gilmore, 1984) deuten auf persönlich bedeutsame und meist längerfristig stabile Ziele und Motive einer Person hin. Sie korrespondieren mit den „life projects" von Little (1983) oder den „Current Concerns" von Klinger (1975, 1977, 1987) und sind für Motivationszwecke extrem relevant (vgl. Kap.10.3.3).

- *Facettentheorie des Selbst:* Für den Selbstmanagement-Ansatz, der eine dynamische Auffassung impliziert, sind *bereichsspezifische Untergruppierungen* des Selbst (im Sinne von z.B. Markus & Wurf, 1987) eher adäquat als *ein* übergeordnetes Schema. Eine solche themenspezifische Aufgliederung hat auch den Vorteil, einer Person Chancen zur Entwicklung oder Kompensation zu bieten, selbst wenn bestimmte Aspekte gerade als als insuffizient erlebt werden (z.B. ein guter Gruppentherapeut, Vater und Musiker sein zu können, auch wenn man gerade als Betriebsrat abgewählt wurde; gut mit Kindern und Jugendlichen arbeiten zu können, ohne gleichzeitig auch brillante Rednerin sein zu müssen u.v.a.).

- *Selbsteffizienz vs. Selbstwertbedrohung/Kompetenzschutz.* Seit White (1959) oder Bandura (1977) ist die hohe Bedeutung von persönlicher Kompetenz bzw. „Selbsteffizienz" („self-efficacy": vgl. auch Flammer, 1990) unbestritten. Idealerweise sollte in Ausbildung/Supervision ein *positiver Kreislauf* in Gang gesetzt werden, bei dem sich Kandidaten von ihren Kompetenzen selbst überzeugen und auf diese Weise nicht nur Selbsteffizienz aufbauen, sondern – mit realistischem Optimismus auf Basis realer Erfahrungen – auch auf *neue* Anforderungen zugehen. Kleine Erfolgserlebnisse in Situationen, die die Person minimal zum Überschreiten ihrer bisherigen Schemagrenzen herausfordern (ohne zu überfordern!), Übergang von Fremdfeedback zu Selbstverstärkung im Laufe des Lernprozesses, Primat realer Erfahrungen (statt Reden) helfen beim Aufbau mit. Selbstbewußte (aber dennoch selbstkritische) Therapeuten haben es nicht nötig, sich um einen guten Eindruck zu bemühen oder unvorteilhafte selbstbezogene Informationen abzuwehren. Für Therapieausbildung und Supervision hat dies zur Konsequenz, das Geschehen so zu gestalten, daß möglichst wenig Selbstwertschutz vonnöten ist. Über Strategien hierzu (z.B. unterstützende Beziehung, Herstellen einer fehlerfreundlichen Lernatmosphäre, Vermeidung überstarker Konfrontation etc.) geben u.a. die Kapitel zur Supervisionsdidaktik (Kap.6.3), Supervisionsbeziehung (Kap.10.2.3) und Supervisionsmotivation (Kap.10.3.3) praktische Hinweise.

Auf Ausbildung und Supervision lassen sich einige weitere Erkenntnisse der Therapieforschung übertragen: Grawe et al. (1994) betonen unter anderem die positive Bedeutung des *Klärungsaspekts* von Therapie, allerdings nicht mit dem Ziel einer „wahrheitsgetreuen" Rekonstruktion vergangener Erfahrungen, sondern mit durchaus konstruktivistischer Grundhaltung: „Erarbeitung eines zutreffenden Bewußtseins von den eigenen Schemata bedeutet nicht die Aufdeckung von 'Unbewußtem', von etwas, das als Wissen eigentlich vorhanden ist, aber ins Unbewußte verdrängt wurde, sondern den Aufbau von etwas ganz Neuem, vorher noch nicht Dagewesenem" (Grawe et al., 1994, S.762). Auch Supervision ist daher – selbst beim Bemühen um eine möglichst objektive *Rekonstruktion* von Abläufen – immer ein konstruktiver Akt der „Neuschöpfung", der kreatives Potential in sich birgt und dadurch die Hoffnungen auf eine „aufklärerisch-emanzipatorische Wirkung" von Supervision in Teams, Organisationen und Institutionen nährt (vgl. z.B. Schmidbauer, 1986).

(e) Interaktionsschemata. Besonders bedeutsam sind alle Schemata, die Beziehungen und Interaktion betreffen. Interaktionsschemata enthalten Person-, Handlungs- und emotionale Schemata (vgl. oben). Sie sind entscheidend vom jeweiligen *Selbst-Schema* der Person bestimmt: „Da die wichtigsten Grundbedürfnisse eines Menschen praktisch nur in zwischenmenschlichen Beziehungen befriedigt werden können, betreffen seine wichtigsten Schemata zur Hauptsache die Gestaltung zwischenmenschlicher Beziehungen" (Grawe et al., 1994, S.766). Menschen sind gezwungen, in *jeder* Kommunikationssituation bekannte Schemata an die Situation heranzutragen, so daß sich jede Interaktion als „reziproker Schema-Transfer" verstehen läßt. Im Kapitel zur Supervisor/Supervisand-Beziehung (9.3) wird dieses Thema unter Bezug auf den psychoanalytischen Übertragungs-/Gegenübertragungsbegriff und auf neuere Befunde/Theorien der Kognitionspsychologie ausführlicher diskutiert.

In jedem Fall ist die momentane Interaktion zweier Personen immer eine Funktion ihrer bisherigen Erfahrungen, d.h. das Endprodukt ihrer jeweiligen lebensgeschichtlichen Assimilations- und Akkommodationsprozesse. Sie können also gar nicht anders, als ihre bisherigen Schemata auf die neue Interaktionssituation zu übertragen (Hillman, 1972, S.107: „We are in transference wherever we go..."). Somit lohnt es sich, in Supervision und Selbsterfahrung auf solche Schemata zu achten, die zu überzufällig häufigen Interaktionsmustern eines Therapeuten (bzw. Supervisors) führen.

Wie dieses Kapitel zeigte, läßt sich der Schema-Begriff als grundlegende Organisationseinheit für alle menschlichen Lernerfahrungen nutzen. Wie im nächsten Abschnitt und in Abbildung 6 deutlich werden wird, interessieren für das Lernen im Rahmen von Therapieausbildung/Supervision insbesondere *professionell relevante Anteile* und daraus wiederum speziell die *professionellen Wissens- und Kompetenzspeicher*.

6.1.3 Professionelle Wissens- und Kompetenzspeicher

Schmelzer (1986, S.66; aktualisiert in Kanfer et al., 1996, S.297) hat ein Bereichsmodell von „Wissens- und Kompetenzspeichern" bei Therapeuten präsentiert, das hier auf das Thema Therapieausbildung und Supervision übertragen wird (vgl. unten, Abbildung 6). Auch diese Speicher sind nicht „real" existent oder gar in bestimmten Hirnbereichen zu lokalisieren – sie stellen ein plausibles Modell für Therapieausbildung und Supervision dar und geben Hinweise darauf, welche Prozesse und Inhalte es bevorzugt zu beachten und zu entwickeln gilt. Sie sind letztlich die Grundlage für Prozesse der klinischen Urteilsbildung/Informationsverarbeitung und Therapie- bzw. Supervisionsplanung. Wie am oberen Rand der Abbildung ersichtlich ist, umfassen die Speicherbereiche nur einen kleinen – aber bedeutsamen – Teil des *professionell relevanten Selbst*, welches wiederum nur als *Teil* des umfassenden Selbst der Person zu interpretieren ist:

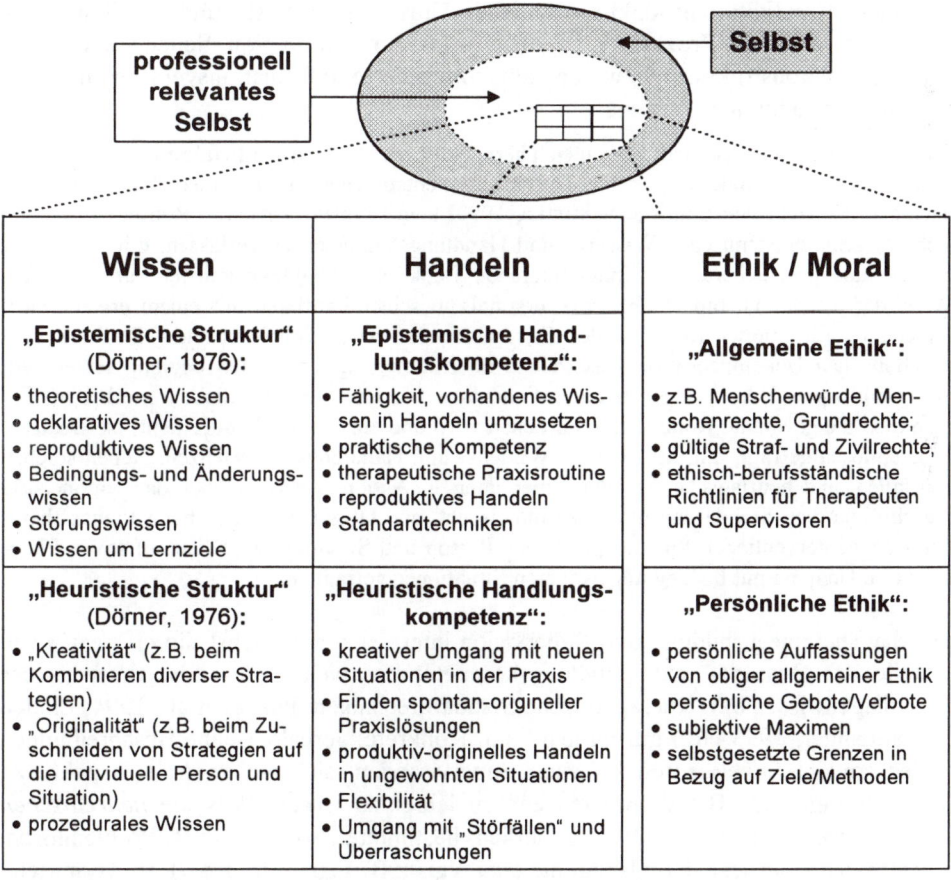

Abbildung 6. Ein Modell relevanter „Wissens- und Kompetenzspeicher" (in Anlehnung an Schmelzer, 1986, S.66 bzw. Kanfer et al., 1996, S.297; das Modell ist gleichermaßen für Therapeuten=Supervisanden als auch Supervisoren gültig).

Laut obiger Abbildung 6 sind bezüglich Therapieausbildung und Supervision vor allem drei Kompetenzbereiche relevant, nämlich: *(a) Wissen* (theoretische Kompetenzen, Wissens-Schemata inkl. Wissen über sich selbst als Person etc.), *(b) Handeln* (praktische Kompetenzen, Aktionsprogramme etc.) und *(c) Ethik/Moral* (Machbarkeit vs. Grenzen der Umsetzung von Kompetenzen in die Praxis). Sowohl Wissens- als auch Handlungskompetenzen lassen sich jeweils in einen „epistemischen" und einen „heuristischen" Bereich untergliedern (vgl. Dörner, 1976):

Der *epistemische* Teil umfaßt jeweils die reproduktiven Elemente, d.h. auf Basis der jeweiligen Lebenserfahrungen gespeicherte Informationen, die – auch im Sinne einer Handlungsökonomie – zu einer Automatisierung von Routineabläufen beitragen. Zentrale Prozesse sind hier die Assimilation von Schemata und eine automatisierte Informationsverarbeitung (im Sinne von Shiffrin & Schneider, 1977; Schneider & Shiffrin, 1977). Dem *heuristischen* Teil lassen sich solche Aspekte zuordnen, die Operationen zum Lösen von Problemen, Umgang mit neuartigen Situationen und Überraschungen, Kreativität, produktiv-originelles Umsetzungsschritte und Flexibilität ermöglichen. Zentrale Prozesse sind dabei Akkommodation von Schemata (Veränderung, Neukonstruktion) bzw. bewußt-kontrollierte Informationsverarbeitung und Nutzung prozeduralem Wissens.

Ein praktisches Beispiel dazu: Für einen Therapeuten, der langjährige Erfahrung mit aufmerksamkeitsgestörten Kinder hat, ist das Durchführen entsprechender Therapiemaßnahmen (etwa nach dem Konzept von Lauth & Schlottke, 1993) kein Problem, sondern „Routine". Er kann sich auf seine epistemischen Wissens- und Handlungskompetenzen verlassen, d.h. auf zuvor erlernte und gespeicherte, gut funktionierende Denk- und Handlungsmuster zurückgreifen. Wenn der gleiche Therapeut aber z.B. erstmals in seiner Laufbahn mit einem erwachsenen Patienten konfrontiert wird, der in der Therapiestunde wirres Zeug redet und – im Zuge einer psychotischen Dekompensation – schreiend im Zimmer umherzulaufen beginnt, ist er evtl. völlig hilflos, weil ihm seine vertrauten Schemata in dieser Situation nicht weiterhelfen. Sobald also die gewohnte Routine durchbrochen wird und ein „Störfall" auftaucht, ist kreatives Problemlösen gefragt, d.h. heuristische Wissens- und Handlungskompetenzen. Neben solchen Störfällen sind heuristische Anteile immer dann in Aktion, wenn es über das routinehafte Durchführen von Standardprogrammen hinausgeht, und Originalität (z.B. beim Planen therapeutischer Interventionen für die spezifische Person und Situation des Klienten) sowie Flexibilität im Umgang mit bislang ungewohnten Situationen gefragt sind.

Für die Therapieausbildung und Supervision interessieren zunächst die *epistemischen* Anteile der Wissens- und Handlungskompetenzen, weil diese (z.B. theoretisches Grundlagenwissen bzw. therapeutische Standardtechniken: Fliegel et al., 1994; Linden & Hautzinger, 1993 etc.) gut lernbar sind. Konkrete, verhaltensnahe Beschreibungen helfen sowohl Supervisoren als auch Supervisanden, sich auf zentrale Aspekte zu konzentrieren und „Basiskompetenzen" zu lehren/zu lernen. Was die *heuristischen* Kompetenzen betrifft, so hilft es sicherlich, bestimmte *Prozesse* (z. B. Problemlösen, Entscheiden, klinische Urteilsbildung etc.: vgl. z.B. Gambrill, 1990) zu vermitteln. Dazu gehören mittlerweile auch bestimmte „Systemkompetenzen" (Dörner, 1989; Manteufel & Schiepek, 1994; Schiepek, Manteufel & Reicherts, 1993; vgl. unten, Kap.6.1.4), die das Problemlösen in dynamisch-komplexen Kontexten erleichtern. Allerdings ist seitens der Therapieforschung die Frage noch nicht beantwortet, ob bzw. in welchem Ausmaß therapeutische „Kreativität" zu erlernen ist. Spontan-kreative Eingebungen, intuitives Vorgehen etc. zeichnet natürlich auch „gute" Verhaltenstherapeuten aus – ein Umstand, der Kanfer & Phillips (1975) veranlaßte, für die Gestaltung einer gelungenen Therapie auch eine gute Dosis „Menschenkenntnis" (was immer man darunter verstehen mag) erforderlich zu halten. Selbst wenn es im Zuge der Zeit besser gelingen sollte, therapeutische Intuition via Forschung zu enträtseln, gilt der Grundsatz, daß sich Kompetenzen umso leichter (z.B. von einer Therapeutengeneration zu nächsten) weitergeben lassen, je genauer Indikationen, Abläufe, Ziele und typische Ergebnisse beschrieben sind.

Als weiterer Kompetenzbereich kommt der Speicher *„Ethik/Moral"* hinzu. Dieser weist einerseits auf *praktische Beschränkungen* von Therapie und Supervision hin: Nicht alles ethisch-moralisch Wünschenswerte läßt sich in der Praxis realisieren, denn nicht nur im technisch-naturwissenschaftlichen Feld gibt es „Grenzen der Machbarkeit". Andererseits existieren auch *ethische Grenzen* für therapeutisch-supervisorisches Handeln, d.h. nicht alles prinzipiell Denk- und Machbare ist auch ethisch-moralisch vertretbar (vgl. Jonas, 1984). Somit werden „Schranken" und „Sperren" bei der Umsetzung von Kompetenzen in die Praxis notwendig.

Ethisch-moralische sowie juristische Aspekte von Therapie werden seit einiger Zeit speziell seitens der Verhaltenstherapie intensiv diskutiert (vgl. z.B. Wipplinger & Reinecker, 1994); Hoffnungen auf allgemeingültige oder verbindliche Antworten sind jedoch utopisch. Extreme Verstöße gegen gesetzliche oder ethisch-berufsständische Verpflichtungen in Therapie (z.B. APA, 1981; BDP, 1986 etc.) oder Ausbildung/Supervision (z.B. Association for Counselor Education and Supervision Interest Group, 1995; British Association for Counselling, 1991a, 1991b) sind zwar eindeutig beschrieben und sanktioniert; es bleibt jedoch immer eine Grauzone zwischen professionell einwandfreiem und ethisch bedenklichem Handeln, die von Supervisanden wie Supervisoren im Einzelfall erhöhte Verantwortung abverlangt. Eine *gewisse* Orientierung für Entscheidungen in solch schwierigen Praxissituationen können Literaturarbeiten bieten, die sich speziell auf das Thema „Ethik und Supervision" beziehen (vgl. z.B. Harrar, VandeCreek & Knapp, 1990; Hege, 1994; Newman, 1981; Schreyögg, 1990a; Sherry, 1991; Stout, 1987; Tanenbaum & Berman, 1990; Upchurch, 1985; Whiston & Emerson, 1989 etc.).

Jede verantwortungsvoll betriebene Therapieausbildung und Supervision sollte sich daher zentral mit wesentlichen ethisch-moralischen Gesichtspunkten der Berufstätigkeit beschäftigen (vgl. auch Kottje-Birnbacher & Birnbacher, 1995) und Elemente einer „Ethik-Ausbildung" beinhalten (vgl. Kap. 17). In diesem Rahmen werden Ausbildungskandidaten – z.B. mittels erlebnisorientierter Simulation und Reflexion kritischer Berufssituationen – systematisch dazu angeleitet, aus *allgemeinen* ethischen Prinzipien eine verantwortbare *persönliche* Ethik zu entwickeln.

6.1.4 Das „Selbst" im Kontext: Interaktionen, Systeme und „Systemkompetenzen"

In den bisherigen Kapiteln haben wir Lern- und Veränderungsprozesse unter *individuellen* Gesichtspunkten betrachtet und angenommen, daß relevante Kompetenzen von der betreffenden Person als „Schemata" gespeichert werden. Sowohl Existentialphilosophie als auch psychologische Grundlagenforschung stimmen allerdings darin überein, daß ein Selbst ohne ständigen Austausch mit der jeweiligen sozialen und materiellen Umgebung nicht denkbar ist. In den nachfolgenden Abschnitten wird der Blick auf die kontextuelle Einbettung des „Selbst" gerichtet, was sowohl die Ebene der *Interaktionen* zwischen Personen als auch den *Systemaspekt* betrifft. Für Supervisanden wie Supervisoren stehen dabei insbesondere *Interaktions- und Systemkompetenzen* im Mittelpunkt, welche ihnen helfen, mit den Anforderungen der dynamischen und komplexen Situation „Therapie" bzw. „Supervision" zurechtzukommen.

Vom „Selbst" zu Interaktionen. Seit Lewin, Bandura oder Kanfer wird jedes Verhalten als Kombination von Person- und Umgebungsfaktoren verstanden (vgl. nächste Seite: Abbildung 7, Punkt 1). Auch in der Supervision wird bei jeder funktionalen Verhaltensanalyse (vgl. Kap.11.2) das fragliche Verhalten nach Person- *und* Umgebungsbedingungen analysiert. Dabei spielen auf der *Personebene* vor allem physiologische Organismusfaktoren, β-Variablen (Kanfer et al., 1996, S.33/34) oder subjektive Schemata (vgl. oben) als innere Repräsentationen lebensgeschichtlicher Erfahrungen, persönliche Ziele/Motive sowie das gesamte Repertoire an Wissen und Kompetenzen eine besondere Rolle. Bezüglich der *Umgebung* sind dies die von der Person subjektiv interpretierte Situation ($S\alpha$), positive und negative Konsequenzen (K) aus dem sozialen wie materiellen Umfeld sowie alle Ein- und Auswirkungen des Arbeitskontexts bzw. „Systems" (vgl. unten). Das Zusammenspiel solcher Elemente wird – unter besonderer Berücksichtigung der Differenzierung von Kompetenz und Performanz – in jeder horizontalen wie vertikalen Problemanalyse (Bartling, Echelmeyer, Engberding & Krause, 1992; vgl. unten) zu erfassen versucht.

Person-Interaktionen. Während sich die obigen Person- x Umgebungs-Interaktionen immer noch auf das Verhalten einer *Einzelperson* bezogen, betrachten wir jetzt die *Interaktionen zwischen* (mindestens zwei) *Personen*. Frühere Lern- und Verhaltenstheorien versuchten diese als wechselseitig verschränkte Reiz-Reaktionsketten abzubilden (vgl. rechts, Punkt 2a). In diesem linearen Interaktionsmodell fungiert die Reaktion der einen Person A jeweils als Reiz für die andere Person B, die darauf auf ihre besondere Art reagiert, was für A einen erneuten Stimulus darstellt usw. Eine konsequent durchgeführte funktionale Verhaltensanalyse würde dann einen ständigen Perspektivenwechsel von Person A zu Person B usw. implizieren und theoretisch wie praktisch einige Schwierigkeiten mit sich bringen (z.B. extrem hoher Aufwand bei der minutiösen Beobachtung und Erfassung aller Einzelinteraktionen; willkürliche Interpunktion solcher Ereignisfolgen: Watzlawick et al., 1969 etc.).
Eine weitaus ökonomischere Art stellt die Konzentration auf typische *Prozeßabläufe* solcher Interaktionsmuster dar: In konsequenter Beobachtung wiederkehrender

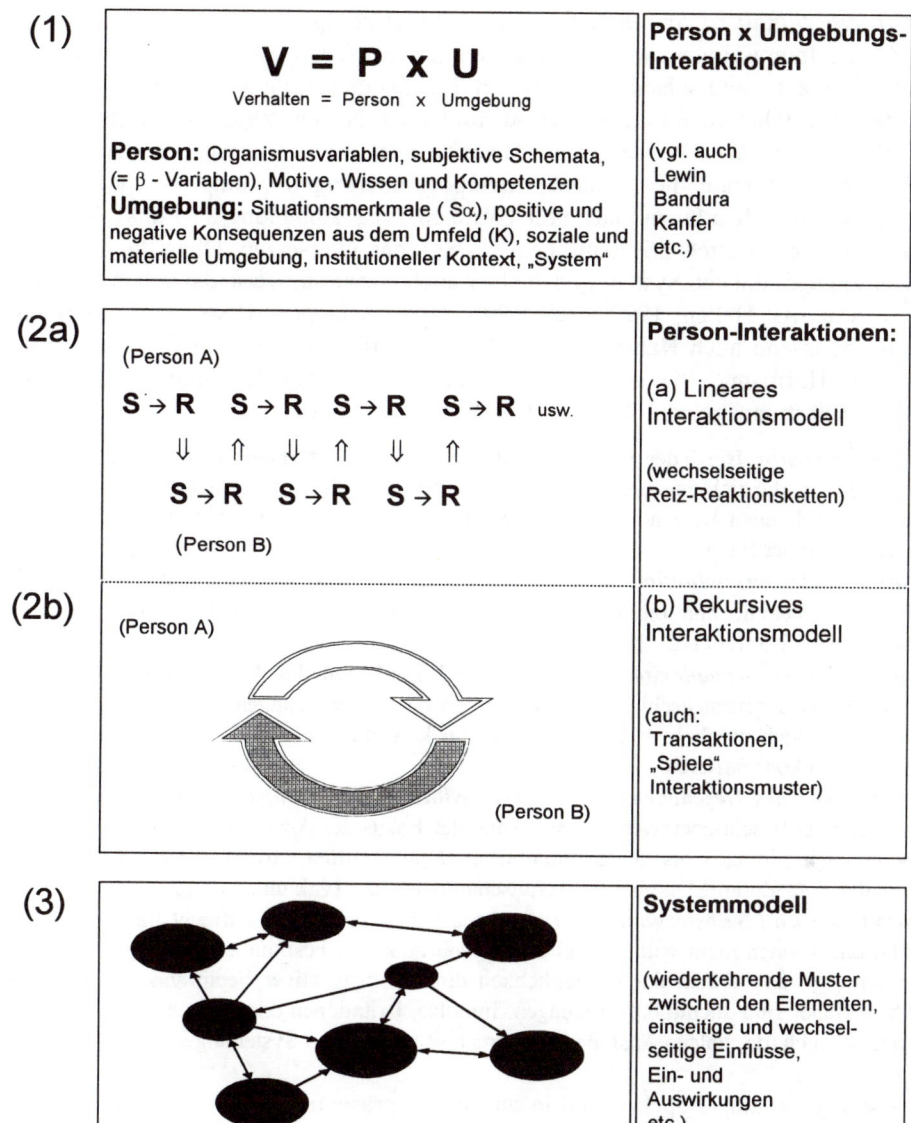

(1)

$$V = P \; x \; U$$

Verhalten = Person x Umgebung

Person: Organismusvariablen, subjektive Schemata, (= β - Variablen), Motive, Wissen und Kompetenzen
Umgebung: Situationsmerkmale (Sα), positive und negative Konsequenzen aus dem Umfeld (K), soziale und materielle Umgebung, institutioneller Kontext, „System"

Person x Umgebungs-Interaktionen

(vgl. auch
Lewin
Bandura
Kanfer
etc.)

(2a)

(Person A)

S → R   S → R   S → R   S → R   usw.

⇓   ⇑   ⇓   ⇑   ⇓   ⇑

S → R   S → R   S → R

(Person B)

Person-Interaktionen:

(a) Lineares Interaktionsmodell

(wechselseitige Reiz-Reaktionsketten)

(2b)

(Person A)

(Person B)

(b) Rekursives Interaktionsmodell

(auch:
Transaktionen,
„Spiele"
Interaktionsmuster)

(3)

Systemmodell

(wiederkehrende Muster zwischen den Elementen, einseitige und wechselseitige Einflüsse, Ein- und Auswirkungen etc.)

Abbildung 7. Vom „Selbst" über Interaktionen zum Systemmodell.

Muster, „Spiele" oder Transaktionen zwischen den beteiligten Personen entsteht ein *rekursives Interaktionsmodell* (vgl. Abbildung 7, Punkt 2b). Dieses läßt sich sowohl auf die Interaktionen zwischen Supervisand=Therapeut und Klient als auch zwischen Supervisand und Supervisor anwenden und eignet sich auch für die Analyse und Bearbeitung *dysfunktionaler Interaktionsmuster* (vgl. besonders Kap.9.4).

Von Interaktionen zu Systembeziehungen. Noch komplexer und vielschichtiger als bei Zweier-Interaktionen werden Beziehungen zwischen *mehreren* Personen, die eventuell noch in unterschiedlichen Ebenen, Macht- und Rollenverteilungen oder variierenden Konstellationen miteinander zu tun haben. Neben *gruppendynamischen* und *organisations-/institutionsbezogenen* Theorien (vgl. dazu speziell die Kap.14.1 bis 14.3) läßt sich hierauf die *„System"*-Metapher übertragen. Komplexe Systembeziehungen lassen sich u.U. mithilfe von Grafiken (vgl. Abbildung 7, Punkt 3) veranschaulichen oder mittels „Systemregeln" in Sprache übersetzen. Ohne die in heftiger Diskussion befindlichen Systemmodelle hier auch nur ansatzweise darstellen zu wollen (vgl. hierzu z.B. Haken, 1990; Lieb, 1995, 1996; Schiepek, 1986, 1987, 1991 etc.; zusammenfassend auch Kanfer et al., 1996, S.22 ff.; kritisch dazu Gröll & Körner, 1991 oder Hörmann, 1994 etc.), sind folgende Aspekte von Bedeutung (und im Konzept der Selbstmanagement-Therapie bereits berücksichtigt):

- *Vernetzte Sichtweise:* Jedes Verhalten, jede Person etc. steht immer in einem Netzwerk von Bedingungen, die sich gegenseitig beeinflussen. Systemsicht heißt demzufolge, die in einem Netzwerk geltenden Regeln und Beziehungen inkl. ihrer Ein-, Aus und Wechselwirkungen besonders zu beachten.
- *Multikausale Determination:* Jedes Ereignis ist das Produkt mehrerer Bedingungen, wobei psychische, soziale und biologische Faktoren zusammenwirken (vgl. die α-, β- und γ-Variablen bei Kanfer et al., 1996, S.28 ff.).
- *Komplexität vs. Komplexitätsreduktion:* Die Komplexität des Alltags erlaubt keine vollständigen Analysen menschlicher Probleme und deren Bedingungen; die Systemperspektive macht es jedoch möglich, sich auf ein System konstituierende zentrale *Grundmuster und Prozesse* zu konzentrieren.
- *Betrachtung des Geschehens mit unterschiedlichen Auflösungsgraden:* Wie im Kap.6.2 noch genauer beschrieben werden wird, kann der Fokus der Analysen von holzschnittartigen Globalbeschreibungen bis hin zu minutiösen Detailabläufen variiert werden, was sich mit Hilfe der Foto-Zoom-Metapher gut veranschaulichen läßt (vgl. unten).
- *Autonomie und Selbstorganisation:* Systeme halten sich selbst aufrecht bzw. unter Kontrolle und können nicht willkürlich/beliebig von außen in bestimmte Richtungen beeinflußt werden (vgl. das Axiom der Unmöglichkeit direkter instruktiver Beeinflussung: Maturana, 1985). Daher sind allenfalls Anregungen, Impulse, Irritationen oder „Verstörungen" des Systems möglich, das solche Anstöße im Rahmen seiner eigenen Systemlogik regelt.

Viele der genannten Aspekte sind in das später präsentierte Mehrebenen-Modell der Selbstmanagement-Supervision bereits eingearbeitet und beeinflussen insbesondere das dynamisch-komplexe Problemlösen im sog. „Kernprozeß".

Personales Selbst vs. Systemsicht: ein unlösbarer Widerspruch? Während die meisten Systemtheorien das Individuum (und im übrigen auch die realen Lebensverhältnisse der betreffenden Personen: vgl. dazu besonders Gröll & Körner, 1991; Mühlfeld, 1994) ignorieren und ein personales Selbst aus der Betrachtung ausklammern, beschäftigt sich das – ebenfalls als „Systemmodell" firmierende – Selbstmanagement-Konzept u.a. damit, wie sich Individuen (Klienten wie Therapeuten, Supervisanden wie Supervisoren) im Kontext ihrer Systeme verhalten. Lieb (1996, S.85) bezieht sich explizit auf das Selbstmanagement-Modell und schreibt: „Mit dem Postulat der Willensfreiheit des 'Selbst' bzw. der Person darf dieser systemtheoretische Ansatz als *'Entscheider-orientiert'* bezeichnet werden. Das bedeutet, daß trotz aller multifaktoriellen Einflüsse *ein Element* eines Systems insofern eine dominante Rolle einnimmt, als es die für das *gesamte* System relevanten Entscheidungen trifft. Dieser 'Entscheider' ist damit der das System *steuernde* Teil". Im Gegensatz zu Systemkonzepten, die die *Eigendynamik* von Systemen betonen und für selbstverantwortlich-autonome Elemente keinen Platz lassen (Personen verschwinden dort „im Konzert ihrer dynamischen Systemeinbindungen": Lieb, 1996, S.92), thematisiert das Selbstmanagement-Konzept Kompetenzen, Motive, Schemata, Problemlöse- und Entscheidungsprozesse von Therapeuten (hier: Supervisoren) in komplexen Systemsituationen. Der Therapeut bzw. Supervisor wird also nicht als Navigator *des* Systems, sondern als *„Navigator im System"* verstanden. Das personale Selbst ist wiederum von vielen Systemvariablen beeinflußt (Vernetzung/Rekursivität), wodurch Personen nie die Steuerung/Kontrolle eines Systems *im absoluten Sinn* übernehmen können. Anstöße, Anregungen, Impulse („instigation"!) etc. sind jedoch trotzdem möglich*.

Problemlösen in komplexen Systemen. Auf Basis der eben angeschnittenen Thematik versucht der Selbstmanagement-Ansatz neben dem deskriptiven Aspekt der Systemperspektive (Welche Muster kehren zwischen den Elementen regelmäßig wieder? etc.) auch *präskriptive* Hinweise zum Umgang mit komplexen Situationen zu geben, wobei über systemische Grundgedanken hinaus vor allem Anleihen bei dynamischen Problemlösekonzepten für komplexe Situationen (Dörner et al., 1983; Dörner, 1989; Kanfer & Busemeyer, 1982 etc.) genommen werden können. Im Sinne des „Global betrachten, lokal handeln" werden die Grundlagen für systembezogene Interventionen geschaffen, welche bekanntlich nie im Sinne einer kontrolliert-zielgerichteten Steuerung von Systemabläufen, sondern allenfalls als Impulse, Anregungen, „Verstörungen" oder „Irritationen" des Systems ablaufen können, wobei die jeweils eintretenden Effekte sofort wieder in den Prozeß des Erkennens (kontinuierliche Systemanalyse) eingespeist und neuerlich für die Interventionsplanung verwendet werden. In den Kapiteln 10 bis 13 werden wir dann sehen, daß sich das gesamte Modell der Selbstmanagement-Supervision als „Problemlösen in komplexen und dynamischen Systemen" verstehen läßt. Wie der Rest dieses Kapitels beschreiben wird, sind dafür neben Interaktionskompetenzen auch spezielle *Systemkompetenzen* erforderlich. Diese sind nicht erst bei der Supervision von Gruppen, Teams, Organisationen und Teams relevant, sondern genauso bei Einzelpersonen, da sich auch deren Tätigkeit immer in einem systemischen Kontext abspielt.

Individuelle Systemkompetenzen. In grober Anlehnung an Manteufel & Schiepek (1994, S.205) sind für Supervisanden wie Supervisoren folgende *individuellen Kompetenzen zum Umgang mit Systemen* hilfreich:

---

* Ohne diese Annahme würde z.B. die praktische Arbeit sämtlicher „Familien- oder Systemtherapeuten" zur Farce...

(1) Analyse und Berücksichtigung von System- und Kontextstrukturen:
(z.B.: Welche Kompetenzen, Rollen, Aufgaben, Erwartungen oder Aufträge gibt es? Typische Charakteristika von Teams, Institutionen und Organisationen? etc.)

(2) Umgang mit der Dimension „Zeit":
(z.B.: Zeitperspektiven? Zeitorientierung? Zielsetzung und Zeitplanung? Aktions- und Reflexionsphasen? Umgang mit unerwarteten Ereignissen und Grenzen der Planung? etc.)

(3) Emotionale Belastungsverarbeitung:
(z.B.: Belastungskompetenz, Erregungskontrolle, Ambiguitätstoleranz, Konzentration auf Wesentliches etc.)

(4) Soziale Kompetenz:
(z.B.: adäquate verbale/nonverbale Gesprächsführung, Empathie und Verstehen, Sensibilität für die innere Logik und Regeln des betreffenden Systems, Kooperation etc.)

(5) Förderung der Selbstorganisation von Systemen:
(z.B.: Akzeptieren der Unmöglichkeit kontrolliert-steuernder Eingriffe, Impulse/Anregungen geben, Experimentier- und Fehlerfreundlichkeit, heuristische Kompetenzen, systembezogene Bedingungsanalyse zum Verständnis von Systemzusammenhängen etc.)

(6) Systemtheoretisches Grundwissen:
(z.B.: „Als-ob"-Charakter des Systemgedankens, Zirkularität, Struktur und Dynamik von Systemen, Selbstorganisation, Interventionen als „Verstörungen/Irritationen" des Systems etc.)

Hier gibt es bezogen auf Ausbildung und Supervision allerdings noch viele offene Fragen (z.B. hinsichtlich des Grads an Erlern-/Trainierbarkeit des Umgangs mit komplexen Systemen: vgl. z.B. Dörner et al., 1983 etc.) und hohen Forschungs- sowie Entwicklungsbedarf.

Insgesamt lassen sich jedoch viele der im gesamten Kapitel 6.1 skizzierten Themen bereits beim jetzigen Erkenntnisstand für ein praxisorientiertes Supervisionsmodell nutzen – sei dies bezogen auf das Lernen von Kompetenzen, das therapeutische „Selbst" (auf Basis des „Schema"-Ansatzes), professionelle Wissens- und Kompetenzspeicher oder Interaktions- sowie Systemkompetenzen.

6.2 Erfassung von Kompetenz bzw. Performanz: Verhaltensdiagnostik in der Ausbildung und Supervision

Als eines der wesentlichen Merkmale der Verhaltenstherapie wurde seit jeher die *verhaltenstherapeutische Diagnostik* betont, die jeglicher Therapieplanung zugrundeliegt (vgl. z.B. Caspar, 1996; Kanfer & Saslow, 1965, 1969/dt.1974; Schulte, 1974, 1996; zusammenfassend Kanfer et al., 1996, S.104 ff.) und die neben dem Kernstück der funktionalen Analyse mittlerweile auch Prinzipien der *Systemanalyse/Systemdiagnostik* (Kanfer et al., 1996, S.256 ff.; Schiepek, 1986, 1991; Schiepek & Kaimer, 1996) berücksichtigt. Auch *Supervisoren* kommen nicht darum herum, sich für ihre Supervisionsplanung mit verhaltensdiagnostisch-systemanalytischen Überlegungen zu beschäftigen. Da die entsprechenden Prinzipien speziell für das Anwendungsfeld

„Supervision" meines Wissens noch nirgendwo explizit formuliert wurden, soll hier ein erster Präzisierungsversuch vorgenommen werden. Nach einem kurzen Abriß von (6.2.1) *Zielen* der VT-Diagnostik für Ausbildung und Supervision folgen (6.2.2) einige verhaltensdiagnostische *Leitlinien* für die Supervisionspraxis.

6.2.1 Ziele der VT-Diagnostik für Ausbildung und Supervision

Die Verhaltensdiagnostik hat für den Anwendungsbereich „Supervision" folgende *Hauptzwecke*: (a) Planung der konkreten Ausbildungs- und Supervisionsschritte, (b) Effektkontrolle und Evaluation, sowie (c) Hilfsmittel zur Selbstreflexion:

(a) Verhaltensdiagnostik als Hilfe für die Planung von Ausbildungs- und Supervisionsschritten. Das wichtigste Ziel aller verhaltensdiagnostischen Bemühungen besteht darin, weitere Schritte (insbesondere „Interventionen") der Supervision planen zu können. Diese sind immer hypothesengeleitet, problem- bzw. zielorientiert und abhängig von einer Analyse der jeweiligen Bedingungen; die Umsetzung der Planungen in tatsächliches Handeln steuert sich je nach den eintretenden Ergebnissen weiter, bis ein zufriedenstellendes Optimum erzielt ist. Verhaltensdiagnostik ist ein *kontinuierlicher rekursiver Prozeß*, der die *gesamte* Supervision begleitet und konstituiert. Dabei sind alle Maßnahmen *förderorientiert*, d.h. auf den Aufbau notwendiger Kompetenzen, Behebung von Performanzproblemen bzw. das Erreichen positiv formulierter Lernziele ausgerichtet.

(b) Verhaltensdiagnostik als Mittel zur Effektkontrolle und Evaluation. Verhaltensdiagnostik hilft zudem bei der Effektkontrolle und Evaluation des Supervisionsgeschehens und stellt dadurch eine wesentliche Maßnahme der *Qualitätssicherung* dar. Wie in Kap. 10.4 noch näher erläutert wird, lassen sich dabei *PRÄ-/POST-Vergleiche* (zur generellen Überprüfung von Effekten) und die *kontinuierliche supervisionsbegleitende Diagnostik* (zur weiteren Planung und Optimierung des Vorgehens) unterscheiden. Es gehört zu den Grundprämissen verhaltenstherapeutischen Arbeitens, alle zentralen Konzepte und Schritte zu konkretisieren und datennah auf die Verhaltensebene zu bringen, Ergebnisse intersubjektiv nachprüfbar zu machen und sich einer Außenlegitimation zu stellen.

(c) Verhaltensdiagnostik als Hilfsmittel der Selbstreflexion. Im Sinne der Klärungsperspektive (Grawe, 1994; Grawe et al., 1994) ist Supervision ein idealer Rahmen für die Reflexion des beruflichen Vorgehens. Idealerweise leiten Supervisoren ihre Supervisanden (zunächst über Fremdfeedback, konstruktive Kritik und externe Konfrontation mit Beobachtungsdaten) zur *Selbstreflexion* wichtiger Muster des Erlebens und Verhaltens in professionellen Situationen an. Das kontinuierliche Beobachten der eigenen Arbeitsweise (u.U. mittels Tonband- oder Videoaufnahmen eigener Sitzungen), Analyse von Prozessen der klinischen Urteilsbildung, Orientierung an beruflichen Standards, aufmerksames Registrieren personbedingter Einflußfaktoren (z.B. eigene Motive, Ängste etc., die zum Abweichen von idealtypischen Strategien führen) oder das Achten auf förderliche/hinderliche Systembedingungen sind gerade in der Supervision gut zu lernen.

6.2.2 Leitlinien für die Verhaltensdiagnostik im Supervisionskontext

Kooperation. Mehr noch als in der Selbstmanagement-*Therapie* wird in der Supervision eine enge Kooperation zwischen Supervisor und Supervisand betont. Dies begründet sich einerseits durch die *motivationalen Vorteile* (z.B. günstige Auswirkungen auf die Mitarbeit und Eigeninitiative der betreffenden Personen), muß jedoch andererseits auch deswegen vorgenommen werden, weil Supervisanden – anders als Klienten – selbst mit vielen Grundprinzipien des jeweiligen Vorgehens vertraut sind und mit ihren vorhandenen Kompetenzen stärker in den Prozeß einbezogen werden können. Im Verlauf des Supervisionsprozesses über die Zeit sollten Supervisanden idealerweise dazu fähig werden, ehrliche/selbstkritische Einschätzungen ihrer Fertigkeiten und Defizite vorzunehmen und die Fremdbeurteilung des Supervisors als hilfreiche Ergänzung zur Selbstwahrnehmung zu nutzen.

Kooperation bedeutet auch, die Vorteile des „Zusammenfließens zweier Wahrnehmungsperspektiven" zu nutzen: Während der Supervisand oft mit seinen Supervisionsanliegen und -problemen emotional so verstrickt ist, daß er zumindest im Moment nicht eigenständig zu Lösungen kommt (und zudem per definitionem seinen „blinden Flecken" aufsitzt), kann der Supervisor die Situation meist neutraler und mit mehr Abstand überblicken und aus dieser Perspektive heraus Hilfestellung leisten.

„Actual data approach". Entsprechend unserer Leitlinie des verhaltensnahen Denkens und Arbeitens hat das *tatsächliche Geschehen* in Therapie oder Supervision immer *Vorrang* vor Verbalberichten und sprachlichen Schilderungen der Abläufe (also dem bloßen „Reden über ..."). Dryden & Thorne (1991, S.21 ff.) haben dies als „actual data approach" bezeichnet. Dies impliziert gute Fertigkeiten der Verhaltensbeobachtung (Faßnacht, 1995; Martin & Wawrinowski, 1991; Schulte, Elke, Hartung & Künzel, 1994) und – wenn immer möglich – die Nutzung bestimmter Hilfsmittel zur Analyse der Realsituationen (z.B. Tonband- oder Videoaufnahmen: vgl. Kap.16.2). Auch supervisorische „Hausaufgaben" können zu diagnostischen Zwecken wichtige Informationen über die Situation „draußen" liefern. Nicht alle relevanten Prozesse sind jedoch äußerlich beobachtbar. Gerade im Bereich der Therapieplanung sind wesentliche Faktoren nur indirekt (z.B. über Sprache) zugänglich oder mit bestimmten Methoden (z.B. „Interpersonal Process Recall": Kap.17) erschließbar. Dazu zählen z.B. Planungshypothesen, therapeutische Entscheidungen, Begründung des jeweiligen Vorgehens, Registrieren von „Informationslücken", Inhalte funktional-systemischer Bedingungsanalysen, internes emotionales Geschehen und vieles mehr. In der Supervisionspraxis mischt sich meist die direkte (tonband- oder videogestützte) Arbeit an Realabläufen mit Analysen via Gespräch – in der Gewißheit, daß die Validität von Verbalberichten großen Einschränkungen unterliegt (Ericsson & Simon, 1980; Nisbett & Wilson, 1977 etc.).

Enge Verknüpfung von Diagnostik und Intervention. Diagnostische Schritte (auch Interview- und Beobachtungsdaten) und Interventionen (von Fragen über nonverbale Interaktionen zu Standardmethoden der Therapie und Supervision) sind eng miteinander verwoben und bedingen sich wechselseitig. Jede Diagnostik-Maßnahme stellt bereits eine Intervention dar, und jede Intervention hat – mittels ihrer Ergebnisse – dia-

144

gnostische Funktion (z.B. hinsichtlich der Frage: „Wie soll es weitergehen?"). Dieses Wechselspiel mit Interventionsmaßnahmen zieht sich von Anfang bis Ende durch den gesamten Supervisionsprozeß; Verhaltensdiagnostik ist daher nie beendet.

Betrachtung von Makro- und Mikro-Perspektiven. Jeder diagnostische Prozeß ist ein Prozeß der „Mustererkennung" des Therapeuten bzw. Supervisors, der Figur-/ Grund-Wahrnehmungen auf unterschiedlichstem Auflösungsniveau impliziert. Für Supervisionszwecke ist sowohl die Betrachtung von Makro- als auch Mikro-Perspektiven sinnvoll. In der Praxis wird – ähnlich wie bei einem Foto-Zoom-Objektiv – zunächst eine *Weitwinkelaufnahme* der Gesamtsituation (Makro-Perspektive) versucht. Diese gibt zwar einen groben Überblick, enthält aber noch wenig Informationen über Details. Falls bestimmte Ausschnitte des Gesamtbilds (Mikro-Perspektive) interessieren, muß das Zoom-Objektiv in *Tele*-Stellung gebracht werden. Diese stark vergrößerte Detailaufnahme liefert dann spezifische Informationen. Insbesondere kann damit nach ersten Entscheidungen über konkrete Supervisionsthemen eine intensive funktional-systemische Bedingungsanalyse vollzogen werden. Im gesamten Supervisionsprozeß wird jedoch ständig zwischen Mikro/Makro gewechselt, denn trotz der notwendigen Konzentration auf die jeweiligen Supervisionsthemen („Figur") bleibt eine kontinuierliche „Hintergrundkontrolle" (Dörner, 1989) wichtig.

Der Trichterungsprozeß: Auswahl geeigneter „Startpunkte" („target selection"). Wie oben angedeutet, ist bei der Fülle und Komplexität von Problemstellungen für die Supervision zunächst einmal notwendig, kritische Bereiche (Beschwerden, Probleme, Anliegen, Erwartungen) überblickshaft zu sondieren, um dann mit den tatsächlichen zentralen „Problemen" arbeiten zu können. Dieser „Trichterungsprozeß" beginnt in Analogie zum Vorgehen in der Therapie (vgl. Kanfer et al., 1996, S.174) zunächst mit dem Sammeln und Sichten relevanter Beschwerden. Im eigentlichen Trichterungsprozeß werden dann Ansatzpunkte für die Supervision gesucht bzw. irrelevante Themen nach bestimmten Kriterien (siehe unten) ausgesondert. Die Abbildung 8 verdeutlicht diesen Prozeß:

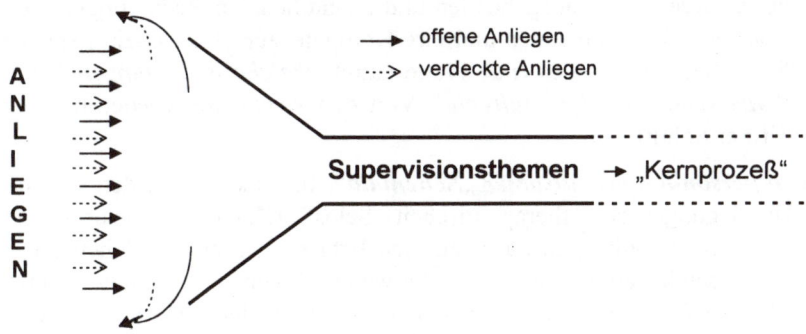

Abbildung 8. Der „Trichterungsprozeß" im Supervisionskontext.

Der Trichterungsprozeß beginnt in Schritt 1 des Supervisionsmodells („Einstieg und erste Orientierung"), ist aber immer als vorläufig zu betrachten, weil sich einerseits bei neuen Informationen veränderte Schwerpunkte ergeben und andererseits „versteckte" Anliegen oft erst im Laufe der späteren Arbeit deutlich werden (und ebenfalls eine Schwerpunktverlagerung nötig machen). Auswahlkriterien für Supervisionsthemen (Pro und Contra) sind in Übersicht 23 auf S.275 zu finden.

Lösungsorientierte Transformation von Eingangsbeschwerden und Eingangserwartungen. Die oben beschriebenen Prozesse der Rasterung, Trichterung und Auswahl von Startpunkten haben bereits deutlich gemacht, daß ab der ersten Sitzung im Zug des *gemeinsamen* Arbeitens bereits *Veränderungen* passieren. Genaugenommen verändert allein die Tatsache, *daß* jemand in Supervision geht und sich externem Feedback stellt, die jeweilige Ausgangssituation. Idealerweise werden die im Supervisionsprozeß die zunächst oft vagen Beschwerden zu prinzipiell lösbaren Problemen (bzw. utopische Erwartungen zu prinzipiell erreichbaren Zielen) *umdefiniert*.

IST/SOLL-Vergleich: Defizite, Fertigkeiten, Lernziele und Ressourcen. Eine ehrliche, schonungslose Bestandsaufnahme der Defizite, Fertigkeiten, Lernziele und Ressourcen von Supervisanden (im Sinne einer Kompetenzdiagnostik: Goldfried & D'Zurilla, 1969) ist für die adäquate Planung und Erfolgskontrolle der Ausbildung und Supervision unerläßlich. Erleichtert wird ein Vergleich der vorhandenen Kompetenzen (IST) mit den noch zu erwerbenden (SOLL) durch das Vorliegen sogenannter Lernzielkataloge, Basiskompetenzen der Therapie oder Standards für professionelles Handeln nach den anerkannten „Regeln der Zunft" (vgl. Kap.7). Während sich die viele Supervisionsansätze bislang eher auf Defizite als auf die Ressourcen und Stärken von Supervisanden konzentriert haben, gehört es *auch* zu einer fundierten Therapieausbildung und Supervision, die *positiven* Qualitäten von Therapeuten zu würdigen und zu fördern.

Funktionale Bedingungsanalyse. Die funktionale Analyse relevanter Bedingungen macht den eigentlichen Kern der Verhaltensdiagnostik aus. Wie speziell in Kap.11.2 dargestellt werden wird, mündet die konkrete Beschreibung kritischer Beispielsituationen in die Analyse der vorausgehenden und nachfolgenden Bedingungen; auch die Ziele/Pläne der beteiligten Personen und ihre Kompetenzen (vs. Defizite) spielen eine große Rolle, wobei die entscheidende Frage lautet: *Welche Bedingungen halten das derzeitige Supervisionsproblem aufrecht?* Von den Antworten wiederum hängt die Planung weiterer Schritte ab.

Erschließen persönlich bedeutsamer „Schemata". In Einklang mit den schematheoretischen Überlegungen zum therapeutischen „Selbst" (Kap.6.1.2) zielen die verhaltensdiagnostischen Bemühungen auch auf eine Erfassung zentraler Schemata der jeweiligen Supervisanden ab. Diese sind für die weitere Planung von Supervisionsschritten aus mehrerlei Gründen relevant, nämlich wegen (a) der Supervisionsmotivation (denn beim Verstoß gegen bedeutsame Schemata des „Selbst" ist „Widerstand" zu erwarten), (b) egozentrischer Motive und „blinder Flecken", die eventuell zu einem suboptimalen professionellen Handeln führen, und (c) der Supervisor/Supervisand-

Beziehung, die – genauso wie die Therapeut/Klient-Interaktion – durch „reziproken Schema-Transfer" gekennzeichnet ist (vgl. Kap.9).

Systemanalyse und Systemkompetenzen. Die Verhaltensdiagnostik ist längst um systemische Vorgehensweisen erweitert worden und nutzt Prinzipien der Systemdiagnostik (Schiepek, 1986, 1987, 1991; Schiepek & Kaimer, 1996) sowie des Problemlösens in komplexen Situationen (Dörner, 1989; Dörner et al., 1983; Strohschneider & von der Weth, 1993 etc.). Entsprechende Überlegungen sind in das unten präsentierte Supervisionsmodell einbezogen (vgl. Kap.11); Aspekte der System- und Institutionsanalyse sind speziell bei der Supervision von Gruppen, Teams und Organisationen relevant (vgl. Kap.14.1 bis 14.3). Im wesentlichen geht es um die *Struktur* und *Dynamik* des jeweiligen Systems, um implizite und explizite Systemregeln sowie um *Grenzen*, die das System nicht überschreitet. Statt der Aufrechterhaltung einer (dysfunktionalen) Homöostase zielen effektive Interventionen auf eine „Irritation" oder „Verstörung" des Systems ab, das dadurch gezwungen wird, sich auf neue/andersartige Weise wieder selbst zu organisieren.

Nutzung von Hilfsmitteln. Jede Verhaltensdiagnostik baut nicht nur auf Gesprächsinformationen oder Beobachtungsdaten auf, sondern kann alle möglichen Hilfsmittel nutzen, wie z.B. Fragebögen, Verhaltensinventare, Beobachtungsbögen, codierte Beobachtungssysteme, Lernzieltypologien von Ausbildungscurricula, Manuale, Dokumentationssysteme, Protokolle und Aufzeichnungen, Leitfäden für Falldarstellungen, Video- oder Tonbänder etc. Eine Reihe solcher speziell auf Ausbildung und Supervision zugeschnittenen Hilfsmittel ist Kap.16 näher beschrieben.

Drei inhaltliche „Hauptschienen" der Supervision. Jede Supervisionsarbeit nach dem Selbstmanagement-Ansatz konzentriert sich *inhaltlich* auf drei grobe Bereiche (Übersicht 8):

„Hauptschienen" der Selbstmanagement-Supervision	
(1) sachlich-aufgabenbezogene Schiene	z.B. Durchführung der Therapie nach den Regeln der „verhaltenstherapeutischen Zunft"
(2) persönliche Schiene	z.B. störende oder aber hilfreiche Einflüsse aus der Person des Therapeuten = Supervisanden
(3) kontext-systembezogene Schiene	z.B. störende oder aber unterstützende *Systemeinflüsse* aus der jeweiligen Arbeitssituation, in Teams, Organisationen oder Institutionen

Übersicht 8. Drei inhaltliche „Hauptschienen" der Selbstmanagement-Supervision.

Im Zuge des *Kernprozesses* der Supervision (Kap.11) kann aus pragmatischen Gründen zunächst mit einer Betrachtung der *sachlich-aufgabenbezogenen Schiene* begonnen werden. Falls das Arbeiten von Therapeuten=Supervisanden in der Praxis vom idealtypisch vorgezeichneten Vorgehen *abweicht*, wird es in der Supervision funktional dahingehend analysiert, ob (1) auf der sachlich-aufgabenbezogenen Schiene *Wissensmängel* und/oder diagnostisch-therapeutische *Fertigkeitsdefizite* des Supervisanden vorliegen (wenn z.B. der Supervisand typische Regeln des Umgangs mit Angstpatienten verletzt oder z.B. die Technik „flooding" noch nicht regelgerecht beherrscht), (2) *personbedingte* Gründe (Ängste, blinde Flecken, egozentrische Motive und Interessen, überstarker Einfluß eigener Lebenserfahrungen, Vorurteile etc.) eine effektive Therapie verhindern oder aber (3) *systembedingte Kontextfaktoren* eine optimale Umsetzung bestimmter Maßnahmen stören (wozu im Fall von Team- oder Gruppensupervision auch *interaktionelle* Abläufe gehören). Weitere Hinweise zur Dominanz der Schienen oder zur Verlagerung von Arbeitsschwerpunkten enthält Kap.12.3.

Insgesamt darf abschließend angemerkt werden, daß sämtliche verhaltensdiagnostischen Gesichtspunkte in das Mehrebenen-Modell der Selbstmanagement-Supervision eingebaut sind und im dortigen „Kernprozeß" von Anfang bis Ende mitlaufen.

6.3 Optimale Gestaltung der Ausbildung und Supervision: Ansätze einer Therapie- und Supervisionsdidaktik

6.3.1 Supervision als Lehrprozeß: Einige Grundlagen

Wie viele andere Autorinnen und Autoren (vgl. z.B. Holloway, 1992; Hosford & Barmann, 1983; Kamphuis, 1968 etc.) betrachte ich Supervision nicht nur als Lern- sondern auch als *Lehrprozeß*. In Anlehnung an die Ausführungen bei Edelmann (1994, S.10 ff.) versteht man unter *Lehren* die systematische Gestaltung von Lernprozessen, so daß wichtige Inhalte und Kompetenzen leichter, besser, ökonomischer vermittelt werden können, als wenn man das Ganze dem freien Spiel der Kräfte überließe. Eine gezielte didaktische Einflußnahme dient folglich dazu, gewisse Lernziele schneller und systematischer erreichbar zu machen.

Einige Anleihen aus der pädagogischen Didaktik. Sowohl in der Pädagogik als auch in der Therapieausbildung jedweder Schulrichtung orientiert man sich längst nicht mehr an althergebrachten Lehr- und Lernmethoden. Diese waren primär auf kognitive Informationsvermittlung (Frontalunterricht, Vorlesungen) ausgerichtet und gingen von einer passiven Rolle der Lernenden aus, welche mit – meist kognitivem – Wissen „gefüllt" werden mußten. Andere handelten im Sinne einer „Pflänzchen-Ideologie", nach der man die Lernenden nur in die richtige Umgebung versetzen und sie hegen und pflegen müßte, damit sie sich optimal entwickeln. Beide Extreme hat schon vor geraumer Zeit Paolo Freire (1973) kritisiert und ihnen seinen eigenen Ansatz gegenübergestellt, der für viele als eines der Paradigmen für „neues" Lehren und Lernen gilt. In seiner „problemformulierenden Methode", die einen für *alle* Beteiligten *aktiven* und *partnerschaftlichen* Prozeß darstellt, sollen sich durch Erfahrungen auf allen Sinnesebenen neue Wahrnehmungen, Erkenntnisse, Handlungsweisen (im obigen Verständnis: „.Schemata" und „Kompetenzen") herausbilden. Einige seiner Schlagworte sind:

- Untrennbare Verbindung von Aktion und Reflexion
- Wahrnehmung der eigenen Lebenssituation als Problem; Lösung dieses Problems durch Reflexion und Aktion
- Lehren = problematisieren, hinterfragen, Provokation der Lernenden zum eigenen Denken und zur Selbstbestimmung
- Lernen im Dialog: Lehrer ist gleichzeitig Schüler; Schüler sind gleichzeitig Lehrer = kritische Mitforscher
- Alle Beteiligten lernen an der Lebenswirklichkeit der Kandidaten
- Anleitung zu kritischem Denken und Hinterfragen der Lebens- und Arbeitsrealität
- wechselseitige Kommunikation und kooperatives Erkennen
- Wissen und Können entstehen „im Prozeß".

Mit ähnlichen Ideen beschäftigt sich auch die modernere pädagogische Didaktik insgesamt. Deshalb ist ein Blick in die dortige Grundlagenliteratur für unser Thema hilfreich (vgl. dazu z.B. Jank & Meyer, 1994; Kron, 1993 etc. für einen intensiveren Überblick). Didaktik im pädagogischen Verständnis ist die „Theorie und Praxis des Lehrens und Lernens ... Die Didaktik kümmert sich um die Frage, wer, was, wann, mit wem, wo, wie, womit, warum und wozu lernen soll" (Jank & Meyer, 1994, S.16). Von einem *didaktischen Modell*, d.h. einem „auf Vollständigkeit zielenden Theoriegebäude zur Analyse und Planung didaktischen Handelns in ... Lehr- und Lernsituationen" (ebd., S.17) sind wir in der Therapieausbildung und Supervision allerdings noch weit entfernt (*Ansätze* dazu z.B. bei Schreyögg, 1994a oder Weigand, 1990c).

Dem Überblicksband von Jank & Meyer (1994) sind einige Thesen zu entnehmen, die ich nachfolgend auf unser Gebiet der Therapieausbildung und Supervision übertragen werde (die Seitenzahlen in Klammern beziehen sich auf das zitierte Buch):

- Lehren und Lernen stehen in einem dialektischen Zusammenhang, wobei (a) der Lehrende immer Macht über die Lernenden ausübt (indem er z.B. eine Auswahl von Themen trifft und über Ziele bzw. Methoden entscheidet etc.); (b) Lernen impliziert, *selbst* aktiv zu werden (S.28). Dabei wird die Macht des Lehrenden ethisch dadurch gerechtfertigt, daß der Lernende – alleingelassen und ohne Assistenz des Lehrenden – entweder nichts, etwas Inadäquates oder völlig *Anderes* lernen würde.
- Lernen ist nicht auf die kognitive Verhaltensebene begrenzt, sondern erfolgt als anschauliches, ganzheitliches, komplexes Lernen „mit Kopf, Herz, Händen und allen Sinnen" (S.29 ff.).
- In Einklang mit dem obigen Konzept der Wissens- und Kompetenzspeicher (vgl. Abbildung 6, S.135) besteht die *Handlungskompetenz* von Lehrtherapeuten/Supervisoren darin, die Lernprozesse der Kandidaten/Supervisanden in immer wieder neuen, nie genau vorhersagbaren Situationen zielorientiert, selbständig und unter Beachtung der institutionellen Rahmenbedingungen zu organisieren (S.44).
- Didaktik soll feststellen, (a) wie die Ausbildungs-/Supervisionssituation tatsächlich *ist* und (b) wie sie besser sein *sollte* (S.61). Sie hat somit deskriptive und präskriptive Anteile.

- Didaktik hat ein Normproblem: Sie kann keine neutrale Letztbeurteilungsinstanz für Wertentscheidungen sein und klären, welche Ziele eine Ausbildung letztlich verfolgen sollte (Wofür? Woraufhin? Wozu? etc.) (S.73). Die Richtigkeit oder Sinnhaftigkeit von Ausbildungszielen (z.B. Selbstbestimmung, Mündigkeit oder Autonomie) ist empirisch nicht zu beweisen.
- Eine *lernzielorientierte Didaktik* (z.B. Mager, 1965) hat einige *Vorteile* (z.B. lassen sich operationalisierte Lernzielkataloge aufstellen, d.h. aus übergeordneten Richtzielen Grobziele, aus diesen wiederum Feinziele ableiten und in konkrete Verhaltensbeschreibungen übersetzen: vgl. die Lernzieltaxonomie von Kompetenzen der Selbstmanagement-Therapeuten in Anhang A). Sie greift jedoch erst ab dem Moment, wo Entscheidungen über grundlegende Ziele und Werte getroffen sind.
- Die jeweiligen Lerninhalte sollten mittels *didaktischer Analyse* reflektiert werden (mit der Kernfrage: Lohnt sich das überhaupt, was man anzubieten hat? vgl. S.133). Als deren Resultat sollen geeignete Inhalte gewählt, ungeeignete ausgegrenzt (und auf Basis entsprechender hierarchischer Taxonomien) lernzielorientierte Konzepte entwickelt (S. 290 ff.) sowie entsprechende Methoden zu deren schrittweiser Umsetzung geplant werden.
- Zur Strukturierung/Interpretation von Lernerfahrungen sind *Symbolisierungsformen* günstig (S.320 f.).
- Jegliche Planung ist als grobe Orientierung (ohne Rezept-Charakter) zu verstehen (S.393).

Dementsprechend sollte ein Lernen in Einklang mit aktuellen Prinzipien der Didaktik (Jank & Meyer, 1994, S.355 ff.) folgendermaßen ablaufen:

(1) *Ganzheitlich*, d.h. mit allen Sinnen, ausgerichtet auf Zusammenhänge (im Gegensatz zu isoliertem Spezialwissen) und mit Hilfe vielfältiger Methoden;
(2) mit hoher *Aktivität*, d.h. *aktiv* erkunden, erproben, entdecken, erörtern, planen etc.;
(3) mittels Herstellen von *Handlungsprodukten wie* z.B. Inszenierungen (Rollenspiel, Planspiel etc.), kreativen Produktionen (Collagen, Experimente, Wandzeitungen etc.) oder Projekten (Exkursionen, Ausstellungen, Wettbewerbe etc.);
(4) als Bewußtmachen/Weiterentwicklung der Supervisandeninteressen;
(5) unter Beteiligung der Supervisanden an Planung/Durchführung/Auswertung der Ausbildung/Supervision (wobei die Supervisoren/Ausbilder verpflichtet sind, im offenen Diskurs ihre Ziele, Methoden und Inhalte darzulegen und zu begründen);
(6) mittels Öffnung der Ausbildungseinrichtung nach *innen* (interne Kooperation, Zusammenarbeit) und nach *außen* (Kooperation und Austausch mit externen Institutionen und Personen, Anregungen und Diskussionen); sowie
(7) als dynamische Wechselwirkung von „Kopf- und Handarbeit".

Didaktische Prinzipien sollten daher auch in unserem Modell eine wesentliche Rolle spielen – insbesondere im Hinblick auf das Ziel der „Selbststeuerung".

„Selbstgesteuertes Lernen" durch prozeßorientiertes Lehren. Viele pädagogische und auch organisationspsychologisch orientierte Ansätze haben die Kritik an traditioneller Lehrmethodik bereits aufgegriffen und konstruktiv in die Praxis umgesetzt (z.B. Deitering, 1995). Simons (1992) hat in seinem pädagogischen Modell des *„prozeßorientierten Lehrens"* in Grundzügen eine Beschreibung geliefert, das dem Selbstmanagement-Vorgehen des Lehrens/Lernens während Therapie und Supervision sehr ähnlich ist:

„Beim prozeßorientierten Lehren zeigt man den Lernenden, wie sie selbst lernsteuernde Aktivitäten übernehmen können. Daraufhin nimmt der Lehrende seine lernsteuernden Aktivitäten zunehmend zurück. Danach geht man zur Aktivierung über, indem man Aufgaben stellt und Aufträge erteilt, bei denen die Lernenden bestimmte Lernaktivitäten selbst auszuführen haben. Zugleich lehrt man sie, wie sie unter verschiedenen Lernaktivitäten die jeweils angemessene auswählen können. Das Endziel ist, daß die Lernenden - unter Berücksichtigung der jeweiligen Lernziele - die angemessenen Lernaktivitäten auswählen und ausführen können. So verschiebt sich allmählich die Rolle des Lehrers hin zur Förderung der Lernfähigkeiten" (Simons, 1992, S.261).

Das von Simons beschriebene stufenweise Vorgehen zeigt deutliche Parallelen zu (a) Entwicklungsmodellen der Supervision sowie (b) der Idee „dosierter Diskrepanzerlebnisse" von Heckhausen (1965), welche davon ausgeht, Personen zunächst dort „abzuholen", wo sie stehen, ihre Kompetenzen/Schemata dann minimal herauszufordern und zu erweitern, bis sie letztlich zu eigenständigen Weiterentwicklungen ohne externe Assistenz in der Lage sind.

In Anlehnung an Simons (1992) werden in der nachfolgenden Übersicht 9 – leicht modifiziert und auf Therapieausbildung bzw. Supervision bezogen – wichtige Leitlinien des prozeßorientierten Lehrens präsentiert:

1.) Prozeßprinzip: Statt ausschließlicher Betonung von Lern*ergebnissen* werden die dahinterstehenden *Prozesse* (das „Wie" des Lernens) explizit gemacht.

2.) Reflexionsprinzip: Lehrtherapeuten/Supervisoren stimulieren die Kandidaten, über verschiedene Lernstrategien und verschiedene Arten der Lernsteuerung sowie deren situationsadäquaten Einsatz nachzudenken.

3.) Affektivitätsprinzip: Berücksichtigen affektiver, motivationaler und emotionaler Aspekte des Lernens (insbesondere Förderung *positiver* Affekte und Abbau von Mißerfolgserwartungen).

4.) Nützlichkeitsprinzip: Ein aktiver, eigenständiger Einsatz bestimmter Lernstrategien ist nur dann zu erwarten, wenn die Personen wissen, *weshalb* sie etwas lernen sollen und *weshalb* bestimmte Vorgehensweisen nützlich sind.

5.) Transferprinzip: Transfer und Generalisierbarkeit des Gelernten werden in der Ausbildung explizit gefördert; es wird nicht erwartet, daß sie von selbst auftreten.

6.) Kontextprinzip: Da nicht zu erwarten steht, daß Lern- und Steuerungsstrategien, die in einer bestimmten Situation erlernt wurden, automatisch in einer anderen angewendet werden, sind Strategien in *verschiedenen* Kontexten zu üben.

7.) Selbstdiagnostikprinzip: Kandidaten werden explizit darin unterwiesen, ihr eigenes Lernen zu beobachten, zu überprüfen und zu korrigieren.

8.) Aktivitätsprinzip: Die Ausbildung wird so gestaltet, daß Kandidaten *aktiv* lernen und konstruktive Lernmöglichkeiten wählen können.

9.) Prinzip des allmählichen Abbaus von Hilfen: Die Verantwortung für das Lernen verlagert sich im Lauf der Zeit immer mehr von Lehrtherapeuten zu den Ausbildungskandidaten.

10.) Koordinationsprinzip: Maßnahmen zur Realisierung selbstregulierten Lernens werden mit anderen Betreuungspersonen/Lehrtherapeuten/Supervisoren und deren Angeboten koordiniert.

11.) Kooperationsprinzip: Die Kandidaten werden in die Diskussion über Ziele und Vorgehensweisen in Ausbildung und Supervision einbezogen.

(Fortsetzung nächste Seite)

12.) Prinzip hierarchischer Lernziele: Aktives und konstruktives Lernen in umgrenzten Bereichen wird auf höhere, übergeordnete Lernziele bezogen.

13.) Prinzip der Anknüpfung an vorhandenem Wissen: Effektives Lernen hängt sehr stark vom bisherigen Wissens- und Kompetenzstand der Lernenden ab; daher müssen diese Vorkenntnisse berücksichtigt und bestmöglich genutzt werden.

14.) Lernkonzeptionsprinzip: Die Ausbildung wird an die Lernkonzeptionen der Ausbildungskandidaten angepaßt und auf deren bevorzugte Art des Lernens abgestimmt.

Übersicht 9. Wichtige Prinzipien für aktives und konstruktives Lernen bzw. prozeßorientiertes Lehren (in Anlehnung an Simons, 1992, S.260-263).

Die Prinzipien des prozeßorientierten Lehrens sind direkt auf den Kontext „Therapieausbildung und Supervision" übertragbar und zudem kompatibel mit den Grundgedanken und Vorgehensweisen des Selbstmanagements-Ansatzes. Implizit dürfen sich viele „gute" Lehrtherapeuten/Supervisoren bereits an manchen dieser Gesichtspunkte orientieren; eine *explizite* Nutzung sowie weitere Erforschung bleibt eine Aufgabe für die Zukunft.

6.3.2 Zusammenfassung wichtiger Leitlinien zur Didaktik der Selbstmanagement-Ausbildung und -Supervision

Zum Abschluß dieses Kapitels zum Thema „Supervision als Lehr- und Lernprozeß" werden einige Leitlinien zur Didaktik der Selbstmanagement-Ausbildung und -Supervision zusammengefaßt. Im wesentlichen sind didaktische Modelle ja auf ein *Optimieren und Beschleunigen des Lernens* ausgerichtet. Da sich große Strukturähnlichkeiten zwischen Didaktik-Konzepten der neueren Pädagogik und dem problem- und zielorientierten Vorgehen des Selbstmanagement-Modells zeigen (was wegen ähnlicher lern- und motivationstheoretischer Wurzeln nicht verwundert), ist eine Integration leicht möglich. Die nachfolgenden Empfehlungen sind jedoch noch nicht zu einer stimmigen therapiedidaktischen Theorie ausformuliert, sondern stellen allenfalls eine erste Vorstufe dazu dar. Sie leiten sich einerseits aus den vorherigen Kapiteln, andererseits aus bewährten verhaltenstherapeutisch-lerntheoretischen Konzepten sowie aus eigenen praktischen Erfahrungen ab. Folgende Aspekte erscheinen für eine abschließende skizzenhafte Darstellung besonders relevant:

- *Vorteile des aktiven, selbstgesteuerten Lernens nutzen* und ganzheitliches, intrinsisch motiviertes, auf Neugier beruhendes Lernen fördern; dabei ist erwähnenswert, daß manche effektiven Lernkonzepte, die zum Einsatz kommen, in der Psychologie gar nicht so neu sind (z.B. „learning by doing" oder „learning by discovery").
- *Anknüpfen an vorhandenen Schemata und Kompetenzen:* In Einklang mit unseren Ausführungen zum Schema-Ansatz wird in jedem Fall versucht, zunächst an den vorhandenen Wissens- und Handlungsfertigkeiten anzuknüpfen. In der Praxis werden daher die Kandidaten dort abgeholt, wo sie zum jeweiligen Zeitpunkt stehen; dabei sind (zumindest anfangs) auch deren bevorzugte Wahrnehmungs- und Lernstile zu berücksichtigen.

- *Auf neue Lernerfahrungen vorbereiten:* Um zu verhindern, daß neue Informationen nicht an den bisherigen Schemata vorbeigehen, sollte (z.B. in Analogie zum Konzept der „advance organizers": Ausubel, 1968) auf neue Erfahrungen *vorbereitet* werden (idealerweise über positive Neugiermotivation, die die Person „öffnet" oder „aufschließt").
- *Kompetenzerweiterung durch „dosierte Diskrepanzerlebnisse" (Heckhausen, 1965):* Nutzung vorhandener Wissens- und Handlungskompetenzen; Anknüpfen an vorhandenen Schemata und Ressourcen; Erweiterung bisheriger Schemata durch herausfordernde kleine Schritte, die die bisherigen Grenzen zwar leicht überschreiten, aber nicht überfordern.
- *Anstoßen/Vermitteln von Prozessen zum „Selbstlernen":* Supervisanden werden auf eine Weise zu Lernschritten angeregt, daß sie diese dann allmählich *ohne* Supervision in eigener Regie weiter praktizieren können (z.B. weiterführende Fragen stellen statt fertige Antworten geben: „Was weiß ich bereits? Was brauche ich noch an Informationen? Welche Alternativen gibt es? Was kann ich tun, um zu ...?"; Lenkung der Aufmerksamkeit, Anleitung zu Reflexion und Selbstreflexion, um zu eigenen Schlußfolgerungen zu gelangen etc.).
- *Herstellen günstiger Lernbedingungen:* Schaffung einer adäquaten Lernumgebung, die nach Blocher (1983) bei Supervision z.B. folgende Elemente umfassen sollte: (1) Herausforderungen, (2) Eigenbeteiligung/Motivation, (3) Unterstützung, (4) Struktur, (5) Feedback, (6) Innovation und (7) Integrationsmöglichkeiten. Dabei handelt es sich sozusagen um die *psychischen* Kontextbedingungen für optimales Lernen; diese werden in der Praxis um die physischen/externen „Setting"-Bedingungen ergänzt (vgl. Kap.10.3.1).
- *Positiv-unterstützende Lernbeziehung:* In einem angenehmen (nicht konsequenzlosen, aber doch sanktionsfreien) Ausbildungs-/Supervisionsklima, das auch durch eine unterstützende Beziehung gekennzeichnet ist (vgl. Kap.9) und auf diese Weise selbstwertschützende Abwehrmanöver überflüssig macht, wird auf Kompetenzerweiterung und Selbsteffizienz der Lernenden hingearbeitet. Auf diese Weise soll optimales Lernen und optimale Performanz gesichert werden.
- *Rolle des „Lernbegleiters":* In diesem Verständnis ist ein Ausbilder immer nur Anreger, Impulsgeber, Lernförderer oder Katalysator; er steuert und erleichtert den *Prozeß* des Lernens (z.B. durch wohldosiertes Herausfordern bzw. Bremsen) und bringt Metaschritte bei (z.B. „erst A, dann B, dann C..."). Dazu gehört auch das Lenken der Wahrnehmung auf relevante Muster/Prozesse, Bereithalten von Lernmöglichkeiten/Materialien wie Videos, Bücher/Zeitschriftenartikel etc. (u.U. Mediotheken und Lernquellen-Pools) sowie das Ausblenden der Hilfestellungen im Zuge zunehmender Selbständigkeit der Kandidaten.
- *Aus Fehlern lernen:* Das Konzept der „Fehlerfreundlichkeit" besagt, daß Fehler, Mißerfolge oder Schwächen dazu hergenommen werden, um konstruktive Schritte für den künftigen Umgang mit ähnlichen Situationen abzuleiten. Fehler zu machen ist daher nicht verpönt (und schließlich typisch menschlich) – jedoch bedeutet aus Fehlern lernen auch, nicht zweimal (oder gar ständig) den gleichen Fehler zu begehen...
- *Endziel: Selbstgesteuertes Lernen:* Durch die Art des Lehr-/Lernprozesses (zunächst Anleitung von außen = „Fremdkontrolle", dann allmählich Übergang zu Selbstkontrolle; Abstraktion von Regeln; Nutzung von Lernstrategien sowie Beurteilungs- und Entscheidungskriterien für Lerninhalte und -prozesse etc.) werden Kompetenzen gefördert, die schließlich ohne Anwesenheit von Lehrtherapeut/Supervisor vollzogen werden können. Dabei ist die permanente Selbstaufforderung zu intersubjektivem Austausch und autonomer Weiterqualifikation günstig.
- *Von automatisierter zu kontrollierter Informationsverarbeitung und zurück:* Jedes Neulernen macht eine bewußt-kontrollierte Hinwendung der Aufmerksamkeit erforderlich, bevor

die – dann geübte – Handlung wieder in Routine übergeht (vgl. Schneider & Shiffrin, 1977; Shiffrin & Schneider, 1977). Beim Umlernen ist meist ein Unterbrechen alter, automatisierter Muster erforderlich, bevor Neues gelernt und dann wieder in (neue) Routine überführt werden kann. Lewin (1947) hat diese zentralen Prozesse schon früh mit seinen Phasen des „unfreezing/change/refreezing" beschrieben.

- *Bewährte Lernmethoden einsetzen:* Selbstmanagement-Supervisoren greifen natürlich auch auf elementare Strategien des Lehren/Lernens zurück wie z.B. Lernen am Modell, Demonstration, Praxisanleitung, Üben kleiner Schritte mit unmittelbarem Feedback, Shaping/Prompting, positive Verstärkung von Fortschritten, konstruktive Kritik, Bildung von Assoziationen etc.
- *Metakognitionen nutzen:* Über Abstraktion von Regeln, Orientierung an bewährten Problemlöseschritten, Zielorientierung, Beachten von Gemeinsamkeiten und Unterschieden etc. werden sowohl ein flexibler Umgang mit Strategien, Generalisierung/Transfer sowie ein differentielles Vorgehen gefördert. Auf diese Weise lernen Kandidaten auch, bestimmte Kategorien von Personen und/oder Situationen und/oder Verhaltensweisen für sich als Auslöser zu identifizieren, auf die sie flexibel mit den neu erworbenen Handlungsschemata reagieren können (prozedurales Lernen).
- *Möglichst konkrete Beschreibung der zu lernenden Verhaltensweisen auf allen Verhaltensebenen:* Grob-, Richt- und Feinziele zergliedern die zu erwerbenden Fertigkeiten in überschaubare und dadurch handhabbare Portionen (vgl. Mager, 1965, 1973; Meyer, 1994).
- *Möglichst hohe Affinität zur Realsituation:* Überall dort, wo dies möglich ist, sollte nicht in künstlichen Lernumgebungen, sondern in der Realsituation trainiert werden. Dies impliziert Anleitung, Übung, Feedback „on the job" oder „learning by doing IN VIVO".
- *Optimieren von Generalisierung/Transfer:* Andernfalls müssen viele Elemente der Realsituation (z.B. mittels Audio-/Videobändern etc.) in die Ausbildung/Supervision hereingeholt und dann wieder zurückübertragen werden (Schritte der Generalisierung/des Transfers).
- *(Weiter-)Entwicklung von Curricula:* Überall dort, wo Supervision im Rahmen einer längerfristigen *Ausbildung* angeboten wird, sollten die jeweiligen Ziele, Inhalte, Strukturen und Prozesse in Form von „Curricula" expliziert werden. Nach Schreyögg (1994a, S.55 ff.) sind Curricula idealerweise (1) in sich konsistent, (2) begründet/begründbar, (3) auf der Basis expliziter Lehr- und Lernziele (von Grob- über Richt- zu Feinzielen) entwickelt, (4) enthalten mit den Zielen korrespondierende Inhalte und Methoden, (5) beschreiben Lernbedingungen, zeitliche Struktur und Abfolge von Schritten, (6) enthalten regelmäßige Lehr- und Lernzielkontrollen und sind (7) offen für Fortentwicklungen.

Letztlich dienen alle didaktischen Bemühungen dem Zweck, einen Satz von Galileo Galilei in die Praxis umzusetzen, der lautet: „Du kannst niemanden etwas lehren – Du kannst ihm nur beibringen, es selbst zu entdecken."

7 Die Person des Therapeuten = Supervisanden: Persönliche und fachliche Schwerpunkte

Die grundlegende Bedeutung der Person des Therapeuten und der therapeutischen Beziehung steht seit längerem auch für Verhaltenstherapeuten völlig außer Zweifel (vgl. z.B. DeVoge & Beck, 1978; Margraf & Brengelmann, 1992; Morris & Magrath, 1983; Schaap, Bennun, Schindler & Hoogduin, 1993; Schindler, 1991; Seiderer-Hartig, 1980; Sweet, 1984; Wilson & Evans, 1977; Zimmer, 1983 etc.; vgl. zusammenfassend Kanfer et al., 1996, S.61 ff. bzw. S.155 ff.). In Einklang mit den Ergebnissen neuerer Therapieforschung (vgl. z.B. Barrett & Wright, 1984; Beutler, Machado & Neufeldt, 1994; Grawe, Donati & Bernauer, 1994, S.775 ff.; Lambert, 1989) stellen sie eine wichtige Größe im Therapieprozeß dar.

In den folgenden Kapiteln betrachten wir daher *persönliche* und *fachliche* Aspekte von Therapeuten=Supervisanden. Ihre ausführliche Darstellung rechtfertigt sich damit, daß – zumindest in der *therapeutischen* Ausbildung und Supervision – qualitativ hohe Kompetenzen ein wesentliches Referenzkriterium darstellen. Supervisoren und Supervisanden sollten sich daher um eine *Annäherung* an solche Standards bemühen, wobei ihnen die Orientierung dann leichter fällt, wenn sie wissen, welche Lernziele überhaupt angestrebt werden sollen.

Nach einigen Vorbemerkungen zur Bedeutung von professionell ausgebildeten Therapeuten und zur Selektion geeigneter Ausbildungskandidaten (7.1) wenden wir uns zunächst persönlichen (7.2) und dann fachlichen (7.3) Schwerpunkten „guter" (Verhaltens-)Therapeuten zu, welche in Ausbildungs- und Praxissupervision besonderes Gewicht erhalten sollten. Im abschließenden Kapitel (7.4) fasse ich dann die wichtigsten Konsequenzen für die persönlichen und fachlichen Qualifikationen von *Selbstmanagement-Therapeuten* zusammen.

7.1 Zur Bedeutung von professionell ausgebildeten Therapeuten und zur Selektion geeigneter Ausbildungskandidaten

Kann jede Person, die über hinreichende Intelligenz verfügt und bislang weder kriminell noch psychotisch auffällig wurde, Therapeut werden? Benötigen wir professionell ausgebildete Therapeuten oder können genausogut Laien diese Aufgabe übernehmen? Ist Therapie eine „Kunst", so daß eine Ausbildung unnötig ist, sondern es mehr auf die effektive Selektion der begabtesten „Naturtalente" ankommt? Müssen für eine Ausbildung so hohe Qualifikationshürden aufgebaut werden, daß nur eine kleine Elite von „Übermenschen" mit einer Vielzahl persönlicher und fachlicher Charakteristika übrigbleibt? So oder ähnlich läßt sich die Ausgangsfrage unseres Kapitels variieren, die in übergeordneter Form lautet: Benötigen wir überhaupt ausgebildete professionelle Therapeuten?

7.1.1 Laien vs. professionelle Therapeuten

Es gehört zu den unhinterfragten Annahmen unseres Berufsstands, daß eine längere und intensive *Ausbildung* für eine effektive therapeutische Arbeit unabdingbar ist (vgl. auch AGPT, 1995/1996). Einige Zeit hatte es den Anschein, als ob Vergleichsstudien zwischen professionellen und paraprofessionellen Therapeuten (=Laien) diese Grundüberzeugung erschüttern könnten: So kamen mehrere Übersichtsarbeiten zu dem Schluß, es sei *keine* Überlegenheit professioneller Therapeuten gegenüber Laien nachzuweisen (vgl. z.B. Durlak, 1979, Hattie, Sharpley & Rogers, 1984 etc.). Diese Einschätzung muß jedoch aus zweierlei Gründen relativiert werden:

1.) Es gibt durchaus Befunde, die die Überlegenheit professioneller Therapeuten dokumentieren (vgl. z.B. Carey & Burish, 1987; Cole, Oetting & Miskimins, 1969; Evans, 1979; Levenberg & Wagner, 1976; Ottomanelli, 1978; Wolff, 1969 etc.).
2.) Bisher vorliegende Vergleichsstudien können aus methodologischen wie inhaltlichen Gründen nicht als stichhaltige Belege für eine Äquivalenzbehauptung herangezogen werden (vgl. Berman & Norton, 1985; Nietzel & Fisher, 1981 etc.).

Bezugnehmend auf diese Literatur sowie insbesondere auf Robiner, Arbisi & Edwall (1994) stellt sich die Sachlage wie folgt dar:

(1) Nur 5 der 42 von Durlak (1979) herangezogenen Studien (=11,9 %) können als wirkliche *Psychotherapie*-Studien akzeptiert werden, da der Rest nicht Laien mit *Psychotherapeuten*, sondern lediglich mit Berufs- oder Studienberatern, fortgeschrittenen Studenten, Krankenschwestern, Sozialarbeitern etc. verglich.
(2) Bislang vorliegende Vergleichsstudien weisen erhebliche methodische Mängel auf (z.B. ungenügendes Forschungsdesign, geringe interne Validität, schwache Outcome-Kriterien, professionelle vs. paraprofessionelle Therapeuten vollzogen völlig unterschiedliche Behandlungen etc.), so daß häufig „Äpfel mit Birnen" verglichen wurden.
(3) In einigen Studien hatten „Professionelle" keinerlei formale psychologische Ausbildung.
(4) Willkürliche Einteilung von Personen in die Kategorie para- vs. professionelle Therapeuten: So wurden z.B. Studenten als „erfahrene" Therapeuten gewertet und mit Laien verglichen, die mehrere Jahre Erfahrung in psychosozialer Arbeit aufwiesen. In anderen Fällen wurden Beschäftigungs- oder Sprachtherapeuten als Laien klassifiziert, oder die einzige Aufgabe von Laientherapeuten (hier: Eltern von Kindern mit Enuresis) bestand darin, jede Nacht einen Klingelapparat korrekt einzuschalten.
(5) In vielen Studien wurden die Laien von gut ausgebildeten, erfahrenen Therapeuten *supervidiert*.
(6) 65 % der Studien bei Durlak konnten *keine* Überlegenheit von Paraprofessionellen im Vergleich zu sogenannten Professionellen nachweisen, was umgekehrt nicht zur Äquivalenzhypothese berechtigt.
(7) Paraprofessionelle Helfer erhalten in der Regel eher „leichtere" Fälle zugeteilt, während schwierigere Fälle den erfahrenen Therapeuten bleiben.
(8) Wenn man (wie Berman & Norton, 1985) nur die methodisch akzeptablen Studien Durlaks herauszieht, ergibt sich, daß Professionelle z.B. bei Behandlungsdauer (=Kürze) und bei *erwachsenen* Patienten überlegen sind und dort schnellere, bessere und somit kostengünstigere Ergebnisse bringen.

Zusammenfassend läßt sich die Einschätzung vornehmen, daß Laien bei gut operationalisierten Interventionen und eng umgrenzten Aufgabenstellungen durchaus effektive Arbeit leisten können. Es gibt auch Belege, daß Laien und professionelle Therapeuten *unter strukturierten, klar umrissenen Bedingungen* relativ ähnlich arbeiten (was nicht verwundert). Die Effektivität von Laienhelfern in solchen Teilbereichen kann jedoch nicht als Beleg *genereller* Kompetenz gewertet werden.

Professionelle Therapeuten sind überall dort überlegen, wo es um eine breite Palette von komplexen Problemstellungen, um sogenannte „schwere" Fälle und um die *selbständige* Bewältigung professionell-therapeutischer Aufgabengebiete geht. Nach Robiner et al. (1994, S.242) zeigen sich die Qualifikationen von professionellen Therapeuten gerade bei der *Auswahl, Planung, Umsetzung und Evaluation* psychotherapeutischer Interventionen.

Um es mit einem Beispiel aus der Fertigungstechnik zu illustrieren: Professionell ausgebildete „gute" Therapeuten entsprechen eher den kreativen Planungsingenieuren, die ihre Fülle von Wissen und Kompetenzen zur Konzeption einer komplizierten Maschinenfabrik zum Einsatz bringen. Mit solchen komplexen Planungsarbeiten wären die „einfachen Fließbandarbeiter" von der Basis hoffnungslos überfordert. Umgekehrt sind aber kaum Effektivitätsunterschiede zu erwarten, wenn die Planungsingenieure selbst an den – von ihnen entwickelten – Fließbändern arbeiten und dann mit den dortigen einfachen Arbeitskräften verglichen würden (im Gegensatz zum sehr arbeitsteilig angelegten Arbeitsfeld „Technik" sind im Bereich Psychotherapie die Therapeuten allerdings meist Planungsingenieure und ausführende Instanzen in *einer* Person...).

Eine effektive Ausbildung ist daher für die Ausübung des Therapeutenberufes unverzichtbar. Auch aus Gründen des Patientenschutzes und der Qualitätssicherung müssen die erforderlichen Fertigkeiten in transparenter, kontrollierbarer Form in gängige Psychotherapieausbildungsgänge integriert und von kompetenten Personen vermittelt werden.

7.1.2 Selektion geeigneter Kandidaten für eine Ausbildung

Da für die Ausübung des Berufs von Psychotherapeuten überall formale Ausbildungsgänge vorgeschrieben sind, die auch mehr oder minder adäquate Selektionsprinzipien vorsehen (vgl. AGPT, 1995/1996), stellt sich bezogen auf unser Thema die Frage: Welche Arten der Kandidatenauswahl für die Ausbildung werden praktiziert und welche Möglichkeiten gibt es, diese Selektion zu optimieren?

In Anlehnung an die Ergebnisse von Garfield (1977) oder Guy (1987, S.34 ff.), die vor ca. 20 bzw. 10 Jahren den damaligen Stand der Forschung zu unserem Thema zusammengefaßt haben, kann durchaus von einem *Selektionsproblem* gesprochen werden. Garfield weist darauf hin, daß – bedingt durch das zunächst erforderliche Universitätsstudium – in der Vergangenheit meist gute *intellektuelle* Leistungen sowie entsprechende Ergebnisse in Eignungstests als Eingangsvoraussetzungen zugrundegelegt wurden. Er schließt sich Truax & Mitchell (1971) an, die die verfügbaren Selektionsstrategien als außerordentlich dürftig bezeichneten und aus den damals existierenden Daten schlossen, daß *allenfalls ein Drittel* der Personen mit professioneller Ausbildung über die notwendigen *interpersonalen* Fähigkeiten verfügt, die für eine therapeutische Tätigkeit notwendig sind. Zudem verlassen sich viele Ausbildungsinstitute in der Praxis lieber auf kollegiale Empfehlungen oder legen den subjektiven Eindruck aufgrund eines Eignungsgesprächs oder „Auswahlseminars" zugrunde.

Die Frage nach geeigneten Beurteilungskriterien (vgl. auch Ingram & Zurawski, 1981) wird auch deswegen zu einem wichtigen Thema, weil die Zulassung zu einer Ausbildung den ersten Entscheidungspunkt in der beruflichen Therapeutenkarriere darstellt und für viele den Charakter eines „Initiationsritus" besitzt (Guy, 1987, S.34). Auch Ekstein & Wallerstein (1972, S.303 ff.) sind der Meinung, daß sich Ausbilder und Supervisoren nicht um das Selektionsproblem herummogeln können. Einerseits sind die meisten Selektionskriterien vage und wissenschaftlich problematisch, so daß es schwierig sein kann, Personen eindeutig als qualifiziert oder unqualifiziert einzuschätzen. Andererseits wird ein *Machtproblem* deutlich, wenn z.B. eine kleine, selbsterwählte Elite von Lehrtherapeuten Schicksal für Trainingskandidaten (oder im Jargon von Ekstein & Wallerstein, 1972, S.304: „Petrus an der professionellen Himmelstür"* spielt. Falls sich eine Ausbildungsinstitution jedoch *überhaupt nicht* mit dem Selektionsproblem beschäftigt, kommt dies einer „Laissez-faire"-Attitüde nahe, nach der *jeder* Psychotherapeut werden darf, solange keine deutlichen Zeichen von Psychopathologie (z.B. Schizophrenie, tiefgreifende Persönlichkeitsstörungen), Delinquenz oder klare Verstöße gegen ethisch-berufsständische Richtlinien vorliegen.

Theoretisch wären treffsichere Beurteilungen des „klinischen Potentials" der Kandidaten, die Aufschluß über die tatsächliche spätere therapeutische Eignung geben könnten, eine gute Lösung. Diese müßten sich auf relativ überdauernde hilfreiche persönliche Charakteristika, zentrale Motive und Interessen und grundlegende Haltungen/Überzeugungen beziehen, welche für die Ausübung des Therapeutenberufs günstig wären. Inhaltlich geben die im folgenden Kap.7.2 bzw. die speziell für Selbstmanagement-Therapeuten in Kap.7.4 genannten Kriterien die Richtung vor. Auch die BRITISH ASSOCIATION FOR COUNSELLING hat für die Selektion ihrer Ausbildungskandidaten einige Aspekte genannt (vgl. Dryden & Feltham, 1994, S.11):

• Wissen über sich selbst (self-awareness) und Stabilität
• Fähigkeit zur Reflexion und Nutzung eigener Lebenserfahrungen
• Durchhaltevermögen für die emotionalen Belastungen während der Ausbildung
• Fähigkeit zur Erfüllung der intellektuellen Ausbildungsanforderungen
• Fähigkeit zum Aufbau einer professionellen Helferbeziehung
• Bereitschaft zu Selbstkritik und zur Nutzung von positivem und negativem Feedback
• Gespür für Vorurteile/Voreingenommenheit und die Situation von Minderheiten/Randgruppen.

Purton (1991, S.34 ff.) faßt einige weitere Punkte zusammen: Als *positive* Selektionskriterien nennt er (1) adäquate Motivation, (2) intellektuelle Kapazitäten, (3) emotionale Reife/Stabilität, (4) zeitliche und finanzielle persönliche Ressourcen, (5) Anzei-

---

* Im Original: „play St. Peter at the portal of the professional heaven".

chen von Lernfähigkeit und -bereitschaft, (6) Kenntnisse der Grundlagenliteratur, (7) Bewußtsein eigener Stärken und Schwächen, (8) Kooperationsfähigkeit etc. *Negative* Kriterien sind (1) ernste Anzeichen von Psychopathologie, (2) überstarkes Machtmotiv, (3) bloße Imagegründe der Berufswahl oder (4) ausschließlich intellektuelle oder Forschungsinteressen. Andere Aspekte (wie z.B. Über- oder Unter-Involviertsein, Befriedigung unbewußter Motive auf Kosten von Klienten etc.) machen darauf aufmerksam, daß es in der *Praxis* enorme Schwierigkeiten bei der adäquaten Beurteilung solcher Qualitäten gibt:

(1) Neben der grundlegenden Problematik für verhaltenstherapeutische Ansätze, angesichts der gravierenden Probleme der Persönlichkeitsforschung überdauernde Personmerkmale („traits") zu akzeptieren, sind die meisten inhaltlichen Faktoren (z.B. Anzeichen von Lernfähigkeit, emotionale Reife, Interesse an Menschen, Toleranz, Ambiguitätstoleranz oder Ertragen psychischer Intimität und Nähe) schwierig zu erfassen.

(2) Grundvoraussetzung für den Einsatz valider und reliabler Selektionskriterien für die Therapieausbildung wäre ein gesicherter Zusammenhang zwischen bestimmten persönlichen Charakteristika des Therapeuten und Therapieerfolg. Trotz vieler Fortschritte in der Therapieforschung (vgl. z.B. Bergin & Garfield, 1994; Grawe, Donati & Bernauer, 1994; Schaap, Hogduin & Schindler, 1993; Schindler, 1991 etc.) müssen wir zum momentanen Zeitpunkt in Rechnung stellen, daß wir allenfalls grobe Hinweise auf hilfreiche Therapeutenmerkmale besitzen, daß viele Beurteilungs- und Auswahlkriterien willkürlich sind bzw. eher mit der hinter dem jeweiligen Ansatz stehenden Philosophie in Verbindung stehen als mit empirisch nachgewiesenen Effektbeziehungen.

(3) Übermenschlich hohe Qualifikationsanforderungen vs. „realistische Strenge": Gerade in Anbetracht der von Ekstein & Wallerstein (1972, siehe oben) erwähnten Gefahr, daß die bereits etablierten Therapeuten ihre Macht auskosten und durch extrem hohe Forderungen den „Flaschenhals" zur Zulassung eng machen, müssen transparente und „menschlich-realistische" Kriterien aufgestellt werden. Wie viele Autoren betonen, dürften für viele angehende Therapeuten z.B. persönliche Reife und Lebenserfahrung günstig sein; dies bedeutet aber nicht, daß jemand erst dann helfen könnte, wenn er alle Krisen seiner Klienten zuvor schon persönlich durchlebt hat. Ebenso wäre es eine unmenschliche und realitätsfremde Forderung, den therapeutischen Beruf nur solchen Personen vorzubehalten, die *völlig frei* von jeglichen eigenen Lebenskonflikten oder psychischen Belastungen wären (vgl. Guy, 1987, S.14).

(4) Ungeklärt ist auch der *prädiktive* Wert der Selektionsentscheidung für die *spätere* berufliche Performanz der Therapeuten, die erst nach Jahren oder Jahrzehnten eingeschätzt und verglichen werden könnte.

(5) Außerdem ist die Frage offen, was Kandidaten zu Beginn ihrer Ausbildung schon mitbringen müssen vs. was sie noch lernen können. Eine Ausbildung wäre aber wohl überflüssig, wenn die Kandidaten bereits zu Beginn „fertige" Therapeuten oder „alt, grau und weise" wären (Stoltenberg & Delworth, 1987, S.51).

(6) Über Beobachtungs- und Einschätzungsfehler der Beurteiler ist genausowenig bekannt wie über den Erfolg/Mißerfolg potentieller Täuschungsmanöver der Kandidaten.

Auch wenn wir es hier – wie in vielen Bereichen der Klinischen Psychologie – mit einem unbefriedigenden Zustand der Forschungslage zu tun haben, können Ausbildungsverbände und ihre Supervisoren nicht auf künftige Kriterien warten, sondern stehen *bereits jetzt* vor der Aufgabe, gewisse Selektionsentscheidungen bezüglich der Aufnahme von Kandidaten in eine Therapieausbildung zu treffen. Für die momentane Selektionspraxis können wir – auf Basis der bisher dokumentierten Befunde – allerdings nur vergleichsweise bescheidene Hinweise geben, die von einer „Optimierung" im wörtlichen Verständnis noch weit entfernt sind. In diesem Sinne sind zu nennen:

- Interviews und Auswahlgespräche (vgl. auch Nevid & Gildea, 1984), am besten mit *zwei* erfahrenen Beurteilern, die einem bestimmten Kriterienkatalog (je nach Ausbildungsschwerpunkten) folgen;
- Auswahlseminare mit ähnlicher Zielrichtung, aber unterschiedlicher Dauer (z.B. Wochenende), die nicht unbedingt als „Crashtest" für die Kandidaten angelegt sein müssen;
- Sichtung lebensgeschichtlicher Daten und autobiographischer Darstellungen (z.B. in Bezug auf beraterisch-therapeutische Vorerfahrungen bzw. positive/negative Einstellungen und Motive);
- Empfehlungsschreiben und persönliche Referenzen anerkannter Fachautoritäten;
- Angaben in (sorgfältig konzipierten) Bewerbungsbögen.

Inhaltlich geht es vor allem um die Sichtung einiger der im nächsten Kapitel beschriebenen Merkmale, z.B. anhand des Auftretens in Bewerbungsgesprächen oder Auswahlseminaren, interpersonalem Kommunikationsverhalten, Angaben zu Ausbildungs- und Berufsmotiven und persönlichen Haltungen/Überzeugungen etc. Interessanterweise werden diagnostische Kompetenzen von Psychologen – anders als im Bereich der Arbeits- und Organisationspsychologie – im klinischen Feld bislang nur ansatzweise genutzt. So wäre es theoretisch möglich, sog. „Assessment Center" für potentielle Therapeuten einzurichten (vgl. Fisseni & Fennekels, 1995). Solche Center müßten allerdings auf der Basis valider und reliabler Kriterien konzipiert, durchgeführt und ausgewertet werden; derzeit sind sie noch Zukunftsmusik.

Bezüglich des Selektionsproblems ist für die Zukunft unbedingt eine bessere Forschung und eine engere Zusammenarbeit zwischen Theoretikern und Praktikern zu empfehlen, um aus dem Stadium willkürlicher Entscheidungen herauszukommen. Andererseits ist jede Therapieausbildung ja als Phase des Lernens und der Entwicklung konzipiert – und so sollte neben (1) der intensiveren Erforschung *valider Selektionskriterien für Therapieanfänger* auch (2) eine Analyse und Beschreibung *lernbarer Kompetenzen für die Zeit während der Ausbildung* erfolgen. Anders ausgedrückt dürfen wir Kandidaten nicht wegen des Fehlens solcher Kompetenzen von der Ausbildung ausschließen, die in deren Verlauf erst allmählich *aufgebaut* werden müssen.

7.2 Positive und negative persönliche Eigenschaften, Motive und Interessen von Therapeuten

Nach dem Plädoyer für eine qualitativ hochstehende therapeutische *Ausbildung* und für effektive Selektionsprinzipien wird sich dieses Kapitel mit den erforderlichen *persönlichen Qualitäten* von Therapeuten beschäftigen. So geht auch die neue deutsche

„Ausbildungs- und Prüfungsordnung für psychologische Psychotherapeutinnen und Psychotherapeuten" (AGPT, 1995/1996) z.B. in ihrem § 10 (Zulassungsvoraussetzungen) von einer „persönlichen Eignung des Bewerbers" aus, ohne diese allerdings weiter zu spezifizieren. Es ist daher ein Ziel des folgenden Textes, hilfreiche positive (aber auch negative) persönliche Eigenschaften, Motive und Interessen von Therapeuten klären zu helfen (im Kap.7.3 sind dann spezielle *fachliche* Aspekte an der Reihe). Was hat also die klinisch-psychologische Literatur an Hinweisen zu persönlichen Merkmalen von Therapeuten zu bieten?

7.2.1 Kriterien hilfreicher Therapeutenmerkmale

Viele Bücher/Artikel über die Voraussetzungen idealer Psychotherapeuten betonen so gut wie alle kulturell wünschenswerten Eigenschaften „guter" Menschen. Garfield (1977, S.67) zählt dazu z.B. die Fähigkeit zur Empathie, Sensibilität für die Bedürfnisse von Klienten, echtes Interesse am Wohlergehen anderer Menschen, Streßtoleranz und die Fähigkeit, eine warmherzige Beziehung zu entwickeln. Truax & Carkhuff (1967) sind dabei der Meinung, daß all diese Eigenschaften schon in den drei klassischen Grundcharakteristika eines klientenzentrierten Therapeuten enthalten seien. Leider bedeutet eine häufige Nennung noch lange nicht, daß diese auch empirisch fundiert oder als effektiv bestätigt wären (vgl. dazu unten), oder daß in der Praxis für den Zugang zu einer Ausbildung tatsächlich das Vorliegen dieser Eigenschaften überprüft würde. Eine inhaltlich breite (genauso umfangreiche wie anspruchsvolle) Kriterienliste mit persönlichen Charakteristika von Therapeuten hat der amerikanische Psychologenverband APA schon 1947 durch sein Komitee für die Ausbildung in Klinischer Psychologie zusammengestellt. Dieser sog. „Shakow-Report" umfaßt folgende 15 Aspekte, die hier beispielhaft genannt werden:

(1) Hervorragende (intellektuelle) Fähigkeiten;
(2) Originalität und Einfallsreichtum;
(3) Neugier/Wißbegierde;
(4) Interesse an anderen Personen;
(5) Einsicht in wesentliche Charakteristika der eigenen Persönlichkeit;
(6) Sensibilität hinsichtlich der Komplexität von Motivation;
(7) Toleranz;
(8) Fähigkeit, warmherzige und effektive Beziehungen mit anderen einzugehen;
(9) Fleiß und die Fähigkeit, Druck auszuhalten;
(10) Akzeptieren von Verantwortung;
(11) Takt;
(12) Integrität und Selbstkontrolle;
(13) Sinn für ethische Werte;
(14) breiter kultureller Hintergrund; und
(15) tiefes Interesse an Psychologie, besonders den klinischen Aspekten
      (American Psychological Association, 1947).

Guy (1987, S.4 ff.) hat folgende Faktoren beschrieben, die die Berufswahl von Therapeuten beeinflussen können (und auch für die Aufrechterhaltung ihrer Berufsmotivation in späteren Jahren relevant sein dürften): (1) Selbständiges, unabhängiges Arbeiten, (2) finanzielle Gründe, (3) Vielfalt und Abwechslungsreichtum des Arbeitsfelds, (4) Prestige und Anerkennung, (5) intellektuelle Herausforderung, (6) emotionales Wachstum und (7) persönliche Befriedigung und Erfüllung. Im weiteren Text (Guy, 1987, S.9 ff.) nennt er – basierend auf der Durchsicht einschlägiger Literatur – eine Reihe *funktionaler und dysfunktionaler* persönlicher Eigenschaften und Motive von Therapeuten. *Günstige Personfaktoren* sind folglich (zumindest, wenn sie nicht in übertriebener Ausprägung vorliegen):

- Natürliches Interesse an Menschen
- Zuhören-können
- Freude an Kommunikation mit anderen
- Empathie und Verständnis
- Toleranz für eine große Bandbreite von Verhaltensweisen/Überzeugungen/Emotionen
- gewisse „introspektive" Fähigkeiten
- Bereitschaft zum Hintanstellen eigener Interessen
- Ambiguitätstoleranz angesichts von Konfusion und Krisen
- Fähigkeit zu persönlicher Wärme und Fürsorglichkeit für andere
- Ertragen psychischer Intimität und Nähe
- Verantwortungsvoller Umgang mit Macht und Einfluß
- Sinn für Humor und Freude am Leben.

Negative Personfaktoren *bzw. potentiell schädliche Motive* sind nach Guy (1987, S.13 ff.):

- Eigene emotionale Probleme (und die damit verbundene Hoffnung, sie durch den Beruf lösen zu können)
- Einsamkeit und Isolation (und der daraus resultierende Wunsch nach Kontakt)
- Bedürfnis nach Ausübung von Macht und Kontrolle
- Das Gefühl, Liebe/Zuneigung geben zu müssen und „Gebraucht-zu-werden"
- „Stellvertretende Problembewältigung" (wobei Klienten die Rolle des „Versuchskaninchens" erhalten)
- „Stellvertretende Rebellion" gegen soziale Normen (wobei Klienten zu unkonventionellen Verhaltensweisen ermutigt werden, die der Therapeut selbst nie zeigen würde).

Weitere beeinträchtigende Faktoren sind *akute oder chronische eigene Probleme des Therapeuten*. Obwohl man die Haltung von Guy (1987, S.14) teilen kann, daß es realitätsfern wäre, nur solche Personen als Therapeuten zuzulassen, die *absolut frei* von geringsten persönlichen Problemen oder psychischen Belastungen wären, muß unter dem Aspekt des „Patientenschutzes" dafür Sorge getragen werden, daß persönliche Probleme des Therapeuten sich nicht negativ auf die therapeutische Arbeit auswirken:

Wie verschiedene (meist amerikanische) Arbeiten zeigen, darf die Gefahr der beruflichen Beeinträchtigung bis hin zur Berufsunfähigkeit („impairment") von Therapeuten nicht unterschätzt werden (vgl. z.B. Goldberg, 1986; Laliotis & Grayson, 1985). Dabei ist es für die gefährdeten Klienten egal, ob die Quellen der Beeinträchtigung mehr im Privatleben von Therapeuten (z.B. Partnerschafts- oder Familienkonflikte, Tod nahestehender Personen, Krankheits-

oder Unglücksfälle, finanzielle Krisen etc.) oder aber eher im beruflichen Sektor (z.B. Arbeitsüberlastung, „Burnout", Probleme mit Kollegen/Vorgesetzten/Institutionen etc.) liegen. In solchen Fällen gibt es eine *Verpflichtung* zur aktiven Problembewältigung, wobei die möglichen Interventionen vom Ergebnis der jeweiligen funktionalen Bedingungsanalyse abhängen sollten. Prinzipiell können die einzuschlagenden Strategien dann von Therapiepausen, Hinzuziehen von Co-Therapeuten, Weiterverweisung bestimmter Fragestellungen bzw. Klienttypen an Kollegen, Besuch von Selbsterfahrungsgruppen, kollegialer Unterstützung etc. bis hin zu einer persönlichen Therapie reichen.

Sowohl die Kriterienliste der APA (1947) als auch von Guy (1987) teilen allerdings – bei allem Respekt vor dem Bemühen der amerikanischen Kollegen – das Los sämtlicher Versuche, wesentliche Therapeutencharakteristika idealtypisch zu bestimmen: In diesen Katalogen sind so gut wie alle gesellschaftlich hochgeschätzten menschlichen Persönlichkeitseigenschaften *in perfektionistischer Form* enthalten, was zu dem Resultat führt, daß sich selbst international anerkannte Therapeuten allenfalls partiell darin wiederfinden dürften. Wenn wir die Aufgabe von Ausbildern, Supervisoren und Ausbildungskandidaten etwas bescheidener formulieren (nämlich als Versuch der *asymptotischen Annäherung* an solche Idealkriterien, ohne dem Perfektionismusstreben zu verfallen), können solche Kriterienkataloge aber durchaus eine gewisse Orientierung bieten. Sie stellen somit eine Art Grobwegweiser in die „richtige" Richtung dar, sollten jedoch auch den Warnhinweis enthalten, daß es sich um eine niemals 100 % erreichbare Idealtypik handelt.

7.2.2 Empirische Belege

Betrachtet man die neuere Therapieforschung speziell hinsichtlich der Rolle persönlicher Merkmale von Therapeuten (vgl. z.B. Barrett & Wright, 1984; Grawe, Donati & Bernauer, 1994, S.775 ff.; Lambert, 1989; Schaap, Hogduin & Schindler, 1993; Schindler, 1991 etc.), so verändert sich die Blickrichtung von idealistischen Vorgaben zu tatsächlich notwendigen Personcharakteristika für effektive Therapiepraxis. Basierend auf dem relativ aktuellen Literaturüberblick von Beutler, Machado & Neufeldt (1994) lassen sich wesentliche Ergebnisse wie folgt zusammenfassen:

- *Alter, Geschlecht* und *ethnische Herkunft* von Therapeuten spielen wohl keine so große Rolle wie gemeinhin angenommen. Allenfalls kann davon ausgegangen werden, daß eine *Ähnlichkeit* zwischen Therapeut und Klient in diesen Variablen positive Resultate begünstigt (S.232 ff. bzw. S.258).
- Gewisse Ähnlichkeiten im *kognitiven Stil und Niveau* scheinen den Verbleib in der Therapie und eine raschere Verbesserung in den ersten Therapiesitzungen zu begünstigen (S.237).
- *Emotionale Gesundheit* von Therapeuten ist eine bedeutsame Variable; vor allem wirken sich eigene persönliche Probleme negativ auf die Klienten aus (S.237 f.).
- Therapeuten sind im allgemeinen liberaler, weniger autoritätsgläubig und schätzen Werte wie Autonomie, Ausdruck von Gefühlen und persönliches Wachstum höher ein als ihre Klienten (S.240); allerdings ist – außer der Beobachtung, daß sich Klienten im Verlauf der Therapie oft den Einstellungen ihrer Therapeuten annähern – der generelle Einfluß solcher persönlicher Überzeugungen auf den Therapieerfolg noch relativ unklar (S.241).

- Soziale Einflußfaktoren (wahrgenommene Kompetenz, Attraktivität, Vertrauenswürdigkeit), die von Therapeuten ausgehen, wirken sich positiv auf den Therapieerfolg aus; sie senken auch die Dropout-Rate zu Beginn der Therapie (S.245).
- Zur Rolle von *Ausbildung* oder *Erfahrung* gibt es unterschiedliche Ergebnisse: Während auf globaler Ebene in Meta-Analysen kaum relevante Effekte meßbar waren, gibt es bei differenzierteren Betrachtungen signifikante Resultate. So waren professionell ausgebildete Therapeuten bei kurz angelegten Therapien (unter 12 Sitzungen), bei Klienten über 21 Jahren und bei schwerer gestörten Patienten effektiver. In rigoros kontrollierten Therapiestudien wirkte sich therapeutische Erfahrung auch positiv auf Beziehungsgestaltung und Besserungsraten sowie präventiv gegen Therapieabbrüche aus (S.249).
- Ein „Matching" von Therapeuten und Klienten auf der Basis *globaler* Persönlichkeitstraits (z.B. A-B- oder Myers-Briggs-Typologien) ist nicht mehr sinnvoll. Sobald jedoch *differenziertere* Teilaspekte herangezogen werden (*bestimmte* Aspekte des Wertsystems, religiöse Einstellungen etc.: S.239 ff.) gibt es einige vielversprechende Resultate, die allerdings noch genauer auf ihre optimale Kombination (Unter welchem Umständen gibt es bessere/schlechtere Ergebnisse?) untersucht werden müßten (S.259).
- *Direktivität* von Therapeuten behindert im allgemeinen den Therapieerfolg (wobei *einige* Klientetypen aber auch davon profitieren! S.259).
- Eine warme, unterstützende Therapiebeziehung erleichtert den Therapieerfolg (S.243/ S.259).
- *Manuale* liefern vielversprechende Effekte, wohl vor allem deswegen, weil negative personbedingte Abweichungen von einer sachgerechten Therapiedurchführung auf diese Weise verringert werden (S.259).

Die Übersicht verdeutlicht, daß durchaus Diskrepanzen zwischen den propagierten idealen Kriterien und den bislang in der Forschung als tatsächlich effektiv herausgestellten Personmerkmalen von Therapeuten zu verzeichnen sind. Auch wenn es noch viel Bedarf für die Analyse weiterer (vor allem differenzierterer!) Fragestellungen gibt, hat sich die Befundlage insgesamt dahingehend verdichtet, daß positive Therapeutenmerkmale bzw. eine gute therapeutische Beziehung für den Therapieerfolg *allein nicht ausreichen*, daß sie aber eine *notwendige Voraussetzung* darstellen, ohne die es nicht geht (conditio sine qua non). Dabei handelt es sich genaugenommen nie um bloße „Therapeutenqualitäten", sondern um bestimmte kognitive, emotionale und motorische Verhaltensweisen des Therapeuten, die – um in der therapeutischen Interaktion zur Geltung zu kommen – durch optimale verbale, non- und paraverbale Kommunikation an Klienten „herangetragen" werden müssen. Für Therapeuten wie Supervisoren kommt es darauf an, nicht nur alltagsübliches Kommunikationsverhalten (wie etwa in Freundschafts- oder Sozialbeziehungen) zu zeigen, sondern bestimmte Spielregeln *professioneller Interaktion* zu befolgen, wozu auch das Beachten von Grenzen gehört. Deshalb hat eine „gute" Therapieausbildung und Supervision auch die Aufgabe, (1) positive Merkmale, Motive und Interessen von Therapeuten zu betonen und zu fördern, (2) negative Einflüsse aus der Therapeutenperson auf das Therapiegeschehen möglichst geringzuhalten, (3) durch das Erlernen vieler fachlicher Kompetenzen sowie durch die Orientierung an professionellen Richtlinien ein sachgerechtes Arbeiten nach den Standards der Zunft zu ermöglichen und (4) in der unmittelbaren Therapie- oder

Supervisionssituation auf ein optimales Beziehungs- und Interaktionsverhalten hinzuarbeiten.

Im nächsten Abschnitt betrachten wir einen Bereich, der eigentlich nur aus didaktischen Gründen von den oben spezifizierten *persönlichen Kriterien* differenziert wurde, ansonsten aber genauso elementar zur Person des Therapeuten gehört: nämlich
dessen *fachliche* Kompetenzen.

7.3 Inhaltliche Fachkompetenzen und Lernziele für (Verhaltens-)Therapeuten – ein Blick in die empirische Literatur

Die *fachlichen* therapeutischen Kompetenzen und Lernziele sind für eine (verhaltens-)
therapeutische Ausbildung und Supervision vor allem deswegen bedeutsam, weil sie
Referenzkriterien für adäquates professionelles Handeln festlegen. Während ein allgemeines *Rahmenmodell* therapeutischer Kompetenzen bereits in Kap.6.1 vorgestellt
wurde, soll hier die *inhaltliche* Diskussion von Lernzielen und Schlüsselqualifikationen erfolgen. Ich beginne zunächst mit einer beispielhaften Sichtung von Antworten
auf die Frage: Welche *empirischen Hinweise* liefert die Grundlagenforschung hinsichtlich (verhaltens-)therapeutischer *Basiskompetenzen*?

Linehan (1980) hat die bis dahin wesentlichen Befunde gesichtet und in ein eigenes Konzept der VT-Ausbildungssupervision eingebaut. Dementsprechend werden in
ihrem Beitrag – gruppiert nach kognitiven, motorischen und physiologisch-affektiven
„Skills" – u.a. folgende Fertigkeiten genannt:

Kognitive „Skills": *Inhaltliches* Wissen über wissenschaftliche Methodologie, aktueller Stand
der empirischen Literatur zu Störungsbildern und deren Behandlung, grundlegende psychologische Prinzipien, ethisch-juristische Aspekte; *anwendungsbezogenes* Wissen hinsichtlich Organisation und Integration der klientenbezogenen Informationen, Fallkonzeptualisierung, Pro-
blemidentifikation und Verhaltensanalyse, Behandlungsplanung und Evaluation des Vorgehens
inkl. der Sensibilität für persönliche Einflüsse auf den klinischen Urteilsprozeß etc.

Verhaltens-„Skills": *Prozedurale Fertigkeiten* (praktische Umsetzung von Verhaltensdiagnostik und Therapie, verhaltensbezogenes, lernzielorientiertes Arbeiten, systematische Verhaltensanalyse, Planung und Evaluation des Vorgehens etc.), *allgemeine klinisch-inter-
personale Fähigkeiten* (Empathie, emotionale Wärme, Kongruenz, Strukturierung etc.), *spe-
ziellere VT-Skills* (z.B. adäquates Erklären des Behandlungsrationale, vorausschauende Prävention künftiger Therapieprobleme, Umgang mit unerwarteten Therapieverläufen, Motivieren
von Klienten zur weiteren Teilnahme, Shaping, Aufbau von Selbstkontrolle, Vermitteln von
Verhaltens- und Lernprinzipien an Klienten etc.), *berufsbezogene Skills* (z.B. Teilnahme an
Fachdiskussionen mit Kollegen bzw. Mitgliedern anderer Disziplinen, Berichte und schriftliche Stellungnahmen, Verwaltungsaufgaben, Abwickeln finanzieller Angelegenheiten etc.) und
Fähigkeiten zur *Selbstentwicklung* (z.B. Lesen von Fachliteratur, Teilnahme an Kongressen,
Mitgliedschaft in Berufsverbänden etc., auch: eigene Therapie oder Selbsterfahrung etc.).

Physiologisch-affektive „Skills": Regulation von Angst, Wut, Ärger, übergroßer Sympathie/Antipathie etc., Streß-Management, Umgang mit Evaluationsangst und Selbstwertbedrohung etc.

In Anlehnung an Kriterienlisten von Lloyd & Whitehead (1976) oder Sulzer-Azaroff, Thaw & Thomas (1975) führt Linehan (1980, S.160 f.) des weiteren an: Fertigkeiten der persönlichen Arbeitsorganisation (z.B. rechtzeitig zu Terminen kommen), angewandte (z.B. Behandlungsprogramme schriftlich formulieren), sozial-professionelle (z.B. taktvoll mit Eltern sprechen) und akademische Fertigkeiten (die aktuelle VT-Literatur kennen); Kenntnis der wichtigsten Schritte bei der Planung und Durchführung eines Verhaltensmodifikationsprogramms; Fertigkeiten der Verhaltensdiagnostik, Zielformulierung und „target selection"; Vertrautheit mit ethischen, gesetzlichen und philosophischen Hintergründen; Verhaltensbeobachtung; Evaluation und Messen; Planung; effektiver Umgang mit VT-Vorgehensweisen; Kommunikationsfertigkeiten (mündlich, schriftlich bzw. via Tonband/Video); Umgang mit Techniken der Verhaltensmodifikation; Kompetenzen für Verwaltungs- und Forschungsaufgaben.

Hirschenberger, McGuire & Thomas (1987) haben ein lernzielorientiertes Kompetenztraining für die Ausbildung von Verhaltenstherapeuten präsentiert, das in langjähriger Entwicklungsarbeit auf der Basis mehrerer Expertenkonsultationen und unter Nutzung ähnlicher Vorversuche (z.B. von Sulzer-Azaroff et al., 1975) konzipiert wurde. Die nachfolgende Übersicht 10 erlaubt einen *beispielhaften* Blick auf fünf von insgesamt 32 dort genannte Therapeutenkompetenzen (linke Hälfte), um einen Eindruck davon zu vermitteln, wie diese operationalisiert und vor allem welche Maßnahmen zur Überprüfung/Evaluation der Kompetenzen vorgesehen sind (rechte Hälfte):

Therapeutische Kompetenzen (Kurzfassung/Beispiele)	Evaluation/Überprüfungsmöglichkeiten
2. Messung/Erfassung des Problemverhaltens	Anhand eines Videobands sollen Kandidaten Häufigkeitsauswertungen/Auszählungen vornehmen (Simulationsübung)
3. Eine geeignete Meß- und Aufzeichnungsmethode für bestimmtes Problemverhalten konstruieren	Anhand eines Videos sollen Probleme operational definiert, Aufzeichnungsprozeduren ausgewählt und ein adäquater Protokollbogen entworfen werden (Simulationsübung)
5. Variablen kennen, die zur Fehlbeurteilung von Behandlungseffekten führen können	Gefahren für die interne Validität von Experimenten (z.B. Reifung, ungenügende Definition abhängiger Variabler usw.) müssen adäquat genannt und erklärt werden können (schriftlicher Test)
6. Wissen um ethische Aspekte, Standards und Richtlinien	90% korrekte Antworten in einer objektiven Wissensprüfung (schriftlicher Test der Kenntnisse vorgegebener Literatur)
8. Beschäftigung mit wichtigen allgemeinen ethischen Aspekten der Arbeit	Anhand illustrativer Problemsituationen soll der Kandidat Lösungen vorschlagen, die mit ethischen Richtlinien verträglich sind (mündliches Interview)

Übersicht 10. Beispiele für Therapeutenkompetenzen und Möglichkeiten ihrer Überprüfung/Evaluation (nach Hirschenberger et al., 1987).

Da der Geltungsbereich der von Hirschenberger et al. (1987) genannten Kompetenzen auf Verhaltenstherapeuten eingeschränkt ist, die sich auf Aversions- und Deprivationsbehandlungen spezialisiert haben, verzichte ich aus Platzgründen auf eine *vollständige* Auflistung. Im Originalbeitrag folgen als weitere Bereiche noch z.B. Kenntnisse wichtiger Gesetzesvorschriften, Wissen und Können hinsichtlich der Planung von Therapie, Lernprinzipien und daraus abgeleitete Veränderungsprozeduren, wichtige Standardmethoden der Verhaltenstherapie, Abfassen schriftlicher Berichte, Falldarstellung etc. Vorbildlich sind auf alle Fälle (a) das Bemühen um eine konkrete Beschreibung und Operationalisierung der erforderlichen Kompetenzen (im Original noch ausführlicher als in der obigen Übersicht) und (b) die Angabe von Überprüfungsmöglichkeiten zur Evaluation der Kompetenzen in der Ausbildungspraxis, z.B. mittels schriftlicher Tests, Simulationsübungen anhand vorgegebener Video-Episoden, mündlicher Interviews, Rollenspielen, praktischer Prüfungen etc.

Leith, McNiece & Fusilier (1989, S.51 ff.) haben in ähnlicher Form eine Liste von 43 Verhaltenskompetenzen (aufgeteilt in 6 Oberkategorien) beschrieben, die sie für eine effiziente VT-Ausbildung für wesentlich halten. Ausgehend vom grundlegenden Ansatz der kognitiven Verhaltenstherapie nach Meichenbaum (1977) beziehen sie sich speziell auf das Gebiet der Behandlung von Sprach- und Hörstörungen. Die nachfolgende Übersicht 11 gibt einen stichwortartigen Überblick (für eine ausführliche Darstellung sei auf den Originalbeitrag verwiesen):

Bereiche	Kompetenzen
„Planung"	1. Formulieren von Langzeitzielen 2. Formulieren von Zielen von Sitzung zu Sitzung 3. Modifikation des Behandlungsplans (falls erforderlich) 4. Auswahl geeigneter Materialien 5. Rationale für das therapeutische Vorgehen 6. Strukturierung des Vorgehens zum Zweck optimalen Lernens 7. Demonstration therapeutischer Fortschritte an Klienten 8. Einbeziehen signifikanter Anderer in die Therapie
„Interaktionen"	9. Sensibilität / Einfühlungsvermögen in Klienten 10. Respektvoller Umgang mit Klienten 11. Optimistische Grundhaltung 12. Heraushalten negativer persönlicher Einflußfaktoren 13. Eigeninitiative und Autonomie (auch beim Umgang mit beruflichen Problemen) 14. Glaubwürdiges, vertrauensvolles und kompetentes Image 15. Bereitschaft, aus Supervisionsanregungen zu lernen 16. Transparente Informationsvermittlung an Klienten 17. Professionelles Auftreten (in Sprache, Kleidung und Verhalten)
„Grundlegende Therapiegestaltung"	18. Adäquate Dokumentation und Protokollführung 19. Optimale Gestaltung der Lernumgebung (z.B. mittels Stimulus-kontrolle) 20. Umgang mit schwierigen Klienten (Regeln, Grenzen setzen, Belohnung/Bestrafung etc.) 21. Motivation zur Mitarbeit und Aufmerksamkeit von Klienten sichern

(Fortsetzung nächste Seite)

„Therapeutisches Vorgehen"	22. Transparente Therapieziele
	23. Zielorientierte Therapie
	24. Einsatz geeigneter Materialien/Hilfsmittel und Aktivitäten
	25. Auswahl effektiver Lern- und Therapietechniken
	26. Evaluation der Fortschritte
	27. Zeitökonomisches Vorgehen
	28. Therapeutische Flexibilität (z.B. Wechsel der Strategie bei Mißerfolg)
	29. Einsatz von Modellernen, Informationsvermittlung, (An-)Leitung und Feedback
	30. Einsatz von Kontingenzen (Belohnungs- und Bestrafungs- mechanismen)
	31. Anregen von Klienten zu Selbstreflexion und Selbstevaluation
	32. Ausreichend Zeit für das Lernen von Klienten lassen
	33. Sammeln von Verhaltensdaten
	34. Sitzungsziele im Auge behalten (besonders bei mehreren Zielen)
„Diagnostik"	35. Vorschriftsmäßige Durchführung und Auswertung von Tests
	36. Adäquate Verhaltensbeobachtungen
	37. Korrekte Interpretation von Testergebnissen / adäquate Ableitung von Empfehlungen
	38. Erstellen von Befunden/Gutachten nach professionellen Standards
„Sonstiges"	39. Beachten grundlegender Richtlinien von Therapie
	40. Adäquate Vorbereitung auf Fallbesprechungen und -konferenzen
	41. Entwicklung von Alternativvorschlägen (z.B. bei Falldiskussionen und Supervision)
	42. Professionalität bei allen Formen schriftlicher Arbeit (Befunde, Berichte, Protokollführung, Publikationen etc.)
	43. Supervision/Selbstsupervision der eigenen therapeutischen Arbeit

Übersicht 11. 6 Bereiche mit insgesamt 43 wichtigen Kompetenzen für Verhaltens-therapeuten nach Leith et al. (1989).

Trotz der Einschränkungen wegen des speziellen Anwendungsfelds (Sprach- und Hörstörungen) sind die klare Beschreibung notwendiger Kompetenzen, konkrete Operationalisierungen der oben angeführten Themen und die Vielfalt der Kriterienka-taloge bzw. Fragebögen zur Einschätzung und Evaluation der Ausbildungskandidaten (z.B. bei Leith et al., 1989, in deren Anhang C, D und E) positiv hervorzuheben. All dies hat durchaus Modellcharakter für die Entwicklung eigener Curricula bzw. Eva-luationsmethoden.

Bootzin & Ruggill (1988, S.707) betonen in der Tradition des „Scientist-practitioner"-Modells eine wissenschaftlich orientierte VT-Ausbildung. Ihnen geht es weniger um das Erlernen von VT-Standardmethoden, sondern um den Erwerb kom-plexer *Problemlöse-* und *Entscheidungs*fertigkeiten, eingebettet in Kompetenzen zum *Aufbau einer guten Arbeitsbeziehung*. In Anlehnung an McFall (1985) legen sie gro-ßen Wert auf klares Beobachten, kritisches Denken, methodologische Strenge in Kombination mit Erfindungsreichtum (besonders bei der empirischen Überprüfung theoretischer Annahmen) sowie die Fähigkeit, dem „Faden empirischer Evidenz" zu folgen. Des weiteren nennen sie folgende Fertigkeiten: Identifikation, Analyse und Behandlung klinischer Probleme, Integration von Information aus verschiedenen Quellen, Evaluation empirischer Evidenzen, Kritisches Sichten und Integrieren von

Forschungsresultaten, Evaluation, Integration und Vergleich psychologischer Theorien, Anwendung unterschiedlicher konzeptueller Rahmen auf klinische Probleme sowie Entwickeln kreativer Neuanwendungen bestehenden Wissens.

Lieb & Kosarz (1993, S.35/36) haben auf der Basis eigener Erfahrungen sowie in Anlehnung an Schindler (1991) ohne Anspruch auf Vollständigkeit eine Liste wichtiger „Skills von Therapeuten/Verhaltenstherapeuten" zusammengestellt. Diese umfaßt z.B.:

(1) Verhaltenstherapeutisches Wissen und Können: z.B. spezifisches VT-Wissen (Lerntheorie, Störungsmodelle, Veränderungswissen); Verhaltensorientierung/Konkretisierung im Gespräch; Kenntnisse in Differentialdiagnostik, VT-Methoden, Verhaltensanalyse, Hypothesenbildung/Therapieplanung, Zieldefinition/-konkretisierung etc.

(2) Prinzipien der Gesprächsführung: z.B. Konfrontieren können; offene/geschlossene Fragen stellen; Paraphrasieren; Pausen aushalten; Basisverhalten (Empathie usw.) etc.

(3) Strukturierung und Führung: z.B. Gesprächs- und Sitzungsstrukturierung; Führung übernehmen; Anleitung zur Reflexion; zusammenfassende Standortbestimmungen; Informationsvermittlung etc.

(4) Interaktionelle Flexibilität: z.B. Möglichkeit des Wechsels zwischen verschiedenen Interaktionsstilen (Fördern und Fordern usw.); Metakommunikation über Beziehung; Rollen des Therapeuten bzw. Klienten klären etc.

(5) Ressourcenorientierung statt Defizitdenken: z.B. Verstärken, ermutigen, Ressourcen reaktivieren; positives Umdeuten und Verarbeiten negativer Erfahrungen etc.

(6) Power und Autorität des Therapeuten: z.B. Selbsteinbringung; Umgang mit Krisen (allgemein und in der Therapie); Entscheidungen treffen können; Verantwortung tragen etc.

Tillmanns (1994, S.449 ff.) schildert folgende Lerninhalte für Verhaltenstherapeuten: *(A) Theoretische Kenntnisse* wie z.B. Diagnosebildung und Erstellen von Differentialdiagnosen, Verhaltensanalyse, Hypothesenbildung und Therapieplanung, Operationalisierung von Therapiezielen, verhaltenstherapeutische Strukturierung; *(B) praktische Fähigkeiten* wie z.B. adäquater Interaktionsstil, Flexibilität, Strukturierung, Kooperation, Förderung verhaltensorientierter Einstellung, Umgang mit Krisen- und Konfliktsituationen, Selbstreflexion, Anwendung von verhaltenstherapeutischen Methoden, Lernbereitschaft etc.

Zimmer (1996) bezieht sich auf Ausbildungssupervision und untergliedert die wichtigsten Ziele der VT-Ausbildung (entsprechend gängiger Richtlinien) in drei Grobbereiche: *(1) Wissenserwerb:* z.B. theoretische und diagnostische Grundlagen zu Störungsbildern und Verfahren, psychologische und medizinische Grundlagen etc.; *(2) Kompetenzerwerb:* z.B. Anwendung therapeutischer Verfahren, interaktionelle Fertigkeiten in der Beziehungsanalyse/-gestaltung etc. und *(3) persönliche Kompetenzen:* z.B. Rollenübernahme, interaktionelle Sensibilität und Flexibilität, Kenntnis eigener therapierelevanter Interaktionsmuster und kognitiv-emotionaler Schemata etc.

Ergänzende, für die VT genannte „Skills" und Lernziele sind noch verhaltensdiagnostische Fertigkeiten („assessment skills": Matarazzo & Garner, 1992, S.859), Aufbau einer „verhaltenstherapeutischen Identität" (Bellingrath, 1994; Frank et al., 1992, S.267) oder der Therapeut als Modell (Frank et al., 1992, S.269).

Viele der oben genannten Fähigkeiten kehren – zum Teil in etwas unterschiedlicher Nomenklatur – in der VT-Ausbildungsliteratur immer wieder und machen den „Kern" des verhaltenstherapeutischen Vorgehens aus. Sie befinden sich weitgehend in Übereinstimmung mit empirischen Forschungsergebnissen zur allgemeinen Ausbildung von Therapeuten (vgl. Edelstein, 1985; Ford, 1979; Matarazzo & Garner, 1992; Robiner et al., 1994 etc.). Mittlerweile sind die entsprechenden Schlüsselqualifikationen wohl in allen gängigen VT-Ausbildungs- und Supervisionsprogrammen enthalten (vgl. stellvertretend für viele z.B. AGPT, 1995/96; AVM, 1987; DGVT, 1989; Diesinger & Mehring, 1996; Frank, 1996; Reinecker & Schindler, 1996; Zimmer, 1996 etc.) und repräsentieren auch das Zentrum der nachfolgend präzisierten Kompetenzen für Selbstmanagement-Therapeuten (Kap. 7.4). Je valider und konkreter solche Idealkriterien formuliert sind, umso leichter fällt es, in der Praxis der Therapieausbildung und Supervision auf diese hinzuarbeiten.

7.4 Konsequenzen für persönliche und fachliche Qualifikationen von Selbstmanagement-Therapeuten

In Übereinstimmung mit empirischen Ergebnissen der Grundlagenforschung (vgl. die zurückliegenden Textabschnitte) faßt dieses abschließende Kapitel die wichtigsten persönlichen und fachlichen Qualifikationen von Selbstmanagement-Therapeuten zusammen. Viele davon entsprechen den für die neuere „kognitive Verhaltenstherapie" (zu der sich der Selbstmanagement-Ansatz dazurechnet) *generell* gültigen Kriterien; aus der Perspektive der Selbstmanagement-Therapie ergeben sich jedoch noch *spezielle Schwerpunktsetzungen* und *Ergänzungen*. Ich beginne mit (7.4.1) allgemeinen persönlichen Haltungen und Motiven, betrachte dann (7.4.2) die fachlichen Qualifikationen inkl. besonderer „Prozeßfertigkeiten" und setze all diese Aspekte schließlich (7.4.3) zu einem symbolischen „Haus der Selbstmanagement-Qualifikationen" zusammen.

7.4.1 Allgemeine persönliche Haltungen und Motive

Kanfer et al. (1996, S.491 ff.) haben sich bereits zu einigen Anforderungen an einen effektiven Selbstmanagement-Therapeuten geäußert. Während die von ihnen als erstes genannten *therapeutischen und interpersonalen Fertigkeiten* im Abschnitt 7.4.2 näher beleuchtet werden, lassen sich die weiteren Bereiche – ergänzt durch zusätzliche Ideen – gut unter die Überschrift dieses Kapitels subsumieren. Dies sind:

• *Persönliche Überzeugungen, Motive und Wertvorstellungen:* z.B. ernsthaftes Interesse, durch die therapeutische Arbeit zur Verbesserung der Lebenssituation von Klienten beizutragen; grundlegende Bereitschaft zu Empathie und Sensibilität für Klientenbedürfnisse; Bemühen um ein gewisses Maß an Objektivität und Neutralität; Bereitschaft, Alltagskommunikation durch therapeutisch adäquates Gesprächsverhalten zu ersetzen; Toleranz für eine Fülle andersartiger Lebensstile und Wertvorstellungen von Personen; vorsichtiger therapeutischer Optimismus und der Glaube an positive Entwicklungsmöglichkeiten von Menschen; Fähigkeit zur Selbstkontrolle und zum Verzicht auf persönliche Vorteile aus therapeutischen Kontakten; Bereitschaft zur Reflexion egozentrischer Interessen und selbstorientierter negativer Motive (wie z.B. die „Drei Teufelchen...": vgl. unten); Akzeptanz der „Selbstmanagement"-Philosophie (z.B. Autonomie und Selbstregulation als oberste Therapieziele, Therapeut als „Instigator", Kooperation, Achtung der Entscheidungsfreiheit etc.).

● *Lebenserfahrung und Wissen über sich selbst:* z.B.:

(a) Bedeutsame persönliche Prägungen aus der eigenen Lerngeschichte (Herkunftsfamilie und persönliche Entwicklung, Schichtzugehörigkeit der Ursprungsfamilie, persönliche und berufliche Sozialisation, Stationen auf dem Weg zum Therapeuten, Entwicklung des eigenen Ziel- und Wertsystems, Traumatisierungen bzw. positive Höhepunkte des bisherigen Lebens), insbesondere hinsichtlich der Frage: „Welche Einflüsse aus meiner Lebensgeschichte oder meiner aktuellen Lebenssituation wirken sich derzeit mit bestimmter Regelmäßigkeit positiv oder negativ auf meine therapeutische Tätigkeit aus?"

(b) Aktuelle Stärken und Schwächen, Präferenzen und Abneigungen (im Alltag wie im Beruf; z.B. positive/negative Gegenwartserlebnisse, Talente, Ressourcen, Ziele/Werte und zentrale persönliche Überzeugungen, Sorgen und Probleme, persönliche „Achillesferse" etc.)

(c) Künftige Ziele und Entwicklung (z.B. persönliche und berufliche Zukunftspläne, Entwicklungsaufgaben und -erfordernisse, Lernbedürfnisse, präventive Schritte zum Umgang mit künftigen Problemen etc.).

● *Sensibilität für die soziokulturelle Realität von Klienten:* z.B. Wissen über ethnische, gesellschaftliche oder kulturelle Besonderheiten und Normen (u.U. auch von Subkulturen), aufmerksames Registrieren von Spielregeln des Systems, dem Klienten angehören, Beachten der Einflüsse von Alter, Geschlecht, Nationalität, Schichtzugehörigkeit, Lebensstil und Lebensform, religiös-spirituellen Grundhaltungen etc. Dabei ist oft ein hohes Maß an Toleranz gefragt. Umgekehrt gibt es in bestimmten Konstellationen bald Grenzen für Verständnis bzw. Einflußnahme, so daß es nötig sein kann, (a) sich zunächst über die soziokulturellen Systemregeln der Klienten besser kundig zu machen oder (b) gewisse unüberwindliche Barrieren zu akzeptieren und an solche Kollegen weiterzuverweisen, die mit den betreffenden soziokulturellen Normen gut vertraut sind.

● *Orientierung an ethischen/berufsständischen Standards:* z.B. Kenntnis geltender ethisch-berufsständischer Richtlinien für Therapeuten und Supervisoren, Umsetzung dieser Richtlinien in verantwortungsvolles praktisches Handeln, Entwickeln einer „persönlichen Ethik", Arbeit in Einklang mit persönlichen und professionellen Standards etc. Dazu gehören auch übliche Verpflichtungen des Berufsalltags (Zuverlässigkeit, Pünktlichkeit, Dokumentation des Vorgehens, selbständiges Arbeiten usw.).

Für all diese Themen kann die Bedeutung *berufsbezogener Selbsterfahrung/Selbstreflexion* (vgl. zusammenfassend Schmelzer, 1996) nicht intensiv genug betont werden, insbesondere mit dem Ziel, (a) positive Motive, Talente, Stärken und Ressourcen in der Therapie zu nutzen bzw. (b) negative Therapeuteneinflüsse zu begrenzen. Besonders wichtig scheint auch die sog. „Subjekt-Subjekt-Differenzierung" zu sein, wonach besonders Therapeuten zwischen dem „Ich" (d.h. was für *mich* und *mein Leben* adäquat und „richtig" ist) und dem „Du" (d.h. allen subjektiven Maßstäben und Spielregeln des Lebens der *Klienten*) unterscheiden müssen. Andernfalls stehen sie kontinuierlich in der Gefahr, auf Basis egozentrischer Interessen zu handeln und Klienten ihre eigenen Standards überzustülpen. In dieser Hinsicht haben Kanfer et al. (1996, S.494 ff.) drei sogenannte „Teufelchen" beschrieben, die „auf der Schulter eines jeden Therapeuten sitzen" und ständige Wachsamkeit erfordern. Dazu gehören:

(1) Voyeurismus (ein übergroßes Interesse an Lebensumständen von Klienten, das nur durch die persönliche Neugier des Therapeuten, nicht aber durch therapeutische Notwendigkeiten zustandekommt);
(2) Ausüben von Macht und Kontrolle (Demonstration von Überlegenheit als Selbstzweck; Sonderform: „missionarischer Bekehrungseifer"); und
(3) Selbsttherapie (mißbräuchliche Nutzung der Therapie, um sich selbst zu helfen bzw. eigene Probleme „auf dem Rücken der Klienten" auszutragen).

Falls solche egozentrischen Interessen von Therapeuten im diagnostisch-therapeutischen Prozeß überhohe Bedeutung erlangen, sind negative Therapieeffekte für Klienten hochwahrscheinlich. Deshalb ist das Beobachten und Registrieren persönlicher Einflußgrößen eine *kontinuierliche* – und nie beendete – Aufgabe von Therapeuten (und Supervisoren) im Laufe ihrer gesamten Berufstätigkeit. Supervision kann in dieser Hinsicht eine wichtige Hinweisfunktion übernehmen.

Viele dieser persönlichen Haltungen und Motive werden nicht bereits zu Beginn einer Ausbildung/Supervision vorhanden sein, so daß ein wesentliches Moment der Ausbildung auch darin besteht, mit allen zur Verfügung stehenden therapiedidaktischen Möglichkeiten (z.B. Lernen am Modell, zielgerichtete positive Verstärkung, Selbsterfahrung, Fremdkonfrontation, Anleitung zu Selbstreflexion etc.: vgl. Kap.6.3) eine verhaltenstherapeutische *„Selbstmanagement"-Identität* (in Analogie zu den Überlegungen von Bellingrath, 1994 oder Frank et al., 1992) zu fördern.

7.4.2 Fachliche Qualifikationen von Selbstmanagement-Therapeuten

Vor dem Hintergrund einer kognitiv-verhaltenstherapeutischen Grundorientierung wurde in Kap.7.3 bereits eine Vielzahl fachlich-therapeutischer Kompetenzen präsentiert. Da sich bestimmte Nennungen immer wieder – zum Teil unter etwas veränderten Begriffen – wiederholen, darf darauf geschlossen werden, daß es sich dabei um die *zentral bedeutsamen Qualifikationen* von Verhaltenstherapeuten handelt, die auch den Kern unseres Ansatzes ausmachen. Die erforderlichen Fachkompetenzen lassen sich nach verschiedensten Kriterien sortieren; aus Darstellungsgründen habe ich mich für folgende Dreiteilung entschieden:

(a) Generelles therapeutisches Basisverhalten (interpersonale Interaktionsfertigkeiten, Gesprächsführung, Kommunikation und soziale Kompetenz),
(b) diagnostisch-therapeutische Kompetenzen (auf Basis des 7-Phasen-Modells: Kanfer et al., 1996, S.133 ff.) sowie
(c) spezielle Prozeßfertigkeiten.

Der Vollständigkeit halber muß erwähnt werden, daß zum „Gesamt" des Selbstmanagement-Therapeuten natürlich noch die im vorigen Kapitel beschriebenen *persönlichen* Merkmale gehören. Die nachfolgend beschriebenen Kompetenzen sind im nachfolgenden Abschlußkapitel zu einem symbolischen „Haus wichtiger Selbstmanagement-Fertigkeiten" zusammengesetzt (Abbildung 9 auf S.177).

(a) Generelles therapeutisches Basisverhalten. Die *interpersonalen Interaktionsfertigkeiten* haben schulenübergreifend den Status therapeutischer Basisvariablen. Dazu rechne ich in erster Linie Fähigkeiten der Gesprächsführung und Interaktion, der verbalen, nonverbalen und paraverbalen Kommunikation, soziale Kompetenz (Kontakt, Kooperation, Selbstsicherheit und Durchsetzung) sowie Fertigkeiten der interpersonalen Wahrnehmung und der „objektiv"-verhaltensnahen Beobachtung (im Gegensatz zur Interpretation). Diese Kompetenzen stellen das notwendige *Fundament* jeder Therapie dar und stehen in der praktischen Therapieausbildung meist ganz am Anfang der zu vermittelnden Lernziele. Sie haben deswegen erhöhte Bedeutung, weil alle *spezifischen* Interventionen (siehe unten) nur dann Effekte zeigen, wenn es gelingt, die therapeutische Kommunikationssituation optimal für die Umsetzung zu nutzen. Da die wichtigsten Elemente und Kompetenzen in einer ganzen Reihe von Publikationen ausführlich beschrieben sind (vgl. z.B. Bachmair, Faber, Hennig, Kolb & Willig, 1994; Hackney & Cormier, 1993; Ivey, 1983; Ivey & Authier, 1978; Kanfer et al., 1996, S.374 ff.; Lutz, 1996; Schulz von Thun, 1981; Truax & Carkhuff, 1967; Tscheulin, 1980a-c; Ullrich de Muynck & Ullrich, 1976 u.v.a.), erübrigt sich hier eine ausführlichere Diskussion.

(b) Diagnostisch-therapeutische Kompetenzen und Lernziele: Ableitungen aus dem 7-Phasen-Modell. Die diagnostisch-therapeutischen Fertigkeiten von Selbstmanagement-Therapeuten sind im 7-Phasen-Modell von Kanfer et al. (1991, 1996) umfassend beschrieben. Aus Platzgründen wurde eine detaillierte Lernzieltypologie in den Anhang ausgelagert. Diese differenziert die jeweiligen Schwerpunktziele von generellen Oberbegriffen (wie z.B. „Motivationsaufbau") über grobgerasterte Lernziele (wie z.B. „Ziele klären") bis hin zu ganz konkreten, feingerasterten Lernzielen (wie z.B. „kleine Fortschritte verstärken"). Überblicksweise sollte ein Therapeut, der nach dem 7-Phasen-Modell arbeitet, zu folgenden Schritten in der Lage sein (Details siehe Anhang A):

- Aufbau einer kooperativen Therapeut-Klient-Beziehung (eingebettet in therapeutisches Basisverhalten: z.B. Rollenstrukturierung vornehmen, Struktur und Unterstützung vermitteln, zur Zusammenarbeit motivieren, Anstöße geben etc.);
- Sichtung von Eingangsbeschwerden und Eingangserwartungen bis hin zu ersten Überlegungen hinsichtlich therapeutischer Ansatzpunkte;
- Optimieren der „äußeren" Therapiesituation (organisatorische Aspekte klären, günstiges „Setting" schaffen);
- Aufbau und Aufrechterhaltung von Therapie- und Änderungsmotivation (Anreize für Veränderungen ins Blickfeld nehmen, „neue Träume träumen" lassen etc.);

- Durchführen einer Verhaltensanalyse auf situativer und kontextueller Ebene incl. Erstellen eines funktionalen Bedingungsmodells (Suche nach aufrechterhaltenden Problembedingungen; funktional-systemische Verhaltensanalyse etc.);
- Klären, Analysieren und Vereinbaren therapeutischer Ziele (Therapie- und Lebensziele);
- Planung, Auswahl und Durchführung spezieller Methoden (Therapieplanung, personspezifischer Zuschnitt von Standardmethoden, zielorientierte Neukonstruktion von Lösungsschritten)
- Fähigkeiten zur Evaluation therapeutischer Fortschritte (PRÄ/POST und therapiebegleitend);
- Aktive Maßnahmen zur Stabilisierung und zum Transfer therapeutischer Interventionen
- Vermitteln von Problemlösen und Selbstregulation als „Prozeß";
- adäquates Beenden und Ausblenden der Kontakte
  etc.

Dank der Pionierarbeit Frederick Kanfers sind solche Fertigkeiten in vielen neueren verhaltenstherapeutischen Curricula bereits explizit als Lernziele spezifiziert. Dabei gilt das Prinzip, daß der Erwerb bzw. die Evaluation der notwendigen Kompetenzen umso leichter fällt, je konkreter diese Fertigkeiten operationalisiert sind. Zwischenzeitlich mehren sich auch die Stimmen, die dem 7-Phasen-Modell die Fähigkeit zuschreiben, die von Grawe (1994; Grawe et al., 1994) herausgearbeiteten *vier generellen psychotherapeutischen Wirkfaktoren* – in systematischer Form in die Praxis umzusetzen, nämlich: (1) Aktive Hilfe zur Problembewältigung, (2) Klärungsarbeit, z.B. hinsichtlich eigener Motivation, (3) Prinzip der realen Erfahrung („erfahrungsorientiertes Lernen") sowie (4) Ressourcenaktivierung (in erster Linie via unterstützende Therapeut-Klient-Beziehung).

(c) Zusätzliche Prozeßfertigkeiten für Selbstmanagement-Therapeuten. Neben den obigen *direkt* dem 7-Phasen-Modell entlehnten Fertigkeiten (die im Originalmodell wesentlich konkreter formuliert sind) gibt es eine Reihe *genereller* Prozesse, die sich wie ein roter Faden durch *alle* Phasen ziehen (wie z.B. Fähigkeiten zum Problemlösen, verhaltensnahes Vorgehen, ständiges Konkretisieren vager Begriffe, zukunftsorientiertes Vorgehen = Arbeit an Lösungen, Trennung von „Problemen" und „Tatsachen" und vieles mehr). Im einzelnen geht es um folgende Gesichtspunkte, die in Kanfer et al. (1996) ausführlicher beschrieben sind (Übersicht 12):

Problemlöse-Kompetenzen: Statt ineffektiver Strategien (z.B. Impulshandlungen bzw. Aus-dem-Feld-gehen) Eintritt in einen systematischen Problemlöseprozeß („Stop and think!"); konkrete Identifikation/Definition von „Problemen" (auch: Unterscheidung von „Problemen" und „Tatsachen"); Suche und Festlegen von Zielen (auch: Unterscheidung von „Zielen" und „Utopien"); lösungsorientierte Mittelsuche (maßgeschneidertes Abstimmen auf den Einzelfall); Entscheiden (Befolgen von Entscheidungsregeln, Pro-/Contra-Analyse etc.); Evaluation der eingeschlagenen Schritte; flexibler Umgang mit kontinuierlichen Problem- und Zielfluktuationen („Dynamik"); rekursives Vorgehen etc.

Soziale und klinische Urteilsbildung (Informationsverarbeitung): Mustererkennung/ Diskrimination relevanter Ereignisse und Abläufe; ökonomische Informationsverarbeitung (Komplexitätsreduktion ohne Verlust des Wesentlichen); Hypothesenleitung und ergebnisorientiertes Optimieren; Selbst- und Fremdreflexion eigener Urteilsprozesse; kognitive Organisation des Vorgehens (Kognitive Modelle, Organisationsinstrumente, Komplexitätsreduktion etc.); Optimieren klinischer Urteilsprozesse/Geringhalten von Beurteilungsfehlern etc.

Systemkompetenzen: Berücksichtigen des Gesamtsystems (global denken, lokal handeln); Analyse und Berücksichtigung der jeweiligen Systemregeln; Vermeiden von Systemfehlern (Reparaturdienst-Verhalten, Ignorieren von Neben- oder Folgewirkungen etc.); Mikro-/Makro-Perspektive (Zoom-Objektiv-Metapher; Figur/Grund-Muster; Tele- vs. Weitwinkelperspektive, Rasterung des „Auflösungsgrads" etc.); kontinuierliche „Hintergrundkontrolle" etc.

Professionelle Arbeitsorganisation: Dokumentation; Fallaufbereitung und -darstellung; Zeitplanung; Prioritätensetzung; Strukturieren der Therapie bzw. der einzelnen Sitzungen; Befolgen ethisch-berufsständischer Richtlinien; Grenzen setzen; selbständiges Arbeiten (unter Nutzung von externem Feedback); bedarfsweise Inanspruchnahme externer Hilfen; Aufbau eines psychosozialen und kollegialen Netzwerks; lebenslange professionelle Weiterentwicklung; Weiterbildung/Supervision/kollegialer Austausch etc.

Störungsbildspezifisches Wissen und Können: Diagnostik (Klassifikationssysteme bzw. Verhaltensdiagnostik); aktueller Forschungsstand zu Ätiologie, Genese und Behandlung; Umsetzung aktueller Behandlungsmethoden etc.

Arbeitsfeldspezifische Fertigkeiten: Umgang mit bestimmter Klientel (z.B. mit Kindern und Jugendlichen, alten Menschen, Suchtpatienten etc.); ambulante vs. stationäre Einrichtung; Einzel- vs. Gruppenarbeit; Umgang mit spezifischen Arbeitsanforderungen (z.B. Beratung, Therapie, Verwaltung, Lehre, Forschung) etc.

Meta-Kompetenzen: Umgang mit dem 7-Phasen-Modell (Aufstieg bzw. Stop + retour); „Störfall-Analyse" bei „Binnen-Problemen" oder Mißerfolgen; Umgang mit schwierigen Therapiesituationen; bedarfsgerechtes Umschalten zu anderen Herangehensweisen (z.B. Krisenintervention, Langzeitbegleitung etc.); Umgang mit „Widerstand", „Psycho-Fallen" und „Interaktions-Spielen"; Kreativität des Vorgehens (z.B. Neukombination von Methoden); „Coping with the unexpected"/flexibles Vorgehen, flexible Planung (Alternativen) etc.

Befolgen phasenübergreifender Leitlinien: 6 Denkregeln befolgen (Kanfer et al., 1996, S.365 ff.); Kanfers 11 Gesetze der Therapie beachten (Kanfer et al., 1996, S.553 ff.); datennahes, konkretes Vorgehen (z.B. Objektivierung, intersubjektives Nachvollziehen); „automatic/controlled information processing" (Durchbrechen automatischer Abläufe, insbesondere im bisherigen Umgang mit Problemen: Alternativen? Vergleiche anstellen lassen; unhinterfragte Glaubenssätze hinterfragen; ungewohnte Lösungen suchen lassen etc.); präventives Arbeiten (ziel- und zukunftsorientiertes Vorgehen); Prinzip der minimalen Intervention; ressourcenorientiertes Arbeiten: Aktivierung persönlicher Stärken; Handlungsrelevanz aller Daten und Informationen: Pragmatische Orientierung (Nutzen!); zeitliche Begrenzung der Therapie; adäquates „Timing" von Interventionen; Förderung von Autonomie und „self-efficacy" (auch: Verantwortung bei Klienten lassen); Kompetenzvermittlung und Befähigung („empowerment"); schrittweise Kompetenzsteigerung bei optimalem Schwierigkeitsgrad von Aufgaben etc.

Emotionale Skills: Persönliche Belastungsverarbeitung/Umgang mit beruflichen Problemen; Burnout-Prävention (Angstbewältigung/Streßbewältigung; Ambiguitätstoleranz; Psychohygiene; Entspannung; Fitness; Genuß und Genießen etc.); Kenntnis eigener emotionaler Schwachstellen (und Stärken) etc.

(Fortsetzung nächste Seite)

Selbstreflexives Arbeiten (sowie Nutzung von Fremdfeedback): Selbstbeobachtung/Selbstevaluation/ Selbstverstärkung (Selbstkontrolle); Selbstreflexion persönlicher Einflüsse (+/-); Ziel: Maximierung von Objektivität, Neutralität und Toleranz sowie Kontrollieren eigener Motive und Interessen (auch: Nutzung persönlicher Stärken); konstruktive Selbstinstruktionen und Meta-Regeln (z.B. „STOP! Erst klären: Worum geht es genau?"); Aufbau und Nutzung interner Prüfkompetenzen („OK so?"); Selbstsupervision/Peer-Supervision; Nutzung externen Feedbacks von Kollegen, Klienten und Supervisoren (auch: Alltagspersonen) etc.

Professionelle Weiterentwicklung: Konservierung von Neugier und Weiterlernen; eigenständige Lektüre; Fort- und Weiterbildung; Nutzung kollegialer Kommunikationsnetzwerke; Nutzung professioneller Informationsdienste; berufsbezogene Selbsterfahrung (Reflexion und Selbstreflexion) etc.

Kontinuierliche Selbstentwicklung: Weiterentwicklung der eigenen Person; Bewältigen der jeweiligen „Entwicklungsaufgaben" je nach Lebensphase; Koordination professioneller Anforderungen mit sonstigen Lebenszielen und Interessen (und umgekehrt); Selbstregulation und Selbstmanagement; Nutzung von externem Feedback für eigene Weiterentwicklung (im Sinne von Buber: „Es gibt kein ICH ohne DU") etc.

Supervision und Selbstsupervision: Nutzung professioneller Supervisionsmöglichkeiten; Peer-Supervision; kontinuierlicher kollegialer Austausch; Selbstsupervision etc.

Verbindung von Theorie und Praxis: „Scientist-practitioner-connection" (vgl. S.112); Fähigkeit zur Analyse und Nutzung von Ergebnissen der Grundlagenforschung; prozedurales, anwendungsbezogenes Wissen (Umsetzung Theorie → Praxis); theoretische Grundlagen der jeweils relevanten Themengebiete und Störungsbilder kennen; Kenntnis des aktuellen Stands (Befunde und Vorgehensweisen) der empirischen Therapieforschung etc.

Übersicht 12. Prozeßfertigkeiten für Selbstmanagement-Therapeuten (nach Kanfer, Reinecker & Schmelzer, 1996).

Diese phasenübergreifenden Prozeßkompetenzen sind allerdings mehrheitlich noch nicht so für Ausbildungszwecke aufbereitet wie z.B. therapeutische Standardmethoden oder Basisverhalten der Gesprächsführung. Dementsprechend gibt es in den kommenden Jahren noch viel Nachhol-/Entwicklungsbedarf für curriculäre Planungen.

7.4.3 Statt einer Zusammenfassung: Ein symbolisches „Haus wichtiger Selbstmanagement-Fertigkeiten"

Statt einer textlichen Zusammenfassung schließe ich das Kapitel mit dem Versuch einer optischen Systematisierung der bisher genannten Inhalte und Prozesse ab. Dazu werden die in den vergangenen Kapiteln skizzierten persönlichen, fachlichen und prozessualen Kompetenzen „guter" Selbstmanagement-Therapeuten zu einem symbolischen „Haus wichtiger Selbstmanagement-Fertigkeiten" zusammengefügt (Abbildung 9, vgl. rechte Seite).

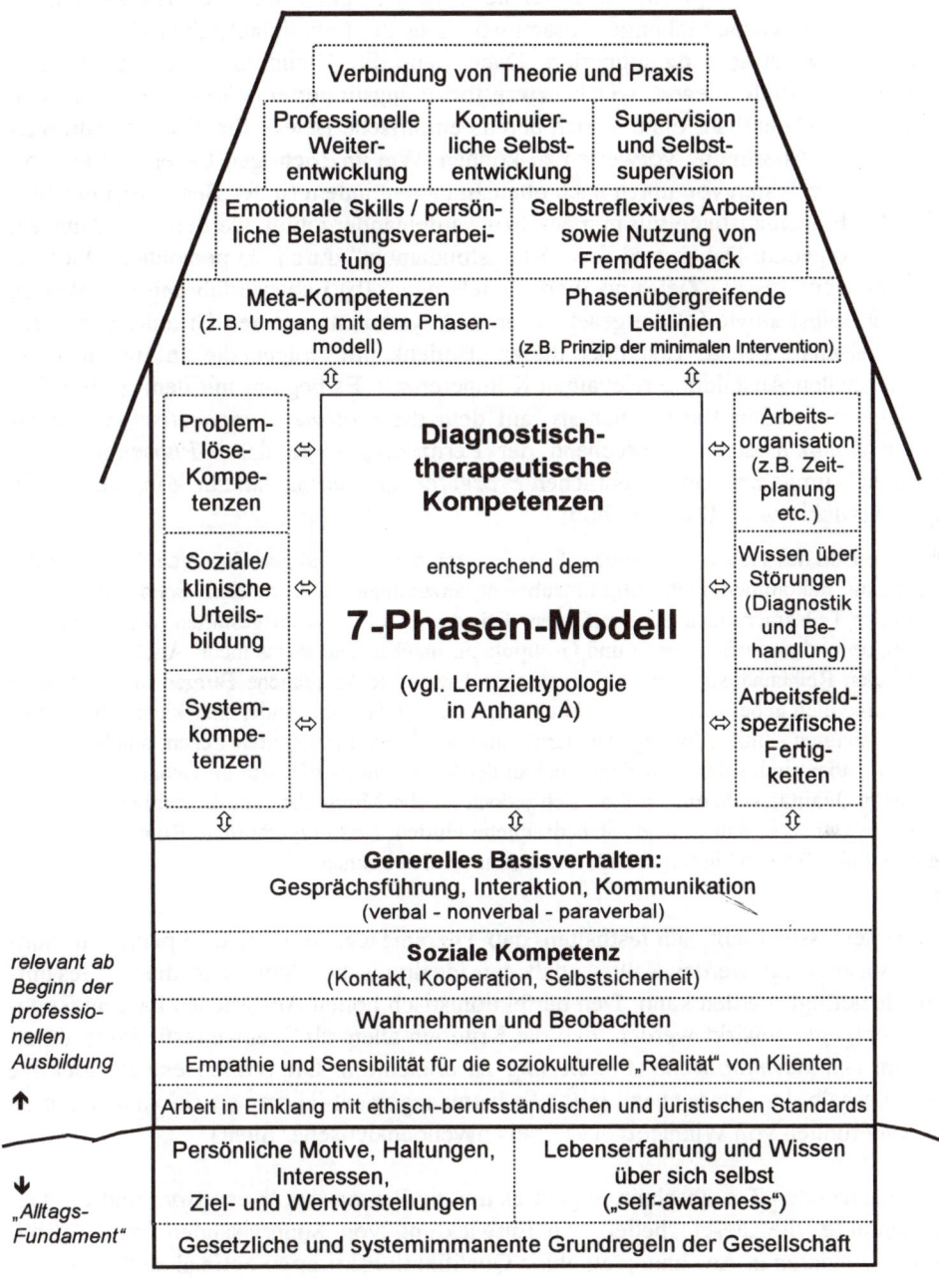

Abbildung 9. Ein symbolisches „Haus wichtiger Selbstmanagement-Fertigkeiten".

Die meisten der oben genannten Bereiche hängen in der Praxis der Therapieausbildung und Supervision viel enger zusammen als es die (aus didaktischen Gründen getrennte) Einzelbetrachtung suggeriert. Dabei kann die Abbildung als überblickshafte Strukturierungshilfe dienen, welche zwar forschungsbasiertes Wissen im Sinne von Orlinsky (1994) enthält, ohne jedoch bereits empirische Belege für die Stichhaltigkeit genau *dieser* Anordnung vorweisen zu können. Wie im „richtigen Leben" ist ein solches Haus am besten von unten nach oben zu bauen, indem (unter Beachtung der Statik) viele Einzelbausteine zusammen- bzw. aufeinandergefügt werden, die dann ein „Ganzes" ergeben. Dabei wird das „Alltagsfundament" durch (a) persönliche Motive, Haltungen, Interessen, Ziel- und Wertvorstellungen, (b) Lebenserfahrung und Wissen über sich selbst sowie (c) die gesetzlichen und systemimmanenten Grundregeln unserer Gesellschaft gelegt. Erst über dieser „Bodenkante" folgen die ab Beginn einer professionellen Ausbildung relevanten Kompetenzen. Es beginnt mit dem großen Bereich des generellen Basisverhaltens, auf dem die *zentralen diagnostisch-therapeutischen Kompetenzen* (entsprechend der Lernzieltypologie des *7-Phasen-Modells*) aufbauen – umgeben von wesentlichen *Prozeßfertigkeiten* bis hin zur kontinuierlichen Selbstentwicklung im Dachgeschoß.

Um beim Bild des Hauses zu bleiben: Es wird nach dem erstmaligen Errichten des Gebäudes auch darauf ankommen, rechtzeitig umzubauen, anzubauen, zu renovieren, Schönheitsreparaturen oder Teilsanierungen durchzuführen, Erker oder Balkone zu gestalten, den Garten zu pflegen, ab und zu aufzuräumen und Großputz zu machen und vieles mehr. Auch wird es neben soliden Reihenhäusern oder schmucklosen Häuserblocks manche Burgen und Schlösser oder Prunkvillen geben, daneben wiederum massive Sandsteingebäude, eher kleine aber solide Funktionsbauten – mit „Vorzeigezimmern", aber auch unaufgeräumten Ecken, solche in „1a-Zustand", aber auch solche mit Schimmel an der Wand und Holzwurm im Gebälk. Unter dem Stichwort Qualitätssicherung sollten sich jedoch solche Minimalstandards etablieren, die zumindest verhindern, daß gesundheitsbedrohliche Hütten, einsturzgefährdete Ruinen oder Fassaden mit abrißreifem Hintergebäude angeboten werden können.

Zusammenfassend läßt sich festhalten, daß Therapieausbildung und Supervision möglichst so angelegt werden sollten, daß den idealtypischen Vorgaben dieses Gesamtkapitels gefolgt werden kann. Den perfektionistisch hohen Ansprüchen kann m.E. dadurch entgegengewirkt werden, daß die Kriterien allenfalls Wegweiserfunktion erhalten, um eine *asymptotische Annäherung* zu erleichtern. Die *realistische* Perspektive bleibt deshalb der „hinreichend gute" Selbstmanagement-Therapeut (in Anlehnung an die Äußerungen von Winnicott, 1973, aus psychoanalytischer Sicht).

In den folgenden Textabschnitten geht es um die Person des *Supervisors* und um Gesichtspunkte, die diesem helfen, die Entwicklung von Supervisanden bzw. Ausbildungskandidaten in Anlehnung an obige Qualifikationskriterien optimal zu fördern.

8 Die Person des Supervisors

In Analogie zur Bedeutsamkeit der *Therapeuten*person für das Gelingen einer *Therapie* stellt die Person des Supervisors eine wichtige Größe für den Supervisionsprozeß dar. Deshalb stehen in diesem Kapitel Fragen zur Qualifikation, Entwicklung und Ausbildung „guter" Supervisoren im Mittelpunkt. Ich beginne zunächst mit der Suche nach (8.1) Qualifikationskriterien und Basiskompetenzen und einer Beschreibung (8.2) typischer Stadien der Entwicklung von Supervisoren, bevor die (8.3) Ausbildung sowie die Supervision für Supervisoren („Lehr-" und „Kontrollsupervision") diskutiert werden. Die wichtigsten Inhalte fließen – soweit sie mit den Grundannahmen unseres Modells kompatibel sind – in das Abschlußkapitel ein, in dem einige (8.4) Konsequenzen für den „idealen" Selbstmanagement-Supervisor zusammengefaßt sind.

8.1 Qualifikationskriterien und Basiskompetenzen von Supervisoren: Einige Anhaltspunkte aus der bisherigen Literatur

Dieser Abschnitt enthält – ohne Anspruch auf Vollständigkeit – einen beispielhaften Querschnitt verschiedenster persönlicher und fachlicher Kompetenzen, die als notwendige Qualifikationskriterien von Supervisoren in der Literatur genannt werden. Die Quellen reichen dabei von den Qualifikationskriterien für Supervisoren amerikanischer Beraterausbildungen (8.1.1), der amerikanischen und deutschsprachigen Sozialarbeit (8.1.2) über therapieschulenübergreifende allgemeine Merkmale eines „idealen" Supervisors (8.1.3) bis hin zu speziellen Kompetenzen von Supervisoren für neuere kognitiv-verhaltenstherapeutische Ansätze (8.1.4).

8.1.1 Qualifikationskriterien für Supervisoren der amerikanischen „Association for Counselor Education and Supervision" (ACES)

Bernard & Goodyear (1992, S.269-273) haben die Kriterien für Supervisoren der amerikanischen „Association for Counselor Education and Supervision" (ACES) publiziert. Darin sind elf Kernbereiche effektiver Supervisoren beschrieben, die sowohl fachliches Wissen und Kompetenzen als auch persönliche Charakteristika umfassen und nach Meinung des amerikanischen Verbands zumindest Augenschein-Validität beanspruchen können. Die wichtigsten Schlagworte sind nachfolgend zusammengefaßt. Dementsprechend sollten qualifizierte Supervisoren folgende Fertigkeiten besitzen:

(1) Tätigkeitsentsprechendes Wissen und Können (erworben mittels Training, Ausbildung und supervidierten praktischen Supervisionserfahrungen);

(2) Rollenadäquates Verhalten (z.B. kontinuierliche Weiterbildungsverpflichtung, Wissen um eigene Grenzen sowie Stärken und Schwächen, verantwortungsvoller Umgang mit Autorität etc.);

(3) Arbeit in Einklang mit ethischen, juristischen, berufsständischen und administrativen Richtlinien der Profession;

(4) Herstellen einer unterstützenden professionellen Supervisionsbeziehung;

(5) Einsatz von Methoden und Techniken in Abhängigkeit vom jeweiligen Zweck;

(6) Berücksichtigung von Entwicklungsaspekten der Supervision;

(7) Adäquate Unterstützung von Supervisanden bei deren Fallkonzeptualisierung und -bearbeitung;

(8) Praktizieren/Vermitteln adäquater Kompetenzen bezüglich Diagnostik, Therapieplanung und Evaluation;

(9) Identifikation mit der Notwendigkeit qualitätssichernder Maßnahmen; dementsprechendes Vermitteln von Methoden zur Dokumentation und Evaluation des Vorgehens;

(10) Adäquate Beurteilung des Kompetenzniveaus von Supervisanden inkl. Feedback für Lernfortschritte;

(11) Hinreichende Kenntnisse des aktuellen Stands der Therapie- und Supervisionsforschung sowie deren adäquate Nutzung für den Supervisionsprozeß.

Abschließend betont die ACES noch die fundierte *Ausbildung* von Supervisoren und präzisiert wichtige Zulassungskriterien (Bernard & Goodyear, 1992, S.272/273). Viele der genannten Gesichtspunkte sind in ein Curriculum für das Training von Supervisoren eingeflossen (Borders, Bernard, Dye, Fong, Henderson & Nance, 1991), das im Abschnitt 8.3 näher betrachtet werden wird.

8.1.2 Kriterien „guter" Supervisoren der Sozialarbeit

Munson (1993, S.15 ff. bzw. S.38/39) hat sowohl fachliche als auch persönliche Charakteristika „guter" Supervisoren in der (amerikanischen) Sozialarbeit beschrieben. Seine Liste umfaßt folgende Aspekte:

- Systematische Beschäftigung mit aktueller Fachliteratur (Lektüre, Vermittlung an Supervisanden)
- Fähigkeit zur adäquaten Abfassung schriftlicher Berichte, Falldarstellungen und Publikationen
- Gute Beobachtungsgabe
- Adäquate Gesprächsführung und Kommunikation
- Aktiver Zuhörer (Mithilfe bei Strukturierung statt Passivität)
- Erkennen verbesserungsbedürftiger Kompetenzbereiche von Supervisanden
- Kreatives Anwenden relevanten theoretischen Wissens in der konkreten Praxissituation
- Konstruktive Analyse und Re-Definition von Problemfällen
- Mustererkennung (Probleme, Interaktionen, Kommunikation)
- Stimulieren von Lerntransfer
- Freude am Lehren
- Geduld und Fehlertoleranz gegenüber Supervisanden
- Kritik und Feedback geben und empfangen

- Bereitschaft zum Erklären und Rechtfertigen eigenen Handelns
- Effektives Planen und Entscheiden
- Teamfähigkeit
- Akzeptieren der Implikationen ihrer Supervisorenrolle (Verantwortung, Macht, Einfluß, Autorität etc.)

Leuschner (1990, S.118, von DS leicht verändert) nennt diesbezüglich aus deutscher Sicht folgende Schwerpunkte, die zu einem guten Supervisor gehören:

- Fähigkeit zu introspektiver Wahrnehmung
- Spannungs- und Unsicherheitstoleranz
- Geduld (angesichts eigener Rat- und Hilflosigkeit)
- Entwicklung eines eigenen theoretischen Standorts
- Fähigkeit zur Analyse psychosozialer Probleme im institutionellen und gesellschaftlichen Bedingungszusammenhang und zur Berücksichtigung der jeweiligen Rahmenbedingungen der Supervision
- Verständnis für intra- und interpsychische subjektive Perspektiven der Supervisanden
- Erkennen und Steuern interdependenter Dynamiken in und zwischen Gruppen
- Fähigkeit zur vorurteilsfreien Suche nach Problemdefinitionen (nach dem Vorbild der „gleichschwebenden Aufmerksamkeit")
- Fähigkeit adäquater Diagnostik und Intervention
- Anwendung theoretischen Wissens auf die konkreten Siutationen der Supervisionspraxis
- adäquate Identifikation und Distanz
- Verstehen und Reflexion von Berufssozialisationsprozessen.

Eine andere Zusammenstellung von Mordock (1990) orientiert sich an den grundlegenden *Funktionen* der Supervision (administrativ, supportiv, edukativ: vgl. Kadushin, 1976 bzw. Kap. 2.2) und thematisiert einige Lernziele für die Ausbildung von Supervisoren wie folgt:

- *Administrative Kompetenzen:* z.B. Arbeitseinteilung, Personalentwicklung, Achten auf die Institutionsphilosophie, adäquate Wahrnehmung der jeweiligen Aufgaben, innerhalb der Organisation adäquate Konfliktlösungsmechanismen in Gang setzen etc.
- *Supportive Kompetenzen:* z.B. Bestätigung des Selbstwerts von Supervisanden, Hilfe beim Umgang mit Belastungen, Arbeitsmotivation erhöhen, Burnout reduzieren, effektive, kompetente Arbeit verstärken (Feedback) etc.
- *Edukative Kompetenzen:* z.B. Wissen und Können weitergeben, Lernbedürfnisse klären, erforderliche Kompetenzen für bestimmte Aufgaben feststellen und vermitteln etc.

8.1.3 Der „ideale Supervisor" (nach Carifio & Hess)

Carifio & Hess (1987/1988) haben sich die Mühe gemacht, die bis zum damaligen Zeitpunkt veröffentlichte Literatur zum Thema zu sichten und – auf einer therapieschulenunabhängigen Meta-Ebene – allgemeine Kriterien eines „idealen" Supervisors zusammenzustellen. Die wichtigsten Ergebnisse sind in der Übersicht 13 präsentiert (vgl. nächste Seite).

1. Individuelle Persönlichkeitsmerkmale (,,Wer ist ein idealer Supervisor"?): Ein guter Supervisor verfügt über ...	• Empathie • Verständnis • bedingungslose Zuwendung • Kongruenz • Echtheit • emotionale Wärme • Respekt	• Transparenz • Konkretheit • Flexibilität • Engagement • Aufmerksamkeit • Neugier • Aufgeschlossenheit
2. Realisierte Funktionen (,,Was tut ein ,,idealer Supervisor"?): Ein guter Supervisor ist in der Lage, ...	• eine dyadische Beziehung aufzubauen, die durch Offenheit, Vertrauen, gegenseitiges Verstehen, wechselseitige Kommunikation und Zusammenarbeit geprägt ist • zu strukturieren • als Therapeut wie als Supervisor fachkompetent zu arbeiten	• datennah vorzugehen (auch: Audio-und Videoaufnahmen realer Abläufe zu nutzen) • (kooperativ) klare Ziele zu setzen, unterschiedliche Lehrmethoden einzusetzen und flexibel vorzugehen • in seinem Vorgehen Supervision von Therapie zu trennen
3. Konkreter praktischer Arbeitsstil (,,Wie arbeitet der ideale Supervisor in der Sitzung"?): Ein guter Supervisor ...	• schafft eine vertrauensvolle, offene Atmosphäre • ist unterstützend • gibt Struktur und Anleitung • vermeidet extreme Formen von Kritik oder Konfrontation • ermöglicht zweiseitige Kommunikation • setzt unterschiedlichste Formen der Einflußnahme ein	• gibt unmittelbares, systematisches, konkretes und eindeutiges Feedback • ist offen für Fragen und Ideen der Kandidaten • ist weder übertrieben direktiv noch besonders passiv; geht didaktisch geschickt vor, ist gleichzeitig einsichts- und gefühlsorientiert • arbeitet nicht als *Therapeut* an persönlichen Problemen des Kandidaten

Übersicht 13. Merkmale des „idealen Supervisors" (Carifio & Hess, 1987/1988).

Die meisten von Carifio & Hess einbezogenen Arbeiten basieren auf „klinischer Intuition" und Erfahrung, persönlichen Einschätzungen und Beurteilungen von Experten oder auf Befragungen von Supervisanden (wobei die von den Autoren zitierten Literaturquellen hier nicht nochmals aufgeführt werden). Aus der Übersicht 13, die von oben nach unten immer konkreter wird, geht hervor, daß *therapeutische* Basisvariablen (Empathie etc.) auch die Grundvoraussetzung „guten" Supervisorenverhaltens darstellen. Neben dem durch Unterstützung, Feedback und Strukturierung gekennzeichneten Beziehungsaufbau wird zielorientiertes, datennahes Vorgehen betont. Dabei setzt der Supervisor – abgestimmt auf den jeweiligen Supervisanden – eine große Bandbreite von Lehrmethoden ein, vermeidet aber therapeutisches Arbeiten an *persönlichen* Problemen des Kandidaten.

Zusätzlich genannte Kompetenzen. Folgende Fertigkeiten „guter" Supervisoren werden in diversen Publikationen zusätzlich angeführt:

• Neutralität, Orientierung an den Bedürfnissen der Supervisanden, ausreichendes Störungs-, Bedingungs- und Änderungswissen, adäquate Kommunikation seiner Eindrücke/Beobachtungen, verantwortliches Handeln (Plessen & Kaatz, 1985, S.26 ff.)

- Gruppenleitung (z.B. Blocher, 1983)
- Ausreichende Kenntnisse gruppendynamischer Prozesse sowie typischer Abläufe in Teams, Institutionen und Organisationen (vgl. Kap.14)
- Erfassung zentraler, affektiv besetzter Anliegen von Supervisanden (Shanfield, Matthews & Hetherly, 1993)
- Finanzielle Unabhängigkeit, Nicht-Manipulierbarkeit (Scobel, 1989, S.41/42).

Weitere anspruchsvolle Listen der erforderlichen Qualitäten für Therapeuten *anderer* Orientierungen (vgl. z.B. Weinshel, 1982 zu den Anforderungen an Lehranalytiker) werden hier nicht angeführt.

8.1.4 Merkmale „guter" kognitiv-verhaltenstherapeutischer Supervisoren

Leith, McNiece & Fusilier (1989, S.67 ff.) haben aus der Perspektive der kognitiven Verhaltenstherapie (allerdings etwas eingeschränkt auf das Spezialgebiet der Sprach- und Hörstörungen) folgende 13 Fertigkeiten „guter" Supervisoren formuliert:

- Aufbau und Aufrechterhalten einer effektiven Arbeitsbeziehung
- Assistenz des Supervisanden bei der Entwicklung von Zielen
- Assistenz beim Aufbau und Verfeinern diagnostischer Fertigkeiten
- Assistenz beim Erwerb und Verbessern von „clinical management skills"
- Demonstration bzw. Begleitung des Supervisanden bei klinischer Arbeit
- Assistenz des Supervisanden beim Beobachten und Analysieren des diagnostisch-therapeutischen Vorgehens während dessen Sitzungen
- Anleitung zur adäquaten Dokumentation von Therapie- und Supervisionssitzungen
- In Kooperation mit den Supervisanden: Gemeinsame Planung, Durchführung und Analyse der Supervisionssitzungen
- Assistenz beim Evaluieren der klinischen Performanz von Supervisanden
- Vermittlung von Kompetenzen für verbale und schriftliche Falldarstellungen, Berichte und Publikationen
- Diskussion ethischer, gesetzlicher und versicherungsrelevanter Aspekte klinischer Praxis
- Modell für professionelles Arbeiten und Auftreten
- Demonstration von Forschungskompetenzen im therapeutischen oder supervisorischen Prozeß.

Insgesamt zeichnet sich der gesamte Ansatz von Leith et al. (1989) durch einen hohen Grad an Operationalisierung und Lernzielorientierung aus, so daß viele Anregungen für die Entwicklung eigener Curricula inkl. Lernzielkontrollen (durch Fragebögen) zu entnehmen sind.

Andere Merkmale speziell für *verhaltenstherapeutische* Supervisoren sind:

- Gute Kenntnisse von und Erfahrungen mit der Behandlung klinisch-psychologischer „Störungsbilder" auf aktuellem Stand der Grundlagenforschung (etwa nach den von Rei-

necker, 1994b für Erwachsene und Petermann, 1995 für Kinder und Jugendliche herausgegebenen Überblicksbänden)
- Modellfunktion in Richtung VT-Identität (vgl. Bellingrath, 1994 bzw. Frank et al., 1992)
- Eigenes vorheriges Durchlaufen der betreffenden (oder einer vergleichbaren) Therapieausbildung (Tillmanns, 1994, S.453)
- Übernahme von Verantwortung für die von Ausbildungskandidaten durchgeführte und von
ihm supervidierte Therapie (Tillmanns, 1994, S.454)
- Praxisbegleitendes Lernen fördern (z.B. durch Operationalisierung von Lernzielen, Strukturierung von Sitzungen, Förderung von Selbstreflexion und Eigenaktivitäten des Auszubildenden etc.: Tillmanns, 1994, S.454/455)
- Anregungen zu entwicklungsgerechtem Lernen geben (Frank, 1995, S.40).

Fazit. Die Betrachtung bisheriger Versuche der Beschreibung von Kriterien eines
„idealen Supervisors" zeigt, daß viele Aspekte denen eines „idealen Therapeuten" ähneln. Dabei gibt es durchaus die Tendenz, Supervisoren als ideale (idealisierte?) Su-
per-Therapeuten darzustellen, die die ohnehin schon hohen Anforderungen an exzellente Therapeuten noch um einiges *übertreffen* sollten. Angesichts der Tatsache, daß
solche perfektionistischen Maßstäbe natürlich nie zu erfüllen sind, kann nicht intensiv
genug auf die realistische Perspektive eines „*hinreichend guten*" Supervisors hingewiesen werden (in Anlehnung an die Gedanken Winnicotts, 1973, aus psychoanalytischer Sicht). Im Wissen um menschliche wie berufliche Schwächen (aber auch im Bewußtsein ebensolcher Stärken!), Schwankungen der „Tagesform" etc. lassen sich die
erwähnten Kompetenzen lediglich als *Leitlinien* und *grobe Richtungswegweiser* verstehen, bei denen in der Praxis allenfalls eine asymptotische Annäherung gelingen
kann.

Selbstverständlich akzeptiert die Selbstmanagement-Supervision die überwiegende Mehrzahl der oben genannten Qualitätskriterien. Eine *explizite* Zusammenstellung
von Kompetenzen des „idealen" Selbstmanagement-Supervisors, die um spezifische
Merkmale des „Selbstmanagement"-Ansatzes ergänzt ist, findet sich im Schlußkapitel
8.4. In den nächsten Abschnitten werden wir erst noch den Fragen nachgehen, ob aus
typischen Entwicklungsstadien von Supervisoren (insbesondere dem Endstadium
„reifer" Supervisoren) zusätzliche Fertigkeiten abzuleiten sind, sowie welche Aspekte
für die Lehr- und Kontrollsupervision berücksichtigt werden müssen.

8.2 Typische Stadien der Entwicklung von Supervisoren

Worthington (1987) sowie Watkins (1995) haben die bis zum jeweiligen Zeitpunkt erschienenen Publikationen zu Modellen und Forschung bezüglich der Entwicklung von
Supervisoren zusammenfassend gesichtet. In Anlehnung an deren Schlußfolgerungen
fällt auf, daß die meisten Konzeptionen analog zu den Entwicklungsmodellen für The-
rapeuten=Supervisanden strukturiert sind (vgl. Kap.3.2), d.h. ähnliche Stufen mit ähnlichen Inhalten aufweisen, sich aber noch mehr als diese in einem rudimentären Forschungsstadium befinden. Lediglich der Fokus liegt jetzt auf der Person des *Supervi-*

sors bzw. auf dem Zeitabschnitt, ab dem Therapeuten Supervisionsverantwortung übernehmen.

Worthington (1987) zog aus den damals acht analysierten Studien u.a. folgendes Fazit (vgl. auch Watkins, 1995, S.649):

- Supervisoren unterscheiden sich durchaus in ihren Supervisionsfertigkeiten.
- Mit wachsender Erfahrung werden Supervisoren nicht unbedingt kompetenter.
- Es gibt wenig empirisches Wissen darüber, ob und wie sich Supervisoren mit zunehmender Erfahrung verändern, was sie als Supervisor effektiv macht und auf welche Weise man Effektivität lernen kann.

Eine vergleichende Betrachtung der bisher vorgelegten Modelle zur Entwicklung von *Supervisoren* läßt folgende Schlüsse zu (Watkins, 1995, S.673 ff.):

- Die Zahl der angeführten Entwicklungsstufen schwankt zwischen drei und vier.
- Die Inhalte der Modelle ähneln sich sehr stark: Alle Modelle beginnen mit einem unsicheren Anfängerstadium, das von einer konflikthaften Übergangsphase abgelöst wird, bis dann – im Zuge wachsenden Wissens und Könnens – eine konsolidierte Ebene als kompetenter, unabhängiger, effektiver Supervisor (u.U. bis hin zum exzellenten „Meister-Supervisor") erreicht ist. Dementsprechend sind die Stadien z.B. bei Watkins, Schneider, Haynes & Nieberding (1995) als „role shock, role recovery and transition, role consolidation, role mastery" bezeichnet.
- Auf Entwicklungsmodelle von Supervisoren treffen die gleichen Kritikpunkte zu wie auf die von Therapeuten (z.B. fehlende Angaben über Faktoren, die die Entwicklung bzw. Stadienübergänge erleichtern; relativ schwache empirische Fundierung, oft mittels Fragebogen-Erhebungen an Studenten oder mittels Querschnitts-Untersuchungen; statt einem *Mehr* an Entwicklungsmodellen wäre eine bessere Ausarbeitung, Revision und Konsolidierung mittels besserer Forschung sinnvoll etc.).

Da die meisten der zuletzt publizierten Modelle (z.B. Hess, 1986, 1987; Rodenhauser, 1995; Stoltenberg & Delworth, 1987 oder Watkins, 1993, 1994; Watkins et al., 1995) mehr Ähnlichkeiten als Unterschiede aufweisen, genügt zur Illustration ihrer Grundstruktur ein beispielhafter Blick auf *eines* der Konzepte. Um die in Kap.3.2 mit der Entwicklung von *Therapeuten* =*Supervisanden* begonnene Linie fortzusetzen, habe ich mich für Stoltenberg & Delworth (1987) entschieden. Diese machen auch Aussagen zu einer „Passung" („matching") zwischen Supervisoren und Supervisanden unterschiedlichster Entwicklungsstufen (Übersicht 14, vgl. nächste Seite).

Eine Voraussetzung für Supervisoren besteht zunächst darin, daß sie selbst alle Ebenen für Therapeuten (=Supervisanden) durchlaufen haben, um dann auf „Ebene 1 für Supervisoren" zu beginnen. Ein Therapeut am Anfang seiner Entwicklung (d.h. ein „Therapeut der Ebene 1") kann aber unmöglich schon ein hochqualifizierter Supervisor der „Ebene 3" sein, wohingegen ein effektiver „Therapeut der Ebene 3" durchaus einen „Ebene 1-" oder „Ebene 2-Supervisor" abgeben kann. Die Hinweise zur optimalen Kombination von Supervisoren und Supervisanden unterschiedlicher Entwicklungsebenen (das sog. „Matching") sind so zu interpretieren, daß (a) Supervisoren im Anfängerstadium eher Therapeuten im Anfängerstadium übernehmen sollten, (b) Supervisoren im konflikthaften (aber relativ kurzen) Mittelstadium ihrer Entwicklung auf emotionale Turbulenzen eingestellt sein und dann allenfalls mit Begleitung arbeiten sollten, während (c) erfahrene oder gar exzellente „Meister-Supervisoren" mit Supervisanden aller Entwicklungsstufen effektiv arbeiten können – von persönlichen Abneigungen oder fehlender Feldkompetenz in bestimmten Bereichen einmal abgesehen.

Ebenen	Inhalte pro Ebene	„Matching +"	„Matching -"
Supervisor der Ebene 1	Hochmotiviert, aber etwas naiv; möchte alles „richtig" machen; relativ mechanistisches Vorgehen; spielt den „Experten"; oft noch abhängig vom eigenen Supervisor; Fokus der Aufmerksamkeit liegt mehr auf eigener Person als auf den Anliegen des Supervisanden; benötigt viel Struktur; großes Interesse am Erfolg der Supervisanden; Tendenz, diesen die eigenen Orientierungen/Techniken aufzudrängen.	Supervisanden der **Ebene 1**	Supervisanden der **Ebene 2** und **Ebene 3**
Supervisor der Ebene 2	Konflikthaft-verwirrendes Stadium; Erkenntnis: Supervison ist doch komplexer und umfaßt mehr Dimensionen als angenommen; Motivationsfluktuationen; emotionale Probleme (Wut auf Supervisanden, Schuldzuweisungen, Rückzugstendenzen); bei kontinuierlichen Problemen gibt es hier die meisten „Aussteiger". Phase 2 ist meist eher kurz und verläuft weniger heftig als bei der Therapeutenentwicklung, da die Supervisorenrolle meist nicht so zentrale Bedeutung hat (man kann eben auch „nur" Therapeut sein, ohne daß die persönliche Identität leidet).	allenfalls mit Co-Supervision: **Super-visanden der Ebene 1** und **Super-visanden der Ebene 2**	**alle**
Supervisor der Ebene 3	Konsolidierung der Supervisionsarbeit; konsistente Motivation, als Supervisor zu arbeiten; Interesse an eigener Weiterentwicklung; „Supervisor-Sein" ist *eine* von mehreren beruflichen Rollen; Fähigkeit zu autonomem Arbeiten, kann bei Bedarf aber auch Beratung/Supervision von anderen in Anspruch nehmen; eigene Bedürfnisse werden mit denen von Supervisanden gut in Einklang gebracht; angemessenes Berücksichtigen von Setting-Faktoren; Supervisor kann je nach Bedarf *verschiedene* Funktionen erfüllen; ehrlich-selbstkritische Einschätzung eigener Stärken und Schwächen; in den meisten Situationen ist ein sicheres und gelassenes Arbeiten möglich; Ebene 3 wird von den meisten Supervisoren erreicht.	**alle** (evtl. persönliche Präferenzen bzw. je nach Spezialgebiet)	**keine** (evtl. persönliche Abneigungen)
Ebene 3 „integriert"	Exzellente Effektivität als Supervisor auf vielen Gebieten; fähig zur Supervision fast aller Supervisanden auf allen Entwicklungsstufen; „Meister-Supervisor".	**alle**	**keine**

Übersicht 14. Entwicklungsebenen von Supervisoren (nach Stoltenberg & Delworth, 1987, S.154-158).

8.3 Ausbildung und Supervision von Supervisoren („Lehr-" und „Kontrollsupervision")

Die Resultate von Worthington (1984, 1987), wonach sich die „Erfahrung" von Supervisoren – gemessen in Berufsjahren – nicht automatisch in Form von verbesserter Effektivität bemerkbar macht, sind ein deutlicher Beleg für die Wichtigkeit einer fundierten Supervisorenausbildung. Dennoch ist bislang relativ wenig darüber bekannt, auf welche Weise man Therapeuten zu guten Supervisoren machen kann. In den meisten Therapieschulen wird nach dem (ungeprüften) Glaubenssatz verfahren, daß gute Therapeuten auch in der Lage sind, Supervision zu geben. Bernard & Goodyear (1992, S.11) weisen aber zurecht darauf hin, daß beispielsweise ein guter Sportler nicht unbedingt ein guter Trainer oder Sportreporter werden kann (*manchmal schon...*).

Betrachtet man den Prozeß der Professionalisierung von Therapie und Supervision und geht man davon aus, daß sich gesellschaftlich relevante Tätigkeiten im Lauf der Zeit „institutionalisieren", so befinden wir uns derzeit wohl in einem Übergangsstadium:

In der Generation der „Gründerväter" (und auch in der ersten oder zweiten Nachfolgegeneration) neuer Therapieschulen war es obsolet, eine systematische Supervisionsausbildung einzufordern. Niemand hätte wohl Sigmund Freud, Carl Rogers, Milton Erickson, Frederick Kanfer, Arnold Lazarus oder Joseph Wolpe gefragt, ob sie denn überhaupt eine Supervisionsausbildung absolviert hätten (bei wem denn auch?); ihre Kompetenz bzw. „natürliche" Fachautorität kann als über Jahrzehnte implizit bewiesen und allgemein anerkannt gelten. Zudem war bei den genannten Personen sowieso eine starke Tendenz zur Präsentation ihrer Konzepte (und ihres praktischen Handelns) vor Experten, zu kollegialem Austausch, Reflexion und Selbstreflexion des eigenen Tuns zu verzeichnen, was keineswegs für alle Therapeuten selbstverständlich ist. Neben solchen Personen der ersten Stunde gibt es außerdem viele verantwortungvoll und kompetent tätige Supervisoren, die sich aus *eigener* Initiative um eine adäquate Qualifikation bemüht haben, *ohne* ein formelles Ausbildungszertifikat vorweisen zu können. Pühl (1990c) verwendet dafür – keineswegs abwertend – den Begriff *„wilde" Supervision* (in Anlehnung an die Worte Groddecks, der sich 1920 als „wilder Analytiker" bezeichnete, weil er ohne Ausbildung und trotz fehlender eigener Analyse als Psychoanalytiker tätig war und Freuds Anerkennung hatte...).

Mittlerweile (mit Blick auf Themen wie Psychotherapeutengesetz, Qualitätssicherung, Patientenschutz und Legitimation des professionellen Handelns mittels Evaluation) wird eine systematische Ausbildung für Supervisoren immer wichtiger, und sowohl Ausbildungsrichtlinien für Psychotherapeuten (z.B. AGPT, 1995/1996) als auch für Sozialarbeiter und deren Supervisoren (z.B. Deutsche Gesellschaft für Supervision) enthalten explizite Standards für Supervisoren und deren Qualifikationen. Es ist allerdings Weigand (1990a, S.190) beizupflichten, der die Lehrsupervision als Spiegelbild des Entwicklungsstands bzw. des Professionalisierungsgrads von Supervision bezeichnet, wobei sich die Kluft zwischen theoretischem Anspruch und praktischer Wirklichkeit besonders bemerkbar macht, und zudem sekundäre Ziele (Profilierung, kommerzielle Interessen, Existenzsicherung der Anbieter, Kampf um Marktchancen etc.) wichtiger sein können als fachlich fundierte Konzepte.

Trotz des kritischen Forschungsstands der Disziplin „Supervision" gibt es eine Reihe stichhaltiger Argumente, die die Notwendigkeit einer systematischen Supervisionsausbildung für die Zukunft untermauern: (1) So ist das Gründerstadium von Therapieschulen längst vorbei und eine Pflicht zur Legitimation der jeweiligen Effektivität des Vorgehens entstanden. Dies betrifft sowohl Therapie als auch Supervision, wobei eine fundierte Ausbildung als *Maßnahme zur Sicherung von Strukturqualität* (Donabedian, 1966) anzusehen ist. (2) Ausbildung läßt sich als ethische Notwendigkeit betrachten, weil die Ausübung von Supervision *ohne* entsprechende Kompetenzen einem Verstoß gegen berufsständische Verpflichtungen gleichkäme (vgl. Newman, 1981; Upchurch, 1985 etc.). (3) Eine fundierte Supervisionsausbildung hat auch supportive Funktion, weil sie den Übergang von der vorherigen Therapeuten- in die Supervisorenrolle erleichtert:

So empfehlen z.B. Blankman, Dobrof & Wade (1993) *Gruppen*, um angehenden Supervisoren bei der Übernahme ihrer neuen Rolle beizustehen („time-limited supervision support groups"). In Übereinstimmung mit den Modellen zu Entwicklungsstadien von Supervisoren (vgl. Kap. 8.2) sind wichtige Themen: Umgang mit Autorität, veränderte Rolle in Institutionen, Übergang vom Therapeuten zum Ausbilder mit auch administrativen Aufgaben, neue Anforderungen („hiring & firing", Grenzen setzen, beurteilen etc.), höherer Grad an Verantwortung u.v.m. Aus anderer Perspektive berichtet Lehmenkühler-Leuschner (1990) über die Bedeutsamkeit, sich als neuer Supervisor mit veränderten Rollenanforderungen vertraut zu machen (z.B. mit Verantwortung und Kontrolle).

Was die *Art* und die *Inhalte* von Lehrsupervision betrifft, so hat die (deutschsprachige) Sozialarbeit schon relativ früh mit der Diskussion begonnen. Seit der allerersten Publikation von Leuschner (1979) sind zwischenzeitlich eine Reihe anderer Arbeiten zu diesem Thema erschienen (vgl. z.B. insbesondere den Sammelband von Boettcher & Leuschner, 1990 bzw. Derra-Wippich, 1991; Kersting, Krapohl & Leuschner, 1988 oder Schigutt, 1991). Auch international wurde die Ausbildung von Supervisoren mittlerweile aus verschiedenster Sicht diskutiert und theoretisch wie praktisch vorangetrieben (vgl. z.B. Bernard, 1979; Borders et al., 1991; Borus & Groves, 1982; Clarkson & Gilbert, 1991; Hoffman, 1994; Russell & Petrie, 1994; Taub, Porter & Frisch, 1988; Watkins, 1992 etc.). Zwar ist nur ein gewisser *Teil* der dortigen Erkenntnisse auf die Selbstmanagement-Supervision übertragbar; dennoch lassen sich für unsere Fragestellung einige Anleihen nehmen.

Zur Begriffsklärung. Als *„Lehrsupervision"* wird die Situation bezeichnet, daß ein älterer, erfahrener Supervisor einen jüngeren, unerfahrenen Kollegen lehrt, wie man Supervision macht – meist in Form einer direkten Praxisbegleitung von dessen Supervisionstätigkeit (zum Teil auch mittels Lernen am Modell). Dabei kommen – mehr noch als sonst in der Supervision – explizit *lehrende* Elemente zum Tragen (z.B. unterrichtende, verhaltenskorrigierende, hinweisgebende und didaktische Interventionen: vgl. auch Jansen & Langthaler, 1990, S.48).

In der *Supervisionsausbildung* (Synonym: *„Ausbildung für Ausbilder"*) geht es um das systematische Erlernen der Tätigkeit eines Supervisors, meist in Form längerfristig angelegter praxisbezogener Curricula. In Ergänzung dazu hat die *„Supervision der Supervisoren"* (oft gebrauchtes, aber etwas mißverständliches Synonym: *„Kontrollsupervision"*) den Zweck, die – bereits gelernte – Supervisionstätigkeit zu reflektieren, einen adäquaten Umgang mit schwierigen Supervisionssituationen zu ermöglichen und die eigene Supervisionspraxis durch den Austausch mit externen Perspektiven zu optimieren (vgl. Berker, 1995a). Supervision für Supervisoren kann (a) als *verpflichtender Teil* der Supervisorenausbildung vorgesehen sein (dann rechtfertigt sich der Begriff „Kontrollsupervision") oder aber (b) als freiwillige professionelle Angelegenheit in die Verantwortung der – bereits „fertigen" – Supervisoren übergehen (dann meist in Form einer kollegialen Peer-Supervision).

Einige relevante Aspekte bisheriger Erfahrungen mit Supervisionsausbildungen. In teilweiser Anlehnung an Wittenberger (1990, S.17 ff.) können aus bisherigen Supervisionsausbildungen vorliegende Erfahrungen zu einer schulenübergreifenden Typik zusammengefaßt werden. So müssen z.B. folgende Aspekte besondere Berücksichtigung finden:

- Jede Supervisionsausbildung sollte konzeptuell mit der jeweiligen therapeutischen Richtung in Einklang stehen. Dies spricht klar gegen einen sog. „Uniformitätsmythos der Supervision" (in Anlehnung an Kiesler, 1966), wonach jeder Supervisor in jedem Arbeitsfeld tätig werden könnte.
- Supervisoren und Ausbilder sollten ihre bislang impliziten („privaten") Annahmen über das optimale Vorgehen und relevante Inhalte für die Ausbildung ihrer Kandidaten zunehmend *explizieren*.
- Es können Rollenkonflikte auftreten zwischen (a) der autonomen Tätigkeit als Therapeut und (b) dem eher abhängigen Schülerstatus des beginnenden Supervisors.
- Durch kostspielige und zeitaufwendige Ausbildungen können u.U. erhebliche finanzielle Belastungen bzw. Bewährungsproben für Partnerschafts- und Familienbeziehungen entstehen.
- Mögliche Rivalitäten zwischen Lehrtherapeuten bzw. Ausbildungsinstituten (impliziter und expliziter Wettbewerb, der möglicherweise die notwendige Neutralität gefährdet).
- Konflikt zwischen Diskretion/Intimitätsschutz vs. Begutachtung des Kandidaten (z.B. hinsichtlich dessen Beziehungsfähigkeit, Flexibilität, Professionalität und Kreativität: Jansen & Langthaler, 1990, S.53/54).
- Adäquate Gestaltung von Evaluationsmaßnahmen, Zwischenauswertungen und Lernkontrollen (z.B. zwei schriftliche Ausarbeitungen sowie drei Hausarbeiten bei Krapohl & Langthaler, 1990, S.73).
- Gefahr, daß der Lehrsupervisor den Rang des Obersupervisors und Über-Therapeuten erhält.
- Schwierigkeiten können sich auch durch das erforderliche Um- oder Dazulernen ergeben, denn: „Kein Kandidat kann neu beginnen, das Bisherige aufgeben, ein Stück seiner Lebens- und seiner Lerngeschichte vergessen; dies allein schon deshalb nicht, weil fast alle Kandidaten auch weiterhin im bisherigen Beruf weiterarbeiten und auch nach der Supervisionsausbildung dort weiterarbeiten werden" (Leuschner, 1990, S.114).

• Praktisches Problem: Arbeitszeit der Personen, die die Entwicklungsstufen von Therapeuten zu Supervisoren zu Lehrsupervisoren durchlaufen haben, wird immer wertvoller und teurer, so daß es utopisch ist, von ihnen ständige Treffen zu verlangen (noch dazu würden bei Experten, die international über den Globus verstreut sind, horrende Fahrtkosten anfallen). Hier sind statt des direkt-persönlichen Austauschs indirekte Methoden (Publikationen, Telefonate etc.) praktikabler, wobei der künftige Einsatz neuer Informationstechnologien (von Internet-Kontakten, e-mail bis hin zu Videokonferenzen etc.) noch nicht abzusehen ist.

Bezüglich typischer *Abläufe* und *Strukturen* einer Supervisorenausbildung gibt der Band von Boettcher & Leuschner (1990) einen Überblick über die Ausbildungsgänge für Supervisoren in der deutschen Sozialarbeit. Meist handelt es sich um zweijährige berufsbegleitende Curricula, die nach Abschluß der Hochschul-/Fachhochschulausbildung nach frühestens 3jähriger Berufserfahrung begonnen werden können. Sie umfassen ca. sechs 14tägige Intensivseminare, ca. 15 Sitzungen Gruppenarbeit und 30 zweistündige Kontrollsupervisionstermine (vgl. Jansen & Langthaler, 1990, S.46 ff.). Regelmäßige Supervisorentreffen runden die Ausbildung ab.

Wie wird man Lehrsupervisor? Mit Ausnahme der Beobachtung, daß sich im Bereich der Klinischen Psychologie die Antwort auf diese Frage meist noch von selbst regelt (weil sich Supervisoren zu ihrer eigenen Aus- und Fortbildung die Dienste ausgewiesener und renommierter Experten ihres Faches sichern), gibt es dazu bislang weder empirische Studien noch entwickelte Ausbildungsgänge, so daß erneut ein „Blick über den Zaun" erforderlich wird. Meyer & Niederschmid (1990) haben die Ergebnisse einer Umfrage bei 15 deutschen Ausbildungsinstituten für Supervisoren der Sozialarbeit veröffentlicht. Dort werden Lehrsupervisoren in der Regel nach entsprechender z.B. dreijähriger vorheriger Supervisionstätigkeit von den Instituten nach bestimmten Kriterien ernannt. Wichtige *Zulassungsvoraussetzungen* sind dabei z.B. eine zertifizierte Supervisorenausbildung und längere Supervisionserfahrung in diversen Settings (reflektiert und kontrolliert), bereits durchgeführte Seminare und Workshops, Publikationen zum Thema, Renommee in Fachkreisen und persönliche Empfehlungen von Kollegen. Anerkannte Lehrsupervisoren sind dann in der Regel dazu verpflichtet, sich im Rahmen der Ziele und Richtlinien an der Ausbildung des Instituts zu beteiligen, sich in ihrer neuen Rolle weiterzubilden, kollegiale Lehrsupervisionstreffen zu besuchen, Kontrollsupervision in Anspruch zu nehmen sowie das eigene Supervisionskonzept reflektieren und transparent machen (z.B. in Diskussionen/Publikationen) etc.

Mögliche Grundstrukturen einer SMT-Supervisorenausbildung. Jedes Curriculum muß selbstverständlich mit dem jeweiligen Konzept und dessen spezifischen Zielen in Einklang stehen. An dieser Stelle können bestenfalls die obigen Diskussionspunkte inkl. der Erfahrungen anderer Richtungen ausgewertet und als *Vorbereitung für die Planung eines eigenständigen Curriculums für SMT-Supervisoren* genutzt werden. Bezogen auf *Strukturen und Abläufe* sind dies (in Anlehnung an Gedankengänge von Weigand, 1990c, S.101) u.a.:

• Gesamte Laufzeit der Supervisionsausbildung
• Zahl und Dauer von Seminaren und Ausbildungssitzungen

- Anzahl und Form der Kontrollsupervisionen
- Sonstige Ausbildungsformen (z.B. Theoriearbeit, Workshops, Hausarbeiten o.ä.)
- Schriftliche Dokumentation, Kommentierung und Auswertung der Kontrollsupervision
- Begutachtung durch das Ausbildungsinstitut
- Spezifikation der beiderseitigen Rechte und Pflichten in einem Ausbildungsvertrag (auch: Honorarhöhe)
- Verpflichtung zu regelmäßigem Austausch mit Ausbildungskollegen
- regelmäßiger Besuch von Weiterbildungsveranstaltungen für Supervisoren auch nach Ende der Supervisorenausbildung, etc.

Inhaltlich müssen bei einer Ausbildung von Selbstmanagement-Supervisoren die wichtigsten Gesichtspunkte des nachfolgenden Kapitels 8.4 abgedeckt und vermittelt werden. Beispielhaft für die prinzipielle Aufbereitung konzeptgestützter Kompetenzen für eine längerfristig angelegte Supervisorenausbildung kann das Curriculum angesehen werden, welches Borders, Bernard, Dye, Fong, Henderson & Nance (1991) auf der Basis intensiver Vorarbeiten amerikanischer Beratungs-/Therapieverbände vorgeschlagen haben. Es enthält für 7 Kernbereiche jeweils Lernziele auf 3 Ebenen. Die *Kernbereiche* sind dabei: (1) Supervisionsmodelle, (2) Entwicklungsaspekte, (3) Supervisionsmethoden und Techniken, (4) Supervisionsbeziehung, (5) ethische, juristische und berufsständische Aspekte beraterisch-therapeutischer Tätigkeit, (6) Evaluation und (7) administrative Tätigkeiten (Organisation, Dokumentation, Berichte etc.). Zu diesen Bereichen sind jeweils Hauptthemen präsentiert und spezifische Lernziele auf den Ebenen (a) Wissen über sich selbst („self-awareness"), (b) theoretisches/konzeptuelles Wissen sowie (c) Fertigkeiten und Techniken ausgearbeitet.

Zur inhaltlichen Illustration greife ich den Bereich (3) „Supervisionsmethoden und Techniken" heraus (Übersicht 15, vgl. nächste Seite); in Anlehnung an die dortige Terminologie habe ich den Text/die Inhalte von Borders et al. (1991) frei ins Deutsche übersetzt.

Obwohl die von Borders et al. (1991) skizzierten Aspekte – trotz empirischer Basis – nicht in allen Belangen mit kognitiv-verhaltenstherapeutischen Lernzielen übereinstimmen, kann die Art ihrer Aufbereitung und Präsentation durchaus Vorbildcharakter für die Entwicklung eigener Curricula beanspruchen. Insbesondere ermöglichen die gut operationalisierten Einzelkompetenzen eine gute Trainierbarkeit und die Evaluation der Fortschritte.

Schon wegen des Trends zu verstärkten Qualitätssicherungsmaßnahmen wird künftig der Druck zunehmen, fundierte Therapie- und Supervisionsausbildungen in Einklang mit hohen fachlichen Standards anzubieten. Als unmittelbare Konsequenz ergibt sich die Aufgabe, bestehende Supervisionskonzepte der Verhaltens- und Selbstmanagement-Therapie so weiterzuentwickeln, daß konkrete Ausbildungscurricula möglich werden. Allerdings dürfen wir deren Bedeutung auch nicht überbewerten, denn entscheidend ist nicht das offizielle Absolvieren einer Supervisionsausbildung, sondern die *Fähigkeit zur effektiven Supervisionsdurchführung in der Praxis*. Dies kann zwar durch ein formales Training stark erleichtert werden, was umgekehrt aber noch nicht zu einem *automatischen* Qualitätssiegel berechtigt. Aus Selbstmanagement-Sicht muß daher neben der Wahrnehmung künftiger Pflichtausbildungen auch an

Kernbereich 3: „Supervisionsmethoden und Techniken" (Beispiel)			
	Lernziele		
Haupt-themen	**Wissen über sich selbst („self-awareness")**	**Theoretisches und konzeptuelles Wissen**	**Fertigkeiten („skills") und Techniken**

1. Lern-bedürfnisse von Super-visanden:
 	
1.1 Diagnostik
 	
1.2 Zielsetzung
 	
2. Interven-tionen zur Förderung therapeu-tischen Fortschritts
	Therapeut/Supervi-sand ist sich folgen-der Faktoren be-wußt:
	
	1. Eigener Lern-stil/Lernmuster
	2. Vorlieben und Ab-neigungen gegenüber diagnostischen Ver-fahren
	3. Eigene Stärken und Defizite bei diagnosti-schen Verfahren
	4. Persönliche Dyna-mik und deren Ein-flüsse auf verschiede-ne diagnostische Verfahren
	5. Eigene Vorlieben und Abneigungen ge-genüber Interventions-methoden (auch Rolle von Einfluß, Kontrolle und Unterstützung)
	6. Eigene Stärken und Defizite bezüglich der Interventionsme-thoden
	7. Persönliche Dyna-mik und deren Einfluß auf verschiedene Su-pervisionsmethoden
		Therapeut/Supervi-sand hat Wissen über:
		
		1. Rolle von Diagnostik beim Festlegen von Zielen und der Planung des Vorgehens
		2. eine Vielzahl diagno-stischer Methoden, z.B.:
		  2.1 verbale Aussagen über sich selbst (self-report)
		  2.2 Feedback mit Tonband
		  2.3 Video-Feedback
		  2.4 Live-Beobachtung
		3. das Rationale be-stimmter diagnostischer Methoden
		4. verschiedene Inter-ventionen:
		  4.1 verbale Berichte (self-reports)
		  4.2 Tonband-Feedback
		  4.3 Video-Feedback
		  4.4 Direkte Beobachtung
		  4.5 Live-Supervision
		  4.6 Co-Therapie
		5. verschiedene Inter-ventionsformate, z.B.
		  5.1 Einzelsupervision
		  5.2 Gruppensupervision
		  5.3 Peer-Supervision
		  5.4 Teamsupervision
		6. rationale Begründung der Interventionen (in lerntheoretischen Begrif-fen; hinsichtlich der Eig-nung für Kandidaten, Klienten, Setting etc.)
		7. Beziehung der bevor-zugten Interventionen zum Supervisionsmo-dell, den Rollen des Su-pervisors, der Supervi-sionsbeziehung und den Zielen der Supervision
		8. theoretische Literatur zu Supervisionsmetho-den (z.B. Modelle)
		9. Forschung zu spezifi-schen Interventionen
			Therapeut/Supervisand ist in der Lage...
			
			1. Diagnostik auf die Thera-pieausbildung, persönliche und klinische Erfahrung auf-zubauen
			2. viele diagnostische Metho-den zu verwenden
			3. eine für Kandidaten, Set-ting etc. *passende* Diagno-stikmethode auszuwählen
			4. Kandidaten in die Lern-zielauswahl einzubeziehen
			5. geschickt mit Widerstand umzugehen
			6. viele Interventionsfertig-keiten einzusetzen, z.B
			  6.1 Aktives Zuhören
			  6.2 Klären von Aussagen
			  6.3 Rollenklärung
			  6.4 Feedback geben
			  6.5 Verstärken
			  6.6 Konfrontieren
			7. viele Supervisions-techniken einzusetzen, z.B.
			  7.1 Lernen am Modell
			  7.2 Rollenspiel
			  7.3 Rollentausch
			  7.4 Interpersonal Process Recall
			  7.5 Microtraining
			  7.6 Verhaltensformung (shaping)
			  7.7 Direkte Beobachtung
			  7.8 Live-Supervision
			8. die Methoden sowohl in Einzel- als auch Gruppensu-pervision anzuwenden
			9. Feedback auf die Lernziele des Kandidaten zu beziehen
			10. nach Bedarf eine lehren-de, beratende oder konsulta-torische Rolle einzunehmen
			11. Interventionen so einzu-setzen, daß eine Mischung aus Herausforderung und Unterstützung resultiert
			12. Selbstexploration, Selbst-kritik und Problemlösen von Kandidaten zu fördern

Übersicht 15. Beispiel für Lernziele des Kernbereichs 3: „Supervisionsmethoden und Techniken" (Borders et al., 1991, S. 66/67).

192

eigeninitiiertes Handeln der Supervisoren und deren autonomes Bemühen um hohe Qualität appelliert werden, das sich nicht mit dem Erwerb eines Zertifikats zufriedengibt, sondern weiterhin von Neugier und intrinsischer Lernmotivation gekennzeichnet ist. Aktivitäten wie (Selbst-)Kritik und Diskussionsbereitschaft, Auseinandersetzung mit dem Thema, Reflexion und Weiterentwicklung sind für Supervisoren notwendig, solange sie diese Tätigkeit ausüben, und so „...wird sich jeder Supervisor nach seinem Ausbildungsabschluß in einem Prozeß befinden, der nach Fortsetzung sucht" (Wittenberger, 1990, S.28).

8.4 Konsequenzen für den „idealen" Selbstmanagement-Supervisor

Als Zusammenfassung der zurückliegenden Kapiteln läßt sich folgendes Fazit für ein idealtypisches Profil des Selbstmanagement-Supervisors ziehen:

1.) Als wichtigste Voraussetzung darf gelten, daß Selbstmanagement-Supervisoren zunächst selbst hinreichende Kompetenzen und längere Erfahrungen als Selbstmanagement-*Therapeut* gesammelt haben. In Fortführung der metaphorischen Abbildung 9 (S.177) müssen sie erst einmal ihr Selbstmanagement-Haus „gebaut und in Ordnung gehalten" haben. Alle dort genannten Fertigkeiten sind natürlich auch für Supervisoren unerläßlich.
2.) Im nächsten Schritt sind interessierte Selbstmanagement-Therapeuten gefordert, sich für die Tätigkeit eines Supervisors zu *qualifizieren* und hinreichende Kompetenzen zu erwerben – entweder in eigener Regie, mit Unterstützung von Kollegen und erfahrenen Experten bzw. mittels eines anerkannten Ausbildungsgangs.
3.) Im Zuge der weiteren Tätigkeit als Therapeut und Supervisor wäre dann die Verpflichtung zu eigenständigem Weiterlernen und kontinuierlichem Austausch mit externen Perspektiven zu übernehmen.
4.) Die wichtigsten *inhaltlich* relevanten Fertigkeiten für Selbstmanagement-Supervisoren sind – sortiert nach den Bereichen der nachfolgenden Abbildung 10 (vgl. nächste Seite) – in den restlichen Abschnitten dieses Kapitels beschrieben.

Ein guter Selbstmanagement-Supervisor orientiert sich sowohl an empirischen Vorgaben für ideale Supervisoren (z.B. Carifio & Hess, 1987/1988) als auch an den Leitgedanken des später beschriebenen Mehrebenen-Prozeßmodells, das im Kern einem rekursiven, funktional-systemischen Problemlösemodell folgt (Kap.10 ff.). Ab dem allerersten Kontakt bemüht er sich um den Aufbau der notwendigen Supervisionsgrundlagen (Vertrauen, Offenheit, Kooperation etc.), schafft eine adäquate Supervisionsbeziehung und ein Motivationsfundament und versucht dann, dem Supervisanden bei der Bearbeitung seiner Anliegen behilflich zu sein. Er berücksichtigt auch den Sachverhalt, daß Therapeuten (und Supervisoren) im Zuge ihrer Ausbildung sowie während ihres gesamten Lebens bestimmte Entwicklungsphasen durchlaufen, deren Merkmale, Aufgaben bzw. Anforderungen (z.B. „role shock") sich über die Zeit hinweg verändern.

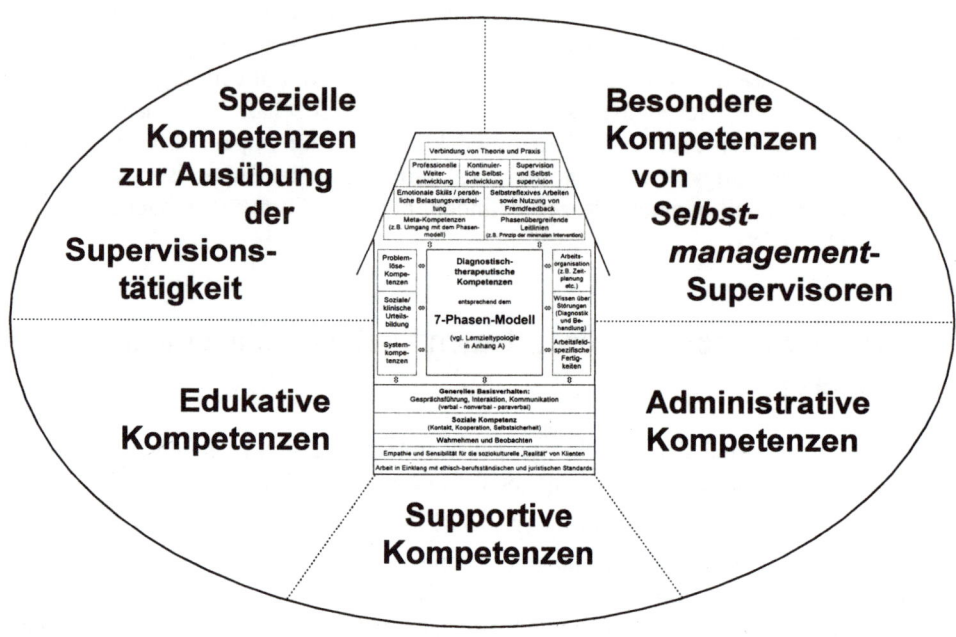

Abbildung 10. Inhaltliche Fertigkeiten von Selbstmanagement-Supervisoren.

Spezielle Kompetenzen zur Ausübung der Supervisionstätigkeit. Neben Basisfertigkeiten „guter" Therapeuten (von Gesprächsführung, Kommunikation und sozialen Kompetenz über die Orientierung am 7-Phasen-Modell hin zu sog. Prozeßfertigkeiten) sind hier Kompetenzen gemeint, die Supervisoren speziell zur Ausübung ihrer *Supervisionstätigkeit* benötigen. Viele davon sind „verfeinerte" oder intensivierte (weil besonders bedeutsame) Versionen von Fähigkeiten, die gute Therapeuten sowieso realisieren und lediglich auf die besondere Situation der Supervision bezogen. Ohne Anspruch auf Vollständigkeit wären hier beispielsweise zu nennen:

- Erhöhte *Selbstreflexivität* des Tuns *als Supervisor* (als Subjekt und Instrument seiner Tätigkeit: Stärken und Schwächen; wiederkehrende Muster, eigene Motivation und personspezifische Einflüsse auf Therapie und Supervision etc.)
- Selbstkompetenz (eigene Person) und Selbsteffizienz *als Supervisor* (ohne behindernde Ängste, aber auch ohne Überheblichkeit)
- Allparteilich-neutrale Supervisorenhaltung (impliziert auch: Widerstehen persönlicher Vorteile oder „narzißtischer" Versuchungen etc.)
- Arbeitsfeldkompetenz (betr. *Supervision*) und Reflexion arbeitsfeldspezifischer Einflußfaktoren auf die Arbeit (z.B. Institutionsideologien, Organisationskultur etc.)
- Erfahrung in unterschiedlichsten Settings (Einzel- und Gruppensupervision, Teamsupervision, Supervision in Organisationen/Institutionen etc.)
- Wissen über grundlegende Konzepte, Formen und Vorgehensweisen der Supervision

- Klarheit über das eigene Supervisionsmodell (und stimmiges Arbeiten in dessen Rahmen)
- Prozeß-, System- und Problemlöse-„Skills" (für die Supervision), um Anleitung zu systematischem Problemlösen in einem komplex-dynamischen Umfeld geben zu können
- Wissen und Können bezüglich spezieller Supervisionsmethoden und Hilfsmittel (problem- und zielorientierter Einsatz: vgl. Kap.17)
- Übernahme von Verantwortung für den Ablauf des Supervisionsprozesses (z.B. „Timing" von Interventionen, Dauer, konsequent an Themen bleiben vs. Ziele ändern etc.)

Besondere Kompetenzen von Selbstmanagement-Supervisoren. Eine breite Palette von Kriterien zeichnet – in dieser Gesamtkonstellation – die besondere Arbeitsweise eines Selbstmanagement-Supervisors aus (vgl. auch Kap.9.2):

- Arbeit in Einklang mit der Philosophie und den Basisannahmen des Ansatzes (z.B. Einhaltung der 6 Grundregeln, Transparenz, Kooperation/Mitbeteiligung, hohe Affinität zu Befunden der Grundlagenforschung etc.)
- „zurückhaltende Präsenz" als Person (statt Dominanz oder Show)
- Pluralistische Grundeinstellung: Toleranz für Haltungen/Handlungsweisen des Supervisanden (solange diese nicht der Berufsethik, den Regeln der therapeutischen Zunft oder den Ausbildungszielen widersprechen bzw. den Patientenschutz verletzen)
- ideal: natürliche Autorität mittels Fachkompetenz (statt formaler Autorität)
- Initiieren von Schritten: Anregen, Anstöße geben, Herausfordern (Weiterentwicklung fördern durch „dosierte Diskrepanzerlebnisse" im Sinne von Heckhausen, 1965)
- entdeckendes und aktives Lernen fördern („learning by discovery", „learning by doing" in Gang setzen mittels Sokratischer Fragen, Freire-Methode etc.: Kap.17)
- Befähigen („empowerment") von Kandidaten durch Kompetenzaufbau (statt kluger Ratschläge oder stellvertretendem Problemlösen)
- Förderung von Autonomie und Selbsteffizienz („self-efficacy") durch kleine erfolgreiche Schritte
- zielorientiertes, flexibles Supervisorenverhalten (gesteuert durch das Prozeßmodell)
- gewisses Interesse an bzw. Kompetenzen für wissenschaftliches Arbeiten und effektive Forschung (evtl. genügt auch Kooperation mit spezialisierten Wissenschaftlern)

Die nachfolgend genannten Fertigkeiten sind nach den von Kadushin (1976; vgl. auch Mordock, 1990 bzw. Kap.2.2) genannten Grundfunktionen der Supervision gruppiert:

Edukative Kompetenzen. Da Supervisoren bei ihrer Arbeit auch lehrende und erzieherische Aufgaben zu erfüllen haben, sind u.a. folgende Gesichtspunkte wichtig:

- Didaktische (Lehr-)Kompetenzen und pädagogische Fertigkeiten (Ziel: Effektive Vermittlung diagnostisch-therapeutischer Kompetenzen an Supervisanden)
- Nutzung sämtlicher Methoden zur Förderung optimalen Lernens (vgl. Kap.6.3)
- Aufmerksamkeitslenkung auf „relevante" Prozesse und Inhalte
- Identifikation von Fähigkeitsdefiziten (Lernbedürfnissen) und schrittweise Planung/Umsetzung des erforderlichen Kompetenzerwerbs
- Hilfe bei der Systematisierung und Konzeptualisierung der Lernerfahrungen von Supervisanden

- Verbindung von Theorie und Praxis schaffen (Voraussetzung: intensive Auseinandersetzung mit relevanten Befunden der Grundlagenforschung!)
- Vermittlung von VT-Identität und rollenadäquatem Therapeutenverhalten (am besten via Lernen am Modell!)

Supportive Kompetenzen. Da Supervisoren häufig als Beistand und emotional unterstützende Instanz in schwierigen Ausbildungs- oder Berufssituationen gefragt sind, sollten sie zu folgenden Angeboten in der Lage sein:

- Unterstützung bei emotionalem Coping und Umgang mit beruflichem Streß (auch: „Burnout"-Prophylaxe)
- Ermutigen, Motivieren und konstruktives Feedback geben
- Hilfestellung für Supervisanden bei der Übernahme neuer Rollen/Aufgaben
- auch: Unterstützung auf der Informationsschiene (z.B. durch relevante Literaturtips angesichts der wachsenden Informationsflut etc.).

Administrative Kompetenzen. Trotz mancher Ambivalenz gegenüber Verwaltungsaufgaben (besonders wenn diese mit Autoritäts- und Kontrollfunktionen assoziiert sind) haben gute Supervisoren auch adäquate Fertigkeiten in folgenden Bereichen:

- Qualitätssicherung, Evaluation und Lernzielkontrollen (bei Orientierung an Ausbildungszielen bzw. den anerkannten aktuellen Regeln der Zunft)
- Dokumentation, Protokollführung, Berichte, Falldarstellungen
- Beachten ethisch-berufsständischer und gesetzlicher Vorschriften für Therapie und Supervision
- Umgang mit Macht und Autorität bzw. Leitungsfunktionen (sowie der vorhandenen, aber oft geleugneten Kontrollfunktion in Verbänden oder Organisationen)
- Organisatorische Aspekte und Arbeitsmanagement
- Beachtung von Schweigepflicht und Intimitätsschutz auch bei Supervision

Die Analyse und Systematisierung erforderlicher Kompetenzen für Selbstmanagement-Supervisoren steht zugegebenermaßen noch ganz am Anfang; möglicherweise können die hier vorgelegten Kriterien als *Vorstufe* zu einem (noch zu entwickelnden) *Ausbildungscurriculum* für künftige Supervisoren gelten. Die Fülle der obigen Kompetenzen zeigt nochmals sehr deutlich den Wert und die Notwendigkeit systematischer Ausbildungsgänge an, die nach didaktischen Gesichtspunkten geplant und von kompetenten Lehrsupervisoren praxisnah umgesetzt werden müssen. Selbstverständlich fließen die wichtigsten hier genannten Fertigkeiten in die Rolle von SMT-Supervisoren (Kap.9.2) und in die Beziehungsgestaltung im Rahmen des unten präsentierten Supervisionsmodells (Kap.10.3.2) mit ein. Dabei muß nochmals erwähnt werden, daß im Therapeutenberuf das Lernen eigentlich nie zu Ende ist, und daß auch nach Abschluß eines zertifizierten Curriculums kontinuierliche Weiterentwicklung, kollegialer Austausch, Selbst- und Peer-Supervision sowie bedarfsweise professionelle Supervision (evtl. sogar persönliche Therapie) gefragt sind. Da der „ideale" Selbstmanagement-Supervisor sowieso nur in Büchern wie dem vorliegenden existiert, muß dieses permanente Weiterlernen kongruent mit der Philosophie des SMT-Ansatzes erfolgen: Auf Basis eigener Motivation und Initiative, mit Demut und Bescheidenheit, Konsequenz und Systematik, in Form von kleinen Schritten, wissend um eigene Stärken und Kompetenzen (aber auch verbesserungs- oder kontrollbedürftige Schwachstellen), unterstützt durch externes Feedback aus dem alltäglichen und professionellen sozialen Netzwerk – und vor allem in der Gewißheit, sich an den perfekten Maßstäben des Ideal-Therapeuten oder Ideal-Supervisors zwar *orientieren* zu sollen, ohne diese jemals erreichen zu können.

9 Die Supervisor/Supervisand-Beziehung

Auch für die Supervision ist ein adäquates „Lernklima" notwendig, welches durch eine positive *Beziehung* zwischen Supervisor und Supervisand(en) entscheidend geprägt wird. In diesem Kapitel werden – unter Bezug auf theoretische Überlegungen, praktische Erfahrungen und empirische Forschungsbefunde – die Grundzüge des Verständnisses der Supervisor/Supervisand-Beziehung aus der Selbstmanagement-Perspektive dargelegt. Zunächst stehen *allgemeine Aspekte* (9.1) im Vordergrund, bevor dann ein dynamisches, zielabhängiges Modell von Supervisor-/Supervisanden-Rollen präsentiert wird (9.2). Nach der Beantwortung der Frage, ob Phänomene wie „Übertragung", „Gegenübertragung" oder der sogenannte „Parallelprozeß" für das Verständnis von Supervisionsbeziehungen in der Verhaltenstherapie hilfreich sein könnten (9.3), schließe ich das Kapitel mit einem Überblick über dysfunktionale Beziehungsmuster und problematische „Spiele" der Supervision (9.4).

9.1 Allgemeine Aspekte

Das Bestreben des Selbstmanagement-Ansatzes, eine möglichst enge Verbindung zwischen Grundlagenforschung und Praxis herzustellen, wird dadurch erschwert, daß es wenige empirische Befunde gibt*, die sich *direkt* auf das Selbstmanagement-Verständnis der Supervisor/Supervisand-Beziehung beziehen lassen. Trotz mancher Unterschiede zwischen Therapie und Supervision kann aber auf manche Standpunkte zurückgegriffen werden, die die neuere Verhaltenstherapie mittlerweile zur *allgemeinen* Bedeutung von Beziehungsvariablen formuliert hat (vgl. z.B. Kanfer et al., 1996, S.63 ff. und S.155 ff.; Margraf & Brengelmann, 1992; Schaap, Bennun, Schindler & Hoogduin, 1993; Schindler, 1991; Zimmer & Zimmer, 1996 etc.). In der Übersicht 16 (vgl. nächste Seite) sind die wichtigsten Momente des Beziehungsverständnisses aus der Perspektive der Selbstmanagement-Supervision zusammengefaßt: Daraus wird ersichtlich, daß die Supervisor-/Supervisand-Beziehung eine unabdingbar *notwendige* (aber nicht schon hinreichende!) *Grundvoraussetzung* für den Supervisionserfolg darstellt. Sie läßt sich als zielgerichtete, zweckorientierte „Supervisionsallianz" bezeichnen und ist als zeitlich begrenztes Arbeitsbündnis angelegt. Zwischen Supervisor und Supervisand(en) gibt es eine bestimmte idealtypische Rollenverteilung (vgl. unten),

---

* Am intensivsten haben sich bislang *psychoanalytisch* orientierte Autoren zu Beziehungsaspekten in der Supervision geäußert (vgl. z.B. Alonso, 1985; Bordin, 1983; Ekstein & Wallerstein, 1972; Fleming & Benedek, 1966; Kutter, 1994b; Pühl & Schmidbauer, 1986; Rappe-Giesecke, 1990, 1994; Scharff, 1992; Schneider, 1992 u.v.m.). Bei ihnen stehen naturgemäß die Phänomene „Übertragung", „Gegenübertragung" und der sog. „Parallelprozeß" im Mittelpunkt, mit denen ich mich in Kap.9.3 näher auseinandersetzen werde.

wobei sich der Selbstmanagement-Supervisor primär als „Entwicklungshelfer" und „Problemlöseassistent" versteht. Bei einer „guten" Supervisionsbeziehung arbeiten die beteiligten Personen mit gegenseitigem Respekt zusammen, treffen gemeinsam Entscheidungen und kooperieren auch bei der Analyse von Stärken und Schwächen des Supervisanden.

Kurzcharakteristik der Supervisor/Supervisand-Beziehung:

- notwendige (nicht aber schon hinreichende!) Voraussetzung für Supervisionserfolg
- zielgerichtete, zweckorientierte Supervisionsallianz
- zeitlich begrenztes *Arbeits*bündnis
- *professionelle* Beziehung mit bestimmter Rollenverteilung zwischen Supervisor und Supervisand
- Supervisor als „Entwicklungshelfer" und „Problemlöseassistent"
- Strukturparallelität (Groeben & Scheele, 1977) der Beteiligten
- trotz Wissens- und Machtgefälle: ethische Verpflichtung zu „Lernpartnerschaft"
- *wechselseitiger* Einflußprozeß
  (intendierte Hauptrichtung allerdings: Supervisor → Supervisand → dessen berufliche Situation)

Übersicht 16. Grundlegendes Verständnis der Supervisionsbeziehung aus der Selbstmanagement-Perspektive.

Die prinzipielle Strukturparallelität (Groeben & Scheele, 1977) zwischen den Beteiligten besagt zwar, daß Supervisor und Supervisand „als Menschen" nach denselben Gesetzmäßigkeiten funktionieren. Dies steht aber nicht im Widerspruch zu der Tatsache, daß Supervisoren in der Regel mehr Erfahrung, Wissen, Kompetenz etc. besitzen, ihren Supervisanden zunächst in vielen Aspekten überlegen sind und auch über – möglichst fachlich fundierte, „natürliche" – Autorität bzw. Macht verfügen. Es gehört daher zu den ethisch-berufsständischen Verpflichtungen von Supervisoren, mit dieser Autorität verantwortungsbewußt umzugehen und ihre Machtposition trotz des Wissensvorsprungs nicht zu persönlichen Zwecken zu benutzen, sondern eine partnerschaftliche Beziehung zum Wohle des Supervisanden („Lernpartnerschaft") einzugehen. Die Supervisionsbeziehung ist ein *wechselseitiger Einflußprozeß* (vgl. auch Heppner & Handley, 1981), bei dem der Supervisor ständig Anregungen, Impulse und Anstöße zu geben versucht; die intendierte Hauptrichtung geht somit immer vom Supervisor zum Supervisanden (und – über diesen – zur beruflichen Situation des Supervisanden).

Für die Verwirklichung einer guten Supervisionsbeziehung genügt es nicht, lediglich als Supervisor „da" zu sein oder seine (natürlichen? angeborenen?) „charismatischen" Züge spielen zu lassen – vielmehr ist das Realisieren bestimmter Verhaltensweisen in der unmittelbaren Interaktion mit den Supervisanden gefragt. Beispielsweise sind Kommunikationsformen günstig, die *Unterstützung und Struktur* geben und auf diese Weise zur Reduktion von Angst, Unsicherheit und Ambivalenz beitragen (vgl. Freeman, 1993; Schindler, 1991). Außerdem können Supervisoren als *„Modell"* fungieren, insbesondere, wenn es um konstruktives Problemlösen und den positiven Umgang mit beruflichen Anforderungen geht. Des weiteren ist die Konfrontation mit einer anderen, *zusätzlichen Wahrnehmungsperspektive* hilfreich, indem die Aufmerksamkeit von Supervisanden auf bislang unterrepräsentierte, neue, relevante Aspekte inkl. „blinde Flecken" und destruktive Gewohnheiten gelenkt wird.

Wichtig ist der *professionelle* Charakter der Supervisionsbeziehung, die nicht an den Extremen „kollegiale Kumpanei" oder „übergroße Distanz" festzumachen sein sollte (vgl. Wittenberger, 1984b, S.21), sondern eine *Lernallianz* darstellt, die bei aller konstruktiv-empathischen Unterstützung auch eine gewisse Objektivität bzw. Neutralität erfordert. Hier kann das Konzept der „distanzierten Anteilnahme" („detached concern": Maslach, 1982) Leitbildfunktion übernehmen und auch das Augenmerk darauf richten, daß es für Supervisionsbeziehungen einige *Grenzen* zu beachten gibt (vgl. unten).

Bei Supervision in *Gruppen, Teams* und *Institutionen* kommen noch die Haltungen der „Allparteilichkeit" und Neutralität hinzu, wie sie aus diversen systemisch-familientherapeutischen Ansätzen vertraut sind (vgl. z.B. Simon & Stierlin, 1984, S.19 ff. bzw. S.256 f.). Im wesentlichen drücken diese aus, daß der Supervisor sich empathisch in die – oft hochgradig unterschiedlichen – Perspektiven aller Beteiligten hineinzuversetzen versucht, *ohne* sich in Koalitionen zu begeben, sich auf die Seite einer bestimmten Person ziehen zu lassen oder als „stellvertretender Problemlöser" aktiv zu werden. Außerdem sind bei jeder Supervision auch *didaktische* Gesichtspunkte im Sinne einer optimalen Förderung von Lernen und Entwicklung zu berücksichtigen.

Grenzen der Supervisionsbeziehung. Auch Supervisoren sollten bestimmte Grenzen beachten und den Status eines *professionellen Helfers* wahren. Andernfalls besteht die Gefahr, daß von den „eigentlichen" Anliegen der Supervision abgelenkt und der Zweck verfehlt wird. Zwar wird es in der Supervision nicht ganz so neutral wie in idealtypischen psychoanalytischen Therapiebeziehungen zu regeln sein, wo ja Therapeut und Klient im Alltag füreinander keinerlei Bedeutung und keinerlei Privatkontakte haben sollten (König, 1991, S.140 ff.). Häufig kommt es in der Praxis vor, daß sich Supervisanden und Supervisoren bereits aus anderen Kontexten kennen (z.B. von Publikationen, Vorträgen, Arbeitskreisen, Berufsverbänden, Workshops, Vorlesungen/Seminaren etc.) oder sich auch außerhalb der Supervision begegnen (z.B. bei Kongressen, Treffen von Therapieverbänden etc.), so daß das Extrem, privat ein „völlig unbeschriebenes Blatt" zu bleiben, kaum umsetzbar ist. Trotzdem ist auch für jede effektive Supervision eine gewisse Distanz nötig. Aus diesem Grund sind klare Regeln hinsichtlich Raum, Zeit und Körperkontakt (vgl. Kanfer et al, 1996, S.159) nicht nur für Therapie, sondern auch für Supervisionsbeziehungen gültig:

So sollte die Supervision an einem festen Ort (in der Regel in den Räumen des Supervisors oder der betreffenden Institution) stattfinden. Es erfolgt eine Vereinbarung fixer Sprechzeiten, die regulär nach vorgesehenem Ablauf wieder beendet werden. Eine Supervision von Personen, die zum Supervisor in einem verwandtschaftlichen, freundschaftlichen oder dienstlichen Abhängigkeitsverhältnis stehen, ist abzulehnen und kann allenfalls unter dem Aspekt der „Intervision" gesehen werden (vgl. Kap.14.6). Körperkontakt wird nur in sozial adäquater Form – z.B. Berühren „neutraler" Körperpartien zum Zweck unterstützender Gesten, tröstendes In-den-Arm-nehmen eines emotional belasteten Supervisanden etc. – als legitim betrachtet (vgl. auch Holub & Lee, 1990; Stake & Oliver, 1991). Gerade angesichts des Vorkommens von sexuellem Mißbrauch innerhalb von Therapie und Supervision (vgl. z.B. Bachmann & Böker, 1994; Gabbard, 1989; Heyne und Mitarb., 1991; Larrabee & Miller, 1993; Pope & Bouhoutsos, 1986; Stemmer-Lück, 1991 etc.) kann diese Grenze nicht deutlich genug formuliert werden.

Besonderheiten der Supervisionsallianz im Gegensatz zur **therapeutischen Beziehung.** Über manche Differenzen zwischen Supervision und Therapie habe ich schon in Kap.2.3.2 informiert. Diese wirken sich natürlich auch auf das Verständnis der Supervisionsbeziehung aus:

(1) Supervision ist keine persönliche Therapie: Entsprechend den Differenzierungsversuchen auf S.54 ff. steht in Supervision primär die Ausbildung bzw. berufliche Situation der Supervisanden im Vordergrund, während in einer persönlichen Therapie *allgemeine Lebensprobleme* angegangen werden. Supervision *thematisiert* zwar auch persönliche (insbesondere problematische) Anteile, bleibt jedoch auf Assistenz bei beruflichen Anliegen zentriert.

(2) Zwei Angehörige des gleichen Berufs: Die Supervisionsallianz beinhaltet meist den Sonderfall, daß sich zwei „Spezialisten der gleichen Zunft" gegenüberstehen. Selbst wenn es zu Beginn der Supervision eventuell krasse Kompetenzunterschiede gibt (hier der Supervisor mit Erfahrung, Fachautorität sowie höherer emotionaler Neutralität – dort der Supervisand, der am Anfang seiner Ausbildung steht, momentan in bestimmten Teilbereichen nicht hinreichend kompetent, erfahren oder aber emotional so involviert ist, daß er suboptimal handelt...), so gehören doch beide der gleichen Berufsgruppe an, verfügen über typisches Basiswissen ihrer Disziplin, unterliegen den gleichen berufsständischen Verpflichtungen, arbeiten an ähnlichen beruflichen Aufgabenstellungen etc.

(3) Didaktische/lehrende Anteile: Ein weiteres Differenzierungskriterium ist der Sachverhalt, daß die Supervisorenrolle – besonders bei Ausbildungssupervision – auch ein hohes Maß an *Therapie- und Supervisionsdidaktik* erfordert. Dies ist insbesondere für solche Supervisoren ungewohnt, die sich primär als *Therapeuten* verstehen. Nicht jeder gute Therapeut ist jedoch automatisch ein guter Supervisor. Somit hat eine auch *pädagogisch* orientierte Supervisionsausbildung, die auf eine bewußte Identifikation mit einer *lehrenden* Rolle inkl. aller didaktischen Implikationen hinarbeitet, eine präventive Wirkung hinsichtlich der Gefahr, Supervision zu stark zur Therapie werden zu lassen.

(4) Administrative und evaluative Funktion des Supervisors: Viele Supervisoren fühlen sich nur in ihrer supportiven und edukativen Funktion wohl. Jedoch haben Supervisoren auch administrative Aufgaben zu vertreten und Verantwortung im Sinne von Einhalten professioneller Standards, ethischer Verpflichtungen, Patientenschutz etc. zu übernehmen. Während bei jeder Therapie nur die juristischen und ethischen Therapieverpflichtungen den äußersten Handlungsrahmen abstecken, müssen in Supervision auch curriculare Lernziele, professionelle Standards, Spielregeln der Therapie und Supervision beachtet werden. Supervisoren sind dabei auch als „Kompetenzdiagnostiker" (Was ist vorhanden? Was fehlt?) und „Evaluatoren" tätig.

(5) Veränderung der Beziehungsstruktur über die Zeit: Während Supervisoren zu Beginn der Supervision meist als *Experten* mit langjährigem Erfahrungsvorsprung fungieren, und ein eher hierarchisches Kompetenzgefüge resultiert, verändern sich die wechselseitigen Rollenstrukturen zunehmend in Richtung einer gleichrangigen *kollegialen Beziehung*. Dabei erhalten

Supervisoren oft auch Begleitfunktion im beruflichen Sozialisationsprozeß ihrer Supervisanden bzw. bei bestimmten Initiationsriten auf professionellen Karriereleitern.

All diese Faktoren fließen in das nachfolgend skizzierte Modell der Supervisor/Supervisand-Beziehung des Selbstmanagement-Ansatzes ein, in dem generelle und spezifische (zielabhängige) Merkmale der Supervisorenrolle unterschieden werden.

9.2 Ein dynamisches, zielabhängiges Modell der Supervisor-/Supervisanden-Rollen

Die Selbstmanagement-Supervision favorisiert ein Verständnis der Supervisionsbeziehung, bei der kontinuierlich einige *generelle Rollenmerkmale* vorhanden sind, welche je nach Erfordernissen bzw. Zielen durch bestimmte *spezifische Funktionen* ergänzt werden. Damit kann der Supervisor – ausgehend von einer tragfähigen Allgemeinbasis – sehr flexibel auf die jeweiligen Gegebenheiten reagieren und die Supervision dynamisch an die Wünsche bzw. Anliegen der Supervisanden anpassen. Lazarus (1993) hat für ein solches Beziehungsverständnis kürzlich den Begriff „authentisches Chamäleon" geprägt.

In Analogie zur Therapiebeziehung (vgl. die Ansätze von Grawe, 1992; Lazarus, 1993; Zimmer & Zimmer, 1996) begibt sich der Supervisor zunächst in eine *komplementäre* Rolle zu den Erwartungen des Supervisanden. Auch Worthington (1984) weist darauf hin, daß sich Supervisorenverhalten und Supervisandenbedürfnisse entsprechen sollten, und aus den Forschungsergebnissen zu Entwicklungsmodellen der Supervision (vgl. Kap.3.2) wissen wir, daß sich jeder Supervisor auf das jeweilige Entwicklungsstadium seiner Supervisanden einstellen muß.

Die Rolle des Selbstmanagement-Supervisors. In Einklang mit den bisherigen Ausführungen übernimmt der Supervisor in unserem Konzept eine Rolle, die vor allem durch die Merkmale der Übersicht 17 (vgl. nächste Seite) gekennzeichnet ist. Grob gesprochen sind seitens des Supervisors solche Rollenmerkmale günstig, die dazu beitragen, daß Supervisanden offen sein, kooperieren, Vertrauen haben und sich auf gewisse Risiken eines Lern-/Veränderungsprozesses einlassen können.

In Kap.10.3.2 wird dargestellt, wie Supervisoren die generelle Haltung der respektvollen Empathie, maximalen Neutralität und Allparteilichkeit mit der Rolle des „Entwicklungshelfers" und „Problemlöse-Assistenten" in der Praxis verbinden können. Die zusätzlichen *spezifischen* Rollenmerkmale sind abhängig von bestimmten Erfordernissen der Situation bzw. den Zielen und Wünschen der Supervisanden. Inhaltlich sind damit Supervisionsfunktionen angesprochen, wie sie z.B. Bernard (1979), Doyle (1982) oder Kadushin (1976) differenziert haben (vgl. Kap.2.2). Hinsichtlich dieser und anderer spezifischer Rollenfunktionen setzt die Selbstmanagement-Supervision *Schwerpunkte* anhand einer funktionalen Analyse der jeweils dominanten Anliegen, Probleme und Ziele der Supervisanden.

Die Rolle des Selbstmanagement-Supervisors

Generelle Rollenmerkmale:

- Respektieren der Autonomie, der Kompetenz und des jeweiligen Entwicklungsstandes von Supervisanden
- Empathisches Verstehen der Perspektive der Supervisanden (evtl. mit Hilfe der ethnographischen Methode oder der Columbo-Technik: vgl. Kap.17)
- Assistent beim Lösen beruflicher Probleme (mittels der Schritte des „Kernprozesses": vgl. Kap.11; jedoch ohne die Probleme stellvertretend für Supervisanden zu übernehmen!)
- Supervisor als „Entwicklungshelfer": Anregungen und Anstöße geben, Fragen stellen (statt Antworten geben), sokratischer Dialog, provozieren von Erfahrungen mittels „entdeckendem Lernen", Entwicklung fördern durch optimale „dosierte Diskrepanzerlebnisse" (Heckhausen, 1965)
- Ausgewogenes Verhältnis: (A) Arbeit an *negativen Punkten* (Aufmerksamkeitslenkung auf dysfunktionale Prozesse, Bearbeitung von Problemen, Beheben von Kompetenzdefiziten etc.) sowie (B) Entwickeln/Kultivieren *positiver* Anteile und Ressourcen
- *„Professionelle" Supervisionsbeziehung:* Einhalten von Spielregeln (und Grenzen!) für die Supervisions-Interaktion (zweckbezogene „Lernpartnerschaft" – anders als Freundschaftsbeziehungen im Alltag; keine dualen Rollen, keine Ausbeutung persönlicher, sexueller, materieller oder wissenschaftlicher Art)
- Problem- und zielorientiertes *Arbeiten* in der Supervision (Woran? Wozu?)
- Striktes Einhalten ethisch-berufsständischer Richtlinien (in Therapie *und* Supervision)
- Kongruenz mit der Philosophie des eigenen Ansatzes („practice what you preach": Transparenz, Mitsprache, Respekt, Toleranz etc.)

Spezielle Rollenmerkmale (abhängig von den jeweiligen Zielen/Notwendigkeiten):

- Edukative, supportive und administrative Funktionen (Lehrer, Helfer, Therapeut, „Psychohygieniker", Kontrolleur, Evaluator... etc).
- Übernahme von Verantwortung (wo erforderlich: z.B. Achten auf Einhalten von Lernzielen, Patientenschutz/Wohl des Klienten, Einhalten von Spielregeln/Grenzen etc.)
- Vorbild/Modell (z.B. hinsichtlich effektiven Problemlösens)
- Experte (z.B. Literaturtips, Informationsvermittlung, eigene Erfahrungen)
- Klären, Aufbauen, Fördern und Aufrechterhalten von Supervisionsmotivation
- Herstellen/Beachten adäquater Setting-Bedingungen etc.

Übersicht 17. Generelle und spezielle Rollenmerkmale des Selbstmanagement-Supervisors.

Die Rolle von Supervisanden. Im Hinblick auf ihr übergeordnetes Ziel, mithilfe der Supervision gewisse Verbesserungen in ihrem Berufsleben zu erreichen, nehmen Supervisanden idealerweise eine Rolle ein, die z.B. durch folgende Merkmale charakterisiert werden kann (Übersicht 18, vgl. nächste Seite):

Die Rolle von Supervisanden

- Anspruch auf Transparenz, Mitsprache und Information
- Anspruch auf Berücksichtigung eigener Anliegen, Wünsche und Interessen
- Recht auf autonome Entscheidungen (im Rahmen professioneller, ethischer und juristischer Standards)
- Akzeptieren einer *professionellen* Supervisionsbeziehung mit Dienstleistungscharakter (welche in der Regel bezahlt werden muß, keine soziale Alltagsbeziehung darstellt und Grenzen aufweist)
- Akzeptieren des *Arbeits*charakters der Supervision (kein Selbstzweck), d.h. Bereitschaft, an beruflicher Entwicklung und beruflichen Anliegen zu *arbeiten*
- Bereitschaft, der Supervision einen hohen Stellenwert in der subjektiven Prioritätenliste einzuräumen (Motivation!)
- Orientierung an professionellen Standards bzw. curricularen Lernzielen
- Orientierung an ethisch-berufsständischen Richtlinien
- Einhalten gewisser Spielregeln der Supervision (Vereinbarungen beachten, Pünktlichkeit, Offenheit, aktive Mitarbeit in und zwischen den Sitzungen, Protokolle/Dokumentation etc.)
- Kooperation mit dem betreffenden Supervisor
- Bereitschaft zu Reflexion und Selbstreflexion
  etc.

Übersicht 18. Die Rolle von Supervisanden.

Bei wunschgemäßem Verlauf, d.h. bei einer „guten" Supervisionsbeziehung, greifen die Rollenmerkmale von Supervisor und Supervisand „reißverschlußartig" ineinander. In Kap. 10.3.2 wird es dann um unmittelbare *praktische* Hinweise zum Aufbau einer kooperativen Supervisor/Supervisand-Beziehung gehen.

9.3 „Übertragung", „Gegenübertragung" und „Parallelprozeß" – hilfreiche Konstrukte für die Selbstmanagement-Supervision?

In diesem Kapitel wird die Supervisor/Supervisand-Beziehung unter der Fragestellung betrachtet, ob die psychoanalytischen Phänomene der „Übertragung", „Gegenübertragung" sowie „Parallelprozeß" auch für eine verhaltenstherapeutisch orientierte Supervision nützlich sein können. Insbesondere wird versucht, Verbindungen zur aktuellen kognitiv-, sozial- und klinisch-psychologischen Forschung herzustellen, die sich um eine intersubjektiv nachvollziehbare Operationalisierung, beobachtbare Daten und replizierbare Aussagen bemüht. Entsprechend der Prämisse, eine möglichst enge Verbindung zwischen Grundlagenforschung und Praxis herzustellen, sollte die Selbstmanagement-Supervision auch Perspektiven in ihrem Konzept berücksichtigen, deren Wurzeln in andere therapeutische Schulrichtungen zurückreichen – allerdings unter der Voraussetzung, daß sie einer empirischen Prüfung standhalten.

9.3.1 „Übertragung" und „Gegenübertragung" als reziproker Schema-Transfer

Die psychoanalytischen Ursprünge. „Übertragung" und „Gegenübertragung" machen seit jeher zentrale Momente jeder Psychoanalyse aus (König, 1991; Thomä & Kächele, 1985, 1988 etc.). Nach Freud hat ja jeder Gedanke, jeder Wunsch, jede Phantasie eine Geschichte. König (1991, S.19) drückt das Prinzip der „Übertragung" wie folgt aus: „Jeder Mensch überträgt frühere Beziehungserfahrungen auf neue Beziehungen, und zwar jene früheren Beziehungserfahrungen, die zu passen scheinen. Sie scheinen zu passen, wenn Menschen, die man neu kennenlernt, bestimmte äußere Merkmale oder bestimmte Verhaltensweisen mit schon bekannten Personen gemeinsam haben".

Für die „Gegenübertragung" liegen unterschiedliche Definitionen vor (vgl. Sandler, Dare und Holder, 1988). König (1991, S. 78) fügt der sehr engen Begriffsbestimmung, wonach „Gegenübertragung" lediglich die Reaktionen eines Analytikers auf die Übertragung seines Patienten meint, weitere Aspekte hinzu: So reagiert der Analytiker nicht nur auf die Übertragungen des Patienten, sondern bringt sicher auch zusätzliche eigene Anteile ein (ausgelöst durch Eigenarten des Interaktionsverhaltens von Patienten oder dessen äußere Merkmale wie persönliche Attraktivität etc.). Infolge seiner jahrelangen Lehranalyse sollte er allerdings weniger unbewußte und weniger intensive Übertragungsreaktionen zeigen als sein Patient.

Von besonderem Interesse sind in der Psychoanalyse die sogenannten „unberechtigten" Übertragungen/Gegenübertragungen, d.h. solche, zu denen die jeweilige Person, auf die übertragen wird, keinen Anlaß bietet. Allerdings sehen auch psychoanalytische Autoren Übertragung und Gegenübertragung als natürliche Prozesse der menschlichen Wahrnehmung und Interaktion an: „Ohne die Möglichkeit, Erfahrungen aus früheren Situationen auf neue zu übertragen, könnten wir nicht lernen. Dieses Übertragen gründet sich auf Fähigkeiten: die Fähigkeit, Übereinstimmung von Merkmalen zu erkennen, und die Fähigkeit zu generalisieren, d.h. frühere Erfahrungen zu verallgemeinern" (König, 1991, S.20). Dieser *generelle* Aspekt ist, wie der nachfolgende Abschnitt zeigt, für unseren Ansatz besonders interessant.

Interaktionen als „reziproker Schema-Transfer". Singer (1985), Singer, Sincoff & Kolligian (1989) sowie Westen (1988) haben die Phänomene der „Übertragung" und „Gegenübertragung" im Lichte neuerer Informationsverarbeitungstheorien analysiert und neu interpretiert. Die Autoren zeigen, daß diese Prozesse – vor allem, wenn man sie inhaltlich von anderen analytischen Modellvorstellungen (wie z.B. der Überbetonung frühkindlicher Erfahrungen) befreit – auch und besonders im Kontext der Schema-Theorie von Piaget (vgl. Kap.6.1.2) sehr plausibel sind: Dort stellt jedes Schema das Endprodukt einer Reihe von Assimilations- und Akkommodationsprozessen dar; somit ist die momentane Interaktion zweier Personen *immer* eine Funktion ihrer bisherigen lerngeschichtlichen Erfahrungen.

Im Hinblick auf die Interaktionen zwischen Supervisor und Supervisand wird deutlich, daß es sich lohnt, auf solche Muster zu achten, die ein Supervisand auffällig häufig sendet („Übertragung"). Umgekehrt können auch Supervisoren gar nicht anders, als interne Schemata an die Situation heranzutragen („Gegenübertragung"), so daß jede Interaktion durch „reziproken Schema-Transfer" gekennzeichnet ist (vgl. Abbildung 11):

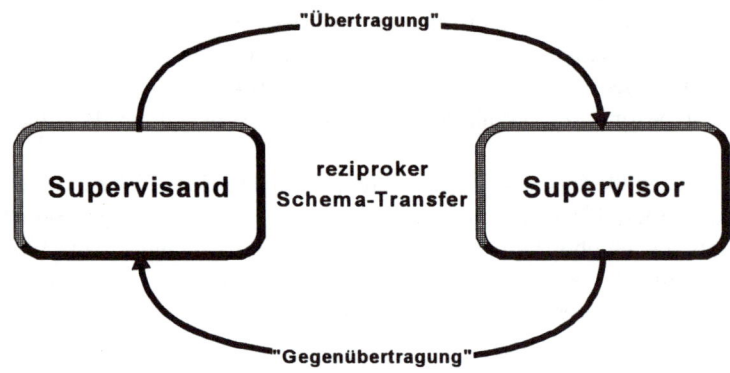

Abbildung 11. „Übertragung" und „Gegenübertragung" als reziproker Schema-Transfer.

Für die Selbstmanagement-Supervision hat eine solche Interpretation folgende praktischen Konsequenzen:

1.) Die Begriffe „Übertragung" und „Gegenübertragung" werden von ihren negativen (defizitorientierten) Konnotationen befreit und neutral betrachtet. Sie erhalten den Status normaler, natürlicher, „zwangsläufig notwendiger" kognitiv-affektiver Schemata zur Orientierung von Menschen in Kommunikationssituationen.
2.) *Jede* Interaktion ist als „reziproker Schema-Transfer" zu interpretieren.
3.) Dabei dominieren nicht notwendigerweise „frühkindliche Erfahrungen"; jedes Schema wird durch kontinuierliche Assimilations- und Akkomodationsvorgänge im Laufe des Lebens modifiziert, revidiert und fortentwickelt.
4.) Die VT-Supervision bevorzugt eine „präsentistische" Sichtweise von Schemata mit der Grundfrage: „Was ist *heute* relevant bzw. wird in der *aktuellen* Therapie- bzw. Supervisionssituation aktiviert?"
5.) Dementsprechend interessieren vor allem *aktualisierte* Schemata, und davon besonders *dysfunktionale*, die dann auch *im Hier und Jetzt* einer Korrektur bedürfen. Eine solche Modifikation von Schemata impliziert weder die Notwendigkeit des Rückverfolgens bis zu den Ursprüngen noch ein „Durcharbeiten" ihrer Entstehungsgeschichte, sondern *neue, korrektive Erfahrungen*.
6.) Die Begriffe „Übertragung" und „Gegenübertragung" werden trotz ihrer psychoanalytischen Überschußbedeutung auch deswegen beibehalten, um (a) eine Verständigungsmöglichkeit mit solchen Schulrichtungen aufrechtzuerhalten, bei denen sie zentrale Bedeutung

besitzen, und (b) die jeweilige *Hauptrichtung* der Interaktion kennzeichnen zu können, nämlich „Übertragung" für den Schema-Transfer von Supervisand zu Supervisor, und „Gegenübertragung" für den Transfer von Supervisor zu Supervisand (vgl. die obige Abb.11).

7.) Kontrolle der Gegenübertragung: Das aufmerksame Registrieren persönlicher Interaktionsschemata bleibt für Therapeuten wie Supervisoren eine *lebenslange Aufgabe*; dafür sind Supervision, kollegialer Austausch, Konfrontation mit externen Perspektiven von hoher Bedeutung. All diese Optionen sollten während der *gesamten* Berufstätigkeit von Therapeuten/Supervisoren zur Verfügung stehen und genutzt werden. Auch Selbsterfahrung/Selbstreflexion (u.U. auch persönliche Therapie) hat in dieser Hinsicht „präventive Wirkung" (Erkennen prävalenter persönlicher Schemata, positiv wie negativ).

Trotz aller Betonung persönlicher Einflußgrößen sind diese nur ein *Teil* des Therapie- und Supervisionsgeschehens; primär ist und bleibt die Erfüllung der sachlichen diagnostisch-therapeutischen Aufgaben. Sofern diese gewährleistet sind, braucht die persönliche Seite nicht über Gebühr betont zu werden. Die kooperative Beziehung stellt allerdings die elementare Grundlage des gesamten Supervisionsprozesses dar. Bei „Rissen" in diesem Fundament müssen auch und gerade Übertragungs- und Gegenübertragungselemente (im Sinne persönlicher Schemata) analysiert und gegebenenfalls bearbeitet werden.

9.3.2 „Parallelprozeß"

In Supervisionsansätzen, die die *Beziehung* als zentrales Agens der Therapie betrachten, wird immer wieder der sogenannte „*Parallelprozeß*" betont (vgl. z.B. Doehrman, 1976; Ekstein & Wallerstein, 1972; McNeill & Worthen, 1989; Searles, 1955 etc.). Dieser hat ebenfalls seinen Ursprung im psychoanalytischen Übertragungskonzept und besagt, daß sich Supervisanden in der Supervision ähnlich wie ihre Patienten in der Psychotherapie verhalten bzw. daß die Dynamik der Beziehung zwischen Supervisand und Supervisor die Beziehung zwischen Klient und Therapeut (=Supervisand) widerspiegelt. Letzteres erklärt übrigens, weshalb im deutschen Sprachraum dafür die Bezeichnung „Spiegelungsphänomen" (Kutter, 1990, 1994b) verbreitet ist. Im amerikanischen Sprachraum findet sich dafür oft die Bezeichnung „Isomorphismus" (vgl. z.B. Bernard & Goodyear, 1992, S.32).

Ekstein & Wallerstein (1972) widmen dem Parallelprozeß ein ganzes Kapitel ihres Buchs und beschreiben ihn wie folgt:

„The beginning student especially, with his very small armamentarium of consolidated technical skills, frequently seems prone to respond particularly to those aspects of the patient's problems that highlight his own specific learning problems as these are activated around his expectations in the supervisory process" (Ekstein & Wallerstein, 1972, S.177). ... „It is as though we work with a constant 'metaphor' in which the patient's problem in psychotherapy may be used to express the therapist's problem in supervision – and vice versa" (S.180).

Unisono erklären alle psychoanalytischen Vertreter, daß es im Supervisionsprozeß wichtig sei, Parallelprozesse zu *erkennen* und damit umzugehen. Als *Gründe* für das

Zustandekommen des Parallelprozesses nehmen diese Autoren an, daß es sich um eine bestimmte Form der Kommunikation handle, in der sich Supervisanden unbewußt mit ihren Klienten identifizieren bzw. unbewußt versuchen, dem Supervisor die Art des Klientenproblems szenisch zu vermitteln (bis hin zu der Beobachtung, daß Supervisanden in der Supervision verbale und nonverbale Eigenarten ihrer Patienten annehmen: vgl. z.B. Searles, 1955).

Ekstein & Wallerstein (1972) sprechen von einem „umgekehrten Parallelismus" bei der Supervision, was bedeuten soll, daß Supervisoren ihrerseits dazu neigen, bei ihren Supervisanden gewisse Parallelprozesse zu provozieren. Diese werden den Autoren zufolge durch „neurotische Übertragungshaltungen" gefördert und kommen zustande als Ergebnis fehlender Supervisionsfertigkeiten und -erfahrung und/oder ungelöste Konflikte des Supervisors, die aus seiner Rolle als Ausbilder herrühren.

Empirische Befunde. Wie so häufig im Bereich der Therapieforschung existiert auch bei diesem Punkt eine Kluft zwischen theoretisch propagierten Sachverhalten und der empirischen Befundlage. McNeill & Worthen (1989, S.330 ff.) sichteten die sehr spärlichen – und zudem meist auf Einzelfallstudien beruhenden – *empirischen* Arbeiten zum Parallelprozeß. Entsprechend vorsichtig lassen sich folgende Schlußfolgerungen ziehen:

- Das Vorkommen des Parallelprozesses läßt sich empirisch durchaus belegen.
- Der Parallelprozeß geht mit einer intensiven Supervisor/Supervisand-Beziehung einher.
- Therapeuten nehmen nicht nur Muster ihrer Therapiebeziehung *in die Supervision* mit, sondern auch Aspekte des Parallelprozesses aus der Supervisor/Supervisand-Beziehung wiederum *in ihre Therapiesituation*, indem sie ähnlich (oder genau umgekehrt) handeln, wie sie ihren Supervisor sich selbst gegenüber in der Supervision erlebt haben.
- Widerstände in der *Supervision* können dazu benutzt werden, Supervisanden Einsicht in die (parallelen) Widerstände ihrer Klienten zu vermitteln.
- Nach dem „Durcharbeiten" des Parallelprozesses in der *Supervision* berichteten Supervisanden über eine erhöhte Bereitschaft, ihre *therapeutische* Beziehung „spontan" und mit „emotionaler Wärme" zu gestalten.

Alles in allem wird deutlich, daß noch eine intensivere Erforschung des sogenannten Parallelprozesses nötig ist; eine Vielzahl von offenen Fragen macht das Konzept für unseren empirisch orientierten verhaltenstherapeutischen Standpunkt wenig griffig: So wäre zu klären, worin genau die Parallelen bestehen, ob es sich beim Parallelprozeß um ein *immer* (d.h. zwangsläufig) auftretendes Phänomen handelt oder ob es eher selten bzw. zufällig in manchen Fällen eine Rolle spielt. Möglicherweise repräsentiert dieses Phänomen auch nur einen kleinen *Teil* des Supervisionsprozesses (und ist in solchen Ansätzen – als Konsequenz selektiver Wahrnehmung – überrepräsentiert, die sowieso schon Beziehungsaspekte überbetonen). Auch die Gründe für das Zustandekommen sind aus verhaltenstherapeutischer Sicht noch wenig überzeugend; hier dürfte u.a. zu klären sein, inwieweit Aspekte des Modell-Lernens oder des stellvertretenden Problemlösens eine Rolle spielen.

Trotz all dieser Einschränkungen lassen sich für die Fälle, in denen auch in einem verhaltenstherapeutischen Setting Parallelprozesse zu beobachten sind, folgende Arten eines konstruktiven Umgangs empfehlen:

- Ohne den Parallelprozeß überzubetonen, sollte er in den Fokus genommen werden, sobald sich ausgeprägte Anzeichen dafür zeigen. Hierbei sind *wiederkehrende* Beziehungs*muster*, nicht aber einmalige Ereignisse von Bedeutung.
- Die „klassische" Art des Umgangs mit dem Parallelprozeß liegt im „Bewußtmachen" des Prozesses. Dazu kann der Supervisor in der Supervisionssitzung auf die „Meta-Ebene" gehen und dem Supervisanden sagen: „Ich habe den Eindruck, die Art, wie Sie sich soeben mir gegenüber verhalten, ist dem ganz ähnlich, wie Ihr Klient sich Ihnen gegenüber in der Therapie präsentiert...!"
- Falls die Annahme von Searles (1955) zutrifft, daß Supervisanden „unbewußt" das Problem ihrer Klienten in der Supervision inszenieren/demonstrieren, könnte dies als wichtige Information genutzt werden. Mittels diagnostischer Rollenspiele oder emotionaler Rekonstruktionen wären im Anschluß an das „Entdecken" relevanter Episoden *funktionale Bedingungsanalysen* möglich.
- Danach ließe sich fragen, wie eine Problemlösung in der realen Therapiesituation aussehen könnte. Die Supervisionsbeziehung kann dann als Feld für das „Durcharbeiten" dieses Problems (eben jetzt anhand der *in der Supervisionsbeziehung entstandenen* Schwierigkeiten) genutzt werden: McNeill & Worthen (1989, S.332) schildern in ihrem Beispiel Nr.1 den Fall einer Supervisandin, die sowohl in ihren Therapien als auch in der Supervision jegliche Konfrontationen mied, jedoch durch die Supervision lernte, konfrontative Interventionen zu nutzen und einzusetzen.

Abschließend weisen mehrere Autoren (z.B. Doehrman, 1976; McNeill & Worthen, 1989) darauf hin, daß eine *zu intensive* Betrachtung von Parallelprozessen die Gefahr in sich birgt, daß aus Supervision persönliche Therapie wird. Doehrman (1976, S.79) schreibt hierzu – und dies ist völlig in Einklang mit unseren Vorstellungen – daß in der Supervisionssitzung zwar *auch* persönliche Probleme der Kandidaten behandelt werden, jedoch nur in dem Ausmaß, in dem sie die Supervisions- oder therapeutische Beziehung berühren. Eine intensive *Bearbeitung/Bewältigung* persönlicher Anteile sollte nach unserem Konzept in den zusätzlichen Arbeitsformen „Selbsterfahrung/ Selbstreflexion" sowie „persönliche Therapie" erfolgen.

9.4 Dysfunktionale Beziehungsmuster und problematische „Spiele"

Bei jeder Interaktion sind sogenannte „Muster" interessant, d.h. wiederkehrende, sich wiederholende Abläufe, die – systemisch betrachtet – ein „System" als solches konstituieren. Solche Regelhaftigkeiten sind auch bei Supervisionsbeziehungen zu beobachten, wobei es jetzt vor allem darum geht, zu erkennen, wo Supervisor und Supervisand in einem dem Supervisionsprozeß abträglichen *dysfunktionalen Beziehungsmuster* gefangen sind. Unter Bezug auf Gesetzmäßigkeiten der sozialen Lerntheorie (z.B.

Bandura, 1979) werden die wechselseitigen funktionalen Bedingungen der ablaufenden Interaktion als „Gewinne" und „Verluste" interpretiert. In ähnlicher Weise versuchen Leith, McNiece & Fusilier (1989), Therapeut-Klient-Interaktionen für Supervisionszwecke mit einem kognitiv-behavioralen Systemansatz zu analysieren, wobei sie Beziehungen als wechselseitig verschränkte operante Verstärkungsmuster auffassen.

Eine therapiedidaktisch hilfreiche Variante besteht darin, solche wiederkehrenden Interaktionsmuster metaphorisch als „Spiele" zu karikieren und mit treffenden Namen zu belegen. Bauman (1972) sowie vor allem Kadushin (1968) und Hawthorne (1975) haben schon vor längerer Zeit einige „Spiele" beschrieben, die speziell bei Supervision beobachtbar sein können.

Der Begriff „Spiel" ist ursprünglich der Transaktionsanalyse (Berne, 1964/dt.1970) entnommen, hat jedoch spiel- bzw. nutzentheoretische Wurzeln (vgl. z.B. von Neumann & Morgenstern, 1947) und erscheint aus mehrerlei Gründen – besonders wegen der Analyse von „Gewinnen" (im Sinne von Verstärkungen) – mit lerntheoretischen Betrachtungsweisen gut vereinbar. Auch mit systemischen Ansätzen besteht hohe Kompatibilität. Ein „Spiel" ist dabei die abstrahierende sprachliche Kurzbezeichnung für „... wiederkehrende Interaktionsmuster zwischen Supervisor und Supervisand, die für einen der an der Transaktion Beteiligten einen Nutzen (payoff) haben" (Kadushin, 1968, S.23). „Spiele" sind „nützliche Vereinfachungen" oder holzschnittartige begriffliche „Karikaturen" (Kadushin, S.31), um wiederkehrende Abläufe zwischen Supervisor und Supervisand beschreiben, mit einem passenden Namen belegen und sie dann anhand ihrer funktionalen Bedeutung analysieren und bearbeiten zu können. Bei diesen Interaktionsmustern geht es um Taktiken, Tricks oder Manöver, um einen persönlichen Vorteil für sich zu erzielen. Dieser Gewinn kann z.B. darin bestehen, den subjektiven Nutzen zu maximieren (im Sinne einer positiven Verstärkung) oder mögliche Nachteile/Schäden zu vermeiden bzw. geringzuhalten (negative Verstärkung durch das Ausbleiben von Verlusten, psychischen Beeinträchtigungen des Selbstwerts oder Ängsten).

Kadushin (1968) hat vor allem sogenannte „Abwehrspiele" von Supervisanden beschrieben, die als selbstwertschützende Strategien primär der Vermeidung negativer Emotionen angesichts von Ängsten und Konflikten dienen (vgl. auch Stahlberg, Osnabrügge und Frey, 1985). Mögliche bedrohliche Einflußfaktoren im Supervisionsprozeß können z.B. sein:

- Angst vor Veränderung;
- Einschränkung der eigenen Unabhängigkeit/Autonomie („Reaktanz"-Theorie: Brehm & Brehm, 1981);
- Evaluationsangst;
- überstarke persönliche Betroffenheit bei Mißerfolgen (gerade im Sozialbereich wird oft das gesamte Selbstbild eng mit *professionellen* Erfolgen verknüpft);
- Reaktivierung früherer Autoritätskonflikte (mit Eltern, Geschwistern usw.) etc.

9.4.1 „Spiele" von Supervisanden

Zunächst sollen einige „Verteidigungsspiele" von Supervisanden skizziert werden. Kadushin (1968, S.25 ff.) gruppiert die von ihm beschriebenen Spiele anhand der übergeordneten gemeinsamen Zwecke in folgende vier Bereiche: (1) Reduzieren des Anforderungsniveaus, (2) Umdefinition der Supervisionsbeziehung (z.B. in Richtung von Therapie oder Freundschaft), (3) Reduzieren des Machtgefälles, und (4) Aktives Kontrollieren der Supervisionsabläufe. Bei der Darstellung folge ich dieser Einteilung, wobei es mir bei der Wahl der Bezeichnungen mehr um eine möglichst plastische „Eindeutschung" als um eine wortwörtliche Übersetzung ging.

(1) „Spiele" zum Reduzieren des Anforderungsniveaus. Wie die beiden folgenden Beispiele zeigen, geht es bei diesen Spielen im Kern darum, den Supervisor dazu zu veranlassen, professionelle Ansprüche an die Arbeit des Supervisanden herunterzuschrauben:

● **„Zwei gegen die Institution" oder „Anstiftung zur Rebellion"** („two against the agency" oder „seducing for subversion"). Dieses Spiel wird meist von Supervisanden initiiert, die mit den Routineabläufen ihrer Institution unzufrieden sind. Sie weisen z.B. auf bürokratische Zwänge und Kontrollen hin (z.B. Ausfüllen von Formularen, Pünktlichkeit, Anfertigen von Aufzeichnungen etc.) und vertreten die Haltung, daß solche Formalismen die „eigentliche" Arbeit mit Klienten nur stören. Daher sollte sowohl in der Institution als auch in der Supervision auf das Erstellen von Berichten, schriftliche Falldokumentationen etc. verzichtet werden.

Da für Interaktionsspiele immer mindestens *zwei* Personen vonnöten sind, können einige Motive betrachtet werden, die *Supervisoren* zum „Mitspielen" veranlassen. Kadushin (1968, S.25) nennt hier: (1) Unkritisches Übernehmen der Ziele des Supervisanden („Klientenbedürfnisse haben absoluten Vorrang"), (2) Sympathie für den Supervisanden (weil sich der Supervisor selbst über bürokratische Zwänge ärgert), (3) Probleme mit der eigenen Autorität (wenn Supervisoren z.B. vor administrativen Aufgaben und vor der Botschaft zurückschrecken, daß gewisse bürokratische Regelungen durchaus erforderlich sind).

Egal, welche Gründe den Supervisor veranlassen, auf dieses Spiel einzugehen – *sobald* er mitspielt, ergibt sich automatisch eine Allianz gegen die Institution.

● **„Sei nett zu mir, weil ich nett zu dir bin"** („be nice to me because I am nice to you"). Die „Masche" dieses Spiels besteht darin, daß Supervisanden den Supervisor mit Lob und Anerkennung überhäufen, so daß dieser unfähig wird, strenge Arbeitsanforderungen an sie zu richten. Für Supervisoren (besonders für solche, die ihren Selbstwert total vom Berufserfolg abhängig machen oder zu „narzißtischen Tendenzen" neigen) kann es schwierig sein, diesem Spiel zu widerstehen. Entscheidend ist aber nicht, daß Supervisanden gegenüber ihren Supervisoren gewissen Respekt zeigen, sondern daß sie das Bedürfnis bestimmter Supervisoren nach Anerkennung gezielt *zu ihren eigenen Gunsten* (d.h. zur Reduktion der sachlichen Arbeitsanforderungen) *ausnutzen*.

(2) „Spiele" zur Umdefinition der Beziehung. Auch diese Gruppe von Spielen zielt darauf ab, Anforderungen an Supervisanden zu reduzieren, jedoch steht hier die Veränderung der Supervisor/Supervisand-Beziehung im Vordergrund:

● *„Schützt die Kranken und die Schwachen"* oder *„Hilf mir, aber schlag mich nicht"* („protect the sick and the infirm" oder „treat me, don't beat me"). Supervisanden mit dieser Interaktionstaktik präsentieren in der Supervision schwerpunktmäßig ihre eigene (schwache, zerbrechliche) Person oder persönliche Probleme. Als Konsequenz kann es dann nicht mehr um die sachliche Arbeit mit Klienten gehen; vielmehr wird die Supervisor/Supervisand-Beziehung in eine *therapeutische* verwandelt. Wenn es der Supervisand außerdem schafft, seine persönlichen Probleme mit Arbeitsschwierigkeiten zu *verknüpfen*, kann er einer Aufweichung der professionellen Anforderungen sicher sein.

Supervisoren werden vor allem durch folgende Gründe zum Mitspielen veranlaßt: (1) Das Spiel trifft das Helfermotiv des Supervisors, der ja nach wie vor auch daran interessiert ist, Personen *therapeutisch* zu unterstützen, (2) es berührt voyeuristische Tendenzen des Therapeuten (und bietet die Gelegenheit, an intimen persönlichen Details des Supervisanden teilzuhaben), (3) es ist durchaus selbstwertdienlich, nicht nur als Supervisor, sondern auch als *Therapeut* ausgewählt zu werden, und (4) viele Supervisoren sind sich unsicher, ob eine Umdefinition von Supervision in Richtung Therapie in manchen Fällen nicht sogar notwendig und sinnvoll sei.

● *„Unter Freunden gibt es keine Evaluation"* („evaluation is not for friends"). Hierbei wird aus der Supervisionsbeziehung eine alltägliche Freundschaftsbeziehung zu machen versucht (z.B. durch gemeinsame Kaffeepausen, Einladungen zum Essen, Diskussion persönlicher Gemeinsamkeiten). Gegen eine solche Umdefinition der Beziehung ist zwar nicht prinzipiell und in jeder Phase etwas einzuwenden – Supervisoren sollten jedoch darauf achten, daß nicht die eigentlichen Ziele der Supervision (d.h. die sachliche Arbeit an den Problemen der Klienten; auch: Evaluation!) darunter leiden. Für dieses Spiel sind vor allem solche Supervisoren anfällig, die über wenige bis keine befriedigenden Sozialbeziehungen im Alltag verfügen.

● *„Möglichst viel Demokratie und Mitbestimmung"* („maximum feasible participation"). Bei diesem Spiel betont der Supervisand bei jeder Gelegenheit demokratische Mitbeteiligung und Gleichberechtigung. Da der Supervisand schließlich am besten wisse, welche Bedürfnisse und Lernziele er habe, nimmt er auch das Recht zur Selbstbestimmung seiner Supervisonsziele in Anspruch. So wichtig eine Mitbeteiligung gerade in unserem Selbstmanagementansatz auch sein mag – wir müssen uns darüber im Klaren sein, daß ein solcher Standpunkt (falls übertrieben) dazu führt, daß Supervisanden die alleinige Kontrolle übernehmen. In jedem Fall ist es also ratsam, ein ausgewogenes Maß von Mitbestimmung zu praktizieren und gleichzeitig darauf zu achten, daß Supervisanden die Betonung von Selbstverantwortung nicht zur Reduktion von Anforderungen mißbrauchen.

(3) „Spiele" zur Reduktion des Machtgefälles. Bei allem Streben nach einer möglichst gleichberechtigten Supervisionsbeziehung muß in Rechnung gestellt werden, daß es immer ein Machtgefälle gibt. *Ein* Grund für die Macht des Supervisors liegt in seiner Position innerhalb der jeweiligen Institutionshierarchie, ein anderer natürlich in seiner fachlichen Autorität, seinem Erfahrungsvorsprung und seinen – in der Regel besseren – theoretischen und praktischen Fertigkeiten. Die nachfolgend skizzierten „Spiele" von Supervisanden zielen darauf ab, das Machtgefälle dadurch zu verringern, daß sie die Kompetenz des Supervisors in Frage stellen:

● *„Wenn Sie Dostojewski so kennen würden, wie ich ihn kenne..."* („If you knew Dostoyevsky like I know Dostoyevsky"). Hier macht der Supervisand z.B. während einer Fallbesprechung gezielte Anspielungen (daß ihn der Klient an eine bestimmte Romanfigur

Dostojewskis* erinnert, die dem Supervisor ja sicherlich bekannt sei, um die rhetorische Frage anzuschließen: „Die kennen Sie natürlich?!"). Dabei ist beiden klar, daß der Supervisor diese Frage nicht mit „Ja" beantworten kann, was dem Supervisanden Gelegenheit gibt, die Rollenverteilung umzukehren und als Nachhilfelehrer für den Supervisor aufzutreten. Manche Supervisoren (denen es z.B. schwerfällt, vor anderen offen ihr Unwissen zuzugeben) lassen sich vor allem im Gruppenkontext auf dieses „Spiel" ein. Clevere Supervisanden spielen dann als geheime Verbündete mit dem Supervisor weiter und stellen diesen nicht vor der Gruppe bloß (was dazu führt, daß das „Spiel" weiterläuft, indem *beide* so tun, als wüßten sie, worüber sie reden).

● *„Was verstehen Sie denn eigentlich davon?"* („So what do *you* know about it?"). Dieses Spiel kann besonders von solchen Supervisanden gespielt werden, die in bestimmten Bereichen mehr berufliche oder private Erfahrungen vorweisen können als der Supervisor (und diesen dann z.B. fragen, ob er eigentlich wisse, was es bedeutet, Mutter/Vater zu sein, die „Weisheit des Alters" zu besitzen, tagtäglich an vorderster Front in der psychosozialen Versorgung zu kämpfen, mit Drogen experimentiert zu haben etc.). Immer läuft es darauf hinaus, daß sich die Rollen – nämlich: Wer vermittelt wem Erfahrungen? – *umkehren*, wodurch der Supervisor für den Supervisanden weniger bedrohlich erscheint.

● *„Alles oder gar nichts"* („All or nothing at all"). Dieses Spiel zielt darauf ab, statt der mühseligen Arbeit am Einzelfall große soziale Fragen aufzuwerfen. Dies kann bedeuten, daß Supervisanden ein Arbeiten an konkreten Veränderungen in der Supervision als Bagatelle darstellen, solange nicht gesamtgesellschaftliche Mißstände (Arbeitslosigkeit, Obdachlosigkeit, Armut und Hunger in der Welt) beseitigt seien. Oder aber Supervisoren wird vorgeworfen, sie hätten ihre Visionen einer „guten" Gesellschaft verloren, seien vom Establishment gekauft und mehr am Kurieren der Symptome interessiert als an einer Veränderung des „Systems". Für Supervisoren ist es schwierig, dem Spiel gänzlich zu widerstehen, weil auch dieser Standpunkt von Supervisanden ein Körnchen Wahrheit enthält (bzw. auf alle Personen anwendbar ist, die in einer Gesellschaft verantwortliche Positionen bekleiden).

(4) „Spiele" zum aktiven Kontrollieren der Supervisionsabläufe. Auch wenn schon einige der bisher dargestellten Strategien von Supervisanden darauf abgezielt haben, aktive Kontrolle über die Supervisionssituation zu erlangen, gibt es eine Reihe von Taktiken, deren *einziger* Zweck darin besteht:

● *„Ich habe eine kleine Liste"* („I have a little list"). Hier kommt der Supervisand mit einer Reihe von Fragen an, die er in der Sitzung diskutieren möchte. Besonders clevere Supervisanden beziehen ihre Fragen auf die Spezialgebiete und persönlichen Interessen des Supervisors. Aus der Selbstmanagement-Perspektive ist es zwar wünschenswert, wenn Supervisanden Eigeninitiative zeigen (wozu auch interessiertes Fragen gehört) – es ist jedoch darauf zu achten, daß es sich dabei nicht um ein Manöver handelt, um in der Sitzung von wichtigeren (aber u.U. bedrohlichen) Themen abzulenken. Für Supervisoren ist es nicht leicht, sich dem Spiel zu widersetzen, da die Demonstration eigenen Wissens und Könnens hohen Verstärkungswert be-

---

* Inhaltlich bezieht sich dieses „Spiel" im *therapeutischen* Rahmen natürlich selten auf Romanfiguren, sondern auf klinisch-psychologische Sachverhalte (neueste Therapieansätze, einen Fachzeitschriften-Artikel, den man unbedingt gelesen haben muß, die Meinung charismatischer Gründerfiguren oder anderer therapeutischer Experten etc.). Im verhaltenstherapeutischen Rahmen wäre der Name DOSTOJEWSKI dann z.B. austauschbar mit BECK, KANFER, LAZARUS, MEICHENBAUM, WOLPE o.ä.

sitzt (und weil es durchaus zu den Aufgaben von Supervisoren gehört, Fragen von Supervisanden zu akzeptieren, zu respektieren und wenn möglich zu beantworten).

● *„Ich bin zu nichts nutze!"* („I'm no good": Bauman, 1972, S.253) bzw. *„Mir gehört der Kopf ab!"* („Heading them off at the pass"). Hier gibt der Supervisand – in weiser Voraussicht, daß seine mangelhafte Arbeit wahrscheinlich kritisiert werden wird – von vornherein offen seine Fehler zu (daß es z.B. ein völlig verkorkstes Gespräch war, daß er es eigentlich hätte ganz anders machen müssen etc.). Jede Kritik wird von vornherein mittels massivster Selbstvorwürfe antizipiert, worauf viele Supervisoren „vor Mitleid zerfließen" und es ihnen schwerfällt, die Fehler noch intensiver zu beleuchten. Bauman (1972, S.253) bringt die implizite Botschaft dieser Strategie auf den Punkt: „Wie kann jemand noch etwas an mir auszusetzen haben, nachdem ich selbst so mitleidsvoll meine tiefe Bewußtheit meiner Probleme geoffenbart habe!?" Anfällig für dieses Spiel dürften vor allem Supervisoren mit einem ausgeprägten „Helfer-Syndrom" sein, weil sie dann Schwachen helfen, Beunruhigte beruhigen oder eine vergebend-verzeihende Rolle einnehmen können.

● *„Ich armer kleiner Wicht"* oder *„Fallarbeit zu dritt"* („Little old me"/„Casework à trois"). Dies ist ein anderes Spiel, um Stärke durch Schwäche zu zeigen: Dabei blickt der (demonstrativ unwissende oder unfähige) Supervisand zum „weisen und kompetenten" Supervisor auf und bittet um eine detaillierte Anleitung für das weitere Vorgehen („Was würden *Sie* als nächstes tun? oder „Was würden *Sie* dann sagen?"). Der Supervisand bürdet dem Supervisor sämtliche Verantwortung auf und bringt ihn indirekt dazu, die Therapie selbst zu machen (was sich Supervisoren u.a. deswegen gefallenlassen, weil sie – Stichwort: Patientenschutz – in der Tat eine gewisse Verantwortung haben oder weil sie selbst nicht mehr direkt mit Patienten/Klienten arbeiten).

● *„Ich habe alles genau so gemacht, wie Sie mir sagten"* („I did like you told me"). Bei dieser relativ „bösartigen" Variante wird der Supervisor zunächst in eine Position manövriert, in der er genaue Anleitungen zur Fallbearbeitung gibt. Der Supervisand führt diese Anleitungen in der Folge gehorsam und buchstabengetreu aus – jedoch in einer Art und Weise, bei der ein Scheitern vorprogrammiert ist. Dann macht der Supervisand den Supervisor für den negativen Ablauf verantwortlich (bzw. stellt sich lediglich als ausführendes Organ seiner Anweisungen hin). In jedem Fall läuft das Spiel darauf hinaus, die Vorschläge des Supervisors zu torpedieren und ihn in seiner Kompetenz anzugreifen.

● *„Es ist alles so verwirrend"* („It's all so confusing"). Dieses „Spiel" schmälert die Autorität des Supervisors dadurch, daß Supervisanden auf die persönliche Desorientierung verweisen, die dadurch entsteht, daß *andere* Autoritäten (z.B. ein früherer Supervisor, ein anderer Supervisor in derselben Einrichtung etc.) den Fall sicher *ganz anders* bearbeitet hätten. Angesichts prinzipiell verschiedener Lösungsmöglichkeiten für die gleiche Situation kommt der Supervisor in eine ungünstige Position, falls er seinen Standpunkt entweder zu vehement verteidigt (und dadurch angreifbar wird) oder aber zu stark in seiner Sichtweise schwankt (was sich als Autoritätsverlust interpretieren läßt).

● *„Was Du nicht weißt, macht Dich nicht heiß!"* („What you don't know won't hurt me"). Bei diesem „Spiel" reduziert der Supervisand eine mögliche Bedrohung dadurch, daß er den Supervisor auf Distanz hält und nur selektiv Einblick in seine Arbeit gibt (z.B. durch geschönte oder unvollständige verbale Berichte, Passivität, selektive Ausschnitte von Audio- oder Video-Bändern oder aber einem endlosen Mitteilen von Trivialitäten). Supervisoren können schließlich nur Dinge beanstanden, die ihnen bekannt werden – und so bietet diese Strategie einen guten Schutz vor Kritik.

● *„Die Supervision blockiert mich!"* Bauman (1972, S.253) hat eine weitere Variante beschrieben, bei der Supervisanden sich darüber beklagen, daß der Supervisionsprozeß ihre Spontaneität beeinträchtige. Nur wegen der Tatsache der Supervision würden sie Fehler machen und ineffektiv arbeiten. Letztlich vermeiden sie dadurch aber, aus ihren Fehlern zu lernen, indem sie der Supervision (und dem Supervisor) die Schuld dafür zuschieben.

9.4.2 *„Spiele" von Supervisoren*

Auch *Supervisoren* initiieren „Spiele" während der Supervision. Nach Kadushin (1968, S.30) können z.B. folgende Gründe ausschlaggebend dafür sein: Supervisoren (1) fühlen ihre hierarchisch überlegene Position bedroht, (2) sind unsicher hinsichtlich ihrer Autorität, (3) zögern, von dieser adäquat Gebrauch zu machen, (4) möchten bei ihren Supervisanden beliebt sein bzw. von ihnen anerkannt werden und (5) spüren persönliche Abneigungen gegenüber bestimmten Supervisanden. Er beschreibt folgende Varianten:

● *„Ich überlege, was die* **wahren** *Gründe dafür sind, weshalb Sie das sagten"* („I wonder why you really said that"). Hier versucht der Supervisor (insbesondere bei Meinungsverschiedenheiten), die Bemerkungen von Supervisanden als oberflächlich und irrelevant zu bezeichnen, um ihnen tiefere „eigentliche" Gründe ihrer Kritik zu unterstellen. Supervisanden haben dann keine Chance mehr: Entweder sie lassen sich in eine Rolle drängen, in der sie ihre „wahren" Bedürfnisse und Motive analysieren, aus denen heraus sie die Haltung des Supervisors in Zweifel zogen; oder aber sie bekommen – wenn sie dies nicht akzeptieren – „Widerstände" angelastet. In jedem Fall werden Supervisoren von der Verpflichtung enthoben, ihren abweichenden Standpunkt (z.B. durch Verweis auf konkrete Anhaltspunkte = Daten oder Forschungsergebnisse etc.) zu validieren.

● *„Jede gute Frage hat eine Gegenfrage verdient"* („One good question deserves another"). Supervisoren können ihre Autorität aufrechterhalten, indem sie Fragen ihrer Supervisanden mit einer Gegenfrage („Was meinen Sie selbst dazu?") beantworten, die ihnen genügend Zeit läßt, Antworten zu finden – und diese dann so überzeugend zu formulieren, daß sie den Eindruck erwecken, alles schon vorher perfekt gewußt zu haben. Im Fall *fehlender* Antworten wäre es immer noch möglich, die besondere Relevanz („Gute Frage...!") hervorzuheben und Supervisanden die Aufgabe zu geben, doch bis zur nächsten Stunde intensiver darüber nachzudenken. Letztlich können sie das Fehlen eigener Antworten auch als konkretes Beispiel für die „Grenzen von Supervision" hinstellen, ohne daß ihre Autorität leidet.

Hawthorne (1975) beschreibt weitere „Spiele", die von Supervisoren gespielt werden. Sie führt diese ebenfalls in erster Linie auf Probleme von Supervisoren im Umgang mit ihrer Autorität und Macht zurück und teilt sie dementsprechend ein in (1) „Spiele" mit Autoritätsverzicht und (2) Machtspiele:

(1) „Spiele" zum Zweck eines Autoritätsverzichts zeichnen sich dadurch aus, daß Supervisoren freiwillig auf Macht verzichten, die Situation so gestalten, daß sie von ihrer Autorität keinen Gebrauch machen müssen, Verantwortung auf andere abschieben oder ungeeignete Formen der Autorität wählen:

● *„Sie lassen mich nicht"* („they won't let me"). Dabei drückt der Supervisor zwar eine bestimmte Handlungsabsicht aus, unterläßt diese jedoch mit der Begründung, sein Vorgesetzter, die Umstände, die üblichen Abläufe und Vorschriften etc. würden dies nicht erlauben. Der Supervisor schützt sich vor eigenen Entscheidungen, indem er die Verantwortung auf andere abschiebt. Dadurch erreicht er zwei Dinge auf einmal: Er stellt sich auf die Seite seiner Supervisanden, indem er bestimmte Schritte prinzipiell begrüßt, und vermeidet gleichzeitig, sein Gesicht zu verlieren, indem er die Grenzen seiner Autorität betont: „Ich würde das wirklich gerne tun, wenn ich könnte – aber sie lassen mich nicht".

● *„Ich Ärmster"* („poor me"). Hier ist der Supervisor so mit verwaltungstechnischen Dingen beschäftigt (Statistiken, Berichte, Konferenzen etc.), daß er keine Zeit für andere Supervisionsaufgaben hat. „Ich wünschte, ich hätte Zeit, um den Fall mit Ihnen zu diskutieren, aber ich muß noch einen Bericht für den Träger fertigmachen" ... „Es tut mir leid, daß unsere Teamsitzung ausfallen muß, aber Sie haben keine Ahnung, wie ich mit dieser Aufstellung für den Direktor zeitlich unter Druck stehe". Der Gewinn dieses Spiels liegt für Supervisoren darin, ohne Imageverlust von neuerlichen oder zusätzlichen Anforderungen verschont zu bleiben, weil Supervisanden sich zu Verständnis und Rücksichtnahme veranlaßt sehen.

● *„Ich bin wirklich einer von Ihnen"* oder *„Ich bin wirklich ein netter Kerl"* („I'm really one of you" oder „I'm really a nice guy"). Bei der ersten Variante sucht der Supervisor nach Wertschätzung durch den Supervisanden, indem er diesen bei allen Beschwerden gegenüber der Institution unterstützt. Dabei berichtet er u.U. auch von eigenen erfolgreichen Versuchen, bestimmte Institutionserfordernisse zu ignorieren oder zu umgehen. Bei der zweiten Variante sucht der Supervisor auf der Basis *persönlicher* (nicht professioneller) Qualitäten nach Anerkennung. Sobald der Supervisor in seiner wohlwollenden Rolle akzeptiert wird, kann ihm kein Supervisand mehr kritisch oder fordernd gegenübertreten. In jedem Fall wird ein doppelter Zweck erreicht: Der Supervisor behält sein Image und ist nicht gezwungen, seine Supervisionsautorität auszuüben.

Manche Aspekte der realen Berufssituation machen es für *Supervisoren* ausgesprochen schwierig, diesen „Spiele" zu widerstehen: Es *gibt* natürlich ungünstige Institutionsabläufe, bürokratische Hürden und Grenzen des Kontexts, die die psychosoziale Arbeit erschweren. Natürlich ist es für Supervisoren angenehm, persönliches Ansehen zu genießen und eher demokratisch als autoritär zu arbeiten. Umgekehrt ist der *Supervisand* in der Regel in einer komplementären, aber untergeordneten Position: Er kennt die praktischen Realitäten seines Arbeitsfelds (z.B. bürokratische Zwänge), er mag den Supervisor oder weiß die eigenen Vorteile des Mitspielens zu nutzen.

(2) „Spiele" zur Ausübung und Demonstration von Macht. Während die obigen Strategien auf eines Autoritäts*verzicht* des Supervisors hinausliefen, gehen die folgenden „Spiele" in die gegenteilige Richtung, d.h. zielen auf eine Erhöhung von Macht ab:

● *„Ich bin hier der Boss"* („remember who's boss"). Hier übernimmt der Supervisor eine absolute Machtrolle und erlaubt keinen Widerspruch, keine Diskussionen oder Verhandlungen. Diese Rolle kann sowohl explizit (z.B. durch direktive Anweisungen) als auch implizit (z.B. im Sprachgebrauch: z.B. „Meine Studenten", „meine Einrichtung" etc.) vermittelt werden. Für dieses Spiel sind meist eher ältere Supervisoren anfällig, die in der Institution einen angestammten Platz einnehmen, deren „Allmacht" außer Frage steht, und die deshalb über jede Kritik erhaben sind.

- *„Ich werde an höherer Stelle über Sie berichten"* („I'll tell on you"). Ähnlich wie im obigen Spiel geht es dabei um Machtausübung, hier allerdings mehr auf *indirektem* Wege. Der Supervisor übt dadurch Kontrolle aus, daß er immer wieder androht, einer höheren Dienststelle (der Leitung, dem Direktor etc.) Bericht zu erstatten. In der Hierarchie nimmt der Supervisor eine etwas schwächere Position als im ersten Spiel ein, weil er seine Macht auf die nächsthöhere Hierarchieebene delegiert. Damit das Spiel *auf Dauer* effektiv bleibt, muß er dem Prinzip der intermittierenden Verstärkung folgen und seine Androhungen zumindest von Zeit zu Zeit wahrmachen.

- *„Vater/Mutter weiß es am besten"* („father/mother knows best"). Hier kleidet der Supervisor seine Macht in elterliche Weisheit und Erfahrung ein: „Ich sage Ihnen das, weil es für Sie gut ist" ... „Ich habe viele Jahre Erfahrung darin, so daß ich weiß, wovon ich rede" etc. Der Supervisor setzt also statt professioneller Kompetenz seine formale Position (Status, Alter und Erfahrung) ein, um seine Autorität zu stützen. Durch die demonstrative Übernahme der Elternrolle wäre jedes Bezweifeln der Macht des Supervisors eine implizite Attacke gegen Erziehung und Ausbildung insgesamt – eine Kritik, die sich natürlich kein Supervisand erlauben wird. Dadurch kann der Supervisor sowohl sein Image als gütiges Elternteil als auch seine Macht ungeschmälert behalten.

- *„Ich versuche doch nur, Ihnen zu helfen"* oder *„Ich weiß, daß Sie das nicht ohne mich schaffen"* („I'm only trying to help you" oder „I know you really can't do it without me"). Beides sind Variationen eines pseudo-wohlwollenden Machtstrebens und basieren darauf, daß der abhängige Partner in eine inkompetente Rolle gedrängt wird. Kontrolle wird dabei unter dem Deckmantel von Hilfe versteckt, und ein „wirklicher" Erfolg (Autonomie des Partners) weder erwartet noch angestrebt. Wenn etwas schiefgeht, ist es der Fehler des Supervisanden, weil er die angebotenen Hilfen nicht genutzt oder sie falsch angewandt hat. Umgekehrt ist jeder positive Effekt ausschließlich auf den Supervisor zurückzuführen. Durch die systematische Anleitung des Supervisanden zu Inkompetenz und Hilflosigkeit kann das Motiv des Supervisors, unverzichtbar zu sein, über lange Zeit aufrechterhalten werden.

Auch solche Strategien bauen wieder auf einem Stück Realitätsgehalt der „Spiele" auf: So hat jeder Supervisor gewisse Verantwortung und muß demzufolge auch als Kritiker, Beurteiler und Kontrolleur von Supervisanden auftreten. Natürlich haben Supervisoren die Verpflichtung, die Einhaltung gewisser Standards (z.B. innerhalb von Institutionen oder von Ausbildungsmodellen) zu sichern. Im allgemeinen besitzen Supervisoren zudem mehr professionelle Erfahrung, mehr Kompetenz und persönliche Reife als die Ausbildungskandidaten, was automatisch einen gewissen Machtvorsprung impliziert. Auch hier ist wieder die entscheidende Frage, ob diese Aspekte als Teil eines (unproduktiven) „Spiels" einfließen, oder ob es zu einer konstruktiven Förderung der Entwicklung kommen kann.

Supervisanden nehmen am Spiel oft nur deswegen teil, weil ihnen im Umgang mit einem autoritären Supervisor – besonders in einer stark hierarchischen Institution – nichts anderes übrig bleibt. Ein anderer Gewinn mag in den (kurzfristigen) Vorteilen liegen, die eine passive und abhängige Rolle mit sich bringt, wie z.B. das Enthobensein von Verantwortung bei Entscheidungen oder das Vermeiden von Risiken.

Im Mittelpunkt der beschriebenen „Spiele" standen zunächst Strategien zur Reduzierung von Bedrohung (seitens der Supervisanden) sowie Spiele, bei denen es um Autoritätsverzicht bzw. Machtstreben (der Supervisoren) ging. Auch wenn es sich um publizierte Spiele für den Bereich Supervision handelt, stellen diese wohl nur eine *beispielhafte* Palette dar, so daß eine Fülle weiterer Varianten beobachtbar sein dürften und dem Erfindungsreichtum für neue sprachliche Etiketten keine Grenzen gesetzt sind. Außerdem lassen sich bestimmt eine Reihe anderer bei Berne (1964/dt.1970) beschriebenen Spiele des menschlichen (und therapeutischen) Alltags bei Supervisionsbeziehungen finden:

So dürfte das Spiel *„Gerichtssaal"* (bei dem es um Rechthaben der einzelnen Beteiligten geht und ein definitives Richterurteil erwartet wird) besonders bei Gruppen- und Teamsupervision zu registrieren sein. Die aus dem Therapiekontext bekannten Spiele *„Ja aber..."* bzw. *„Kurier' mich, wenn Du kannst!"* (Ziel: Sabotieren aller noch so gutgemeinten Interventionen des Therapeuten) sowie *„Ist es nicht schrecklich?"* (Jammern als Suche nach Zuwendung, ohne aktiv an Lösungen zu arbeiten) können in Supervision ebenfalls ablaufen, und manche Supervisanden mit entsprechenden Vorerfahrungen aus anderen Therapierichtungen werden sehr viel Routine mit den Spielen *„Psychiatrie"* (Verteilen pathologischer Diagnosen), *„Psycho-Archäologie"* (endloses Suchen nach Konflikten in der persönlichen Vergangenheit statt Arbeit an aktuellen Themen) oder *„Schleusen öffnen"* (Emotionen „loswerden", Gefühle ventilieren, Persönlichkeit ausleben etc.) an den Tag legen. Andere Spielvarianten laufen in Gruppen- oder Teamsupervisionen ab (vgl. Kap.14.2). Und schließlich wäre es erstaunlich, wenn es in Analogie zu den sogenannten „Therapeutenkillern" nicht auch *„Supervisorenkiller"* gäbe...

9.4.3 Umgang mit problematischen „Spielen"

Im Supervisionskontext ist es spätestens dann erforderlich, mit inadäquaten Interaktionsmustern umzugehen, wenn diese so im Vordergrund des Geschehens stehen, daß ein sachlich-zielorientiertes Arbeiten an den Supervisionsthemen unmöglich wird. Aufbauend auf manche Ideen von Bauman (1972), Kadushin (1968) und Hawthorne (1975) lassen sich folgende Vorschläge präzisieren, die zunächst auf *akute* Situationen (d.h. das „Spiel" ist bereits in Gang) bezogen sind:

1.) **„Spiel" als solches erkennen.** Wer mit Spielen umgehen möchte, muß in einem ersten Schritt zunächst einmal erkennen, daß er sich in einem solchen befindet bzw. daß das Risiko besteht, in ein Spiel hineingezogen zu werden.

2.) **„Spiele" nicht mitspielen.** Jedes Spiel kann nur dann ablaufen, wenn *beide* Spieler mitspielen. Für den Supervisor kann eine Verweigerung des Mitspielens allerdings implizieren, auf *eigene Vorteile zu verzichten* (wie z.B. Attribution von Allwissen, Unfehlbarkeit, persönliche/fachliche Anerkennung, als liberal – im Gegensatz zu autoritär – gelten etc.).

3.) **Meta-Kommunikation.** Eine weitere Möglichkeit, aus solchen „Spielen" auszusteigen, besteht darin, allmählich oder abrupt-konfrontierend auf die Ebene der Meta-Kommunikation zu gehen und die beobachteten Abläufe offenzulegen. Für diesen Akt der Bewußtmachung ist ein empathischer Rahmen günstig, in dem auch die *Nachteile* solcher Spiele für Supervisanden diskutiert werden können, denn „in playing games the supervisee loses by winning" (Kadushin, 1968, S.32). Im Klartext bedeutet dies, daß keine Lernfortschritte zu verzeichnen sind, solange jemand „im Spiel gefangen" bleibt.

4.) **Mit Gegen-Spielen kontern.** Diese Alternative ist aus der Selbstmanagement-Perspektive eher kritisch zu betrachten, weil sie statt der Betonung von Transparenz und Offenlegung der Abläufe auf eine verdeckte Gegentaktik setzt. Es wäre aber z.B. durchaus denkbar, das Spiel „Ich habe eine kleine Liste" mit „Ich überlege, was die *wahren* Gründe sind, weshalb Sie mich das alles fragen..." (siehe oben) zu beantworten.

Zusätzlich gibt es Strategien mit eher *vorbeugender* Zielrichtung:

5.) *Supervisionsförderliche Grundbedingungen schaffen.* Der Aufbau einer vertrauensvollen Supervisionsbeziehung in einer offenen Atmosphäre, wie sie im nachfolgenden Supervisionsmodell als fundamentales Ziel spezifiziert ist (vgl. Kap.10 ff.), schafft die besten Voraussetzungen, daß keine unproduktiven „Spiele" in Gang gesetzt werden. Der Schutz von Selbstwert ist dort überflüssig, wo das Selbst von Personen nicht bedroht wird.

6.) *Sensibilisieren für interpersonale Abläufe während der Supervision.* Hier geht es darum, während der Sitzungen nicht nur das sachlich-problemlöseorientierte Vorgehen im Blick zu behalten, sondern genauso auf die *interpersonalen* Aspekte – insbesondere die Beziehung Supervisand/Supervisor – zu achten und sich anhand der Abläufe z.B. zu fragen: „Wo provoziere ich auffallend häufig bestimmte Verhaltensmuster bei Supervisanden?" ... „In welche Spiele versuchen mich Supervisanden hineinzuziehen?" ... „Welche Spiele spiele ich gerne mit?" ... „Welchen Gewinn habe ich dabei?" etc.

7.) *Selbsterfahrung/Selbstreflexion.* Ziel ist eine gewisse Sensibilität für den eigenen Kommunikationsstil mit allen Stärken und Schwächen sowie die Anfälligkeit für bestimmte „Stolperfallen", d.h. Achillesfersen, an denen Supervisoren leicht von Supervisanden „zu packen" sind. Neben dem Bewußtsein für wichtige persönliche und berufliche Bedürfnisse stehen z.B. die Themen „Umgang mit Macht und Autorität" sowie die eigene Berufsrolle/Berufsmotivation mit allen Gefühlen und Anliegen (z.B.: Was möchte ich als Supervisor geben bzw. bekommen?) im Vordergrund.

8.) *Kontrollsupervision und interaktioneller Austausch von Lehrtherapeuten/Supervisoren.* Neben Selbsterfahrung im eigentlichen Sinn sind auch kontinuierliche Selbstbeobachtung, das produktive Nutzen von externem Feedback anderer Personen sowie die *Supervision für Supervisoren* (Kontrollsupervision, kollegiale Supervision) sinnvoll. Letztere hilft vor allem beim Erkennen von „blinden Flecken", die ebenfalls dazu führen, sich an unproduktiven Spielen zu beteiligen.

9.) *Selbstsupervision.* Schließlich kann ein aufmerksames Registrieren von Interaktionsabläufen in der Supervision Schutz bieten – idealerweise unterstützt durch Analyse von Tonband- oder Videoaufzeichnungen eigener Supervisionssitzungen.

Alles in allem sollten Supervisoren die Fähigkeit besitzen, eine positive Supervisionsatmosphäre herzustellen, die das Initiieren selbstwertdienlicher Spiele unnötig macht, sowie möglichst frühzeitig unproduktive Spiele identifizieren können. Aus einer funktionalen Analyse, d.h. Klärung der dahinterstehenden (auch eigenen!) Motive sind in der Regel konstruktive Alternativen abzuleiten. Lösungen werden sich dann ergeben, wenn Supervisoren wie Supervisanden lernen, daß gewisse Bedürfnisse (z.B. nach Anerkennung, Schutz vor Bedrohung) durchaus legitim sind, daß sie jedoch in vielen Fällen auf andere Weise bzw. in anderen Beziehungen besser zu befriedigen sind. Spiele werden dann für den Supervisionsprozeß irrelevant bzw. zu produktiven Interaktionsbeziehungen umfunktioniert. Das beste Spiel, das Supervisoren und Supervisanden miteinander spielen können, heißt „kooperative Supervision"; seine wichtigsten Spielregeln sind in Kap.9.1 und 9.2 sowie ab Kap.10 ausführlich beschrieben.

III

Verhaltenstherapeutische Supervision nach dem „Selbstmanagement"-Ansatz:

Ein Mehrebenen-Prozeßmodell für die Supervisionspraxis

Einleitender Überblick

In Anlehnung an Rahmenmodelle zur Organisation des *Therapie*prozesses (vgl. besonders Kanfer, Reinecker & Schmelzer, 1996, S.133-362) wird ein *Mehrebenen-Prozeßmodell der Supervision* vorgestellt. Seine Hauptfunktionen bestehen darin, bedeutsame Variablen des Supervisionsprozesses zu spezifizieren, ein übersichtliches Gerüst zur theoretischen wie praktischen Orientierung zu vermitteln, empirisch fundierte Ergebnisse der Supervisionsforschung zu integrieren und das Ganze in eine Abfolge zu bringen, die den Supervisionsablauf in der Praxis zu optimieren gestattet. Dabei bemißt sich die „Güte" eines solchen theoretischen Modells in erster Linie an seiner Eignung für die Anleitung zum effektiven Handeln in der Praxis.

Die Abbildung 12 (vgl. nächste Seite) vermittelt zunächst eine Übersicht des Modells. Wie die Balken am oberen und unteren Rand der Abbildung markieren, unterscheidet das Modell zunächst eine *Makro-* von einer *Mikroebene*: Die *Makro-Ebene* (Kap.10 und 13) bezieht sich auf den *Gesamtkontext* von Supervision. Sie thematisiert insbesondere die Stadien *vor dem Beginn* und am *Anfang* sowie *nach dem Ende* der eigentlichen Supervisionsarbeit und rückt außerdem die notwendigen *Supervisionsgrundlagen* („Beziehungs-" und „Motivationsfundament" sowie „Setting") in den Betrachtungsmittelpunkt. Demgegenüber konzentriert sich die *Mikro-Ebene* (Kap.11) auf die unmittelbaren Phasen des Supervisionsprozesses: In einem sechsstufigen rekursiven Arbeitsmodell („Kernprozeß"), das sich am Problemlösen in dynamisch-komplexen Systemen orientiert, werden Hinweise für eine Suche nach Klärungs-, Bewältigungs- und Lösungsschritten gegeben. *Inhaltlich* verläuft die Supervision auf drei „Hauptschienen" (sachlich-aufgabenbezogen, personbezogen und kontextbezogen, vgl. S.147) und wird kontinuierlich von einer Kontrolle der Effekte (Evaluation) begleitet. In Kap.12 wird ein Exkurs auf die *Meta-Ebene* vorgenommen, die heuristische Hinweise zum Umgang mit dem Gesamtmodell vorsieht (z.B. Übergang von einer Phase zur nächsten; Verlagerungen des inhaltlichen Arbeitsfokus; Rückkehr zu bereits durchlaufenen Schritten bei Mißerfolg etc.).

Charakteristika des Modells. In dem Modell sind mehrere Linien integriert, die sich für ein effektives Bearbeiten klinischer Fragestellungen als günstig herausgestellt haben und die auch für den Arbeitsbereich Supervision hilfreiche Effekte versprechen. So sind hauptsächlich folgende Ansätze ineinander verwoben:

1.) Theorie und Praxis des *Selbstmanagement-Konzepts* (Kanfer, Reinecker & Schmelzer, 1991, 1996): Sowohl Menschenbild als auch philosophische Basisannahmen geben den Hintergrund ab, während im Vordergrund ein Prozeßmodell (als idealtypisches Gerüst für dynamisches und interaktives Problemlösen) praktische Schritte strukturieren hilft.

2.) Die grobe Struktur von *Problemlösestufen*, die seit Dewey (1910) in der Literatur bekannt sind und von D'Zurilla & Goldfried (1971) auf die Verhaltenstherapie übertragen wurden: Sie stellen – wie auch bei anderen „bewährten" Konzepten der VT (z.B. Bartling et al., 1992) – den ultimativen *Kern* des Ansatzes dar und implizieren die Botschaft, daß das Bearbeiten klinisch-psychologischer Themenstellungen (egal, ob Beratung, Therapie oder Supervision) effektiv mittels Modellen des Problemlösens zu leisten ist;

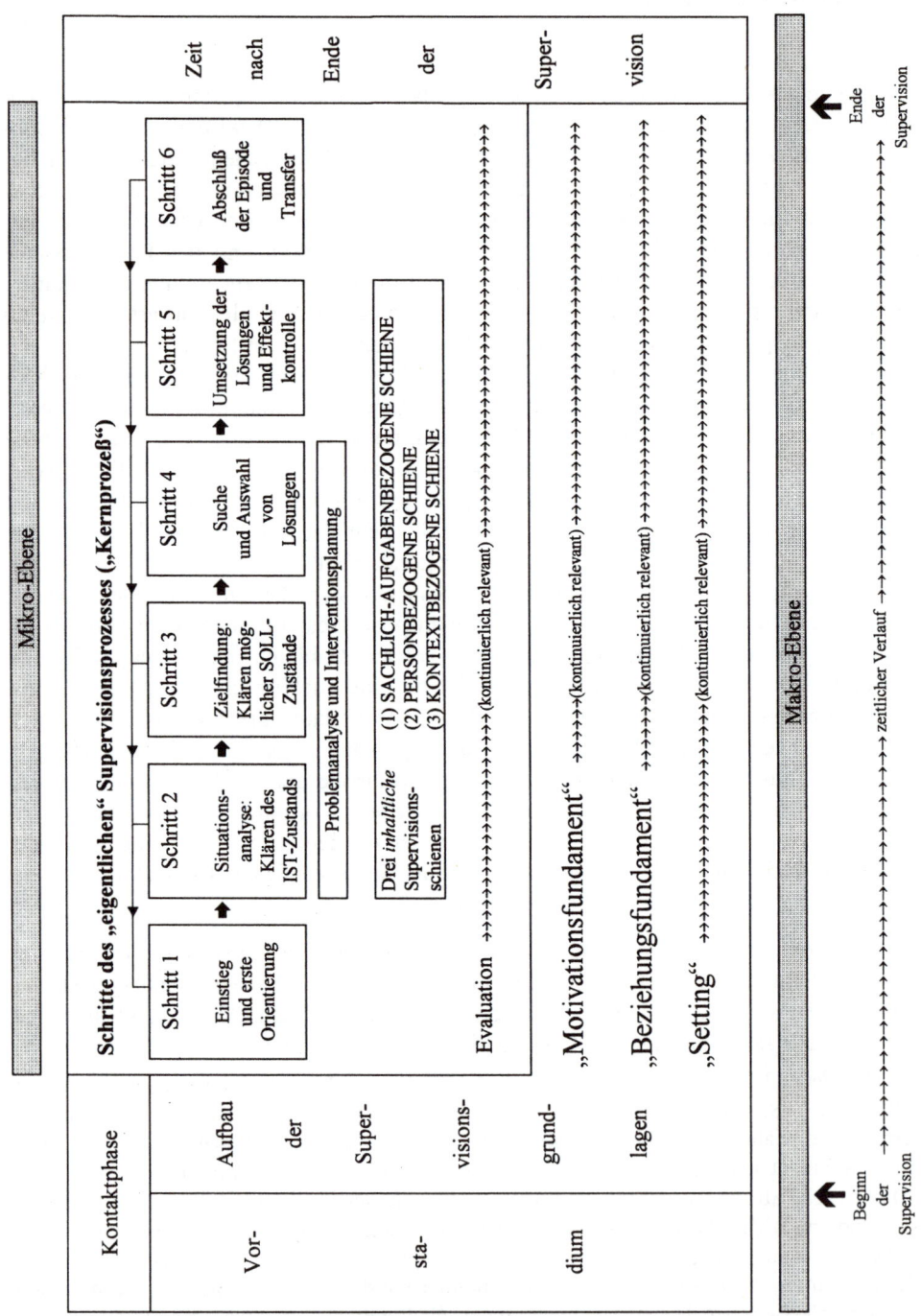

Abbildung 12. Mehrebenen-Prozeßmodell der Selbstmanagement-Supervision (Überblick).

3.) *Systemperspektive*: Orientierung an einem generellen System-Modells menschlichen Erlebens und Verhaltens (ebenfalls zusammengefaßt in Kanfer et al., 1996, S.22 ff.), nach dem die Welt so aufgefaßt werden kann, „als ob" sie ein System wäre, sowie die Vorstellung vom Supervisor als „Navigator" im System (vgl. auch Haken, 1990; Lieb, 1995, 1996; Schiepek, 1991 etc.); demzufolge betont der nächste Punkt:

4.) Neuere Ansätze zum *Problemlösen in komplexen Systemen* bzw. *dynamischen* Situationen (z.B. Dörner, 1989; Dörner, Kreuzig, Reither & Stäudel, 1983; Kanfer & Busemeyer, 1982; Nezu & Nezu, 1989; Strohschneider & von der Weth, 1993 etc.). Diese werden an manchen Stellen durch Gedankengänge der Arbeitsgruppe um Watzlawick (z.B. Fisch, Weakland & Segal, 1987; Watzlawick, 1985; Watzlawick, Weakland & Fisch, 1979 etc.) ergänzt, insbesondere mit den dortigen Auffassungen zum Konstruktivismus, zur Bedeutung des subjektiven Bezugsrahmens von Problemen, Zielen und Lösungen sowie zum menschlichen *Wandel* (1. und 2.Art). Dazu paßt auch die besondere Blickrichtung der *lösungsorientierten Kurzzeit-Therapie* um Steve de Shazer (vgl. z.B. Berg, 1992; de Shazer, 1989a, 1989b, 1992; Walter & Peller, 1994 etc.), die – ähnlich wie der Selbstmanagement-Ansatz – besonders zukunftsorientiertes, zielgesteuertes, konstruktives Arbeiten an Lösungen betont und die positiven Kompetenzen von Personen zu nutzen versucht;

5.) Grawes (1994) *vier Basis-Wirkprinzipien* von Interventionen (Klärungs-, Bewältigungs-, Erfahrungs- und Ressourcenorientierung), die – empirisch gesehen – den Kern effektiven klinischen Arbeitens ausmachen und daher sowohl in Therapie, Ausbildung und Supervision eine bevorzugte Stellung erhalten sollten.

Bedingt durch den Sachverhalt, daß sowohl Therapie als auch Supervision als systematische Anleitung zum Problemlösen in komplexen Kontexten aufzufassen sind, gibt es manche Strukturähnlichkeiten zum 7-Phasen-Modell von Kanfer et al. (1996). Auch sind Parallelen zu problemlöse- oder handlungstheoretisch fundierten anderen Supervisionsmodellen (z.B. Frank, 1996; van Kessel & Haan, 1993a/b; Lieb, 1993; Plessen & Kaatz, 1985; Wasik & Fishbein, 1982 etc.) vorhanden, wobei mit der Globalität des Betrachtungsniveaus die Ähnlichkeiten zunehmen, wohingegen Unterschiede um so stärker hervortreten, je mehr man sich der konkreten Handlungsebene nähert. Für das vorliegende Supervisionsmodell sind folgende Charakteristika zu betonen:

Überblicksmodell mit Orientierungsfunktion. Wie jede praktikable Theorie stellt das Modell eine „nützliche Vereinfachung" dar und greift zum Zweck des Überblicks und der Strukturierung selektiv die wesentlichen Variablen heraus. Um aus dem Orientierungsmodell kein *Desorientierungsmodell* werden zu lassen, verzichte ich aus therapiedidaktischen Gründen auf ein Übermaß an Details, Feedbackschleifen, Exkursen etc. Wichtige Gesichtspunkte (z.B. Umgang mit „Störfällen" und schwierigen Supervisionssituationen, unproduktive „Spiele" zwischen Supervisand und Supervisor etc.) sind aus dem Modell in andere Kapitel verlagert worden, so daß an relevanter Stelle darauf verwiesen werden kann.

Mehrebenen-Modell. Die Bezeichnung „Mehrebenen-Modell" sagt aus, daß in der Supervision zu jedem Zeitpunkt jeweils *mehrere* Aktivitäten auf unterschiedlichen Ebenen *parallel* ablaufen, was z.B. in Anlehnung an sog. „Mehrfachhandlungsmodelle" (vgl. Kaminski, 1982; Fuhrer, 1984 etc.) dargestellt werden kann. Die *Makro-Ebene* ist dabei die umfassendste Ebene, während die *Mikro-Ebene* den „Kern", d.h. einen interaktiven Bearbeitungsprozeß umfaßt, der in einer Supervisionsstunde meist mehrmals „gestartet" wird und sich (z.B. bei „Störfällen") selbst enthalten kann. Das Modell hat dabei sowohl eine *sequenziell-lineare* als auch *hierarchische* als auch *parallele* Struktur:

Die (1) *sequenziell-lineare Struktur* verläuft auf der horizontalen Ebene (vom Vorstadium über die Kontaktphase über den Aufbau der Supervisionsgrundlagen hin zum eigentlichen Supervisions-/=Problemlöseprozeß und weiter zur Zeit nach der Supervision). Dies impliziert auch eine *zeitliche* Abfolge, nach der im Normalfall erst die Stufe 1 und dann die Stufe 2 etc. durchlaufen wird. Allerdings darf hier bereits angedeutet werden, daß jeweils Rückkoppelungsschleifen vorgesehen sind, um die vordergründig lineare Struktur (z.B. bei Mißerfolg) wieder verlassen zu können.

Die (2) *hierarchische Struktur* zeigt sich auf vertikaler Ebene: Ähnlich wie beim Bau eines Hauses müssen auch für den Supervisionsprozeß gewisse *Grundlagen* gegeben sein. Solche „Basisvariablen" sind vor allem Beziehungsaspekte, Supervisionsmotivation und Aspekte des „Settings". Sobald die Basis einmal aufgebaut ist, muß sie über den gesamten Prozeß aufrechterhalten bleiben. Jedoch muß erst das Fundament geschaffen werden, bevor es möglich ist, sich in den „oberen Stockwerken" an die Arbeit zu machen.

Die (3) *parallele Struktur* zieht sich kontinuierlich durch das gesamte Modell: Während weiter auf das Fortbestehen der Grundlagen geachtet wird, läuft der eigentliche „Kern" als Problemlöseprozeß (u.U. mehrfach pro Sitzung); eine ständige Evaluation zielt auf das Überprüfen der jeweiligen Handlungseffekte, wobei die Supervision üblicherweise auf 3 *inhaltlichen* Hauptschienen verläuft: (a) sachlich-aufgabenbezogen, (b) personbezogen und (c) kontext-/systembezogen (vgl. Kap.6.2.2).

Innerhalb dieses Mehrebenen-Modells gibt es natürlich viele Übergangsmöglichkeiten bzw. *Schwerpunktverlagerungen*. So rücken jeweils bestimmte Schwerpunktziele in den Vordergrund (= Fokus der Aufmerksamkeit), während andere Themen zu bestimmten Zeiten eher im Hintergrund weiterlaufen, deswegen aber nicht „beendet" sind. *Regeln* für solche Schwerpunktverlagerungen und Übergänge werden in Kap.12.3 expliziert.

Heuristisches Prozeßmodell mit Regeln nach Art der „Fuzzy Logik". Das Modell ist als Leitfaden mit Vorschlags-Charakter gedacht. Es enthält heuristische „Daumenregeln", die Platz lassen für die Individualität der Supervisoren und Supervisanden sowie für die jeweils einzigartigen Kontext- und Systemverhältnisse. Dazu gibt es kontinuierlich Anregungen, Ideenwegweiser, Hinweise und Leitfragen vor, die als Hilfestellungen und Heurismen genutzt werden können. Viele Regeln und Leitlinien haben den Charakter von „fuzzy sets" (Zadeh, 1965) und sind vergleichsweise „unscharf" formuliert (z.B.: „Wenn Tendenz zu X, dann tue etwas mehr Y" ... „Wenn mehr Q, dann weniger P" ... „Falls R sich intensiviert, probiere es eher mit F"). Waren solche Regelstrukturen früher in der Wissenschaft verpönt, so sind sie mittlerweile theoretisch gut faßbar (vgl. z.B. Kosko, 1992, 1995) und selbst im physikalisch-technischen Bereich von hoher praktischer Relevanz. Eine Darstellung der „Fuzzy

Logik" oder eine Analyse ihrer Anwendungsmöglichkeiten für Therapie und Supervision kann hier allerdings nicht geleistet werden.

Interaktives Problemlösemodell. Auch für Supervisanden gilt die Aussage, daß sie im Fall beruflicher Schwierigkeiten selbst ein „Teil des Problems" sind und – gerade bei emotionaler Betroffenheit – ihre Scheuklappen und „blinden Flecken" besitzen, wodurch ihnen Lösungen in eigener Regie unmöglich werden. Hier ist die *Interaktion* mit einer zweiten Perspektive (des Supervisors) oder mehreren anderen Sichtweisen (wie z.B. bei Gruppensupervision) von enormer Bedeutung, besonders wenn die jeweiligen Interaktionspartner in konstruktivem Problemlösen geschult sind. Ziel ist es, *durch die Interaktion* während der Supervision zu neuen/anderen Bewältigungsmöglichkeiten zu gelangen, veränderte subjektive Problem- bzw. Zieldefinitionen zu ermöglichen, differenzieren, umdeuten und umetikettieren zu lernen, Unabänderliches genauso erkennen zu können wie bislang nicht bedachte Lösungen u.v.m. Bei der *Ausbildungssupervision* ist die Interaktion mit einem kompetenten Lehrtherapeuten darauf ausgerichtet, Kandidaten bei Lernschritten behilflich zu sein, Feedback zu geben, eine optimale Schwierigkeitsstaffelung bzw. „Timing" vorzunehmen und das Fortschreiten der Supervisanden konstruktiv zu begleiten.

Dynamisch-rekursives Modell. Die lineare, sprachlich sukzessive Darstellung der Abläufe täuscht etwas über die grundlegende Dynamik und Rekursivität des Modells hinweg, wo es wegen der ständigen Ziel- und Problemfluktuationen in der Praxis stets um Entscheidungen „bis auf Weiteres" geht. In der „Realität" haben wir es mit ständigen Veränderungen, Rückkoppelungsschleifen, Überlappungen der einzelnen Phasen, einem „Ineinanderfließen" vieler Gesichtspunkte, dynamischen Übergängen, zeitgleich ablaufenden Mehrfach-Prozessen etc. zu tun (vgl. dazu das Extra-Kapitel 12). Das selektive Nacheinander-Betrachten der Einzelpunkte im Text ist lediglich ein Produkt unserer Begrenzung durch die Sprache, die kein gleichzeitig-paralleles Beschreiben zuläßt (vgl. auch von Glasersfeld, 1985).

Zielorientiertes, methodisch offenes Meta-Modell. Es handelt sich außerdem um ein theorieübergreifendes („transtheoretisches") Modell, das eine „Integration" vieler Aspekte unter einem übergreifenden Dach erlaubt. Die durchgängige Zielorientierung („Wozu?") macht einesteils eine zweckorientierte Anpassung des Arbeitens an unterschiedlichste Probleme, Aufgabenstellungen und Ziele möglich und gestattet das Setzen unterschiedlichster Schwerpunkte und Prioritäten. Sie erlaubt es außerdem, in der Praxis auch solche Methoden (= Interventionen; = Wege) einzubeziehen, die möglicherweise in ganz anderen theoretischen Systemen ihren Ursprung hatten, die aber geeignet erscheinen, mit ihrer Hilfe bei bestimmten Ausgangssituationen bestimmte Ziele zu erreichen. Die kontinierliche Evaluation und Effektüberprüfung erfolgt – ausgehend vom bisherigen IST-Zustand – ebenfalls immer in Relation zu den angesteuerten Zielen.

Kooperatives Modell. Ein konstitutives Merkmal der Selbstmanagement-Supervision besteht in einer durchgängigen *Kooperation* aller Beteiligten. Transparentes Vorgehen, Suche nach Konsens, gemeinsame Entscheidungen, Zwischen-„Blitzlichter", Bilanzierung von Fortschritten etc. helfen nicht nur beim aktiv-lösungsorientierten Arbeiten, sondern produzieren auch hohe Motivation und Eigeninitiative. Von Ausnahmen abgesehen übernimmt der Supervisor hauptsächlich Verantwortung für den adäquaten Ablauf *(Prozeß)* der Supervision, während Supervisanden ihre Anliegen, Themen und Inhalte einbringen.

Im nachfolgenden Text ist das Modell ausführlich dargestellt.

10 Die Makro-Ebene der Supervision: Vorstadium und Anfangsphase

Wie aus der Abbildung 12 (S.224) hervorging, umfaßt die *Makro-Ebene* wichtige Abläufe *vor* und *nach* dem jeweiligen Supervisionsprozeß. Ich beginne zunächst einer Beschreibung des *Vorstadiums* der Supervision (10.1), betrachte dann die *Kontaktphase* als Übergang zum eigentlichen Beginn der Supervision (10.2) und beschäftige mich danach mit dem Aufbau wichtiger *Supervisionsgrundlagen* (Setting, Beziehung und Motivation: 10.3), bevor ich die *Evaluation* (10.4) als durchgängiges Begleitmerkmal des Modells behandle. Nachdem ich in Kap.11 die *Mikro-Ebene* (d.h. den „Kernprozeß" des Problemlösemodells) und in Kap.12 die *Meta-Perspektive* mit Hinweisen zum Umgang mit dem Kernmodell dargestellt habe, kehre ich in Kap.13 wieder zur Makro-Ebene zurück und skizziere das *Beendigen der Supervisionskontakte* und das *Stadium nach Abschluß der Supervision*. Kap.14 enthält noch eine Reihe von *Modifikationen des Modells*, um mit spezifischen Aufgabenstellungen (Gruppen- und Teamsupervision, Organisations-/Institutions- und Leitungsberatung, Projektsupervision und kollegiale Supervision) zurechtkommen zu können.

10.1 Das Vorstadium der Supervision

Das Vorstadium der Supervision umfaßt alle Ereignisse und Prozesse, die Supervisanden und Supervisoren *vor* dem Beginn der eigentlichen Supervision erleben. Niederschmid (1984, S.77) hat hierfür den passenden Begriff „Vorfeld-Phänomene" geprägt. *Empirisch* sind die genauen Abläufe in dieser Phase lediglich zu einem kleinen Teil erfaßbar, weil in der Regel nur von solchen Personen Informationen erhältlich sind, die sich später tatsächlich auf eine Supervision einlassen. Besonders relevant sind Aspekte wie z.B. frühere Supervisionserfahrungen, Einstellungen gegenüber Supervision, implizite und explizite Supervisionsanliegen etc. Solche Faktoren beeinflussen entscheidend, ob bzw. unter welchen Bedingungen ein Supervisionsprozeß überhaupt zustandekommt und machen sich später via „Supervisionsmotivation" bemerkbar.

Die nachfolgenden Gesichtspunkte sind besonders für die sog. *Praxissupervision* mit bereits „fertigen" Praktikern, Institutionen oder Teams interessant. Bei einer *Ausbildungssupervision* sind sie zwar nicht völlig irrelevant; allerdings gibt es dort weniger Verhandlungsbedarf bezüglich der Spielregeln und Personen.

10.1.1 Häufige Supervisionsanlässe und ihre Entstehung

Im Vorstadium können Supervisionsanlässe auf vielfältige Weise entstehen: Im „einfachsten" Fall entscheidet sich jemand zu einer *Ausbildung*, für die Supervision ein verpflichtend vorgeschriebener Bestandteil ist. Bei „Praxissupervision" kommen Supervisionswünsche in der Regel durch *professionelle Probleme** (von Einzelpersonen) zustande oder rühren von *interpersonellen Konflikten* bzw. *institutionellen Problemen* her. Betrachtet man die Frage: „Wann wird etwas zum Supervisionsanliegen?", so läßt sich meist als übergreifende Formel die Antwort finden, daß der berufliche Routinealltag in irgendeiner Weise nicht mehr (oder noch nicht) funktioniert. U.a. finden sich oft folgende Ausgangssituationen:

- Orientierungs-/Perspektivelosigkeit (Was soll ich tun? Wie soll es weitergehen?)
- therapeutische „Mißerfolge" oder Häufung schwieriger Patienten/Therapiesituationen
- Traumatisierungen von Therapeuten (z.B. erster Klient mit Suizid, Bedrohung durch körperlich-aggressiven Klienten, mißglückte Krisenintervention etc.)
- emotionale und/oder körperliche Begleiterscheinungen beruflicher Probleme (z.B. Schlafstörungen, Konzentrationsprobleme, Verdauungsbeschwerden etc.)
- Notwendigkeit zur Umorientierung angesichts neuer Anforderungen oder zusätzlicher Aufgabenstellungen
- Überforderung bis hin zu „Burnout" (Kompetenzmängel? Inadäquate Zeitplanung? Zuviele Aufgaben? etc.)
- Zielkonflikte (intra- und interpersonal) oder Zielchaos (zu viele Ziele, u.U. widersprüchlich-konflikthafte)
- Entwicklungskrisen von Therapeuten (bisherige Ziele sind keine mehr, bisherige Kompetenzen reichen nicht mehr aus)
- bei Institutionen: hohe Mitarbeiterfluktuation, Patientenbeschwerden, Schadensersatzklagen, „Kunstfehler"
- Interaktionskonflikte in Teams, Gruppen und Institutionen
- persönliche Animositäten (bis hin zu „Mobbing" am Arbeitsplatz)
  etc.

Neben diesen durch Probleme/Konflikte veranlaßten Supervisionswünschen gibt es auch „positiv motivierte" Gründe für Supervision, wie z.B.:

- Neugier und Spaß an beruflichen Herausforderungen (mit dem Wunsch nach Begleitung dabei)
- ein guter Therapeut sein wollen (und dazu die Rückmeldung erfahrener Kollegen nutzen)
- Kompetenzen erweitern, neue Fertigkeiten lernen/verfeinern
- arbeitsfähig bleiben (oder wieder werden)
- für kritische Therapiesituationen sensibel werden
- sich vor „Burnout" schützen
- „seelische" Unterstützung bei beruflichen Schwierigkeiten erhalten
- bei Institutionen: Mitarbeiterzufriedenheit, Qualitätssicherung, Image/Prestige
  etc.

Nicht alle Supervisionswünsche sind allerdings so beschaffen, daß sich Supervisoren sofort darauf einlassen können. Weigand (1992, S.34) hat – bezogen auf Supervisionsanfragen durch *Institutionen* – einige eher *dubiose* Gründe für Supervision benannt, die Supervisoren sehr kritisch analysieren sollten (manche davon sind allerdings erst im Verlauf der Supervision zu erkennen). Dies sind z.B. Supervision als Kompen-

---

* *Persönliche* Probleme, die eine *Therapie* notwendig machen, sind hier nicht unser Thema.

sationsveranstaltung für Struktur- und Leitungsdefizite, als sozialhygienisches Entlastungsinstrument, als kostengünstigere Alternative zur Befriedigung der Fortbildungsinteressen von Mitarbeitern oder als Management-Ersatz (Delegation von Leitungsverantwortung an den jeweiligen Supervisor).

Dem Supervisor sind zunächst sämtliche Vorerfahrungen, Motive und Entscheidungsprozesse seitens der Supervisanden unbekannt (inkl. möglicher Probleme, Konflikte oder Machtkämpfe aus der Zeit vorher), so daß er – bildlich gesprochen – in einen „laufenden Film" einsteigt. Deshalb ist ab dem Moment der ersten Kontaktaufnahme eine genaue Analyse der Nachfrage nach Supervision für ihn von entscheidender Bedeutung. Wegen der engen Zusammenhänge mit der „Supervisionsmotivation" bleiben die Erwartungen und Ziele der Supervisanden *ständig* ein Thema – auch und gerade bei N>1-Konstellationen (Teams, Gruppen und Institutionen). Die folgenden Kapitel behalten deshalb diese Aspekte besonders im Fokus.

10.1.2 Subjektive Gründe *für* und *gegen* Supervision

In der Regel wird Supervision eher in Anspruch genommen, wenn folgende Voraussetzungen vorliegen:

- Adäquates Wissen über Supervision und deren Möglichkeiten/Grenzen
- Positive Supervisionserfahrungen (auch z.B. aufgrund der Schilderungen *anderer* Personen)
- Positive Erfahrungen mit dem *speziellen Supervisor* (auch Image/Reputation)
- Wissen um die Einhaltung von Rahmenbedingungen (z.B. sanktionsfreie Atmosphäre, Schweigepflicht, konstruktive Unterstützung statt destruktiver Kritik)
- Finanzielle und zeitliche Ressourcen (und entsprechende Unterstützung seitens der jeweiligen Institution)
- Leichte Erreichbarkeit kompetenter Supervisoren
- Motivation (für die Ausbildung) sowie Bereitschaft zum konstruktiven Lernen (auch aus Fehlern)
- Leidensdruck/Problemdruck
  etc.

Bei den Gründen, die dazu führen, daß eine Supervision gar nicht erst zustandekommt, lassen sich zunächst zwei verständliche und logisch akzeptable Ablehnungsgründe anführen:

(1) *Hinreichende* eigene *Bewältigungsmöglichkeiten:* Berufliche Schwierigkeiten sind bei der Tätigkeit von Therapeuten normal und *üblich*; viele davon sind selbst lösbar und aufgrund vorhandener Ressourcen und Hilfsmöglichkeiten in eigener Regie zu bewältigen, wodurch eine professionelle Supervision nicht nötig wird.

(2) *Adäquate Entscheidung für* alternative *Unterstützungsformen:* Nicht immer ist „Supervision" die beste Arbeitsform für die speziellen Anliegen von Personen, so daß stattdessen alternative Unterstützungsformen indiziert sind und wahrgenommen werden (z.B. persönliche Therapie, Selbsterfahrung, Fort- und Weiterbildung, Intervision, Streßbewältigung etc.).

Daneben gibt es aber auch eine Reihe von Ursachen, die die Entscheidung zu einer an sich „sinnvollen" Supervision negativ ausfallen lassen, und die man mit Hawkins & Shohet (1989, S.21) als *Supervisionshindernisse* („Blocks") bezeichnen kann:

- Frühere Supervisionserfahrungen (sowohl negative mit der Konsequenz: „Nie mehr Supervision!", als auch extrem positive: „So gut wird es nie wieder...!")
- persönliche Selbstunsicherheit des Supervisanden (z.B. Ängste vor der „intimen" Atmosphäre bzw. im Mittelpunkt der Aufmerksamkeit zu stehen etc.)
- Angst vor dem Supervisor (und seiner Autorität)
- organisatorisch-strukturbedingte Blocks (z.B. durch die duale Rolle von Supervisoren = Vorgesetzten)
- ungünstige Rahmenbedingungen (fehlende Finanzen, abgelegener Arbeitsort etc.)
- berufliche Sozialisation (Psychosozial Tätige helfen *anderen*, *lassen* sich nicht helfen...).

Zusätzlich sind zu nennen:

- Kritik-/Evaluationsangst (berufliche Leistungen werden *beurteilt*, *bewertet*, *kritisiert*, eventuell *sanktioniert*)
- Unkenntnis/mangelndes Wissen über die Möglichkeiten und Grenzen der Supervision
- Selbstüberschätzung („Ich schaffe es allein, brauche keine Unterstützung...")
- Verweigerung von Supervision als Machtdemonstration (a: Verweigerung der Genehmigung durch die Leitung; b: Verweigerung der Mitarbeit von Teammitgliedern etc.)
- Angst, sich vor *bestimmten* Personen (Kollegen, Leitung) zu öffnen

Selbstverständlich sollten Supervisoren ab dem Erstkontakt alles daran setzen, solche Hinderungsgründe gar nicht erst entstehen zu lassen. Einige davon sind zwar vom Supervisor nicht direkt beeinflußbar oder noch das Resultat früherer Erfahrungen aus dem *Vorstadium*. Soweit es positive Einflußmöglichkeiten seitens des Supervisors gibt, werden in den folgenden beiden Kapiteln einige „präventive" Gesichtspunkte des Aufbaus konstruktiver Supervisionsgrundlagen dargestellt und die durchgängigen Motivationsgrundlagen der Supervision unterstrichen.

10.2 Kontaktphase: Der Übergang zum eigentlichen Beginn der Supervision

Ab dem Moment erster Kontaktanbahnungen bewegen sich Supervisoren im „Spannungsfeld von Auftragsvergabe, Aufklärungsinteressen und Abwehrbedürfnissen" (Leffers, 1992b, S.6). Dies trifft insbesondere auf frei vereinbarte Supervision, Teamsupervision sowie Organisations-/Institutionsberatung zu, während bei „Ausbildungssupervision" viele Gesichtspunkte von vornherein eindeutiger geregelt sind (z.B. curriculare Lernziele; Personenkreis der Supervisoren inkl. deren Aufgaben; Länge, Dauer, Kosten etc.). Durch eine adäquate Berücksichtigung wesentlicher Einflußfaktoren können Supervisoren das Risiko von „Fehlstarts" verringern und wichtige Grundlagen für einen effektiven Supervisionsprozeß schaffen.

Die Supervision beginnt ab dem Moment, wo Supervision *gemacht* und nicht mehr *über* Supervision und ihre Voraussetzungen geredet wird. Die Kontaktphase dient zunächst noch der Vorabklärung/Sondierung und läuft auf konkrete Vereinbarungen in Form eines mündlichen oder schriftlichen Vertrags hinaus. Viele relevante Aspekte der „Kontraktgestaltung" werden in einem von Leffers (1992a) herausgegebenen Themenheft näher konkretisiert. Besonders schwierig können Verhandlungen werden, wenn es sich um sogenannte „Dreieckskontrakte" (Kallabis, 1992) handelt, bei denen Auftraggeber (Organisation) und Supervisionsnehmer (z.B. Team) nicht identisch sind, oder sobald sehr heterogene, konflikthafte Supervisionsanliegen spürbar werden. Sollten sich die wechselseitigen Erwartungen, Spielregeln, inhaltlichen Wünsche oder Rahmenbedingungen (Kosten etc.) nicht hinreichend zur Deckung bringen lassen, wird der Supervisionsversuch bereits in dieser Phase scheitern, d.h. beendet sein, bevor er eigentlich begonnen hat.

10.2.1 Die „Akquisition"

Die „Akquisition", d.h. das gezielte Bemühen um Aufträge, ist eine für Supervisoren leidige aber notwendige Aufgabe (vgl. Deutsche Gesellschaft für Supervision, 1992, S.49 ff.). Sie macht deutlich, daß es sich bei Supervision um eine *professionelle Dienstleistung* handelt, bei der es auch um Angebot und Nachfrage, Konkurrenz, Machtpositionen und letztlich um (faire) *Bezahlung* geht. Daß dabei auch Selbstdarstellung, Profilierung, Information, (erlaubte) Werbung, Marketing, Kontaktpflege zu Institutionen etc. erforderlich sind, ist für psychosoziale Berufsangehörige ungewohnt, insbesondere für *freiberuflich* tätige Supervisoren aber unverzichtbar (vgl. auch Behler, 1993; Behrend, 1993; Gröning, 1993).

Voraussetzung jedes erfolgversprechenden Akquisitionsversuchs ist die selbstkritische Reflexion verschiedener Fragen (z.B. Biete ich Supervision alleine oder zusammen mit einem Partner an? Wie steht es um die „Marktchancen" und die psychosoziale Infrastruktur der Region? Spezialisierung auf bestimmte Arbeitsfelder? Eigene Feldkompetenz? Für welche Berufsgruppen stelle ich meine Dienstleistung zur Verfügung? etc.). Für die *praktische Umsetzung* der Akquisition hat die Deutsche Gesellschaft für Supervision (1992, S.54 ff.) folgende *„Goldenen Regeln"* aufgestellt:

1.) Schnell auf Anfragen reagieren/Terminsetzungen einhalten.
2.) Bei selbstinitiierten Anschreiben Termin für eine telefonische Nachfrage angeben.
3.) *Persönliches* Gespräch suchen.
4.) Gut vorbereitet in Kontaktgespräche gehen (sich über Auftraggeber/Institution informieren, Material zur Darstellung der eigenen Arbeit bereithalten etc.).
5.) Kontaktgespräche als *Beratung* führen (d.h. dem potentiellen Auftraggeber helfen, seine Sicht und seine Ziele darzulegen).
6.) Bei jeder Auftragsannahme auf Seriosität und Qualität achten.
7.) Auf den jeweiligen Auftraggeber einstellen (z.B. Kleidung, Auftreten etc.).
8.) Jedes Akquisitionsgespräch danach für sich selbst schriftlich auswerten.
9.) Alt- und Stammklienten nicht vergessen („kleine Aufmerksamkeiten...").
10.) Am Ende von (positiv verlaufenen) Supervisionsprozessen die Teilnehmer auf Weiterempfehlungsmöglichkeiten hinweisen.

Im Rahmen berufsständischer Richtlinien lassen sich z.B. folgende *Formen* der Akquisition nutzen: Sporadisches Schalten von Anzeigen (nicht zu häufig!), Eintrag ins Branchenfernsprechbuch als „Supervisor", persönliche Verbindungen schaffen, gezielte „Kontaktpflege" zu Institutionen und Trägervertretern (insbesondere als längerfristige Strategie), Verteilung von Informationsmaterialien (wie z.B. Faltblatt mit einer Darstellung der eigenen Qualifikationen, Angebote und Schwerpunkte etc.) usw.

Zur positiven „Eindrucksvermittlung" tragen alle öffentlichkeitswirksamen Auftritte bei wie z.B. Vorträge, Diskussionsrunden, Podiumsgespräche, Publikationen, Teilnahme an Kongressen usw. In Analogie zum Werkstück eines Tischlers oder zum Modellhaus einer Architektin hat natürlich die „abgelieferte" qualitativ hochstehende Arbeit eines Supervisors die beste Überzeugungskraft – selbst wenn es im Sozialbereich selten so handfeste Kriterien gibt wie in den gewählten Beispielen. Aber immer noch bleibt die beste Werbung die, die jemand nicht selbst zu machen braucht bzw. Ergebnisse, die für sich sprechen.

10.2.2 Die Kontaktphase als wechselseitiger Sondierungsprozeß

Das Stadium des Kennenlernens, „Sich-Beschnupperns" und Austestens von Möglichkeiten/Grenzen läßt sich als Prozeß der wechselseitigen Sondierung auffassen: Boettcher (1990) analysiert und kommentiert das Transskript eines Kontraktgesprächs für Einzelsupervision für Zwecke der Supervisorenausbildung („Lehrsupervision"), und Velmerig (1992, S.54) präsentiert das Transskript einer telefonischen Supervisionsanfrage – beides sind *praktische* Impressionen für typische Abläufe in dieser Phase. Das Abchecken von Kompetenzen und Sympathien, erste Orientierungsversuche in einer ambivalenten Situation, Ängste und Widerstände aufgrund von Vorerfahrungen/Fehlinformationen über Supervision etc. begleiten den Entscheidungsprozeß in Richtung „Supervision: JA/NEIN?", der meist einen typischen Verlauf nimmt.

Wie die Abbildung 13 (vgl. nächste Seite) zeigt, kommt es nach einer (möglicherweise nur telefonischen) *Anfrage*, die eine noch unverbindliche erste Kontaktaufnahme darstellt, zu einem oder mehreren *Kontakttreffen* (eventuell mit unterschiedlichen Repräsentanten der Institution: Leitungsebene, Träger, Team etc.). Diese rangieren zwischen erster Anfrage und Vertragsabschluß und dienen zunächst noch der Sondierung, ob es unter den gegebenen Bedingungen überhaupt zu einer Supervision kommen kann. Spezielle Treffen mit dem Ziel, vorab skizzierte Vereinbarungen in einem verbindlichen *Supervisionsvertrag* (Kontrakt: vgl. unten) zu formulieren, können als „Kontraktgespräche" bezeichnet werden. Nach einer entsprechenden Einigung der Vertragspartner kann die Supervision (mit dem „Erstkontakt" im eigentlichen Sinn) beginnen, eventuell mit einer oder mehreren Probesitzungen. In dieser Phase könnte es auch sinnvoll sein, auf *alternative Arbeitsformen* (z.B. Krisenmanagement, Leitungsberatung, Projektbegleitung, Teamsupervision, Organisationsberatung, Fortbildung, Selbsterfahrung etc.) umzuschalten bzw. an entsprechend kompetente Kollegen weiterzuverweisen, falls dies den Anliegen der Nachfrageseite besser entspricht. Im negativen Extremfall kommt eine Supervision unter den gegebenen Umständen zwischen den Verhandlungspartnern erst gar nicht zustande.

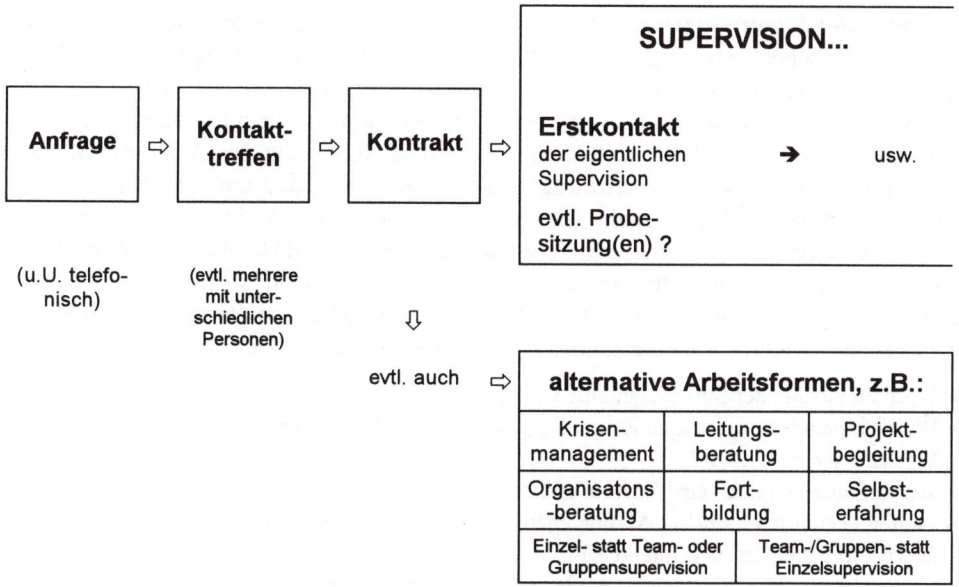

Kontaktphase: Typischer Verlauf

| Anfrage | ⇨ | Kontakt-treffen | ⇨ | Kontrakt | ⇨ | SUPERVISION... |

Erstkontakt der eigentlichen Supervision → usw.

evtl. Probe-sitzung(en) ?

(u.U. telefo-nisch)   (evtl. mehrere mit unter-schiedlichen Personen)

⇩

evtl. auch ⇨ **alternative Arbeitsformen, z.B.:**

Krisen-management	Leitungs-beratung	Projekt-begleitung
Organisatons-beratung	Fort-bildung	Selbst-erfahrung
Einzel- statt Team- oder Gruppensupervision		Team-/Gruppen- statt Einzelsupervision

Abbildung 13. Typischer Verlauf der Kontaktphase.

Kontaktphase: Die Seite der Institutionen/Supervisanden. Es ist legitim für die nachfragenden Institutionen bzw. Supervisanden, eine für sie und die vermeintlichen Supervisionsanliegen passende *Auswahl* von Supervisoren zu treffen. Sie haben somit das Recht, mögliche Supervisoren vor der Auftragsvergabe nach verschiedenen Gesichtspunkten zu prüfen, um z.B. folgende Fragen für sich zu beantworten:

- Wer ist der Supervisor?
- Was kann er/will er uns bieten?
- Welche Erfahrungen hat er (Feldkompetenz/Methodenkompetenz etc.)?
- Nach welchem Konzept arbeitet er?
- Wird er meine/unsere Anliegen verstehen können?
- Macht er auf mich/uns einen vertrauenerweckenden und kompetenten Eindruck?
- Welche Referenzen kann er vorweisen?
- Wie sind seine Rahmenbedingungen (Honorarvorstellungen, Terminvergabe etc.)?
  etc.

Wie Pühl (1992, S.40) hervorhebt, sind Supervisoren zunächst „Vertreter einer noch fremden Berufskultur", vor allem wenn Supervisanden noch keinerlei Vorerfahrungen mit Supervision sammeln konnten. Informationsbedürfnisse von Supervisanden sind daher ernst zu nehmen; ebenso ist eine gewisse Angst, Scheu, Zurückhaltung oder Unsicherheit ganz natürlich angesichts der Ungewißheit, auf was oder wen sie sich möglicherweise einlassen.

Die Seite der Supervisoren. Auch Supervisoren spüren in der Kontaktphase die Ambivalenz zwischen Ansprüchen der Nachfrager und eigenen Möglichkeiten (inkl. Grenzen). Unsicherheiten angesichts der noch fremden Anliegen, Wünsche und Ziele der Beteiligten, Hoffnungen bzw. Zweifel in Richtung ausreichender eigener Kompetenz, Entscheidungskonflikte in Richtung Annahme/Ablehnung des Auftrags, Bangen um interessante und lukrative Aufträge (insbesondere für hauptamtliche Freiberufler) etc. sind durchaus üblich, zumal es in dieser Phase sehr auf subjektive „erste Eindrücke" und eine positive Eindrucksbildung ankommt. Ungeschicklichkeiten führen daher im Extremfall zu einem Abbruch der Kontakte – selbst wenn Supervisoren „eigentlich" die nötigen Kompetenzen besäßen. Ein sensibles Erkunden der Nachfrageseite ist daher ebenso wichtig wie eine adäquate innere Beantwortung von Fragen wie:

- Weshalb möchte der Supervisand/die Gruppe/das Team überhaupt Supervision?
- Weshalb gerade zum jetzigen Zeitpunkt (und nicht vor 3 Monaten oder in einem Jahr)?
- Weshalb gerade bei mir?
- Worauf lasse ich mich ein? Worauf nicht?
- Laufen derzeit noch *andere* Maßnahmen* (Fortbildung, Organisationsberatung, andere Supervisionen, Leitungsberatung o.ä.)?
- Gibt es bereits Vorerfahrungen mit Supervision (wenn ja: welche)?
  etc.

Diese Fragen können vom Supervisor zwar den Supervisanden direkt in dieser Form gestellt werden; wichtiger als verbale Beteuerungen ist jedoch wieder einmal deren tatsächliches Verhalten, so daß es darauf ankommt, sich in die Motivationslage der Supervisanden ein Stück weit hineinzuversetzen und auf Basis der realen Abläufe implizite und explizite Antworten zu finden. Weitere Aspekte für den Umgang mit Supervisionsanfragen sind in Anlehnung an Gotthardt-Lorenz (1994, S.373):

- Wer fragt an?
- Wie ist die Position des Anfragenden im Gesamtsystem?
- Wer ist Auftraggeber bzw. Geldgeber?
- Welche Interessen haben Anfrager vs. Geldgeber?
- Welche Interessen haben die Teilnehmer?
- Unter welchen Rahmenbedingungen soll die Supervision stattfinden?
  etc.

---

* Wellendorf (1994, S.29) berichtet davon, daß es in manchen Institutionen regelrechte „Supervisionskränzchen" gibt.

Klären grundlegender Supervisionserwartungen. Eine wichtige Aufgabe für Supervisoren in dieser Phase besteht im Klären grundlegender Supervisionserwartungen. *Generelle* Erwartungskategorien für Supervision lassen sich – in Analogie zu Therapieerwartungen, die Kanfer et al. (1996, S.181/182) in teilweiser Anlehnung an Goldstein (1966) zusammengestellt haben – in folgende 5 Grobbereiche einteilen:

- *Rollenerwartungen:* Welche Rollen fallen - nach Ansicht von Supervisanden – dem Supervisor bzw. den Supervisanden zu?
- *Prognostische Erfolgserwartungen:* Was versprechen sich Supervisanden (bzw. Institutionen etc.) von einer Supervision? Welche Erfolge werden erhofft? In welcher Zeit?
- *Inhaltliche Erwartungen:* Was soll in der Supervision bearbeitet werden? Welche Probleme bzw. Ziele sollen im Mittelpunkt stehen? Welche *nicht*?
- *Ablauferwartungen:* Wie wird oder soll nach Ansicht der Supervisanden der Supervisionsprozeß ablaufen? Wie *nicht*?
- *Erwartungen aufgrund subjektiver Überzeugungen von Supervisanden:* Wie erklären sich Supervisanden (ein Team etc.) die Schwierigkeiten, deretwegen Supervision begonnen werden soll? Wodurch sind Probleme bedingt, womit hängen sie zusammen? Welche persönlichen/institutionalen Einstellungen stehen einer eigenständigen Problemlösung im Weg? Welche Konsequenzen haben die subjektiven Haltungen für die Arbeit und die Supervision?

Wie später noch genauer beschrieben werden wird, ist ein solcher Klärungsprozeß nicht mit der Frage nach den Eingangserwartungen beendet, sondern zieht sich durch die gesamte Supervision hindurch. Auf Basis der obigen Grobeinteilung von Erwartungskategorien ist es ratsam, ab den ersten Anfragen *inhaltlich* auf Erwartungen zu achten, die (implizit wie explizit) in den Supervisionsprozeß einfließen und diesen fördern bzw. beeinträchtigen. Sie werden spätestens in Kap.10.3.3 wieder relevant, wenn es um die „Supervisionsmotivation" geht.

Für eine optimale Supervision sollte der Supervisor frühzeitig positiv-realistische Erwartungen verstärken und hinderliche Erwartungen thematisieren, korrigieren bzw. im Fall rigider unrealistischer Ansprüche seine Dienste verweigern. Viele Aspekte treten allerdings nicht sofort bzw. nicht explizit zutage. Die Aufgabe von Supervisoren bei der Erkundung von Erwartungen gleicht daher eher einer Expedition in unbekanntem Gelände, was Velmerig (1992) zu der Analogie mit einem „Schlauchbootfahrer" veranlaßte. Er beschreibt die möglichen Erfahrungen von „freien" Supervisoren bei der Kontaktaufnahme mit Institutionen mit einer originellen Metapher:

Der Supervisor, als *Schlauchbootfahrer* im „Meer der Ungewißheit" unterwegs, dockt an der S.O.S. funkenden Bohrinsel an und arbeitet sich langsam von den Arbeitern im Ölzeug zur Mannschaft und dann bis zu den Offizieren auf der Brücke und zum Kapitän durch – stets aufmerksam für die jeweiligen Interessen, typischen Abläufe, Ordnungsregeln und Kommandostrukturen an Bord. Erst wenn der Schlauchbootfahrer sicheren Boden unter den Füßen und einen „offiziellen Platz auf der Passagierliste mit geregelten Pflichten und Rechten" (S.68) hat, beginnt er mit der Arbeit.

Das Vorgehen des Supervisors beim Kennenlernen einer ihm unbekannten Institution (mit zunächst unbekannten Personen und unbekannten „Systemregeln") läßt sich auch mit der Arbeitsweise von *Ethnomethodologen** vergleichen: Ähnlich wie Völkerkundler fremde Volksstämme durch teilnehmende Beobachtung zu erkunden und die geltenden Normen und Regeln von außen zu erschließen versuchen (vgl. z.B. Garfinkel, 1967), können Supervisoren in dieser Phase der Klärung und Kontraktierung vorgehen (vgl. auch Pühl, 1992, für einen ethno*psychoanalytischen* Supervisionsansatz). Allerdings ist das „Forschungsinteresse" von Supervisoren pragmatisch begrenzt. Ihr Ziel besteht darin, die Institution (das Team, die Einzelperson) durch ihre Supervisionstätigkeit in einen halbwegs arbeitsfähigen Zustand zu versetzen – und dies kann ohne *vollständiges* Wissen um die innersystemischen Abläufe erreicht werden (vgl. dazu besonders die Kap.14.2 und 14.3).

In dieser Phase müssen Supervisoren auch über sich Informationen geben und eigene Erwartungen bzw. Spielregeln mitteilen, ohne die Selbstpräsentation zu übertreiben, eine rechtfertigende oder dozierende Haltung zu vertreten oder Erfolgsprognosen abzugeben (vgl. auch Lippenmeier, 1992, S.75). Eine Unterstützung des persönlichen Gesprächskontakts durch Informationsmaterial (Visitenkarten, Faltblatt, kurze schriftliche Darstellung des eigenen Ansatzes) ist anzuraten, denn schließlich soll aus dem Kontakt ja ein *Kontrakt* werden.

10.2.3 Der Supervisionsvertrag und der Prozeß der Kontraktierung

Die Verhaltenstherapie im allgemeinen und der Selbstmanagement-Ansatz im besonderen haben sich schon immer mit Kontrakten und dem Prozeß der Kontraktierung befaßt (vgl. z.B. Kanfer et al., 1996, S.422 ff.). Für Kontrakte in der *Supervision* hat Kallabis (1992, S.14/15) einen *formalen* und einen *sozialen* Teil unterschieden. Ihre Differenzierung ist mit verhaltenstherapeutischen Denkweisen hoch kompatibel:

Im *formalen* Teil schafft ein Kontrakt gemeinsam vereinbarte Rahmenbedingungen für die Supervisionsarbeit, gibt Struktur bzw. Handlungssicherheit für alle Seiten, orientiert über Zielrichtung, inhaltliche Schwerpunkte und Grenzen. Juristisch gesehen haben bereits mündliche Abmachungen über die Supervision Vertragscharakter im Sinne des Bürgerlichen Gesetzbuchs BGB (Lippenmeier, 1992, S.70). Andere rechtliche Aspekte haben Vollmoeller (1990) oder Siemes (1995) beschrieben.

Der *soziale* Teil von Kontrakten ist nach Kallabis (1992, S.15) „...ein andauernder Prozeß der Klärung von Werten und Normen, Zielsetzungen und Inhaltsbezügen im Verlauf der Supervision. Er ist auch definierbar als dynamischer Bestandteil der Supervision, ohne daß immer eine explizite Definition von 'Kontraktierung' in der Supervision stattfinden muß".

Die folgende Abbildung 14 (vgl. rechte Seite) verdeutlicht die Relation von formalen und sozialen Aspekten der Kontraktierung im Supervisionsprozeß:

---

* Mit völlig anderem Hintergrund aber durchaus vergleichbarer Zielrichtung läßt sich hier auch die sog. „Columbo-Technik" (vgl. Kap.17) nennen, die Selbstmanagement-Therapeuten wie -Supervisoren gerne bei der Gesprächsführung einsetzen.

Supervisionsvertrag	**Prozeß der Kontraktierung**
formale Aspekte	soziale Aspekte

Supervisionsprozeß

Kann eine Supervision unter diesen Bedingungen zustande-kommen?

ja

nein

VERTRAG

Anliegen, Ziele, Lösungen

?

Exit

JA/NEIN-Entscheidung	kontinuierliches Klären, Verhandeln, Korrigieren, Revidieren, Modifizieren von Entscheidungen
	(im Extrem: Zurück zur Basis = zu den formalen Aspekten)

Abbildung 14. Kontrakt und Kontraktierung.

Zu Beginn geht es folglich um ein Aushandelns der „existentiellen Basis" der Supervision, d.h. um die elementaren Rahmenbedingungen, unter denen eine Arbeit überhaupt *begonnen* werden kann. Diese *formale* Seite wird üblicherweise in einem (mündlichen oder schriftlichen) *Supervisionsvertrag* geregelt. Ab diesem Moment ist die Entscheidung „Supervision: Ja oder nein?" getroffen, und es kann der Einstieg in den eigentlichen Supervisionsprozeß erfolgen, der in unserem Modell als dynamisch-interaktives Problemlösen konzipiert ist. Dann kommen besonders die *sozialen* Aspekte zum Tragen: Der *Prozeß der Kontraktierung* impliziert ein *kontinuierliches* Klären, Verhandeln, Korrigieren, Revidieren und Modifizieren aller weiteren Entscheidungen. Anliegen müssen gesammelt, konkretisiert, analysiert und als lösbare „Probleme" anders/neu definiert werden; Ziele und Lösungen werden gesucht, spezifiziert, auf die jeweiligen Personen/Situationen zugeschnitten und aktiv umgesetzt; neue Lösungsversuche werden auf ihre Effektivität hin überprüft und diese Beobachtungen wieder in die weitere Planung „eingespeist" etc. Dieses zielorientierte Vorgehen und Kontraktieren ist für den *gesamten* Supervisionsprozeß konstitutiv (vgl. auch Fox, 1983) und wird in den Kapiteln 11.1 bis 11.6 („Kernprozeß") ausführlich beschrieben.

Die Fülle der immer wieder notwendigen Klärungen macht deutlich, daß es utopisch wäre, alle Einzelheiten späterer Supervisionsarbeit bereits in den Supervisionsvertrag aufnehmen zu wollen. Eine zu frühe inhaltliche Festlegung von Details wäre auch deswegen nicht ratsam, weil es implizite Anliegen, versteckte Aufträge und geheime Ziele geben kann (wie z.B. die Bearbeitung der Angst des Leiters: vgl. Kallabis, 1992, S.25), wo bei voreiliger „Aufdeckung" eine Supervision gar nicht zustandekommen würde. Einige Punkte sind jedoch in jedem Fall *vertraglich* festzuhalten (vgl. unten).

Wichtige Inhalte eines Supervisionsvertrags. In Anlehnung an Kallabis (1992), Lippenmeier (1992), Siemes (1995) oder Weigand (1992) sollten in einem Supervisionsvertrag folgende Aspekte geregelt werden (Übersicht 19):

- Zeitliche Gestaltung (Zahl, Dauer, Abfolge der Sitzungen; genaue Termine; Zeitpunkt des Beginns und der Beendigung der gesamten Supervision, evtl. Option auf Fortsetzung)
- Ort (in der Institution, in der Praxis des Supervisors o.ä.)
- Teilnehmerkreis (insbesondere Teilnahme/Nichtteilnahme von Leitungspersonen)
- Form (Einzel-, Gruppen-, Teamsupervision)
- Vertraulichkeit (bzw. Umgang mit Informationsbedürfnissen der Institutionsleitung)
- Finanzielle Regelungen (Honorar, Fahrtkosten, Spesen; Frage der Bezahlung abgesagter Sitzungen; Rechnungserstellung und -fälligkeit, Art der Bezahlung; Versteuerung etc.)
- Sonstiges (z.B. Probesitzungen, Teilnahmepflicht vs. Freiwilligkeit, Dienstzeit vs. Freizeit)
- *mit Einschränkung* (vgl. Text): Inhalte der Supervision (z.B. Grund/Ausgangsproblematik; Gegenstand der Arbeit, Ziele, Schwerpunkte, Art des Vorgehens etc.)

Übersicht 19. Wichtige Inhalte eines Supervisionsvertrags.

Die Hauptfunktion des Kontrakts besteht in der Schaffung klarer, formaler, rechtlich abgesicherter Bedingungen und der Präsentation eines transparenten, verbindlichen ersten Orientierungsrahmens für alle Beteiligten. Ein *Textbeispiel* für einen *ausformulierten* Supervisionsvertrag findet sich in Anhang B.

10.2.4 Praktische Hinweise zur Kontraktierung und zum Umgang mit Verträgen

Schriftlicher vs. mündlicher Vertrag? Da bereits mündliche Supervisionsvereinbarungen rechtsgültig sind, stellt sich die Frage, ob es in jedem Fall einer *schriftlichen* Vertragsform bedarf. Aus der Selbstmanagement-Perspektive kann man argumentieren, daß es in erster Linie auf die *Abmachungen* und deren Einhaltung ankommt, so daß oft eine mündliche Form genügt. Falls sich jedoch schon in der Kontraktphase starke Interessenkonflikte andeuten, sollte ein *schriftlicher* Vertrag geschlossen werden. Ähnliches trifft auf Situationen zu, in denen sich die Supervisionsnehmer (z.B. ein Team) von den Geldgebern (z.B. Institutionsträger) unterscheiden. Wer allen Eventualitäten vorbeugen und auf Nummer sicher gehen möchte, kann der Empfehlung von Kallabis (1992, S.11) folgen, die aufgrund ihrer Erfahrungen *ausschließlich* eine schriftliche Form befürwortet und dies damit begründet, daß Supervision mit Teams und Institutionen *immer ein Spannungsfeld* darstellt, in dem bei offenem Ausbruch der Konflikte auch an den elementaren Supervisionsbedingungen gerüttelt wird.

Gezielte Vorab-Analyse des Auftrags vs. Orientierung am Prozeß? Die vorliegende Supervisionsliteratur ist sich – zum Teil schulenbedingt – uneinig darin, ob eine gezielte Vorab-Analyse des Auftrags oder aber eine „Orientierung am Prozeß" günstiger ist. Insbesondere system-bzw. familientherapeutische Ansätze betonen die Wichtigkeit einer genauen Analyse der Zugangswege bzw. die Differenzierung von Anliegen/Auftrag (Ludewig, 1991, S.60/61) bereits im Anfangsstadium. Auch organisationsbezogene Supervisionskonzepte (vgl. z.B. Weigand, 1992, S.30) plädieren für eine gründliche Nachfrageanalyse und versuchen, bereits zu Beginn aufgrund von Auftragsdiagnosen eine Supervisionsindikation zu stellen bzw. daraus geeignete Interventionsformen zu entwickeln. Am anderen Extrem stehen die Standpunkte, die eine *Vorab*-Analyse des Auftrags für nicht umsetzbar halten. Pühl (1992, S.38) übt z.B. folgende Kritik: „Ein guter Supervisor/eine gute Supervisorin scheint sich dadurch auszuzeichnen, daß er/sie mit den ratsuchenden Arbeitsteams (vergleichbares gilt für Institutionsanalysen) erst mit der Beratungsarbeit beginnt, wenn ein 'sauberer' Kontrakt ausgearbeitet wurde. Ich überspitze einmal: Je klarer der Kontrakt und das Setting, je besser der Supervisor." Pühl argumentiert, daß das „neue Professionalisierungsideal" des „klaren Settings" weder realisierbar noch erstrebenswert wäre, weil Klarheit erst das Ergebnis eines längerdauernden Suchprozesses sein kann (S.39).

Die *Selbstmanagement-Supervision* nimmt dazu folgende Position ein:

1.) Bereits bei ersten (u.U. telefonischen) Kontaktaufnahmen sollte aufmerksam auf explizite und implizite Anliegen, Erwartungen und Aufträge geachtet werden, ohne allerdings den Anspruch einer „endgültigen" Vorabklärung einlösen zu wollen.

2.) Minimale Ziele sind in diesem Stadium: (a) Vermeidung von Fehlanmeldungen, (b) Entscheidungen über eine Verlagerung des Schwerpunkts auf alternative Beratungsformen wie z.B. Leitungsberatung, Krisenmanagement, Projektbegleitung, Organisationsentwicklung, Fortbildung, Selbsterfahrung etc., sowie (c) Abschluß eines Supervisionsvertrags als elementarer Bedingungsrahmen für alle Beteiligten.

3.) Alle weiteren Schritte sind dem *kontinuierlichen Prozeß der Kontraktierung* zuzurechen (vgl. die Phasen des Supervisionsprozesses in Kap.11). Im negativen Extremfall (d.h. bei Verstößen gegen vereinbarte Vertragsbedingungen) müßte zum Supervisionsvertrag zurückgekehrt werden, um die Basis neu/wieder zu schaffen.

„Dreieckskontrakte". Bei Supervision in Teams und in Institutionen (vgl. Kap.14.2 und 14.3) müssen Verträge zwischen *mehreren* Interessenvertretern ausgehandelt werden – eine Situation, die manchen Konfliktstoff in sich birgt. „Von 'Dreieckskontrakt' wird immer dann gesprochen, wenn es im Supervisionszusammenhang drei unterschiedliche Interessenvertreter gibt: Institutionsvertreter als Auftraggeber, die nicht notwendigerweise am weiteren Supervisionsprozeß teilnehmen, Supervisanden und Supervisoren" (Kallabis, 1992, S.14). Bereits über den formalen Teil eines Dreieckskontrakts klären sich manche Machtpositionen, Rollen, Funktionen und Zuständigkeitsbereiche der Beteiligten. So macht es einen Unterschied, ob der Träger (als Geldgeber) nur in den Vertragsverhandlungsprozeß einbezogen oder (in der Funktion der Leitung) bei der Supervision dabei sein soll bzw. will. Kallabis (1992, S.24) empfiehlt aufgrund ihrer Erfahrungen, mit Teams und Trägervertretern nur dann *gemeinsame* Kontraktgespräche durchzuführen, wenn keine oder nur geringe „atmosphärische Spannungen" vorhanden sind. Bei besonders konfliktgeladenen Ausgangssituationen sollten *getrennte* Gespräche mit den beteiligten Einheiten stattfinden und erst später – d.h. in der „eigentlichen" Supervision – auf Dreiparteien-Kontakte übergewechselt werden. Bereits im formalen Teil ist z.B. auf eine adäquate Formulierung des

Vertragstexts hinsichtlich der Frage zu achten, ob sich die Schweigepflicht auch auf die jeweilige Institutionsleitung beziehen soll oder nicht. Kallabis (1992, S.19) macht hierzu folgende Alternativvorschläge:

(1) „Die Inhalte der Supervision sind ein Vertrauensraum zwischen Supervisanden und Supervisor/in. Über Inhalte der Supervision wird mit der Institutionsleitung nicht gesprochen." (*Indikation:* Leitung/Institution gibt dem Team „grünes Licht" für unabhängig durchzuführende Supervision.)
(2) „Alle personenbezogenen Informationen der Supervision sind vertraulich zwischen Supervisanden und Supervisor/in. Institutionsbezogene Inhalte können/sollen nach gemeinsamer Absprache in der Supervision und Abklärung des Verfahrens zusammen mit anderen Institutionsvertretern/-leitung besprochen werden. In Konfliktfällen sollen die Besprechungen in der Supervision stattfinden." (*Indikation:* Leitung/Institution will/soll mit einbezogen werden.)

Gerade bei Dreieckskontrakten wird die jeweilige „Institutionsdynamik" bereits lange vor dem eigentlichen Beginn der Supervision deutlich. Geheime/versteckte Aufträge diverser Teilnehmer, Fraktionierungen, Koalitionen etc. machen dem Supervisor die Aufgabe zusätzlich schwer, zumal er immer nur unvollständig Einblick in die Systemstrukturen erhalten wird. Sobald jedoch der formale Vertrag geschlossen ist (wozu die Gesichtspunkte des folgenden Absatzes noch Hilfestellung geben können), geht es im kontinuierlichen Prozeß der Kontraktierung um ein konstruktives supervisorisches Arbeiten: Das Konkretisieren von Erwartungen, (Auf-)Klären von Regeln/Normen/ Kompetenzen mündet im positiven Fall in eine bessere Kommunikation und Kooperation; Interaktionen und Systemabläufe werden verbindlich und dadurch „verflüssigt". Im Gegensatz zu den Prioritäten bei Ausbildungs- oder Einzelsupervision darf hier bereits angedeutet werden, daß bei Teams und Institutionen die Bearbeitung dysfunktionaler Strukturen immer Vorrang hat vor der Arbeit an interaktionellen Konflikten oder an Fällen (Weigand, 1992, S.32; vgl. auch Kap.14.2/14.3). So kann eine Supervision bereits im Zuge der Nachfrageanalyse bei Bedarf in eine Institutionsberatung übergehen.

Einflußgrößen bei der Kontraktgestaltung mit Institutionen. Supervisoren finden sich bei Kontraktverhandlungen in mindestens zwei Rollen wieder (Kallabis, 1992, S.21/22): Einmal in der Rolle des „Geschäftsmanns", dem Aufträge, Bezahlung und materielle Existenzsicherung wichtig sind, und zum anderen in der Rolle des „Fachmanns für Supervision", der seine Kompetenzen zur Verfügung stellt und eine qualitativ hochstehende professionelle Dienstleistung anbieten will. Leffers (1992b) hat 7 wichtige Einflußgrößen bei der *Kontraktgestaltung mit Institutionen* geschildert, die ich hier etwas abgewandelt und in veränderter Reihenfolge wiedergeben möchte, um Supervisoren Orientierung zu bieten:

1.) Bedeutung der Supervision für die Institution und deren Mitarbeiter. Eine inhaltlich orientierte Nachfrageanalyse sollte zu identifizierbaren Aufgabenstellungen führen, die mittels Supervision bearbeitbar sind. Günstig wäre das Vorhandensein zumindest grober Anliegen, Probleme, Zielvorstellungen oder Supervisionswünsche. Das negative Gegenbeispiel wären diffuse, pauschale Supervisionsaufträge nach dem Motto: „Andere Institutionen leisten sich auch Supervision..." oder „Wir haben noch etwas Geld im Etat, warum sollten wir da nicht mal Supervision machen?!"

2.) Fachliche und persönliche Kompetenzen des Supervisors. Im Idealfall entscheidet die selbstkritisch vollzogene Analyse der eigenen *Fachkompetenz* darüber, welche Aufträge Supervisoren annehmen oder nicht. Breite Supervisionserfahrung, eine gewisse Palette von methodischen Variationsmöglichkeiten (z.B. Fallsupervision, Teamsupervision, Leitungsberatung, Institutionsanalyse etc.), hinreichende Kenntnis des betreffenden Arbeitsfelds etc. sind besonders wichtig. Daneben sind auch *persönliche* Kompetenzen gefragt, insbesondere Akzeptanz der eigenen Autorität, Belastbarkeit, Ambiguitätstoleranz, Kommunikations- und Verhandlungsgeschick etc.

3.) Feldaffinität und Feldkompetenz. Da nicht alle Supervisoren in allen Supervisionsbereichen gleich effektiv sein können, ist eine selbstkritische Beurteilung anhand der Faktoren „Feldaffinität" („Wozu fühle ich mich hingezogen?") und „Feldkompetenz" („In welchen Arbeitsfeldern bin ich/fühle ich mich kompetent?") sinnvoll.

4.) Geschlecht „Mann/Frau". Es ist unumstritten, daß für manche Anliegen das Geschlecht des Supervisors eine wesentliche Rolle spielt. Hierbei kommt es oft auf die damit assoziierte *wahrgenommene* Kompetenz an. Supervisorinnen und Supervisoren sollten bei der Auftragsverhandlung immer auch analysieren, ob sie aufgrund ihres Geschlechts überhaupt den notwendigen „Zugang" zu bestimmten Einrichtungen und Personen bekommen können.

5.) Geld/Honorar. Aus professioneller Sicht sind Aufträge dann beidseits akzeptabel, wenn die Bezahlung in einem fairen Verhältnis zur gebotenen Leistung steht. Neben dieser *realen* Funktion des Geldes ist jedoch auch die *symbolische Vergleichsfunktion* nicht zu unterschätzen, die etwas mit Status, Anerkennung, attribuierter Kompetenz und Renommee (in Abhängigkeit vom verlangten Preis) zu tun hat, und die in manchen Arbeitsfeldern – besonders in Profit-Organisationen (vgl. Weigand, 1993) – hohe Bedeutung besitzt.

6.) Abhängigkeit vs. Unabhängigkeit von Aufträgen. Der jeweilige Berufsstatus (z.B. angestellt vs. freiberuflich, haupt- vs. nebenberuflich) bringt eine unterschiedliche Abhängigkeit von Supervisionsaufträgen zum Zweck der eigenen Existenzsicherung mit sich. Im negativen Extrem entscheidet sich ein Supervisor nur aufgrund seiner schwachen Auftragslage für die Übernahme eines Auftrags, für den er eigentlich nicht kompetent wäre.

7.) Prinzipielle Herstellbarkeit geeigneter „Setting"-Bedingungen. Auch für die Supervision sind bestimmte Ausgangs- und Rahmenbedingungen vonnöten, wenn diese überhaupt mit Aussicht auf Erfolg gestartet werden soll (z.B. Erreichbarkeit der Einrichtung, geeignete Räumlichkeiten, Abschirmung gegenüber Störungen, akzeptable zeitliche Vereinbarungen etc.). Sollten diese nicht realisierbar sein, müßte entweder von einer Auftragsannahme abgesehen oder mit dem Bewußtsein stark reduzierter Chancen gearbeitet werden.

Supervisoren können bei der Kontraktgestaltung die obigen Punkte als grobe Richtschnur nehmen bzw. sich schon vor einer Verhandlung selbstkritisch daraufhin durchleuchten, welche Faktoren für sie besonders relevant bzw. gegeben/nicht gegeben sind. Neben den genannten sachlichen Kriterien spielen in der Praxis auch subjektive Erwägungen eine Rolle (z.B. Sympathie, finanzielle Aspekte, persönliche Herausforderungen etc.). Umgekehrt stoßen Supervisoren gerade bei Institutionen oder Teams häufig auf unklare Rollen (was ja gerade zum Wunsch nach Supervision führte). So kann bereits ein erstes Kontakttreffen zu einer Klärung beitragen – und sei es zunächst nur negativ in dem Sinne, daß Rollen*konflikte* deutlich werden. Auch zeigen sich institutionelle Machtverteilungen und Hierarchien u.a. schon daran, wer überhaupt befugt ist, Kontraktverhandlungen zu führen bzw. Verträge abzuschließen.

Ablehnung von Supervisionsanfragen. Supervisoren werden nicht alle Supervisionsanfragen annehmen können bzw. wollen. Neben praktischen Begrenzungen (zeitliche Kapazitäten, unzumutbare Anfahrtswege etc.) gibt es auch Grenzen der fachlichen und persönlichen Kompetenzen. Außerdem werden Supervisoren, die in Einklang mit ethischen Leitlinien arbeiten und sich an sachlichen Auswahlkriterien orientieren, in der Regel keine Aufträge annehmen, bei denen sie den Eindruck haben, daß beispielsweise (1) sich die nötigen Rahmenbedingungen („Setting") nicht herstellen lassen, (2) eine Supervision lediglich dysfunktionale Strukturen und Systembedingungen weiter aufrechterhalten soll, (3) andere Arbeitsformen (z.B. Fortbildung, Selbsterfahrung etc.) statt Supervision indiziert sind, (4) sich trotz hartnäckiger Bemühungen keinerlei Supervisionsanliegen der Teilnehmer (d.h. Probleme, Konflikte, Wünsche, Ziele und Interessen) formulieren lassen oder (5) utopische, aber nicht korrigierbare Erwartungen an sie herangetragen werden. Sollten sie sich dennoch (z.B. aus finanziellen Motiven...) *für* eine Supervisionsübernahme entscheiden, sollten sie zumindest in der Gewißheit suboptimaler Bedingungen arbeiten.

„Probesitzungen" und die Frage der Bezahlung von Kontakttreffen. Supervisoren stehen dem Thema „Probesitzungen" ambivalent gegenüber. Allerdings wenden sich fast alle – mit dem Argument der Professionalisierung – gegen Versuche von Institutionen oder deren Vertretern, Probesitzungen als kostenlose und unverbindliche „Schnupperstunden" nutzen zu wollen. Pühl (1990d, S.163) berichtet über positive Erfahrungen mit 3 bis 5 *bezahlten* Probesitzungen mit dem Ziel, die zunächst „offizielle" Seite der Motivation zur Supervision zu klären und einen Supervisionskontrakt zu schließen. In unserem Verständnis handelt es sich dabei allerdings noch um „Kontakttreffen" zwischen Anfrage und Abschluß eines Supervisionsvertrags. Was die *generelle* Haltung zur Frage der *Bezahlung* von Terminen in der Kontaktphase betrifft, so zeigt die Literatur den Trend, daß unverbindliche Anfragen bzw. Aktivitäten der „Akquisition" in der Regel unbezahlt vonstatten gehen sollten, während Kontakttreffen, Kontraktgespräche und Probesitzungen in jedem Falle von den Supervisionsnehmern bezahlt werden müssen. Velmerig (1992, S.64) möchte in diesem Zusammenhang Kontakttreffen auch nicht als „Vorstellungsgespräche" betrachtet wissen, und zwar mit der Begründung, daß der Supervisor ja nicht Angestellter der Institution werden wolle, sondern auf seiner Rolle als *unabhängiger* Vertragspartner bestehen sollte. Die Botschaft von Supervisoren sollte demzufolge lauten: Ich sehe Sie als *möglichen* Auftraggeber für eine zeitlich begrenzte Dienstleistungstätigkeit – aber *ich* wähle auch...

Fazit. Die Kontaktphase mit dem Hauptziel, elementare Supervisionsbedingungen auszuhandeln und in einen Kontrakt zu „gießen", ist bei frei vereinbarter Praxissupervision und insbesondere bei der Supervision von Teams und Institutionen enorm wichtig. Bei Ausbildungssupervision können viele hier dargelegte Schritte abgekürzt bzw. weggelassen werden. Falls es zu einer positiven Supervisionsentscheidung kommt, sollten die Basisbedingungen in einem Vertrag schriftlich festgehalten werden. Ab dann beginnt der *eigentliche* Supervisionsprozeß, der sich durch eine kontinuierliche, zielorientierte Kontraktierung auszeichnet.

10.3 Aufbau der Supervisionsgrundlagen

Ab dem ersten Kontakt zwischen Supervisand und Supervisor (egal, ob telefonisch oder persönlich) können wesentliche Supervisionsgrundlagen geschaffen werden. Dazu gehören vor allem adäquate *äußere Rahmenbedingungen* (10.3.1: „Setting"), der *Aufbau einer kooperativen Supervisor/Supervisand-Beziehung* (10.3.2: „Beziehungsfundament") und die *Förderung/Aufrechterhaltung der Supervisionsmotivation* (10.3.3: „Motivationsfundament"). Entsprechend der Logik des Modells können inhaltliche Supervisionsbemühungen nur dann mit Aussicht auf Erfolg vonstatten gehen, wenn diese (*notwendigen,* aber *nicht schon hinreichenden!*) Basisvoraussetzungen vorliegen. Die nachfolgende Abbildung 15 veranschaulicht die Bedeutung dieser Supervisionsfundamente:

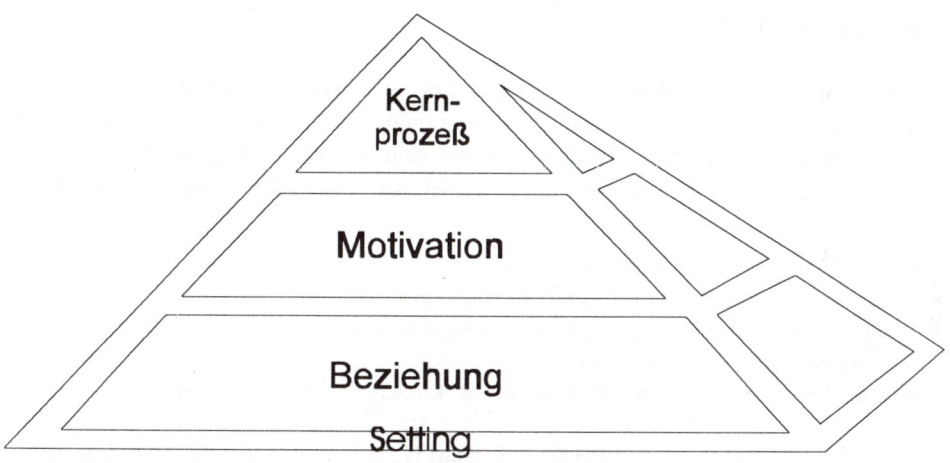

Abbildung 15. Überblick über die verschiedenen Supervisionsfundamente.

Dabei muß der Prozeßcharakter des Supervisionsmodells betont werden: Die Verschränkung der Motivations-, Beziehungs- und „Setting"-Ebene mit der *inhaltlichen* Bearbeitung von Supervisionsanliegen impliziert, daß in der tatsächlichen Supervisionspraxis die fundamentalen Voraussetzungen nicht schon zu Beginn gegeben sein können; beispielsweise wird sich eine gute Supervisionsbeziehung (mit Offenheit, Vertrauen etc.) erst langsam *im Zuge der ersten gemeinsamen Themenbearbeitungen* etablieren. Ebenso reicht anfangs meist eine grobe Eingangsmotivation aus, welche allerdings während der Supervision ständig weiter zu klären, differenzieren, fördern und aufrechtzuerhalten ist. Im folgenden Text werden die einzelnen Bereiche künstlich voneinander getrennt und – bezogen auf obige Abbildung 15 in der Reihenfolge von unten nach oben – nacheinander dargestellt.

10.3.1 „Setting"

In Analogie zum Kontext von *Therapie* (Schmelzer, 1994d) werden hierunter alle Faktoren verstanden, die den organisatorischen, situativen und extern-„physikalischen" *Rahmen* von Supervision ausmachen. In erster Linie gehören dazu: (a) Organisatorische Belange, (b) äußere Situation der Supervision, (c) spezielle Arbeitsformen (z.B. Einzel- vs. Gruppensupervision) und (d) der Kontext ethisch-berufsständischer Richtlinien von Therapie und Supervision.

Für manche dieser Themen gibt es relativ klare und feststehende Richtlinien. Andere Aspekte sollten so früh wie möglich geklärt werden, z.B. schon im Zuge der *allerersten*, z.B. telefonischen Kontaktaufnahme. Viele Gesichtspunkte des „Settings" bleiben permanent von Bedeutung, so daß ein *kontinuierliches* Beobachten und Aufrechterhalten günstiger Rahmenbedingungen über den gesamten Supervisionsprozeß hinweg erforderlich ist.

a) Organisatorische Belange. Fragen des organisatorischen Ablaufs einer Supervision werden oft als bekannt vorausgesetzt. Leider wird in der Praxis immer wieder deutlich, daß Supervisanden diffus informiert sind, so daß eine möglichst frühzeitige Besprechung dieser Aspekte unumgänglich ist. In erster Linie geht es um folgende Faktoren:

- Ist die Kostenfrage der Supervision geklärt?
- Ist der Supervisand über Häufigkeit/Länge/Regelmäßigkeit der Termine informiert?
- Gibt es Vereinbarungen über eine von vornherein begrenzte Dauer der Supervision (z.B. feste Vereinbarung von 10 Terminen etc.)?
- Welche Regelungen sind für kurzfristige (z.B. krankheitsbedingte) Terminabsagen vorgesehen?
- Ist der Supervisand über seine Rechte aufgeklärt (z. B. Freiwilligkeit der Inanspruchnahme, Recht auf Supervisionsbeendigung etc.)?
- Ist der Supervisand über seine wichtigsten Pflichten informiert (z. B. aktive Mitarbeit, Pünktlichkeit, rechtzeitiges Absagen im Krankheitsfall etc.)?
- Wurden wichtige „Spielregeln" der Supervision thematisiert (z.B. Arbeitsorientierung, Evaluation via Fragebögen, Gruppenregeln etc.)?
- Sind dem Supervisanden wichtige gesetzliche/berufsständische Verpflichtungen von Supervisoren bekannt (z.B. Schweigepflicht, Datenschutz, Vermeidung dualer Rollen etc.)?
  etc.

Zusätzlich zur Diskussion dieser Punkte *im persönlichen Gespräch* können knapp zusammengefaßte Informationen *in schriftlicher Form* (Handzettel, Faltblatt etc.) hilfreich sein. Manche der obigen Gesichtspunkte sind in der Regel auch in einem formellen *Supervisionsvertrag* spezifiziert (vgl. Anhang B). Solche organisatorischen Vorgaben und Absprachen schaffen beidseits Klarheit über grundlegende Spielregeln der Supervision; gravierende Verstöße/Regelverletzungen zu späteren Zeitpunkten dürfen keinesfalls ignoriert werden, sondern gefährden den Fortgang des Supervisionsprozesses in elementarer Weise. Sie stellen „Störfälle" dar, die einer vorrangigen Bearbeitung bedürfen (vgl. Kap.12.4).

b) Äußere Situation der Supervision. Auch Lage, Art und Ausstattung der Supervisionsräume haben Einfluß auf das Supervisionsgeschehen. Zwar kann man davon ausgehen, daß solche Variablen im Verlauf der Supervision an Bedeutung abnehmen; wegen der Gefahr von *Abbrüchen* sollte jedoch diesen Rahmenbedingungen gerade im Anfangsstadium einer Supervision enorme Bedeutung beigemessen werden. Primär geht es z.B. um eine Optimierung folgender Bereiche:

- Ort der Supervisionsräume (z.B. in der Einrichtung des/der Supervisanden bzw. beim Supervisor?)
- Einrichtung der Räume (zweckmäßig? Notlösung? etc.)
- Arbeitsrahmen (*günstig:* „gemütliche" Atmosphäre in einer Sitzecke bzw. ausreichend großer Gruppenraum)
- Vorhandensein spezieller Hilfsmittel (wie z.B. Videoanlage, Tonband, Wandtafel/Flipchart etc.)
- Ausschalten von Störfaktoren (z.B. klingelndes Telefon? Verkehrslärm? Störung durch Kollegen? Publikumsverkehr? Funkpiepser?)
etc.

Im Prinzip sollte eine Situation hergestellt werden, die den *Arbeits*charakter der Supervision unterstreicht; Arbeitsphasen sollten daher von „Small talk" getrennt werden. Eine Kaffeepause ist natürlich zulässig, nicht jedoch, die gesamte Supervision zu einem „Kaffeekränzchen" werden zu lassen. Außerdem ist im Einzelfall auf eine *zielorientierte Setting-Gestaltung* zu achten, d.h. nach Möglichkeit jeweils der Rahmen herzustellen, der für bestimmte Zwecke erforderlich ist (z.B. größere Räume für Supervisions*gruppen* bzw. Rollenspiele; Flipchart, Overhead-Folienprojektor, Diaprojektor für eingeschobene didaktische Informations-Episoden; Materialien für erlebnisorientierte Übungen etc.).

c) Spezielle Arbeitsformen. Zu einem Optimieren des „Settings" gehören auch Überlegungen zur speziellen Supervisionsform. Je nach Anliegen sind unterschiedliche Arbeitsformen günstig, wie z.B. Einzel- vs. Gruppensupervision, Teamsupervision/ Teamentwicklung, Organisations-/Institutions- oder Leitungsberatung, Projektsupervision, kollegiale vs. extern angeleitete Supervision etc. In Kap.14 sind die Besonderheiten sowie Vor- und Nachteile dieser Arbeitsformen näher erläutert. In jedem Einzelfall ist daher zu überlegen, welche Art von Supervision für den jeweiligen Interessenten angesichts der speziellen Anliegen günstig ist. Im Gruppenkontext gehört dazu auch die Frage, *wer* an der Supervision teilnehmen soll (und *wer nicht*), sowie ob unter bestimmten Umständen *strategische Setting-Veränderungen* (z.B. Subgruppen statt Plenum, einzeln statt Gruppe, Leitungsberatung statt Teamsupervision etc.) hilfreich sein könnten. Unter Umständen müssen solche Entscheidungen im späteren Supervisionsverlauf modifiziert bzw. revidiert werden.

d) Kontext ethisch-berufsständischer Richtlinien für Therapie und Supervision. Aufgrund bekannter Risiken für die adäquate Ausübung unseres Berufs haben Psychologenverbände seit langem verbindliche ethisch-berufsständische Standards formuliert, die einen wesentlichen Kontext unserer Arbeit ausmachen. Einerseits lassen sich die Leitlinien der „American Psychological Association" (APA, 1981) sowie der Berufsordnung für Psychologen (BDP, 1986) in analoger Form auf die Supervision übertragen. Andererseits gibt es mittlerweile auch *spezielle Supervisionsrichtlinien* (z.B. der „Association for Counselor Education and Supervision Interest Group" (ACES), 1995 bzw. der „British Association for Counselling" (BAC), 1991a, 1991b), die Orientierungshilfe bieten. So sind z.B. folgende Gesichtspunkte für die Therapieausbildung und Supervision zu fordern:

- Achtung von Freiheit, Würde und Selbstverantwortung der Supervisanden
- Supervisionsdurchführung in sozialer Verantwortung
- Qualitätssicherung: Orientierung der Supervisionstätigkeit an wissenschaftlichen und fachlichen Standards sowie an den Ergebnissen der empirischen Supervisionsforschung
- Streben nach möglichst hoher Kompetenz (incl. Verpflichtung zu lebenslanger Weiterbildung)
- adäquates Führen von Titeln und Berufsbezeichnungen (incl. Beachten von Vorschriften bezüglich Werbung, Beschilderung etc.)
- Vertrauensverhältnis zu Supervisanden und Aufklärungspflicht
- Aufrechterhaltung einer *professionellen* Supervisionsbeziehung (u.a.: Verbot sexueller Beziehungen zu Supervisanden sowie anderweitiger Ausbeutung, Vermeidung von Doppelrollen)
- Sorgfaltspflicht (z.B. Abbruch/Weiterverweisung bei Mißerfolg der Supervision)
- Kollegiales Verhalten
- Schweigepflicht und Datenschutz
- Sorgfaltspflicht und Transparenz bei Evaluation, Berichten und Begutachtungen
  etc.

Wenn Supervision als Anregung zur Veränderung professionellen Verhaltens verstanden wird, gilt es auch, die *Bedingungen*, unter denen dieses Lernen stattfindet, zu optimieren. Nicht nur die Supervisions*beziehung* (siehe unten), sondern auch *äußere Rahmenfaktoren* geben die Basis ab für eine gelungene Umsetzung des Supervisionsprozesses. Sie dürfen daher keinesfalls vernachlässigt werden.

10.3.2 „Beziehungsfundament": Aufbau einer kooperativen Supervisor/Supervisand-Beziehung

In Einklang mit den theoretischen Grundlagen der Supervisor/Supervisand-Beziehung (vgl. Kap.9) sollen jetzt *praktische Aspekte* des Aufbaus eines „Beziehungsfundaments" für die Supervision im Mittelpunkt stehen. Beziehungsaspekte sind in unserem Verständnis eine notwendige, nicht aber schon hinreichende *Basis* des Supervisionsprozesses, wobei sich in der realen Supervisionspraxis eine gute Beziehung über inhaltliche Supervisionsbemühungen aufbaut und sich im Zuge der ersten Durchläufe des später beschriebenen Kernprozesses erst entwickelt. Unter Bezug auf den engen Zusammenhang zwischen Inhalts- und Beziehungsaspekten bei der menschlichen Kommunikation (Watzlawick et al., 1969) heißt dies, daß bereits ab der allerersten Supervisionsstunde ein Eintritt in die Arbeitsphasen vollzogen wird, und daß deren Ergebnisse auf die Beziehungsebene zurückwirken. Supervisoren müssen sich z.B. das Vertrauen ihrer Supervisanden erst „verdienen", indem sie sowohl thematisch (problem- und zielorientiertes Arbeiten an Supervisionsanliegen) als auch beziehungsmäßig (vgl. die Ausführungen dieses Kapitels) erste Fortschritte erzielen.

Entsprechend Kap.9 lassen sich in der Selbstmanagement-Supervision *generelle* und *spezifische* Aspekte der Supervisorenrolle unterscheiden. Wie die nachfolgende Abbildung 16 optisch zusammenfaßt, beschreiben die generellen Rollenmerkmale das *durchgängige* Arbeiten des Selbstmanagement-Supervisors, während spezifische Strategien *in Abhängigkeit von bestimmten Supervisionszielen* zum Einsatz gelangen:

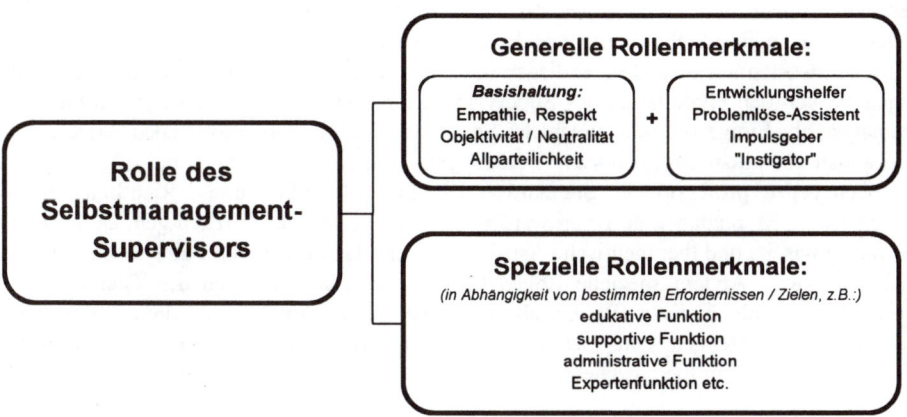

Abbildung 16. Generelle und spezifische Aspekte der Rolle von Selbstmanagement-Supervisoren.

Die Umsetzung genereller Merkmale der Supervisorenrolle. Im wesentlichen realisiert der Supervisor zwei Grundelemente:

Das eine ist die (1) ***supervisorische Basishaltung***, gekennzeichnet durch Empathie, Objektivität/Neutralität bzw. Allparteilichkeit. Mit „distanzierter Anteilnahme" (Maslach, 1982) versucht er, sich in die Situation und Person seiner Supervisanden hineinzuversetzen und auf diese Weise sowohl die Perspektiven als auch den jeweiligen Entwicklungsstand kennenzulernen (als Ausgangspunkt für die weitere Arbeit). In einer Atmosphäre der Ruhe, Zuwendung, emotionaler Wärme, positiver Wertschätzung sowie persönlicher Kongruenz zeigt er Interesse und Respekt für die Anliegen, Probleme und Ziele seiner Supervisanden. Dazu verschafft er sich z.B. mit Hilfe der ethnographischen Methode oder der Columbo-Technik (Kap.17) einen Einblick in deren subjektiven Bezugsrahmen.

Auf Basis dieser zugewandt-interessierten und unterstützenden Grundhaltung gibt er ständig (2) *Anregungen in Richtung von Reflexion, Entwicklung, Lernen und Veränderung*. In dieser Hinsicht ist seine Arbeit durch kontinuierliches Herausfordern, Motivieren, Anregen, Fragenstellen, Lenken der Aufmerksamkeit, positives und kritisch-konstruktives Feedback etc. gekennzeichnet. Entsprechend der Metapher des Entwicklungshelfers und Problemlöse-Assistenten versteht sich der Supervisor als *Anleiter* zu einem konstruktiven, zielorientierten Problemlösen, wozu die später dargestellten Schritte des „Kernprozesses" die Grundstruktur abgeben (siehe unten). Dabei bezieht sich die Arbeit nicht nur auf die Bewältigung beruflicher Schwächen, sondern auch auf das Erkennen und den Ausbau professioneller Stärken und Ressourcen.

Umsetzung spezieller Rollenmerkmale des Supervisors. In Abhängigkeit von besonderen Erfordernissen der Supervision übernimmt der Selbstmanagement-Supervisor – variabel und zielabhängig – spezifische Funktionen:

So muß sich der Supervisor während des gesamten Supervisionsverlaufs immer wieder zwei Leitfragen stellen: (1) In welcher Funktion bin ich momentan gefragt (implizite und explizite Wünsche, Appelle und Erwartungen des/r Supervisanden)? (2) Welche Funktion sollte/muß ich derzeit aus meiner Sicht übernehmen bzw. besonders betonen?

Die Antworten auf diese Fragen liegen manchmal auf der Hand; in komplizierteren Fällen hängen sie von den Hypothesen des Supervisors aufgrund seiner funktionalen Problem- und Zielanalyse ab. Einige typische Beispiele: So ist bei einer akuten emotionalen Krise des Supervisanden vor allem die *supportive* Funktion des Supervisors gefragt; bei offensichtlichen Verstößen gegen professionelle Standards oder ethisch-berufständische Richtlinien müssen *administrative* Maßnahmen ergriffen werden, und bei Kompetenzdefiziten geht es um *edukative*, pädagogische und therapeutische Aspekte, d.h. um das Lernen von Fähigkeiten zur besseren Bewältigung. Andere spezielle Rollen können z.B. sein: Funktion des Therapeuten als *Vorbild/Modell*, als *Experte* (Weitergabe von Theorien/Informationen, Literaturtips, eigene Erfahrungen vermitteln etc.), als „*Motivator*" (vgl. nächstes Kapitel), oder als *Gestalter eines adäquaten Settings* für die anstehenden Aufgaben.

Differenzierte Beschreibungen des Rollenverhaltens von Supervisoren und Supervisanden, an denen man sich in der Praxis orientieren kann, sind bereits in Kap.9 dargestellt worden.

Beziehung und „Widerstand" – der Supervisor als „Doppelagent". So wie sich *Therapeuten* in unserem Therapieverständnis zwar in die Dienste von Klienten stellen, sich von diesen aber nicht in ihr „Lebensdrama" einbauen lassen, helfen auch Supervisoren ihren Supervisanden bei aller Empathie nicht dabei, professionelle Probleme durch ein „Mehr desselben" zu perfektionieren (vgl. Watzlawick et al., 1979). Nelson (1965) hat aus psychoanalytischer Perspektive die Rolle von Therapeuten als „Doppelagenten" bezeichnet, was sich auch auf Supervision übertragen läßt:

So schlägt sich der Supervisor zwar einerseits auf die Seite der „Empathie", indem er den Status Quo von Supervisanden akzeptiert, Grenzen und Schwächen respektiert etc. Andererseits arbeitet er jedoch auch für die Seite der „Veränderung", indem er Supervisanden veranlaßt, gewohnte Perspektiven aufzugeben und neue/andersartige Sichtweisen, Kompetenzen und Umgangsformen (sowie veränderte emotionale Reaktionen) zu entwickeln. Auch Supervisoren befinden sich daher mit ihrer Arbeit auf einer ständigen Gratwanderung zwischen (A) empathischem Akzeptieren des IST-Zustands (mit dem Risiko, bei zu starker Betonung Stagnation und Beharrung zu erleben) und (B) Anregungen zur Veränderung (mit dem Risiko, bei zu schnellem Vorgehen oder Überforderung „Widerstände" zu provozieren). In diesem Verständnis hat „Widerstand" nicht nur mit der Beziehung zu tun; er ist natürliche Begleiterscheinung eines jeden persönlich bedeutsamen Veränderungsprozesses (vgl. auch z.B. Mahoney, 1985; Prochaska, DiClemente & Norcross, 1992; Wittmann & Wittmann, 1986; zusammenfassend auch Kanfer et al., 1996, S.463 ff.). Sobald sich ein Wandel in zentralen Bereichen einer Person ankündigt, wirkt dies auf den Änderungsbegleiter – hier den Supervisor – zurück, und es kann zu „Beziehungsbrüchen" kommen (vgl. auch Safran, 1993).

Nicht nur mit Nelsons Metapher vom Doppelagenten werden – zumindest in dieser Hinsicht – gewisse Parallelen zu psychoanalytischen Auffassungen deutlich. So zieht z.B. König (1991) beim Auftauchen von Widerstand den Vergleich mit dem Bremsen eines Autos: „Der Patient bremst, wenn es ihm zu schnell geht. Ohne Bremsen kommt man nicht weit. Auch ein Skifahrer, der einen Berg hinunterfährt, wird nicht die ganze Strecke im Schuß zurücklegen. Er wird dazwischen immer wieder bremsen. Der Patient wahrt durch das 'Bremsen' seine Toleranzgrenze" (König, 1991, S.56). Auch Supervisanden haben ihre Kapazitäts- und Zielgrenzen. Sie signalisieren dem Supervisor somit durch „Widerstände", daß ihre Grenzen gefährdet bzw. überschritten sind.

Für unsere Selbstmanagement-Supervision hat dies u.a. folgende Konsequenzen:

1.) Ohne empathische Unterstützung, Struktur und Begleitung geht es weder in Therapie noch in Supervision.

2.) Zusätzlich sind *Änderungsanregungen* notwendig; in dieser Hinsicht wird die Beziehung zwischen Supervisor und Supervisand durch ein ständiges Oszillieren zwischen „Gasgeben/Bremsen" gekennzeichnet: Der Supervisor fordert Supervisanden kontinuierlich zu Veränderungen heraus, nimmt die Anforderungen jedoch sofort wieder zurück, wenn sich Anzeichen ergeben, daß Toleranzgrenzen überschritten sind.

3.) Dieses Vorgehen setzt eine ständige implizite und explizite Kompetenzdiagnostik (vgl. Kap.6.2) voraus.

4.) Im Sinne von Heckhausen (1965) kann der Supervisor den Lernprozeß seiner Supervisanden dadurch optimal unterstützen, daß er – ausgehend vom momentanen Entwicklungsstand – mit ihnen solche Lernschritte ansteuert, die das momentane Niveau zwar etwas überschreiten, jedoch keine Überforderung darstellen (sog. „dosierte Diskrepanzerlebnisse").

5.) „Widerstände" im Supervisionsprozeß müssen nicht unbedingt mit der Person des Supervisors oder mit Übertragungs-/Gegenübertragungs-Phänomenen zu tun haben, sie können auch natürlicher Ausdruck der Anforderungen eines Veränderungsprozesses sein.

Veränderungen der Supervisionsbeziehung im Lauf des Prozesses. Auch Supervisionsbeziehungen haben einen dynamischen statt statischen Verlauf. Abgesehen von ständig möglichen Fluktuationen hinsichtlich der Beziehungsqualität lassen sich drei Hauptphasen unterscheiden:

Die Anfangsphase, in der wir uns gerade befinden, ist gekennzeichnet durch den *Aufbau* einer kooperativen Supervisionsbeziehung. Hier geht es darum, Supervisanden langsam an die erforderlichen Rollenmerkmale heranzuführen und ihnen auch das Recht zuzugestehen, die Vertrauenswürdigkeit oder Kompetenz des Supervisors erst einmal zu „testen". Im Zweifelsfall bedeutet dies, daß Beziehungsfaktoren wichtiger sind als inhaltliche Problemlösebemühungen.

Wenn ein tragfähiges Beziehungsfundament gelegt ist, geht es im mittleren – und in der Regel längsten – Zeitabschnitt darum, auf dieser Basis *inhaltlich* an den Supervisionsthemen zu arbeiten. Dennoch muß weiterhin darauf geachtet werden, daß das Beziehungsfundament stabil bleibt. Diese Mittelphase ist auch gekennzeichnet durch die oben angedeuteten Prozesse des „Gasgebens und Bremsens", die Arbeit an Widerstands-Grenzlinien bzw. Toleranzgrenzen sowie durch manche „Beziehungsturbulenzen".

Im Schlußabschnitt muß auf eine Lockerung der Beziehung hingearbeitet werden: Im Zuge des allmählichen Ausblendens der Kontakte werden die Supervisanden auf die Ablösung vorbereitet und zu einer eigenständigen, vom Supervisor unabhängigen Arbeit befähigt.

Neben diesen Veränderungen über die Zeit ergeben sich üblicherweise auch Veränderungen im *Kompetenzgefälle* zwischen Supervisor und Supervisand: Während zu Beginn des Supervisionsprozesses der Supervisor in der Regel einen fachlichen Erfahrungs- und Kompetenzvorsprung besitzt, verschiebt sich das Verhältnis im Verlauf der Arbeit eher in Richtung einer kollegialen Beziehung.

Supervisionsbeziehungen im Gruppenkontext. Die Beziehungsstrukturen werden in allen Supervisionen mit n>1 Supervisanden komplexer. So gibt es in Gruppen/Teams nicht nur Beziehungen des Supervisors zu den jeweiligen Einzelpersonen (und umgekehrt), sondern auch die Beziehung „Supervisor ↔ Gesamtgruppe" und zudem Beziehungen der Gruppenmitglieder *untereinander*. Die idealtypischen Vorgaben der Neutralität und Allparteilichkeit sind natürlich nicht immer in Reinform umzusetzen, und so tut der Supervisor gut daran, nicht nur auf Koalitionen, Fraktionierungen, Subsysteme und Beziehungen in der Gruppe zu achten, sondern auch darauf, wo er selbst in dysfunktionale „Spiele" (Kap.9.4) verwickelt oder bereits „im System gefangen" ist. Hierzu sind externer Austausch, Co-Supervision und Kontrollsupervision hilfreiche Maßnahmen.

„Risse" im Beziehungsfundament. Nicht immer liegen Anzeichen für eine positive Supervisionsbeziehung vor (z.B. Supervisand kommt wieder, kooperiert mit dem Supervisor, redet offen, hat Vertrauen, läßt sich in Begleitung des Supervisors auf gewisse Risiken/Änderungen ein etc.). Stattdessen deuten sich möglicherweise „Risse" im Beziehungsfundament an wie z.B. argumentative Auseinandersetzungen, Streit um die „bessere" Vorgehensweise, „Ja, aber..."-Spiele, defensive Äußerungen und Rechtfertigungen des bisherigen Verhaltens, Bagatellisieren von Fehlern und Problemen, widersprüchliche Informationen, Vermeidung von konstruktiven Lernprozessen und vieles mehr. Falls solche Anzeichen mit gewisser Regelmäßigkeit die Beziehung prägen und den konstruktiven Fortgang der Supervision gefährden, sollten Supervisoren deren funktionale Bedingungen analysieren und sich u.a. folgende inneren Prüffragen stellen:

- Welche Merkmale einer guten Supervisor-/Supervisand-Beziehung (als ideale SOLL-Vorgaben) liegen derzeit *nicht* vor? Wo gibt es Abweichungen vom professionellen Supervisorenverhalten (vgl. Übersicht 17, S.203)? Welche funktionalen Bedingungen könnten dafür eine Rolle spielen?
- Gibt es Hinweise auf Übertragungs-/Gegenübertragungs- oder Parallelprozesse (im Sinne eines destruktiven reziproken Schema-Transfers)?
- Laufen dysfunktionale Interaktionsmuster oder „Spiele" ab?
- Habe ich zentrale persönliche Ziele oder Motive von Supervisanden verletzt?
- Gibt es „Widerstand" gegen zu schnelle Änderungsimpulse oder zu hohe Anforderungen?

Idealerweise achten Supervisoren im Interesse einer konstruktiv-sachlichen Supervisionsarbeit zunächst auf den adäquaten Aufbau und dann kontinuierlich auf das Fortbestehen der elementaren Beziehungsvoraussetzungen. Da die Selbstaufmerksamkeit jedes Supervisors begrenzt ist, und auch „blinde Flecken" existieren, sollten schwierige Beziehungsstrukturen in kollegialer Supervision sowie in der Supervision für Supervisoren (vgl. Kap.8.3) thematisiert und bearbeitet werden. Selbst bei einem gelungenen Beziehungsaufbau in der Anfangsphase, der es erlaubt, die Bearbeitung von Sachfragen in den Vordergrund zu rücken, bleibt die Supervisor/Supervisand-Beziehung stets als tragende Säule (Basis) relevant. Bei inhaltlichen Stockungen der späteren Supervisionsarbeit („Störfällen") muß meist auch zum Beziehungsfundament zurückgekehrt werden.

10.3.3 „Motivationsfundament": Klärung und Förderung von Supervisionsmotivation

Jede Supervision wird nur dann mit Aussicht auf Erfolg ablaufen, wenn entsprechende Motivation vorliegt oder entwickelt werden kann. Motivation – als „energetisierende" Komponente jeder Handlung – kann zwar nicht direkt beobachtet werden, läßt sich jedoch aufgrund bestimmter Indikatoren (Intensität des Verhaltens, Resistenz gegenüber Ablenkung, investierte Mühen, Energien, Zeit oder Kosten, Eigeninitiative und Freiwilligkeit etc.) indirekt erschließen. Supervision impliziert in unserem Konzept u.a. *Arbeit* an bestimmten Anliegen, Problemen und Zielen und setzt Zeit, Energie und aktive Bemühungen um Veränderungen/Verbesserungen voraus. Daher muß – als weiteres Fundament unseres Modells – eine adäquate Supervisionsmotivation aufgebaut und aufrechterhalten werden.

Einige theoretische Vorbemerkungen zur Supervisionsmotivation. Grundlegende Aspekte von Motivation oder Therapiemotivation wurden bereits an anderer Stelle aus der Selbstmanagement-Perspektive zusammengefaßt (vgl. Kanfer et al, 1996, S.67 ff. bzw. S.198 ff. sowie Schmelzer, 1994e). Ganz pragmatisch werden in diesem Abschnitt daher solche Aspekte hervorgehoben, die *für die Supervisionsmotivation* praktische Bedeutung besitzen. Zunächst sind kurz einige Theoriefragmente zusammengestellt, welche die späteren praktischen Hinweise zum Klären und Fördern von Supervisionsmotivation besser plausibel machen:

- Supervisionsmotivation ist als hypothetisches Konstrukt aufzufassen, das an bestimmten Kriterien festzumachen ist und sich jeweils auf einzelne Handlungskomponenten bezieht.
- Subjektive Motive, Anliegen, Ziele und Werte sind – egal wie eigenwillig oder realitätsfern – auch bei Supervisanden handlungsleitend.
- Als „Schlüssel" oder Motivationsindikatoren können z.B. gelten: Erwartungen/Befürchtungen, positive/negative emotionale Betroffenheit, Absichten, geäußerte Ziele/Pläne, direkte Beobachtungen hinsichtlich der Mitarbeit, investierte Energien, Mühen, Kosten, Zeit etc.
- Motivation ist eine veränderliche Größe, was einerseits auf ständige *Fluktuationen* von Zielen, Anliegen und Problemen hinweist, andererseits jedoch auch die Möglichkeit einer fördernden Einflußnahme andeutet. Supervisoren sollten daher nicht nur auf „motivierte" Supervisanden warten, sondern alle Möglichkeiten nutzen, um die Voraussetzungen für hohe Supervisionsmotivation zu *schaffen* (vgl. unten).
- Das Motivationsmodell von Klinger (z.B. 1975, 1977, 1987) mit seinen „momentan wichtigen persönlichen Anliegen" („Current Concerns": CCs) ist m.E. gut in der Lage, die dynamischen Fluktuationen menschlicher Probleme und Ziele plausibel zu machen. Da zu jedem Zeitpunkt viele CCs gleichzeitig aktiv sind (manche im Vordergrund, andere im Hintergrund; manche sehr kurz dauernd, andere über lange Zeiträume), ist eine Lenkung der Aufmerksamkeit auf persönlich zentrale Motive anzuraten, wenn sich Menschen nicht in der Fülle ihrer Anliegen „verzetteln" sollen. Jedes CC beginnt mit einem Bedürfniszustand/Ungleichgewicht bzw. einer IST-/SOLL-Diskrepanz und strebt nach Homöostase oder Diskrepanzreduktion, was wiederum mit Systemdenken und den Grundgedanken des Problemlösens kompatibel ist. Dabei „läuft" jedes CC ab dem Moment der Selbstverpflichtung („commitment") bis zum Erreichen oder aber zum Aufgeben des Ziels („disengagement").
- Kanfer (1995) hat sich zum Zweck des Motivationsaufbaus an Heckhausens Rubikon-Modell orientiert (Heckhausen, 1987; Heckhausen, Gollwitzer & Weinert, 1987; zusammenfassend auch Schmelzer, 1994e, S.39 ff.) und empfohlen, sich *zu Beginn* jedes Motivationsaufbaus vorrangig mit möglichen Zielzuständen zu beschäftigen, auf allen Erlebniskanälen „neue Träume zu träumen" und Personen überhaupt mit potentiellen Möglichkeiten einer Veränderung/Verbesserung in Kontakt zu bringen. Erfahrungsgemäß erleichtert dies auch in der Supervision das spätere Überschreiten des „Rubikon", d.h. die Umsetzung von Zielen in reales Handeln.
- Da Menschen (hier: Supervisanden) *immer* zu irgendetwas motiviert sind, bleibt das Klären, Analysieren und Aufrechterhalten der Motivation jedoch nicht nur auf die Anfangsphase der Supervision beschränkt, sondern eine kontinuierliche Aufgabe über den gesamten Supervisionsprozeß.
- Bei der Fülle der jeweils auftauchenden Ziele/Motive benötigen Supervisanden wie Supervisoren eine Strukturierungshilfe zur Informationsreduktion auf handhabbare Einheiten. Hier bieten sich die Vorschläge der Forschergruppe um Grawe mit der „Vertikalen Verhaltensanalyse" bzw. „Plan- oder Schema-Analyse" an (vgl. Caspar, 1989; Grawe, 1987; Grawe et al., 1996 etc.), die eine hierarchische Gliederung persönlich bedeutsamer Ziele und Pläne annehmen.

Supervisionsmotivation im Kontext der Berufs- und Lebensmotivation von Supervisanden. Wie die Abbildung 17 (vgl. rechts) verdeutlicht, steht die Supervisionsmotivation immer auch mit der jeweiligen Berufs- und Lebensmotivation der betroffenen Personen in Verbindung:

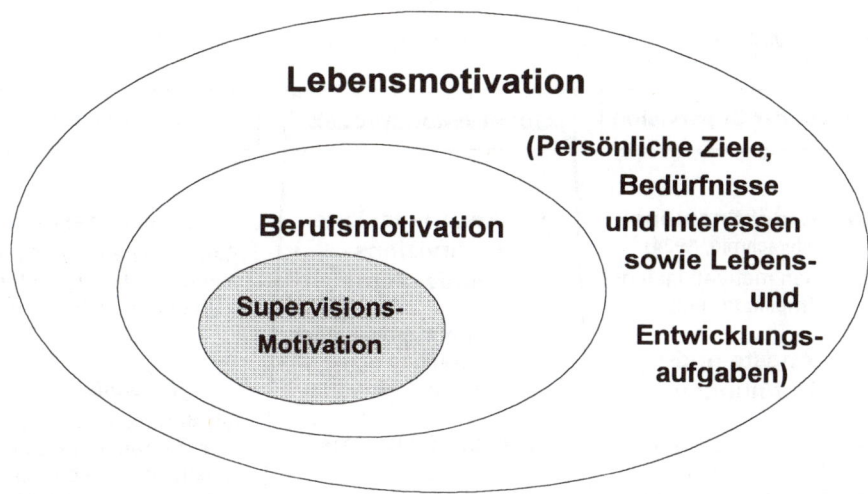

Abbildung 17. Supervisionsmotivation im Kontext von Berufs- und Lebensmotivation.

In der Praxis ist es zwar nicht notwendig, zuerst einmal das gesamte persönliche Ziel- und Wertsystem der Supervisanden zu ergründen. Supervisoren sollten sich aber vergegenwärtigen, daß die Supervisionsmotivation nur einen *Teil der allgemeinen beruflichen Motivation* darstellt. Stoltenberg & Delworth (1987, S.94) haben – unter Bezug auf Loganbill et al. (1982) – von sechs Motivbereichen berichtet, die Therapeuten bei der Wahl und Ausübung ihres Berufs hauptsächlich leiten. Diese sind: Wunsch nach psychischer Intimität, Macht/Einflußnahme, finanzielle Interessen, persönliches Wachstum, intellektuelle Herausforderung und Altruismus. In Teams und Gruppen finden sich zusätzliche professionelle Motive. Alle diese Bedürfnisse und Interessen hinsichtlich Berufsausübung und Supervision stehen wiederum in übergeordnetem Zusammenhang mit den jeweiligen *persönlichen Lebensmotiven* und den primären Lebens- und Entwicklungsaufgaben von Supervisanden (vgl. z.B. Guy, 1987, S.147 ff.), welche im Kontext der Supervision keinesfalls ignoriert werden dürfen. Falls in der Supervision eventuell „Widerstände" auftreten, so sind diese u.U. als Folge davon zu interpretieren, daß der Supervisor bedeutsame persönliche Motive von Supervisanden nicht ausreichend beachtet hat.

Supervisionsmotivation in der Mikro-/Makro-Perspektive. Die nachfolgende Abbildung 18 (vgl. nächste Seite) macht deutlich, daß in der Supervision der Fokus (Mikro-Perspektive) zwar direkt auf der zugehörigen Supervisionsmotivation zu liegen kommt, diese aber nur plausibel wird unter Beachtung der Prozesse in den Zeitabschnitten *vor* und *nach* der Supervision (Makro-Perspektive):

(Makro)	(Mikro)	(Makro)
Zeit *vor* der Supervision	**Supervisionsprozeß**	**Zeit *danach***
„Vorfeldphänomene" (Niederschmid, 1984) mit allen motivationalen Implikationen: **Ängste und Hoffnungen** (als Funktion bisheriger direkter und stell- vertretender Erfahrungen)	**direkte, fokussierte Supervisions- motivation** aber nur plausibel unter Betrachtung von ← und → **„Current Concerns"** **CCs** für die Supervision	**Idealziele hier:** „Selbsteffizienz" im Beruf, ein guter, kompetenter, effektiver Helfer sein ***lebenslang:*** Selbstreflexion, Austausch mit externen anderen Per- spektiven und kontinuier- liches Weiterlernen

Abbildung 18. Motivation im Supervisionsprozeß: Mikro- und Makroperspektive.

Supervisanden bringen Ängste und Hoffnungen als Resultat ihrer bisherigen (direkten und stellvertretenden) Erfahrungen in die Supervision mit, wobei besonders die supervisionsbezogenen „Vorfeldphänomene" (Niederschmid, 1984) zu nennen sind. Der Supervisionsprozeß selbst sollte wiederum günstige Weichenstellungen für die Zeit nach Ende der Supervision vornehmen. Als langfristige Idealziele der Selbstmanagement-Supervision können gelten: Autonomie und „Selbsteffizienz" im Beruf sowie die dauerhafte Motivation, ein guter, kompetenter, effektiver Therapeut sein (werden) zu wollen, was lebenslange Selbstreflexion, Austausch mit externen Perspektiven und kontinuierliches Weiterlernen impliziert.

Positive und negative Quellen der Motivation: Intrinsische Supervisionsmotivation als Idealziel. Motivation speist sich im wesentlichen aus zwei Quellen: (1) Problem- bzw. „Leidensdruck" sowie (2) Positivmotivation (intrinsische Motivation) in Richtung eigener beruflicher und persönlicher Entwicklung etc. Obwohl im Prinzip *beide* Varianten wirken, geben wir aus Sicht des Selbstmanagement-Konzepts der intrinsisch-positiven Supervisionsmotivation den Vorzug. Dafür gibt es praktische aber auch forschungsgestützte Gründe:

Aus der Forschung zur Leistungsmotivation (vgl. z.B. Heckhausen, 1987) wissen wir, daß die Furcht vor Mißerfolg (mit Angst als „Triebfeder" für Lernen) energetisierend wirken kann, daß es aber günstiger ist, auf eine Lernhaltung hinzuwirken, die durch Hoffnung auf Erfolg gekennzeichnet ist.

Eine ähnliche Richtung schlagen Forschungslinien vor, die sich mit persönlicher Kompetenz (White, 1959) und Vertrauen in die Effektivität der eigenen Person („self efficacy": Bandura, 1977) beschäftigt haben. Positive Lernerfahrungen begünstigen weitere Unbestimmtheitssuche, Neugier und exploratives Verhalten (vgl. z.B. Strohschneider & von der Weth, 1993). Umgekehrt haben Mißerfolge und fehlende Kontroll- oder Beeinflussungsmöglichkeiten für uns Menschen existenziell bedrohlichen Charakter, was zu „Sicherungsverhalten", Rückzug in bekannte Realitätsbereiche und Unbestimmtheitsvermeidung führt.

Falls es gelingt, die Supervision so zu gestalten, daß sich Supervisanden im Laufe der Arbeit den intrinsischen Zielen unseres Supervisionskonzepts annähern können (z.B. ein guter Therapeut sein zu wollen, sich ständig weiterzuentwickeln, zu reifen an neuen Herausforderungen, mit realistischer Erfolgszuversicht auch an schwierige Aufgabenstellungen heranzugehen, sachgerechte Arbeit in Einklang mit den aktuellen Regeln der therapeutischen Zunft abzuliefern, „gesundes" professionelles Interesse zu zeigen – ohne „Dienst nach Vorschrift", aber auch ohne Überengagement), ist das „Motivationsfundament" optimal gelegt. Praktische Hinweise dazu folgen.

Konkrete Anzeichen/Kriterien für Supervisionsmotivation. Als Abschluß der theoretischen Vorbemerkungen läßt sich fragen, woran sich im unmittelbaren Supervisionsgeschehen die „Supervisionsmotivation" denn konkret festmachen läßt, so daß Supervisoren Anhaltspunkte erhalten, ob sie sich auf dem „richtigen" Weg befinden. In der nachfolgenden Übersicht 20 sind beispielhaft einige Kriterien zusammengestellt. Diese sind nicht absolut zu sehen, sondern haben „Kann"-Funktion, d.h. ihre genaue Bedeutung hängt immer vom jeweiligen *Kontext der Gesamtsituation* ab.

Positive Anzeichen	Negative Anzeichen
• freiwillige Kontaktaufnahme • Supervisand nimmt Mühen in Kauf (z.B. opfert freien Abend, langer Anfahrtsweg) • persönliches Engagement (eigene Ideen, Vorschläge, Zusatzaufgaben, eigene Änderungsvorschläge, interessierte Fragen) • hält Termine und Abmachungen ein • läßt sich auf Neues, Ungewohntes ein • Neugier, Lerneifer („Was könnte ich denn bis zum nächsten Mal sonst noch tun oder lesen?" etc.) • pünktliches Anfertigen aussagekräftiger Protokolle • bringt von selbst Tonband- oder Videoaufzeichnungen eigener Sitzungen mit • Erledigen von (Haus-)Aufgaben (u.U. „Übererfüllung") • räumt „Hindernisse" aus dem Weg (wie z.B. „ Da muß ich mir eben zwei Stunden eher frei nehmen!")	• (Haus-)Aufgaben werden nicht bzw. unvollständig erledigt („Keine Zeit gehabt") • Reden geht vor Handeln • Themenwechsel, sobald „Arbeit" droht • Nicht-Einhalten von Abmachungen und Vereinbarungen • Terminabsagen/-verlegungen (ohne triftige Gründe) • Schweigen, Gegenfragen, Rechtfertigungen, Argumentieren etc. • defensive Äußerungen („Das hilft mir auch nicht weiter", „Das machen andere aber auch so", „Ist das denn so schlimm?!" etc.) • andere Dinge sind wichtiger als die Supervision (Freizeit, Urlaub, Nebenjob etc.) • Abschieben von Verantwortung („Sie als Supervisor müßten doch...", „Wozu haben wir denn Sie als Supervisor?! Machen *Sie* doch!")

Übersicht 20. Positive und negative Anzeichen für Supervisionsmotivation.

Für die weiteren Ausführungen gilt die grundlegende Devise, in der Supervision aktiv auf die Positivanzeichen der linken Tabellenhälfte der obigen Übersicht 20 hinzuarbeiten (bzw. Bedingungen zu schaffen, welche die Anzeichen der rechten Spalte möglichst überflüssig machen).

Praktische Aspekte der Klärung, Förderung und Aufrechterhaltung von Supervisionsmotivation. Supervision wird schwierig oder kann scheitern, wenn Supervisanden z.B. sehr schlechte Vorerfahrungen mit Supervision mitbringen, die ihnen eher zu Befürchtungen als zu Hoffnungen Anlaß geben, wenn sie wenig über die Möglichkeiten/Grenzen von Supervision wissen, wenn sie zu dem Schluß kommen, daß der nötige Aufwand die zu erwartenden Verbesserungen bei weitem übersteigen wird oder wenn sie dem Supervisor gegenüber kein Vertrauen entwickeln können. Besonders kritisch wird es in Gruppensituationen (mit Teams oder Institutionen), falls manche Personen nur gezwungenermaßen an der Supervision teilnehmen.

Klärung der Eingangsmotivation. Zunächst ist die Motivation zu *Beginn* des Supervisionsprozesses von Bedeutung. An dieser Stelle können wir wieder an Gedanken der allerersten Phase der Kontaktaufnahme anschließen, in der begonnen wird, subjektive Gründe, Erwartungen, Hoffungen und Wünsche hinsichtlich der Supervision zu klären (vgl. Kap.10.2.2). Für den *Einstieg* ist es im Prinzip egal, ob die Supervision aufgrund von Druck oder Anreizen zustandegekommen ist. Falls jedoch nur vage-unbestimmte Eingangsmotivation vorliegt oder sich gar Abwehr- bzw. Vermeidungstendenzen zeigen, sollte der Analyse und Förderung von Motivation besonders viel Aufmerksamkeit geschenkt werden. Neben realistischer Informationsvermittlung über die Möglichkeiten/Grenzen sind eventuelle negative Vorerfahrungen mit Supervision zu explorieren und alle Register zu ziehen, um konstruktive Alternativen zu entwickeln und ein positives Interesse zu fördern. Damit deutet sich an, daß es nie um eine „objektive" Klärung von Motivation geht, sondern daß bereits der gemeinsame Klärungsprozeß zu einer – hoffentlich positiven – Beeinflussung/Veränderung der Supervisionsmotivation beiträgt.

Motivationsklärung und Motivationsanalyse als permanenter Prozeß. Wenn Supervisanden sich prinzipiell *für* eine Supervision entschieden haben, so ist der erste Schritt zwar getan; nun jedoch geht es über die bloße Eingangsmotivation hinaus um eine *permanente* Klärung und Analyse der jeweiligen Motivation. Supervisanden sind ja (genauso wie alle anderen Menschen) *ständig* motiviert, wobei die Ziele/Pläne, Anliegen und Probleme fluktuieren. Dieser Prozeß der kontinuierlichen Motivationsklärung und -analyse rückt im Zuge der weiteren Schritte (vgl. „Kernprozeß") zwar in den Bereich der kontinuierlichen „Hintergrundaktivitäten", soll an dieser Stelle jedoch – insbesondere unter dem Aspekt des *Aufbaus* von Motivationsgrundlagen – genauer beschrieben werden. Auch hier lautet eine generelle Verfahrensregel des Gesamtmodells, daß Motivationsfragen im späteren Supervisionsverlauf dann wieder *vorrangig* bearbeitet werden müssen, sobald das sog. „Motivationsfundaments" nicht mehr fortbesteht. In der folgenden Übersicht 21 sind einige heuristische Fragen zusammengestellt, die sich der Supervisor – aus seiner Sicht wie aus der seiner Supervisanden – stellen kann (vgl. Kanfer et al., 1996, S.225 ff.):

Kontinuierliche Motivationsklärung und Motivationsanalyse	
Fragen aus der Sicht von Supervisanden	*Fragen aus der Sicht des Supervisors*
1.) Verspreche ich mir überhaupt etwas von der Supervision? 2.) Was erhoffe/verspreche ich mir an Gewinn/Verbesserungen/Erleichterungen? 3.) Was muß ich für die Supervision investieren (an Zeit, Mühen, Arbeit, Aufwand, Kosten) und lohnt sich das für mich? 4.) Kann ich *diesem Supervisor* vertrauen und auf seine Kompetenz und Unterstützung bauen?	1.) *Wozu* ist der betreffende Supervisand *zum momentanen Zeitpunkt wie stark motiviert?* 2.) Welchen Stellenwert hat die Supervision im Kontext der Berufs- und Lebensmotivation? 3.) Wozu/wodurch ist der Supervisand im Rahmen der Supervision derzeit *motivierbar?* Bei Motivations*problemen:* Welche funktionalen Bedingungen spielen dafür eine Rolle?

Übersicht 21. Fragen zur kontinuierlichen Motivationsklärung und Motivationsanalyse.

Für den günstigen Verlauf der gesamten Supervision ist es zudem erforderlich, daß sie in der subjektiven Ziel- und Wertehierarchie von Supervisanden ein hochrangiges persönliches Anliegen („Current Concern") darstellt.

Motivationsförderung. Entsprechend einer verhaltensdiagnostischen Grundprämisse haben alle klärenden/analysierenden Aktivitäten die Funktion, Interventionen besser planen und gestalten zu können. So sollen auch die obigen heuristischen Fragen der Übersicht 21 dazu beitragen, den Aufbau und das Aufrechterhalten von Supervisionsmotivation zu erleichtern. Neben *speziell* geplanten Maßnahmen zur Motivationsförderung gibt es eine ganze Reihe *genereller* motivationsförderlicher Grundbedingungen, die sich größtenteils aus dem Selbstmanagement-Modell ableiten. Beispielhaft lassen sich anführen:

- Permanente Umsetzung der Selbstmanagement-Prinzipien (Transparenz, Mitsprache, Maximierung persönlicher Kontrolle, selbstgesteckte Ziele etc.)
- Berücksichtigen der jeweiligen Ziele, Erwartungen und Anliegen der Supervisanden (explizit und implizit)
- Einbau der Supervision ins (zentrale) berufliche und persönliche Ziel-/Wertesystem der Supervisanden
- Nutzung *vorhandener* Motivation (z.B. „interessiert am Leben sein") für Supervisionszwecke (Kanalisieren, Umlenken, instrumentell verbinden etc.)
- Aufbauendes, konstruktives, entwicklungsorientiertes Vorgehen (konkrete, verhaltensnahe Arbeit an der Verbesserung von Schwächen sowie Nutzung persönlicher Stärken)
- Herstellen einer günstigen Lernatmosphäre ohne Sanktionen für Mißerfolge („fehlerfreundliches" Klima: vgl. auch Kap.10.3.2 zum „Beziehungsfundament")
- Nutzung didaktischer Grundprinzipien zur optimalen Förderung (z.B. konkretes, konstruktives Feedback, positive Verstärkung kleiner Lösungsinitiativen, Vorbildwirkung etc.)

- Supervisanden am momentanen Leistungsstand „abholen", von dort aus in Form „dosierter Diskrepanzerlebnisse" (Heckhausen, 1965) fördern ohne zu überfordern
- Systematisch kleine Fortschritte in Gang setzen, bei denen Supervisanden Erfolge erleben und sich auf diese Weise von ihren Kompetenzen selbst überzeugen können (Aufbau von „self-efficacy": Bandura, 1977)
- Oszillation zwischen „Gasgeben" (Fordern) und „Bremsen" (bei Anzeichen für Überforderung) entlang eines optimalen Lerngradienten, Austesten von „Widerstands-Grenzlinien" (vgl. Kap. 10.3.2)
- Zielorientiert-präventives Arbeiten (immer erst *Zielkonsens* vor dem Beschreiten der Lösungswege schaffen, spätere Schritte *vorbereiten*, kurzfristige mit langfristigen Zielen in Verbindung bringen etc.)
- Aufbau selbstregulatorischer/intrinsischer Motivation (Positivmotivation in Richtung: effektiver Therapeut sein, Arbeit gut tun, leistungsfähiges Team sein, Neugier, Kreativität, Weiterentwicklung, Spaß an Herausforderungen etc.)
- Zu Beginn jeder Supervision: nicht sofort inhaltlich handeln, sondern Zeit für Motivation und Zielklärung nehmen, d.h. konstruktive „Träume träumen" lassen (z.B.: „Ich als künftiger Therapeut", „Ich als *kompetenter* Therapeut, „Wir als *effektives* Team, als *effektive* Organisation" etc.)
- Anleitung zu Selbstmotivation (Motivierung „in der Selbstanwendung": sich positiv mit beruflichen bzw. Lebenszielen beschäftigen, Anreize suchen etc.)
- Fünkchen Hoffnung vermitteln (Supervision kann helfen, Schwächen zu verbessern und Stärken zu festigen)
- Mut zum Risiko stärken (z.B. in geschützter Atmosphäre etwas ausprobieren)
- Motivationsförderung mittels motivationaler Bedingungsanalyse der betreffenden Handlungsepisoden (Notwendiges Wissen vorhanden? Kompetenzen vorhanden? Wozu wie stark motiviert?)
- Permanentes Achten auf Motivationsindikatoren (Ziele, Wünsche, Erwartungen, Emotionen, Anzeichen der Mitarbeit und Eigeninitiative etc.)
- auch: Assistenz beim Umgang mit typischen professionellen Belastungen (Prävention von „Burnout"), Abbau von beruflicher Resignation bzw. illusorischen Maßstäben, Umgang mit emotionaler Betroffenheit etc.

Am wichtigsten ist zu Beginn die Motivation, sich überhaupt auf die Supervision einzulassen. Neben der Bereitschaft, zu kommen/wiederzukommen und sich allmählich auf eine vertrauensvolle Kooperation *mit dem betreffenden Supervisor* einzulassen, geht es darum, Themen/Anliegen in eine Form zu bringen, die eine zielführende Bearbeitung ermöglicht; eine solche „Grundmotivation" muß im Verlauf des Supervisionsprozesses durch eine Fülle weiterer Aspekte ergänzt werden, wobei es die Aufgabe des Supervisors ist, die Supervisionsmotivation kontinuierlich zu beachten, aufrechtzuerhalten und ggf. erst noch (bzw. wieder) aufzubauen. Nicht zu vergessen bleibt, daß sich günstige Motivation erst *über reale Erfahrungen* im Supervisionsprozeß *entwickelt*, und daß ein „Testen" des Supervisors ganz natürlich ist. Dabei sind motivationale Strategien immer mit Beziehungsfaktoren verknüpft. Falls es trotz intensiver Motivationsbemühungen nicht zu positiven Resultaten kommt, wäre mittels „Störfall-Analyse" (vgl. Kap.12.4) eine funktionale Analyse der Bedingungen vorzunehmen – evtl. im Rahmen kollegialer oder Kontroll-Supervision.

10.4 Evaluation im Supervisionsprozeß

Auch hinsichtlich des Themas „Evaluation" sind wichtige theoretische Gesichtspunkte aus der Selbstmanagement-Perspektive bereits an anderer Stelle zusammengefaßt (vgl. Kanfer et al., 1996, S.315 ff.), so daß hier der Fokus ganz pragmatisch auf *Evaluierungsmöglichkeiten der routinemäßigen Supervisionspraxis* gelenkt werden kann. Dabei läßt sich eine *kontinuierliche Effektkontrolle* des Supervisionsvorgehens von *Prä-/Post-Vergleichen* der Gesamtsupervision unterscheiden. Im ersten Teil des Kapitels (10.4.1) stelle ich einige *generelle* Überlegungen zur zielabhängigen Evaluationsplanung an, welche dann in Form von Minimalvorschlägen zur praktischen Evaluation der Selbstmanagement-Supervision (10.4.2) konkretisiert werden.

10.4.1 Generelle Überlegungen zur zielabhängigen Evaluationsplanung

Das Primärziel von Evaluation liegt in der Erleichterung einer optimalen Supervisionsdurchführung. Um *praxisrelevante* Evaluationsmaßnahmen zu planen, die den Kriterien der „Kontrollierten Praxis" (Petermann, 1992) genügen, dabei aber die Supervision nicht über Gebühr stören oder gar negativ belasten, kann dem Konzept der „Zielabhängigen Evaluation" (Kanfer et al., 1996, S.323 ff.) gefolgt werden. Danach können sich Supervisoren an den Fragen orientieren: (1) WAS soll (2) WOMIT (3) WOZU (4) UNTER WELCHEN BEDINGUNGEN evaluiert werden?

(1) WAS soll evaluiert werden? Im Hinblick auf die Prozeß- und Ergebnisqualität von Supervision sollten vor allem der *Anfangszustand* (PRÄ), der *kontinuierliche Verlauf* sowie das *Ergebnis* (POST-Zustand bzw. PRÄ-/POST-Vergleiche) erfaßt werden. Im einzelnen betrifft dies:

a) IST-Zustand zu Beginn der Supervision (inkl. optimale Ansatzpunkte);
b) Potentielle SOLL-Zustände (Lernziele als Wegweiser und „Visionen" für die weitere Arbeit);
c) Verlaufsergebnisse (als Feedback für die unmittelbare Steuerung des Vorgehens);
d) Endergebnisse (als Gradmesser für die Güte der gesamten Arbeit, aber zunächst auch zur Bestimmung des adäquaten Zeitpunkts für die Supervisionsbeendigung).

Alle Evaluationsmaßnahmen sollten sich sowohl auf die momentan anstehenden Supervisionsanliegen („Figur") als auch die jeweilige Gesamtsituation („Hintergrund") beziehen. Gerade in komplexen Situationen ist eine fortwährende „Hintergrundkontrolle" (Dörner, 1989) unerläßlich, um ggf. auf vorrangig zu bearbeitende Themen bzw. Störquellen umschalten zu können. Dabei stehen auch *positive* Aspekte (Stärken, Ressourcen, vorhandene Kompetenzen etc.) im Blickfeld.

(2) WOMIT soll evaluiert werden? Im wesentlichen sind folgende Alternativen möglich:

a) „Weiche" Evaluationsmethoden: Hierunter sind alle Vorgehensweisen zu subsumieren, die das Supervisionsgeschehen *indirekt* erfassen, d.h. Interviews, Befragungen, Schilderungen der Betroffenen, unstrukturierte schriftliche Aufzeichnungen, aber auch Fragebögen, Einschätz-Skalen und Ratings.

b) „Harte" Evaluationsmethoden: Direkte Beobachtungen des fraglichen Verhaltens, eventuell aufgezeichnet auf Tonband bzw. Video. Entsprechend dem „actual data approach" (Dryden & Thorne, 1991, S.21 ff.) ist dies unsere bevorzugte Herangehensweise.

c) Inhaltlich offene vs. themenspezifische Hilfsmittel: Um die oben skizzierten Evaluationsinhalte adäquat erfassen zu können, gibt es zum einen die Möglichkeit, *inhaltlich offene* Hilfsmittel zu benutzen. Diese zeichnen sich dadurch aus, daß sie nur einen groben *Rahmen* vorgeben, sich jedoch auf beliebige inhaltliche Probleme und Ziele anwenden lassen. Ein Beispiel hierfür wäre der sogenannte „Problem Oriented Record" (POR: Weed, 1971). Darin sind lediglich (1) Datenbasis, (2) Problemliste, (3) Interventionsstrategien und (4) Anzeichen für Fortschritte als Protokollraster vorgesehen und inhaltlich beliebig zu füllen. Ein weiteres Beispiel ist das „Goal Attainment Scaling" (GAS: vgl. Cytrynbaum, Ginath, Birdwell & Brandt, 1979; Kiresuk & Sherman, 1968; Roecken & Weis, 1987 etc.), welches die Einschätzung des Erreichens von (im Einzelfall inhaltlich noch festzulegenden) Zielen ermöglicht. Neben POR und GAS fallen auch die meisten im Supervisionsalltag üblichen Protokollbögen in diese Kategorie (vgl. Anhang D); sie erleichtern auch die Durchführung von Einzelfallstudien (vgl. White, Rosenthal & Fleuridas, 1993).

Außerdem gibt es *themenspezifische*, d.h. direkt auf den Supervisionsprozeß zugeschnittene Fragebögen und Beobachtungssysteme (vgl. Kap.16.1.3). Ein Kernproblem liegt allerdings darin, daß Evaluation in jedem Fall *konzept- bzw. zielabhängig* ist, und vorliegende Fragebögen nur für bestimmte (z.B. schulenspezifische) Supervisionsansätze brauchbar sind. Häufig sind diese direkt aus dem *therapeutischen* Kontext auf Supervision übertragen oder stellen „private" Adaptationen dar. Für praktische Zwecke müssen die bislang präsentierten Fragebögen daher kritisch analysiert und auf ihre Brauchbarkeit für die Selbstmanagement-Supervision geprüft werden.

Neben der Nutzung vorliegender „konzeptsyntoner" Fragebögen und Beobachtungssysteme steht auch die Entwicklung neuer (bzw. die Adaptation bestehender) Fragebögen offen. In beiden Fällen muß jedoch sorgfältig darauf geachtet werden, daß die Hilfsmittel die wesentlichen „Spielregeln" der Selbstmanagement-Supervision erfassen, denn – um es mit einem Beispiel auszudrücken – auch ein Tennisspiel kann nicht mit Fußballregeln, Volleyball nicht mit Basketball- oder Cricket nicht mit Golfregeln gemessen werden.

d) Lernzieltaxonomien und curriculäre Kompetenzen: Insbesondere in *Ausbildungen* ist eine Evaluation des Vorgehens vor dem Hintergrund der jeweiligen Lernziele erforderlich. Diese ermöglichen es, zu Beginn jeder Ausbildung den Ausgangszustand und die jeweils erforderlichen Lernschritte zu spezifizieren sowie während und spätestens am Ende der Ausbildung eine Einschätzung darüber abzugeben, inwieweit die vorgegebenen Ziele erfüllt sind. Das Beispiel zeigt, daß wesentliche Voraussetzungen bezüglich Evaluation (z.B. Aufstellen von Standards und Maßstäben) schon lange vor dem eigentlichen Beginn einer Ausbildung/Supervision getroffen werden müssen.

(3) WOZU soll evaluiert werden? Als Hauptziele jeder Evaluation sind zu nennen: (1) Steuerung/Optimierung des Vorgehens, (2) Beurteilung der „Güte" = Qualitätssicherung, (3) Kontrolle – u.U. bis hin zur Disziplinierung der Beteiligten, (4) Legitimation: Vorgehen sinnvoll? Kosten vertretbar?, (5) Verbesserung der Praxis, d.h. aus Fehlern lernen..., (6) datengestützte Entscheidungshilfe, und (7) Prognose in Richtung Zukunft (vgl. Bögel, 1994, S.3). Faßt man diese Gesichtspunkte zu übergeordneten Themen zusammen, so geht es bei der Evaluation von Supervision um Maßnahmen (A) zur Supervisionsplanung und Supervisionssteuerung (insbesondere zu Beginn sowie *während* des gesamten Supervisionsprozesses: vgl. die obigen Punkte 1, 5, 6 und 7) und (B) zur Legitimation und Außenvalidierung von Supervision insgesamt (vgl. die Punkte 2, 3 und 4). Die *generelle* Effektivität von Supervision war bereits Thema von Kap.4.

(4) UNTER WELCHEN BEDINGUNGEN soll/kann evaluiert werden? Diese Frage hängt vor allem von zwei Gesichtspunkten ab:

a) Routinepraxis vs. Forschungsprojekt? Es ist klar, daß an ein großangelegtes Forschungsprojekt zur Supervision insgesamt andere (höhere) Evaluationskriterien anzulegen sind als beim routinemäßigen Vorgehen in der Praxis. In der Grundlagenforschung übliche multidimensionale und multimethodale Evaluationsstrategien, die u.U. mit unabhängigen externen Beobachtern arbeiten und Kontrollgruppenvergleiche beinhalten, hohe Kosten und zeitliche Investitionen erfordern, sind im Supervisionsalltag sicherlich nicht als Regel zu fordern. Dem steht auch das realistische Konzept der „kontrollierten Praxis" (Petermann, 1992) entgegen, wonach das Therapie- bzw. Supervisionsgeschehen nicht durch unzumutbar hohe Evaluationsanforderungen gestört und beeinträchtigt werden darf. Im Schlußabschnitt dieses Kapitels werden einige *Minimalvorschläge* zur praktischen Evaluation der Selbstmanagement-Supervision unterbreitet. Bereits hier darf jedoch angedeutet werden, daß die Entwicklung von adäquaten Evaluationsmitteln und deren praktische Umsetzung noch ein breites Betätigungsfeld für die kommende Supervisionsforschung darstellen wird.

b) Setting? Auch die jeweilige Art der Supervisionsdurchführung in der Praxis (einzeln vs. Gruppe, Teamsupervision, Institutionsberatung etc.) hat Auswirkungen auf die Evaluationsmöglichkeiten. Die in diesem Abschnitt genannten Maßnahmen sind in erster Linie für die *Einzelsupervision* gültig; für Gruppen, Teams und Institutionen gibt es Extra-Vorgehensweisen, welche die dortigen Spezifika (z.B. gruppendynamische Effekte, Systemstrukturen etc.) gebührend berücksichtigen und in Kap.14 näher beschrieben sind.

Exkurs: Evaluation als Kontrolle – ein Problem für den Supervisionsprozeß? Bereits bei den grundlegenden Funktionen von Supervision (vgl. Kap.2.2) war deutlich geworden, daß Supervision nicht nur edukative und supportive, sondern auch *administrative* Aufgaben verfolgt. Während dies in der Tradition der amerikanischen Sozialarbeit ein vertrautes und übliches Supervisionselement darstellt, ist es für viele *therapeutische* Arbeitsbereiche sehr ungewohnt, besonders wenn die dahinterstehende Therapieschule sich bislang kaum mit Evaluation und Qualitätssicherung beschäftigt oder diese Themen aktiv vermieden hat. An anderer Stelle (vgl. Schmelzer, 1995) habe ich allerdings zu verdeutlichen versucht, daß eine Supervision mit *übermäßiger* Betonung auf Überwachung und Kontrolle ihren Lernzweck verfehlen wird. Wie Kadushin (1990, S.20) beschrieben hat, wird die Supervision dann zur „Schnüffelvision" („snoopervision"), was bei Supervisanden/Ausbildungskandidaten in der Regel zu mißtrauisch-defensivem, selbstwertschützendem Verhalten führt.

Ekstein & Wallerstein (1972, S.285 ff.) haben sich aus psychoanalytischer Perspektive mit der Beurteilung der Effekte von Supervision beschäftigt. Viele ihrer Fragen und Anregungen sind auch für einen verhaltenstherapeutischen Zugang relevant. Insbesondere weisen sie auf die „*Evaluationsangst*" hin, die sowohl für Supervisoren als auch Supervisanden ein Problem darstellen kann. Auch wenn sich *Supervisoren* in der günstigeren (weil übergeordneten Hier-archie-)Rolle befinden, ist der Umgang mit Beurteilungen (bis hin zu der Macht, Anerkennun-gen zu versagen) für sie ein ungewohntes Betätigungsfeld.

Umgekehrt müssen *Supervisanden* lernen, daß es durchaus sinnvoll und hilfreich ist, *beur-teilt zu werden*, weil diese Rückmeldungen einen – zumindest im Idealfall – verläßlichen Gradmesser für Supervisionserfolge bzw. noch fehlende Fertigkeiten abgeben. Allerdings muß damit gerechnet werden, daß Kandidaten zunächst sehr empfindlich gegenüber persönlicher Kritik sind, daß sie sich durch negative Rückmeldungen in ihrem Selbstwertgefühl bedroht fühlen oder sich an ihrem erfahrenen Supervisor bzw. an idealen Therapeuten messen und da-durch ständig Frustrationen erleben.

Für Supervisoren und Supervisanden kann es daher hilfreich sein, immer den jeweiligen Ausbildungsstand als gegeben hinzunehmen und *von dieser Basis aus* weitere Lernschritte zu planen und umzusetzen. Für das beidseitige Beurteilen der Fortschritte ist wichtig, von Anfang an einen *kontinuierlichen* kommunikativen Austausch zu betreiben, so daß der Supervisand nicht am Ende der Ausbildung aus allen Wolken fällt, wenn er erfährt, daß er wegen gravie-render Mängel die Ausbildung nicht bestanden hat.

Evaluation ist allerdings bei jeder Ausbildung/Supervision notwendig und – z.B. mit Verweis auf erforderlichen „Patientenschutz" – auch ethisch zu rechtfertigen. Statt das Thema zum Tabu zu erklären oder gar „verdeckte" Beurteilungen zu praktizieren, sollte offen und ehrlich über die Tatsache von Evaluationsmaßnahmen gesprochen werden. Neben einer Trennung reiner Prüfungs- oder Kontrollmaßnahmen von ei-gentlichen supervisorischen Lernaufgaben (was auch die personelle Trennung von „Prüfern" und „Supervisoren" beinhaltet) sollte schrittweise auf eine adäquate Selbstevaluation der Supervisanden hingearbeitet werden. Eine „faire Evaluation", die zum Wohle von Patienten *und* Supervisanden praktiziert wird, ist immer eine Grat-wanderung zwischen vertrauensvoller Beziehung und einer Arbeitsatmosphäre, in der auch konstruktive Kritik geübt werden kann.

10.4.2 Minimalvorschläge zur praktischen Evaluation der Selbstmanagement-Supervision

Als Kompromiß zwischen einem völligen Evaluationsverzicht und einer Überfrach-tung des Supervisionsprozesses mit Maßnahmen, die allenfalls in Forschungsprojekten zumutbar wären, werden – auf Basis obiger Überlegungen – Minimalvorschläge für die praktische Evaluation der Selbstmanagement-Supervision unterbreitet. Die nach-folgende Übersicht 22 (vgl. rechte Seite) stellt das Ganze optisch dar:

Phase	Zugangswege		Evaluation
Anfangsphase der Supervision	Interview + Beobachtung	Fragebögen Einschätzskalen Checklisten Lernzieltaxonomien Beobachtungssysteme	**PRÄ**
Arbeits- / / / / / / / phase	Interviewdaten Beobachtungen Protokolle Dokumentation Goal Attainment Scaling (GAS) Aufgaben Hausaufgaben Supervisionsstundenbogen Beobachtungssysteme Tonband- und Video- aufzeichnungen		kontinuierliche Begleit-Evaluation ergebnis- orientierte Supervisions- steuerung
Endphase der Supervision	Abschluß- Bilanz evtl. Abschluß- Prüfungen	Interview + Beobachtung Verhaltensproben Fragebögen, Ein- schätzskalen Checklisten Goal Attainment Scaling Beobachtungssysteme	**POST**
Katamnese	Interview bzw. Fragebogen		

Übersicht 22. Praktische Evaluationsmöglichkeiten der Supervision im Überblick.

In der *Anfangsphase* der Supervision geht es vor allem um eine Bestandsaufnahme der Stärken und Schwächen, Probleme bzw. Lernziele von Supervisanden *zu Beginn* der Supervision (PRÄ-Zustand). Mit Hilfe von Interview-Schilderungen, Verhaltens-beobachtungen, Einschätzskalen/Fragebögen oder Beobachtungssystemen (Kap.16.1) verschafft sich der Supervisor einen Überblick über die Kompetenzen, den Entwick-lungsstand sowie mögliche Erwartungen, Ziele und Wünsche der Teilnehmer. Bei Ausbildungssupervision checkt er anhand des Lehrplans mit den Teilnehmern gemein-sam die wichtigsten Lernziele ab; bei Teams und Organisationen stützt er sich nicht nur auf die verbal bekundeten Eingangsbeschwerden bzw. Eingangserwartungen, son-dern auf unmittelbare Gruppen- und Interaktionsbeobachtungen und nützt spezielle Methoden (z.B. Arbeitspanorama, Skulpturarbeit, Organigramme etc.: vgl. Kap.17). Idealerweise formulieren die Teilnehmer und der Supervisor ein kooperatives Bild der Ausgangslage, welches sie am Ende der Arbeit wieder für PRÄ-/POST-Vergleiche heranziehen können. Selbstverständlich müssen die zu Beginn erhobenen Daten mit den am Schluß erhobenen vom Format her kompatibel sein.

In der eigentlichen *Arbeits*phase der Supervision, die sich meist über einen länge-ren Zeitraum erstreckt, steht die kontinuierliche Begleitevaluation und das ergebnisorientierte Optimieren des Supervisionsvorgehens im Vordergrund. Der ständige Vergleich des geplanten Vorgehens mit den tatsächlich eintretenden Ergebnissen (oft in Form kleiner Schritte) gibt Auskunft darüber, ob sich die Teilnehmer auf dem „richtigen" Weg befinden.

In dieser Hinsicht gehören folgende Maßnahmen zur *ständigen* supervisionsbegleitenden Evaluation im Selbstmanagement-Vorgehen (Kap.16.1 bzw. Anhang C bis F): Protokolle, Dokumentation des Vorgehens (auch: Falldokumentation), Beobachtung der Ergebnisse von Aufgaben während der Sitzung bzw. Hausaufgaben für die Realsituation. In der unmittelbaren Supervisionssituation nutzt der Supervisor vor allem Interview-Daten sowie die Verhaltensbeobachtungen (auch hinsichtlich der Beziehungsebene). Für letzteres läßt sich auch der *Supervisions-Stundenbogen* (vgl. Anhang E) heranziehen.

Andere „inhaltlich offene" Fragebögen (POR, GAS etc.) werden speziell auf die jeweiligen Supervisionsschwerpunkte bezogen ausgefüllt, wobei der Supervisor auch den jeweiligen „Hintergrund" im Auge behält.

Die *Endphase* der Supervision steht in erster Linie im Zeichen eines PRÄ-/POST-Vergleichs. In einer *Abschlußbilanz* (vgl. Kap.13.2) werden die Ergebnisse der Gesamtsupervision evaluiert – und zwar sowohl im Gespräch als auch auf der Basis von Verhaltensbeobachtungen, Fragebögen, Checklisten oder Einschätzskalen – in Ausbildungen auch aufgrund von Abschlußprüfungen (eventuell mit Verhaltensproben). Eine solche Abschluß-Evaluation gibt nicht nur Aufschluß darüber, ob Kandidaten bestimmten festgelegten Kriterien genügen (und eventuell ein Zertifikat erhalten), sondern entscheidet im Regelfall auch darüber, ob noch eine lernzielabhängige Fortsetzung der Supervision erforderlich ist oder ob *andere* Aktivitäten anzuschließen wären (z.B. Selbsterfahrung, persönliche Therapie, kollegiale Supervision u.v.m.). Sie richtet den Blick auch dezidiert auf berufliche und persönliche *Stärken*, Ressourcen und positive Anteile, die die Supervisanden künftig noch effektiver einsetzen könnten.

Eine routinemäßige *Katamnese* (z.B. 1 Jahr nach Ende der Kontakte) ist bei Supervision allerdings bislang noch unüblicher als im therapeutischen Kontext.

Insgesamt versuchen Selbstmanagement-Supervisoren folgende Punkte bei der Evaluation zu berücksichtigen:

- Kontinuierliche Protokollierung/Dokumentation der Abläufe
- Aufmerksamkeitslenkung sowohl auf (a) fokussierte Themen/Anliegen als auch (b) „Hintergrundkontrolle"
- Datennahes, intersubjektiv prüfbares Vorgehen (ständige Operationalisierung und Konkretisierung)
- „Actual data approach": Beobachtung des tatsächlichen Geschehens ist wichtiger als das „Reden über ... "
- Nutzung von Medien (Tonband/Video) als Hilfsmittel zur Beobachtung der Realabläufe
- Berücksichtigung von *Stärken* und *Schwächen*
- Optimale Evaluations*dosis* (als Kompromiß zwischen Evaluationsverzicht und störender Überfrachtung)
- Einsatz bereits existierender Fragebögen und Evaluationsmethoden, sofern diese in der Lage sind, die relevanten Abläufe/Inhalte zu erfassen (eventuell Adaptationen/Modifikationen)

- Kontinuierliche Nutzung von Verhaltensbeobachtung, Selbst- und Fremdbeobachtung auch und gerade im Hinblick auf die Kommunikations- und Interaktionsabläufe *während der* Supervision
- Durchführung von Evaluation als „faire" Evaluation, bei der die Vorteile für alle Beteiligten die Nachteile überwiegen (offene Diskussion darüber, *daß* in Supervision auch evaluiert wird; Trennung administrativer Kontrollen von unterstützenden Supervisionsaufgaben; fehlerfreundliches Lernklima: vgl. oben).

Abschließend läßt sich festhalten: Je mehr sich Supervisoren an den oben spezifizierten Kriterien orientieren, desto eher nähert sich das gesamte Vorgehen einer Qualitätssicherung, die ihren Namen verdient. Eine so verstandene Evaluation stellt ein konstitutives Element des nachfolgend beschriebenen Supervisions-Prozeßmodells dar und läuft von Anfang bis Ende mit, selbst wenn im nachfolgenden Text jeweils andere Themen im Vordergrund behandelt werden.

11 Die Mikro-Ebene des Supervisionsprozesses: Ein rekursives Arbeitsmodell in 6 Schritten („Kernprozeß")

Sobald die Basis für den eigentlichen Supervisionsprozeß geschaffen und „die Bühne bereitet" ist, kann an die *inhaltliche Bearbeitung* von Supervisionsanliegen herangegangen werden. Trotz mancher Unterschiede zwischen Therapie und Supervision (vgl. S. 54 ff.) läßt sich hierfür grob den Handlungsempfehlungen von *Problemlösemodellen* folgen, die auch für das *generelle* verhaltenstherapeutische Vorgehen in der Praxis Orientierungshilfe bieten (vgl. z.B. Bartling et al., 1992; Engberding, 1996; Kanfer & Busemeyer, 1982; Kanfer, Reinecker & Schmelzer, 1996; Nezu & Nezu, 1989, 1993; Schmelzer, 1986 u.v.m.). Die theoretische und empirische Fundierung der einzelnen Problemlöseschritte ist in den meisten dieser Arbeiten ausführlich beschrieben und wird hier nicht wiederholt (vgl. auch Dörner, 1976; D'Zurilla & Goldfried, 1971; Heppner, 1978; Kämmerer, 1983; Neber, 1987 etc.).

Für die *Supervision* haben sich – bei unterschiedlicher Schwerpunktsetzung – bereits mehrere Autorinnen und Autoren mit ihren Konzepten an den Grundschritten des Problemlösens orientiert (vgl. z.B. Frank, 1996; Gambrill & Stein, 1983; Kaatz, 1985; Lieb, 1993; Plessen & Kaatz, 1985; Wasik & Fishbein, 1982 etc.). Wie im einleitenden Überblick zum Gesamtmodell (S. 223 ff.) dargestellt, lehnt sich der im folgenden präsentierte „Kernprozeß" zwar grob an die elementaren Problemlösestufen an, baut aber speziell auf den theoretischen Vorannahmen der „Selbstmanagement"-Supervision auf (vgl. Kap. 5 bis 9) und integriert vor allem Hinweise aus systembezogenen Problemlösetheorien, die für das Handeln in dynamisch-komplexen Situationen formuliert wurden (vgl. z.B. Dörner, 1989; Dörner et al., 1983; Strohschneider & von der Weth, 1993 etc.). Auch werden an manchen Stellen Gedankengänge aus konstruktivistischen und lösungsorientierten Ansätzen zu finden sein (vgl. z.B. de Shazer, 1989a, 1989b, 1992; Watzlawick, 1982, 1985 etc.).

Im folgenden Text wird zunächst das idealtypische Vorgehen bei *Einzelsupervision* im Therapiekontext beschrieben. Bestimmte *Modifikationen* des Modells für spezifische Anwendungsfelder (Gruppen- und Teamsupervision, Organisations-/Institutionsberatung, Leitungsberatung, Projektsupervision, kollegiale Supervision) werden dann in Kap. 14 präsentiert. Dabei weisen die folgenden Kapitel eine einheitliche Darstellungsstruktur auf: In einem *grobgerasterten Überblick* (sozusagen im Auflösungsniveau einer „Autobahnkarte") werden zunächst die wichtigsten *Oberziele bzw.* Schwerpunkte der jeweiligen Phasen präsentiert; danach folgen *vertiefende Ausführungen* (im „Wanderkarten-Maßstab") auf einem detailreichen Auflösungsniveau. Zuvor jedoch möchte ich eine einleitende Kurzfassung des „Kernprozesses" vorausschikken.

Die Mikro-Ebene im Überblick: Kurzfassung. In Ergänzung zu der auf S.224 präsentierten Übersichtsgrafik des *Gesamtmodells* können sich Supervisoren anhand der Abbildung 19 (vgl. unten) auf einen Blick über die wichtigsten Schritte der Mikro-Ebene informieren. Um die dynamische Grundstruktur des Kernprozesses realistischer zu verdeutlichen, wurde in der Abbildung eine kreisförmige Darstellung gewählt; auf eine noch differenziertere Präsentation von Verzweigungen, Feedbackschleifen oder gar eine spiralig-dreidimensionale Form des Modells wurde aus Gründen der Übersichtlichkeit verzichtet.

In der Regel werden die Schritte in Richtung der dicken schwarzen Pfeile durchlaufen; bei „Störfällen" muß zu früheren Schritten zurückgekehrt werden (vgl. dünne gestrichelte Pfeile: „Rekursivität" des Modells).

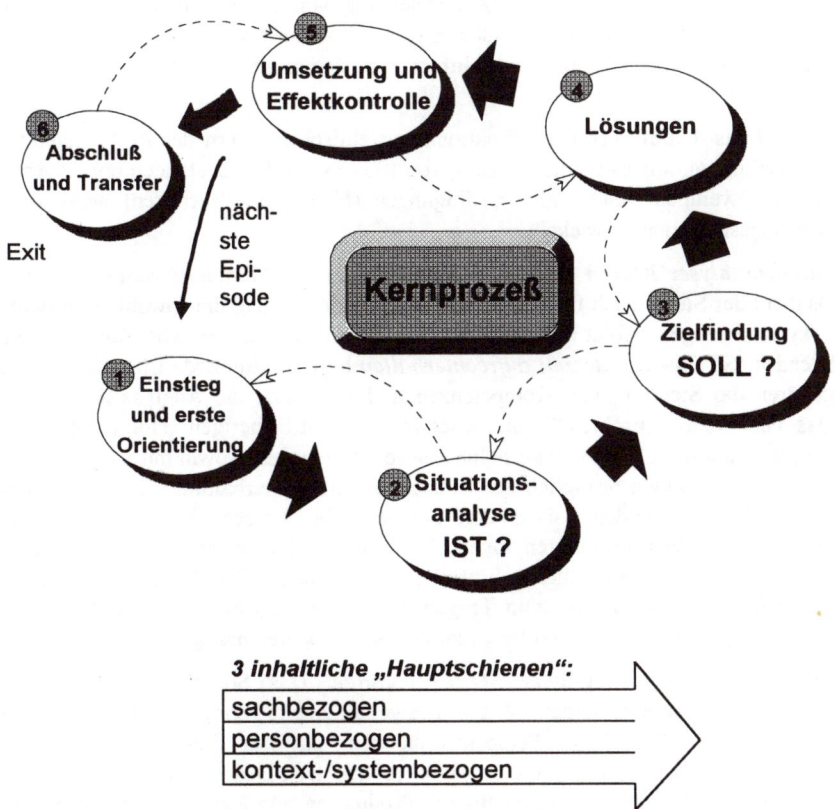

Abbildung 19. Der „Kernprozeß" des Selbstmanagement-Supervisionsmodells im Überblick.

Jede Supervisions*episode* (wobei in einer Supervisionssitzung meist *mehrere* bearbeitet werden) beginnt mit bestimmten *Supervisionsanliegen* als Ausgangspunkt. „Episoden" sind mittlerweile gebräuchliche Einheiten in der Therapieforschung (vgl. z.B.

Elliott, 1984; Greenberg, 1984, 1986). Für unsere Zwecke lehne ich mich an die Definition der „Current Concerns" bei Klinger (1975, 1977, 1987) an: Danach beginnt eine zielorientierte Arbeitsepisode der Supervision mit der Vereinbarung eines Supervisionsthemas („Anliegens" oder „targets") und läuft solange, bis sie (a) entweder nach erfolgreicher Bearbeitung beendet oder (b) als unerreichbar erkannt und aufgegeben wird. In jedem Fall lassen sich die Anliegen/Themen als IST/SOLL-Diskrepanzen formulieren, die den Startpunkt für das eigentliche Arbeitsmodell (= „Kernprozeß") bilden, wobei die drei „Hauptschienen" der Supervision die *inhaltliche* Grobrichtung vorgeben. Im einzelnen durchläuft jede Supervisionssequenz folgende 6 idealtypischen Schritte:

1.) Einstieg und erste Orientierung. Im Zuge des Sondierens von Supervisionsanliegen werden erste Themen vereinbart, Prioritäten für das weitere Vorgehen gesetzt und eine Grobplanung des Vorgehens (Tagesordnung, Gesamtplanung von Lernschritten einer Ausbildung) vorgenommen. Alle Entscheidungen sind in diesem Stadium noch sehr vorläufig und gelten immer nur „bis auf Weiteres"; bei neuen Informationslagen müssen sie revidiert und modifiziert werden.

Die Schritte 2 bis 4 umfassen den „funktional-systemischen" Kern der Problemanalyse und Interventionsplanung; auf Basis der Klärung von IST- vs. SOLL-Zuständen und in Abhängigkeit von den jeweiligen funktionalen Bedingungen (Hindernisse/Barrieren) werden entsprechende Lösungsstrategien entwickelt:

2.) Situationsanalyse: Klären des IST-Zustands. Die Schilderung/Beschreibung des IST-Zustands dient der Suche nach funktionalen Problembedingungen, die sowohl situativ als auch kontext-/systembezogen erfolgt und vor allem der Frage nachgeht, welche Faktoren einen unbefriedigenden IST-Zustand *derzeit aufrechterhalten* bzw. zielführende Lösungen verhindern. Dazu gehören die Sichtung von Kompetenzen und Defiziten, die Analyse der Frage: Was macht das Thema zum „Problem"?, die Beschäftigung mit bisherigen „Holzwegen und Sackgassen" (aber auch mit *erfolgreichen* Selbstkontroll-Versuchen) sowie mit subjektiven Erklärungen des Supervisanden bezüglich der Entstehung/Aufrechterhaltung des Supervisionsproblems. Supervisanden werden insbesondere angeregt, ihre Präsentierbeschwerden in lösbare Problemsituationen umzuformulieren, eigene Einflußmöglichkeiten in Zukunft noch besser zu nutzen bzw. Grenzen des persönlichen Einflusses zu erkennen. Bereits hier kommen ziel- und lösungsorientierte Gesichtspunkte zum Tragen, indem aus den bisher skizzierten Aktivitäten *neue/andersartige* Perspektiven und Interventionsmöglichkeiten nahegelegt werden.

3.) Zielfindung: Klären möglicher SOLL-Zustände. Das Sondieren möglicher SOLL-Zustände („Was soll anders werden? Wie soll es genau anders werden?") stellt einen hypothetischen, imaginativen Prozeß der Perspektivenklärung dar, der Raum für Kreativität läßt. Während der IST-Zustand real existiert, gibt es den SOLL-Zustand zunächst nur in der Phantasie. Dies eröffnet gute Chancen für die Produktion von Zielideen mittels imaginativer Methoden (bis hin zum „neue Träume träumen"). Danach müssen aber allzu hochfliegende Pläne und Illusionen im Rahmen der Zielanalyse wieder auf den „Boden der Realität" zurückgeführt werden, indem Ziele von Utopien differenziert und konstruktive – d.h. in Handlungen umsetzbare – Zielformulierungen vorgenommen werden.

4.) Suche und Auswahl von Lösungen. Die Suche und Auswahl von Lösungen (interpretierbar als Mittel und Wege zum Erreichen der in (3) formulierten Ziele) wird von Beginn an möglichst effektiv gestaltet, indem IST/SOLL-Zustände in potentiell lösbare Situationen transformiert werden. Antworten auf die zentrale Frage: „Ändern oder Akzeptieren?" leiten sich aus den bisherigen Schritten ab: Sie berücksichtigen die Ergebnisse der funktional-systemischen Analyse des IST-Zustands, insbesondere hinsichtlich der aufrechterhaltenden Bedingungen für Barrieren und „Performanzhindernisse" sowie hinsichtlich fehlender Kompetenzen der Beteiligten. Umgekehrt orientiert sich die Suche nach neuen Lösungen an den zwischenzeitlich geklärten SOLL-Zuständen und fördert solche Strategien, Möglichkeiten oder Alternativen, die eine Zielannäherung erwarten lassen. Schließlich werden definitive Entscheidungen getroffen und konkrete Handlungen vorbereitet. Dabei müssen größere, umfangreichere oder langfristige Pläne in solche kleinen Schritte zerlegt werden, die eine effektive Handlungsumsetzung wahrscheinlich machen.

5.) Umsetzung der Lösungen und Effektkontrolle des Vorgehens. Die praktische Realisierung der neuen Lösungen (bzw. Teillösungen; oft in Form von Schritten *außerhalb* der Supervisionssitzung) geht immer mit der Effektüberprüfung der Maßnahmen einher. Neben der Beobachtung von Wirkungen der Schwerpunkt-Interventionen wird auch eine „Hintergrundkontrolle" vollzogen, mittels derer die Auswirkungen auf das Gesamtsystem beobachtet und gegebenfalls „flankierende Maßnahmen"" bzw. Schwerpunktverlagerungen veranlaßt werden können. Im Erfolgsfall wird das Vorgehen „ergebnisorientiert optimiert", bis die Ziele erreicht sind; bei Mißerfolg muß zu – bereits durchlaufenen – früheren Schritten des Modells zurückgekehrt werden.

6.) Abschluß der Episode und Transfer. Nach abgeschlossener Bearbeitung eines Supervisionsthemas (Ziele erreicht? Problem gelöst?) wird das Vorgehen rekapituliert (Wie sind wir im einzelnen vorgegangen? Was kann ich daraus lernen?), um die gemachten Erfahrungen (a) von der Supervisionssitzung auf die reale Arbeitssituation und (b) von der bearbeiteten Episode auf *ähnliche* Situationen übertragen zu können. Im Idealfall lernen Supervisanden somit auch, generelle Regeln des Vorgehens zu abstrahieren. Für weitere Supervisionsanliegen wird die gesamte Sequenz des Modells erneut (meist mehrfach) gestartet.

Der eben präsentierte Überblick bezog sich auf den *Prozeß* der Supervision; *inhaltlich* wird eine besondere Beachtung der drei sogenannten „Hauptschienen" der Supervision empfohlen (sachbezogen, personbezogen, system-/kontextbezogen), wobei deren *Dominanz* einerseits von der Art der Supervision (z.B. Fall- vs. Teamsupervision), andererseits von den jeweiligen Bedingungsfaktoren der Probleme abhängt. Generelle Regeln zum Umgang mit dem „Kernprozeß" inkl. Schwerpunktverlagerungen und Übergänge sind dem Kap. 12 zu entnehmen.

Durchgängige Merkmale des „Kernprozesses". Eine ganze Reihe von Gesichtspunkten ist *kontinuierlich*, d.h. über alle Schritte hinweg gültig:

(1) So ist die gesamte Supervision als kooperatives, interaktives Problemlösen angelegt, themenorientiert und zielgerichtet.
(2) Inhaltlich ist das Modell problem- und zieloffen, so daß sich seine Grundstruktur zur Bearbeitung beliebiger Themen und Fragestellungen eignet. Mit gewissen Modifikationen (Kap. 14) läßt es sich auch für die Supervision von Teams, Gruppen und Institutionen/Organisationen verwenden.
(3) Alle Themen werden soweit möglich *konkretisiert* und *operationalisiert*, d.h. in einer verhaltensnahen Form beschrieben, die eine hohe intersubjektive Übereinstimmung ermöglicht.

(4) Dabei geht es immer um die Anliegen, Probleme, Ziele, Einfluß- und Änderungsmöglichkeiten der *Supervisanden* (und nicht bzw. allenfalls *indirekt* um die ihrer Klienten oder Teamkollegen).

(5) Beschwerden und Erwartungen von Supervisanden sind zwar der *Ausgangspunkt* jeder Supervision; sie werden aber nicht unhinterfragt und unverändert übernommen, sondern von Beginn an in einer lösungsförderlichen Weise *transformiert* und neu als IST vs. SOLL definiert.

(6) Probleme und Ziele werden genaugenommen im Zuge des Interaktionsprozesses erst gemeinsam *konstruiert*. Anderson & Goolishian (1991, S.77) bezeichnen jedes Problem als „ ... Bedeutungsklumpen in einem Teig, dessen Konsistenz sich durch das Gespräch ständig verändert". Dies bietet dem Supervisor die Chance, im Zuge des Kernprozesses durch Fragen, Aufmerksamkeitslenkung etc. die Probleme und Ziele gemeinsam so – d.h. neu bzw. anders als bisher – zu definieren, daß ein konstruktiver Umgang möglich wird (vgl. auch Nezu & Nezu, 1993).

(7) Das Modell ist durch eine ständige Verschränkung von Analyse-, Planungs- und Handlungsschritten gekennzeichnet. Alle klärenden bzw. diagnostischen Maßnahmen sind auch gleichzeitig als „Intervention" zu verstehen; umgekehrt liefern die Wirkungen jeder Intervention (und sei diese nur eine nonverbale Geste des Supervisors im Gespräch) sofort wieder diagnostisch-verhaltensanalytisch verwertbare Informationen.

(8) Die Effekte der Supervision werden durchgängig beobachtet, überprüft und zielabhängig evaluiert. Dabei praktiziert der Supervisor neben seiner Konzentration auf den Fortgang bei bearbeiteten Themen („Figuren") stets auch „Hintergrundkontrolle".

(9) Anliegen und Themen fluktuieren *ständig* während des Supervisionsprozesses; wegen dieser Dynamik haben sämtliche Entscheidungen immer nur „Gültigkeit bis auf Weiteres".

(10) Die *Zielorientierung* des Modells liefert nicht von vornherein fertige Antworten in Form von Programmpaketen oder Standardstrategien, sondern läßt in jedem Fall nach den spezifischen Zielen (Wohin?), Zwecken (Wozu?) und Bedingungen (Was hält den mißlichen Zustand bisher aufrecht?) fragen; die Fülle der heuristischen Hinweise des Modells erleichtert jedoch (a) eine flexible Suche nach person- und situationsentsprechenden Lösungen und (b) das kooperative Finden „passender" Antworten/Maßnahmen.

(11) Im Zuge des gemeinsamen Arbeitens und des ergebnisorientierten Optimierens des Vorgehens entsteht auch in der Supervision mancher Weg erst beim Gehen.

(12) Mit Blick auf die umfassendere Makro-Ebene bauen sich solche Variablen wie „kooperative Beziehung" und „Supervisionsmotivation" erst allmählich durch die Erfahrungen im Zuge der anfänglichen Durchläufe des „Kernprozesses" auf; ihre Aufrechterhaltung hängt ebenfalls von den Ergebnissen der weiteren inhaltlichen Bearbeitung ab.

Im folgenden Text sind die einzelnen Schritte des Arbeitsmodells („Kernprozeß"), das pro Sitzung in der Regel mehrfach durchlaufen wird, ausführlich beschrieben.

11.1 Einstieg und erste Orientierung (Schritt 1)

Überblick. Nach einem kurzen Eingangsritual, das die Einstimmung auf die Supervision erleichtern soll (z.B. „Blitzlicht" im Sinne von: Kann es wirklich losgehen, oder stehen noch anderweitige Dinge im Weg?), beginnt der eigentliche Arbeitsprozeß.

Entsprechend der Abbildung 20 umfaßt der **Einstieg und die erste Orientierung (Schritt 1)** folgende Schwerpunkte:

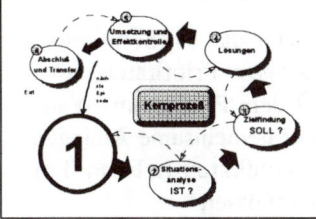

Einstieg und erste Orientierung

1.) Sondieren von Supervisionsanliegen
2.) Einigung über Themen und deren Prioritäten
3.) Grobplanung des weiteren Vorgehens

Abbildung 20. Schwerpunkte von Schritt 1.

Im wesentlichen geht es in diesem Anfangsstadium darum, Supervisionsanliegen soweit vorzusondieren, daß eine Einigung hinsichtlich erster Themen erzielt werden kann. Je nach Prioritäten (z.B. akute Krise? Handlungsdruck? etc.) erfolgt die gemeinsame Strukturierung des weiteren Vorgehens und eine Grobplanung der Sitzung – eventuell auch die thematische Planung über einen größeren Zeitraum. Falls es sich nicht um die allererste Supervisionsstunde handelt, wird zunächst an der Arbeit des *letzten* Termins angeknüpft (z.B. auf Hausaufgaben, weitere Fortschritte, neue Probleme, zwischenzeitliche Lösungsversuche etc. Bezug genommen). Während bei größeren Problemstellungen oder bei gescheiterten Versuchen noch eine Weiterarbeit nötig ist, können bei positiven Entwicklungen neue Themen vereinbart werden. In manchen Fällen sind hier auch *Kriseninterventionen* (Kap. 17) erforderlich.

Wegen der ständigen Dynamik der Supervisionssituation ist prinzipiell mit Revisionen und Modifikationen solcher Eingangsentscheidungen im Verlauf der „eigentlichen" Arbeit zu rechnen. Sobald jedoch erste Vereinbarungen getroffen sind, kann zu Schritt 2 („Situationsanalyse: Klären des IST-Zustands") übergegangen werden.

Vertiefende Ausführungen. In der Einstiegsphase geht es darum, *grobe Themen* („Startpunkte") *festzulegen*, anhand derer ein *Einstieg* in die weiteren Bearbeitungsschritte des Kernmodells möglich ist, nicht jedoch bereits um eine Vorwegnahme der Arbeit der Folgephasen. Je weniger Informationen vorhanden sind, um so mehr haben die Entscheidungen „Gültigkeit bis auf Weiteres"; auch besitzen in diesem Stadium negative Ausschlußkriterien („Das nicht!")* oft mehr Bedeutung als positive Indikationen („Das unbedingt!").

Die Orientierungsphase ist mit der Situation zu vergleichen, daß jemand ein passendes Restaurant zum Abendessen sucht. Um die Wahl des Lokals zu planen und die Entscheidung „einzukreisen", ist lediglich eine grobe Klärung der „Richtung" (z.B. italienisch, französisch, griechisch, chinesisch, indisch, deutsch?) und der „Preisklasse" (vom preiswert-einfachen Speiselokal bis hin zum luxuriösen Gourmet-Restaurant) vorrangig, nicht jedoch das vorherige Studium sämtlicher Speisekarten oder gar die persönliche Inaugenscheinnahme von Interieur,

---

* Vorsicht ist allerdings bei bestimmten Haltungen des „Alles, nur das nicht...!" (Watzlawick, 1982) geboten.

273

Bedienung, Preisniveau und Ambiente. Sollte sich dann vor Ort ein Irrtum herausstellen (weil man nun doch eher Lust auf thailändische Küche hat oder das geplante Restaurant Betriebsurlaub...), sind immer noch Änderungen von Absichten und Entscheidungen möglich.

Zu Beginn des jeweiligen Supervisionsprozesses stehen somit das (1) Sondieren von Supervisionsanliegen, eine (2) Einigung über Themen und deren Prioritäten, sowie – als Folge davon – die (3) Grobplanung des Vorgehens auf dem Programm. Während man sich in vielen Fällen innerhalb weniger Augenblicke auf gemeinsame Anliegen einigen kann, wird diese Phase bei gravierenden Interessenkonflikten (z.B. in Teams, Gruppen, Organisationen) längere Zeit in Anspruch nehmen müssen.

11.1.1 Sondieren von Supervisionsanliegen

Entsprechend obiger Vorbemerkungen geht es zunächst um ein Herantasten, Suchen und Sondieren möglicher Themenkreise, die dann den *Startpunkt* für das Durchlaufen der weiteren Schritte abgeben. Anhand von Fragen (z.B. Worum soll es denn heute gehen? Wer hat welche Anliegen für die heutige Sitzung? etc.) und Beobachtungen (z.B. mitgebrachte Videocassette, oder: Supervisand kommt mit verheulten Augen zur Tür herein...) wird versucht, einen Überblick über wichtige Supervisionsanliegen zu erhalten. Trotz unserer kontinuierlichen Betonung eines konkreten, verhaltensnahen Vorgehens genügen in diesem Stadium grobe „Überschriften" zur Orientierung, verbunden mit Antworten auf die Frage: „Was ist Ihr genaues Anliegen dabei?" (z.B. „Ich möchte Rückmeldung bekommen, ob ich die Angstkonfrontation bei Klientin G. nach den aktuellen Regeln unserer therapeutischen Zunft durchgeführt habe" ... „In unserem Team macht jeder, was er will; wir haben weder Struktur noch Konzept, und alle sind unzufrieden" ... „Ich hänge bei der Partnertherapie mit Herrn und Frau K. fest und weiß nicht, was ich weiter machen soll" ... „Wir kommen mit der Leitung unseres Hauses nicht mehr klar" ... „Was soll ich tun? Gestern hat Klient Z. in der Therapiestunde damit gedroht, seine Frau umzubringen!" etc.). In der Regel zeigen sich *multiple* Anliegen, die zudem auf der Dimension *„implizit vs. explizit"* variieren, was z.B. bei Gruppen-, Team- oder Organisationssupervision – mit einer Fülle kollidierender Ziele sowie offener und verdeckter Interessen – eine zusätzliche Schwierigkeit darstellt.

Das Klären wichtiger Anliegen stellt ein Mittel zur Orientierung und Komplexitätsreduktion dar, es hilft bei der Informationsselektion und engt – in positivem Sinne – ein. Um sich aber nicht zu früh in irrelevante bzw. periphere Themen zu „verbeißen", sollte – um die Foto-Zoom-Metapher (Kanfer et al., 1996, S.24) zu benutzen – zunächst mittels Weitwinkeleinstellung ein „Screening" vollzogen werden, um danach die wesentlichen Bereiche näher fokussieren zu können. Dabei achten Supervisor und Supervisand nicht nur auf die „dunklen" Flecken (Probleme, Konflikte etc.) im Gesamtbild, sondern auch auf besonders „farbige" Bereiche (Stärken und Ressourcen). Grundlegende Erwartungen an die Supervision sollten zwar schon in der Vorphase geklärt worden sein, bleiben jedoch weiterhin von Bedeutung, weil sie wichtige Hinweise auf persönlich zentrale Themen und erwünschte Vorgehensweisen geben und mit dem „Motivationsfundament" (vgl. Kap.10.3.3) in Verbindung stehen, d.h. Mitarbeit oder „Widerstände" der Supervisanden regeln.

Wie die Übersicht 23 verdeutlicht, gibt es sowohl sachliche als auch motivationale, emotionale und „administrative" Gründe für/gegen die Selektion von Supervisionsthemen:

Selektion von Supervisionsthemen	
PRO-Kriterien:	**CONTRA-Kriterien:**
• dringende Probleme und akute Krisen • dominante Themen und Konflikte (die andere Anliegen blockieren) • Anliegen mit hoher Bearbeitungsmotivation (hoher emotionaler Druck bzw. hoher Anreizwert) • notwendige Lernschritte laut Ausbildungs-Curriculum (Erwerb bestimmter Kompetenzen) • prinzipiell änderbare Probleme bzw. prinzipiell erreichbare Ziele • ethisch-berufsständisch bedingte Gründe, die den Supervisor zum Eingreifen zwingen („administrative Funktion")	• Thema erledigt sich auch ohne Zutun „von selbst" • Supervisand kann mit hoher Wahrscheinlichkeit das Problem selbst lösen • Themen mit geringer Bedeutung/Bearbeitungsmotivation/Zeitdruck etc. • Themen „im Wartestand" (erst Zwischenergebnis abwarten!) • unabänderliche „Tatsachen des Lebens" * oder unerreichbare Utopien * --- * statt direkter Bearbeitung: Falls möglich, Tatsachen in lösbare Probleme umdefinieren oder von Utopien erreichbare Ziele abspalten

Übersicht 23. Selektion von Supervisionsthemen.

Aus der Übersicht wird deutlich, daß dringende, emotional belastende Probleme sowie akute Krisen selbstverständlich Vorrang haben, ebenso Themen oder Konflikte, die den weiteren Arbeitsablauf so behindern würden, daß sie erste Priorität erhalten müssen. Hohe Bearbeitungsmotivation seitens der Supervisanden, die Notwendigkeit des Erwerbs bestimmter Fertigkeiten laut Lernzielkatalog eines Ausbildungs-Curriculums und eine prinzipielle Lösbarkeit/Änderbarkeit der jeweiligen Thematik sind weitere PRO-Kriterien. In manchen Fällen erhält der Supervisor eine *Pflicht* (und Legitimation) zum Eingreifen, wenn z.B. ethische oder berufsständische Richtlinien verletzt werden (Patientenschutz!).

Umgekehrt kann das Aussortieren von Fehlanliegen mittels der CONTRA-Kriterien (rechte Hälfte der Übersicht 23) erfolgen: Manche Themen sind temporäre Erscheinungen, d.h. erledigen sich von selbst; bei anderen besteht eine hohe Wahrscheinlichkeit, daß die Supervisanden das Problem selbst lösen können; bei anderen fehlen subjektive Bedeutung, Motivation oder Zeitdruck; wieder andere befinden sich in einer Art „Wartestand", weil erst bestimmte Zwischenergebnisse (z.B. Prüfung, Genehmigung/Zulassung, nächste Therapiesitzung mit dem Klienten etc.) abgewartet werden müssen. Der Supervisor darf jedoch keinesfalls Themenvorschläge/Wünsche akzeptieren, die unabänderliche „Tatsachen des Lebens" oder unerreichbare Utopien darstellen. Solche Wünsche müssen entweder (empathisch) als unerreichbar anerkannt werden; eventuell ist das Umdefinieren in lösbare Problemstellungen oder das Abspalten erreichbarer Ziele möglich.

Hieraus wird ersichtlich, daß sich die eingangs präsentierten Anliegen fortwährend verändern, und zwar einerseits durch die zunehmende Konkretisierung im weiteren Arbeitsverlauf sowie durch den „Trichterungsprozeß" (vgl. S.145), in den die genannten PRO- und CONTRA-Kriterien einfließen, andererseits durch das Zusammentreffen *zweier* Perspektiven (Supervisand *und* Supervisor), was neue/andersartige Problem- und Zieldefinitionen möglich macht. Statt exakter inhaltlicher Ziele (z.B.: „Kann ich bei Klient Y Technik X einsetzen?") werden eventuell auch erst „Prozeßziele" ins Auge gefaßt (z.B.: „Ich möchte angesichts der komplexen Problematik bei Klient X mithilfe der Supervision das Chaos entwirren und wieder Orientierung bekommen!" etc.). Der Vollständigkeit halber soll hier nochmals darauf hingewiesen werden, daß der Fokus immer auf dem jeweiligen *Supervisanden* – mit seinen Problemen, Einflußmöglichkeiten und Grenzen bei der Therapie von Klient A – liegt, nicht jedoch direkt auf dessen Klienten.

11.1.2 Einigung über Themen und deren Prioritäten

Die Interaktion zwischen Supervisor und Supervisand(en) *verändert* bereits subjektive Anliegen, Problem- und Zieldefinitionen. Im Idealfall gibt es schnell einen Konsens („Gut, also starten wir mit X"), und bei mehreren Themen lassen sich bereits gewisse Prioritäten (1.) ... 2.) ... 3.) ...) vereinbaren. Zunächst sind zwar theoretisch alle Supervisionsanliegen von Supervisanden zur Bearbeitung offen, aber der Supervisor wird aus seiner externen Perspektive – und unter Berücksichtigung der Kriterien aus Übersicht 23 (vgl. vorige Seite) – die Auswahl mit beeinflussen und auch eigene Anliegen ins Geschehen einbringen. Er muß insbesondere darauf achten, keine Aufträge zu übernehmen, die entsprechend der nachstehenden Übersicht 24 *unlösbar* sind:

Unlösbare Aufträge:	umdefinieren in:
Tatsache: nicht änderbarer IST-Zustand	**Problem:** (Prinzipiell lösbare) IST-SOLL-Diskrepanz
Dilemma: Unlösbarer Zielkonflikt	**Konflikt:** (Prinzipiell lösbare) SOLL-SOLL-Diskrepanz (intra- und interpersonale Varianten)
Utopie: Prinzipiell unerreichbarer SOLL-Zustand	**Ziel:** Prinzipiell erreichbarer SOLL-Zustand

Übersicht 24. Unlösbare und lösbare Aufträge.

In manchen Fällen stellt die *Re-Definition/Modifikation/Revision von Anliegen* bereits zu Beginn den eigentlichen Knackpunkt dar und bildet die erste Bewährungsprobe für die noch instabile Supervisor/Supervisand-Beziehung. Denn die Anliegen des Supervisanden sind nicht schon automatisch die Anliegen des Supervisors, und trotz des Charakters einer Dienstleistungsbeziehung wird der Supervisor nicht unbesehen jeden Auftrag übernehmen:

So ist es Hauptaufgabe des Supervisors, aus Tatsachen lösbare Probleme zu machen: Statt der Haltung: „Es ist eine Katastrophe, daß sich viele Klienten meinen gutgemeinten Ratschlägen widersetzen" könnte konstruktiv werden: „Ich möchte lernen, (a) besser zu akzeptieren, daß Klienten das Recht haben, ihre eigenen Entscheidungen treffen, und (b) meine Fähigkeiten des Motivationsaufbaus zu erweitern!" Eine weitere Aufgabe besteht darin, aus Utopien realistische Ziele abzuleiten: Statt der Aussage eines Supervisanden zu Beginn: „Ich möchte als Therapeut so gut werden wie Arnold Lazarus und Carl Rogers zusammen!" steht dann nach einiger Zeit eventuell „Ich möchte lernen, meine persönlichen Stärken besser zu würdigen und diese tagtäglich in der Arbeit mit meinen Klienten einzusetzen!" Des weiteren gilt es, ein unlösbares Dilemma (z.B. *wenn* ich die angebotene Führungsposition annehme, kann ich nicht auf Ausübung von Autorität und Leitung *verzichten*) von lösbaren Konflikten zu differenzieren.

Wenn sich schon in diesem Stadium herausstellt, daß der Supervisand eine Tatsache oder ein Dilemma ändern oder Utopien verfolgen möchte, sollte der Supervisor klar (aber behutsam) verdeutlichen, daß er den Auftrag in dieser Form nicht übernehmen kann – nicht, weil er persönlich nicht möchte, sondern weil die Anliegen des Supervisanden das realistisch machbare Maß von Therapie oder Supervision übersteigen. Wenn dem Supervisor wegen zu geringer Informationen (z.B. hinsichtlich des Fähigkeitsstands des Supervisanden) noch keine eindeutige Entscheidung möglich ist, kann er seine Unsicherheit und Skepsis ausdrücken („OK, *starten* wir mal damit, ich weiß zwar im Moment nicht, ob das günstig ist, aber fangen wir mal damit an...") und – um die Realität zu testen – einen *probeweisen Einstieg* vereinbaren. Die weiteren Erfahrungen im Lauf der folgenden Schritte geben dann Rückmeldung darüber, wie weiter verfahren werden sollte („OK, das machen wir weiter!" vs. „Zurück zu XY, anderes Thema suchen, Anliegen umdefinieren" etc.).

Falls es schwierig ist, hier einen Konsens zu finden, liegt dies nicht unbedingt an sachlichen Kontroversen. Über inhaltliche Konflikte können sich bekanntlich *Beziehungskonflikte* austragen; auch ergeben sich wichtige Rückschlüsse auf persönlich und/oder beruflich bedeutsame Ziele und Motive der Beteiligten. Daher ist dies (insbesondere bei Teams, Gruppen oder Organisationen) eine „interessante" Phase, in der gruppendynamische Abläufe genauso zu registrieren sind wie „Spiele" zwischen Supervisor und Supervisanden (vgl. Kap.9.4 bzw. 14.1, 14.2 und 14.3). Es kann jedoch auch allgemein um ein „Ringen" um verschiedene Interessen gehen, um das (legitime) Austesten des Supervisors hinsichtlich seiner Kooperationsbereitschaft, Unterstützung und Grenzen und um Versuche, eine vertrauensvolle Beziehung herzustellen und/oder Nähe und Distanz zu regeln. Der Supervisor kann sich innerlich einige Prüffragen stellen (z.B. „Was will der Supervisand eigentlich?" ... „Was könnte er außerdem noch wollen/meinen?" ... „Was gebe ich bzw. wo mache ich mit/wo nicht?" etc.). Neben dem aufmerksamen Beobachten von Prozessen und Interaktionsmustern ist auch die Frage interessant, welche alternativen Herangehensweisen für die Wünsche von Supervisanden besser geeignet wären (z.B. Selbsterfahrung, persönliche Therapie, Institutionsberatung, Fortbildung etc.), bzw. welche der drei inhaltlichen *Hauptschienen* von Supervision dominieren sollte.

In jedem Fall tragen die Bemühungen um einen Konsens dazu bei, daß *transparente Entscheidungen* getroffen werden, und daß sich durch Fragen des Supervisors sowie dessen Aufmerksamkeitslenkung bereits gewisse *Veränderungen* der Eingangsperspektive von Supervisanden ergeben. Die Einigung über Startpunkte und deren Reihenfolge ermöglicht dann die Strukturierung des weiteren Vorgehens.

11.1.3 Grobplanung des weiteren Vorgehens

Als Resultat der obigen Schritte wird eine vorläufige „Tagesordnung" erstellt, die beiden Seiten Orientierung bietet. Die wichtigsten Anliegen werden nochmals offen (evtl. sogar schriftlich auf Flipchart oder Tafel) rekapituliert und mit der zur Verfügung stehenden Zeit in Verbindung gesetzt. Mit entsprechenden Fragen (z.B. „Was/wer hat Vorrang? Was hat noch Zeit? Wurde etwas Wichtiges vergessen? Welche Reihenfolge wollen wir wählen? Wieviel Zeit brauchen wir in etwa wofür?" etc.) werden zumindest Prioritäten für die heutige Sitzung festgelegt; neben solchen „Sitzungszielen" können auch Ziele für die Gesamtsupervision bzw. Sofortziele vs. Langzeitziele („Entwicklungsziele") in Blickfeld genommen werden. Auch hier ist die Planung immer flexibel zu handhaben und nur „bis auf Weiteres" gültig; aufgrund neuer Informationen (Fortschritte, Probleme etc.) wird eine kontinuierliche Anpassung des Vorgehens vollzogen. Letztlich entsteht auch bei Supervision mancher Weg erst beim Gehen.

Weitere Hinweise für Supervisoren in dieser Phase. Normalerweise machen sich hier sämtliche (positiven wie negativen) Erfahrungen von Supervisanden aus der Zeit *vor* der Supervision besonders bemerkbar. Aus der Makro-Ebene sind zudem die Fundamente in den Bereichen Beziehung, Motivation und „Setting" von tragender Bedeutung; diese müssen im Verlauf der kooperativen Problemlöseversuche weiter gefestigt und dann aufrechterhalten werden. Umgekehrt spielen (über die Wissensspeicher und „Hinterkopf-Leitlinien" des Supervisors) viele Ziele aus *späteren* Phasen bereits jetzt mit herein, so z.B. Hinweise für eine konstruktiv-lösungsförderliche Definition von Problemen und Zielen, Evaluationsüberlegungen oder erste vorsichtige Ideen für mögliche Aufgaben bzw. Interventionen. Manchmal ist es auch erforderlich, probeweise ein Stück ins Modell einzusteigen (Schritt 2 und 3), um weitere Entscheidungen treffen zu können. Dabei sollte der Supervisor gut beobachten und sensibel sein für implizite und explizite Anliegen sowie versteckte Vorhaben von Supervisanden. Er wird auch darauf achten, daß sich Supervisanden nicht durch eine inadäquate Problemdefinition selbst an Lösungen hindern, und dysfunktionale Lösungsversuche (z.B. blinden Aktionismus, resignatives Verharren im Status Quo, „Mehr desselben" etc.) bremsen. Er kann sich auch selbst fragen: Ist mir bereits hinreichend klar, was der Supervisand von mir möchte?

Einige *Fehlermöglichkeiten* dieser Stufe können darin liegen, daß Supervisoren z.B. vorschnell bestimmte Anliegen als Auftrag übernehmen, unkritisch in „Fallen" gehen und sich dann in dysfunktionalen „Spielen" wiederfinden (vgl. Kap.9.4). Andere halten möglicherweise diese Phase zu kurz oder überspringen sie völlig (mit dem Resultat einer „ziellos-herumvagabundierenden" Supervision). Umgekehrt sind selten perfektionistische Vorab-Klärungsbemühungen vonnöten: Manchmal muß man sich zwar länger in dieser Orientierungsphase aufhalten (besonders beim Prozeßziel „Erst die Fülle *möglicher* Anliegen klären: Worum soll es denn eigentlich gehen?"). Sich *übermäßig* lange mit Orientierungsfragen zu beschäftigen („Zauderer"-Verhalten), ist schon wegen der ständigen Möglichkeit späterer Rücksprünge zu bereits durchlaufenen Schritten nicht sinnvoll; hier kann mit „Mut zur Lücke" an bestimmten Punkten ein *probeweiser* Einstieg in die konkretisierende Arbeit der weiteren Schritte versucht werden, um bei erkannten Sackgassen wieder in die Rückkoppelungsschleifen einzutreten.

Schluß. Der Übergang zu Schritt 2 kann dann erfolgen, wenn die Supervisionsanliegen soweit sondiert sind, daß zumindest ein Thema als Arbeitseinstieg („Startpunkt") vereinbart werden kann und eine grobe (vorläufige) Planung des weiteren Vorgehens möglich ist. In den weiteren Phasen erfolgt dann die „eigentliche" konstruktive Arbeit als *systematische, problem-, ziel- und lösungsorientierte* Beschäftigung mit den vereinbarten Supervisionsthemen.

11.2 Situationsanalyse: Klären des IST-Zustands (Schritt 2)

Ab Schritt 2 (bis Schritt 4) läuft – bezogen auf die jeweilige Supervisionsepisode – der Prozeß der *Problemanalyse und Interventionsplanung*, welcher mit dem Klären des IST-Zustands (Schritt 2) beginnt. Damit ist ein „Problem" allerdings nur *zum Teil* beschrieben, denn zur vollständigen Definition gehören immer auch ein potentieller SOLL-Zustand (Schritt 3) und die Analyse bisheriger Hindernisse/Barrieren. Erst all diese Informationen lassen eine schlüssige Planung von Interventionen/Lösungen zu (Schritt 4).

Überblick. *Startpunkt* für die Situationsanalyse ist zunächst das Anliegen, auf das man sich in Schritt 1 geeinigt hat. Anhand *repräsentativer* Beispielsituationen (auch z.B. mit Hilfe von Video- oder Tonbandaufzeichnungen oder anderer Hilfsmittel: vgl. Kap.16.2) werden typische Muster des unbefriedigenden IST-Zustands herausgearbeitet. Der wichtigste Zweck dieser konkreten Beschreibung besteht darin, die *funktional-systemische Bedingungsanalyse* zu erleichtern, die Antworten auf die Frage zu geben versucht, welche Einflußgrößen den IST-Zustand aufrechterhalten könnten. Die Klärung solcher Bedingungsfaktoren stellt *eine* Voraussetzung für spätere Lösungen dar und entscheidet auch darüber, auf welcher der 3 „Hauptschienen" vorrangig interveniert werden sollte. Folgende Schwerpunkte sind somit von besonderer Bedeutung (Abbildung 21, vgl. nächste Seite):

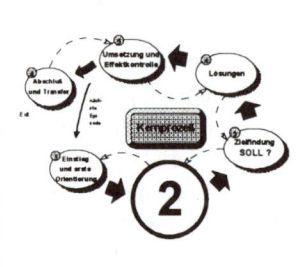

**Situationsanalyse:
Klären des IST-Zustands**

1.) Beschreibung des IST-Zustands (typische Muster /
repräsentative Situationen)
2.) Funktional-systemische Bedingungsanalyse: Was hält
den IST-Zustand aufrecht?

Abbildung 21. Schwerpunkte von Schritt 2.

Vertiefende Ausführungen. Viele der Handlungsanweisungen dieser Phase entsprechen (zumindest auf der *Prozeßebene*) dem Vorgehen, das kognitive Verhaltenstherapeuten im Zuge ihrer als „Problemlösen in komplexen Situationen" beschreibbaren *Therapien* an den Tag legen. Angesichts der Prämisse, daß Verhaltenstherapeuten mit den Grundlagen funktional-systemischer Verhaltensanalyse und mit Schemata zur Problemanalyse hinreichend vertraut sind, wird auf eine ausführliche Kommentierung des Vorgehens verzichtet. Für Nicht-Verhaltenstherapeuten empfiehlt sich evtl. die ergänzende Lektüre von Bartling et al. (1992), Caspar (1996), Kanfer et al. (1996, S.238 ff.) oder Schulte (1996).

Die generelle Richtung der Situationsanalyse, die jetzt den Blick von der bisherigen Weitwinkelperspektive („Screening") auf den – stark vergrößerten – Ausschnitt kritischer Situationen einengt, läßt sich mit einer Abbildung veranschaulichen, die ich das *„Fadenkreuz der VT-Supervision"* nennen möchte. Wie die Hilfsmarkierungen bei einem Tele-Fernrohr hilft es beim Fokussieren relevanter „Brennpunkte". Der Abbildung 22 (vgl. nächste Seite) entsprechend wird das *Zentrum* des Fadenkreuzes auf das jeweils kritische Verhalten „V" ausgerichtet, das den IST-Zustand (als Produkt zunächst noch unbekannter Bedingungen) repräsentiert. Es bildet den *Ausgangspunkt* („target") *für die Beschreibung und Analyse*, ist jedoch nicht automatisch mit dem Ansatzpunkt für Interventionen identisch. In der Umgebung von „V" werden Bereiche ins Blickfeld genommen, die als mögliche *Bedingungen* dieses Verhaltens eine Rolle spielen (sog. „horizontale Analyse" der vorausgehenden/nachfolgenden Situationsbedingungen): Dies sind zunächst im inneren Kreis (a) die Situation „S", in der das Verhalten stattfindet, (b) Einflüsse aus der *Person* des Supervisanden (sog. O-Variablen, Kompetenzen, Ziele/Pläne etc., die sich dann als „vertikale Ebene" darstellen lassen) und (c) alle kurz- und langfristigen *Konsequenzen* „K" des jeweiligen Verhaltens. Im äußeren Kreis sind die Kontext- und Systemfaktoren angesiedelt, die bei *jeder* Supervision (insbesondere aber bei Gruppen, Teams und Organisationen) mit zu berücksichtigen sind. Obwohl der Supervisor von Anfang an darauf achtet, daß ihn der Supervisand nicht zum Ändern unabänderlicher Tatsachen einzuspannen versucht, wird eine entsprechende Differenzierung (Problem vs. Tatsache) oft erst im Zuge der Bearbeitung möglich.

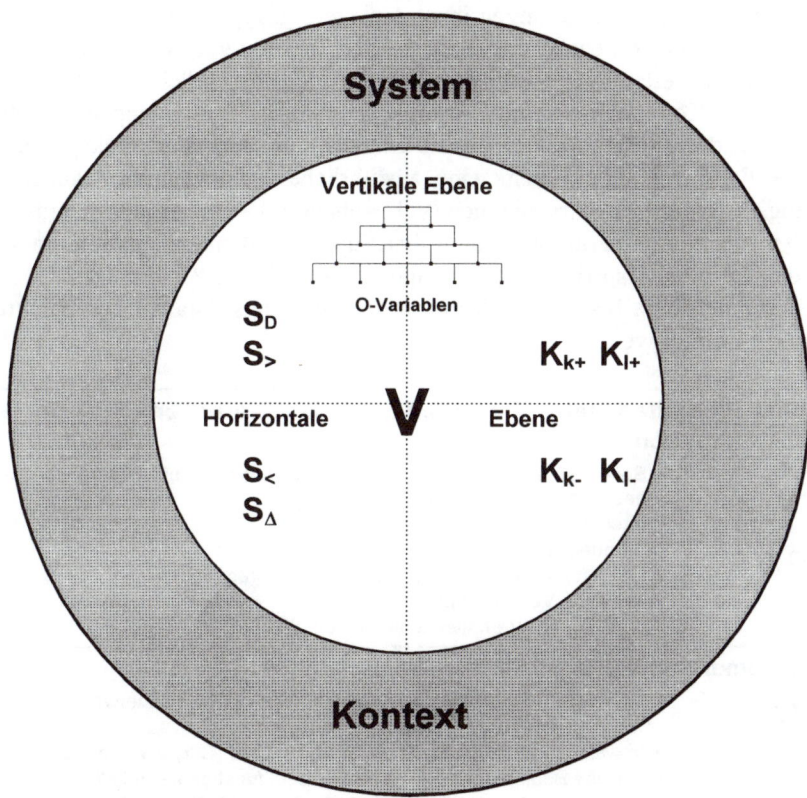

Abbildung 22. Das „Fadenkreuz der VT-Supervision".

Für den weiteren Text beginne ich mit der (1) Beschreibung des IST-Zustands, bevor die (2) funktional-systemische Analyse der aufrechterhaltenden Bedingungen folgt.

11.2.1 Beschreibung des IST-Zustands (typische Muster/ repräsentative Situationen)

Die Anliegen von Supervisanden, die bislang nur in Form grober „Überschriften" vorliegen, werden nun anhand typischer Beispielsituationen mehr und mehr konkretisiert. Idealerweise erfolgt eine video- oder tonbandgestützte Analyse der Realsituation. Wo dies nicht möglich ist, werden repräsentative Episoden im Rollenspiel rekonstruiert oder mit kreativen Materialmedien symbolisiert. In Teams oder Institutionen erlebt der Supervisor relevante Interaktionskonflikte sowieso „live" mit. *Direkte* Beobachtungsdaten hinsichtlich relevanter Erlebens- und Verhaltensmuster haben immer Vorrang; allerdings wird auch in einer verhaltenstherapeutischen Supervision eine Fülle von Informationen im *Gespräch* eingeholt. Weitere Informationsquellen sind z.B. die non- und paraverbale Kommunikation von Supervisanden während ihrer Arbeit bzw.

während der verbalen Schilderungen ihrer Anliegen, gruppendynamische Prozesse in Gruppen oder Teams, erkennbare Reaktionen der *Klienten* von Supervisanden auf deren Interventionen etc. Bei *Fallsupervision* wird hier ausführlicher und zeitlich umfangreicher auf Konzeptualisierung, Hypothesenbildung, Strategieplanung des Supervisanden und die tatsächlichen Abläufe eingegangen. Ausgangspunkt ist entweder eine kurze Fallskizze oder bereits eine ausführliche Fallpräsentation anhand eines Gliederungsrasters für Falldarstellungen (vgl. Anhang H) – immer jedoch unter Bezug auf die jeweiligen Ziele/Fragestellungen des Supervisanden und unter dem Aspekt: Was ist dessen spezielles Problem/Anliegen bei diesem Thema?

Im einzelnen kann bei der Deskription des Ausgangszustands den Punkten der Übersicht 25 gefolgt werden:

Möglichst verhaltensnahe Beschreibung des Verhaltens (V) in einer kritischen Situation:
V   • Beschreibung auf verschiedenen Ebenen (subjektiv-kognitiv, extern-beobachtbar, physiologisch)   • Intensität (Quantifizierung: Wie stark?)   • Frequenz (Quantifizierung: Wie häufig?)   • Oszillation (Schwankungen in Intensität/Frequenz)?   • Typische Verlaufscharakteristika?   • Typisierung (Verhaltensdefizit? Verhaltensexzeß?)
Situationsmerkmale (S):
S   • In welchen Situationen tritt das Verhalten „V" typischerweise auf (S_D), in welchen nicht (S_Δ)?   • In welchen Situationen wird es etwas stärker (S >) bzw. schwächer (S <)?   • Welche Bedingungen spielen dabei eine funktionale Rolle?
Konsequenzen (K):
K   • Was folgt danach (interpretierbar als „Verstärkung")?   • kurzfristige und langfristige Konsequenzen (K_k vs. K_l / + und -) ?   • interne und externe Konsequenzen (K_i vs. K_e / + und -)?
Organismus- bzw. Personfaktoren (O):

O
  Welche Personfaktoren („Organismusvariablen") spielen eine Rolle?
 Vertikale Ebene
  • Kompetenzdefizite vs. Stärken/Ressourcen?
 • dysfunktionale vs. positive persönliche Anteile (als Resultat der persönlichen Lerngeschichte)?
 • Ziele/Pläne (vertikale Verhaltensebene)
 • auch: momentane Körperzustände (als Resultat von Streß, Burnout, Medikamenten etc.)

Kontext- und Systemeinflüsse:
Inter- System   aktion   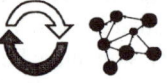 Welche regelmäßig wiederkehrende Beziehungen, Muster, Zusammenhänge, Interaktionen, Ein- und Auswirkungen, Wechselwirkungen sind beobachtbar?   • Strukturmerkmale? Vernetzungen? Zusammenhänge? Systemregeln?   • Systemdynamik: Bandbreite der zulässigen Entwicklungen vs. Systemgrenzen?

Übersicht 25. Heuristische Leitfragen zur funktional-systemischen Bedingungsanalyse

In der Übersicht 25 sind auch schon die wichtigsten Bereiche für die funktional-systemische Bedingungsanalyse enthalten. Dabei werden routinierte Supervisoren selten alle Informationen starr in dieser Reihenfolge erfassen. Ihre Informationssammlung ist durch einen ständigen Prozeß der Mustererkennung und Hypothesenleitung in Richtung funktional-systemischer Bedingungen bestimmt, so daß ihnen meist ein selektiver Ausschnitt dieser Liste genügt.

11.2.2 Funktional-systemische Bedingungsanalyse: Was hält den IST-Zustand aufrecht?

Alle deskriptiven Bemühungen dienen dem Zweck, aufrechterhaltende *Bedingungen* des IST-Zustands zu klären. Auch in der Supervision wird jedes Verhalten in einer bestimmten Situation als *Resultat* zunächst noch unbekannter Bedingungen interpretiert. Es kommt durch eine Kombination von Person- und Umgebungsfaktoren zustande: Persönliche Schemata entscheiden, wie eine Umgebungssituation wahrgenommen wird, Situationsfaktoren wirken als „Auslöser", persönliche Kompetenzen/Defizite beeinflussen die Art der Reaktion (V), welche wiederum von Konsequenzen seitens der Umgebung gefolgt wird. Dabei werden mögliche Konsequenzen schon bei der Handlungsplanung antizipiert und als Gewinn/Verstärkung bzw. Bestrafung/Vermeidung „verbucht". Vielfache Wechselwirkungen, Lernen am Modell bzw. durch „stellvertretende" Erfahrung sowie die Bildung von subjektiven Regeln („Wenn-Dann") können hier nur angedeutet werden. In der nachfolgend beschriebenen „funktional-systemischen Bedingungsanalyse" werden die Informationen so strukturiert, daß hinreichende Erklärungen für die Existenz des IST-Zustands zu finden und daraus erste Lösungen abzuleiten sind. Sie kann die Aufmerksamkeit auf unterschiedliche Bereiche richten:

Situativ-horizontale Analyseebene (vorausgehende/nachfolgende Situationsbedingungen). Da jedes Verhalten in einer bestimmten Situation abläuft, können repräsentative Beispielsituationen auf horizontaler Ebene (Vorher ↔ Verhalten ↔ Nachher) im Hinblick auf vorausgehende und nachfolgende Situationsbedingungen untersucht werden. Bezogen auf die links abgebildete Übersicht 25 betrifft dies die Bereiche „S" und „K". Interessant sind vor allem Situationsmerkmale, die das Verhalten verschlimmern bzw. verbessern und Auslöser, bei denen das fragliche Verhalten immer oder aber nie auftritt*. Bezüglich der nachfolgenden Konsequenzen sind vor allem Bedingungen relevant, die sich – entsprechend lerntheoretischer Gesetzmäßigkeiten – als „Verstärkung" bzw. „Bestrafung" etc. interpretieren lassen. Oft sind noch kurzfristige und langfristige Folgen zu unterscheiden. Aus dem Vergleich und der Auswertung beobachteter Differenzen (Wann geht es besser? Wann schlechter?) werden Hypothesen über mögliche aufrechterhaltende Bedingungen und Verstärkungsmechanismen

---

* Hier setzt die Verhaltenstherapie schon seit den frühesten Anfängen einer funktionalen Verhaltensanalyse (Kanfer & Saslow, 1965) den Leitsatz von Bateson (1982) um, wonach es um Unterschiede geht, die tatsächlich *Unterschiede machen*...

(Was ist der „Gewinn"?) aufgestellt. Hieraus bahnen sich oft schon erste Lösungsalternativen an.

Vertikale Analyseebene (person-interne Schemata und Kompetenzen). Die vertikale Ebene – in der obigen Übersicht 25 der Bereich „O" – umschließt die personinternen Schemata, Ziele, Pläne, Kompetenzen (und Defizite), die zur Aufrechterhaltung des IST-Zustands beitragen. Für die Supervision relevant sind sowohl *professionelle* als auch *persönliche* Schemata (vgl. auch Kap.16.1):

Professionelle Schemata und Kompetenzen umfassen z.B. therapeutische Fertigkeiten im Umgang mit bestimmten Störungsbildern, diagnostisch-therapeutische Kompetenzen/Defizite, klinische Urteilsbildung, Gesprächsführung, verbale und nonverbale Kommunikationsfähigkeiten etc.

Persönliche Ziele, Pläne und Schemata beziehen sich auf allgemeine persönliche Anteile, Einstellungen, Erfahrungen, Fertigkeiten/Defizite, die sich sowohl positiv als auch – bei beruflichen Problemen – negativ bei der Arbeit bemerkbar machen. In der Regel spielen persönliche Motive auch bei der therapeutischen Arbeit eine Rolle (z.B. Bedürfnis nach Anerkennung, Wunsch zu helfen, Klienten keine Bitte abschlagen etc.), so daß ein adäquates „Wissen über sich selbst" mittels Selbsterfahrung/Selbstreflexion einen gewissen Schutz vor destruktiven Einflüssen bieten kann.

Die Kenntnis subjektiver Prämissen, Ziele und Werte, Schemata und Kompetenzen trägt auch zum besseren Verständnis bei, weshalb ein bestimmtes Thema überhaupt problematischen Charakter erhält und klärt zudem, wo der Supervisand (durch seine Haltungen, Einstellungen, Kompetenzen, Defizite und „blinden Flecken") einen *Teil* seines Problems darstellt.

Systembezogene Analyseebene (Kontexteinbettung). Unter Bezug auf die unterste Kategorie der „Kontext- und Systemeinflüsse" der Übersicht 25 bzw. auf den äußeren Ring des „Fadenkreuzes" aus Abbildung 22 (S.281) geht es hier um die Vernetzung des bislang selektiv betrachteten Problems in seinen größeren Zusammenhängen (Kontext). Die wichtigste *Leitfrage* lautet: „Welche regelmäßig wiederkehrenden Beziehungen, Muster, Zusammenhänge, Interaktionen, Ein- und Auswirkungen, Wechselwirkungen zwischen Elementen sind beobachtbar?" Bei Systemen sind u.a. folgende Analysefragen hilfreich:

• Welche Elemente sind mit welchen anderen auf welche Weise vernetzt?
• Sind zentrale vs. periphere Systemelemente zu erkennen?
• Gibt es „kritische Variablen" bzw. „sensible Druckpunkte", an denen mit kleinen Eingriffen große Wirkung zu erzielen wäre?
• Bei „Personsystemen": Mit welchen Personen sollte unbedingt gearbeitet werden?
• Welche impliziten/expliziten Regeln gibt es im System?
• Sind solche Regeln veränderbar (oder müssen sie akzeptiert werden)?
• Sind Probleme, Verhaltens- und Interaktionsmuster als Funktion von Systemregeln zu interpretieren?
• Welchen Stellenwert hat das zu bearbeitende Anliegen/Problem für das betreffende System?

Insbesondere bei der Betrachtung von Personsystemen (Teams, Gruppen, Institutionen) werden sowohl *Systemstrukturen* (wiederkehrende Muster, Merkmale, Vernetzungen, Zusammenhänge, Systemregeln) als auch die *Systemdynamik* (Bandbreite der Entwicklungen vs. Grenzen) analysiert. Bei Interaktionen zwischen Personen (auch z.B. von Supervisor und Supervisand) kommt es häufig zu einer „reißverschlußartigen Verzahnung" von Individualabläufen (eins gibt das andere...), die spätestens bei dysfunktionalen Auswirkungen selbst zum Fokus werden müssen (z.B. in der Supervision für Supervisoren mit den Fragen: Wo laufen unproduktive „Spiele" ab? Wo ist der Supervisand Teil seines Systems? bis hin zu: Wo wird der *Supervisor* in dieses System mit einbezogen?).

Kontext- und Systemregeln sind für jedes Verhalten von Bedeutung, insbesondere aber in der Supervision mit einer Supervisandenzahl n>1 (Gruppen, Teams, Institutionen, Organisationen). Für die Analyse solcher Systemeinflüsse sind gute „Systemkompetenzen" des Supervisors wichtig (vgl. Kap.6.1.4); auf einige systemische Aspekte der Planung von Supervisions*interventionen* komme ich in Kap.11.4 (neue Lösungen, „Verstörung" des Systems) wieder zurück.

Analyse subjektiver Erklärungen des Supervisionsproblems (bezüglich Entstehung und Aufrechterhaltung). Alle beteiligten Personen haben ihre subjektive Sicht der Dinge und erklären sich auf dieser Basis die Existenz der Problematik. Egal, wie „realistisch" solche subjektiven Erklärungskonstruktionen sind – in jedem Fall entscheiden sie über Handeln bzw. Nichthandeln und über den Erfolg von Lösungen. Da die Selbstmanagement-Supervision großen Wert auf die aktive Mitbeteiligung von Supervisanden legt, interessiert sie sich ganz besonders für deren subjektive Erklärungsmodelle. Wie das Zitat Dörners (1989, S.65) zeigt, kann dies manchmal eine Belastungsprobe für das Beziehungsfundament darstellen: „Das Realitätsmodell eines Akteurs kann nun richtig oder falsch, vollständig oder unvollständig sein. Gewöhnlich dürfte es sowohl unvollständig wie auch falsch sein, und man tut gut daran, sich auf diese Möglichkeit einzustellen. Dies aber ist so leicht gesagt, wie schwer getan. Menschen, wenn sie schon nicht Recht haben, behalten es doch gern, und dies besonders in Situationen, in denen ihnen Zweifel und Unsicherheit zusetzen". Daher ist die anderswo beschriebene Gratwanderung zwischen (a) empathischem Verstehen der jeweiligen Sichtweise von Supervisanden bei (b) gleichzeitigen vorsichtigen Anregungen zu Veränderungen hier besonders zu empfehlen.

Analyse bisheriger Lösungsversuche. Die gerade beschriebenen subjektiven Erklärungsmuster haben unmittelbare Auswirkung auf den Versuch von Lösungen. Wie Watzlawick, Weakland & Fisch (1979, S.51 ff.) treffend beschrieben haben, stellen die bisherigen Lösungsversuche oft das „eigentliche" Problem dar. Auch Supervisanden (sogar solche, die mit dem Ansatz Watzlawicks vertraut sind) halten manchmal trotz ineffektiver Lösungsbemühungen an ihren Versuchen fest, geraten immer wieder in die gleichen Sackgassen und praktizieren ein „Mehr desselben". Hier kommt der „interaktiven" Problemlösekomponente und der (mindestens) zweiten, externen Perspektive des Supervisors entscheidende Bedeutung zu: Mittels detaillierter Analyse erfolgloser, teilweise erfolgreicher und bislang unversuchter Lösungsstrategien können neue/andersartige Alternativen in Gang gesetzt werden. Diese „lösungsorientierte" Analyse bisheriger Lösungen impliziert für Supervisoren auch, die Supervisanden zu minimal anderen Facetten der Problemwahrnehmung, andersartigen Bedingungsanalysen und veränderten Umgangsmöglichkeiten mit den Schwierigkeiten (wozu auch veränderte *Beobachtungs*schwerpunkte gehören können) anzuregen. Ein ausschließlich empathisches Verständnis für die mißliche Lage des Supervisanden (im Sinne eines Anhörens von Beschwerden) wäre allerdings kontraindiziert; dann wären Supervisor und Supervisand gemeinsam „im System gefangen" – ohne Aussicht auf konstruktive Verbesserungen.

Durch das Differenzieren von „Problemen" und „Tatsachen", Umformulieren unlösbarer Präsentierbeschwerden in lösbare Problemsituationen, Sondieren eigener Interventionsmöglichkeiten (vs. Grenzen der Einflußnahme), Klären notwendiger Kompetenzen bzw. Performanzhindernisse, Analyse bisheriger „Holzwege und Sackgassen" und Anregen zum besseren Nutzen vorhandener Ressourcen können bereits aus dem IST-Zustand wertvolle Informationen für Lösungen abgeleitet werden. Um die sukzessive Darstellung der einzelnen Schritte mit der dynamischen Supervisionspraxis besser in Einklang zu bringen, werden im nebenstehenden Flußdiagramm (Abbildung 23) die wesentlichen Abläufe dieser Phase nochmals zusammenfassend auf den Punkt gebracht.

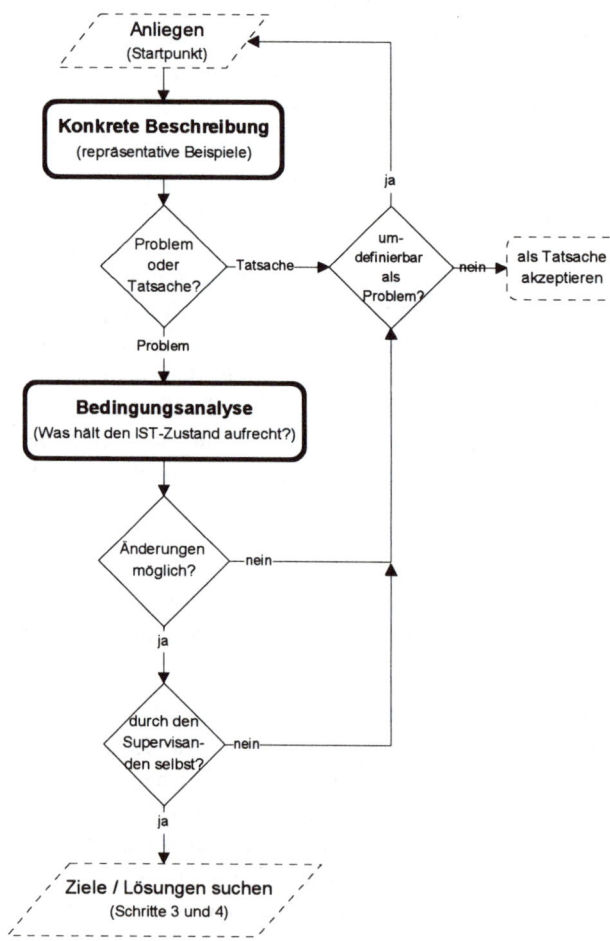

Daraus ist ersichtlich, daß sich alle Klärungsversuche des IST-Zustands letztlich um das *Entwickeln von Änderungsmöglichkeiten* drehen – insbesondere um solche, die *durch den Supervisan-*

Abbildung 23. Flußdiagramm wichtiger Abläufe in Schritt 2.

den selbst in Gang zu setzen sind. Die konkrete Beschreibung der Ausgangssituation anhand repräsentativer Beispiele ermöglicht zunächst eine Differenzierung von (lösbaren) Problemen und (unveränderlichen) Tatsachen (vgl. Übersicht 24 auf S.276). Die funktional-systemische Bedingungsanalyse wird somit immer nur für „Probleme" vollzogen und auf deren aufrechterhaltende Faktoren konzentriert. Dabei wird die Aufmerksamkeit immer auf (u.U. kleine) Änderungs- oder Eingriffsmöglichkeiten des Supervisanden gelenkt.

Weitere Hinweise für Supervisoren in dieser Phase. Die klare Präzisierung und Konkretisierung meist vager und mit emotionaler Beteiligung vorgebrachter Beschwerden trägt meist schon „von allein" zu einer konstruktiven Re-Definition von Eingangsproblemen bei. Auch das Bremsen ineffektiver Lösungsversuche, die kontinuierliche Unterscheidung von Problemen und Tatsachen sowie das permanente Herausarbeiten konstruktiver Alternativen, Perspektiven und aktiver Eingriffsmöglichkeiten durch den Supervisanden charakterisieren diesen Abschnitt. Es ist auch Aufgabe des Supervisors, dem Supervisanden viel Struktur zu geben, diesen verbal wie nonverbal zu unterstützen, seine Aufmerksamkeit zu lenken und ihm dabei zu assistieren, adäquate Schwerpunkte zu setzen und bezüglich der vereinbarten Themen „am Ball zu bleiben". Adäquate Unterstützung stellt einen wesentlichen Faktor für den Aufbau therapeutischer Beziehungen dar (vgl. z.B. Schindler, 1991), was hier analog auf die Supervision übertragen wird. Strukturgebende Interventionen helfen auch, übermäßige emotionale Anteile zu verkleinern, denn schließlich gilt die allgemeine Gesetzmäßigkeit, daß subjektiver Streß zu einem geringeren Informationsverarbeitungsniveau führt, auch für Supervisoren und Supervisanden.

Typische Methoden (vgl. Kap.17) sind hier: Informationssammlung mittels Gespräch/Interview, hypothetische, reflektierende oder sokratische Fragen, Beobachtungsaufgaben, (diagnostische) Rollenspiele, gemeinsame funktional-systemische Bedingungsanalyse, Inszenierungs- oder Visualisierungstechniken bzw. Symbolisierungen, Interpersonal Process Recall (IPR), Fallschilderungen und -berichte, Fallrekonstruktionen etc., wobei folgende *Hilfsmittel* zum Einsatz kommen können: Tonband- und Videoaufzeichnungen, kreative Materialmedien, Dokumentationen, Protokolle, Leitlinien zur Falldarstellung usw.

Einige *Fehlermöglichkeiten* dieser Stufe sind z.B. der Verzicht auf Präzisierung von Beschwerden, unsystematisches Springen von einem Thema zum nächsten, Versuche der Bearbeitung unabänderlicher Tatsachen, Fehleinschätzung von (eigentlich lösbaren) Problemen als „unveränderlich", empathisches Zuhören („listen to complaints") bei jeglichem Verzicht auf Änderungsimpulse, Supervisanden bei der Perfektionierung ineffektiver Lösungen („Mehr desselben") unterstützen, Problem- und Zielvorgaben von Supervisanden ungeprüft übernehmen und sich „im System gefangennehmen" lassen, statt sachlicher Problembearbeitung dysfunktionale Interaktionsspiele mitmachen („Ja, aber ...", „Es ist alles so schrecklich" etc.), sich statt realistischem Optimismus von der Resignation des Supervisanden anstecken lassen, das Beziehungs- und Motivationsfundament nicht mehr beachten etc.

Schluß. Sobald bezüglich des vereinbarten Themas eine klare Beschreibung des IST-Zustands vorliegt und die problemaufrechterhaltenden Bedingungen geklärt sind, kann zum nächsten Schritt (Zielfindung: Klären möglicher SOLL-Zustände) übergegangen werden. Denn aus der Kenntnis, was *ist* und welche Faktoren dafür verantwortlich sind, leitet sich leider noch nicht automatisch ab, wohin es jetzt eigentlich *stattdessen* gehen sollte.

11.3 Zielfindung: Klären möglicher SOLL-Zustände (Schritt 3)

Überblick. Um zielführende Lösungen zu finden und Schritte zur Verbesserung in die Wege leiten zu können, ist auch die Betrachtung/Analyse potentieller SOLL-Zustände vonnöten. Entsprechend der Abbildung 24 (vgl. unten) geht es zunächst um das Sondieren/Perspektivieren möglicher Alternativen. Überall dort, wo die Ziele nicht schon von vornherein festliegen (z.B. durch Lernziel-Vorgaben eines Ausbildungscurriculums oder durch verbindliche Standards für professionelle Therapie), können Phantasie und Kreativität genutzt werden, um neue, andersartige, positive Perspektiven für potentielle Zielzustände zu finden. Danach werden prinzipiell erreichbare Ziele von unerreichbaren Utopien differenziert und die vereinbarten Ziele konstruktiv, d.h. lösungsförderlich formuliert.

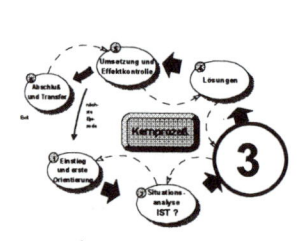

Zielfindung:
Klären möglicher SOLL-Zustände

1.) Sondieren / Perspektivieren möglicher SOLL-Zustände
2.) Differenzierung von "Zielen" und "Utopien"
3.) Konstruktive Zielformulierung

Abbildung 24. Schwerpunkte von Schritt 3.

Vertiefende Ausführungen. Nachdem in Schritt 2 die Frage nach dem „Was *ist*?" im Blickpunkt stand, konzentriert sich die Aufmerksamkeit jetzt auf die Aspekte: „Wie soll es *anders* werden...?" ... „Wo soll 'die Reise' hingehen?" ... „Wie soll es *stattdessen* werden?" In den seltensten Fällen sind die Ziele für die betreffende Supervisionsepisode sofort klar. Jedoch auch aus Gründen der Anreizmotivation lohnt es sich, die Suche nach attraktiven und lohnenswerten Zielperspektiven ausführlicher zu gestalten. Dabei stehen immer die Ziele für die jeweiligen Themen/Probleme/Anliegen des *Supervisanden* im Fokus, d.h. Zielvorstellungen für dessen unmittelbare Einflußmöglichkeiten während seiner Arbeit.

11.3.1 Sondieren / Perspektivieren möglicher SOLL-Zustände

Orientierung an feststehenden Zielkriterien vs. Sondieren von Zielen. Während es für die Ziele einer Ausbildungssupervision meist festgelegte Referenzstandards gibt, ist bei den übrigen Supervisionsvarianten ein vorsichtiges Sondieren potentieller SOLL-Zustände und ein behutsames Herantasten an mögliche Ziele erforderlich (vgl. unten):

(a) Feste Referenzkriterien: In der Ausbildungssupervision sind Supervisanden wie Supervisoren an die jeweiligen Vorgaben (Lernziele) des Curriculums gebunden. Es gibt übergeordnete Lehrpläne und Richtlinien, die die Auswahl von Supervisionszielen regeln; allenfalls ist Spielraum hinsichtlich der Reihenfolge bzw. der Ausgestaltung konkreter Teilschritte vorhanden. Ähnlich verbindlich sind berufsständische Standards („aktuelle Regeln der Zunft") sowie ethische Richtlinien, die dem Supervisor sogar eine Legitimation zum *direktiven Eingreifen* bzw. zum Festlegen/Vorschreiben von Zielen für Supervisanden geben. In all diesen Fällen werden die Ziele der Supervision auf der Basis fixer Referenzkriterien sondiert und daraus Lernaufgaben zum Erwerb notwendiger Kompetenzen abgeleitet (z.B. „Reizkonfrontation bei Agoraphobie lernen", „Therapiegruppensitzung eröffnen" etc.).

(b) Offene Referenzkriterien: In allen anderen Fällen (z.B. bei frei vereinbarten Supervisionen in der späteren Berufspraxis, bei Teamsupervision oder Institutionsberatung) gibt es – innerhalb des weitgesteckten Rahmens gesetzlicher oder ethisch-berufsständischer Grenzen – eine offene Situation, die eine relativ freie Suche nach Zielen ermöglicht. Diese Zieloffenheit bietet die Chance, Phantasien positiv zu nutzen, neue Träume zu träumen, Hoffnungen und Wünsche zu formulieren sowie alle Möglichkeiten zur Suche nach Alternativen auszuschöpfen.

Nachdem sich der Supervisor im Zuge seiner bisherigen Kontakte bereits mit zentralen Schemata seiner Supervisanden vertraut gemacht hat bzw. sich etwas in das jeweilige System (mit seinen Regeln, seiner Struktur und Dynamik sowie seinen Grenzen) „eingeschlichen" hat, kann er wichtige Erwartungen, Hoffnungen und Wünsche explizit aufgreifen und für die Zielsuche nutzen. Oft reicht dies für ein „Sondieren" bereits aus.

Perspektivieren möglicher SOLL-Zustände. In vielen Fällen genügt das bloße Sondieren jedoch nicht, so daß eine Vorgehensweise ratsam ist, die ich „Perspektivieren" möglicher Ziele nenne. Darunter verstehe ich die *systematische Anleitung* von Supervisanden, sich intensiver mit potentiellen Zielperspektiven zu beschäftigen, neue/andere Alternativen zu entdecken oder kreative Ideen durch Auseinandersetzung mit Phantasieübungen und Anregungen via Imagination zu entwickeln. Viele Strategien sind als „Ziel- und Wertklärung" (Kanfer et al., 1996, S.431 ff.; Schmelzer, 1983, 1994) zu bezeichnen und basieren auf der Motivationstheorie Klingers (1975, 1977, 1987) und dessen Kernbotschaft, daß Zielperspektiven eigentlich „immer vorhanden" sind, daß aber oft erst eine bewußte Hinlenkung der Aufmerksamkeit erfolgen muß. Folglich bietet die Beschäftigung mit zukunftsbezogenen Kognitionen, Absichten, Plänen, positiven und negativen Emotionen, dem Umgang mit Zeit bzw. Geld, aber auch der Umweg über Sorgen/Befürchtungen (und die Frage: Welche Ziele sind dadurch zur Zeit *behindert/gefährdet*?) einen guten Zugang zur Welt der Ziele und Motive von Supervisanden. Als weitere Methoden kommen positiv-zukunftsorientierte Rollenspiele („Was wäre wenn...?"), ideales Selbstbild (Susskind, 1970), Brainstorming und andere Kreativitätstechniken in Frage, die durch Hilfsmittel wie kreativitätsfördernde Materialien (Farben, Ton etc.), Inszenierungs-, Symbolisierungs- und Veranschaulichungstechniken oder Entspannungs- und Trance-Induktionen unterstützt werden können. Auch systematische Beobachtungsaufgaben (Wie machen es *andere* in ähnlichen Situationen?), die Lenkung der Aufmerksamkeit auf brachliegende Ressourcen und die wechselseitige Hilfestellung (Tips, Ideen, Anregungen) in *Gruppen* sind für das Entdecken neuer Zielperspektiven günstig. Dabei übt bereits die Tatsache, *daß* sich Supervisanden mit positiven Möglichkeiten einer Veränderung beschäftigen, hohe motivationale Wirkung aus und erleichtert die spätere Umsetzung der Ziele in tatsächliches Handeln (vgl. z.B. Heckhausen, 1987; Locke & Latham, 1984 etc.).

Beim Prozeß der Zielsuche muß dann länger verweilt werden, wenn Perspektiven fehlen oder keine Vorgaben durch fixe Standards vorhanden sind. Umgekehrt ist es nicht nötig, sich länger damit aufzuhalten, wenn die Supervisionsziele klar oder durch eindeutige Lernziele geregelt sind. Mit Blick auf Kap.10.3.3 darf an dieser Stelle außerdem daran erinnert werden, daß sämtliche *Ziele der Supervision* mit den zentralen *Berufs- und Lebenszielen* von Supervisanden in Verbindung stehen müssen, wenn hohe *Motivation* zu Mitarbeit (bzw. wenig „Widerstand") resultieren soll. Dazu kann die Betrachtung auch auf positive Kompetenzbereiche, Stärken und Ressourcen der Supervisanden ausgedehnt werden.

11.3.2 Differenzierung von „Zielen" und „Utopien"

Zielzustände sind per Definition lediglich kognitive Produkte und existieren (zunächst) nur in der *Phantasie*. Während dies einerseits konstruktive Chancen für das Entdecken neuer Perspektiven eröffnet, produzieren manche Supervisanden ausgesprochen „abgehobene", realitätsferne, illusorische oder perfektionistische Vorstellungen, die sowohl menschliche Kapazitäten als auch die Möglichkeiten einer Supervision bei weitem übersteigen. Der Supervisor muß Supervisanden daher dabei behilflich sein, (a) Utopien zu erkennen, (b) prinzipiell erreichbare Ziele von unerreichbaren Utopien zu unterscheiden, und wenn möglich (c) von Utopien erreichbare (Teil-)Ziele „abzuspalten", die sich dann doch – zumindest ansatzweise – verfolgen lassen.

Typische Supervisionsutopien können z.B. sein: „Wenn es schon mit Therapie nicht möglich war, das 'Gute im Menschen' oder 'dauerhaftes Glück auf Erden' zu finden, dann eben jetzt mit Supervision ...", nie mehr berufliche Fehler zu machen, das dysfunktionale System der eigenen Institution zu verändern oder aus den Angeln zu heben, immer beliebt bei Kollegen und Klienten sein, erfolgreich mit allen möglichen Patiententypen, Störungsbildern und beruflichen Aufgabenstellungen umgehen können, absolute Harmonie im Team finden, eine Organisation ohne jeden Konflikt werden und vieles mehr.

Falls Supervisanden hartnäckig an (objektiv gesehen) utopischen Vorstellungen festhalten, bietet sich u.a. die Strategie der „Disputation irrationaler Zielvorstellungen" nach dem Muster der Rational-Emotiven Therapie (Ellis, 1977) an. Insbesondere solche Standards/Einstellungen von Therapeuten=Supervisanden, die als „Teil des Problems" erscheinen (z.B. die Überzeugung: „Ich muß allen Klienten mit allen Störungsbildern jederzeit perfekt helfen können!"), müssen rechtzeitig attackiert werden. Dies kann zwar durch harte Konfrontation geschehen – idealerweise vollziehen Supervisor und Supervisand aber eine *kooperative* realistische Analyse: Dazu bittet der Supervisor den Supervisanden, seine Ziele und Wünsche auf den „Prüfstand des Lebens" stellen: „Ich bin mir nicht sicher, ob die von Ihnen geäußerten Perspektiven so einfach machbar sind. Ich möchte Sie daher einladen, mit mir gemeinsam kritisch zu analysieren, welche Alternativen realistisch sind, was überhaupt *menschenmöglich* ist, was in *Ihrer* Macht steht, so daß wir wirklich nur solche Ziele verfolgen, bei denen Sie konstruktiv weiterkommen werden."

Übertriebene Zielperspektiven dürfen nicht immer den Supervisanden angelastet werden: Sie sind oft das *Ergebnis des Prozesses* der „Zielsuche/Zielklärung", bei dem sie sich *zunächst* einmal die Erlaubnis geben müssen, *ohne* Zensur, *ohne* sofortige Beurteilung des Realitätsgehalts und *ohne* Berücksichtigung der eigenen Kompetenzen/Ressourcen „drauloszuträumen". Auch die Motivationskomponente (hohe Anreizwirkung attraktiver Zielvorstellungen: der „Blick auf die andere Seite des Rubikon" im Sinne Heckhausens, 1987) rechtfertigt dieses Vorgehen. *Danach* muß die Phantasie allerdings wieder auf den harten Boden der Realität zurückgeführt werden.

In anderen Fällen brauchen Utopien nicht völlig aufgegeben oder als unerreichbar akzeptiert werden: Oft lassen sich aus Utopien realistische Teilziele „abspalten": Aus „Niemals Streit im Team" kann werden: „Wir möchten lernen, notwendige Interessenkonflikte, die es in einem Team immer geben wird, möglichst sachlich auszutragen", oder aus „Es darf nie passieren, daß einer meiner Klienten Suizid begeht" wird: „Ich versuche, suizidgefährdete Klienten nach bestem Wissen und Gewissen zu betreuen, dazu nutze ich all meine Kompetenzen in Therapie und Krisenintervention und beachte sämtliche ethisch-berufsständischen Verpflichtungen, z.B. in Richtung Zwangseinweisung; ich weiß aber, daß meinem Handeln darüberhinaus Grenzen gesetzt sind."

Manche Beurteilung des Realitätsgehalts von Zielen muß allerdings noch bis zum nächsten Schritt der Lösungssuche aufgeschoben werden, wo z.B. der Abgleich „Ziele vs. Kompetenzen der Beteiligten" zur Debatte steht; in anderen Fällen schlägt erst bei der tatsächlichen Handlungsumsetzung (Schritt 5) die „Stunde der Wahrheit".

11.3.3 Konstruktive Zielformulierung

Supervisionsziele müssen nicht nur geklärt und von unerreichbaren Utopien differenziert, sondern auch in konstruktiv-lösungsförderlicher Weise formuliert werden. Wie die Übersicht 26 (vgl. nächste Seite) verdeutlicht, gehören dazu u.a. das Konkretisieren, Beschreiben von Zielen in positiver statt negativer Richtung, Zerlegen komplexer Ziele in handhabbare Teilziele und vieles mehr (vgl. auch Mager, 1965, 1973). Viele dieser Gesichtspunkte sind seit jeher in verhaltenstherapeutischen Grundlagentexten beschrieben (eine aktuelle Zusammenfassung findet sich z.B. bei Kanfer et al., 1996, S.450 ff.), werden besonders beim Problemlösen in komplexen Situationen betont

(Dörner, 1989, S.74 ff.) und seit einiger Zeit auch von pragmatisch-kurz-therapeutischen Ansätzen genannt (vgl. die Kriterien „wohlgeformter" Ziele bei Berg, 1992, S.72 ff.).

Hinweise zur konstruktiv-lösungsförderlichen Zielformulierung

- Vage, globale Ziele konkretisieren (Verhaltensbeschreibungen!)
- Negative Beschreibungen („X soll nicht sein") in *positive* Zielzustände umformulieren
- Langzeitziele (Fernziele) in handhabbare, instrumentelle Teilziele (Nahziele) zerlegen
- Komplexe Ziele in einfachere Strukturen aufgliedern
- Zentrale persönlich bedeutsame Ziele von eher peripheren trennen
- Übergeordnete und untergeordnete Ziele in hierarchischer Form veranschaulichen
- wenn möglich selbstgesetzte statt fremdgesetzter Ziele wählen (intrinsische Motivation!)
- Implizite und explizite Zielrelationen bedenken (Haupt- und Nebenwirkungen)
- statt Utopien prinzipiell erreichbare Ziele setzen
- statt bloßer Absichtserklärungen („Silvestervorsätze"): Ziel*verpflichtungen* in Gang setzen, die eine Handlungsumsetzung wahrscheinlich machen

---

Übersicht 26. Konstruktive Formulierung von Zielen.

Für die unmittelbare Supervisionssitzung ist noch die Unterscheidung von *Sofortzielen* („Ich möchte heute Fall X besser strukturieren, damit ich die morgige Therapiestunde bewältigen kann") und *„Entwicklungszielen"* („Ich möchte lernen, speziell mit Kindern und Jugendlichen adäquat therapeutisch umzugehen") relevant. Letztere beziehen sich auf größere Supervisionszeiträume und können pro Stunde immer nur in kleinen Portionen verfolgt werden.

Die wichtigsten *Abläufe* und Verzweigungen dieser Phase sind in der nachstehenden Abbildung 25 (vgl. nächste Seite) zum abschließenden Überblick zusammengefaßt.

Weitere Hinweise für Supervisoren in dieser Phase. Supervisoren tun gut daran, zunächst viel Empathie und Toleranz gegenüber den (manchmal abstrusen) subjektiven Zielphantasien ihrer Supervisanden aufzubringen, um danach alle Ideen auf den Prüfstand zu stellen und einen „Realitätsabgleich" zu veranlassen. Für den *Prozeß* der Zielklärung, die adäquate Auswertung sämtlicher Zielideen und eine lösungsförderliche Zielformulierung trägt der Supervisor die Verantwortung; *inhaltlich* bestimmt der Supervisand seine Ziele (im Rahmen der erwähnten Grenzen von Gesetz und Ethik bzw. externer Referenzstandards). In *Gruppen* bieten sich gute Chancen zu wechselseitiger Hilfestellung, wobei die Anregungen anderer immer nur *Anregungen* sein können. Der hohe motivationale Wert der positiv-imaginativen Beschäftigung mit Alternativen sollte unbedingt genutzt werden, da sich in der Regel positive Emotionen, Neugier, Entdeckungslust und „Aufbruchstimmung" breitmachen – mit dem für die jeweilige Selbsteffizienz entscheidenden Gefühl: „Es kommt etwas in Gang...!" Eventuell ergeben sich durch neu entdeckte Ziele auch bereits Rückwirkungen auf

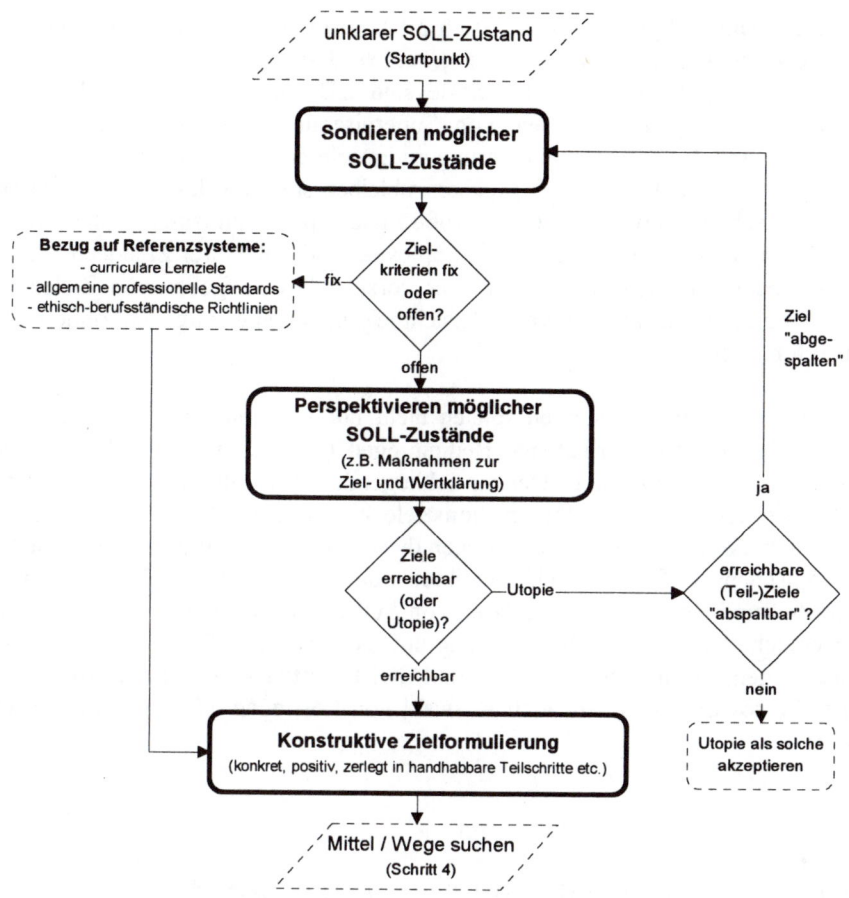

Abbildung 25. Flußdiagramm wichtiger Abläufe in Schritt 3.

bisherige Probleme, so daß diese ihren kritischen Charakter verlieren und kein „Problem" mehr sind. In anderen Fällen verbessert sich das Verständnis von Supervisor und Supervisand für den Stellenwert des Anliegens im gesamten Kontext der Lebens- und Berufsmotive.

Typische *Methoden* und *Hilfsmittel* sind u.a. Ziel- und Wertklärungsstrategien, Imagination, Phantasieübungen (evtl. in Entspannung bzw. Trance), zukunftsorientierte Rollenspiele, Brainstorming und andere Kreativitätstechniken (besonders in Gruppen), wechselseitige Hilfestellung in Gruppen, Beobachtung anderer etc.; als Unterstützung bieten sich an: Musik zur Entspannung, kreative Materialmedien, Veranschaulichungs- und Symbolisierungstechniken etc., wobei zur *Auswertung* von Zielideen auch schriftliche Aufgaben, reflektierende Fragen und Arbeitsblätter gehören.

Der jeweilige Realitätsabgleich vollzieht sich oft konfrontativ oder über die Disputation von Überzeugungen (u.U. nach Art des „Teufelsadvokaten").

Einige *Fehlermöglichkeiten* dieser Stufe sind z.B. sich zu schnell (ohne Klärung/Analyse) auf vorgegebene Ziele von Supervisanden einzulassen, die positive Motivationswirkung der Zielperspektivierung zu ignorieren, bei negativen Problembeschreibungen (X darf nicht mehr sein) hängenzubleiben statt auf das Formulieren positiver Ziele zu achten, Supervisanden zu große Ziele anpeilen zu lassen, ohne diese in kleine Portionen zu zerlegen, sie mit der Komplexität und Fülle ihrer Zielideen alleinezulassen, sie nicht am Thema zu halten (was vorschnelles Aufgeben von Zielen begünstigt) oder zu sehr auf bloße verbale Absichtbekundungen einzugehen, ohne reales Handeln zu forcieren.

Schluß. Für konstruktive Lösungen spielen nicht nur Informationen über den IST-Zustand und deren aufrechterhaltende Bedingungen (Schritt 2) eine Rolle, sondern auch besonders potentielle *Ziele*. Der zurückliegende Abschnitt kann relativ schnell durchlaufen werden, wenn die Supervisionsziele klar sind (und seitens der externneutralen Warte des Supervisors nichts gegen diese spricht). Bei unklaren Zielvorstellungen, utopischen Hoffnungen, Zielkonflikten oder Motivationsproblemen lohnt es sich, mehr Zeit und Energie für das Klären von SOLL-Zuständen zu verwenden. Alle Klärungsversuche haben dabei Rückwirkung auf die bisherigen Definitionen von Supervisionsanliegen; idealerweise sind IST und SOLL mittlerweile auf eine solche Art formuliert, die sowohl Suche als auch Auswahl von Lösungen erleichtert (vgl. nächstes Kapitel).

11.4 Suche und Auswahl von Lösungen (Schritt 4)

Überblick. Supervisoren und Supervisanden entwickeln bereits im Zuge des Durchlaufs der bisherigen Schritte 1 bis 3 viele Hypothesen und Ideen für konstruktive Lösungen. Im vorliegenden Abschnitt sind die wichtigsten Aspekte zur *systematischen Auswertung* aller bisherigen Informationen zusammengestellt. Auf dieser Basis planen Supervisoren (und Supervisanden) ihre Interventionen.

Wie die Abbildung 26 (vgl. nächste Seite) zeigt, besteht eine erste Auswertungsfrage jetzt darin, ob Supervisanden die analysierten und re-definierten IST/SOLL-Diskrepanzen *ändern oder akzeptieren* möchten bzw. können. Alle weiteren Lösungsstrategien bauen auf den bisherigen Klärungsversuchen, der funktionalsystemischen Bedingungsanalyse und den mittlerweile neu entdeckten Zielperspektiven auf: Manche Wege implizieren den *Abbau von Barrieren und Performanzhindernissen*; andere setzen den *Aufbau notwendiger Kompetenzen* in Gang; wieder andere nutzen die in Schritt 3 *neu explorierten Ziele und Lösungsalternativen*. Die Planungsphase führt letztlich zur Auswahl konkreter Lösungen, zu definitiven Entscheidungen und zu ersten Handlungsschritten (= praktische Umsetzung).

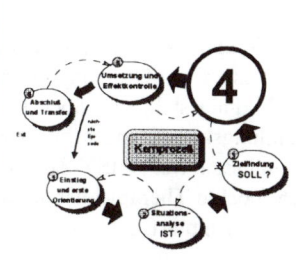

Abbildung 26. Schwerpunkte von Schritt 4.

Vertiefende Ausführungen. Genaugenommen arbeiten Selbstmanagement-Supervisoren schon ab dem ersten Kontakt mit dem Raster der Planungsschritte dieses Kapitels „im Hinterkopf". Die Interventionsplanung läuft somit bereits vom Beginn des Supervisionsprozesses an kontinuierlich bis zum Ende durch. Dabei wird „Intervention" als umfassender Rahmenbegriff für alle Schritte gebraucht, die sich als „Mittel zum Ziel" interpretieren lassen. In der Supervisionspraxis reicht dies von „Mini-Interventionen" in der unmittelbaren Interaktion (z.B. Blickkontakt, sokratische Frage, Aufmerksamkeitslenkung etc.) bis hin zu Maßnahmen mit umfassendem Charakter (z.B. Verbesserung der Zeitplanung, Rollenspiele zur Bewältigung schwieriger Therapiesituationen, Anraten einer persönlichen Therapie, Wechsel des Arbeitsplatzes etc.). Jede Intervention hat auch diagnostische Rückwirkungen, d.h. informiert mittels der jeweiligen Effekte wiederum über die „subjektive Realität" der jeweiligen Aktoren oder Systeme; umgekehrt hat jede diagnostische Maßnahme intervenierenden Charakter.

11.4.1 Ändern vs. Akzeptieren des transformierten IST/SOLL-Zustands?

Lösungsorientierte Re-Definition von IST/SOLL. Durch sein lösungsförderliches Interaktionsverhalten nimmt der Supervisor ab dem ersten Zusammentreffen auf die konstruktive Definition von Problemen und Zielen Einfluß: Sokratische Fragen, die Aufmerksamkeitslenkung auf vorher unberücksichtigte Aspekte, systematische Beobachtung und Selbstbeobachtung, Aufgaben und Hausaufgaben, Unterscheidung von Problemen/Tatsachen bzw. Zielen/Utopien, die Ergebnisse der funktional-systemischen Bedingungsanalyse oder einer Ziel- und Wertklärung etc. tragen nicht nur zum Entdecken neuer Perspektiven bei, sondern lassen manchen IST- bzw. SOLL-Zustand insgesamt in „neuem Licht" erscheinen. Watzlawicks Unterscheidung von Lösungen erster und zweiter Ordnung (vgl. Watzlawick et al., 1979, S.99 ff.) ist auch für den Bereich Supervision anwendbar:

Lösungen 1.Ordnung lassen den grundlegenden Rahmen von IST- und SOLL-Zustand unverändert und sind für bestimmte Zwecke durchaus hilfreich: So ist es z.B. in Ordnung, einem Ausbildungskandidaten, der am Beginn seiner Psychotherapieausbildung steht und noch keinerlei Praxiserfahrung hat, die notwendigen Wissens- und Handlungskompetenzen zur Behandlung von Panikattacken/Agoraphobien zu vermitteln. Dazu müssen weder IST-Zustand (Kompetenzdefizite) noch SOLL-Zustand (z.B. der Wunsch: „Ich möchte Therapieausbildung machen und den Umgang mit Panikattacken/Agoraphobien erlernen") hinterfragt oder korrigiert werden.

Lösungen 2.Ordnung verändern dagegen die Gesamtperspektive: So wird ein Supervisor einen „Burnout"-gefährdeten Supervisanden *nicht* darin unterstützen, noch mehr Überstunden zu machen in der Absicht, die „Welt zu retten". Statt eines „Mehr desselben" wird er vielmehr behutsam aber systematisch dessen dysfunktionale Grundüberzeugungen (z.B.: „Ich muß sämtliche Probleme meiner Klienten lösen, und wenn es mir nicht während der normalen Arbeitszeit gelingt, dann muß ich mich eben rund um die Uhr bemühen...") in Frage stellen und mit ihm nach Lösungen Ausschau halten, die den bisherigen Problemrahmen sprengen (z.B. Entspannung suchen, den eigenen „Akku" wieder aufladen, Schuldgefühle wegen „Faulheit" abbauen, auch *außerhalb* der Arbeit persönliche Erfüllung finden etc.). Manche diesbezüglichen Strategien lassen sich den Kategorien *„Reframing"* und *„Relabeling"* zuordnen (vgl. Kap.17).

Günstige Ansatzpunkte für Interventionen. Um punktuelle Maßnahmen bezüglich ihrer Position im Gesamtsystem besser einschätzen zu können, sollte zwischendurch immer wieder einmal die „Weitwinkel-Perspektive" gewählt und die Makro-Ebene ins Blickfeld genommen werden. Die jeweilige *Systemanalyse* (Struktur? Dynamik?) aus Schritt 2 legt meist schon sensible „Druckpunkte", „kritische Variablen" und „Eingangsränder" (Dörner, 1989; Schiepek, 1986) für Interventionen im Sinne von „Verstörungen" nahe. Hilfreich sind dazu auch Veranschaulichungen wichtiger Zusammenhänge in Form holzschnittartig vereinfachender Problem- und Zielskizzen (Abbildung 27):

Abbildung 27. Rudimentäre Problem- oder Zielskizze (holzschnittartig vereinfachtes Beispiel).

Eine Inspektion solcher Skizzen kann anhand folgender Fragen vollzogen werden, die in Anlehnung an Schiepek (1986, S.156) formuliert sind:

1.) Welche Komponenten und Strukturen tragen bisher zur Stabilisierung des Systems bei?
2.) Welche Systemkomponenten haben zentrale Bedeutung bzw. eine möglichst große Wirkung auf Komponenten, die zu einer Annäherung an die erwünschten Ziele beitragen?
3.) Über welche Kompensations-, Entwicklungs- und Umstrukturierungsmöglichkeiten verfügt das System? Welche Interventionen (Verstörungen) wären für das System neu? Welche würden *strukturelle* Veränderungen einleiten?
4.) Welche Systemkomponenten bzw. Variablen sind überhaupt einer Intervention zugänglich?
5.) An welcher Stelle wäre eine Veränderung *praktisch* durchführbar?
6.) Welche Systemkomponenten würden bei einer Veränderung weitere Veränderungen bei anderen Systemkomponenten bewirken?
7.) Welche Neben-, Folge- und Rückwirkungen könnten auftreten?
8.) Wo sind Interventionen vorzuziehen, die kontinuierlich wirken und wo sind zeitlich punktuelle Interventionen ausreichend?
9.) Wo ist ein Eingreifen notwendig, da sich ansonsten nichts verändern oder die Situation sogar verschlechtern würde?
10.) Stören sich zwei oder mehrere Interventionen gegenseitig bzw. könnten unterstützende oder sich potenzierende Effekte auftreten?

Oft helfen bereits wenige der obigen Gesichtspunkte, um bei solchen Problem- und Zielskizzen auf günstige Ansatzpunkte für Interventionen zu stoßen und auch Entscheidungen über den Vorrang einer der drei „Hauptschienen" zu treffen.

Ändern vs. Akzeptieren? Eine wesentliche Frage dieser Phase lautet: Ist – bezogen auf die präzisierte und re-definierte IST/SOLL-Situation – überhaupt eine *Änderung* möglich, oder müssen bestimmte Aspekte *akzeptiert* werden? Daraus resultieren nämlich die beiden *grundlegenden Alternativen* für mögliche Interventionsstrategien, nämlich *aktives vs. passiv-emotionales „Coping"* (vgl. Lazarus & Folkman, 1984; Taylor, 1983 etc.):

Ändern?	**Akzeptieren?**
aktives „Coping"	passives „Coping"
Problembewältigung durch aktives Handeln	emotionales Anpassen an die Situation

Supervisoren arbeiten folglich darauf hin, daß Supervisanden einerseits ihre vorhandenen Einflußmöglichkeiten erkennen und nutzen, andererseits aber auch ihre persönlichen sowie allgemein-menschlichen und Systemgrenzen beachten. Jede Änderung ist zudem eine Frage der *Motivation* (Lohnt es sich? Welche Kosten und Mühen sind zu investieren?). In jedem Fall hängt von der obigen Entscheidung ganz wesentlich die Erfolgswahrscheinlichkeit nachfolgender Handlungsschritte ab. Denn neben den beiden positiv-konstruktiven Möglichkeiten (1) und (2) gibt es auch grundlegende Fehlentscheidungen (3), (4) und (5):

Konstruktive Bewältigung	(1) Ändern, wo Änderungen möglich sind
	(2) Akzeptieren des Unabänderlichen
Ineffektive Bewältigungsversuche STOP	(3) Änderungsversuche bei unveränderlichen Gegebenheiten
	(4) Fälschliches Akzeptieren von Situationen als unabänderlich, die „eigentlich" veränderbar wären
	(5) Kurzfristige Notlösungen, Rettungs- oder Vermeidungsstrategien mit langfristig negativen Effekten

Supervisoren assistieren ihren Supervisanden dabei, ineffektive Bewältigungsversuche als solche zu erkennen und durch *konstruktive* zu ersetzen. Falls dem Supervisanden nichts anderes übrig bleibt, als eine unveränderliche Situation als solche zu akzeptieren (vgl. auch unsere frühere Definition von „Tatsachen" sowie „Utopien"), begleitet ihn der Supervisor beim Prozeß des „emotionalen Coping". In manchen Fällen (z.B. bei Traumatisierungen, Verlusterlebnissen oder dem Aufgeben festverwurzelter dysfunktionaler Überzeugungen) kann dies mit hoher emotionaler Beteiligung vonstatten gehen und einige Zeit in Anspruch nehmen. In allen anderen Fällen, in denen aktive Schritte der *Veränderung* möglich sind, begeben sich beide auf konkrete Lösungssuche nach den Leitlinien der folgenden Abschnitte.

11.4.2 Suche nach Mitteln und Wegen zur Zielerreichung (Auswertung der Schritte 2 und 3)

Als Konsequenz der bisherigen Klärungs- und Analyseprozesse werden nun Mittel und Wege zur Zielerreichung gesucht. Dazu bieten sich drei prinzipielle Bereiche an: (a) Abbau bisheriger Barrieren und Performanzhindernisse, (b) Aufbau notwendiger Kompetenzen, und (c) völlig neue Wege und Lösungsalternativen:

a) Abbau bisheriger Barrieren und Performanzhindernisse. Die Analyse bisheriger „Sackgassen" und vergeblicher Lösungsbemühungen zeigt in der Regel wichtige „Barrieren" auf und liefert für Supervisor und Supervisand ein plausibles Erklärungsmodell des Scheiterns (nach dem Motto: „Aha, wenn es bisher nicht geklappt hat, dann wahrscheinlich deswegen, weil..."). Jede *neue* Intervention muß bisherige Defizite, Hindernisse und Grenzen berücksichtigen und adäquat auf die Kompetenzen des Supervisanden sowie den jeweiligen Kontext (insbesondere die sog. „Gegenwinde des Systems") abgestimmt sein. Insbesondere dürfen keine Schritte wiederholt werden, die sich in der Vergangenheit als ineffektiv herausgestellt und zu einem Fortbestehen des unbefriedigenden Zustands beigetragen haben. Bezugnehmend auf die Unterscheidung von Kompetenz und Performanz (vgl. Kap.6.1.1) gehe ich hier besonders auf „Performanzhindernisse" ein, die dazu führen, daß die „eigentlich vorhandenen"

Kompetenzen der Beteiligten in einer bestimmten Situation nicht adäquat umgesetzt werden.

Barrieren sind einerseits Hindernisse, die sich den Bemühungen des Supervisanden *„von außen"* in den Weg stellen (z.B. daß die Klinikleitung seinen neuen Therapieansätzen skeptisch bis ablehnend gegenübersteht).

Andere relevante Barrieren sind *intern*, d.h. entstammen dem Bereich *personbedingter Einflußgrößen* (z.B. Vorurteile, „blinde Flecken", eigene Ängste und Probleme etc). Meist gehen sie mit dysfunktionalen Kognitionen oder Emotionen einher und stören die sachgerechte Tätigkeit (vgl. auch Linehan, 1980; Linehan & McGhee, 1994). *Gravierende* Negativeinflüsse aus dem persönlichen Bereich sollten allerdings in anderen Kontexten bearbeitet werden (z.B. Selbsterfahrung bis hin zu persönlicher Therapie: vgl. auch Lieb, 1994; Schmelzer, 1996 etc.).

Weitere Barrieren haben mit eingefahrenen Gewohnheiten (z.B. „Kopf in den Sand" stecken statt aktiver Problembewältigung) oder mit streßbedingter Regression („Mir ist dann alles zuviel, ich muß einfach nur raus!") zu tun, wie sie Janis & Mann (1977) oder Wheeler & Janis (1980) beschrieben haben. Dazu gehört auch die Tendenz, Verantwortung an andere abzugeben (hier: „Sie als Supervisor und erfahrener Therapeut können doch sicher...").

Anhand der Resultate der funktional-systemischen Bedingungsanalyse wird ersichtlich, an welchen (externen oder personinternen) Barrieren und auf welchen „Schienen" (sachlich, personbezogen, System/Kontext) anzusetzen ist. Hindernisse können dann z.B. abgebaut, umgangen, kleiner gemacht oder durch den Aufbau von *Alternativ*-Kompetenzen überwunden werden (vgl. nächster Punkt).

b) Aufbau notwendiger Kompetenzen. Das Erlernen von Fähigkeiten stellt ein Arbeitsfeld dar, auf dem die Verhaltenstherapie seit jeher ihre besonderen Stärken zeigen konnte, und das auch in der Supervision gut genutzt wird (vgl. z.B. Linehan, 1980; Linehan & McGhee, 1994 etc.). Sobald die Gegenüberstellung von (1) vorhandenen Kompetenzen/Defiziten = IST mit (2) Anforderungen der Arbeitssituation bzw. Lernzielen eines Curriculums = SOLL erfolgt ist, kann mit dem systematischen Fähigkeitserwerb begonnen werden.

In Einklang mit den didaktischen Gesichtspunkten aus Kap. 6.3 und den Forschungsergebnissen zu effektiven Vorgehensweisen der Ausbildungs- und Praxissupervision aus Kap.4 kommen viele lerntheoretische Gesetzmäßigkeiten zum Tragen – in erster Linie Lernen am Modell, Instruktion, operante Methoden (shaping, coaching, prompting, chaining, fading) sowie kognitive Techniken (Abstraktion von Regeln, Selbstinstruktionen) und Transferstrategien. Weitere Methoden und Hilfsmittel (vgl. Kap. 16 und 17) sind Microtraining, Manuale, Standardprogramme mit klar beschriebenen, operationalisierten Kompetenzbausteinen, Rollenspiele, Videofeedback sowie schrittweises Einüben relevanter (Teil-)Fertigkeiten etc. Nicht nur Einzelpersonen, sondern auch ganze Teams, Organisationen oder Institutionen können erforderliche Kompetenzen lernen oder vorhandene verbessern (z.B. Umgang mit Konflikten, Kooperation/„Teamwork", effektive Kommunikation, Problemlösen und Entscheiden).

c) Neue Wege und Lösungsalternativen. Noch wichtiger ist in dieser Phase, alle Möglichkeiten auszuschöpfen, um zu *neuen* Wegen zu gelangen. Neben kleinen Versuchen des Ausscherens aus vertrauten Gewohnheiten, minimalen Neuentdeckungen oder kreativen Experimenten mit andersartigen Herangehensweisen geben im Idealfall die in Schritt 3 entwickelten Zielperspektiven (bis hin zu „neuen Träumen") für größere/längerfristig angelegte Alternativen die Richtung vor. Bei allen neuen Wegen möchte ich einerseits *kooperative Lösungen* und andererseits *„Verstörungen" des Systems* unterscheiden:

Kooperative Lösungen werden auf Basis der vereinbarten Ziele in Form eines Konsens zwischen Supervisor und Supervisanden gesucht und umgesetzt. Sie haben entsprechend der Selbstmanagement-Philosophie erste Priorität, können aber in manchen Fällen dazu führen, daß sowohl Supervisanden als auch der Supervisor im bisherigen Rahmen des Problems gefangen bleiben. Spätestens dann, wenn die gemeinsamen Bemühungen zu einen „Mehr desselben" (Watzlawick et al., 1979) führen würden, ist die nachfolgende Alternative zu überlegen:

„Verstörungen" des Systems sind „geplante Irritationen" (vgl. Kersting, 1991b, 1993; Kersting & Neumann-Wirsig, 1992). Solche Interventionen zielen darauf ab, ein System aus seiner Homöostase zu bringen, „Sand ins Getriebe" zu streuen oder Dinge zu tun, die es unmöglich machen, daß Personen/Teams/Organisationen ihr bisheriges ineffektives Handeln fortsetzen können. Wie Hargens & Grau (1995), Kersting, Vogel, Nebel & Bürger (1995), Neumann-Wirsig & Kersting (1993, 1996) mit vielen anderen zeigen, dienen dazu insbesondere reflektierende, hypothetische oder zirkuläre Fragen, strategische Aufgaben/Hausaufgaben, paradoxe Anweisungen, Umdeutungen, strukturelle Eingriffe, Skulptieren oder andere Formen der Visualisierung von Systemzusammenhängen etc. (vgl. Kap. 17).

Durch solche Interventionen wird auf *Lösungen zweiter Ordnung* (Watzlawick et al., 1979) hingearbeitet. Dabei können „verstörende" Interventionen nie auf das Erreichen exakt voraussagbarer Zielzustände hin angelegt sein, so daß das kontinuierliche Beobachten der eintretenden Effekte (Vordergrund und Hintergrundkontrolle!) und ein ergebnisorientiertes Optimieren besonders wichtig sind (siehe unten). Die Planung solcher Irritationen setzt gute Systemkompetenzen des Supervisors voraus, um das Prinzip „Global denken, lokal handeln" praktisch umsetzen zu können. Dazu genügen meist *kleine* Interventionen, allerdings angesetzt an den sensiblen Punkten des Systems. Da „Verstörungen" des Systems per definitionem nicht mit vorherigem Konsens der Beteiligten ablaufen (andernfalls wären Lösungsversuche erster Ordnung im alten Problemrahmen zu erwarten), implizieren sie erhöhte ethische Verantwortung und machen den Stellenwert von Supervision für Supervisoren deutlich.

Bei allen neuen Lösungsalternativen zahlen sich in der Regel die Bemühungen der vorausgegangenen Schritte aus, in denen Supervisanden Perspektiven entwickeln, Orientierung finden sowie statt passiver Hilflosigkeit eigene Einflußmöglichkeiten entdecken und – zumindest in Ansätzen – wieder handlungsfähig werden. Günstig ist auch, wenn sich Supervisand und Supervisor auf ein plausibles *Änderungsmodell* zubewegen (Motto: „Wenn ich weiß, weshalb es bisher nicht geklappt hat, und wenn ich jetzt aber die Perspektiven X, Y, Z entdeckt habe, dann könnte ich folgendes tun, um mich diesen Zielen anzunähern: ... !").

Neue Lösungsalternativen stehen idealerweise in Einklang mit positiven Zielanreizen (vgl. Schritt 3), nutzen Erkenntnisse hinsichtlich effektiver Selbstkontrollversuche („Welche eigeninitiierten Bewältigungsversuche waren *zumindest ansatzweise* hilfreich?" vgl. Schritt 2) und beziehen zudem die aktuellen Interessen, Ressourcen, Stärken und Kompetenzen des Supervisanden mit ein. Die Exploration neuer Wege („Was *könnte* vielleicht klappen? Was könnte *ich* versuchen?") ist im Idealfall kombiniert mit einer neugierig-positiven Grundhaltung („Dieser Schritt, den ich vorhabe, *könnte* funktionieren!") und einer Portion Erfolgszuversicht („Ich kann es schaffen!"), was Bandura (1977) als „self-efficacy motivation" beschrieben hat. In vielen Fällen geht es darum, Supervisanden dazu anzuregen, in kleinen Schritten *überhaupt etwas anders zu machen* als bisher (vgl. „Flexibilitätstraining": Kap.17), um sich von der *Möglichkeit* eigeninitiierter Änderungen selbst zu überzeugen.

11.4.3 Auswahl konkreter Lösungen: Entscheidung und Handlungs- vorbereitung

Entscheidung für bestimmte Wege. Ging es bei den bisherigen Planungsschritten immer noch um ein relativ unverbindliches Explorieren *möglicher* Lösungen, so müssen letztlich bestimmte *Entscheidungen* fallen, um vom gedanklichen „Trockentraining" zur Handlungsumsetzung zu gelangen. In vielen Fällen können auf Basis der Ergebnisse von Bedingungsanalyse sowie Zielklärung relativ schnell konkrete Schritte eingeschlagen werden, und auch die momentan vorrangig zu bearbeitende „Hauptschiene" zeichnet sich bereits ab; bei schwierigeren Konstellationen und Entscheidungs*konflikten* lohnt es sich, für die Auswahl von Lösungen mehr Zeit aufzuwenden und sich bestimmter Hilfsmittel (z.B. Entscheidungsbögen oder „balance sheets": Janis & Mann, 1977; Wheeler & Janis, 1980; Problem- und Zielskizzen zur Analyse von Zusammenhängen des Systems etc.) zu bedienen bzw. kollegiale Unterstützung in Anspruch zu nehmen.

Einige weitere Auswahlkriterien bezüglich spezieller Wege, Lösungsschritte oder Interventionen sind:

- Ausmaß des notwendigen Aufwands (Mühen, Kosten im realen und übertragenen Sinn)
- Zeitbedarf
- Effektivitäts-Wahrscheinlichkeit der Intervention
- Risiko (auch: Reversibilität/Irreversibilität der Schritte)
- mögliche Hauptwirkungen und Nebeneffekte
- Kurzzeit-/Langzeit-Konsequenzen
- Konzeptsyntonie (Verträglichkeit der Maßnahme mit dem eigenen theoretischen Modell; „interne Plausibilität")
- Übereinstimmung mit eigenen sonstigen Zielen/Plänen (Motivation!)
- „Selbsteffizienz-Erwartung" (Bandura, 1977: „Kann ich es schaffen?")

Die Fülle obiger Kriterien zeigt, daß perfekte Lösungen utopisch sind, daß vielmehr Gewichtungen vorgenommen und Kompromisse gefunden werden müssen. Bei jeder Intervention ist außerdem das Grundprinzip des „Global denken, lokal handeln" zu beachten. Selbst bei unklarer Prognose weiterer Entwicklungen sind – zumindest dort, wo es sich nicht um irreversible Schritte handelt – probeweise Handlungsversuche möglich. Sogar bei einem völligen „Trial & error"-Verhalten können die eintretenden Effekte wiederum als Gradmesser für die Fortsetzung/den Abbruch der eingeschlagenen Strategie dienen; jedoch sollten die Interventionen von Supervisoren soweit geplant sein, daß „Versuch & Irrtum" nicht zur alleinigen Maßgabe ihres Handelns wird.

Im übrigen sind – selbst bei sehr komplex anmutenden Problemen – nicht unbedingt vielschichtige Eingriffe in hoher Dosis erforderlich; hier steht der Selbstmanagement-Ansatz mit seiner Devise, eher *minimal* zu intervenieren, voll in Einklang mit systemischen Theorien, die auf die Notwendigkeit hinweisen, die zentralen Elemente eines Systems zu berücksichtigen, an denen mit kleinen Anstößen und „Verstörungen" große Wirkung zu erzielen ist. Solche Schwerpunkt-Interventionen werden immer von „flankierenden" Maßnahmen begleitet und (vgl. unten, Schritt 5) im weiteren Verlauf hinsichtlich ihrer Ein- und Auswirkungen auf das Gesamtsystem beobachtet.

Konkrete Handlungsvorbereitung. Nach der Grundsatzentscheidung für eine bestimmte Maßnahme geht es jetzt um die *inhaltliche* Ausgestaltung der konkreten Alternativen. Je klarer bisherige Lösungsversuche von Supervisanden wegen eines zu unsystematischen oder vagen Vorgehens gescheitert sind, umso wichtiger ist jetzt die präzise Handlungsvorbereitung. Einerseits ist beim praktischen Handeln – anders als beim Planen – die genaue Abfolge wichtig („first things first", Schritt 2 nicht vor 1 etc.), andererseits zahlt sich eine konstruktive Formulierung aus, die Ziele in konkreter, positiver Weise beschreibt und deren hierarchische Strukturen (Ober-/Unterziele) ebenso berücksichtigt wie Nah- und Fernziele. Die Umsetzung von Lösungen in konkretes Tun kann anhand von Leitfragen (Was zuerst? Was genau? Wie? Wie genau? Wann genau? Wie oft? Unter welchen Voraussetzungen? etc.) detailliert vorbesprochen und ausformuliert werden.

Zwei praktische Hilfsmittel für die konkrete Handlungsvorbereitung stellen die sog. „Salami-Taktik" und die „Schweizer-Käse-Methode" (Kanfer et al., 1996, S.213) dar. Beide halten die jeweiligen Personen am Thema, indem ein großes Ziel scheibchenweise zerlegt bzw. irgendwo „angebohrt" wird. In beiden Fällen wird die Situation dadurch (über einen längeren Zeitraum) handhabbar portioniert.

Da selbst durch noch so präzise Vorbereitung nicht *alle* Eventualitäten der Realsituation durchzuspielen sind, kommt eine wichtige *generelle* Leitlinie ins Spiel, daß nämlich Therapeuten in der *gesamten* Ausbildung/Supervision soviel therapeutische Kompetenz gewinnen, daß sie sich zutrauen, mit allen möglichen kniffligen Situationen zumindest „irgendwie umgehen" zu können.

Allerdings muß nicht ewig geplant werden. Falls relativ wenig „sichere" Informationen über das weitere Vorgehen vorhanden sind, ist das Befolgen von „Daumenregeln" bis hin zum Prinzip „Versuch und Irrtum" zu empfehlen; im Zuge des tatsächlichen Handelns läßt sich dann immer noch „sehen, was passiert"*, so daß auch hier mancher Weg erst beim Gehen entsteht.

Weitere Hinweise für Supervisoren in dieser Phase. Besonders für „geübte" Supervisoren ist ein relativ schneller Durchlauf dieser Phase möglich, da sie effektive Mustererkennung, zielgenaue funktionale Analysen, effektive Planung und ergebnisorien-

---

* Manche bezeichnen dies als „Beckenbauer-Strategie" („Schau'mer mal ...").

tierte Handlungssteuerung als Routine praktizieren. Bei Störfällen und unklaren oder komplexen Fragestellungen allerdings empfiehlt sich auch für sie, *langsam* und *systematisch* vorzugehen, implizit-intuitive Schritte explizit zu machen und die Problemlöseschritte auf sich selbst anzuwenden. Die Hauptaufgabe von Supervisoren besteht wohl darin, auf Basis der bislang bekannten Informationen die Handlungsplanung der Supervisanden so gestalten zu lassen, daß deren Tun möglichst erfolgreich wird. Sie sollten außerdem ihre Supervisanden an den vereinbarten Themen halten und den systematischen Lösungsprozeß nicht vorzeitig (z.B. bei ersten Schwierigkeiten) beenden lassen.

Typische Methoden und *Hilfsmittel* sind je nach Analyse-, Such- oder Entscheidungsphase z.B. (a) funktional-systemische Analyse (Auswertung, Ergebnisse sowie daraus abgeleitete Schlußfolgerungen), Formulieren eines hypothetischen Bedingungs- und Änderungsmodells, Problemlösen in der Selbstanwendung, „Reframing/relabeling", Neu-/Umdefinieren von Anliegen, Differenzierung von Tatsachen/Problemen bzw. Zielen/Utopien, Konfrontation mit widersprüchlichen Informationen etc.; (b) Verhaltensbeobachtung anderer (Wie machen es *andere* in ähnlichen Situationen? Gibt es effektive Bewältigungsmodelle?), Gruppeneffekte (wechselseitige Unterstützung, Gruppendruck), Brainstorming oder Imagination von Lösungen, Kreativitätstechniken, Rollenspiele neuer Wege; (c) Veranschaulichungshilfen, Problem- und Zielskizzen, kreative Materialmedien, Entscheidungs- und Planungstechniken, Kosten-Nutzen-Analyse, Simulationen/Rollenspiele, Salami-Taktik, Schweizer-Käse-Methode, Hinarbeiten auf Aufgaben/Hausaufgaben etc.

Einige *Fehlermöglichkeiten* und *potentielle Probleme* können in zuviel oder zu detaillierter Planung („Überplanung") statt Handeln liegen; umgekehrt führt aber zu wenig Planung („Unterplanung" bzw. „thematisches Vagabundieren") zu blindem Aktionismus mit wenig Effektivität. Möglicherweise legt der Supervisand nach wie vor für die Auswahl seiner Interventionen fachfremde persönliche Kriterien an (z.B. Klienten niemals vor den Kopf zu stoßen), wodurch sachlich notwendige Maßnahmen (z.B. Konfrontation) unterbleiben. Und letztlich kann ein *Zögern* von Supervisanden, überhaupt in Richtung neuer Lösungsschritte aktiv zu werden, beispielsweise mit dem Wunsch zu tun haben, Konsequenzen eigenen Handelns zu *vermeiden* (leider hat aber *jedes* Handeln irgendwelche Folgen, sogar das Nicht-Handeln...!) oder aber mit Beziehungs- oder Motivationskonflikten in Zusammenhang stehen.

Zusammenfassend vermittelt die nachstehende Abbildung 28 (vgl. nächste Seite) einen abschließenden Überblick über wichtige Abläufe und Verzweigungen dieser Phase.

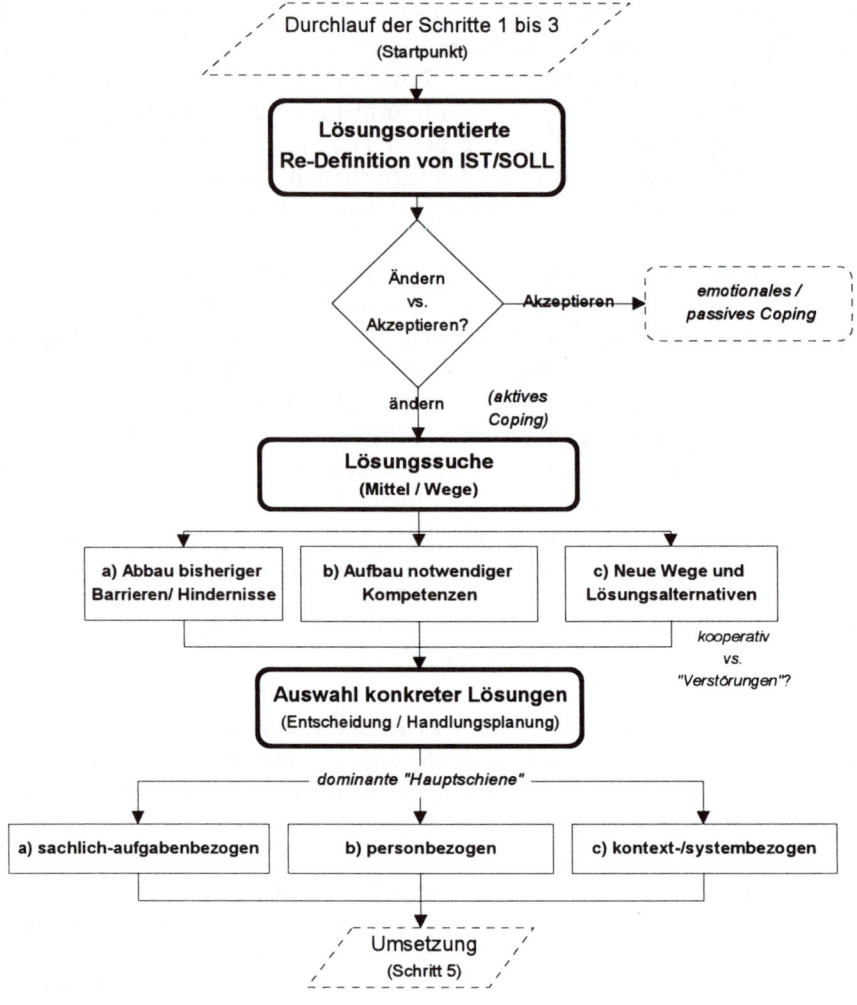

Abbildung 28. Flußdiagramm wichtiger Abläufe in Schritt 4.

Schluß. Supervisor und Supervisand können immer dann schnell zum nächsten Schritt „durchstarten", wenn Lösungen bereits „auf der Hand liegen"; sie sollten aber länger in dieser Phase verweilen, falls es noch wenig Erfolg in Richtung neuer Lösungsschritte oder Entscheidungsprobleme zwischen mehreren Alternativen gibt. Insgesamt ist eine handlungserleichternde Planung günstig, denn im Handlungsmodell Heckhausens (1987) stehen wir jetzt am Ufer des „Rubikon", den wir mit der nächsten Phase (Schritt 5) überschreiten.

11.5 Umsetzung der Lösungen und Effektkontrolle des Vorgehens (Schritt 5)

Überblick. In dieser Phase (vgl. unten, Abbildung 29) kommt es zur entscheidenden Bewährungsprobe für die bisherigen Schritte, nämlich zur Umsetzung der Lösungen in praktisches Handeln. Dieses wird kontinuierlich auf seine Effekte hin beobachtet, wobei neben der Evaluation der direkten Interventionsschwerpunkte („Figur") immer eine „Hintergrundkontrolle" erfolgt, um auch Wechselwirkungen mit dem Gesamtkontext (System) registrieren und in das weitere Vorgehen einbeziehen zu können. Im Fall positiver Fortschritte (Zielannäherung?) wird die Devise des „ergebnisorientierten Optimierens" verfolgt, d.h. weitere Schritte steuern sich in Abhängigkeit von den tatsächlich eintretenden Effekten, bis die Ziele erreicht sind. Im Fall erwartungs*widriger* Ergebnisse/Abläufe kommt es zu einer Revision bisheriger Schritte (Rückkehr zu früheren Phasen).

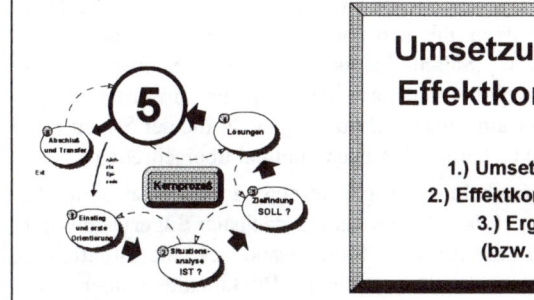

Abbildung 29. Schwerpunkte von Schritt 5.

Vertiefende Ausführungen. Hatten die bisherigen Schritte noch eher klärenden, analysierenden und planenden Charakter, so folgt jetzt die *aktionsorientierte* Phase. Der Übergang vom Planen zum Tun fällt umso leichter, je besser sich Supervisor und Supervisand an den Leitlinien der vorhergehenden Schritte orientiert und eine lösungsförderliche Vorbereitung vollzogen haben.

11.5.1 Umsetzung der Lösungen in die Praxis

Das Umsetzen der Lösungen in die Praxis erfolgt typischerweise in zwei Situationen: (a) während der eigentlichen Supervisionssitzung (als „Trockentraining" oder in Rollenspielen), und (b) in der „eigentlichen" Bewährungssituation, d.h. im Alltag der Supervisanden. Letzteres hat im Selbstmanagement-Konzept höhere Bedeutung, kann aber in der Supervisionsstunde allenfalls *vorbereitet* werden; die reale Handlungsumsetzung „in vivo" ist in der Regel vom Supervisor direkt weder zu beobachten noch zu beeinflussen (außer mit Verzögerung, d.h. bei einer Nachbesprechung in der darauffolgenden Sitzung bzw. in der Sondersituation „Live-Supervision": vgl. S.51/52).

(a) „Trockentraining" während der Supervisionssitzung. Die geplanten Schritte sollten noch in der jeweiligen Supervisionssitzung soweit aktiv vorbereitet werden, daß die Wahrscheinlichkeit für eine erfolgreiche Umsetzung der Strategien in der Realsituation erhöht wird. Hier kommt der *Simulation* von Wegen mittels konstruktiver *Rollenspiele* hohe Bedeutung zu (Taylor & Schneider, 1989). Kanfer et al. (1996, S.349 bzw. S.421) sprechen diesbezüglich von *„prehearsal"*, d.h. einem konstruktiven „Voraus-Üben" kritischer Situationen (vgl. auch Kap.17). Dadurch wird einerseits der Übergang vom Planen zum Handeln gefördert; andererseits erhalten Supervisor und Supervisand wertvolle Informationen über (1) bereits erfolgreiche Teilschritte/Bewältigungsmöglichkeiten und (2) neu auftauchende Hindernisse oder noch auszuräumende Defizite. Insbesondere kann überprüft werden, ob die notwendigen Kompetenzen vorhanden sind, so daß die Umsetzung nicht an fehlenden Fertigkeiten scheitert.

Möglicherweise muß an dieser Stelle mit dem Supervisanden ein Block „Fertigkeitsaufbau" (skills training) dazwischengeschaltet werden, bevor überhaupt an eine Umsetzung der Schritte in vivo zu denken ist. Anhand der simulierten Situationen lassen sich auch weitere Eventualitäten berücksichtigen, erforderliche Zwischenschritte einschieben, emotionale Hemmungen durch wiederholte positive Erfahrungen abbauen und „self-efficacy" für die Realsituation fördern. Dabei werden sowohl die „Salami-Taktik" bzw. die „Schweizer-Käse-Methode" aus dem vorigen Schritt weitergeführt und nach dem Muster „dosierter Diskrepanzerlebnisse" (Heckhausen, 1965) gemeinsam solche Schritte angepeilt, die der Supervisand gerade noch schaffen kann, die jedoch seine bisherigen Grenzen minimal überschreiten.

(b) Umsetzung der Lösungsschritte „in vivo". In der Regel werden nach solchen Simulationen „Hausaufgaben" vereinbart, die der Supervisand dann bis zur nächsten Supervisionsstunde eigenständig durchzuführen versucht. Je unsicherer der Supervisand bzw. die Situation ist, desto *kleinere* Schritte werden vereinbart, wobei dann auch die Rückmeldung über Erfolge/Mißerfolge möglichst bald erfolgen sollte (eventuell durch kurzen Telefonanruf nach Erledigung).

11.5.2 Effektkontrolle („Figur" und „Hintergrund")

In Einklang mit unserer Selbstverpflichtung zur Evaluation der Supervision insgesamt (vgl. Kap.10.4) werden auch die Effekte *im Hinblick auf die gerade bearbeitete Supervisionsepisode* geprüft. Dies erfolgt in der Praxis durch datennahe Verhaltensbeobachtung und den Vergleich zwischen erwarteten vs. tatsächlichen Ergebnissen. Als Erfolgskriterien gelten natürlich die jeweiligen Lernziele (frei vereinbart bzw. orientiert an Referenzstandards). Supervisor und Supervisand versuchen gemeinsam die Frage zu beantworten, ob die eingeschlagenen Wege eine Zielannäherung erlauben. Während im Erfolgsfall der Weg fortgesetzt werden kann, muß bei Mißerfolg erst einmal der übliche Ablauf gestoppt werden. Anschließend beginnt die „Störfall-Analyse", deren erste Fragestellung in diesem Fall lautet: Liegen Analyse- oder Umsetzungsfehler vor?

Von *Analysefehlern* spreche ich dann, wenn Supervisor bzw. Supervisand wichtige Variablen in der bisherigen funktional-systemischen Analyse und Supervisionsplanung übersehen haben (z.B. zentrale Lebensziele wie Bedürfnis nach Sicherheit oder auch externe Faktoren, die sich als „Gegenwinde" des Systems entpuppen wie z.B. eine übergeordnete Institutionsebene, die auf bestimmte Schritte eines Teams restriktiv reagiert etc.). Die bisher geplanten und eingeschlagenen Schritte greifen in solchen Fällen deswegen nicht, weil bei der bisherigen Planung bedeutsame Einflußgrößen ignoriert wurden oder diese sich erst im Zuge der realen Handlungsumsetzung bemerkbar machen.

Umsetzungsfehler treten auf, wenn nach korrekter funktionaler Analyse die notwendigen Handlungsschritte nicht fachgerecht durchgeführt werden. Falls z.B. als sinnvoll herausgearbeitet wurde, daß der Supervisand an einer zentralen irrationalen Glaubenshaltungen seines Klienten („Ich muß immer und alle Zeit bei allen Leuten beliebt sein!") ansetzen und diese nach RET-Art disputieren sollte – wenn eine Tonband-Analyse der tatsächlichen Therapiesitzung dann allerdings zeigt, daß der Supervisand wegen fehlender Kompetenzen diese Strategie gar nicht realisieren konnte, so wäre zunächst notwendig, die erforderlichen Fähigkeiten zu lernen (d.h. ein „skills training" einzuschalten). Umsetzungsfehler können auch aus *personbezogenen* Gründen passieren (wenn z.B. ein Supervisand durch eigene Ängste/Probleme an bestimmten sachlich notwendigen Schritten gehindert wird).

Insgesamt wäre es zwar wichtig, solche Fehler möglichst präventiv zu vermeiden, jedoch ist bei noch so gewissenhafter Supervisionsarbeit nicht *alles* zu berücksichtigen, weshalb das kontinuierliche „ergebnisorientierte Optimieren" des nächsten Abschnitts für die Praxis so bedeutsam ist.

11.5.3 Ergebnisorientiertes Optimieren (bzw. Revision bisheriger Schritte)

Wie im Selbstmanagement-Modell (vgl. Kanfer et al., 1996, S.116) generell üblich, wird das praktische Handeln in Abhängigkeit von den tatsächlich eintretenden Ergebnissen soweit korrigiert, daß eine optimale Annäherung an die jeweiligen Ziele erreicht wird. Dazu sind hypothesengeleitetes Vorgehen sowie der ständige Vergleich zwischen erwarteten und realen Ergebnissen relevant, wobei neben der verbalen Schilderung von Abläufen vor allem Verhaltensbeobachtungen, Tonband- und Videoanalysen wichtige Hilfsmittel darstellen. Während *bei Erfolg* der jeweilige Weg weitergegangen werden kann, müssen *bei Mißerfolg* rekursive Schritte unternommen werden. Dies bedeutet in der Regel eine Rückkehr zu bereits durchlaufenen Problemlösestufen. In manchen Fällen zeigt sich auch erst anhand der realen Handlungsumsetzung, ob eine nochmalige Umdefinition von Problemen und Zielen erfolgen muß, ob bestimmte Vorhaben gänzlich aufgegeben und neue Anliegen vereinbart werden sollten. Hier zeigt sich wiederum die Bedeutung des Satzes, daß viele Wege erst beim Gehen entstehen, wobei die Selbstmanagement-Supervisoren und -Supervisanden ihre Schritte immer „wachen Auges" tun und darauf achten, ob es Hindernisse oder Stagnationsphasen („Plateaus") gibt, ob Umwege nötig sind oder „Täler" durchschritten werden müssen.

Ähnlich wie in den vorherigen Abschnitten sind die wichtigsten Abläufe und Verzweigungen dieser Phase in der Abbildung 30 (vgl. nächste Seite) nochmals zusammengefaßt.

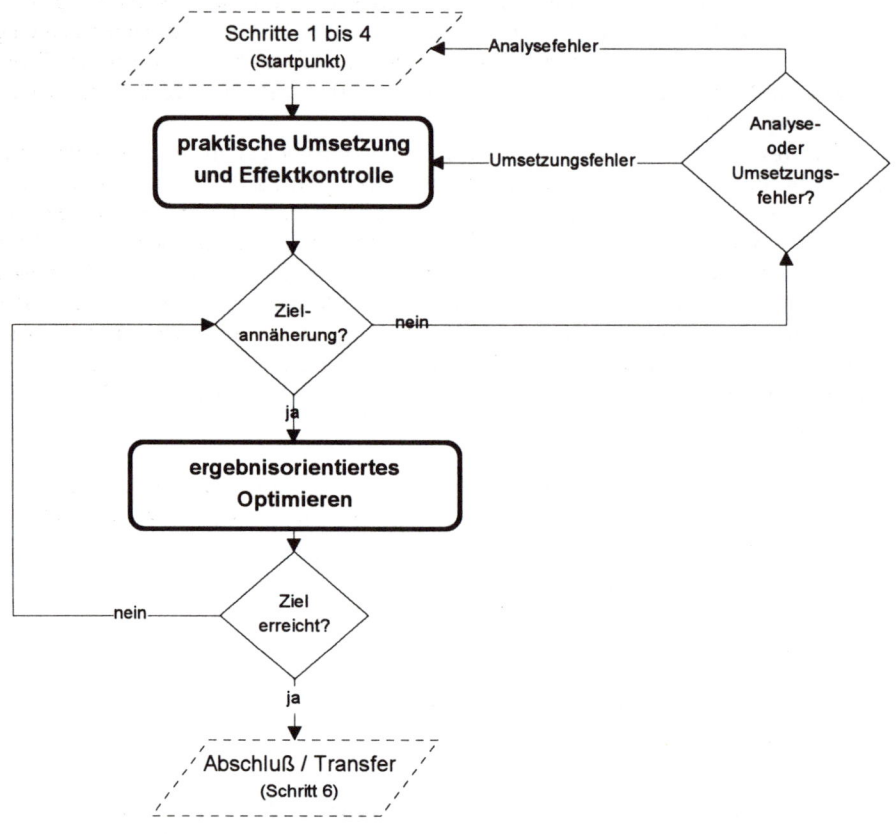

Abbildung 30. Flußdiagramm wichtiger Abläufe in Schritt 5.

Weitere Hinweise für Supervisoren in dieser Phase. Supervisoren versuchen ihre Supervisanden in dieser Phase soweit zu begleiten, daß diesen die Umsetzung ihrer Schritte leichter fällt. Im Zweifelsfall sollten sie sich in kurzen Rollenspielen/Simulationen ein Bild von deren Kompetenzen machen, um im Bedarfsfall noch präventiv eingreifen zu können. Die Umsetzung der Lösungen in Form kleiner Schritte – nach Art der „dosierten Diskrepanzerlebnisse" Heckhausens (1965) – zielt auch auf ein Lernen am Erfolg bzw. den Aufbau von Selbsteffizienz ab. Dabei muß der Supervisor aufmerksam den Fortgang der Entwicklung verfolgen und z.B. in der darauffolgenden Supervisionsstunde nachhaken, was denn konkret aus der Hausaufgabe X geworden ist. Angesichts der Tatsache, daß Absichten und Handlungsumsetzung zwei verschiedene Dinge sind, ist ein systematisches, zielgerichtetes „Am-Thema-halten" notwendig, damit Supervisanden ihre Änderungsbemühungen nicht bereits bei kleinen Mißerfolgen wieder aufgeben.

Typische Methoden und Hilfsmittel dieser Stufe sind vor allem Rollenspiele zur Erleichterung der Handlungsumsetzung, Simulation kritischer Situationen und „prehearsal". Durch Verhaltensübungen, Coaching, Prompting und Shaping sowie Lernen am Modell, durch Methoden wie „Microtraining", „Interpersonal Process Recall" (IPR), Feedback via Selbst- und Fremdbeobachtung, Aufgaben und Hausaufgaben (vgl. Kap. 17) wird sowohl auf den Erwerb notwendiger Kompetenzen als auch auf eine möglichst effektive Performanz hingearbeitet. Für die *Evaluation* kommen vor allem Selbstbeobachtung, Fremdbeobachtung, Protokollierung der Fortschritte, Dokumentation, Fragebögen, Tonband- oder Videoaufnahmen etc. in Frage. Supervisoren wie Supervisanden sollten allerdings immer mit Friktionen und unliebsamen Überraschungen bei der Handlungsumsetzung rechnen und die jeweils eingetretenen Ergebnisse sofort wieder in ihren weiteren Planungsüberlegungen berücksichtigen.

11.6 Abschluß der Episode und Transfer (Schritt 6)

Überblick. Nach erfolgreicher Handlungsumsetzung kann die bearbeitete Supervisionsepisode wieder beendet werden. Im Idealfall (vgl. Abbildung 31) wird dieser Moment auch zu einer Rekapitulation der einzelnen Bearbeitungsschritte genutzt, um die gemachten Erfahrungen auf ähnliche künftige Situationen übertragen zu lernen (Generalisierung und Transfer: vgl. auch Rodway & Rogers, 1993). Dann folgt meist der erneute Einstieg in das Kernmodell (z.B. bei Schritt 1 oder 2), um weitere Supervisionsthemen zu bearbeiten.

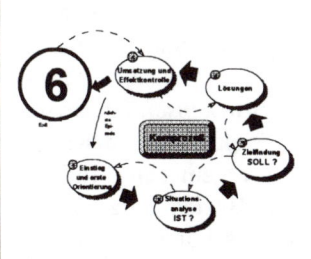

Abbildung 31. Schwerpunkte von Schritt 6.

11.6.1 Abschluß und Rekapitulation der bearbeiteten Supervisionsepisode

Im wesentlichen gibt es zwei Anlässe, um eine Supervisionsepisode wieder abzuschließen: (1) Das anstehende Supervisionsthema ist bearbeitet und hinreichend bewältigt; (2) im Zuge der Bewältigungsversuche hat sich herausgestellt, daß ein Weiterverfolgen der Thematik nicht sinnvoll ist (sei es wegen anhaltendem Mißerfolg, zu geringer Motivation, Änderung der Prioritäten o.ä.). In anderen Fällen muß die Bearbeitung „einstweilen abgeschlossen", d.h. für eine gewisse Zeit *unterbrochen* werden, insbesondere wenn erst bestimmte (Zwischen-)Ergebnisse oder die Rückmeldung der Resultate bestimmter Aufgaben/Hausaufgaben „in vivo" abgewartet werden müssen. Solche Themen bleiben dann „im Wartestand", und es wird Raum für andere Anliegen, die sich in der Zwischenzeit vorrangig bearbeiten lassen.

Beispielsweise wurde mit einer Supervisandin in Gesprächen und Rollenspielen daran gearbeitet, wie sie besser mit einer sehr bestimmenden, dominanten Klientin umgehen könnte. Die erarbeiteten neuen Interaktionsstrategien konnte die Supervisandin aber erst mit langer Verzögerung umsetzen, da ihre Klientin zwischenzeitlich einen Verkehrsunfall erlitten hatte, der sie zu einem Krankenhausaufenthalt und einer Unterbrechung ihrer Therapie zwang. Jedoch muß das Ergebnis der Supervisionsarbeit auch in vielen anderen Fällen erst einmal „so stehengelassen" und auf den weiteren Fortgang der Dinge gewartet werden.

Die *erfolgreiche* Bearbeitung einer Supervisionsepisode (Ziele erreicht? Problem gelöst? Thema „erledigt"?) bietet eine günstige Gelegenheit zur retrospektiven *Rekapitulation des Vorgehens*. Mit entsprechenden Fragen (vgl. auch Kanfer et al., 1996, S.347) werden die durchlaufenen Schritte nochmals betrachtet und analysiert:

- Was haben wir/Sie genau gemacht?
- Wie sind wir/Sie im einzelnen vorgegangen?
- Welche Ziele haben Sie verfolgt? Mit welchen Mitteln und welchem Ergebnis?
- Was haben Sie daraus gelernt?
- Gibt es Situationen, in denen Sie Ihre Erfahrungen nutzen und nach ähnlichem Muster vorgehen könnten?
- Was hätten Sie getan, wenn es nicht geklappt hätte? Welche Alternativen wären noch möglich gewesen? etc.

Im wesentlichen geht es um das Herausarbeiten konstruktiver Schlußfolgerungen, das Ableiten genereller Verfahrensregeln für künftige ähnliche Situationen und das Hinführen an den nachfolgenden Gesichtspunkt „Generalisierung und Transfer". Ein weiteres Anliegen der Selbstmanagement-Supervision ist der *Brückenschlag zwischen Theorie und Praxis* in der Tradition des „Wissenschaftler-Praktiker-Modells" (vgl. S.112); hier sollten Supervisanden dazu angeregt werden, ihre gemachten Erfahrungen mit aktuellen theoretischen Beiträgen (und umgekehrt) in Beziehung zu setzen – z.B. mit Fragen wie: Gibt es Theorien aus der Grundlagenforschung, die zu Ihrem Anliegen/Thema passen? Welche aktuelle Literatur könnten Sie noch zur Vertiefung lesen? Welche weiteren Strategien ließen sich noch aus Theorie XYZ ableiten und für Ihre Fragestellung nutzen? etc.

11.6.2 Generalisierung und Transfer: Abstraktion genereller Regeln für künftige Situationen

In Anlehnung an die Empfehlungen von Kanfer et al. (1996, S.341 ff.) sollten auch bei Supervision gezielte Strategien der Generalisierung zum Einsatz kommen. Dazu lassen sich zunächst alle präventiven, d.h. ins Supervisionsmodell bereits integrierten Möglichkeiten nutzen, denn je enger die künstliche Supervisionssituation und die

„Realsituation" von Anfang an miteinander in Verbindung stehen, desto leichter ist der Transfer möglich. Daher wird einerseits sehr viel Wert darauf gelegt, die Realsituation in die Supervision „hereinzuholen" (z.B. über Tonband- und Videoaufzeichnungen), und andererseits die Supervision so alltagsnah zu gestalten, daß die Umsetzung „in vivo" gefördert wird (z.B. mittels Simulationen, Rollenspiel, Hausaufgaben bis hin zur Sondersituation „Live-Supervision" bzw. Co-Therapie).

Spezielle Generalisierungs- und Transferstrategien bauen auf lerntheoretischen Gesetzmäßigkeiten auf. In der Supervision wird z.B. ein neues Interaktionsmuster in Rollenspielen solange geübt, bis es in das routinemäßige Repertoire der Supervisanden übergegangen und zur „neuen Gewohnheit" geworden ist („Überlernen"). Durch Variation der Situation („Stimulus-Generalisierung") lernen Supervisanden, ihr neues Verhalten z.B. gegenüber *verschiedenen* Personen zu praktizieren bzw. nicht nur auf die ursprünglich eingeübte Verhaltensweise festgelegt zu sein, sondern unterschiedliche, flexible Strategien umzusetzen („Reaktions-Generalisierung"). Für den direkten Transfer *von der Supervisionssitzung auf die reale Therapiesituation* kommen in der Regel Aufgaben und „Hausaufgaben" zum Einsatz. Diese werden mittels „prehearsal" (vgl. oben) in der Stunde soweit vorbereitet, daß eine hohe Wahrscheinlichkeit der erfolgreichen Durchführung „in vivo" resultiert.

Sobald Erfahrungen aus *mehreren* Supervisionsepisoden vorliegen, können *generelle* Regeln für den Umgang mit *künftigen* Situationen abstrahiert werden. Dieses prozedurale Wissen (Was mache ich wann mit wem unter welchen Bedingungen?) ist sowohl für den effektiven Einsatz neuer Kompetenzen als auch für das Nutzen bereits vorhandener (aber brachliegender) Ressourcen von entscheidender Bedeutung. Dazu gehören auch das rechtzeitige Erkennen wiederkehrender Muster oder typischer Auslöser/Abläufe, das Achten auf „Warnsignale" im Therapie-/Supervisionsprozeß, das Beobachten von Kriterien für den erfolgreichen bzw. erwartungswidrigen Verlauf von Interventionen und der systematische Einsatz konstruktiver Selbstinstruktionen (vgl. Morran et al., 1995) etc. Wie die nachfolgenden Beispiele zeigen, kann sich das Lernen von Regeln inhaltlich auf alle drei „Hauptschienen" der Supervision beziehen:

a) *sachlich-aufgabenbezogene Schiene* (z.B. „Bei Angstpatienten ist das Vorgehen XYZ günstig...")
b) *personbezogene Schiene* (z.B. „Vorsicht, bei ABC liegt meine persönliche Achillesferse...")
c) *system- bzw. kontextbezogene Schiene* (z.B. „Bei jeder Intervention den Einfluß von Systembedingungen mitbedenken und Hintergrundkontrolle praktizieren!")

Damit wird auch die Basis für eine sog. „Selbstsupervision" gelegt, wie sie in Kap. 13.3.1 beschrieben ist.

11.6.3 Erneuter Einstieg ins Kernmodell (bei Schritt 1 oder 2)

Meist wird in einer Supervisionssitzung an mehreren Themen gearbeitet. Sobald eine Episode abgeschlossen (oder vorerst unterbrochen) ist, kann zur nächsten übergegangen werden. Dies impliziert in der Regel den *erneuten* Einstieg in unser Kernmodell, meist bei Schritt 1 oder 2. Der Wiedereintritt in die Orientierungsphase (1) bietet sich an, falls noch keine weiteren Themen zu Beginn vereinbart worden waren, oder falls sich im Zuge der Bearbeitung des ersten Themas so tiefgreifende Veränderungen der Gesamtsituation ergeben haben, daß die ursprüngliche Planung hinfällig ist. Andernfalls kann direkt mit Schritt 2 die nächste Bearbeitungsepisode beginnen, wobei die bereits bekannten Informationen meist eine „Abkürzung" mancher Schritte gestatten.

Typische Methoden sind hier z.B. Generalisierungs- und Transferstrategien, Erkennen von Mustern bzw. von Gemeinsamkeiten und Unterschieden, Abstraktion von Regeln und Aufbau konstruktiver Selbstinstruktionen, Flexibilitätstraining zum Umgang mit Überraschungen und unerwarteten Ereignissen, Förderung von Eigeninitiative durch Aufgaben/Hausaufgaben für die Situation „draußen" etc.

Schluß. In diesem Abschnitt wurden der Abschluß einer Supervisions*episode* sowie Möglichkeiten der Generalisierung der gemachten Erfahrungen auf ähnliche Situationen beschrieben. In der Regel beginnt nach dem Ende *einer* Supervisionsepisode meist gleich die *nächste*, so daß ein schleifenartiger Wiedereintritt in das Grundmodell erfolgt. Der Abschluß der *gesamten* Supervision (Beendigen der Supervisionskontakte und das Stadium danach) wird dann in Kap.13 näher betrachtet, wenn wir mit unserer Darstellung zur Makro-Ebene zurückkehren. Zuvor unternehmen wir aber erst noch einen Exkurs zur *Meta-Ebene* und beschäftigen uns mit heuristischen Hinweisen zum Umgang mit dem gesamten Supervisionsmodell (insbesondere zum „Kernprozeß" dieses Kapitels).

12 Die Meta-Ebene: Heuristische Hinweise zum Umgang mit dem Supervisionsmodell

Wie bereits angedeutet, ist der idealtypisch skizzierte Ablauf des „Kernprozesses" im Supervisionsalltag eher die Ausnahme; vielmehr ist mit Störfällen, Umwegen, Sackgassen, wiederholtem Durchlaufen von Schleifen, Abkürzungen, Pausen, Plateaus oder Rückschritten zu rechnen. Manche Prozesse laufen parallel, andere überlappen sich, Probleme/Ziele und Anliegen fluktuieren, bestimmte Schwerpunktziele sind in bestimmten Situationen miteinander unverträglich, und auch sonst hält die interaktive Supervisionsbeziehung manche Überraschung bereit. In diesem Kapitel werden daher aus einer Meta-Position heraus einige heuristische Hinweise zum Umgang mit dem Supervisionsmodell (insbesondere mit dem „Kernprozeß") skizziert. Entsprechend der Auffassung von Supervision als „Problemlösen in dynamisch-komplexen Situationen" sollen diese dem Supervisor helfen, sich mit seiner Funktion des „Navigators im System" besser zurechtzufinden.

12.1 Einige generelle Leitlinien

Entsprechend der „inneren Logik" des Konzepts gelten für die Arbeit mit dem Supervisionsmodell unter anderem die folgenden generellen Leitlinien:

Beachten der hierarchischen Struktur des Modells: Vorrang des „Supervisionsfundaments" vor inhaltlicher Arbeit. Alle Faktoren, die entsprechend der hierarchischen Struktur des Modells als elementare *Basis* des Supervisionsprozesses gelten (z.B. Beziehung, Motivation, Rahmenbedingungen), haben Vorrang vor inhaltlichen Lösungsbemühungen. Daher müssen (a) zunächst die jeweiligen Grundvoraussetzungen geschaffen werden, bevor die hierarchisch höheren Ebenen des Modells mit Aussicht auf Erfolg funktionieren können, und (b) falls sich im Zuge des späteren Arbeitens Anzeichen für „Risse im Fundament" bemerkbar machen, niedrigere Stufen mittels „Störfall-Analyse" erneut bearbeitet werden. In der Praxis hängen viele separat beschriebenen Schritte des Modells aber sehr eng zusammen: So baut sich z.B. das Beziehungs- und Motivationsfundament erst im Zuge der anfänglichen Durchläufe des Kernprozesses allmählich auf.

Übergang zum jeweils nächsten Schritt, sobald die Schwerpunktziele erreicht sind (sequenzielle Struktur des Modells). Sämtliche Phasenübergänge regeln sich in Abhängigkeit von den jeweils zentralen Schwerpunktzielen; sobald diese erreicht sind (bzw. keine empirischen *Negativ*anzeichen deutlich werden), kann zum jeweils folgenden Schritt übergegangen werden.

Rückkehr zu früheren Schritten bei Mißerfolg: „Störungen" haben Vorrang. Sobald im Zuge der durchgängigen Effektkontrollen „Störungen" des Routineablaufs festgestellt werden, erhalten diese *Vorrang* und eröffnen Rückkehrmöglichkeiten zu

Schwerpunktzielen früherer Phasen (Rekursivität). Bei solchen „Friktionen" muß in jedem Fall die Handlungsausführung unterbrochen werden (STOP!). In der Regel muß via Rückkoppelungsschleifen zu den Schritten zurückgekehrt werden, deren Ziele in Frage stehen. Wegen der hohen Bedeutung solcher Rückschritte ist in Abschnitt 12.4 der Umgang mit solchen Störfällen und „Friktionen" genauer beschrieben.

„STOP- und GO-Phasen". Nicht nur bei Störfällen, sondern auch im üblichen Supervisionsgeschehen wechseln sich sogenannte „STOP- und GO-Phasen" ständig ab: Während der STOP-Phasen pausiert die direkte Handlungsumsetzung zugunsten von Analyse- , Reflexions- und Planungsaktivitäten, wohingegen in den GO-Phasen die vorherigen Analyse- und Planungsschritte in die Tat umgesetzt werden. Die Übersicht 27 zeigt diesen Wechsel:

„STOP"	„GO"	„STOP"	
Anliegen sondieren Probleme definieren Ziele suchen Planen Entscheidungen treffen	Plan umsetzen Handlungsausführung „Aktion"	Effektivitätsüberprüfung rekursive Schritte (erneute Problemdefinition, erneute Zielbestimmung etc.) bei „Störfällen" auch: Supervision für Supervisoren	usw. →

Übersicht 27. STOP- und GO-Phasen im Supervisionsprozeß.

Abkürzungen vs. detailliertes Vorgehen „nach Plan". Mit dem Modell vertraute Supervisoren erkennen in ihrer praktischen Arbeit bald die Möglichkeit von Schnelldurchläufen und Abkürzungen und sind in der Lage, für ihre Planungen je nach Erfordernis *unterschiedlichen* „kognitiven Landkarten" zu folgen (d.h. jeweils passende Maßstäbe und „Auflösungsgrade" der Karten zu wählen und „Hauptstraßen" von Nebenrouten oder gar „Wanderwegen" zu unterscheiden). Eine allgemeine Regel lautet: Je problematischer, komplexer, diffuser sich ein Thema darbietet, desto langsamer, systematischer, konkreter und „nach Plan" sollte das Modell durchlaufen werden.

Phasenübergreifende „Hinterkopf-Leitlinien". Supervisoren entwickeln zudem durch die zunehmende Routine im Umgang mit dem Modell phasenübergreifende „Hinterkopf-Leitlinien": Sie wissen z.B. daß die Prinzipien der funktional-systemischen Analyse, die Trennung von Problemen und Tatsachen, die Orientierung an Zielen und Lösungen, das Hinarbeiten auf eigene Einflußmöglichkeiten des Supervisanden oder die Frage „Ändern vs. Akzeptieren?" schon ab der ersten Stunde relevant sind, auch wenn sie im Modell erst in späteren Stufen thematisiert werden, und folgen diesen Vorgaben auch dann, wenn gerade *andere* Schritte des Modells dominieren.

Adäquates Einbeziehen von Alternativen zur Supervision. Supervisoren achten zudem stetig darauf, ob die zentralen Anliegen ihrer Supervisanden überhaupt mit *Supervision* zu bearbeiten sind und geben rechtzeitig Hinweise auf *andere* Herangehensweisen (z.B. Notwendigkeit von Selbsterfahrung, persönlicher Therapie, Fortbildung, Institutionsberatung etc.).

Problem- und zielabhängige inhaltliche Schwerpunktsetzungen. Sowohl die jeweils dominanten *Funktionen* (edukativ, supportiv, administrativ, aufklärerisch) als auch die vorrangigen *Bearbeitungsschienen* (sach-, person- oder kontext-systembezogen) werden in Abhängigkeit von den jeweiligen *Problemen* und *Zielen* in jedem Fall neu bestimmt. Dies impliziert Vordergrund-/Hintergrundprioritäten, wobei sich die Schwerpunkte nach bestimmten Regeln verlagern. Dazu gibt der übernächste Abschnitt (Kap.12.3) nähere Hinweise.

Durchgängige Orientierung an der „Selbstmanagement"-Philosophie. In Übereinstimmung mit den Basisannahmen aus Kap.5 und seinen Rollenvorgaben aus Kap.9 arbeitet der Selbstmanagement-Supervisor als Katalysator und Problemlöse-Assistent, gibt Anregungen und Anstöße, fordert zu kleinen, aktiven Lernschritten heraus, stellt konstruktive Fragen, führt sokratische Dialoge, lenkt die Aufmerksamkeit auf neue/andersartige Aspekte (insbesondere Ziele und Lösungen), fördert intrinsische Motivation, arbeitet mit maximaler Transparenz und Kooperation und nimmt den Supervisanden keine Arbeit ab, sondern leitet diese zu systematischem Problemlösen an. Diese Gesichtspunkte gelten – wie auch das Prinzip der minimalen Intervention – über den gesamten Supervisionsprozeß hinweg.

12.2 Was können Supervisoren vom „Problemlösen in dynamisch-komplexen Systemen" lernen?

Bei jedem Problemlösen in dynamisch-komplexen Systemen sind „Friktionen" (unliebsame Überraschungen) eher die Regel als die Ausnahme (vgl. Dörner, 1989; Dörner et al., 1983; Schiepek, 1991; Lieb, 1995 etc.). Im Gefolge Dörners haben von der Weth & Strohschneider (1993, S.4 ff.) deutlich gemacht, daß trotz einer Orientierung an Leitlinien eine detaillierte Vorausplanung weder möglich noch notwendig ist. Um einen adäquaten Mittelweg zwischen den Extremen des vollständig regelgeleiteten Handelns vs. dem Versuch der bloßen Vermeidung allerschlimmster Fehler zu finden, haben sie folgende Hinweise formuliert, die hier vorbehaltlos übernommen werden können:

(1) Ständig das Unerwartete erwarten,
(2) Friktionen und Planmängel als Normalzustand nehmen,
(3) immer die Ziele im Auge behalten und
(4) ständig die Umwelt nach Anzeichen für möglicherweise relevante Veränderungen absuchen.

Dabei verändern sich dynamische Situationen schon „per definitionem" von allein, d.h. ohne Zutun von Supervisor oder Supervisand, wobei die Komplexität einerseits von objektiven Gegebenheiten (Zahl der beteiligten Variablen sowie deren Art der Vernetzung), andererseits aber von der *subjektiven* Wahrnehmung des Planers und dessen „Mustererkennung" abhängt. Auch das *Wissen* in bestimmten Bereichen („epistemische Struktur": Dörner, 1976) und bestimmte Fähigkeiten/Strategien zur Problemlösung („heuristische Struktur") entscheiden darüber mit, ob eine Situation zum *Problem* oder zur bewältigbaren *Aufgabe* wird. Daher sollte eine effektive Ausbildung von Therapeuten (und Supervisoren) auch die jeweiligen professionellen Wissens- und Kompetenzspeicher erweitern (vgl. Kap.6.1.3). Andere *personspezifische Schemata*, die zum jeweiligen „Selbst" zu rechnen sind und vor allem in emotionalen Belastungssituationen zu ineffektiver Informationsverarbeitung (und damit zu Beeinträchtigungen der fachlichen Arbeit) führen, sind besser mittels Selbsterfahrung/Selbstreflexion zu klären. Denn auch Supervisanden und Supervisoren sind immer selbst ein „Teil ihrer Probleme".

Unter Rückgriff auf Forschungsergebnisse zum kognitiven, zum dynamisch-komplexen und zum systemorientierten Problemlösen lassen sich *„effektive"* Problemlöser durch folgende Aspekte charakterisieren (vgl. Dörner, 1989; Dörner et al., 1983; D'Zurilla & Goldfried, 1971; Heppner, 1978; Kämmerer, 1983; Manteufel & Schiepek, 1994 etc.):

„Gute" Problemlöser (im Vergleich zu „schlechten") ...

- produzieren mehr Hypothesen und Entscheidungen,
- berücksichtigen *verschiedene* Aspekte des Gesamtsystems (nicht nur Ausschnitte),
- variieren den Auflösungsgrad ihrer Betrachtung (Mikro/Makro),
- stellen sich viele Fragen zur Klärung der Einbettung von Elementen in die jeweiligen Netzwerke,
- erkennen „wichtige" Aspekte und Muster,
- basteln sich ein vernetztes „Realitätsmodell", das die Komplexität hinreichend reduziert und nach dem Prinzip „Global denken, lokal handeln!" Anstöße und Eingriffe erlaubt,
- suchen für Anstöße oder „Verstörungen" nach „kritischen Variablen" oder „Druckpunkten" des Systems, die für dieses zentrale Bedeutung haben und viele andere Elemente beeinflussen,
- versuchen Haupt-, Neben- und Fernwirkungen ihrer Eingriffe zu berücksichtigen (die wegen der Vernetzung immer *mehrere* Elemente des Gesamtsystems „treffen" werden),
- bleiben systematisch beim Thema (im Gegensatz zu einem „thematischen Vagabundieren" oder einem hilflosen Hin- und Herspringen),
- achten auf viele Abläufe gleichzeitig,
- zeigen viel Selbstreflexion und lautes Denken,
- *prüfen* ihre Hypothesen an den Daten,
- nutzen Feedback von/Austausch mit anderen,
- wählen angesichts der Problemstellungen nicht impulsiv die erstbeste Lösung oder gehen dem Thema aus dem Weg, sondern treten in einen systematischen Lösungsprozeß ein,
- strukturieren und planen ihr Vorgehen,
- arbeiten hypothesengeleitet, zielorientiert und orientieren sich an den „Fakten",
- gehen systematisch und aktionsorientiert vor,
- wechseln ständig zwischen Aktion und Reflexion,
- profitieren von guten „Systemkompetenzen" (vgl. Manteufel & Schiepek, 1994; vgl. auch Kap.6.1.4).

Sie vermeiden umgekehrt typische Fehler im Umgang mit komplexen Systemen, wie sie Vester (1984, S.25) beschrieben hat:

- *Reparaturdienstverhalten:* Statt einer systematischen, problem- und zielorientierten Bedingungsanalyse wird ein aktueller Mißstand nach dem anderen zu beseitigen versucht (Beispiel: Supervisor springt auf ein präsentiertes momentanes Supervisionsproblem nach dem anderen an...).
- *Fehlendes Verständnis von Zusammenhängen:* Es werden zwar große Datenmengen erhoben, jedoch ungeordnet, isoliert auf Einzelbereiche beschränkt, so daß weder Zusammenhänge noch Dynamiken erkannt werden können (Beispiel: Überfütterung von Patienten oder Supervisanden mit Fragebogenpaketen, deren systematische einzelfallorientierte Auswahl genauso unterbleibt wie die Auswertung auf Zusammenhänge).
- *Einseitige Schwerpunktbildung:* Die Aufmerksamkeitsfokussierung beschränkt sich auf selektive Ausschnitte eines Systems, wobei relevante Schwerpunkte außerhalb des Blickfelds bleiben (wenn bei Teamsupervision nur die Beziehungen der Teammitglieder untereinander, nicht aber die Einbettung des Gesamtteams in den Kontext der Institution betrachtet wird).
- *Ignorieren von möglichen Nebenwirkungen:* Es werden Interventionen gesetzt, ohne auf deren Implikationen (Haupt- und Nebeneffekte, erwünschte und unerwünschte Effekte etc.) zu achten (Beispiel: Gut funktionierendes Belohnungssystem, eingesetzt zur Hausaufgabenerledigung eines Kindes, führt möglicherweise zu Problemen bei einem *Geschwisterkind*, das ebenfalls „Tokens" möchte und folglich auch Hausaufgabenprobleme entwickelt...).
- *Tendenz zur Übersteuerung:* Falls die erwarteten Effekte nicht sofort eintreten, wird mit Intensivierung der Maßnahmen reagiert, ohne die Zeit abzuwarten, die Systemveränderungen benötigen. Bei unvorhergesehenen Veränderungen wird ebenso vehement wie unsensibel in die andere Richtung gegengesteuert.
- *Autoritäres, direktives Verhalten* („Boxermentalität"). Statt eines „anschmiegsamen Verhaltens" nach dem Jiu-Jitsu-Prinzip, bei dem alle vorhandenen Dynamiken und Resourcen mit minimaler Intervention und geringem Energieverschleiß optimal ausgenutzt werden, wird ein direktes Eingreifen mit hohem Kraftaufwand versucht (wenn z.B. ein Team in der Supervision „mit Macht" gegen mißliche Organisationsstrukturen ankämpfen und diese total revolutionieren will, anstatt sich auf machbare, evtl. kleine Verbesserungsmöglichkeiten zu konzentrieren...).

Speziell für Supervisoren und Supervisanden haben Morran et al. (1995, S.385) kürzlich eine Reihe von Selbstinstruktionen publiziert, die deren klinisches Handeln konstruktiv unterstützen können. Frei übersetzt und leicht verändert sind sie in die Übersicht 28 integriert (vgl. nächste Seite). Bei vielen dieser Strategien geht es um eine Verbesserung der klinischen Urteilsbildung von Supervisoren bzw. Supervisanden und um deren „Meta-Kognitionen" (vgl. auch Gambrill, 1990; Kanfer et al., 1996, S.540 ff.). Auch Supervisoren arbeiten ständig mit unvollständigen Wissensmengen und müssen unter Zeitdruck Entscheidungen unter Unsicherheit treffen. Es ist daher günstig, wenn sie sich an den obigen Forschungsbefunden und praktischen Hinweisen orientieren, sich manchmal mit Ungefährlösungen zufriedengeben und ihr Tun immer an den jeweils eintretenden Ergebnissen weiter orientieren, bis ein hinreichendes Optimum erreicht ist.

Informations-suche	1. Berücksichtige alle Informationsquellen (Verbalberichte, Beobachtungen, Interaktionen, Daten von anderen Personen etc.). 2. Vergleiche neue Informationen mit bereits bekannten. 3. Siebe Informationen nach relevanten und irrelevanten Aspekten durch. 4. Registriere Informationslücken und plane Strategien, um sie zu schließen.
Bildung von Hypothesen und Bedingungs-modellen	1. Achte auf mögliche Beziehungen zwischen den (beobachteten oder verbal geschilderten) Variablen. 2. Bilde *mehrere* Hypothesen, um die jeweiligen Beziehungen tentativ zu erklären. 3. Formuliere Fragen oder Strategien, um die einzelnen Hypothesen an Daten zu testen. 4. Akzeptiere bzw. verwerfe Hypothesen auf Basis dieser Überprüfungen. 5. Integriere die übriggebliebenen Hypothesen in ein schlüssiges Bedingungsmodell.
Interventions-planung	1. Kläre die spezifischen Anforderungen der anstehenden Aufgabe/Intervention. 2. Formuliere konkrete Prozeßziele. 3. Bilde Pläne zum Erreichen dieser Ziele und übe die Strategien ein. 4. Begleite die Aufgabenumsetzung mit genauen (Selbst-)Instruktionen. 5. Evaluiere die Ergebnisse der Interventionen und nutze diese Informationen für die weitere Planung. 6. Leite zu Selbstbeobachtung an und halte die Handlung mittels internalem Dialog aufrecht (auch um mit eventuellen Schwierigkeiten umzugehen). 7. Achte während des gesamten Prozesses auf (Selbst-)Verstärkung.

Übersicht 28. Konstruktive Selbstinstruktionen für Supervisoren und Supervisanden (nach Morran et al., 1995).

12.3 Zur Dominanz von Prozessen/Inhalten und Verlagerung von Arbeitsschwerpunkten

Da in der Praxis mehrere Ziele zur gleichen Zeit zu verfolgen sind, wir uns wegen der Selektivität unserer Wahrnehmung aber nicht auf alles gleichzeitig konzentrieren können, müssen wir immer „Vordergrundprozesse" von „Hintergrundprozessen" unterscheiden. In Abhängigkeit von den jeweiligen Zielen der Supervision werden bestimmte Schwerpunktziele dominant, während andere für gewisse Zeit im Hintergrund weiterlaufen. Zur Regulierung solcher Dominanzprozesse und für die Verlagerung von Schwerpunkten werden nachfolgend einige Überlegungen angestellt.

Vordergrund- und Hintergrundprozesse. Vordergrundprozesse sind zu einem bestimmten Zeitpunkt *dominant*, sind „Leitthema", „Motiv", „Figur" oder „Fokus" und absorbieren im jeweiligen Moment die meiste Energie und Aufmerksamkeit. Hintergrundprozesse stellen – dem Begriff entsprechend – den „Hintergrund" dar, sind eher „Begleitmusik", „Hintergrundgeräusch" oder „Wahrnehmungsumgebung"; sie laufen unauffällig weiter, während im Vordergrund andere Themen/Ziele aktiv sind. Manche Hintergrundaktivitäten des Modells *waren* zunächst eine Zeitlang Vordergrund (z.B. der Aufbau einer Supervisionsbeziehung etc.), sind aber nach Erreichen eines

„Mindest-Levels" in den Hintergrund getreten, so daß ab dann lediglich auf die *Erhaltung* des hergestellten Zustands geachtet werden braucht (im Sinne der „Erhaltungsziele" von Kaminski, 1982). Durch neue Informationen oder plötzliche Ereignisse kann es aber jederzeit zu einem „Gestaltwandel" oder zu einer völlig veränderten Perspektive kommen. Laut Dörner (1989) sollte bei der Verfolgung komplexer Ziele *immer* eine Überwachung der momentan nicht primären Aspekte, d.h. „Hintergrundkontrolle" erfolgen. Sobald sich dort eine „Störung" bemerkbar macht, muß der Hintergrund sofort zum Vordergrund werden (vgl. unten).

Dominanz inhaltlicher Ebenen. Jede Supervision läuft inhaltlich auf den drei „Hauptschienen" ab (fachliche, personbezogene und systembezogene Ebene). Keiner dieser drei Bereiche erreicht im Verlauf der Arbeit jemals den Wert „0" oder wird völlig irrelevant; jedoch variiert der relative Beitrag in Abhängigkeit von den jeweiligen Zielen und Aufgabenstellungen. Für das professionelle Handeln von Therapeuten erhält die *Sachebene* erste Priorität zuerkannt: In Analogie zum wissenschaftstheoretischen Rationalitätsprinzip (Schwemmer, 1976) wird den Handlungen des Supervisanden „Rationalität" unterstellt (im Sinne von: „es sachlich richtig machen zu wollen", „nach den Regeln der Zunft arbeiten zu wollen", „in Einklang mit gesetzlichen und ethisch-berufsständischen Vorgaben zu arbeiten"). Die Sachebene ist auch normative Richtschnur in organisationsbezogenen Ansätzen, welche die Konzentration aller Beteiligten auf die jeweilige „Hauptaufgabe" („primary task": Rice, 1963) betonen, um die Ziele/Ideologien einer Institution optimal umzusetzen. *Abweichungen* von der sachlich-idealen Linie werden dann auf *persönliche Einflüsse* (Kompetenzdefizite, Einstellungen, Motivationsmängel, Ängste/Probleme, „blinde Flecken" etc.) bzw. auf *System- oder Kontextfaktoren* zurückgeführt.

Die folgende Übersicht 29 spezifiziert einige heuristische Überlegungen dazu, wann die jeweilige „Schiene" *dominant* werden sollte, sowie wann ein Übergang zu *anderen* Bereichen sinnvoll wäre:

---

a) Primäre Arbeit auf der „Sachebene":
- Ziel: Gewährleisten des fachgerechten Ablaufs einer Therapie oder vergleichbaren Dienstleistung, sachgerechtes Erledigen professioneller Aufgabenstellungen („lege artis" = nach den Regeln der Zunft);
- (Wieder-)Herstellen der Funktionstüchtigkeit einer Person, eines Teams, einer Gruppe, einer Organisation/Institution (vgl. auch das Konzept der „primary task": Rice, 1963)

Übergang von der Sachebene zur persönlichen Ebene:
- wenn notwendige Fachkompetenzen vorhanden sind und sich wiederkehrende persönliche Anteile bemerkbar machen, die (a) dazu führen, daß Supervisanden von „eigentlich" relevanten Sachthemen abweichen sowie (b) als persönliche Stärken/Ressourcen besser genutzt werden könnten
- supportive Ziele (emotionaler Beistand angesichts von Krisen, Psychohygiene etc.)

Übergang von der Sachebene zur System-/Kontextebene:
- wenn bei vorhandenen Fachkompetenzen die Performanz am System/Setting scheitert: Einfluß abträglicher Systemregeln oder Kontextfaktoren

(Fortsetzung nächste Seite)

---

b) Primäre Arbeit auf der „persönlichen Ebene":

- Arbeit an persönlichen Einflußgrößen (Stärken wie Schwächen), die sich mit gewisser Regelmäßigkeit auf die Arbeit (positiv bzw. negativ) auswirken; Ziel ist (a) das Begrenzen von bzw. der Umgang mit schädlichen Effekten bzw. (b) das bessere Registrieren, Entwickeln und Nutzen persönlicher Stärken.
- Supportive Ziele (z.B. Psychohygiene, Umgang mit beruflichem Streß, Aufbau beruflich relevanter Kompetenzen wie z.B. Selbstdurchsetzung, soziale Fertigkeiten etc.)
- Arbeit an wiederkehrenden persönlichen Anteilen (z.B. Ängste, Ärger, Wut, Trauer, Perfektionismus, fehlende Empathie, überstarke Sympathie bis hin zu erotischer Anziehung etc.), die die Therapie beeinträchtigen

Übergang von der persönlichen zur fachlichen Ebene:
- wenn fachliche Kompetenzdefizite vorliegen
- wenn „Präokkupation" mit persönlichen Themen ein sachgerechtes Arbeiten verhindert (oder wenn durch Bevorzugung persönlicher Anteile fachliche Kompetenzdefizite verschleiert werden)
- wenn Supervision die fachlichen Ziele (adäquate Dienstleistung) aus den Augen verliert und in „Selbsterfahrung" oder persönliche Therapie abzugleiten droht, auch und besonders in Teams und Organisationen

Übergang von der persönlichen zur „System-/Kontextebene":
- Überbetonung des Personaspekts bei Vernachlässigung system-/kontextbedingter Grenzen
- wenn übersehen wird, daß die Umsetzung persönlicher Absichten immer in einem passenden „Setting" geschehen muß (und dieses für die angestrebten Ziele dysfunktional wäre...)

c) Primäre Arbeit auf der System- bzw. Kontextebene:

- Hauptfokus: Systeminteraktionen, Person-Interaktionen in Teams und Gruppen, Kontext- und „Setting"-Bedingungen, Organisations- bzw. Institutionsstrukturen;
- Ziel: Funktionsverbesserung via Strukturveränderung und Strukturklärung bzw. adäquate Rollenübernahme
- Indikation: unklare Systembedingungen, Kompetenzgerangel, „Spiele", Machtkonflikte, bürokratische Hürden...

Übergang von der System- zur Sachebene:
- sobald system-/kontextbezogene Grundstrukturen als Voraussetzung für das adäquate Erledigen anstehender Sachaufgaben und Dienstleistungen geschaffen sind

Übergang von der System- zur persönlichen Ebene:
- gravierende persönliche Kompetenzdefizite
- dominante Personeinflüsse, die sich in jedem Kontext bemerkbar machen würden
- auch: Vernachlässigung persönlicher Stärken, die im System dringend gebraucht würden

Übersicht 29. Heuristische Hinweise zur Schwerpunktsetzung und -verlagerung bezüglich der drei „Hauptschienen" der Supervision.

Wie die nachfolgende Übersicht 30 zeigt, variiert die Reihenfolge bzw. Intensität der Bearbeitung auch in Abhängigkeit von der jeweiligen Arbeitsform:

Fallsupervision, Ausbildung	Selbstreflexion, supportive Anliegen	Teamsupervision, Organisationsberatung
1. Sachebene	1. Persönliche Ebene	1. Systemebene
2. Persönliche Ebene	2. Sachebene	2. Sachebene
3. Systemebene	3. Systemebene	3. Persönliche Ebene

Übersicht 30. Dominanz bzw. Bearbeitungsreihenfolge der Ebenen in Abhängigkeit von der Arbeitsform.

Am Beispiel „Fallsupervision" soll kurz die Logik der obigen Übersicht 30 demonstriert werden:

Wie oben geschildert, wird auch bei Fallsupervision der sachlich-aufgabenbezogenen Schiene das „Primat" zuerkannt. Supervisand und Supervisor sollten in erster Linie danach streben, den fachgerechten Verlauf einer Therapie („lege artis") zu gewährleisten oder (wieder) herzustellen. Es wird also zunächst einmal so getan, als wäre eine Arbeit „unter klinisch reinen Bedingungen", unbeeinflußt von Person- oder Systemeinflüssen möglich. Paradebeispiel für die Orientierung an solchen idealtypischen Anwendungsbedingungen wäre die Arbeit mit *Manualen*, in denen die jeweiligen effektiven Strategien mit klarer Indikation und Zielrichtung dargestellt sind. Persönliche Einflüsse werden als *Abweichung* vom Ideal interpretiert; sie werden (a) als Störfaktoren oder „Friktionen" verstanden, falls es sich um negative Anteile handelt, bzw. (b) als katalytische/förderliche Faktoren, wenn es um persönliche Stärken/Ressourcen geht. Ebenso werden Kontextbedingungen (Systemeinflüsse) unter der Fragestellung betrachtet, ob sie im vorliegenden Fall hinderliche oder förderliche Einflüsse darstellen, d.h. die Abweichungen vom üblichen Fachablauf erklären könnten.

Bei Selbstreflexion oder supportiven persönlichen Anliegen nimmt naturgemäß die persönliche Ebene den Hauptschwerpunkt ein, während bei Teamsupervision bzw. Organisations-, Institutions- und Systemberatung der System- bzw. Kontextbereich im Vordergrund steht (vgl. auch Weigand, 1992, S.32). Systemisch denken heißt allerdings nicht automatisch, mit allen zum System gehörigen Personen arbeiten zu müssen (vgl. Fisch et al., 1987). Aus der Übersicht geht auch hervor, daß die *Einstiegsebene* nicht die *Bearbeitungsebene* bleiben muß. Über letztere bestimmen immer die Daten der funktional-systemischen Bedingungsanalyse.

Gleichzeitiges Bearbeiten mehrerer Themen? Viele Prozesse und Inhalte laufen in einer Supervision gleichzeitig bzw. parallel ab. Trotz dieser Tatsache sollten Supervisoren darauf achten, nicht zu viele Anliegen/Themen auf einmal zur Bearbeitung zuzulassen. Insbesondere bei Themen mit hohem (existenziellen?) Stellenwert muß unter Motivationsaspekten berücksichtigt werden, daß die Bearbeitung viel Zeit, Aufwand und psychische Energien kostet. Das transparente, gemeinsame Festlegen von Schwerpunkten, das Prinzip der kleinen Schritte und des „first things first" tragen dazu bei, daß ein hilfreicher *systematischer Bewältigungsprozeß* in Gang kommt. Auch hier schützt das Prinzip der „minimalen Intervention" vor Überforderung, birgt umgekehrt bei Berücksichtigung optimaler Ansatzpunkte ein hohes Änderungspotential in sich.

12.4 Umgang mit „Störfällen" und „Friktionen"

Sobald „Störfälle" im Handlungsablauf auftreten, muß der übliche Fortgang gestoppt und zum „Problemlösen in der Selbstanwendung" übergegangen werden. Wie die Abbildung 32 (vgl. nächste Seite) zeigt, kann der Supervisor der bekannten Struktur des Kernprozesses mit all seinen Schritten folgen:

Im Falle von Störungen / Friktionen im Normalablauf:

1.) STOP! (Routineablauf unterbrechen)

2.) Meta-Position/Orientierung in
der Situation: Was ist los?
Was hakt?

3.) Analyse/Reflexion der
„Störung":
Was hakt *weshalb*?
(funktional-systemische Beding-
gungsanalyse des IST-Zustands)

4.) Zielfindung (SOLL-Zustand?)

5.) Mögliche Lösungen?

6.) Umsetzung der Wege und
Effektkontrolle
(ergebnisorientiertes
Optimieren)

7.) Wiedereinstieg in den
Supervisionsprozeß
(in früheren Schritten)

**Der „Kernprozeß" in der
„Selbstanwendung"**

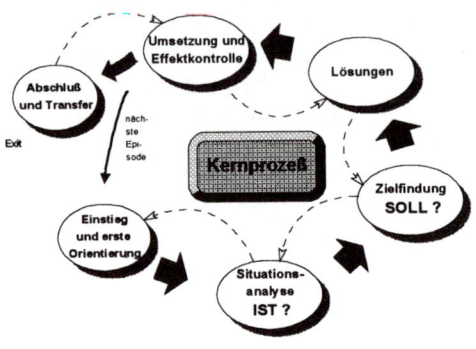

Abbildung 32. Umgang mit „Störfällen" und „Friktionen" im Supervisionsprozeß.

Während Supervisoren bei kleineren Problemen sofort und allein in der Lage sind, den „Störfall" zu beseitigen, kann bei größeren Friktionen (bis hin zu existenziell bedeut-samen bzw. ethisch kritischen Problemen) eine externe Unterstützung nötig sein. Hier kommen Maßnahmen wie kollegialer Austausch und Supervision für Supervisoren (vgl. Kap.8.3) zum Tragen.

Einige inhaltliche Beispiele für „Störfälle" und Friktionen können z.B. sein: im-plizite oder versteckte Anliegen, die sich erst im Verlauf des Prozesses deutlich be-merkbar machen, unproduktive „Spiele" zwischen Supervisor/Supervisanden, dys-funktionale persönliche Anteile von Supervisanden oder auch vom Supervisor, bislang unerkannte Systemfaktoren, dynamisch sich wandelnde Problem- und Zielprioritäten, konkurrierende Ziele, Interessen- oder Entscheidungskonflikte, Rivalitäten, Kompe-tenzgerangel in Teams/Institutionen und vieles mehr. Dabei wird auch beim Umgang mit solchen „Binnenproblemen" dem Wechselspiel von STOP und GO gefolgt:

So tritt der Supervisor auf die Äußerung seines Supervisanden: „Das geht bei meinem Klien-ten/in meiner Einrichtung sowieso nicht!", die ein Interaktionsproblem anzeigen dürfte und zum Unterbrechen des Routineablaufs führen muß, zunächst in die STOP-Phase ein: „Nach Ihren *bisherigen* Erfahrungen ist Ihr Einwand sicherlich richtig und verständlich; wir haben ja schon (Bedingung X, Bedingung Y) als Grund dafür analysiert. Jetzt sind Sie deswegen zu mir in die *Supervision* gekommen. Es ist uns beiden klar, daß Sie keinesfalls solche Schritte weiter tun sollten, die sich schon in der Vergangenheit als ineffektiv erwiesen haben. Supervision sucht nach *neuen, anderen* Wegen. Sie prüft auch bisherige Lösungswege. Wir könnten uns also erst einmal gemeinsam auf die *Suche* machen. Was halten Sie von dem Vorschlag, sich mit meiner Unterstützung erst einmal auf einen solchen Suchprozeß einzulassen?" Erst wenn der Supervisand das Angebot annimmt, kann auf die GO-Phase umgeschaltet und (dann am Suchprozeß) weitergearbeitet werden. Und auch im anderen Fall übernimmt der Selbstmanagement-Supervisor nicht die Arbeit für den Supervisanden, sondern gibt ihm den „Ball der Verantwortung" zurück: „Nun, vielleicht haben Sie wirklich recht, daß bei Ihrem Klienten/in Ihrer Einrichtung *aber auch gar nichts mehr* weiterhilft... – wenn das tatsächlich stimmen sollte: Was machen wir dann? Was heißt das für unser weiteres Vorgehen – heute – in dieser Supervisionsstunde?"

12.5 Der Supervisionsprozeß im zeitlichen Verlauf: Gelegenheit zur „Mustererkennung"

Wenn der Kernprozeß mehrere Male durchlaufen ist, und der Supervisor Gelegenheit hatte, Informationen von/zu den Supervisanden *über eine längere Zeitspanne* und *über mehrere Situationen hinweg* zu sammeln, werden typische „Muster" im Erleben und Verhalten deutlich, die für eine optimale Erledigung professioneller Aufgaben (sowie für Evaluationszwecke!) von Bedeutung sind. Sie können in Bezug auf folgende Bereiche systematisch beobachtet werden:

- Fachliche Kompetenzen und Performanzen (bzw. Defizite)
- Persönliche Schemata (positiv wie negativ)
- Kontextfaktoren und „System-Einflüsse"
- Beurteilung des Entwicklungsstands von Supervisanden (z.B. im Vergleich zu den Lernzielen eines Ausbildungs-Curriculums oder zu den Stadien entwicklungsorientierter Supervisionsmodelle: vgl. Kap.3.2)
- Lernprozesse (Fortschritte/Stagnationen, Lerntempo, bevorzugte Art des Lernens)
- Kommunikationsverhalten von Supervisanden während der Supervision (auch z.B. Wie bringt ein Supervisand seine Fälle/Probleme vor? Welche Themen spricht er bevorzugt an, welche klammert er aus? vgl. van Kessel & Haan, 1993b, S.33)
- Entwicklung/Verlauf der Interaktionen zwischen Supervisand und Supervisor (z.B. Art/Güte der Beziehung? „Spiele"? Hinweise auf „Parallelprozesse"?)
- Übertragungs- oder Gegenübertragungsmuster im Sinne des reziproken Schema-Transfers (vgl. Kap.9.3)
- Interaktionsmuster in Gruppen/Teams
- In welchen Funktionen wird der Supervisor bevorzugt angesprochen (edukativ, supportiv, administrativ)? Welche nimmt er tatsächlich wahr? Welche *sollte* er künftig stärker übernehmen?
- Welche *inhaltlichen* Schienen stehen überwiegend im Vordergrund (fachlich, persönlich, system-/kontextbezogen)? Welche *sollten* mehr betont werden? etc.

Solche Beobachtungen helfen dem Supervisor dabei, (a) seine Arbeit optimal auf Person, Situation und Entwicklungsstand der Supervisanden hin zuzuschneiden, (b) Entscheidungen hinsichtlich vorrangiger Interventionsschwerpunkte (z.B. Kompetenzaufbau, Bearbeiten „blinder Flecken", Informationsbeschaffung etc.) zu treffen, (c) zu beurteilen, ob und wie lange seine Begleitung noch notwendig ist, (d) rechtzeitig auf *andere* Herangehensweisen (Selbsterfahrung, kollegiale Supervision, Institutionsberatung etc.) auszuweichen oder zu verweisen, falls diese für die Anliegen von Supervisanden besser geeignet erscheinen.

Es ist z.B. ein gutes Zeichen für die Supervision insgesamt, wenn Supervisanden im Verlauf des Prozesses in ihren Schilderungen/Falldarstellungen immer konkreter werden, Anliegen präziser formulieren, Regeln des Vorgehens selbst abstrahieren können, bestimmte „Fehler" nicht wiederholen, sich selbst relevante Fragen stellen, ihre Stärken adäquat erkennen und nutzen lernen und zu besseren Problemlösern werden. Umgekehrt werden auch Defizite erst durch redundante Wiederholungen über *mehrere* Situationen deutlich und geben dann Gelegenheit zum „Gegensteuern".

Abschließende Bemerkungen zu Kapitel 12. Insgesamt handelt es sich beim vorliegenden Modell, in dem manche impliziten Vorgehensweisen und Erfahrungen „guter" VT-Supervisoren explizit gemacht sind, um einen *Arbeitsvorschlag* zur Strukturierung des Supervisionsgeschehens. Viele Erkenntnisse über günstiges Vorgehen beim Problemlösen in dynamisch-komplexen Situationen sind ins Modell „eingewoben". Für die Anwendung in der Praxis sind ein kreativer Umgang mit dem Modell und persönliche Adaptationen erwünscht; für *spezifische* Arbeitsschwerpunkte, die über das zunächst idealtypisch für therapeutische Einzelsupervision beschriebene Vorgehen hinausgehen, sind intensivere Modifikationen des Modells erforderlich (vgl. Kap.14). Zwar sind (im Sinne von Orlinskys (1994) Idee einer Fundierung klinischer Praxis durch forschungsbasiertes Wissen) viele Erkenntnisse der Grundlagenforschung genutzt sowie klinische Erfahrungen und „bewährte" Modelle einbezogen worden – eine direkte empirische Erforschung des Modells steht allerdings noch aus. Weder über die Effektivität bestimmter Schritte noch über die pragmatische Frage: Ist das Modell hilfreich/nützlich zur Strukturierung? kann bereits geurteilt werden. Hier ist jetzt der erste Schritt einer Explikation und systematisierten Ausarbeitung relevanter Bausteine erfolgt, die das Modell diskutier-, kritisier- und erforschbar machen und ermöglichen, seinen Beitrag zur Verbesserung von Theorie und Praxis verhaltenstherapeutischer Supervision zu überprüfen.

Nach diesem Exkurs zur Meta-Perspektive kehren wir im nächsten Kapitel wieder zur Makro-Ebene zurück und befassen uns mit dem Beendigen der Supervisionskontakte und dem Stadium nach Abschluß der gesamten Supervision.

13 Rückkehr zur Makro-Ebene: Beendigen der Supervisionskontakte und das Stadium nach Abschluß der Supervision

Sobald der Zweck einer Supervision erfüllt ist, geht der Supervisionsprozeß, der sich u.U. über einen längeren Zeitraum erstreckt hat, in seiner Gesamtheit wieder zu Ende. Damit setzen wir unser Meta-Ziel „Supervision als *zeitlich begrenztes* Unterfangen" in die Tat um. Der Übergang zum Stadium nach Abschluß der Supervision wird in der Regel nicht abrupt vollzogen, sondern allmählich und geplant gestaltet. Die Schluß-phase ist geprägt von Bemühungen um Stabilisierung von Fortschritten, aktive Generalisierung und Transfer (vgl. Kap.11.6.2). Das offizielle *Ende* der Supervision wird dabei durch den letzten Kontakt in Form eines Abschlußtermins (Bilanzgespräch) markiert; ab diesem Zeitpunkt befinden wir uns – bezogen auf die Überblicksgrafik (Abbildung 12) auf S.224 – im Abschnitt „Zeit nach Ende der Supervision".

Der nachfolgende Text ist in drei Abschnitte gegliedert: Zunächst betrachten wir die (13.1) *Endphase der Supervision* (Ausblenden der Supervisionskontakte und Vorbereitung auf die Zeit danach) sowie die (13.2) *Abschlußsitzung und Endbilanz*, bevor (13.3) das *Stadium nach Abschluß der Supervision* (Selbstsupervision, Selbstregulation und flexibler Umgang mit professionellen Unterstützungsformen sowie eigenständige Weiterentwicklung und Selbstqualifikation) behandelt wird.

13.1 Endphase der Supervision

Ausblenden der Supervisionskontakte. In den meisten Fällen gibt es bei länger angelegten Supervisionen für alle Beteiligten gewisse Hinweise darauf, daß man sich allmählich dem Ende der Kontakte nähert. *Erste Anzeichen* dafür können z.B. sein, daß langsam der „Stoff" für die Arbeit ausgeht, daß eher belanglose Themen/Anliegen ohne große emotionale/motivationale Beteiligung vorgebracht werden, Supervisanden ihre professionellen Aufgabenstellungen (wieder?) halbwegs zufriedenstellend erledigen können, Teams/Gruppen/Institutionen (wieder?) einigermaßen arbeitsfähig geworden sind, ein Projekt gut „auf den Weg gebracht" wurde etc. – daß also bestimmte Ziele erreicht bzw. Probleme gelöst sind. Letzteres gilt im vorliegenden Modell als *primäres Beendigungskriterium*, wohingegen die Tatsache, daß man am Ende der irgendwann zuvor vereinbarten Termine angelangt ist, nur sekundäre Bedeutung hat. Die Dauer einer Supervision sollte somit idealerweise vom Ergebnis der Frage abhängen: „Sind die Anliegen erfüllt bzw. Ziele erreicht?" Eine flexible Handhabung von Terminen impliziert damit sowohl (a) die Möglichkeit, eine Supervision bereits vor dem geplanten Ende abzuschließen, falls die erwünschten Resultate erzielt (oder im Fall von Mißerfolg als unerreichbar erkannt) worden sind, als auch (b) die Option auf eine problem- und zielabhängige Verlängerung der Kontakte. Auch stehen Fragen im Raum wie: Soll die Supervision bei einem anderen Supervisor fortgesetzt werden? Sind zusätzlich noch weitere psychosoziale Dienstleistungen in Erwägung zu ziehen (Fortbildung, persönliche Therapie o.ä.)? Hätte eine Fortsetzung der Kontakte negative Konsequenzen für die Teilnehmer (durch das Untergraben ihrer Eigenkompetenzen oder Stabilisierung von Mißständen „im System")? Wäre ein Abschluß der Supervision zum jetzigen Zeitpunkt sinnvoll, um Selbständigkeit/Autonomie zu fördern? etc. Idealerweise erfolgt die Entscheidung zum Beenden der Kontakte in einem *Konsens* zwischen allen Beteiligten und wird schon einige Termine vor dem offiziellen Ende getroffen („OK, arbeiten wir noch 4 Sitzungen am Thema X..."), so daß die verbleibende Zeit gut für eine positive Gestaltung des Übergangs zur „Zeit danach" genutzt werden kann (vgl. unten, Kap.13.1.2). Manchmal kommt das Ende aber auch durch sachfremde Gründe zustande (wenn z.B. die Finanzabteilung einer Institution keine Gelder mehr genehmigt oder ein Team sich auflöst).

Planmäßige und außerplanmäßige Gründe für die Beendigung der Supervision. Nicht immer endet eine Supervision zum vorher geplanten Zeitpunkt. Sowohl Supervisanden als auch Supervisoren können vorzeitig abbrechen, ihre Mitarbeit verweigern oder auf andere Alternativen ausweichen. Ein *Abbruch* der Kontakte seitens der Supervisanden kann hauptsächlich in solchen Bedingungen begründet sein, die wir unter der Rubrik „Supervisionsmotivation" bereits an anderer Stelle behandelt haben. Daneben spielen folgende Anlässe für ein geplantes bzw. außerplanmäßiges Ende der Supervision eine Rolle (Übersicht 31):

Planmäßige Beendigungsgründe	Außerplanmäßige Beendigungsgründe
• Vereinbarte Ziele sind erreicht • Probleme sind gelöst (oder es wurde ein akzeptabler Modus des Umgangs damit gefunden) • Orientierung/Perspektiven (wieder) vorhanden • emotionale Belastungen haben sich reduziert • Qualität der Arbeit ist gesichert/erhöht • erforderliche Kompetenzen wurden gelernt bzw. verbessert • Defizite sind gebessert/behoben • auch: Konsens darüber, daß eine Fortsetzung der Kontakte nichts bringen würde	• Disziplinarische Gründe (z.B. Verstöße gegen ethisch-berufsständische Richtlinien oder zentrale Punkte von Ausbildungsordnungen) • Umschwenken auf besser geeignete alternative Vorgehensweisen (persönliche Therapie, Fortbildung, Selbsterfahrung etc.) • *persönliche* Gründe der Beteiligten (z.B. Antipathie oder überstarke Sympathie) • Psychopathologie (z.B. psychotischer Schub, „Borderline"-Störung, extreme Ängste/Zwänge von Kandidaten) • Finanzierung wird vom Träger eingestellt etc.

Übersicht 31. Planmäßige und außerplanmäßige Gründe für die Beendigung der Supervision.

Während es wohl meist möglich ist, sich an den *planmäßigen* Beendigungsgründen der obigen Übersicht 31 zu orientieren und zu einem Konsens zu kommen, gibt es in anderen Fällen die Gefahr von zu langer oder zu kurzer Supervision. In Kap.15.2 werde ich mich noch ausführlicher zur Dauer von Supervision (und zur Frage „Endliche vs. unendliche Supervision?": vgl. auch Schmidbauer, 1986) äußern. Bei *überlanger* Supervision droht ein Erstarren in Routinen, Supervisanden und Supervisor sind eventuell gemeinsam „im System gefangen", Autonomie und Selbständigkeit werden untergraben, oder die Supervisionskontakte bekommen Ersatzfunktion für andere notwendige Schritte (z.B. Institutionsberatung, Leitungsberatung, Umstrukturierung der Einrichtung, Selbsterfahrung, Fortbildung etc.). Umgekehrt beinhaltet *zu kurze* Supervision das Risiko, bestimmte Themen nur anreißen zu können, ohne sie lösungsreif zu bearbeiten, im fassadenhaften Stadium der Kontakte zu verbleiben, Kompetenzdefizite von Supervisanden bzw. Strukturdefizite von Institutionen verschleiert zu lassen, also kaum Möglichkeiten zu konstruktivem Lernen zu nutzen.

Ablösungsprobleme von Supervisanden. Ab und zu kann es passieren, daß *Supervisanden* die Supervision weiterführen möchten, obwohl der Supervisor keinen Anlaß mehr dazu sieht. Dies kann durch mancherlei Faktoren veranlaßt sein; die wichtigsten sind vielleicht: (1) Angst vor der „drohenden" Eigenverantwortung, (2) Verlust der „tiefgehenden, persönlich bedeutsamen" Supervisionsstunden, stattdessen Übergang zum Alltag, (3) Perfektionismus bzw. Utopie-Syndrom, (4) Supervision als *Ersatz* für Fortbildung, Selbsterfahrung, interaktiven Austausch, persönliche Therapie, oder (5) finanzielle Gründe („Es ist noch Geld im Etat..."). Auch diesen Gesichtspunkten kann durch adäquates Vorgehen während der *gesamten* Supervision vorgebeugt werden.

Ablösungsprobleme von Supervisoren. Umgekehrt können auch *Supervisoren* die Supervision über das adäquate Maß hinaus ausdehnen wollen. Dies kann *finanzielle* Gründe haben (schließlich fällt eine gewohnte Einnahmequelle weg...) oder durch *personbedingte Einflüsse* zustandekommen (z.B. perfektionistische Ansprüche, Kontrollbedürfnis, Helfersyndrom etc.). Auch ist u.U. mit reaktivierten eigenen *Trennungs- oder Verlustängsten* zu rechnen, was McRoy, Freeman & Logan (1986) zu der Empfehlung veranlaßt, das adäquate Beenden von Therapie (und Supervision) als explizites Lernziel in Ausbildungscurricula aufzunehmen. Hier muß auch die hohe Bedeutung von eigener Selbsterfahrung sowie Supervision für Supervisoren unterstrichen werden; beides dient dem Zweck, bei Supervision primär *sachliche* Beendigungskriterien zugrundelegen zu können. Ein legitimer Grund für Supervisoren, auf einer *Fortsetzung* der Supervision zu bestehen, wäre allerdings dann gegeben, wenn Supervisanden so immense fachliche Defizite aufweisen, daß aus Gründen der Qualitätssicherung, des Patientenschutzes oder der Übernahme ethischer Verantwortung ein Beenden kontraindiziert wäre. Allerdings sollte dann nicht unbedingt *Supervision* die Maßnahme der Wahl sein, sondern Aus-, Fort- und Weiterbildung.

Gestaltung der Beendigung. Die wichtigste Regel für einen adäquaten Abschluß der Supervision hat fast paradoxen Charakter: Eine gute Beendigung beginnt ab der ersten Supervisionsstunde (oder anders ausgedrückt: Spätestens im Endstadium rächen sich eventuelle Versäumnisse früherer Phasen). Schon während des *gesamten* bisherigen Supervisionsprozesses müssen die Voraussetzungen für eine stimmige, für beide Seiten befriedigende Ablösung geschaffen werden. Dazu gehört u.a., (1) schon ab der ersten Sitzung Klarheit über die zeitliche Begrenztheit der Supervision zu schaffen, (2) ihren zweckgerichteten Arbeitscharakter zu betonen, (3) Transfermöglichkeiten von der Supervisionsstunde nach „draußen" (durch Aufgaben/Hausaufgaben) zu knüpfen, (4) notwendige Kompetenzen und Prozesse für eigenständiges Handeln zu vermitteln und (5) durch ständige aktive Beteiligung die Autonomie und Selbsteffizienz der Supervisanden zu fördern.

Neben diesen durchgängig relevanten Gesichtspunkten mit eher präventivem Charakter wird in der Schlußphase mit folgenden Maßnahmen gezielt auf eine Beendigung hingearbeitet: (1) Allmähliches, graduelles Ausblenden der Kontakte (statt eines abrupten Endes); (2) explizite Planung des Übergangs bzw. der Zeit nach dem Ende der Supervision (vgl. Kap.13.1.2), (3) Betonung von *Prozessen*, hilfreichen Strategien, Bewältigungsmöglichkeiten, persönlichen Stärken (als Hilfe der Generalisierung: vgl. auch Schritt 6 des Kernmodells); (4) kompakte Abschlußbilanz mit Betonung positiver Fortschritte, Kompetenzen und Transfermöglichkeiten (vgl. unten); (5) Vereinbarungen darüber, ob, wann und unter welchen Bedingungen wieder Supervisionsstunden abgehalten werden könnten; (6) Festlegen von „Booster"-Sitzungen zum kompakten Wiederauffrischen oder Festigen von Fertigkeiten; (7) Abmachungen über Katamnese- oder Nachbesprechungstermine in einigem zeitlichen Abstand zum offiziellen Supervisionsende; (8) Besprechen von Alternativen oder Ergänzungen zur Supervision (z.B. kollegiale Gruppe, Selbsterfahrung, Fortbildung, persönliche Therapie etc.) und (9) eventuell Übergabe/Weiterverweisung an einen anderen Supervisor.

Vorbereitung auf die Zeit danach. Wie eben angedeutet, sollte die Finalphase auch gezielt für eine Vorbereitung auf die Zeit nach dem offiziellen Ende der Supervision genutzt werden. Im wesentlichen geht es um die kompakte Auswertung von Erfahrungen während der Zeit der Supervision hinsichtlich (1) einer Sensibilisierung für künftige potentielle „Risikosituationen", (2) der Entwicklung adäquater „Coping"-Strategien, (3) der allgemeinen Förderung von „Neugiermotivation", „risk taking" bzw. Interesse an professioneller Weiterentwicklung sowie um den (4) Aufbau von Entscheidungskriterien, wann statt autonomer, selbstverantwortlicher Arbeit wieder Fremdunterstützung notwendig ist (vgl. Kap.13.3).

Dazu gehört auch das Erlernen interner Prüffragen (wie z.B.: Wann muß ich einen Fall abgeben, die Gelegenheit zu kollegialer Supervision nutzen, wieder in externe Supervision gehen, mit Unterstützung eines Co-Therapeuten arbeiten, mich um aktuelle Literatur bemühen, gezielte Fortbildung oder Selbsterfahrung machen, spezialisierte Kollegen um Rat fragen etc.); andere Hilfen sind problem- und zielorientierte Rollenspiele/Simulationen, was zu einem konstruktiven Voraus-Üben („prehearsal": Kap.17) kritischer Situationen genutzt werden kann. Der Aufbau sozialer Stützsysteme bzw. kollegialer Netzwerke kann abschließend nicht eindringlich genug empfohlen werden.

13.2 Abschlußsitzung und Abschlußbilanz

Die Abschlußsitzung stellt die letzte „offizielle" Supervisionsstunde dar. Sie beginnt meist mit einer gemeinsamen Rückblende auf die bisherige Arbeit und einer subjektiven Rekapitulation wichtiger Lernschritte und Erfahrungen. Diese zunächst eher selektiv geprägte Einleitung wird dann durch eine breit angelegte systematische Gesamtevaluation (PRÄ/POST-Vergleich) ergänzt. Dazu können nochmals sämtliche Protokolle, Evaluationsbögen oder Dokumentationsunterlagen gesichtet werden, um eine zusammenfassende Abschlußbilanz zu ziehen. Diese konzentriert sich einerseits auf die Evaluation der *Ergebnisse* (Was hat es gebracht?) und andererseits auf den *Prozeß* (Wie wurde gearbeitet?) der Supervision. Das wechselseitige Feedback im Gespräch kann auch durch Fragebögen unterstützt werden (vgl. z.B. FB-ENDSUP: vgl. Anhang F), wobei konstatiert werden muß, daß die bisherigen in der Literatur beschriebenen Instrumente meist nur bedingt brauchbar und selten empirisch überprüft sind.

Abschlußbilanz. Schon während des gesamten Supervisionsprozesses war das konkrete, verhaltensnahe und konstruktive Feedback ein kontinuierliches Charakteristikum des Modells. Das Abschlußgespräch stellt jetzt eine gute Gelegenheit dar, wichtige Punkte und Erfahrungen nochmals in konzentrierter Form durchzugehen. Dies ist im vorliegenden Ansatz eine *wechselseitige* Angelegenheit mit dem Ziel für alle Beteiligten, aus den positiven bzw. kritischen Rückmeldungen für die Zukunft zu lernen. Wegen der besonderen Bedeutung ist es ratsam, sich beiderseits (z.B. anhand von Fragebogen oder Protokollen) auf eine solche Bilanz *vorzubereiten*. Um diese nicht von vornherein in eine bestimmte Richtung zu beeinflussen, sollten Supervisoren zunächst mit dem Feedback seitens der *Supervisanden* beginnen, um erst danach mit der *eigenen* Einschätzung zu folgen.

a) Die Perspektive von Supervisanden. Die Einschätzung durch die Supervisanden gibt einen Einblick in die subjektiv erlebten Ergebnisse und Abläufe der Supervision (Effektivität? Lernerfolge? Art des Vorgehens? etc.). Rückmeldungen von Supervisanden sind außerdem für Supervisoren eine gute Möglichkeit, den eigenen Arbeitsstil weiterzuentwickeln. Natürlich zeigt sich hier noch einmal, ob eine offene, vertrauensvolle Beziehung aufgebaut werden konnte, in der es den Supervisanden erlaubt ist, auch (konstruktiv-)kritische Bemerkungen zu äußern. Supervisanden sollten zudem mittlerweile gelernt haben, ihre anfängliche Bewunderung, Autoritätsgläubigkeit oder gar Ehrfurcht vor dem erfahrenen Supervisor abzulegen und nicht nur taktisch-positive Gesichtspunkte mitzuteilen. U.a. sind folgende Punkte von Bedeutung:

- Stand der Dinge am Ende der Supervision: Lernfortschritte? Kompetenzerwerb? Anliegen/Ziele/Erwartungen erfüllt? etc.
- Feedback über die erlebte Art der Supervision
- Hilfreiche/weniger hilfreiche Strategien des Vorgehens
- Wichtigste Lernerfahrungen (positiv wie negativ)
- Retrospektive Betrachtung *kritischer* Situationen während der Supervision (Konflikte/Probleme sowie Umgang damit)
- Person des Supervisors und dessen Stil (warmherzig, kühl-abweisend, autoritär, kumpelhaft etc.)
- Was sollte der Supervisor unbedingt weiter praktizieren bzw. was sollte er in Zukunft anders machen?
  etc.

b) Die Perspektive des Supervisors. Folgende Aspekte sollten *Supervisoren* bei einer solchen Abschlußbilanz an ihre Supervisanden rückmelden (wobei es für Selbstmanagement-Supervisoren typisch ist, zunächst die Supervisanden um deren *eigene* Einschätzung der einzelnen Gesichtspunkte zu bitten):

Global (als Einleitung):
* Grobe Rekapitulation der bearbeiteten Anliegen/Themen
* Wichtige Gesamteindrücke (z.B. Arbeitsatmosphäre, Lernfortschritte über die Zeit etc.)

Konkrete Inhalte:
* Einschätzung der sachlich-fachlichen Arbeit des Supervisanden
  (diagnostisch-therapeutische Kompetenzen und Defizite)
* Persönliche Anteile und persönlicher Stil (Stärken/Schwächen, Achillesfersen)
* Besonderheiten der Interaktion (in Therapie wie auch in der Supervision)
* Beobachtete „Systemeinflüsse" (Setting, Institution etc.)
* Beobachtungen zur Supervisor/Supervisand-Beziehung
* Sonstige Auffälligkeiten mit beruflich-therapeutischer Relevanz (z.B. Tendenz zu eigener Überbelastung, Selbstüberschätzung, mangelndes professionelles Selbstvertrauen etc.)

Allgemeines Fazit:
* *Positive* Entwicklungen, Stärken, Kompetenzen (konkret/verhaltensnah)
* *Verbesserungsbedürftige* Punkte (konkret, konstruktiv) sowie persönlich-berufliche *Grenzen* bzw. *Risiken*

Die zukunftsorientierte Haltung legt nahe, dieses Feedback *mit Blick nach vorne* zu gestalten (z.B. Welche *Stärken* könnte jemand noch effektiver einsetzen? Mit welchen *kritischen* Situationen ist aufgrund bestimmter Schwachstellen zu rechnen? An der Besserung welcher *Schwächen* sollte noch in anderer Form weiter gearbeitet werden? u.v.m.).

Supervisoren sollten sich für ihre Einschätzung auf konkrete Informationen (Daten) aus den bisherigen Stunden beziehen. Sie können dazu in ihrer Erinnerung nochmals die wichtigsten Stationen der Arbeit kurz Revue passieren lassen, Protokolle studieren, vorliegende Dokumentationen auf Muster hin auswerten und stichwortartig ihr Feedback strukturieren. Im Sinne eines selbstreflexiven Arbeitens sollten Supervisoren auch dazu in der Lage sein, sich selbst (bzw. ihrer eigenen Supervisionsgruppe) Antworten auf z.B. folgende Fragen zu geben: Ist es mir in der Supervision gelungen, (a) eine unterstützende Beziehung aufzubauen, (b) anregende/weiterführende Fragen zu stellen, (c) professionelle und persönliche Stärken von Supervisanden zu fördern, (d) konstruktiv zu kritisieren und zu konfrontieren, (e) Selbstmanagement-Regeln (Transparenz, Mitbeteiligung, Beachten der Autonomie etc.) zu befolgen etc.? Konnten die Supervisanden mit meiner Hilfe bei ihren Anliegen Fortschritte erzielen? Habe ich bei meiner Begleitung das rechte Maß (zwischen Gängelband und „Hängenlassen") gefunden? etc. Weitere selbstkritische Fragen ergeben sich, wenn der Supervisor z.B. den (leeren) Fragebogen FB-ENDSUP (Anhang F) unter der Perspektive betrachtet, wie seine Supervisanden denn wohl ihre Antworten geben werden.

c) Gemeinsame Schlußbilanz. In der gemeinsamen Zusammenfassung der Abschlußbilanz werden beide Perspektiven dann *zusammengeführt.* Interessant ist dabei, auf
Ähnlichkeiten und Unterschiede zu achten, Feedback zum Feedback zu hören („Das
freut mich, daß Sie als Supervisor auch X als meine Stärke sehen!" bzw. „Es hat mich
überrascht, Y zu hören...") und gemeinsame Schlußfolgerungen zu ziehen (z.B.:
„Arbeitsfeld Z könnte sehr gut zu Ihnen passen, das meine ich auch!").

Des weiteren geht es in dieser Sitzung noch um das Treffen von Vereinbarungen
für die Zeit nach Ende der Supervision sowie um das Erledigen von Formalitäten
(Protokolle, Bestätigungen etc.). Schließlich kommt der Moment, wo man voneinander Abschied nehmen muß, was in manchen Fällen von Abschiedsritualen begleitet
sein kann.

13.3 Das Stadium nach Abschluß der Supervision

13.3.1 Selbstsupervision – Möglichkeiten und Grenzen

Wenn die Supervision erfolgreich verläuft, müßte spätestens jetzt das Ziel „Fähigkeit
zur eigenständigen Berufsausübung" erreicht sein. Gerade die Selbstmanagement-
Perspektive wendet sich *gegen* endlose professionelle Supervision und die Haltung,
daß Therapeuten prinzipiell nur mit einem Supervisor an der Seite arbeitsfähig wären.
Sie will jedoch keinesfalls sich selbst überschätzende „therapeutische Einzelkämpfer"
heranbilden, die nach Abschluß ihrer Ausbildung zu dem Trugschluß gelangen, nie
mehr Supervision (oder andere externe Hilfe) zu benötigen. Es wäre sicher eine Illusion, zu glauben, daß ein „fertig" ausgebildeter Therapeut „garantiert problemfrei" und
therapeutisch perfekt bis ans Lebensende arbeiten könnte; dagegen sprechen viele
empirische Befunde zum persönlichen Leben von Psychotherapeuten, wie sie z.B. Guy
(1987) zusammengetragen hat. Folglich ist eine *realistische* Einschätzung der Möglichkeiten und Grenzen von Selbstsupervision angesagt.

Möglichkeiten der Selbstsupervision. Der eben skizzierte Selbstmanagement-
Standpunkt erhält einige Unterstützung aus der Literatur, insbesondere seitens
„entwicklungsorientierter" Supervisionsmodelle (vgl. Kap.3.2) und solchen Ansätzen,
welche Supervision als generellen Prozeß des Erwerbs von professioneller „self-
efficacy" (Bandura, 1977) auffassen. Im wesentlichen liegt diesen der Gedanke zugrunde, daß Supervisanden im Verlauf der Supervision solche Einstellungen und
Kompetenzen lernen sollten, daß sie ihr professionelles Handeln eigenständig effektiv
gestalten und sich dabei quasi selbst supervidieren können (vgl. auch Yager & Park,
1986). Dies wird als Kennzeichen der obersten professionellen Entwicklungsstufe von
Therapeuten betrachtet (vgl. z.B. Bernstein & Lecomte, 1979; Litrell, Lee-Borden &
Lorenz, 1979; Loganbill, Hardy & Delworth, 1982; Skovholt & Ronnestad, 1992;
Stoltenberg & Delworth, 1987 etc.) und dann zu einer *Daueraufgabe* (vgl. auch
Schmidbauer, 1986). In Einklang mit den Empfehlungen in der Endphase des präsen-

tierten Supervisionsmodells sollte die Fähigkeit zur Selbstsupervision nicht automatisch erwartet, sondern systematisch trainiert werden (vgl. auch Donnelly & Glaser, 1992; Kahn, 1976). Interessanterweise verwenden die meisten bislang publizierten Arbeiten typische Selbstregulations-, Selbstkontroll-, oder Selbstmanagement-Elemente – vor allem Selbstbeobachtung, Vergleich mit Referenzstandards, positive oder negative Selbstevaluation, Zielsetzung, Problemlösen und Interventionsplanung etc. (vgl. Meyer, 1978). Die gute Trainierbarkeit solcher Fertigkeiten wird – auf die Ausbildung von Beratern/Therapeuten bezogen – in mehreren Arbeiten bestätigt (vgl. z.B. Anderson, 1988; Hector, Elson & Yager, 1977; Hosford & Johnson, 1983; Littrell et al., 1979, S.133 etc.). Im Idealfall ist ein Therapeut im Stadium der Selbstsupervision in der Lage, die „normalen" professionellen Anforderungen seines Arbeitsfelds eigenständig zu bewältigen, Prozesse und Methoden seiner Disziplin adäquat und effektiv einzusetzen, sein Vorgehen selbst zu beobachten, zu reflektieren und gegebenfalls zu modifizieren/korrigieren, mit arbeitsfeldtypischen Problemen umzugehen, dabei persönliche und kontextuelle Einflüsse zu registrieren und zu berücksichtigen sowie innere Referenzkriterien zu benutzen, die ihm signalisieren, ob externe Unterstützungsformen notwendig sind (vgl. unten). Wie van Kessel & Haan (1993a, S.16) beschreiben, sollte er dabei – im Sinne von Batesons (1982) Konzept der „binokularen Sichtweise" – eine *doppelte* Perspektive einnehmen können, nämlich die des *teilnehmenden* und des *beobachtenden* Selbst.

Grenzen der Selbstsupervision. Nicht immer können Therapeuten allerdings dem eben skizzierten Idealbild entsprechen. Unerwartete Anforderungen (Überforderungen), neue Aufgaben, emotionale Verstrickungen, persönliche Voreingenommenheiten, Übermotivation genauso wie Mißerfolgs- oder Versagensängste, übermächtige Kontext- oder Systembedingungen können solche Probleme im Arbeitsalltag mit sich bringen, daß Selbstsupervision an Grenzen stößt. Da „blinde Flecken" schon per definitionem nicht selbst erkennbar sind, wird die enorme Bedeutung *externer Perspektiven* und die ständige Bereitschaft zum *Austausch mit anderen Sichtweisen* deutlich. Dies kann zu einem (Wieder-)Einstieg in externe, professionelle Supervision führen, eventuell aber auch andere Alternativen (z.B. Selbsterfahrung, Fort- und Weiterbildung etc.) sinnvoll erscheinen lassen.

An anderer Stelle (Schmelzer, 1996) habe ich mich mit der psychoanalytischen Lehranalyse und der Frage auseinandergesetzt, ob eine Selbstanalyse überhaupt möglich sei. Im Verständnis klassischer Psychoanalytiker wird dies verneint. Eine Selbstanalyse sei in jedem Fall unzureichend; im Extrem reicht die Kritik bis zu dem Standpunkt, jede Selbstanalyse sei eine „neurotische" Tätigkeit und repräsentiere eine besondere Form des Widerstands gegen die psychoanalytische Methode insgesamt (vgl. Schott, 1992, S.22 ff.). Obwohl ich mit vielen anderen (vgl. von Werder & Peter, 1992) die letztere Überzeugung nicht teile*, ist natürlich gegenüber Selbstanalyse und Selbstsupervision eine gewisse Skepsis angebracht, insbesondere, wenn Therapeuten ihre eigenen Möglichkeiten *überschätzen*, „blinde Flecken" ignorieren, in emotionale Ausnahmesituationen geraten und der „Münchhausen-Illusion" anheimfallen (d.h.

---

*   ... was von Analytikern wiederum als Widerstand gedeutet werden kann.

der Meinung sind, sich in jeder beruflichen oder privaten Lebenslage am eigenen Schopf – ohne externe Hilfe – aus dem Sumpf ziehen zu können: Schmelzer, 1996, S.169).

Der Psychoanalytiker Johannes Cremerius (1994b) hat kürzlich unter Rückgriff auf Freud die Metapher der „schlafenden Hunde" gebraucht, um ein Phänomen zu charakterisieren, das auch für unser Konzept auf die Bedeutung stetiger Wachsamkeit und die Grenzen von Selbstsupervision hinweisen kann. Im Gegensatz zur trügerischen Hoffnung, durch eine „totale" Psychoanalyse jegliche künftige Problemstellen sozusagen präventiv aus der Welt schaffen zu wollen, empfiehlt er kürzere, häufigere persönliche Analysen, immer in Abhängigkeit von der spezifischen Notwendigkeit, denn: „Immer bleiben 'schlafende Hunde' unaufgeweckt, wie Freud bemerkt, immer werden nur die Konflikte bearbeitet, die in dem Lebensabschnitt, in dem sich der Analysand gerade befindet, anliegen und drängen. ... Zugleich aber ergab sich aus diesem Konzept die Konsequenz, sich immer dann wieder in Analyse zu begeben, wenn bisher schlafende Hunde aufwachten, wenn ein neuer Lebensabschnitt neue Konflikte sichtbar machte, oder wenn der Analytiker bei seiner Arbeit mit dem Patienten feststellte, daß seine analytische Funktion gestört war" (Cremerius, 1994b, S.430). Ob es dazu allerdings immer einer *therapeutischen* Hilfe oder einer *Psychoanalyse* bedarf, ist aus unserer Sicht zumindest fraglich.

Fazit. Selbstsupervision ist eine wichtige Fertigkeit „reifer" Therapeuten, die sie spätestens am Ende ihrer Ausbildung erworben haben sollten. Sie besteht u.a. aus folgenden Teilkomponenten: (1) Dauerhafte „Wachsamkeit" und Selbstbeobachtung, (2) Selbsreflexion und Evaluation des eigenen professionellen Handelns (in Bezug auf professionelle Standards: vgl. auch van Kessel & Haan, 1993b, S.36), (3) innere Dialoge, innere Vergleichs- und Kontrollprozesse („innere Audienz": Paulus, 1994, S.270) und (4) Selbstverstärkung bei Erfolg („OK, weiter so") bzw. Übergang zu Selbstregulations- und Problemlöseaktivitäten im Fall erwartungswidriger Abläufe. Selbstsupervision ist dabei u.a. durch folgende Möglichkeiten zu fördern:

- Anwendung/Vermittlung allgemeiner Selbstregulations- und Selbstmanagement-Fertigkeiten (vgl. Kanfer et al., 1996, S.411 ff.: von Selbstbeobachtung über Problemlösen, Streßmanagement, Entspannung zu Genuß und Genießen etc.)
- Regelmäßige, systematische Selbstevaluation
- Selbstkonfrontation mit eigenem Verhalten (evtl. mit Hilfe von Video: vgl. auch Fuller & Manning, 1973)
- Training in Selbstkritik und „self-reliance" (Bernstein & Lecomte, 1979)
- Analyse eigenen Therapieverhaltens mittels „Interpersonal Process Recall" (IPR: Kap.17; z.B. hinsichtlich eigener Entscheidungskriterien/-strategien, Effekte von Interventionen auf Klienten, klinischer Urteilsbildung) etc.

Selbstverständlich müssen Supervisoren in ihrer eigenen Supervisionsausbildung auf die Vermittlung solcher Aspekte *vorbereitet* werden. Daneben ist die *kontinuierliche Auseinandersetzung* mit Perspektiven *anderer* Personen unabdingbar. Sie soll die illusorische Überschätzung von Selbstsupervision und Selbstreflexion geringhalten und ein externes Wahrnehmungskorrektiv bereitstellen. Ob dies in Form sozialer kollegialer Unterstützungssysteme oder auf professionell-bezahlte Art erfolgt, ist im Einzelfall zu entscheiden. Die obigen Faktoren entsprechen im wesentlichen den Bestandteilen des Selbstregulationsmodells von Kanfer (z.B. 1987) und machen auf die Notwendigkeit aufmerksam, rechtzeitig zu Selbstregulations- und Problemlöseaktivitäten zu greifen, falls dies nötig ist (vgl. nachfolgender Abschnitt). Auch dabei können neben inneren Referenzsystemen besonders *Rückmeldungen von außen* helfen.

13.3.2 Selbstregulation und Problemlösen – flexibler Umgang mit professionellen Anforderungen und Unterstützungsformen

Die Fähigkeit zu eigenständiger therapeutischer Tätigkeit impliziert einerseits, die notwendigen Kompetenzen für den Umgang mit Routineanforderungen des Berufsfelds zu besitzen, und andererseits um die Möglichkeiten und Grenzen von (a) Therapie im allgemeinen sowie (b) der eigenen Person im besonderen Bescheid zu wissen,

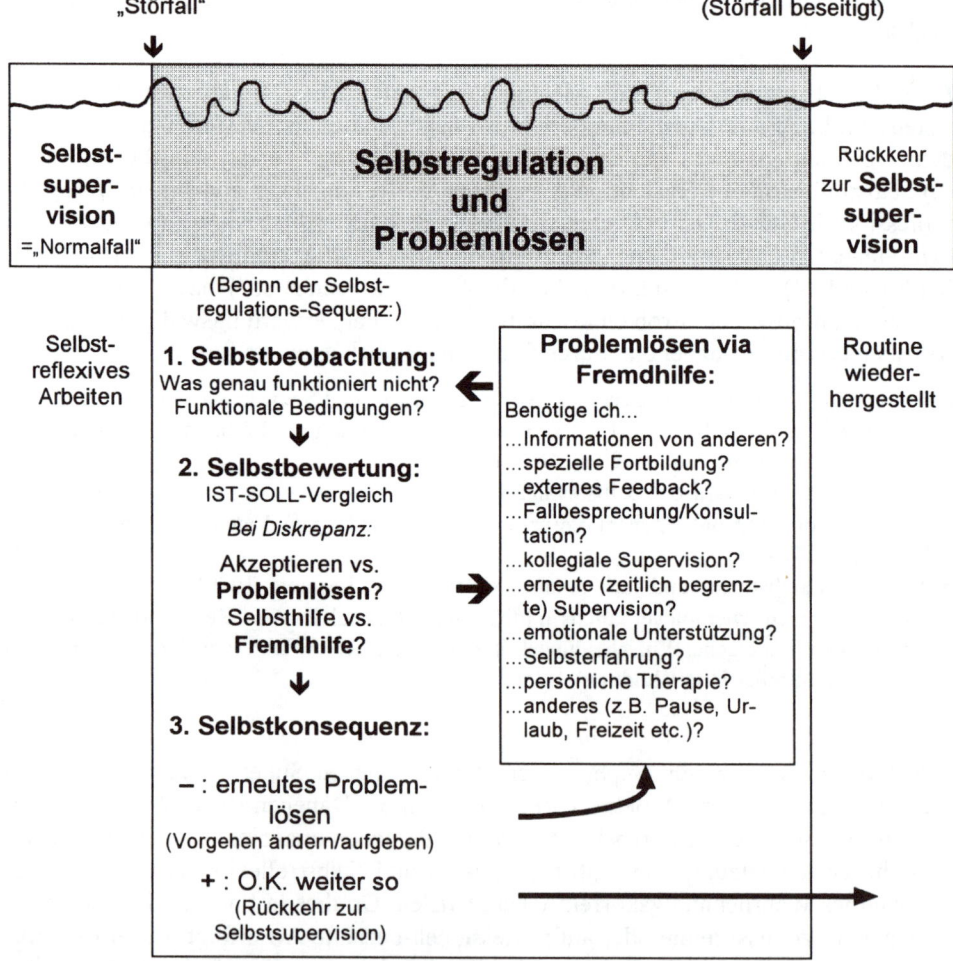

Abbildung 33. Selbstsupervision, Selbstregulation und Problemlösen.

so daß im Bedarfsfall entschieden werden kann, ob irgendeine Art von externer Unterstützung erforderlich ist. Selbstsupervision und Hilfe/Anregungen von außen *ergänzen* sich somit stets. Zudem sollte eine gute Einbindung in ein Netz von Kollegen, die Bereitschaft zu (lebenslanger) professioneller Weiterbildung und -entwicklung, eigenständiges Lernen, Austausch in Teams, kollegiale Supervision etc. zu den (überlebensnotwendigen) Arbeitsbedingungen „erfahrener" Therapeuten gehören.

Wie die nebenstehende Abbildung 33 zeigt, gehört selbstreflexives Arbeiten (d.h. Selbstsupervision) für Therapeuten dieses Stadiums zur *Alltagsroutine*, welche allerdings durch besondere Anlässe unterbrochen werden kann. Sobald solche „Störfälle" auftreten, müssen Selbstregulations- und Problemlöseaktivitäten in Gang gesetzt werden (vgl. Mitte der Abbildung). Nach erfolgreicher Selbstregulation kann dann wieder zum „Normalfall" und automatisierten selbstreflexiven Arbeiten, d.h. zur Selbstsupervision zurückgekehrt werden.

Die elementare Struktur der Abläufe im mittleren Feld der Abbildung 33 ist dem Selbstregulationsmodell von Kanfer (1970, 1987) entnommen und beinhaltet den klassischen Dreierschritt *„Selbstbeobachtung, Selbstbewertung und Selbstkonsequenz"*, hier bezogen auf das Thema Selbstsupervision. Wie ersichtlich fallen beim Schritt „Selbstbewertung" auch Entscheidungen über „Problemlösen" bzw. die Notwendigkeit einer Inanspruchnahme von Fremdhilfe. Bei erfolgreicher Selbstregulation (d.h. „Störfall"-Behebung) kann zur Selbstsupervision zurückgekehrt werden. Im Fall *kontinuierlichen* Mißerfolgs der Problemlösebemühungen (u.U. mit fremder Unterstützung) sollten die Lösungsversuche geändert oder aufgegeben werden. Letzteres empfiehlt sich vor allem bei therapeutischen „Tatsachen" oder „Utopien".

13.3.3 Eigenständige Weiterentwicklung und Selbstqualifikation

Berufliche Weiterqualifikation ist in jeder Berufsordnung für Psychologen ein zwingend vorgeschriebenes Muß: „Der Psychologe ist verpflichtet, sich durch Fortbildung über den jeweiligen Stand der Wissenschaft in Kenntnis zu setzen" (BDP, 1986, S.9). Hier geht es allerdings weniger um das Erfüllen formaler Mindestpflichten (wie z.B. den Nachweis von X Weiterbildungsstunden pro Jahr gegenüber einem Berufsverband), sondern darum, bereits während der Therapieausbildung und Supervision möglichst viel Neugier, Motivation und Interesse für eine eigenständige Weiterentwicklung und Selbstqualifikation zu fördern.

Ähnlich wie im gesamten Lebensalltag „Entwicklung" als lebenslanger Prozeß verstanden werden kann, ist bei den *berufsbezogenen* Kompetenzen ein permanentes (Weiter-)Lernen erforderlich. Veränderte soziale und gesellschaftliche Bedingungen stellen zusätzliche berufliche Anforderungen, neue Erkenntnisse der wissenschaftlichen Grundlagenforschung (z.B. hinsichtlich der Effektivität von Psychotherapie: vgl. Grawe et al. 1994) weisen auf bessere therapeutische Möglichkeiten für bestimmte Problemstellungen hin (bzw. auf inadäquate, ineffektive und nicht mehr zu empfehlende Vorgehensweisen). Dubin (1972) schätzte schon vor einem Vierteljahrhundert die Halbwertszeit psychologischen Wissens auf 10 bis 12 Jahre, d.h. nach dieser Zeitspanne sind 50% des einmal gelernten Wissens und Handelns von Psychologen überholt. Lindsay, Crowe & Jacobs (1987) betonen kontinuierliches professionelles Lernen als besonderen Aspekt der Qualitätssicherung. Traditionellerweise wird dies durch Lektüre von Fachzeitschriften, Fallbesprechungen, kollegiale Treffen und Besuch von Fortbildungsveranstaltungen erledigt (vgl. Clark, Waden, Brownell, Gordon & Tarte, 1983). Andere Möglichkeiten sind die Teilnahme an Kongressen, Fachtagungen oder Informationsveranstaltungen, Mitarbeit in themenspezifischen Arbeitskreisen, Nutzen von Kommunikationsnetzen und Literaturdiensten (mittlerweile auch computerunterstützt möglich), Bildung von Arbeitsgruppen (ad hoc, themenspezifisch, sporadisch bzw. regelmäßig), kollegiale Supervisionsgruppen (für Therapeuten *und* für Supervisoren) und vieles mehr. Jensen (1979) hat zu Recht darauf hingewiesen, daß ein Auffrischen von *Wissen* allein *nicht* genügt, sondern daß auch die praktischen Handlungskompetenzen wichtig sind. Ganzheitliche Lernformen, die entdeckendes Lernen fördern, Emotionen und Motivationen berücksichtigen und prozeßorientiertes Lernen begünstigen, wurden in Kap.6.3 zum Thema „Therapiedidaktik" ausführlicher dargestellt. Insbesondere geht es dabei um die Förderung selbständigen Lernens, das Herstellen der erforderlichen Rahmenbedingungen und das Beachten der entsprechenden Lernprinzipien (vgl. Simons, 1992).

Lindsay et al. (1987) plädieren auch für eine möglichst enge Verbindung zwischen Weiterbildungsmaßnahmen und der jeweiligen Praxissituation. In ihrer Beschreibung eines „Projekts zur Entwicklung kontinuierlicher professioneller Weiterbildung" in den USA („Continuing Professional Education Development Project": CPEDP) beschreiben sie unter anderem ihre Leitlinien für *Intensiv-Workshops* mit „erfahrenen" Kollegen, die wie folgt lauten:

- Praxisorientierung
- kleine Gruppen
- viel Interaktion (sowohl zwischen den Gruppenmitgliedern als auch mit dem Leiter)
- erfahrungsorientiertes Lernen und Verfeinerung von „skills"
- individueller Zuschnitt
- kollegiale Atmosphäre
- Feedback hinsichtlich der Performanz der Teilnehmer (z.B. mit Video-Unterstützung)
- aktive Beteiligung
- eventueller Nachteil: kostenintensiv für den einzelnen (z.B. im Vergleich zu einer Vorlesungsveranstaltung mit 500 Teilnehmern)

Solche arbeitsfeldbezogenen, themenspezifischen, praxisorientierten Workshops könnten sowohl als Gelegenheit für ein sporadisches Wieder-Auffrischen von Fertigkeiten als auch für den Erwerb neuer, zusätzlicher Kompetenzen genutzt werden.

Therapeuten, denen eine qualitativ hochstehende Therapiepraxis wichtig ist, sollten aber nicht nur persönliche Qualifikationsvorteile, sondern auch die Weiterentwicklung ihrer Disziplin ins Auge fassen. Im Interesse einer Förderung des Theorie-Praxis-Dialogs sind Ansätze zur unmittelbaren Praxisforschung, Kooperation mit universitären Lehrstühlen für Klinische Psychologie und anderen Forschergruppen, Therapieprozeßforschung, Evaluations- und Qualitätssicherungs-Vorhaben, gemeindenahe Projekte und ähnliche Initiativen zu begrüßen.

Auch Offenheit für professionelle Weiterentwicklung und Bereitschaft zu kontinuierlichem Lernen sind nicht automatisch zu erwarten, sondern müssen spätestens gegen Ende der Ausbildungssupervision gezielt gefördert werden. Zunächst beginnt der Lernprozeß mit einer eher *fremdgesteuerten* Phase; dies ist aber nur auf dem ersten Blick paradox, denn in Analogie zur Selbstständigkeitserziehung werden die Hilfestellungen des Lehrtherapeuten/Supervisors dann graduell ausgeblendet und in Selbststeuerung übergeführt, so daß die Eigenständigkeit des Kandidaten im Zug seiner Lernfortschritte zunehmend größeren Freiraum erhält. Den Supervisoren kommt in diesem Zusammenhang eine *doppelte* Bedeutung zu: Sie sind einerseits wichtige *Vorbilder* (Modellfunktion!) für ihre Kandidaten, zum anderen sind ihre Kompetenzen bei der Weiterentwicklung professioneller Aus-, Weiterbildungs- und Supervisionsangebote gefragt – insbesondere im Hinblick auf die Förderung der Bereitschaft von Kandidaten zu lebenslangem kontinuierlichen Lernen.

Im späteren Alltag erfahrener Therapeuten werden sich Maßnahmen der Selbstqualifikation mit der gezielten Inanspruchnahme professioneller (und damit zu bezahlender) Angebote mischen. In diesem Zusammenhang ist erfreulich, daß neue Weiterbildungsformen und kooperative Selbstqualifikation auch zunehmend in den Bereich Organisationsentwicklung Einzug gehalten haben (vgl. Heidack, 1993). Neben Versuchen der Kostendämpfung spielt dabei sicher eine Rolle, daß man die Mitarbeitsbereitschaft und Motivation der Beschäftigten – egal ob im Profit- oder im Non-Profit-Bereich – als unabdingbare Voraussetzung für den Erfolg des Gesamtunternehmens erkannt hat. Schlagworte wie Qualitätszirkel, Lernstatt, Projektplanung, Zukunftswerkstatt, Kreativworkshops, Szenariogruppen etc. haben alle gemeinsam, daß Institutionen mittlerweile klar geworden ist, daß die Arbeitsmotivation der Mitarbeiter mittels erlebnisaktivierender Methoden (Stichwort „Spaß am Lernen") gefördert werden kann, und daß aus einem „Arbeitssystem" besser ein „Lernsystem" wird, was sich auch im Begriff „lernende Organisation" (vgl. z.B. Fatzer, 1990d) ausdrückt. So bleibt im Interesse der „intrinsischen Motivation" von Mitarbeitern zu hoffen, daß deren Bereitschaft zu lebenslanger Weiterqualifikation seitens ihrer Institutionen auch adäquat unterstützt wird.

14 Modifikationen des Modells für spezifische Anwendungsschwerpunkte

Das allgemeine Supervisionsmodell, wie es in den obigen Kapiteln 10 bis 13 beschrieben wurde, ist primär für die *Einzelsupervision* im therapeutischen Kontext (egal, ob in Ausbildung oder späterer Praxis) konzipiert. Wenn auch schon dort an manchen Stellen auf abweichende Arbeitssettings (Gruppen, Teams) hingewiesen worden war, so machen spezifische Anwendungsschwerpunkte doch umfangreichere Modifikationen erforderlich. Außerdem soll die Prämisse, praktische Erfahrungen mit Erkenntnissen der empirischen Grundlagenforschung zu verbinden, auch bei den nachfolgenden Anwendungsbereichen durch eine pragmatische Orientierung an wichtiger Literatur umgesetzt werden.

In einführenden Vorbemerkungen möchte ich zunächst auf die Besonderheiten der *Gruppensituation* (im Gegensatz zur Supervision im Einzelkontext) eingehen. Verschiedene Einteilungsgesichtspunkte, Vor- und Nachteile sowie Aspekte der Gruppendynamik mit vielfältigen Kommunikations- und Interaktionsprozessen beziehen sich auf *Gruppensupervision* allgemein (Kap.14.0). Danach nehme ich aus praktischen Gründen eine Differenzierung vor (vgl. unten, Abbildung 34): Gruppensupervision mit Personen, die *ausschließlich* zum Zweck der Supervision zusammenkommen, läßt sich als „Einzelarbeit im Gruppenkontext" verstehen; hier sind nach Fiedler (1996) gruppendynamische Prozesse zwar vorhanden, erhalten aber *keine* vorrangige Bedeutung zuerkannt. Diese spezielle Form beschreibe ich in Kap.14.1. Die darauffolgenden vier Bereiche lassen sich der „Organisationssupervision" (Gotthardt-Lorenz, 1994) zurechnen, d.h. finden im Kontext von Institutionen statt, was zur Folge hat, daß gruppen-, institutions- und systemdynamische Gesichtspunkte sehr viel stärker einbezogen werden müssen. Im einzelnen handelt es sich um (14.2) Teamsupervision,

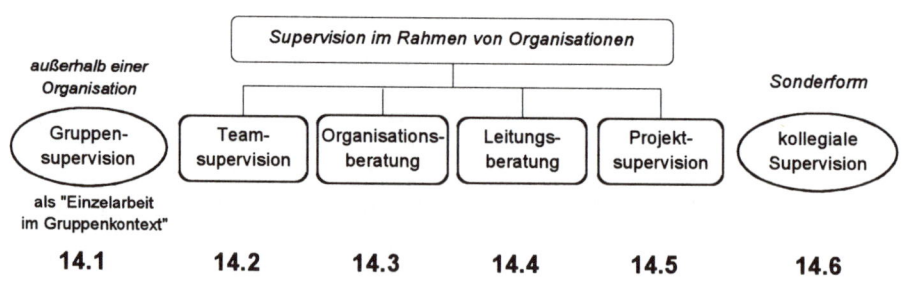

Abbildung 34. Gliederung von Kapitel 14 im Überblick.

(14.3) Organisations-/Institutionsberatung, (14.4) Leitungsberatung/Rollencoaching und (14.5) Projektsupervision. Wie die nebenstehende Abbildung 34 im Überblick zeigt, schließe ich mit der Sonderform der (14.6) kollegialen Supervision (als wechselseitiger Intervision ohne externen Supervisor) das Kapitel ab.

14.0 Einführende Vorbemerkungen zur Gruppensupervision

Während es in der Verhaltenstherapie schon seit langem üblich ist, in *Gruppen* zu arbeiten (vgl. z.B. Grawe, 1980; Fiedler, 1986, 1987, 1995, 1996*; Rose & LeCroy, 1991; Upper & Ross, 1985; Zielke, 1994 etc.), gibt es kaum Literatur über verhaltenstherapeutische Gruppen*supervision*. Daher muß auch in diesem Kapitel auf einige Supervisionserfahrungen, Konzepte und Arbeiten aus anderen Kontexten zurückgegriffen werden (vgl. z.B. Buchinger, 1990; Getzel & Salmon, 1985; Hayes, 1990; Holloway & Johnston, 1985; Kruger, Cherniss, Maher & Leichtman, 1988; Raguse, 1990b; Rappe-Giesecke, 1990, 1994; Savickas, Marquart & Supinski, 1986; Schreyögg, 1986 etc.). Auch die Rolle *gruppendynamischer* Faktoren und Prozesse wird zu diskutieren sein (vgl. z.B. Antons, 1996; Barthe, 1985; Leinfelder, 1994; Leuschner & Schaaf, 1988; Nellessen, 1990; Orth & Petzold, 1995; Rechtien, 1992 etc.). Dagegen verzichte ich auf typische *psychoanalytische* Gruppensupervisions-Konzepte (vgl. dazu Bion, 1970; Foulkes, 1978; Lazar, 1994a, 1994b etc.) sowie auf die nochmalige Diskussion von Balint-Gruppen (vgl. dazu Kap.3.1.1).

14.0.1 Allgemeines

Nach Kersting & Krapohl (1994, S. 96) dient *Gruppensupervision* der Arbeit an der Lösung beruflicher Probleme der einzelnen Gruppenmitglieder. Dabei macht die Art der Gruppenzusammensetzung einen wesentlichen Unterschied aus: Wenn sich – wie Kap.14.1 beschreiben wird – in der Supervisionsgruppe nur Personen treffen, die speziell zu Supervisionszwecken zusammenkommen und außerhalb der Supervisionsgruppe nicht in Arbeitsbeziehungen zueinander stehen, spricht man von einer sog. *„stranger group"* (Kersting & Krapohl, 1994, S.96). Falls sie jedoch auch vor und nach der Gruppensupervision ein Team bilden oder innerhalb einer Institution/Organisation in irgendeiner Form dauerhaft zusammenarbeiten, gelten sie als sog. *„family group"*. Dann sind gruppen-, institutions- und systemdynamische Einflüsse sehr viel stärker spürbar und in der Supervisionsarbeit zu berücksichtigen.

Als wichtigste *Vorteile* von Gruppensupervision sind zu nennen: Ökonomie des Vorgehens, Möglichkeiten des Lernens am Modell, Nutzung der Ressourcen der einzelnen Gruppenmitglieder zur gegenseitigen Unterstützung und Co-Supervision, Rolle

---

* Fiedler (1996a) hat kurz nach Fertigstellung dieser Arbeit ein umfassendes Buch zur *Verhaltenstherapie in und mit Gruppen* publiziert, das ich sowohl für Therapie als auch für Supervision und Selbsterfahrung sehr empfehlen möchte.

der Gruppe als Korrektiv, Reduzierung der Zentrierung auf den Supervisor, Nutzung der Gruppe als „sozialer Mikrokosmos", typische Gruppeneffekte (Gruppendruck, „Universalitätserlebnis": Yalom, 1989, S.23 f.), Möglichkeit der Beobachtung realer Verhaltens- und Interaktionsabläufe, Aktivierung/Nutzung gruppendynamischer Prozesse, „Peer Review" und gegenseitiges Feedback etc. Als *Nachteile* der Gruppensupervision können gelten: Weniger Zeit, Intensität und Beschäftigungsmöglichkeiten pro Einzelperson, Risiko unkontrollierbarer bzw. destruktiver Gruppenprozesse, unerwünschte Normierungswirkungen oder Negativeffekte von Gruppendruck, reduzierte Aufgabenorientierung bei zu konflikthaften gruppendynamischen Auseinandersetzungen etc. Diese Gesichtspunkte sollten die Indikationsentscheidung von Supervisoren und Supervisanden pro bzw. contra Gruppensupervision mit beeinflussen.

Je nach vertretenem Gruppenkonzept bzw. je nach Schulrichtung ergeben sich andere Schwerpunkte und Vorgehensweisen. So können Supervisionsgruppen nach eher psychoanalytischen, gruppendynamischen, systemischen, gesprächs- oder gestalttherapeutischen Prinzipien organisiert sein. Für unsere Zwecke steht natürlich ein schlüssiges *verhaltenstherapeutisches* Gruppenmodell im Vordergrund. Jede VT-Gruppensupervision wird schwerpunktmäßig einem der drei Grundmodelle von VT-Gruppen zuzuordnen sein, die Fiedler (1987) genannt hat. Er differenziert reine Trainingsgruppen (mit einem „skills training approach") von zieloffenen Gruppen und stellt die sogenannten „problemorientierten Arbeitsgruppen" – als adaptive Verbindung dieser beiden Möglichkeiten – zwischen diese Extreme.

Eine *zweidimensionale* Einteilungsmöglichkeit sieht die nachfolgende Übersicht 32 vor: Hier werden die Dimensionen „Einzelsupervision in der Gruppe vs. Orientierung am Gruppenprozeß" (horizontal) sowie „standardisiertes Vorgehen vs. Zieloffenheit" (vertikal) kombiniert, so daß sich vier Quadranten A bis D mit unterschiedlichen Schwerpunktsetzungen ergeben (vgl. die Kurzbeschreibungen, rechte Spalte):

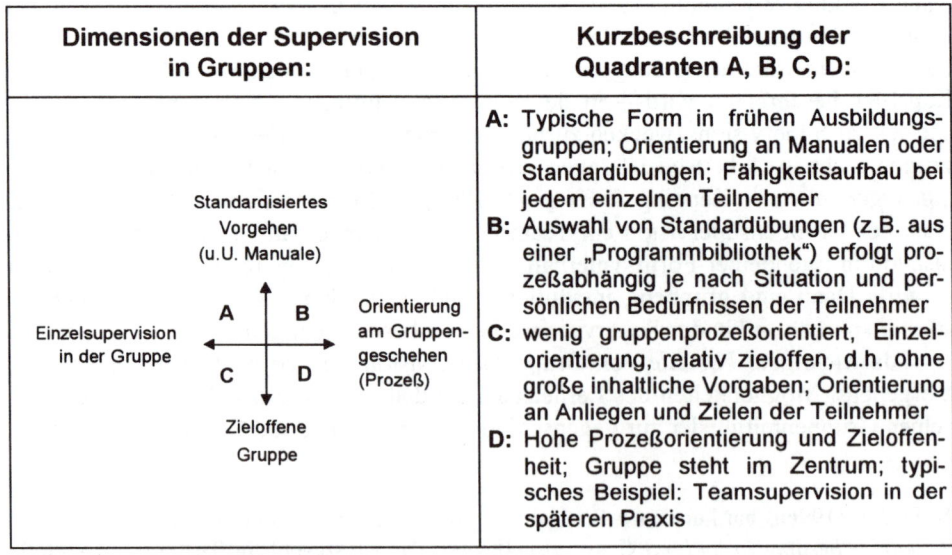

Dimensionen der Supervision in Gruppen:	Kurzbeschreibung der Quadranten A, B, C, D:
Standardisiertes Vorgehen (u.U. Manuale) ⬆ Einzelsupervision in der Gruppe ⬅ A B / C D ➡ Orientierung am Gruppengeschehen (Prozeß) ⬇ Zieloffene Gruppe	**A:** Typische Form in frühen Ausbildungsgruppen; Orientierung an Manualen oder Standardübungen; Fähigkeitsaufbau bei jedem einzelnen Teilnehmer **B:** Auswahl von Standardübungen (z.B. aus einer „Programmbibliothek") erfolgt prozeßabhängig je nach Situation und persönlichen Bedürfnissen der Teilnehmer **C:** wenig gruppenprozeßorientiert, Einzelorientierung, relativ zieloffen, d.h. ohne große inhaltliche Vorgaben; Orientierung an Anliegen und Zielen der Teilnehmer **D:** Hohe Prozeßorientierung und Zieloffenheit; Gruppe steht im Zentrum; typisches Beispiel: Teamsupervision in der späteren Praxis

Übersicht 32. Zweidimensionale Einteilungsmöglichkeit von Supervisionsgruppen.

Bezogen auf verhaltenstherapeutische Gruppen hat Fiedler (1996) kürzlich vor einer zu starken Orientierung an gruppendynamischen Prozessen gewarnt, wenn die sachliche Arbeit (z.B. Aufbau notwendiger Kompetenzen, Erreichen von Lernzielen etc.) nicht leiden soll. Dieser Hinweis wird zumindest im Kap.14.1 für die VT-Einzelsupervision im Gruppenkontext befolgt werden; für Teams und Institutionen/Organisationen trifft allerdings eher das Gegenteil zu – jedoch immer unter Orientierung an der fachlichen „Hauptaufgabe" („primary task": Rice, 1963) der jeweiligen Gruppierung.

14.0.2 Gruppendynamische Prozesse: Heuristische Fragen zur Analyse von Gruppen und Systemen

Viele Autoren unterschiedlichster Orientierung haben sich mit Möglichkeiten der Analyse von Gruppen und Systemen beschäftigt (vgl. z.B. Antons, 1996; Fatzer, 1990b, S.105 ff.; French & Bell, 1982; Kanfer et al., 1996, S.259 ff.; Orth & Petzold, 1995; Rechtien, 1992; Schiepek, 1987, 1991 etc.). Unter Bezug auf manche Gedankengänge dieser Arbeiten ist in der nachfolgenden Übersicht 33 eine Reihe heuristischer Analysefragen zusammengestellt. Diese sollen helfen, *zyklische, sich wiederholende Muster* zu erkennen, die sowohl die *Dynamik* (Bandbreite der Abläufe sowie deren Grenzen) als auch *Strukturen* deutlich machen. Supervisoren sollten Gruppenabläufe kontinuierlich beobachten und registrieren, wobei einem zentralen verhaltenstherapeutischen Grundsatz entsprechend das Verbalverhalten (Reden, Fragen, Reflektieren) nur sekundäre Bedeutung hat im Vergleich zu den primär relevanten *Beobachtungsdaten* der Abläufe.

Unmittelbar supervisionsrelevante Aspekte:

- Was sind die momentan wichtigsten Supervisionsanliegen, Probleme und Ziele der Gruppe (explizit/implizit)?
- Welche Erwartungen hat die Gruppe *an den Supervisor* (Rollen? Funktionen? Utopien/Illusionen? etc.)?
- Welche Gruppen- und Systemregeln sind *für die Supervision* bedeutsam?
- Charakteristika des Arbeitsfelds der Gruppenmitglieder (Institutionelle Faktoren: Chancen und Grenzen, förderliche/hinderliche Setting-Einflüsse, institutionelle Ziele etc.)?
- Ist die Gruppenzusammensetzung („Personsystem") für die Supervision optimal oder braucht es noch andere Personen dazu? Sollten bestimmte Personen besser *nicht* dabei sein?
- Wo bin/werde ich als Supervisor „Teil des Systems"? (Hilfsmittel: Selbstbeobachtung, kollegialer Austausch, Kontrollsupervision!)?
- Welche der nachfolgenden Gesichtspunkte muß ich besonders berücksichtigen?

Strukturen der Gruppe:

- Welche besonderen Strukturmerkmale hat die Gruppe (Status-/Kompetenzunterschiede? Unterschiedliche Berufsgruppen? Berufserfahrung? Leitung anwesend? etc.)?
- Welche hierarchischen Positionen (mit Macht/Einfluß/Kontrolle) sind vertreten?
- Welche formalen und informellen Strukturen gibt es?

(Fortsetzung nächste Seite)

Basisfunktionen und Kommunikation:
- Wie steht es um die Gruppenatmosphäre und das Gruppenklima (Offenheit, Vertrauen, Kohäsion, Kooperation, Humor vs. Ernst, Sympathie vs. Antipathie etc.)?
- Kommunikationsfertigkeiten der Gruppe (Konsens-/dissensfähig? Harmoniestreben? Konkurrenz/Wettbewerb? Mehrperspektivität/Toleranz vs. Normierungsdruck? etc.)?
- Wo steht die Gruppe „als Gruppe" (Entwicklungsstadium? Fertigkeiten? etc.)?

Dynamische Gruppenprozesse:
- Welche Gruppenregeln/Normen existieren/etablieren sich?
- Wie sind die Beziehungsstrukturen untereinander, zum unmittelbaren Leiter, zur Institutionsleitung, zum Supervisor?
- Wer hat/bekommt/übernimmt welche Rollen (z.B. „Schaf", „Wolf", „Vielredner", „Schweiger" etc.)?
- Wie geht die Gruppe mit Interessenkonflikten um? Welche Abweichungen von der Gruppennorm werden toleriert, welche nicht?

Motivation, Systemgrenzen und „Widerstände":
- Welche kollektive Motivation bzw. kollektiven Widerstands-/Abwehrmanöver liegen vor?
- Wo zeigen sich im Verlauf der Supervision Systemgrenzen und Widerstände?
- Welche Gruppen*mythen* sind spürbar, welche „Tabus"?
- Welche *Anliegen/Themen* kristallisieren sich im Zug der Bearbeitung heraus, welche werden vermieden?
- Welche *bevorzugten Bearbeitungsmuster* zeigen sich (Vorliebe für/Abneigung gegen Selbsterfahrung? Person- vs. Aufgabenorientierung? Erlebnisorientierung vs. kognitives Philosophieren? Reden/Reflektieren vs. Tun? Aktionismus vs. Zögerlichkeit etc.)?
- Welche Anzeichen für sensible Druckpunkte im System gibt es?
- Für welche Lösungen und welche Lösungsarten ist die Gruppe zugänglich, für welche nicht (1.Art/2.Art? „Mehr desselben"? etc.)?

Systemregeln:
- Sind Probleme als Funktion von Systemregeln oder als Funktion institutioneller Kontextbedingungen zu sehen?
- Gibt es systemstabilisierende Probleme in der Gruppe?
- Gibt es Regelkonflikte im System (d.h. widersprüchliche Systemregeln)?

Bewältigungsfertigkeiten und Ressourcen:
- Wie steht es um die Problemlösekapazitäten und Ressourcen der Gruppe?
- Wie hat die Gruppe *bisher* versucht, Probleme zu lösen, und welche Konsequenzen hat dies für das jetzige Vorgehen?
- Was läuft in der Gruppe gut, was nicht? Was kann so bleiben, was nicht?
- Welche brachliegenden Ressourcen gibt es, die besser aktiviert werden könnten?

Übersicht 33. Heuristische Fragen zur Analyse von Gruppen.

Diese Fragen, hinsichtlich derer jeder Supervisor natürlich *Schwerpunkte* setzen muß, sind zunächst für die Analyse von Gruppen gedacht, jedoch auch generell auf Systeme, Organisationen, Institutionen und Teams anzuwenden. Von den Antworten hängt die weitere Planung des Vorgehens ab, insbesondere, welche *Interventionen* gesetzt werden. Auch hier zeigt sich ein weiterer Grundsatz verhaltenstherapeutisch orientierten Vorgehens, nämlich die enge Verschränkung von diagnostischen und therapeutischen Schritten. Die Reaktionen der Gruppe auf bestimmte Interventionen geben wiederum Aufschluß über ihre Prozeßdynamik, Systemregeln und Grenzen.

Nach diesen Eingangsbemerkungen zu Gruppen und Gruppensupervision im allgemeinen beziehe ich mich im folgenden Abschnitt auf die Gruppensupervision als „Einzelarbeit im Gruppenkontext", welche in der Regel außerhalb von Organisationen abläuft und daher weniger stark auf gruppen- oder systemdynamische Prozesse zu achten braucht. Andere Formen der Gruppensupervision, bei denen solche Faktoren mehr Gewicht besitzen (insbesondere *Team*supervision, aber auch Organisationsberatung), werden in den nachfolgenden Kapiteln 14.2 und 14.3 ausführlich beschrieben.

14.1 Gruppensupervision als „Einzelarbeit im Gruppenkontext"

Anders als Arbeitsteams (siehe unten) bilden die hier betrachteten Supervisionsgruppen – zum Zweck der „Einzelarbeit im Gruppenkontext" – eine „stranger group", die in der Regel nach Ende der Supervision wieder auseinandergeht. Im Zuge der Beschäftigung mit den Einzelthemen der Gruppenteilnehmer werden Interaktionsprozesse und gruppendynamische Einflüsse zwar registriert und gelegentlich positiv genutzt (vor allem Kohäsion, Lernen am Modell, soziale Unterstützung etc.), jedoch zugunsten einer *aufgabenzentrierten* Supervisionsarbeit an den beruflichen Anliegen der Einzelteilnehmer zurückgedrängt. Im Gegensatz zu kollegialen, leiterlosen Supervisionsgruppen findet diese Form der Gruppensupervision unter professioneller Anleitung bzw. Begleitung statt, wobei einzelne Gruppenmitglieder abwechselnd auch zu „Co-Supervisoren" werden können.

Allgemeine Aspekte. Für die Gruppensupervision als „Einzelarbeit im Gruppenkontext" gelten aus Selbstmanagement-Sicht folgende Hinweise:

- *Aufgabenzentrierung:* Alle Vorgehensweisen der Gruppensupervision sind dem Primärziel, den jeweiligen Einzelpersonen bei ihren beruflichen Anliegen/Problemen weiterzuhelfen, untergeordnet. Alle positiven Fertigkeiten und Ressourcen der Gruppe stehen im Dienst dieses Oberziels.
- *Reduzierte Rolle gruppendynamischer Prozesse:* Wie oben erwähnt, bleiben gruppendynamische Prozesse sekundär (vgl. auch Fiedler, 1996). Erst bei *Teamsupervision* bzw. bei allen Gruppen nach dem Muster von „family groups" kehrt sich das Verhältnis um, und Gruppenstrukturen bzw. Institutionsdynamik erhalten hohe Priorität (vgl. Kap. 14.2 bzw. 14.3).
- *Funktional-systemische Bedingungsanalysen:* Die im „Kernprozeß" in Schritt 2 vollzogenen *systemischen* Überlegungen zur Bedingungsanalyse werden noch intensiver genutzt als bei Einzelsupervision bzw. in Form der heuristischen Fragen zur Analyse von Gruppen und Systemen direkt auf die aktuellen Abläufe *während* der Gruppensupervision bezogen.
- *Wechselseitige Unterstützung:* Von Anfang an werden die anderen Gruppenmitglieder in die Rolle von Co-Supervisoren eingeführt, Effekte des Modellernens genutzt (Bandura, 1979, 1986; Bauer, 1996 etc.) und die gegenseitige Hilfestellung auf Basis der jeweiligen Ressourcen betont.

Rolle des Gruppenleiters. Gruppenleiter sollten solche „skills" besitzen, die für die Arbeit mit Gruppen allgemein hilfreich sind (z.B. adäquate Moderation, aufmerksame Prozeßbeobachtung, soziale Kompetenzen, Lenkung und Leitung etc.: vgl. z.B. Pearson, 1981). Im einzelnen hat der *Leiter* einer solchen Supervisionsgruppe vor allem folgende Gesichtspunkte zu beachten:

- Rolle der Allparteilichkeit und Neutralität einnehmen
- Elementare Gruppenregeln präsentieren und auf deren Einhaltung achten (Kombination aus den Regeln der TZI: Cohn, 1975, den fundamentalen Problemlöseschritten: D'Zurilla & Goldfried, 1971 und den sechs Grundregeln des Selbstmanagement-Vorgehens: Kanfer et al., 1996, S.365 ff.)
- *Leitende* Funktion übernehmen (Prozeßbeobachtung *und* Gruppenlenkung)
- Prozesse beobachten und konstruktiv nutzen: *Kommunikationsstrukturen* (Wer redet, wer hört zu? Wer nimmt mit wem Kontakt auf? etc.) und *Systemregeln* (Was wird bis zu welcher Grenze akzeptiert, was nicht? Welche impliziten/expliziten Spielregeln zeigen sich?)
- Strukturen setzen (Verantwortung für den Prozeß: adäquates Timing, Schutz bestimmter Gruppenmitglieder, Setzen von Prioritäten, konstruktives Problemlöse-Vorgehen, Zielorientierung etc.)
- Jeweilige Gruppenphase beachten (Anfangsphase? Mittlere Arbeitsphase? Endphase mit Ablösung und selbstgesteuerter Fortsetzung der gelernten Strategien?)
- Kompetenzdiagnostik betreiben (insbesondere in Gruppen zur Ausbildungssupervision: Wo stehen die einzelnen Gruppenmitglieder? Welche Fertigkeiten besitzen sie schon bzw. brauchen sie noch? etc.)
- Nutzung von Kontrollsupervision oder kollegialer „Supervision für Supervisoren", um die eigene Rolle reflektieren zu können, unproduktive „Spiele" zu erkennen bzw. eigene „blinde Flecken" zu bearbeiten
- Gegebenenfalls Co-Supervisor hinzuziehen.

Typische Varianten der Selbstmanagement-Supervision in Gruppen. In Abhängigkeit von den Erfordernissen der Situation und den Interessen der beteiligten Personen gibt es zwei idealtypische Formen der Gruppenarbeit: (1) Fähigkeitsorientierte Lerngruppen in der Ausbildungssupervision und (2) zieloffene Gruppen in der Praxissupervision.

(1) Fähigkeitsorientierte Lerngruppen in der Ausbildungssupervision. In der ersten Phase einer Ausbildung lassen sich viele diagnostisch-therapeutische Kompetenzen gut in Gruppen (von ca. 3 bis 7 Teilnehmern) vermitteln. Dabei bilden die Lernziele des jeweiligen Curriculums das inhaltliche Gerüst; das Vorgehen geschieht als „skills training" (vgl. Linehan & McGhee, 1994) unter Rückgriff auf Standardmethoden (vgl. Fliegel et al., 1994) bzw. mit Begleitung durch Manuale. Trotz der Durchführung im Gruppenkontext steht der Fähigkeitserwerb jedes *einzelnen* Teilnehmers im Vordergrund. Vom Supervisor wird erwartet, daß er (a) auch als „Lehrtherapeut" fungiert, d.h. z.B. via Modellernen Fertigkeiten vermittelt, (b) weitere didaktische Gesichtspunkte optimalen Lehrens und Lernens beherzigt, (c) sich selbst an den Vorgaben und Lernzielen des jeweiligen Curriculums orientiert, (d) immer den Entwicklungsstand seiner Supervisanden berücksichtigt, (e) die Dynamik von Interaktionsprozessen in der Gruppe zwar beachtet und eine tragfähige Gruppenbasis herstellt, aber der *Aufgabenorientierung* Vorrang gibt (Fiedler, 1996) sowie (f) Supervisions- und Selbsterfahrungselemente verbinden kann (Lieb, 1994).

Günstigerweise treffen sich die Mitglieder solcher Ausbildungsgruppen zwischen den jeweiligen „offiziellen", vom Supervisor begleiteten Terminen noch ca. ein bis dreimal *ohne* den Supervisor, um ihre Lernschritte auf kollegialer Basis weiter zu festigen, Theoriearbeit zu leisten und die Verbindung Theorie/Praxis zu intensivieren. Im Selbstmanagement-Konzept hat auch jeder Supervisand – anknüpfend an die jeweils bearbeiteten Inhalte und Vorgehensweisen – bestimmte Aufgaben/Hausaufgaben bis zur nächsten Supervisionsstunde zu erledigen. Durch dieses Ausprobieren kleiner Schritte in der Realsituation wird ein aktives, dosiertes, erfahrungsorientiertes Lernen gefördert, was langfristig zur Autonomie und Loslösung der Kandidaten beiträgt. Für den Supervisor liefern die Erfahrungen der Kandidaten (Erfolge wie Mißerfolge) wiederum wichtige Rückmeldungen über deren Fähigkeitsstand, Lernfortschritte und das weitere Vorgehen.

(2) Zieloffene Gruppen in der Praxissupervision. Sobald nicht mehr das Absolvieren einer formalen Ausbildung im Mittelpunkt steht, sondern sich „fertige" Praktiker (als „stranger group") unter externer Anleitung z.B. alle paar Wochen treffen, um an beruflichen Problemen zu arbeiten, geht es um „zieloffene Praxissupervision". Diese kann auf „Fallsupervision" begrenzt sein, wobei jedoch auch andere Aspekte der Berufssituation (Teamkonflikte einzelner Teilnehmer, Psychohygiene und Burnout-Prävention, Umgang mit institutionalen Kontextbedingungen etc.) zum Thema werden können. Günstig ist hierbei – neben den üblichen Basisbedingungen wie Gruppenklima etc. – ein grundlegender Konsens über Gruppenregeln, Grundkonzept, Problemlöse- oder Falldarstellungs-Leitfäden, Arbeitsverteilung, Hausaufgaben (zumindest für den „Falleinbringer"), Protokollführung und vieles mehr. In späteren Jahren der Berufstätigkeit können solche Anliegen auch ohne externen Supervisor, d.h. in Form „kollegialer Supervision" bearbeitet werden (vgl. Kap.14.6).

Zwei weitere Formen von Gruppen gehören genaugenommen nicht mehr zum Thema von Kap.14.1, sollen aber der Vollständigkeit halber hier mit angeführt werden:

● *Teamsupervision:* Hier stehen Prozeßorientierung, Zieloffenheit, gruppendynamische Aspekte und der „institutionelle Faktor" (förderliche/ hinderliche Strukturbedingungen des Arbeitskontexts) absolut im Vordergrund. Eine detailliertere Beschreibung des Vorgehens findet sich im folgenden Kap.14.2.

● *Selbsterfahrungsgruppen:* Die Grundzüge und Vorgehensweisen einer „Selbsterfahrung/ Selbstreflexion" nach dem Selbstmanagement-Konzept sind an mehreren anderen Stellen ausführlich publiziert (Schmelzer, 1994a, 1994b, 1996; Kanfer et al., 1996, S.506 ff.), auf die hier verwiesen werden kann. Viele Selbsterfahrungs-Aspekte können – entsprechend dem Prinzip erfahrungsorientierten Lernens – zwar in der Supervision angeschnitten und in begrenztem Umfang bearbeitet werden (vgl. auch Lieb, 1994; Schmelzer, 1994b). Dennoch wird für eine klare Trennung dieser Bereiche plädiert, um die notwendige Offenheit bei Selbsterfahrung nicht zu beeinträchtigen.

Alles in allem weist jede Gruppensupervision im Gegensatz zur Einzelsupervision wesentlich höhere Komplexität auf. Eine generelle Orientierung an den Vorgaben des oben skizzierten Supervisionsmodells sowie an den sechs rekursiven Schritten des „Kernprozesses" bleibt zwar sinnvoll, muß jedoch um spezielle Fähigkeiten zur Analyse, Strukturierung und Leitung von Gruppen erweitert werden. Dabei werden gruppendynamische Aspekte und systemische Denkweisen umso wichtiger, je mehr sich die Gruppensupervision von einer „Einzelsupervision im Gruppenkontext" entfernt und sich der Teamsupervision oder Organisations-/Institutionsberatung nähert (vgl. die nächsten Kapitel).

14.2 Teamsupervision

Teamsupervision hat in den letzten Jahren einen enormen Nachfrage-Boom erlebt, was sich auch in zahlreichen Publikationen niederschlägt (vgl. z.B. Berker & Jansen, 1990; Buchinger, 1988b, 1990; Conrad & Pühl, 1983; Edding, 1985; Fatzer, 1990c; Kersting, 1991a; Kersting & Krapohl, 1994; Leuschner, 1982; Merl & Merl, 1991; Pühl, 1990d; Rappe-Giesecke, 1990, 1994; Weigand, 1990a, 1990b, 1994a etc.). In Anlehnung an Kersting & Krapohl (1994, S. 96) wird unter *Teamsupervision* die Supervision von Arbeitsgruppen verstanden, die in einer Institution arbeiten, dort ein „Team" bilden, um bestimmte Aufgaben gemeinsam zu erfüllen, und auch außerhalb der Supervision als Gruppe (sog. „family group") existent sind. Dieses Merkmal und das gemeinsame Aufgabengebiet unterscheiden sie – bei allen sonstigen Übereinstimmungen – von Gruppensupervision mit „stranger groups". Dabei wird besonders in aktuellen deutschsprachigen Publikationen (vgl. das Themenheft 29 der Zeitschrift SUPERVISION: Weigand, 1996) immer mehr Wert auf die adäquate Berücksichtigung der institutionellen Einbindungen gelegt, was die Grenzen zwischen Teamsupervision und Organisationsberatung verschwimmen läßt.

Im vorliegenden Abschnitt geht es ausschließlich um *externe* Teamsupervision unter Anleitung/Begleitung durch einen von außen kommenden Supervisor; demgegenüber wird interne wechselseitige Teamsupervision der *kollegialen* Supervision zugerechnet (vgl. dazu Kap.14.6). Da ein *verhaltenstherapeutisch* orientiertes Konzept der Teamsupervision meines Wissens bislang nirgendwo publiziert wurde, stütze ich mich bei meinen Ausführungen auf eine Reihe von Arbeiten, deren Grundgedanken und Erfahrungen mit einem empirischen Forschungsverständnis kompatibel sind (vgl. z.B. Fatzer, 1990c; Kersting & Krapohl, 1994; Merl & Merl, 1991; Pühl, 1990d; Rappe-Giesecke, 1990, 1994; Weigand, 1990a, 1990b, 1994a, 1996 etc.). Diese werden dann mit dem oben präsentierten funktional-systemischen Arbeitsmodell verbunden.

14.2.1 Allgemeines

Beispielhaft können folgende *Anlässe* von Teamsupervision genannt werden (vgl. Kersting & Krapohl, 1994, S.95):

- Beeinträchtigte Arbeitseffizienz einer Arbeitsgruppe
- persönliche (offene und verdeckte) Konflikte der Teammitglieder
- bedrückende Arbeitsatmosphäre
- Konflikte zwischen Team und Träger
- unklare Entscheidungsstrukturen und Kompetenzverteilungen bzw. fehlende Transparenz
- Leitungsdefizite
- eingefahrene Praxisroutinen
- Wunsch nach Fall- oder Problembesprechung mit einem *externen* Begleiter
- Vorbereitung auf künftig veränderte Strukturen und/oder neue Aufgabenstellungen
- Wunsch nach Unterstützung (im Sinne von Psychohygiene)
- Teamentwicklung etc.

Ziele und Funktionen. Die meisten der oben genannten Autoren sind sich einig, daß das wichtigste Ziel von Teamsupervision im (Wieder-)Herstellen der Arbeitsfähigkeit und Funktionstüchtigkeit eines Teams besteht. Dies kann nicht losgelöst vom eigentlichen Arbeitsauftrag des Teams gesehen werden. Weitere Ziele können sein die Fortentwicklung bzw. Effektivitäts*steigerung* eines Teams, das Beseitigen von „Sand im Getriebe", Forcieren von Entwicklungsschüben, Verhinderung von Routine und Erstarrung und Verbesserung der Zusammenarbeit. Dazu dienen Beziehungsklärung, Analyse der Aufgaben-, Rollen- und Kompetenzverteilung, Maßnahmen zur Organisationsentwicklung (Änderung der Zusammensetzung, Strukturwandel etc.) und zur Erhöhung der Arbeitszufriedenheit bzw. Verbesserung des Arbeitsklimas als wichtige Hilfsmittel (vgl. auch Rappe-Giesecke, 1990, S.26 ff.). Wenn es um die *Weiterentwicklung* bestehender (halbwegs funktionierender) Teamstrukturen geht, oder wenn die Ziele darin bestehen, stagnierende, verkrustete Routinen zu hinterfragen und zu erneuern und „innovative Elemente" in eine Arbeitsgruppe einzubringen, läßt sich eher von „*Teamentwicklung*" sprechen (vgl. Niedermair, 1993; Voigt, 1993). Die Übergänge von Teamsupervision zu Teamentwicklung sind allerdings fließend, insbesondere, wenn ein ressourcenorientiertes Supervisionskonzept zur Anwendung kommt.

Im wesentlichen liegt eine *Indikation* für Teamsupervision dann vor, wenn ein formal bestehendes Team kein „Team" im eigentlichen Sinne ist. Supervisoren sollten allerdings in der Anfangsphase bereits bei Kontraktverhandlungen darauf achten, daß keine Fehlentscheidungen getroffen werden (vgl. Pühl, 1990d; Weigand, 1990b etc.). Beispielsweise wäre der Wunsch nach Teamsupervision dann zu hinterfragen, wenn das Team als solches arbeitsfähig ist und Supervision eher als Fortbildung oder Selbsterfahrung versteht. Somit muß in jedem Einzelfall analysiert und entschieden werden, ob nicht *andere* Arbeitsformen besser geeignet wären, die Erfordernisse und Bedürfnisse des Teams zu erfüllen (z.B. auch Leitungsberatung, Institutionsanalyse, Organisationsentwicklung, externe Fortbildung o.ä.).

Betrachten wir „reale" Teamsupervisionen in der Praxis, so lassen sich in Anlehnung an Gaertner (1982) folgende *Hauptformen* differenzieren: (1) Fallbezogene Teamsupervision (mit konkreter Fallarbeit als Thema), (2) gruppendynamisch-selbsterfahrungsbezogene Teamsupervision (Themen: Interaktionsdynamik im Team, Konflikte/Rollen in der Gruppe etc.) und (3) institutionsbezogene Teamsupervision (Themen: Aufgabenbezug innerhalb der Institution, Hierarchien, Machtverteilung und Rollen in einer Einrichtung etc.). Meist sind diese Formen nicht so streng voneinander zu trennen, so daß es Mischformen und einen phasenweisen Wechsel der Schwerpunkte geben wird. Nach Weigand (1992) haben bei Teamsupervision aber *Strukturdefizite der Institution* immer *Vorrang* vor Gruppen-, Beziehungs- oder persönlichen Konflikten bzw. vor Fallarbeit. Vielfach ist der Wunsch nach Teamsupervision auch als Resultat von Leitungsdefiziten, d.h. einer inadäquaten Wahrnehmung von Leitungsaufgaben zu sehen. Daraus ergibt sich, daß eine differenzierte und kontinuierliche Analyse von Nachfrage, Anliegen und den jeweiligen funktionalen Problembedingungen erfolgen muß, um adäquate Schwerpunkte setzen zu können.

Arbeit im Team – Hoffnungen und Illusionen. Teamarbeit erfreut sich im industriellen wie sozialen Bereich einer hohen Wertschätzung. Nach Weigand (1994a,

S.124/125) gibt es neben der sachlichen Intention, durch Kooperation die Arbeitsleistung im Vergleich zur Einzelarbeit zu erhöhen, auch den sozial-emotionalen Nebeneffekt höherer Arbeitszufriedenheit. Teams sind dabei nie Selbstzweck, sondern zielen auf die Erfüllung bestimmter Aufgaben ab. Nicht ohne Grund haben viele Supervisionsansätze, die aus der Organisationsberatung kommen, die Analyse und Bewältigung der sog. „Primäraufgaben" der jeweiligen Teams („primary tasks": Eck, 1990b; Rice, 1963) ins Zentrum gestellt. Falls sich Teamsupervision zu stark auf die persönlichen Beziehungen der Teammitglieder bezieht, besteht die Gefahr einer Inflation von Interaktions- und Beziehungsproblemen, was in der Regel zu Lasten produktiver Arbeitsprozesse geht. Deshalb dürfen die eigentlichen Aufgaben eines Teams niemals aus den Augen gelassen werden. Für deren Erreichung sind z.B. Disziplin, Kooperation, Koordination, Management und Organisation erforderlich.

Gerade im sozialen Bereich werden mit Teamarbeit auch manche Hoffnungen bzw. Utopien verknüpft, die sich aus der „Human Relations"-Bewegung herleiten. Einige davon lassen sich mit Schlagworten wie „Autonomie statt Abhängigkeit, Gleichheit statt Hierarchie, Vertrauen statt Kontrolle, Symbiose statt Separation" (Weigand, 1994a, S.125) beschreiben sowie mit dem Wunsch nach einer Arbeitssituation ohne Macht- oder Statuskonflikte. Bei allen Vorteilen einer kooperativen Teamarbeit sind manche der angesprochenen Hoffnungen natürlich trügerisch, so daß Teamsupervision in vielen Fällen zu einer realistischen Desillusionierung führen muß.

Kersting & Krapohl (1994, S.99) unterscheiden zwei hauptsächliche *„Settings"* der Teamsupervision:

1.) Der Supervisor ist zunächst stummer Beobachter im Team, versucht auf diese Weise die Teamprozesse und -strukturen zu erschließen, arbeitet ähnlich wie ein „Ethnograph" und analysiert/reflektiert die Teamsituation erst *im Anschluß* an die eigentliche Sitzung.
2.) Der Supervisor und das Team arbeiten *gemeinsam* an geschildertem Material (inkl. der Bearbeitung von Interaktionsdynamiken); hier hat der Supervisor von Anfang an eine aktivere, strukturierende Rolle.

Der Selbstmanagement-Supervisor neigt eher der zweiten Variante zu, wobei er sich durchaus als teilnehmender Beobachter ethnographisch an die Regeln und Prozesse der Gruppe „heranpirscht", diese aber aktiv in die Klärungsarbeit einbezieht.

14.2.2 Die besondere Situation der Teamsupervision

Die Teamsupervision weist folgende Besonderheiten auf, die in der Praxis berücksichtigt werden müssen (vgl. auch Kersting & Krapohl, 1994, S.96 ff.):

• Teamsupervision ist eine spezielle Form der Gruppensupervision (vgl. Conrad & Pühl, 1983, S.11) mit allen gruppendynamischen und systemischen Besonderheiten.
• Teamsupervision arbeitet mit sog. „family groups" mit der Konsequenz, daß in Teams normalerweise das Risiko von Kränkungen und Gesichtsverlust höher ist als in sog. „stranger groups". Auch ist eher mit Rivalität/Konkurrenz bzw. Solidarität/Harmonie zu rechnen.

- Teamsupervision ist eine Form „institutioneller Supervision" (Pühl, 1990d, S.161) mit der Konsequenz, daß sie sich auch mit den Strukturen, Konfliktbewältigungsmechanismen, Aufträgen und der Dynamik der *Gesamtinstitution* auseinandersetzen muß.
- Es sind formale und informelle Strukturen zu berücksichtigen: Formale Strukturen lassen sich an Arbeitsaufgaben, Hierarchien oder festgelegten Kompetenzverteilungen festmachen, während informelle Strukturen (z.B. Sympathien/Antipathien, private Freundschaftsbeziehungen etc.) oft erst im Prozeß zu entdecken sind, d.h. offen bzw. verdeckt sein können bzw. von Außenstehenden erst erschlossen werden müssen.
- Besonders zentral sind auch die jeweiligen Leitungsfunktionen. Falls sie nicht adäquat wahrgenommen werden, zielt Teamsupervision vorrangig auf eine Verbesserung der Arbeitsstrukturen ab; in vielen Fällen bedeutet dies den Übergang zu einer speziellen Leitungsberatung (vgl. Kap.14.4).
- Eine weitere Schwierigkeit für den Supervisor ergibt sich dadurch, daß er gewissermaßen in einen „laufenden Film" einsteigt, dessen Beginn bzw. Entstehungsgeschichte er nicht kennt.
- Aus diesem Grund ist besonders die Anfangsphase der Teamsupervision von entscheidender Bedeutung (vgl. Kap.10.2); hier stellen die Nachfrageanalyse und der Prozeß der „Kontraktierung" (vgl. Pühl, 1990d; Weigand, 1990b) wichtige Weichen; dabei genügt es anfangs für die Teammitglieder, einen minimalen Konsens hinsichtlich der *prinzipiellen* Entscheidung zur Teamsupervision zu finden. Weitere Ziele, konkrete Anliegen, Probleme und Vorgehensweisen müssen im Zuge des Supervisionsprozesses dann gemeinsam ausgehandelt werden.
- In Teams ist auch die Prozeßdimension des Gruppengeschehens wichtig (z.B. Fragen wie: Wer bringt wann wie welche Themen ein? Wer hat welche impliziten oder expliziten Interessen? Wer macht bis zu welchen Grenzen mit bzw. nicht? etc.).
- Jede Teamsupervision beinhaltet im Prinzip eine *Strukturbedrohung der Institution*, so daß es für den Supervisor auch wichtig wird, die zunächst unbekannte Grenzlinie/Toleranzschwelle für institutionelle Veränderungen zu suchen und zu finden. An den Supervisor können in dieser Beziehung zwei extreme Erwartungen gerichtet werden: (1) Wunsch der Institutionsleitung: „Verändere die Mitarbeiter, aber laß die institutionellen Strukturen unangetastet." (2) Wunsch der Teammitglieder: „Verändere die Strukturen des Systems" (was aber von den Institutionen nicht erwünscht ist).

Zur Konfliktregelung in Teams. Sobald mehrere Personen zusammen sind, gibt es natürlicherweise *unterschiedliche* Interessen, mit denen sie in irgendeiner Form umgehen müssen. Jede Gruppe, jedes System, jede Institution und somit auch jedes Team hat eine eigene Form des Umgangs mit Konflikten. Viele Teams kommen in eigener Regie zu Lösungen; sie schaffen es, ihre Kompetenzen auch an neue Anforderungen anzupassen und ihre Aufgaben adäquat zu erfüllen. Andere neigen zu einer „Pseudokonfliktbewältigung": Sie beharren auf ihrer (dysfunktionalen) Homöostase, wählen inadäquate Lösungsmuster, zeigen Widerstand gegen Veränderung *trotz* ineffektiver Aufgabenbewältigung und ziehen Supervisoren in den Sog ihrer eigenen Interaktionskonflikte (Wellendorf, 1994). Jedes Team hat dabei eine spezielle Dynamik, besondere Strukturen, Ressourcen, Grenzen und Tabus.

Teams haben immer auch bestimmte Arbeitsaufträge und sind bei der Erfüllung ihrer eigentlichen Aufgaben mehr oder minder effektiv. Schwierig wird es, wenn in Teams ein Großteil der verfügbaren Energien für „Nebenkriegsschauplätze" verschwendet wird. Auch Teamsupervisoren können schnell in nebensächliche Themen verwickelt werden bis hin zu Versuchen, statt einer zielführenden Arbeit an Lösungen für bestimmte Probleme (sekundäre) Beziehungs- und Interaktionsprobleme in den Vordergrund zu rücken. Solche Beziehungsthemen werden in psychodynamischen Modellen zwar bevorzugt analysiert; allerdings läßt sich dem Konzept *„unbewußter Spiegelungsphänomene"* (vgl. z.B. Kersting & Krapohl, 1994 oder Wellendorf, 1994) aus verhaltenstherapeutischer Sicht eine gehörige Portion Skepsis entgegenbringen:

Verkürzt ausgedrückt wird bei diesem psychoanalytisch geprägten Ansatz davon ausgegangen, daß das „Unbewußte" der Supervisanden (hier des Teams) dem Supervisor die Probleme der Institution vorspiele, und zwar in symbolischer Form. Der Grundgedanke des *Parallelprozesses* (vgl. Kap.9.3.2) wird hier auf Teams bzw. die gesamte Institution übertragen: „So treten in der Teamsupervision zu den Widerspiegelungen der Klientenproblematiken die Spiegelungen der Probleme, die die Institution selbst produziert. Da diese Probleme sich nicht selten in institutionellen Kränkungen manifestieren, werden sie in der Teamsupervision ebenfalls als Kränkungen widergespiegelt. Die Geschichte von Institutionen ist oft identisch mit der Geschichte der Kränkungen, die sich die Mitglieder von Institutionen (und im weitesten Sinne gehören dazu auch die Klienten einer Institution) einander zufügen" (Kersting & Krapohl, 1994, S.108).

Es mag zwar sein, daß Supervisoren im Einzelfall solche Parallelen wahrnehmen – die *generelle* Annahme solcher Phänomene ist jedoch inkompatibel mit unserem datenbasierten VT-Vorgehen, ist möglicherweise ein Effekt selektiver Wahrnehmung und verstellt dadurch den Blick auf wichtigere Problembedingungen, die der Aufgabenerfüllung eines Teams im Wege stehen. Interessanterweise löst aber auch Wellendorf die Gefahr, sich als Supervisor in subjektiven Interpretationen und Spekulationen über Gegenübertragungstendenzen zu verlieren, auf eine Art, die mit der Haltung unserer Selbstmanagement-Supervision völlig übereinstimmt: nämlich unter Bezug auf die *spezifischen Aufgaben* des Teams. Im Klartext heißt dies, daß (a) ein einseitig beziehungsanalytisches Vorgehen kontraindiziert ist, also das Team nicht auf die Couch gehört (vgl. auch Fatzer, 1990a, S.82), (b) die Primäraufgaben („primary tasks": Rice, 1963) den alles entscheidenden Maßstab für alle Schritte abgeben und (c) statt eines problemzentrierten, defizitorientierten Vorgehens ein ressourcen- und lösungsorientiertes Arbeiten bevorzugt wird – angeleitet durch die Frage: Was hat/braucht Team X zur Erfüllung seiner Aufgaben?

Teamanalyse. Die in unserem Supervisionsmodell übliche funktional-systemische Problemanalyse muß für Teamsupervision durch einige inhaltliche Schwerpunkte ergänzt werden. Kersting & Krapohl (1994, S.100 ff.; vgl. auch French & Bell, 1982) haben ein Raster für die Teamanalyse vorgelegt, wonach vor allem auf folgende Gesichtspunkte zu achten ist:

- Umgang mit Leitungsfunktionen im Team (insbesondere unter dem Aspekt, daß viele Nachfragen nach Teamsupervision als Ausdruck inadäquat ausgeübter Leitungsfunktionen zu interpretieren sind: vgl. Kap.14.4)?
- Teamideologie (offiziell bzw. geheim; Umgang mit Macht/Status; Unterschiede, Verbote etc.)?
- Teamtabus (bieten zwar Schutz und Sicherheit, können jedoch dysfunktional sein)?

- Teammythen (Welche „Geschichten" erzählt sich das Team?*)?
- Aufgaben-/Arbeitsbezug des Teams (im Sinne der „primary task": Rice, 1963)?
- Beziehungskonflikte und existentielle Ängste im Team (Was wirkt energieabsorbierend, motivationshemmend, führt zu „innerer Kündigung" etc.)?
- Team als Bestandteil eines größeren Systems (Institution, Gesellschaft etc.) mit den Fragen nach Identifikation, Loyalität oder Vernetzung)?

Teaminterventionen. Entsprechend den Grundannahmen des Selbstmanagement-Modells sowie des systemischen Denkens lassen sich Personen wie Teams nicht beliebig nach eigenen Wünschen steuern (vgl. auch Kersting, 1993; Merl & Merl, 1991). Somit geht es immer um Anstöße, mehr oder weniger hilfreiche Deutungsangebote, paradox-provokative Interventionen bis hin zu „Verstörungen" des Systems, die es unmöglich machen, daß ein Team seine bisherigen (unproduktiven) Interaktionsprozesse weiter aufrechterhält. Kersting (1993, S.13) bringt dies auf die Formel: „Teamsupervision ist geplante Irritation".

In Anbetracht des Risikos, daß sich ein Team im Extremfall gegen Irritation wehrt, indem es die *Kontakte abbricht*, geht es jedoch nicht um Irritation als Selbstzweck. Wie Dörner (1989, S.112) mit seinen „kritischen Variablen" oder Schiepek (1986, S.158) mit dem Begriff der „Druckpunkte" beschreiben, ist an den *sensiblen Stellen* eines Systems anzusetzen, an denen möglichst intensive Wirkungen auf das Gesamtsystem zu erzielen sind. Gemäß dem Grundsatz des „Global denken – lokal handeln" sind oft minimale Eingriffe ausreichend, um die destruktive Homöostase eines Teams in konstruktivere Richtungen zu lenken.

Unter Bezug auf Watzlawick et al. (1979) kann in manchen Fällen ein „Wandel 1.Ordnung" genügen, bei dem die Teammitglieder z.B. bessere Kommunikationsfertigkeiten lernen, die grundlegende Institutionsstruktur aber erhalten bleibt. Bei anderen Teams müssen sich die Strukturen der Organisation ändern (Wandel 2.Ordnung), wenn das Team/die Institution die ihr übertragenen Aufgaben künftig besser erfüllen soll. „Systemkompetenzen" und Fähigkeiten zum Problemlösen in dynamisch-komplexen Situationen sind folglich bei Teams und Organisationen unmittelbar zu nutzen (vgl.Kap.6.1.4 bzw. 12.2); Oberziel und Gradmesser für alle Interventionen bleiben aber immer die jeweiligen Primäraufgaben („primary tasks").

Typische *Techniken* der Teamsupervision sind an anderer Stelle ausführlicher beschrieben (z.B. Arbeitspanorama, Rollenanalyse, Rollenkonfliktlösung, zirkuläre Fragen etc.: siehe unten, Kap.17). Die meisten setzen die eben skizzierte anstoßgebende, konstruktiv-irritierende Funktion um, indem sie unerwartete, kritische, reflexive, paradox-provokatorische oder humorvolle Fragen, Bemerkungen oder Aufgabenstellungen „ins System" einbringen, das darauf in neuer/andersartiger Weise reagieren muß. Auch „Hausaufgaben" für die Zeit *zwischen* den Sitzungen (für das Gesamtteam, aber auch für Subgruppen) dienen dazu, mit reflexiven und aktiv-handlungsorientierten Alternativen in die Dynamik und Selbststeuerung des Teams einzugreifen. Viele Ansätze setzen allerdings ausschließlich auf den *Klärungsaspekt* bis hin zur Hoffnung auf

---

* Dahinter steht die konstruktivistisch orientierte Auffassung, daß jede „Teamidentität" die Folge „gelungener Selbsteinredungen" darstellt (vgl. z.B. Vogel, 1994).

eine automatisch wirkende „emanzipatorische" Veränderungsfunktion der Teamsupervision.

Teamsupervision: Einige Risiken für die Effektivität. Wegen der Komplexität und vielschichtigen Dynamik sind für ein effektives Vorgehen bei der Teamsupervision vielerlei Stolpersteine zu beachten. Bereits ab der ersten Anfrage sollten daher folgenden Gefahrmomenten begegnet werden (vgl. auch Weigand, 1994a):

- Rückzug auf „innerpsychische Phänomene" der Teammitglieder (Ignorieren von institutionalen Faktoren bzw. Überbetonung von Fallarbeit oder von persönlichen Motiven/Einflußgrößen)
- unhinterfragtes Akzeptieren des Wunsches nach Teamsupervision (ohne genaue Abklärung der Indikation)
- Kollektivmythos des „leiterlosen Teams" und inadäquate Übernahme von Leitungsfunktionen durch den Supervisor
- Teamsupervision als Versuch der Anpassung an dysfunktionale Systemstrukturen
- Teamsupervision als Disziplinierungsinstrument im Dienste höherer Hierarchieebenen (fragwürdiges Ausnutzen von Offenheit zum Erteilen von Sanktionen)
- Koalition des Supervisors mit unteren Ebenen gegen die Organisationsleitung
- effektlose Alibiveranstaltungen (abgehoben vom Arbeitsauftrag des betreffenden Teams, u.U. über Jahre), wobei Supervisoren im System gefangen sind
- endlose Teamsupervision mit dem Resultat, die Selbsthilfekräfte der Teilnehmer zu untergraben (bis hin zur „erlernten psychosozialen Hilflosigkeit")

Andere Risiken kommen durch unproduktive „Spiele" zustande, die in Teams bzw. zwischen Teams und dem Supervisor ablaufen können:

„Spiele" in der Teamsupervision. In Analogie zu „Spielen" in der Einzelsupervision (vgl. Kap.9.4) sind natürlich auch in der Teamsupervision *dysfunktionale* Interaktionsmuster möglich. In Anlehnung an Beispiele aus der Literatur (vgl. z.B. Kersting & Krapohl, 1994) und auf Basis eigener Erfahrungen sind beispielhaft folgende zu nennen:

- „Reparaturauftrag" (von der Institutionsleitung an den Supervisor: „Bring unser Team wieder in Ordnung...!")
- „Konspirative Sitzung" oder „Revolution!!!" (Wir als Team gegen die Leitung/den Träger...)
- „Sei unser Chef" (Supervisor soll fehlende/inadäquate Leitungsfunktion ausfüllen) bzw. „Meister, zeig' uns den Weg..."
- „Gib uns Image" (insbesondere bei konkurrierenden Einrichtungen: „Wer hat den berühmtesten Supervisor?")
- „Ideologische Aufrüstung" (Überwache die Teammitglieder/schwöre sie auf die Institutionsphilosophie ein...)
- Sei „Experte", „Gutachter", „Richter", die „letzte Autorität", „Übervater/Übermutter", „Sündenbock" etc.
- Teamsupervision als „folgenloses Sandkastenspiel" (Weigand, 1994a, S.121)

Der Supervisor kann sich auch fragen, ob er sich möglicherweise in einer der Funktionen wiederfindet, die sich in Anlehnung an John & Fallner (1980, S.26/27) wie folgt beschreiben lassen: Institutionsklimaanlage, Klön- und Meckerecke, Problemfeuerwehr/Rettungssanitäter, Gewissensberuhigung der Institution, Vermittler zwischen allen Ebenen, Systemveränderer, Harmonisierer, Scharfmacher bei Konflikten, Karriere-Hebamme o.ä. Dies sind nur einige Beispiele, wobei viele der aus Therapie oder Einzelsupervision bekannten Spiele genauso in Teams laufen können (z.B. „Wasch' uns, aber mach' uns nicht naß!"). Dem Einfallsreichtum für sprachliche Bezeichnungen sind jedenfalls keine Grenzen gesetzt. Für den *Umgang* mit solchen Spielen kann den Empfehlungen gefolgt werden, die bereits in Kap.9.4.3 gegeben wurden.

14.2.3 Empfehlungen zur Gestaltung von Teamsupervision aus Selbstmanagement-Sicht

Auf Basis der obigen Bemerkungen und Literatur sowie in Zusammenschau mit den Grundzügen des allgemeinen Supervisionsmodells (Kapitel 10 - 13) lassen sich zusammenfassend einige Empfehlungen für Teamsupervision nach dem Selbstmanagement-Ansatz formulieren. Die Schritte des „Kernprozesses" und dessen Einbettung in ein Makro-Modell (Vorstadium, Aufbau der Supervisionsgrundlagen bzw. Abschluß und Übergang zur Zeit *nach* der Supervision) können generell auch auf Teamsupervision Anwendung finden. Folgende Schwerpunkte sind allerdings besonders zu beachten bzw. müssen zusätzlich inhaltlich *ergänzt* werden:

(1) Hohe Bedeutung von Anfangsphase und Nachfrageanalyse: Offene und verdeckte Aufträge, hochgradig unterschiedliche Interessen der Teammitglieder, dem Supervisor zunächst unbekannte Personen sowie Team- und Institutionsstrukturen machen die Orientierung enorm schwierig, zumal der Supervisor stets in der Gefahr steht, in den „Sog" der Institution hineingezogen zu werden (vgl. z.B. Wellendorf, 1994 etc.). Daher stehen die Erwartungen, Hoffnungen, Wünsche und Illusionen im Zuge der Nachfrageanalyse während der Startphase von Teamsupervision absolut im Vordergrund (vgl. Weigand, 1994a bzw. Kap. 10.2.2).

(2) Kontrakt und Kontraktierung: Sobald ein Grundkonsens über die Inanspruchnahme von Teamsupervision (Ja/Nein) gefunden ist, kann ein Supervisionskontrakt geschlossen werden, der die elementaren Spielregeln für alle Beteiligten enthält (vgl. Kap.10.2.3 und 10.2.4). Der Supervisor sollte jedoch die Auftragsannahme verweigern, wenn die Supervision unter für ihn unzumutbaren Bedingungen oder mit utopischen, unerfüllbaren Erwartungen begonnen werden soll. Der *Prozeß* der Kontraktierung – im Sinne eines ständigen Aushandelns von Problemen, Anliegen, Interessen und Zielen für die weitere Arbeit – geht jedoch weiter (vgl. Kap.10.2.3) und macht ein konstitutives Merkmal des Teamsupervisionsprozesses aus.

(3) Adäquates Setting bzw. Arbeitsform: Neben Fragen wie: Wer gehört zum Team, wer soll an Teamsupervision teilnehmen? ... Soll die nächsthöhere Ebene der Institutionshierarchie einbezogen werden? ... Wie ist die Schweigepflicht gegenüber der Institutionsleitung geregelt? ... Wo soll Teamsupervision wie häufig stattfinden? etc. muß auch geklärt werden, ob Teamsupervision die günstigste Arbeitsform für die anstehenden/gewünschten Themen darstellt. Unter Umständen muß zu anderen Verfahrensweisen (z.B. Leitungsberatung, Organisationsberatung, Fortbildung, Selbsterfahrung etc.) übergegangen werden. Außerdem sollte eine eindeutige Ent-

scheidung für eine bestimmte Arbeitsform getroffen werden, was z.B. Einzelarbeit, Leitungs-supervision oder Organisationsberatung *parallel* zur Teamsupervision normalerweise aus-schließt.

(4) Beziehungsaspekte und Aufbau adäquater Arbeitsatmosphäre zu Beginn: Neben der Beziehung zu den Einzelpersonen des Teams sind deren Beziehungen untereinander sowie die Beziehung des Gesamtteams zum Supervisor (und umgekehrt) zu beachten. Die Prinzipien der *Allparteilichkeit* und *Neutralität* (vgl. Kap.9.1) sind hier in besonderem Maße gültig. Außer-dem ist zunächst ein passendes Supervisionsklima herzustellen: In Analogie zur *Gruppenko-häsion* muß auf eine *Team*kohäsion hingearbeitet werden, wobei Offenheit und Vertrauen – als Resultat einer sanktionsfreien Beziehung – nicht nur auf dem Papier bestehen dürfen (vgl. Krumboltz & Potter, 1980). Gerade im Anfangsstadium der Teamsupervision sollte auch ein positiver Motivationsaufbau vor allen Versuchen einer negativen Problemklärung stehen (im Sinne von: „Wie stelle ich mir denn unsere Teamsituation *idealerweise* vor?" ... „Was fehlt uns?" ... „Was wünsche ich mir?")

(5) Teamanalyse als Prozeß: Um die zunächst unbekannte Struktur und Dynamik des Teams kennenzulernen, schlüpft der Supervisor in die Rolle des teilnehmenden Beobachters und tastet sich nach dem Vorbild eines Ethnographen bzw. mittels der sogenannten „Columbo-Methode" (vgl. Kap.17) an die innere Logik der dortigen Regeln und Abläufe heran. Die Metapher des Doppelagenten (vgl. S.251) als Gratwanderung zwischen empathischem Verständnis und ständigen Veränderungsanstößen hat ebenfalls ihre Berechtigung, wobei Teamsupervisoren von Beginn an darauf achten müssen, nicht in unproduktive „Spiele" hineingezogen zu wer-den.

(6) Supervision für Supervisoren: Da die Aufgabe von Teamsupervisoren, die Supervision anzuleiten und sich gleichzeitig bei der Supervisionsdurchführung selbst zu beobachten, aus-gesprochen anspruchsvoll ist, sollten sie nicht zögern, in ihrer eigenen Supervision für Super-visoren (Kontrollsupervision) schwierige Situationen zu reflektieren und zu bearbeiten. Bei größeren Teams stellt sich die Frage, ob es günstig ist, mit einem Co-Supervisor zu arbeiten.

(7) Motivation zur Mitarbeit vs. „Widerstand": Mit den Methoden der Gruppenprozeßanaly-se, Teamanalyse und Systemanalyse wird kontinuierlich beobachtet, bis zu welchen Grenzen das Team zur Mitarbeit bereit ist bzw. ab wann sich „Widerstände" (im Sinne von uner-wünschten Grenzüberschreitungen) bemerkbar machen. Da jede Zusammenarbeit im Team ei-ne permanente Konfliktregelung impliziert, geht es darum, diese Regelungsprozesse in kon-struktive Bahnen zu lenken, damit das Team die ihm übertragenen Aufgaben besser bewälti-gen kann. Entsprechend einem verhaltensdiagnostischen Grundsatz zählen dabei nicht so sehr die verbalen Äußerungen über bestimmtes Verhalten oder die sprachlich kommunizierten Re-geln, sondern die realen (intersubjektiv beobachtbaren) Abläufe im Team, und zwar innerhalb und außerhalb der Sitzungen.

(8) Situationsanalyse: Die Analyse des IST-Zustands muß im Teamkontext durch Fragen zur System-, Gruppen- und Teamanalyse ergänzt werden. Insbesondere geht es um positive wie negative Auswirkungen des „institutionellen Faktors" (Weigand, 1994a) und der jeweiligen Leitungsfunktionen. Alles in allem richtet sich der Blick vor allem auf systemaufrechterhal-tende Bedingungen, problemstabilisierende Faktoren wie Teamregeln, Interaktionsmuster, lö-sungsverhindernde Aktionen, erfolglose bisherige Lösungsversuche oder selbstgesetzte Gren-zen (im Sinne des „Alles nur das nicht!": Watzlawick, 1982, S.104 ff.). Alle diese Informatio-nen geben wertvolle Hinweise auf die Struktur und Dynamik eines Teams.

(9) Zielanalyse: Bei aller System- und Gruppendynamik darf die eigentliche Hauptaufgabe des betreffenden Teams nicht aus den Augen verloren werden. Die Zielanalyse muß daher immer wieder auf die Primäraufgaben zurücklenken, die dem Team und der übergeordneten Institution letztlich die Existenzberechtigung verleihen. Alle Strukturen, Beziehungen und persönlichen Kompetenzen müssen in den Dienst dieser Primäraufgaben gestellt werden und geben den entscheidenden Maßstab für die Effektivität eines Teams (aber auch der Teamsupervision) ab. In diesem Zusammenhang ist auch darauf zu achten, daß das Team keinem kollektiven Utopiesyndrom anheimfällt, indem es „dauerhafte Beziehungen von echter, tiefer Wertschätzung" anstrebt oder auf völlige Übereinstimmung/Harmonie hofft. Realistischerweise muß es bei Teambeziehungen oft um Minimallösungen gehen, d.h. um eine solche Form von Arbeitskontakten, die eine halbwegs zufriedenstellende Erledigung der eigentlichen Aufgaben gewährleisten.

(10) Interventionen: Sämtliche Maßnahmen (wozu auch bereits Fragen oder Aufgaben zur Aufmerksamkeitslenkung gehören) haben den Charakter von *Anregungen, Impulsen, Anstößen* oder *Einladungen zu Veränderungen.* Jede Planung und Umsetzung hängt u.a. von zwei Leitfragen ab: (A) Was hält ineffektive/suboptimale Teamleistungen derzeit aufrecht? (B) Welche Möglichkeiten gibt es, daß das Team seine Hauptaufgaben ab jetzt besser erledigen kann?

(11) Permanente Aufgaben und Hausaufgaben: Auch in Teams gilt ein Grundsatz des Selbstmanagement-Konzepts, daß nämlich alle während einer Sitzung geleistete Arbeit für die Situation „draußen" im natürlichen Umfeld gehört. Daher werden aus den Gesprächen der jeweiligen Teamsitzungen kleine, zielführende Aufgaben abgeleitet, die die Teammitglieder bis zur nächsten Supervisionssitzung in die Tat umzusetzen versuchen.

(12) Effektkontrolle und ergebnisorientiertes Optimieren: Da Teams wie alle Systeme nicht beliebig zu beeinflussen sind, kommt der Orientierung an den jeweils eintretenden Abläufen und Ergebnissen erhöhte Bedeutung zu. Die Teammitglieder und der Supervisor achten gemeinsam auf Entwicklungen/Fortschritte bei den vereinbarten Arbeitsschwerpunkten („Figuren"), achten jedoch auch auf sonstige Geschehnisse in anderen Bereichen („Hintergrundkontrolle"). Letzteres dient vor allem dazu, auf positive Entwicklungen zu achten, die sich quasi „von allein" ergeben bzw. machen auf die Notwendigkeit von Schwerpunktverlagerungen und Modifikationen des Vorgehens aufmerksam. Je nach den beobachteten Ergebnissen wird (a) im Erfolgsfall die Strategie fortgesetzt bzw. (b) im Fall von Mißerfolg eine gemeinsame Analyse der verantwortlichen Bedingungen vollzogen und erneut in einen Problemlöseprozeß eingetreten.

Abschließend darf noch darauf verwiesen werden, daß es einige Spielregeln gibt, die im Verlauf der Teamsupervision immer wieder zu verdeutlichen sind. Dazu gehört, daß es um Arbeit geht und die Sitzungen kein Selbstzweck sind, daß es verbindliche Gruppenvereinbarungen gibt, daß das Vorgehen zielorientiert an den jeweiligen Anliegen ansetzt, und daß letztlich keine endlose Teamsupervision angeboten wird, sondern sich der Selbstmanagement-Supervisor spätestens dann allmählich verabschiedet, wenn das Team (wieder) hinreichend arbeitsfähig geworden ist. Gegen Ende der Teamsupervision kann auch noch gemeinsam überlegt werden, ob anschließend noch andere Angebote (z.B. Leitungsberatung, Organisationsberatung etc.) sinnvoll wären. In manchen Fällen kann z.B. eine positiv verlaufene Teamsupervision zum „Türöffner" für eine Beratung der *Gesamtinstitution* werden (siehe nächstes Kapitel).

14.3 Organisations-/Institutionsberatung

War schon bei Einzelsupervision die Schiene der jeweiligen Kontextbedingungen nicht zu vernachlässigen, so haben wir im Kapitel über Teamsupervision viele Einflüsse aus dem jeweiligen Makrosystem (d.h. der Institution der Teilnehmer) kennengelernt, die u.U. eine Beratung der *Gesamtorganisation* sinnvoll erscheinen lassen. Neben der Möglichkeit, daß eine Einzel- oder Teamsupervision auf Umwegen zur Institutionsberatung führt, kann auch von vornherein wegen Organisationsberatung nachgefragt werden. Dies ist insbesondere dann sinnvoll, wenn es um strukturelle Veränderungen der Institution geht mit dem Ziel, daß sie ihre Funktionen adäquat/besser erfüllen kann. Organisationsberatung ist folglich immer dann indiziert, wenn es um Themen/Fragen der *gesamten* Organisation geht.

Seit dem „Klassiker" von Fürstenau (1970), der sich als Psychoanalytiker zur Institutionsberatung äußerte, sind in den letzten Jahren viele Arbeiten erschienen, die das Thema zum Teil aus *systemischer* Perspektive (z.B. Borwick, 1990; Buchinger, 1988a; Klinglmair, 1991; Retzer, 1990; Schönig & Brunner, 1993, Zimmer Höfler, 1990 etc.) oder aus *psychoanalytisch-gruppendynamischer* Sicht betrachten (z.B. Gfäller, 1990; Leuschner, 1993; Steiner, 1991b; Wellendorf, 1994). Andere entstammen dem *betriebspsychologisch-unternehmensberaterischen* Sektor (z.B. Czichos, 1993a, 1993b; Dreesmann & Kraemer-Fieger, 1994; Fatzer & Eck, 1990; Malik, 1989; Schein, 1987, 1990) bzw. der *Personalentwicklung* (vgl. z.B. Sonntag, 1992) oder integrieren verschiedenartige Konzepte und Anwendungsbereiche (vgl. z.B. Belardi, 1992, 1994; Fatzer, 1990b; Gotthardt-Lorenz, 1994; Maelicke, 1994; Schley, 1992; Schreyögg, 1989, 1991c, 1995a; Uchtenhagen, 1990; Weigand, 1985, 1990a, 1990b, 1994a; Wolf, 1994 etc.).

14.3.1 Begriffsklärung und Grundlagen

Der Blick in die Literatur offenbart eine vielschichtige Begriffsverwendung und eine sehr unterschiedliche terminologische Hierarchie. So hat Edding bereits 1985 die Frage gestellt, ob Supervision, Teamberatung und Organisationsentwicklung denn wirklich dasselbe seien. Andere Streitfragen (wie z.B.: Ist Teamsupervision eine Form der Organisationsberatung? Ist Organisationsberatung etwas grundsätzlich *anderes* als Supervision? Ist Organisationsberatung die *umfassendste* Form der Supervision? etc.) weisen darauf hin, daß es viele Gemeinsamkeiten und Überlappungen mit ähnlichen Aktivitäten gibt (vgl. z.B. Fatzer, 1990c; Leffers & Wieringa, 1990; Weigand, 1994a etc.). Manche (z.B. Gotthardt-Lorenz, 1994) fassen unter „Organisationssupervision" alle Aktivitäten zusammen, die in irgendeiner Form *im Rahmen von* Organisationen stattfinden (von Teamsupervision über Leitungsberatung zur Projektsupervision). Ich werde in diesem Beitrag *„Organisations-/Institutionsberatung"* als Oberbegriff verwenden, und andere Termini (Organisationsdynamik, Institutionsanalyse bzw. Organisationsentwicklung) im nachfolgenden Text näher erläutern*. Dabei lassen sich Organisationen/Institutionen als „Systeme" verstehen, weshalb auch von Systemberatung, Systemanalyse und Systemdynamik gesprochen werden kann.

Organisation. Mit dem Terminus *Organisation* ist „ ... die Gesamtheit eines mehr oder weniger komplexen Ordnungsgefüges gemeint (...), das zum Zweck der Erreichung bestimmter Ziele in ganz spezifischer Weise (durch-)strukturiert ist und nach einem mehr oder weniger expliziten Regelsystem funktioniert" (Schönig & Brunner, 1993, S.12). Dabei handelt es sich um Einrichtungen mit Hierarchien, inneren Strukturen/Ordnungen, Dienstwegen, Rollen- und Kompetenzverteilungen etc. Nach den zitierten Autoren sind Organisationen immer komplex und schwer durchschaubar, zeigen eine – je nach Organisation spezifische – Eigendynamik und sind nicht beliebig (weder durch die oberste Management-Ebene noch durch den Organisationsberater/Supervisor) steuerbar. Alle Organisationsabläufe bewegen sich im Spannungsfeld von Statik vs. Dynamik, Ordnung vs. Chaos oder Zwang/bürokratische Kontrolle vs. Freiheit, wobei keines dieser Elemente jemals den Wert Null annehmen kann. Struktur und Dynamik einer Organisation werden einerseits durch das spezifische Kräfteverhältnis auf obigen Dimensionen bestimmt, andererseits durch die besondere Form der Kooperation der Organisationsmitglieder im Hinblick auf bestimmte Organisationsziele; diese Interaktionen verlaufen nach einer Fülle impliziter und expliziter Regeln, die zunächst weder den Systemmitgliedern noch dem Organisationsberater hinreichend bekannt sind.

Organisationsberatung. Organisationsberatung macht sich zur Aufgabe, „ ...größere und komplexere soziale Systeme zu analysieren, Probleme des Handlungszusammenhangs zu diagnostizieren und Lösungsvorschläge mit dem Ziel zu erarbeiten, das Entwicklungspotential der jeweiligen Organisation auszuschöpfen und ihre Problemlösungskapazität zu erweitern" (Schönig & Brunner, 1993, S.27). Auch wenn die Gesamtorganisation im Blickfeld liegt, können einzelne Personen oder Subgruppen Beratungsadressaten sein. Die jeweiligen Ergebnisse der Reflexion und Beratung werden umgehend in die Organisation zurückgespeist und zur Weiterentwicklung der Organisationsstrukturen und -abläufe genutzt. Eine Besonderheit liegt somit darin, daß Organisationsberatung in der Regel „öffentlich" stattfindet, daß ein Vertrag mit der *Ge-*

---

* Ich verwende die Begriffe *Organisation* und *Institution* synonym, obwohl manche Autoren (z.B. Schönig & Brunner, 1993, S.12/13) Institution als *Negativbegriff* verwenden, indem sie sich auf den *Prozeß* der Institutionalisierung beziehen und schreiben: „Der Begriff der 'Institution' meint diejenigen (sozialen) Muster, die sich im Laufe der Zeit verfestigt und verselbständigt haben. Er wird assoziiert mit der Standardisierung von Abläufen mit rigiden Entscheidungsmechanismen, mit präformierenden Regelungs- und Sanktionssystemen und mit schwer veränderbaren Rollenerwartungen (Getzels & Guba, 1957)". Dies entspricht der üblichen Begriffsverwendung in der Soziologie, wonach sich in Gesellschaften wichtige soziale Interaktionsgewohnheiten verfestigen, d.h. zu einer *Dauereinrichtung* werden – mit der Gefahr, im Lauf der Zeit zu verkrusten und den ursprünglichen Sinn zu verlieren (vgl. z.B. Berger & Luckmann, 1970).

samtorganisation besteht und die Institutionsleitung als Auftraggeber – anders als bei Teamsupervision – ein Anrecht auf inhaltliche Information und Rückmeldung besitzt (Gotthardt-Lorenz, 1994).

Nach Schönig & Brunner (1993) können je nach Konfliktlage *verschiedene Ansatzpunkte* gewählt werden: z.B. Kommunikation und Kooperation, Führungsaspekte, Informationsfluß in der Organisation, Entscheidungsstrukturen und -kompetenzen, Arbeitsorganisation, Organisationsziele, formelle und informelle Beziehungen, Anforderungen der Umgebung etc. Für die Organisationsberatung wird die gesamte Palette sozialwissenschaftlicher Instrumente zum Einsatz gebracht (z.B. qualitative Befragungsmethoden, verschiedene Formen des Daten-Feedback, quantifizierende Evaluation, Arbeit mit Organigrammen, Qualitätszirkel, Rollenanalyse, Rollenklärung und vieles mehr (vgl. Kap.17).

In jedem Fall erweitert die Organisationsberatung den Blick von den Einzelpersonen hin zu Teams bis hin zu größeren Einheiten, denen die Teams bzw. Personen angehören. Dies läßt sie zu einem idealen Anwendungsfeld für Systemdenken und Problemlösen in komplexen Situationen werden: Das Zusammenspiel von Individuen und Subsystemen, die Formierung übergeordneter Systemstrukturen, Hierarchien, Rollenverteilungen, Kommunikationsabläufe, physikalische Umgebung, psychologische Arbeitsatmosphäre bis hin zur Ideologie, Philosophie oder „Unternehmenskultur" weisen auf eigene Gesetzmäßigkeiten hin, die mit individuumszentrierten Bedingungs- oder Änderungsmodellen nur unvollständig beschreibbar sind. Daß in vielen Fällen auch Aspekte der Unternehmensberatung und des Managements zum Tragen kommen (schließlich sind viele Organisationen nur mit fundierter Finanzierung überlebensfähig), macht die Angelegenheit für Supervisoren, die aus dem sozialen „Non-Profit"-Bereich stammen, schwierig aber gleichzeitig spannend. Sie zeigt auch die Notwendigkeit auf, im Bedarfsfall mit Unternehmensberatern zusammenzuarbeiten, sich zumindest mit grundlegenden Theorien der Arbeits- und Betriebspsychologie sowie der Organisationspsychologie zu beschäftigen und sich nicht nur mit der bloßen Übertragung therapeutischer Konzepte auf Institutionen zu begnügen. Insbesondere Fatzer (1990a, S.82) hat sich vehement gegen (vor allem psychodynamische) Ansätze ausgesprochen, die ihre Art von Einzeltherapie gleichermaßen mit Organisationen praktizieren, die Situation „therapeutisieren" und die Organisation „auf die Couch" legen. Er bemängelt dabei fehlende Kenntnisse der Organisationspsychologie und völlige Unkenntnis der Abläufe realer Organisationen.

Organisationsstruktur und Organisationsdynamik. Jede Organisation/Institution hat als komplexes soziales Gebilde eine eigene Struktur und Dynamik. Bereits hier darf festgehalten werden, daß die Selbstmanagement-Supervision *systemtheoretischen* Konzepten (z.B. Brunner, 1993; Fatzer, 1990b) wesentlich näher steht als solchen, die psychodynamische Grundgedanken (Konfliktverschiebung, Verdrängungswiderstände: vgl. z.B. Gfäller, 1990; Wellendorf, 1994 etc.) auf Institutionen übertragen.

In Organisationen arbeitet eine größere Zahl von Personen an der Erreichung bestimmter Ziele, wobei die Einzelelemente des Systems miteinander in Beziehung stehen, d.h. verknüpft/vernetzt sind. Nach Brunner (1993, S.97) bildet das Gesamt der Systemrelationen die Organisations*struktur*; da sich Systemrelationen jedoch ständig ändern, geht es immer auch um die Organisations*dynamik,* für die folgende Gesichtspunkte von Bedeutung sind (Brunner, 1993, S.97 ff.):

- Jede Organisation hat ihre *spezifische* Organisationsdynamik und stellt ein mehr oder weniger offenes soziales System dar, welches z.B. als einschränkend, abgeschlossen, perspektivlos oder aber autonom, partizipativ, anregend, nützlich erlebt wird.
- Die Qualität einer Organisation hängt einerseits von den Fertigkeiten der Einzelpersonen, jedoch insbesondere vom Zusammenspiel der Subsysteme bzw. des Gesamtsystems ab.
- Dieses „Insgesamt an Systemrelationen" korrespondiert mit der Organisations*struktur:* Einerseits gibt es eine *Aufgabenstruktur* (Stellenplan mit Rollen- und Arbeitsverteilung etc.), andererseits eine *Regelstruktur,* bestehend aus formellen und informellen, impliziten und expliziten Regeln des Umgangs miteinander wie auch mit materiellen Ressourcen bzw. mit Klienten.
- In Analogie zum sozialpsychologischen Gruppenbegriff ist eine Organisation immer mehr als die Summe der Einzelpersonen und auch mehr als die Addition der organisatorischen Regeln für die beteiligten Subsysteme: „Worauf es vor allem ankommt in Organisationen, sind die zahlreichen Wechselbeziehungen zwischen ihren Mitgliedern, ist ihr Umgang mit den Regeln. Wir finden – analog zur Gruppendynamik – eine Organisationsdynamik vor" (Brunner, 1993, S.99). Diese Gesamtheit zwischenmenschlicher Prozesse im System machen das „Eigenleben", die „Identität" oder „Kultur" einer Organisation aus und sind wesentlich relevanter als schriftliche Konzepte, Programme, Kooperationsvereinbarungen oder Strukturbeschreibungen.

Sobald eine Organisation mit dem Organisationsberater/Supervisor in Kontakt tritt, wird die Systemdynamik spürbar (z.B. via Erwartungen, offizielle/geheime Aufträge, Illusionen, Befürchtungen der Anfragenden etc.). Der Organisationsberater steht zu Beginn einer verwirrenden und komplexen Situation gegenüber, die naturgemäß zu Ambivalenzen, Unklarheiten und Orientierungsschwierigkeiten führen wird. Ich würde zwar nicht generell die pessimistische Sicht Wellendorfs (1994) teilen, wonach der Organisationsberater *immer* zum Spielball institutioneller Machtpolitik werde, und die Institution ihn in ihre Struktur einpassen, abkapseln und „unschädlich" machen wolle. Der Supervisor wird jedoch immer in den „institutionellen Sog" unterschiedlicher, konflikthafter Interessen geraten, mit denen er umzugehen hat.

Im Management-Bereich wird mit der Metapher des „organisatorischen Immunsystems" (Freimuth & Hoets, 1994, S.119) ebenfalls ausgedrückt, daß ein System „allergisch" gegen Störungen von außen reagiert. Solche phänomenologischen Begriffe sind allerdings nur schwer zu operationalisieren. Noch kritischer ist in dieser Hinsicht die *generelle Annahme* einer Vielzahl von „Verschiebungsprozessen" für Organisationskonflikte (Wellendorf, 1994, S.29/30) zu werten, die psychoanalytische Wurzeln aufweist. Es wird behauptet, daß es organisationsintern an *anderer* Stelle heiklere Konflikte gebe, die nicht aufgedeckt werden dürfen (weshalb sich die Organisation einen „Nebenkriegsschauplatz" als Thema von Supervision oder Organisationsberatung wählt): „Die dem Supervisor in einer Institution angebotenen Konflikte und Schwierigkeiten bringen eine verdeckte institutionelle Problematik zum Ausdruck und verdecken sie zugleich" (Wellendorf, 1994, S.30). Dabei wird die Supervisionsbeziehung als *Projektionsfläche* für die verborgene institutionelle Dynamik und Struktur betrachtet und von einer „institutionellen Übertragung/Gegenübertragung" gesprochen.

Es mag zwar richtig sein, daß viele Probleme, Anliegen, Ziele, Wünsche von Supervisanden in Organisationen oder Teams schwer einzuschätzen sind, daß es offene und viele geheime Anliegen, Machtkämpfe und Interessenkonflikte gibt – ein datengestütztes VT-Vorgehen hat jedoch Schwierigkeiten mit der Haltung: *„Das* Thema *der* Institution drückt sich *immer* in verschlüsselter Form aus" bzw. mit der *ungeprüften These* der „Konfliktverschiebung". Letztere hätte allenfalls dann Berechtigung, falls in Institutionen Beziehungskonflikte so in den Vordergrund der Beratung gerückt werden, daß es unmöglich wird, sich mit den „eigentlichen" (aber *ineffektiv* erledigten) Aufgaben einer Organisation zu beschäftigen. So sollten wir zwar prinzipiell mit der *Möglichkeit* rechnen, daß wesentliche Konfliktherde zunächst unangetastet bleiben und Präsentierprobleme aufgetischt werden, jedoch nicht *generell* eine Konfliktverschiebungshypothese unterstellen.

Versucht man die Problematik konstruktiv-lösungsbezogen anzugehen, so werden wieder Übereinstimmungen unseres Vorgehens mit den Vorschlägen Wellendorfs (1994) deutlich, der für eine permanente Nachfrageanalyse, schrittweise Klärung und vor allem die *Orientierung an den institutionellen Aufgaben* eintritt. Vor allem das Ziel der adäquaten Erledigung der organisatorischen Hauptaufgaben zusammen mit der konsequenten funktional-systemischen Analyse der jeweiligen Problembedingungen führen aus Selbstmanagement-Sicht dazu, daß an *relevanten* Knotenpunkten des Organisationssystems angesetzt wird und Verbesserungen zustandekommen (siehe unten).

Institutions-/Systemanalyse. Jede Organisation, jede Institution, jedes System bedarf zunächst einer Analyse hinsichtlich Struktur und Dynamik, bevor hilfreiche Schritte in Gang gesetzt werden können. Wie bereits im Kapitel zur Teamsupervision bzw. in der Beschreibung der Anfangsphase jeder Supervision angedeutet wurde, ist der Supervisor zunächst in einer „naiven" Position: Er weiß nichts über Aufgabenfelder, Beziehungsstrukturen, Güte der Kooperation, Aufteilung in Subsysteme und deren Vernetzungen, offene und geheime Spielregeln der Organisation o.ä. Er muß sich daher wie ein ethnomethodologischer Forscher oder wie „Columbo" als teilnehmender Beobachter die relevanten Informationen beschaffen bzw. sich vom System über die dort geltenden Regeln aufklären lassen. Dabei stellt die Maßnahme der Institutionsanalyse bereits selbst eine Intervention dar, d.h. führt bereits von allein zu gewissen Veränderungen. In dieser Hinsicht kommen die Wurzeln der Organisationsberatung in der Aktionsforschung Kurt Lewins (1946) zum Vorschein, wonach die Gesetzmäßigkeiten eines Systeme am besten mittels der Ergebnisse versuchter Veränderungen zu verstehen sind (Fatzer, 1990b). Daß es dabei auch und vor allem um Macht und Einfluß in Organisationen geht, zeigen beispielhaft die Arbeiten von Filsinger (1992), Gfäller (1990), Leuschner (1993) oder Wellendorf (1986, 1990, 1994).

Es ist ein Spezifikum von Organisationsberatung, daß sämtliche diagnostischen Informationen sofort wieder an das System selbst zurückgegeben werden. Die Personen und Subsysteme der Organisation sind also zugleich Informationslieferanten und -adressaten. Wie erwähnt sind alle diagnostischen Informationen durch diese Rückkoppelung gleichzeitig als „Interventionen" zu verstehen, verändern also die Organisationsstrukturen und -dynamik mittels Kommunikation. Eine Organisation, die sich auf Organisationsberatung *einläßt*, kann folglich gar nicht anders als sich zu verändern.

Für die Institutionsanalyse stütze ich mich entsprechend meiner Vorbemerkungen primär auf *systemorientierte* Hinweise. In diesem Sinne können die Angaben zur funktional-systemischen Bedingungsanalyse aus dem „Kernprozeß" (Kap.11.2.2) durch viele Punkte zur organisationsbezogenen „Systemanalyse" ergänzt werden (Übersicht 34, vgl. Fatzer, 1990b, S.105 ff.):

Allgemeine Fragen:

- Welches System soll näher analysiert werden (Mitglieder und Grenzen? Unter- und übergeordnete Systeme? Mit welchen anderen Einheiten hat dieses System am meisten Interaktionen?
- Hauptfunktion, Aufgabe, Leistung oder Produkt der Gesamtorganisation (in Anlehnung an die „primary task": Rice, 1963), und welchen Beitrag leistet das zu analysierende System?
- Welche Input-Output-Relationen gibt es (Umgebungsinteraktionen, Energietransfer etc.)?
- Was hält das System bislang aufrecht?
- Wo macht das „System" mit? Was darf nicht passieren bzw. wo/wann zeigen sich „Widerstände"?
- Hat sich diese Organisation in den letzten Jahren verändert? Was (Wer? Welche Teile?) *nicht*?
- Entwicklung der Organisation in den letzten 5 Jahren (Spezialisierung? Ausbau/Abbau von Stellen? Arbeitspensum gewachsen/geschrumpft? Funktionen verändert? Andere Verteilung von Ressourcen? Verantwortlichkeiten größer/kleiner, komplexer/einfacher? etc.)?
- Art der Zusammenarbeit: Gibt es Teams? Was veranlaßt Personen/Subsysteme/Teams zu welcher Form/Intensität von Kooperation/Koordination?

Fragen an Einzelpersonen oder Subsysteme der Organisation:

- Sind die Mitarbeiter hier generell glücklich/zufrieden? Wie ist die Arbeitsmoral?
- Typische Probleme? Wer löst diese oder versucht Lösungen?
- Was hält die Mitarbeiter hier?
- Wie kooperativ sind die Mitarbeiter bei der Arbeit? Gibt es auch informelle Kontakte außerhalb der Arbeitszeit?
- Was wird von der Organisation aus für das Arbeitsklima getan?
- Was hält die Leute hier zusammen?
- Was kann in der Organisation so bleiben wie es ist?
- Wie müßte die Organisation beschaffen sein, daß ich mich wohlfühle bzw. daß sie besser ihre Aufgaben erfüllen kann?
- Beschreibung des „Teamgeists" bzw. der „Organisationskultur" (falls es so etwas gibt)?
- Was geschieht, wenn Mitarbeiter aus der Linie ausscheren (z.B. Regeln mißachten oder den normalen Ablauf stören)? Welche Organisationsregeln muß man immer einhalten?
- Welche Rollen- bzw. Arbeitsverteilung gibt es in dieser Einheit oder Organisation?
- Welches ist die spezielle Rolle von Mitarbeiter X?
- Diagramm der Organisation („Organigramm")?

Übersicht 34. Systemanalyse in Organisationen: Modifizierte Form des Frageleitfadens von Fatzer (1990b, S.105 ff.).

Auch alle sonstigen systembezogenen Fragen, Analysemöglichkeiten und Kriterien, die beispielsweise Schiepek (1986, S.81 ff.), Kanfer et al., (1996, S.256 ff.) oder Sackmann (1990) zusammengestellt haben, tragen zum Verständnis des Funktionierens eines Systems bei. Sie sind insbesondere Grundlage für die Interventionsplanung und -umsetzung (vgl. auch Schiepek, 1986, S.156). Vor der Illusion beliebiger Steuerbarkeit oder völliger Kontrollierbarkeit von Organisationsabläufen hatte ich unter Bezug auf Maturana (1985) schon an anderer Stelle gewarnt (vgl. auch Freimuth, 1994). Dennoch sind *Einflußmöglichkeiten* vorhanden, insbesondere unter Berücksichtigung „sensibler Druckpunkte" im System. Bereits diagnostische Analysen können zu „Verstörungen" führen und via Reflexion/Kommunikation Situationen schaffen, auf die das System reagieren muß. Andere Aufgaben sind eher als „strukturelle Interventionen" zu interpretieren (wenn z.B. Subsysteme in einer Organisation neu/anders angeordnet werden oder andere Aufgabenstellungen erhalten: vgl. Borwick, 1990, S.382). Dabei ist natürlich auch in Organisationen mit änderungsresistenten Reaktionen zu rechnen bzw. damit, den Organisationsberater in dysfunktionale „Spiele" zu verwickeln (z.B. „Hilf uns, aber laß' alles beim alten!" ... „Lieber die bekannte Hölle als der unbekannte Himmel!" etc.).

Organisationsentwicklung: Auf dem Weg zur „lernenden" und „lernfähigen" Organisation. Die Organisationsentwicklung steht in der Tradition der „Human-Relations"-Bewegung und betont vor allem die *Entwicklungsmöglichkeit* von Organisationen (im Gegensatz zur Organisationsberatung zur Hilfe bei ernsten Schwierigkeiten). An dieser Stelle geht es nicht um eine umfassende Darstellung des Ansatzes (vgl. dazu z.B. Fatzer, 1990c, 1990d), sondern um die Idee der „lernenden" und „lernfähigen" Organisation, welche die *Grobrichtung* jeder effektiven Organisationsentwicklung vorgibt.

Fatzer (1990d) lehnt sich bei seiner Beschreibung vor allem an Bennis, Benne & Chin (1985) an, die wesentliche Charakteristika innovativer und exzellenter Unternehmen zusammengestellt haben. Danach zeigen lernende Organisationen eine ganze Reihe der nachfolgend genannten Merkmale (Übersicht 35):

- Klar artikulierte übergeordnete Ziele (verteilt über alle Organisationsstufen, orientiert an den Hauptaufgaben der Institution)
- vorbildlicher, partizipativer, kollaborativer Management-Stil
- eindeutige und konsistente Unternehmensphilosophie (Einklang von Reden und Tun)
- innovationsfreundliches Klima (aktive Förderung von Innovation, Unterstützung anderer bei neuen Ideen, Verstärkung von Kreativität)
- einfache, dezentrale, vernetzte Organisationsstrukturen
- effektive Information, Kommunikation und Planung (hoher Informations-Durchsatz über alle Hierarchieebenen der Organisation, wenig „Papierkram" und Bürokratismus)
- Leistungsorientierung (Anreize mittels Belohnung und Bestrafung, Anerkennung außerordentlicher Leistungen, Möglichkeit des Beendigens erfolgloser Projekte ohne Gesichtsverlust)
- starke Orientierung an Menschen und Mitarbeitern: sorgfältige Mitarbeiterauswahl und -schulung, interne und externe Fortbildung
- Karrieremöglichkeiten und Job-Sicherheit
- Kundennähe
- ansprechendes Arbeits-Setting
- Pflege von Außenbeziehungen und offene Systemgrenzen (Austausch, Kooperation und Vernetzung)

Übersicht 35. Merkmale exzellenter Organisationen (nach Fatzer, 1990d, S.405 bzw. Bennis, Benne & Chin, 1985).

Diese Punkte sind zwar in keiner Organisation jemals zu 100 % zu verwirklichen; sie geben aber idealtypische Richtziele ab, an denen sich Maßnahmen zur Organisationsentwicklung orientieren sollten. Umgekehrt dürfen wir davon ausgehen, daß zu jeder „lebendigen" Organisation zwangsläufig auch Konflikte, Probleme und Interessenunterschiede gehören, ja geradezu *notwendige Reibungsflächen* für die Weiterentwicklung von Organisationen darstellen.

14.3.2 Praktische Hinweise für die Organisationsberatung aus Selbstmanagement-Sicht

Die Selbstmanagement-Supervision muß für Zwecke der Organisationsberatung um einige inhaltliche Aspekte (vgl. oben) ergänzt werden, die eine Erledigung dieser Spezialaufgabe erleichtern. Dem Organisationsberater (als „Agent des Wandels der Autoritätsstruktur und der Kooperationsweise in Organisationen": Fürstenau, 1970) stellt sich eine Reihe besonderer Anforderungen: Er muß *ins System hinein,* was dazu führt, daß er sich ab diesem Moment nicht mehr im luftleeren, herrschaftsfreien Raum bewegen kann, sondern direkt mit allen organisationsinternen Verhältnissen von Macht, Abhängigkeiten und Kontrolle in Berührung kommt (Weigand, 1990b). Die *drei Hauptaufgaben des Organisationsberaters,* die Gotthardt-Lorenz (1994) genannt hat, gelten auch für den Selbstmanagement-Ansatz:

1.) Analyse, Reflexion und Verbesserung der strukturellen Bedingungen einer Organisation (immer im Hinblick auf die übergeordneten Ziele/Aufgaben);
2.) Kontinuierliche Analyse der Organisationsdynamik (innere Logik der Spielregeln, Involvierungen, offene/geheime Aufträge, institutionelle Übertragungen/Gegenübertragungen, Widerstände gegen Veränderung etc.);
3.) Herstellen optimaler Bedingungen (Setting!) für die Beratung/Supervision der jeweiligen Organisation (je nach Zielsetzung/Aufgabenstellung auch: optimale Personkonstellation wählen).

Der Organisationsberater löst zwar nicht die Probleme stellvertretend für die Organisation, muß jedoch für seinen Beratungs*prozeß* Verantwortung übernehmen (z.B. für eine adäquate Auftragsklärung, Herstellen eines funktionstüchtigen Arbeitsbündnisses, Setting, Planung und Durchführung von Analysen und Interventionen, Überprüfung der Effektivität von Arbeitsschritten, adäquate Rückmeldung der Ergebnisse an die Auftraggeber etc.). Insgesamt gesehen assistiert er der Organisation beim Optimieren der Erfüllung ihrer eigentlichen Aufgaben. Dazu ist die Position des teilnehmenden Beobachters (mit einer gleichzeitig engagierten wie auch selbstreflexiv-distanzierten bzw. empathisch-verständnisvollen wie auch veränderungsinduzierenden Haltung) günstig, wie sie für unsere Selbstmanagement-Supervision typisch ist. Organisationsberatung macht auch die Auseinandersetzung mit Macht und institutioneller Identität sowie eine minimale Identifikation mit den Zielen der jeweiligen Institution erforderlich (Weigand, 1990b bzw. 1994a, S.129 f.). Die Reflexion der eigenen Erfahrungen mit Institutionen gehört deshalb ebenso zum Anforderungskatalog wie adäquates Wissen um Organisationen (vgl. diverse bei Schönig & Brunner, 1993, S.14-26 zusammengefaßte Organisationstheorien), hinreichende Feldkompetenz sowie die Fähigkeit zum Aushandeln von Kontrakten. Ähnlich wie bei Teamsupervision muß sich der Organisationsberater kontinuierlich fragen, in welche Rolle er von den Teilnehmern gedrängt werden soll. Balling (1990, zit. in Brunner, 1993, S.107) hat schlaglichtartig als Beispiele genannt: „Bluthund, Sanitäter, Missionar, Zauberer, Richter, Geheimagent, Hofnarr, Zielscheibe, Herold, Persilscheinlieferant, Einpeitscher oder auch Zeremonienmeister". Dies zeigt nochmals auf, welch hohen Stellenwert die Anfangsphase (vgl. Kap.10.2) besitzt, insbesondere die Auftrags- und Nachfrageanalyse bis hin zur Vereinbarung eines Kontrakts.

Alles in allem kann das Prozeßmodell der Selbstmanagement-Supervision – wenn es mit hinreichendem Wissen über System-, Organisations- und Unternehmenstheorien durchsetzt wird (vgl. z.B. Brunner, 1993) – auch die Abläufe einer Organisationsberatung strukturieren helfen. Viele klassische Modelle der Unternehmens-, Organisations- oder Prozeßberatung (z.B. Lippitt & Lippitt, 1979, 1984; Schein, 1987 oder Fatzer, 1990a, S.66 ff.) thematisieren zudem ähnliche Grundphasen, gehen ebenfalls problem- und zielorientiert vor, beziehen die Beteiligten kooperativ ein und betonen die Funktion des Anstoßgebens. Entsprechend Kap.14.3.1 setzt die Selbstmanagement-Supervision bei Organisationsberatung folgende Schwerpunkte:

- Die Fülle von Anliegen, Problemen, Zielen, Wünschen und Konflikten in einer Organisation machen eine *Komplexitätsreduktion* für den Berater (und die Beteiligten) erforderlich; hier bieten *systemische* Ansätze eine Hilfe, um in der ständigen Organisationsdynamik Figuren, sich wiederholende Muster und redundante Strukturen erkennen zu können und nach dem Motto des „Global denken, lokal handeln" zu verfahren.
- Systemdenken paßt gut mit der generellen Anregungsfunktion („instigation") des Selbstmanagement-Konzepts zusammen; in diesem Sinne haben alle Analyse- und Reflexionsmaßnahmen bereits intervenierenden Charakter. Daneben gibt es strukturelle Maßnahmen, um ein System zu „verstören". Dies geschieht im Wissen um Grenzen der Einflußnahme und um die Unmöglichkeit völliger Kontrolle von Systemen.
- Alle Analyse-/Interventionsmaßnahmen bleiben den eigentlichen Arbeitszielen der Gesamtorganisation untergeordnet. Praktische Devise: Immer wieder auf die Primäraufgaben der Organisation hin- bzw. zurücklenken!
- Auch die Effektivität bestimmter Maßnahmen wird an den „primary tasks" gemessen.

Um die Aufgabenerfüllung einer Organisation *auf Dauer* zu gewährleisten, sind folgende *Mittel* sinnvoll:

- Verbesserung der Strukturbedingungen durch Förderung der Kommunikation innerhalb der Institution (verbesserter Informationsfluß sowie effektivere Entscheidungs- und Ablaufstrukturen),
- Verstehen durch Analyse und Reflexion sowie Umsetzung der Reflexionsergebnisse in konstruktiveres Handeln,
- Klarlegen von Strukturmerkmalen (Hierarchieebenen, Positionen, Rollen, Zuständigkeiten/ Kompetenzen etc.: Organigramm als Veranschaulichung),
- Arbeit an der Zielphilosophie bzw. „Kultur" der Organisation anregen (auch: „corporate identity"),

- Mitbeteiligung, Mitsprache aller Ebenen bei wichtigen Organisationsentscheidungen garantieren,
- Hinterfragen bisheriger Routinemethoden des innerbetrieblichen Umgangs sowie des Kontakts zu Klienten,
- Ermitteln von *Störquellen* hinsichtlich einer effektiven Aufgabenerfüllung der Gesamtinstitution,
- Minimalkonsens über Dringlichkeit der zu bearbeitenden Themen schaffen (Prioritäten klären!),
- funktionierende und suboptimale Kommunikations- und Koordinationsabläufe im Unternehmen differenzieren,
- bessere Nutzung von Ressourcen des Systems bzw. der beteiligten Personen,
- „Veröffentlichung" der Arbeitsergebnisse der Organisationsberatung an alle Beteiligten,
- neue, veränderte Konzepte, Strategien, Ideen zulassen und verstärken,
- sich den Idealkriterien einer effektiven, lernenden Organisation nähern (siehe oben),
- bei ineffektiven Schritten die Kooperation modifizieren oder bei *anhaltendem* Mißerfolg beenden.

Abschließend kann noch darauf hingewiesen werden, daß viele der oben genannten Punkte auch bei Team- oder Einzelsupervision relevant sind, falls der „institutionelle Faktor" für die Supervisionsabläufe eine Rolle spielt. Umgekehrt kann dieses Kapitel auch durch manche Gesichtspunkte ergänzt werden, die bereits in Kap. 14.2 skizziert wurden, denn zwischen Teamsupervision und Organisationsberatung gibt es viele Überlappungen.

14.4 Leitungsberatung / Rollencoaching

Leitungsberatung oder Rollencoaching* ist eine „ ...unterstützende Beratungsform für alle Personen, die mit Führungsaufgaben betraut sind, sei dies im mittleren oder oberen Management" (Fatzer, 1990e, S.42). Sie hat allein die jeweiligen Führungskräfte im Fokus, welche zu diesem Zweck aus ihrem sonstigen Arbeitssystem (Team, Organisation, Institution etc.) herausgelöst sind. Leitungsberatung findet also isoliert statt (eventuell in einer *Gruppe* von gleichrangigen, voneinander unabhängigen Funktionsträgern). Im Begriff „Rollencoaching" klingt bereits die generelle *Zielrichtung* der Arbeit an, nämlich die bessere Übernahme von Aufgaben und Rollen, die mit Führungspositionen verbunden sind (vgl. auch von Rosenstiel, Domsch & Regnet, 1995).

Wichtige Arbeiten zur Leitungsberatung und zum Rollencoaching wurden z.B. von Eck (1990b), Fatzer (1990e), Hantschk (1994), König (1995), Leffers (1990), Schreyögg (1994b, 1995b, 1995c) oder Weigand (1994b) vorgelegt. Bei meinen

---

* Ich verwende die Begriffe hier synonym; manche verstehen allerdings Rollencoaching als eine *Technik* von Leitungsberatung (vgl. z.B. Eck, 1990b); für andere (z.B. Weigand, 1994b) ist Leitungsberatung eine Form der Rollenberatung, und wieder andere (z.B. Schreyögg, 1994b) ordnen Rollencoaching primär dem Unternehmens- und Management-Bereich zu, in dem „Coaching" schon lange ein Begriff ist (vgl. z.B. Whitmore, 1994).

Ausführungen beziehe ich mich vor allem auf deren Gedanken, versuche allerdings, Besonderheiten in Bezug auf psychosoziale Arbeitsfelder und den „Non-Profit"-Bereich hervorzuheben.

Gesonderte Leitungsberatung hat für unser Thema deswegen Bedeutung, weil der Wunsch nach Supervision u.U. als Ersatz für nicht wahrgenommene Leitungsfunktionen bzw. als indirektes Anzeichen von Leitungsmängeln interpretiert werden kann (vgl. z.B. Fürstenau, 1970; Freitag-Becker, 1990, S.26). Gerade im Sozialbereich sind Leiterrollen oft mit Ambivalenzen besetzt bzw. gelten Macht, Führung, Autorität, Aufsicht und Kontrolle nach wie vor als Tabu-Themen (Wieringa, 1990, S.50). Weitere potentielle Schwierigkeiten, mit denen sich Leiter auseinanderzusetzen haben und die auch Gegenstand von Leitungsberatung werden können, hat Weigand (1994b, S.154/155) zu *typischen Themen von Leitungspositionen* zusammengestellt:

1.) Defizitäre und widersprüchliche institutionelle Rollenvorgaben für Leitungspositionen (ebenso unklare wie hohe Erwartungen);
2.) Skepsis und Kritik gegenüber Autorität und Macht in sozialen Organisationen (Priorität liegt bei der sog. „helfenden Beziehung");
3.) Mangelnde Rollendifferenzierung zwischen Leitungs- und Mitarbeiterpositionen (mit den Extremen: „Wir sitzen alle in einem Boot" vs. Überverantwortlichkeit/übersteigerter Führungswille);
4.) Widersprüchlichkeiten im persönlichen Leitungskonzept (unreflektierte Führungsmethoden und fehlende Entscheidungskriterien für die Bevorzugung bestimmter Führungstechniken);
5.) Ambiguität der Leitungsrolle (Ausübung von Autorität vs. einfühlendes Verstehen in die Mitarbeiter);
6.) Leitungskräfte als natürliche Projektions- und Reibungsfläche ihrer Mitarbeiter (mit allerdings schwieriger Handhabung von Realitäts-, Arbeits- und Übertragungsbeziehungen);
7.) Fehlende Vorbereitung/Ausbildung für Führungsaufgaben;
8.) Ignorieren der gesundheitlichen und psychischen Kosten/Belastungen einer Leitungstätigkeit (inkl. der fehlenden Bereitschaft, sich Streßbelastungen überhaupt einzugestehen und Hilfsangebote wahrzunehmen);
9.) Fehlende Selbstreflexion des eigenen Führungsverhaltens und seiner Auswirkungen;
10.) Schwierige Kombination von rationalen und emotionalen, konservativen und innovativen Kräften bei der Umsetzung effektiven Führungsverhaltens (welches wiederum ein Teil der persönlichen und beruflichen Identitätsentwicklung von Leitern ist).

Pols (1988) hat einen Fragenkatalog zur Evaluation von Leitungsverhalten vorgelegt, der ebenfalls zur Orientierung dienen kann. Leitungsberatung ist in dieser Hinsicht ein hilfreiches Instrument zur Förderung kompetenter Leitungsausübung. *Indikationen* sind besonders gegeben bei:

• Problemen in den oben angeführten Themenbereichen,
• Vorhandensein von *Führungs*problemen (die nicht durch Teamsupervision verbessert werden können),
• personellen Neubesetzungen von Leitungsstellen bzw. Übernahme neuer Aufgaben,
• stärkeren Veränderungsprozessen innerhalb von Organisationen/Institutionen, sowie

- Laufbahnkrisen oder „Burnout"-Gefahr von Führungskräften
  (vgl. auch Eck, 1990b, S.241; Hantschk, 1994, S.171 f.).

Kontraindikationen liegen vor, wenn eine Stelle eindeutig fehlbesetzt und eine positive Entwicklung der jeweiligen Leitungspersonen nicht zu erwarten ist, wenn es deutliche strukturelle Mängel der Organisation gibt, oder wenn die Analyse der Nachfrage nach Leitungsberatung problematische Motive anzeigt (z.B. Erkaufen von Prestige, Abschieben von Verantwortung etc.), die entweder eine generelle Ablehnung des Auftrags oder andere Arbeitsformen nahelegen. Leitungsberatung ist daher zu differenzieren von persönlicher Therapie, Selbsterfahrung, Fort- und Weiterbildung oder Beratung der Gesamtorganisation.

Für Personen, die Leitungsberatung/Rollencoaching durchführen wollen, läßt sich – zusätzlich zu den Merkmalen eines „guten Supervisors" aus Kap.8 – folgendes *Anforderungsprofil* formulieren (vgl. Weigand, 1994b, S.155 ff.):

1.) Reflexion der eigenen institutionellen Identität: z.B.: Was bedeutet Institution für mich? Wie haben mich Institutionen in meiner Sozialisation geprägt? Welche Erfahrungen habe ich mit/in Institutionen gemacht? Habe ich selbst Erfahrungen mit Leitungsrollen – oder habe ich zumindest mein Leitungs- und Autoritätskonzept reflektiert? Bin ich als Supervisor in der Lage, mich einerseits mit der Organisation des jeweiligen Leiters zu identifizieren und mich andererseits von ihr ausreichend zu distanzieren? Habe ich genügend Wissen über Organisationen, Institutionen und Systeme? etc.

2.) Kontrolle „institutioneller Gegenübertragungen": Falls der Leitungsberater unreflektiert auf Basis seiner eigenen institutionellen Erfahrungen auf den Supervisanden=Leiter reagiert, sind Beeinträchtigungen des Beratungsprozesses zu erwarten. Negativeffekte können sich beispielsweise ergeben durch eigene heimliche Leiterwünsche des Leitungsberaters, Rivalitäten mit dem Leiter um die „bessere" Leiterperson, Autoritätsverzicht oder einem Erliegen der Faszination der Macht, reaktivierte Eltern- oder Geschwisterbeziehungen, geschlechtsspezifische Machtaspekte (Mann/Frau), ungestilltes Bedürfnis nach Bewunderung, Erfolgsdruck oder Eifersucht/Rivalität und Wettbewerb. Die institutionellen Gegenübertragungen des Leitungsberaters (im Sinne des in Kap.9.3.1 formulierten „Schema-Transfers") können durch drei unterschiedliche Bereiche ausgelöst werden, nämlich durch die (a) *Person*, (b) *Rolle* und (c) *Organisation* des Leiters und deren Kultur.

3.) Feldkompetenz: Auch Leitungsberatung setzt adäquate Erfahrungen und Kompetenzen des Beraters mit dem jeweiligen Arbeitsfeld voraus, insbesondere hinsichtlich der Zielsetzung, Inhalte, Funktionen, Strukturen und Abläufe. Dies schließt auch typische Wert- und Verhaltensmuster, Kooperations- und Interaktionsformen, Normen, Ideologien und Gepflogenheiten („Unternehmensphilosophie" und „Organisationskultur") mit ein.

4.) Fähigkeiten zur Kontraktgestaltung und zum Beziehungsaufbau mit Leitern und deren Organisationen: Jeder Leitungsberater sollte unbedingt auf seine Unabhängigkeit von den Klienten achten, eine neutrale und allparteiliche Haltung (Vermeidung von Koalitionen) einnehmen und Aufträge mit unseriösen oder inadäquaten Erwartungen korrigieren bzw. ablehnen (z.B. Supervision als Management-Ersatz: Fürstenau, 1970). Die Wahrung der Professionalität ist auch bedeutsam angesichts der Gefahr der Verführbarkeit und des narzißtischen Gewinns für Leitungsberater, die mit Personen aus namhaften Organisationen sowie aus oberen Führungsetagen arbeiten. Des weiteren ist auch Klarheit vonnöten über die jeweilige Führungsebene, die der Leiter=Supervisand in der Hierarchie der Gesamtinstitution einnimmt. Leitungsberater müssen schließlich die „professionelle Paradoxie" (Schütze, 1984) akzeptieren, wonach sie bei jeder Leitungsberatung auch eine indirekte Verantwortung für die Organisation übernehmen, sich aber gleichzeitig von der Verantwortung des Leiters abgrenzen und fernhalten.

Der *typische Ablauf* von Leitungsberatung/Rollencoaching läßt sich wie folgt beschreiben (vgl. z.B. Eck, 1990b, S.243; Hantschk, 1994, S.165 ff.): In etwa 8 bis 12 Sitzungen von jeweils 2 bis 2 ½ Stunden, die zunächst 14tägig (später z.B. in 6-Wochen-Abständen) durchgeführt werden, geht es inhaltlich um das Gewährleisten oder Verbessern der Arbeitsfähigkeit von Führungspersonen in Organisationen. Dabei läßt sich die *Leitungsrolle* als Schnittmenge der (a) Erwartungen, Kompetenzen und Ressourcen der Leitungsperson und den (b) Anforderungen bzw. Grenzen der Organisation verstehen. Eine optimale Passung (die sich im Lauf der Zeit jedoch immer wieder dynamisch weiterentwickeln muß) ist dann erreicht, wenn die Erfordernisse der Organisation mit den persönlichen Kompetenzen des Leiters in Einklang stehen. Es werden verschiedene methodische Vorgehensweisen eingesetzt (Rollenanalyse, Rollenkonfliktlösung, SOFT-Analysis etc., vgl. Kap.17), die sich u.a. mit der Beantwortung folgender Fragen beschäftigen:

Was ist das Ziel der Rollengestaltung? Was wird vom Leiter erwartet? Welche Fähigkeiten sind notwendige Voraussetzung zur Erfüllung der Rolle auf optimalem Energieniveau? Welches ist die eigentliche Hauptaufgabe oder „primary task" (Rice, 1963) der Organisation? Wie kann die Rolle für alle klar und eindeutig hinsichtlich ihrer Möglichkeiten und Grenzen definiert werden? Wie kann die Rolle optimal ausgestaltet werden (in Kombination von *Personfaktoren* wie z.B. eigene Fähigkeiten, Identifikation, Hemmnisse/Lücken etc. und *strukturellen Variablen* wie z.B. Unterstützung, Kooperation, Mängel der Organisation etc.)? Wie kann die neu definierte Rolle praktisch eingeübt und umgesetzt werden? Wie läßt sich mit Schwierigkeiten und inneren wie äußeren Widerständen bei der Rollengestaltung umgehen? etc.

Eine gute Leitungsberatung ist zielgerichtet, behält immer die Hauptaufgabe der jeweiligen Rolle (im Rahmen des größeren Organisationssystems) im Auge, ist ressourcenorientiert und arbeitet aktiv an praktischen Lösungen, die innerhalb der Sitzungen eingeübt und zwischen den Sitzungen real ausprobiert werden. Aus diesem Grund ist sie mit unserem Selbstmanagement-Konzept im Prinzip gut vereinbar. Auch läßt sich grundsätzlich eine Orientierung an den Schritten des „Kernmodells" (Kap.11) empfehlen, um die Zielvorgabe einer effektiveren Führungsausübung zu erfüllen. Zudem muß ein gutes Motivationsfundament (vgl. Kap.10.3.3) vorhanden sein: Leitungspersonen stehen in der Regel – mehr noch als „normale" Mitarbeiter – unter erheblichem Termindruck, so daß es ihnen oft schwerfällt, sich die Zeit für ihre Leitungsberatung zu reservieren (Weigand, 1994b, S.161). Die Art des Umgangs mit den Beratungsterminen (Absagen, Verschiebungen, zeitliche Kürzungen) sagt daher auch einiges über die subjektive Bedeutung aus.

Inhaltlich grenzt sich der Arbeitsbereich auf die Rolle des Leiters und dessen Führungsqualitäten im Rahmen der organisatorischen Hauptaufgaben ein. Die obigen Überlegungen hinsichtlich Indikation und Kontraindikation von Leitungsberatung sind bereits während der Nachfrageanalyse, d.h. in den allerersten Stadien der Kontaktaufnahme zu beachten. Auch sind strukturelle Besonderheiten von Organisationen im allgemeinen sowie deren Auswirkungen auf die spezielle Führungsposition zu berücksichtigen. Im Idealfall kann sich der Leitungsberater spätestens dann wieder verabschieden, wenn eine adäquate Übernahme der Führungsrolle (als stimmige Passung zwischen Personkompetenzen und Organisationsanforderungen) erreicht ist, die der Leiter dann in eigener Regie weiterführen kann.

14.5 Projektsupervision

Unter Projektsupervision wird die beratende Begleitung eines Projekts (besonders in dessen Startphase) verstanden. Ziele dabei sind (a) Verbesserung der Projektergebnisse, (b) Erhöhung der Projektökonomie sowie (c) Überführen des Projekts in den Routinebetrieb (insbesondere bei sog. „Modellprojekten"). Letzteres macht die Projektsupervision auch für Selbstmanagement-Supervisoren interessant, da sich darin die Idee der „Instigation" wiederfindet, wonach sich der Projektberater/-supervisor nach getaner Arbeit wieder verabschiedet und das Projektteam autonom weiterarbeiten läßt.

Projektsupervision findet sich mittlerweile sowohl im Bereich der Wirtschaft, Politik, Verwaltung, Wissenschaft oder Kultur (vgl. Eck, 1990c) als auch bei sog. „alternativen" oder sozialen Projekten (vgl. das Themenheft 15 der Zeitschrift SUPERVISION: Berker, 1989b; Brauner, 1990 etc.). Ein „Projekt" ist dabei „... eine größere und komplexe technische oder administrative oder wissenschaftliche oder soziale Realisierung mit einem bestimmten innovativen Gehalt, welche einen hohen Planungs- und Koordinationsaufwand bedeutet" (Eck, 1990c, S.328). Die Palette der Beispiele reicht von Aufgabenstellungen mit Pilotcharakter über Forschungs- und Entwicklungsprojekte oder administrative Umorganisationen bis hin zu Öffentlichkeitskampagnen. Meist sind solche Projekte mit hohen Investitions- und Gesamtkosten verbunden, und Projektsupervision dient dann dazu, finanzielle Risiken zu begrenzen. In der Regel geht es bei Projektsupervision darum, daß ein von außen kommender Berater ein Projektteam bzw. dessen Leiter hinsichtlich der optimalen Planung des Projekts berät und dessen Umsetzung begleitet. Dabei gibt es – orientiert am jeweiligen Zweck des Projekts – meist zu Beginn eine konzeptionelle Planungsphase, während sich später die Umsetzung/Überwachung der Projektabläufe in den Vordergrund schiebt. Eck (1990c) unterscheidet *Projektberatung*, *Projektbegleitung* und *Projektmanagement* wie folgt:

Projektberatung ist die Supervision bzw. das Coaching eines *Projektleiters* in seiner Rolle als Projektmanager, hauptsächlich mit Methoden des Rollencoaching (vgl. Kap.17). Die Beratung beschränkt sich ausschließlich auf den jeweiligen Projektleiter.

Projektbegleitung bezieht sich auf die Begleitung und Förderung einer *Projektgruppe* und stellt insofern eine Art „Teamsupervision" für das Projektteam dar. Mittels Rollenklärung und teamsupervisorischen Interventionen werden teaminterne und umfeldinteraktive Prozesse reflektiert und optimiert.

Projektmanagement hingegen ist eher ein methodisches Kriterium, welches die Konzeption, Planung, Organisation und Überwachung der Projektarbeit umfaßt. Heutzutage kann dies mit EDV-Unterstützung durch spezielle Projektmanagement-Software vonstatten gehen.

Bezogen auf das Selbstmanagement-Supervisionsmodell müssen folgende *Besonderheiten der Projektsupervision* berücksichtigt werden:

1.) Projektberater/-supervisoren benötigen fundierte Kenntnisse in System- und Organisationsberatung, Gruppendynamik und Teamsupervision sowie spezielle *Kompetenzen in der Anleitung zu Projektmanagement*. Solche Prozeßkompetenzen („Wie begleitet man ein Projekt effektiv?") sind nach Eck (1990c, S.335) wichtiger als inhaltlich-arbeitsfeldspezifisches Expertentum, welches in besonderem Maße das Risiko beinhaltet, daß der Projektsupervisor zum Ober-Projektleiter oder Super-Projektmanager wird.

2.) Der Supervisor muß auch hier auf *Unabhängigkeit, Neutralität* und *Allparteilichkeit* achten; die eigentlichen Projektaufträge bleiben immer beim Projektteam bzw. die Verantwortung für das Projektmanagement beim Projektleiter. Ein Projektberater kann auch nie gleichzeitig Mitglied des Projektteams sein, sondern sollte von außen kommen. Zudem sind die Projektberatung des Leiters und die Projektbegleitung des Gesamtteams (egal, ob diese Aktivitäten sukzessiv oder parallel ablaufen) strikt voneinander zu trennen.

3.) Bei vielen Modellprojekten wird die effektive Umsetzung zu einer *Überlebensfrage* (vgl. Brauner, 1990), wodurch existenzielle Motive der Beteiligten berührt sind. Dies kann einerseits hohe motivationale Energien freisetzen, andererseits auch zu extremen *Krisen* führen. Sog. „alternative" Projekte (Berker, 1989) implizieren ebenfalls hohe persönliche Motivation der Projektteilnehmer, die ihre Vorstellungen von Selbstverwirklichung, Freiheit oder gleichberechtigter Teamarbeit (bis hin zur Überzeugung, die „besseren Menschen" bzw. allein im Besitz der „richtigen" Ideen zu sein) oft mit missionarischem Eifer vertreten. Auch hier ist angesichts mancher Desillusionierung in der Praxis mit narzißtischen Kränkungsreaktionen zu rechnen.

4.) Eck (1990c) berichtet angesichts der Notwendigkeit zielgerichteter, zeitgenauer Umsetzung von Projektideen von einem *enormen Konfliktpotential* auf sachlicher und psychologisch-gruppendynamischer Ebene. So ist es z.B. notwendig, mindestens folgende Faktoren zu optimieren: (a) Knappe Zeit, (b) meist hohe finanzielle Kosten, (c) Notwendigkeit interdisziplinärer Zusammenarbeit, (d) Risiken bezüglich qualitativer Resultate, ökonomischer Investitionen und der Akzeptanz der Projektergebnisse, (e) adäquate Kommunikation und (f) Managementfunktionen (Konzeption, Organisation und Leitung). Neben der teaminternen Dynamik ist meist auch die Auseinandersetzung mit der übergeordneten Systemeinheit und mit den jeweiligen Geldgebern zu führen.

5.) Bei einer effektiven Projektsupervision ist immer der vorgeordnete *Projektauftrag* im Auge zu behalten, dessen Erfüllung anhand bestimmter Effektivitätskriterien geplant und beurteilt wird.

6.) *Hilfsmittel* der Projektsupervision sind u.a. (a) das Führen eines Projekthandbuchs (als gemeinsam ausgehandelte Referenznorm), welches eine hohe Verbindlichkeit für die Kooperation garantiert, (b) Maßnahmen zur Analyse von Teams und Organisationen, (c) darauf aufbauend Team- und Organisationsentwicklung (vgl. Kap.14.2 bzw. 14.3), (d) Projektmanagement (eventuell EDV-unterstützt), (e) psychologisches Konfliktmanagement mittels Problemlösen und Entscheiden in Gruppen etc. Auch können alle Analyse-

und Handlungsschemata für Gruppen, Systeme und Institutionen – evtl. in adaptierten Fassungen – genutzt werden.

Wenn die obigen Gesichtspunkte in unser Modell adäquat mit eingebaut werden, so ist das generelle Problemlösevorgehen unseres „Kernprozesses" durchaus geeignet, auch eine zielorientierte Aufgabenerfüllung von Projekten zu ermöglichen. Das lösungsorientierte Arbeiten in Richtung von Projektzielen (ausgehend von momentanen IST-Zuständen) ist insbesondere unter der ständigen ergebnisorientierten Optimierung des jeweiligen Vorgehens gut zu strukturieren. Im Vergleich zur sonstigen Supervision sind wegen der Menge der zu erfüllenden Funktionen, der Vielzahl von Beteiligten und des ständigen Zeitmanagements enorme Koordinierungsleistungen vonnöten. Hinsichtlich der inhaltlichen „Hauptschienen" rücken vor allem die sachbezogen-aufgabenorientierte sowie kontextabhängige Ebene in den Blickpunkt, während persönliche Anteile zwar registriert und bei Bedarf bearbeitet werden, jedoch dem gesamten Projektauftrag immer untergeordnet bleiben. Die Aufgabe der Projektsupervision ist dann erfüllt, wenn das Projekt in die Autonomie und das Selbstmanagement der Mitarbeiter übergehen kann. Entweder löst es sich am Ende wieder auf, weil es seinen Zweck erfüllt hat und überflüssig ist, oder es legt – bei Modellprojekten – den Modellstatus langsam ab und geht in den Routinebetrieb über – möglicherweise mit Vorbildcharakter für ähnliche Vorhaben.

14.6 Kollegiale Supervision

Kollegiale Supervisionsgruppen werden für Berater/Therapeuten aller Entwicklungsstufen empfohlen (Borders, 1991). Sowohl während der Ausbildung (vgl. z.B. Benshoff, 1993; Dryden & Thorne, 1991; Wagner & Smith, 1979) als auch in der späteren Berufspraxis (vgl. z.B. Berker, 1995b; Fengler, 1986b; Fengler, Sauer & Stawicki, 1994; Rotering-Steinberg, 1988, 1990; Roth, 1986; Schlee, 1992; Thiel, 1994) spielen sie eine wesentliche Rolle. Für „erfahrene" Therapeuten stellen sie häufig die bevorzugte Supervisionsform in späteren Jahren ihrer Berufstätigkeit dar (vgl. Kanfer et al., 1996, S.537; Schmidbauer, 1986; Stoltenberg, 1981).

Kollegiale Supervision (Synonyme: „Peer-Supervision" oder auch „Intervision": Fengler, 1986b) ist wechselseitige Supervision zwischen gleichrangigen Kollegen, die *ohne* externen Supervisor stattfindet. In einer Art Selbsthilfe bringen die beteiligten Personen ihre theoretischen, praktischen und persönlichen Kompetenzen ein, um sich *gegenseitig* zu supervidieren. Dies kann dyadisch (vgl. z.B. Remley, Benshoff & Mowbray, 1987), triadisch (vgl. z.B. Spice & Spice, 1976) oder in größeren Gruppen stattfinden, mit wechselnden Rollen und wechselndem Fokus. Günstig sind dabei eine gewisse Regelmäßigkeit, zumindest minimale Supervisions*fertigkeiten* sowie die Orientierung an einem Modell, das das Vorgehen strukturieren hilft (Borders, 1991; Fischer, 1993; Remley et al., 1987; Richard & Rodway, 1992; Thiel, 1994 etc.). Während manche in der Literatur beschriebenen Peer-Supervisions-Konzepte mit einer *Anleitung* durch einen professionellen Supervisor *beginnen* (z.B. Borders, 1991;

Remley et al., 1987), konzentriere ich mich in den nachfolgenden Ausführungen auf Ansätze, die von vornherein *ohne Hilfe von außen* angelegt sind.

Kennzeichen der kollegialen Supervision sind nach Fengler, Sauer & Stawicki (1994, S.189/190) folgende:

- Gemeinsamer beruflicher Hintergrund der Teilnehmer
- Gleichrangigkeit
- Funktionale Autorität (ohne formale Hierarchie und Rollenverteilung)
- (Fall-)Arbeit ohne Honorar
- Wechselseitiges Geben und Nehmen („Lernen im Lehren, Lehren im Lernen")
- Freiwilligkeit (bei einer „Bindung eigener Art" der Gruppenmitglieder untereinander).

Des weiteren lassen sich *interne* und *externe* kollegiale Supervision unterscheiden: Die *interne* kollegiale Supervision umfaßt Personen, die auch sonst (z.B. innerhalb einer Einrichtung) zusammenarbeiten und dort ein Team bilden. Neben emotionaler und fachlicher Unterstützung können damit auch *administrative* Zwecke verfolgt werden (gegenseitige Fachaufsicht, Qualitätssicherung, Patientenschutz, wechselseitige kollegiale Evaluation im Sinne einer „peer review": vgl. Chaiklen & Munson, 1983). Da diese Aufgaben im Interesse der Einrichtungsträger liegen, sollten diese auch die dafür nötigen Voraussetzungen (z.B. Arbeitszeit) zur Verfügung stellen. Die Gruppenzusammensetzung ist meist auf die bei der Institution angestellten Personen beschränkt, kommt somit nicht immer freiwillig zustande; im Gegensatz dazu basieren *externe* kollegiale Supervisionsgruppen meist auf eigeninitiierten Zusammenschlüssen von Kollegen aus verschiedenen Einrichtungen. Wenn die später gegebenen Empfehlungen berücksichtigt werden, kann externe kollegiale Supervision ein wichtiges berufliches Unterstützungspotential bieten.

Vorteile kollegialer Supervision. In Anlehnung an die eingangs zitierten Arbeiten (vgl. insbesondere Benshoff, 1993; Borders, 1991; Fengler et al., 1994 etc.) sprechen *für* kollegiale Supervision – insbesondere für deren *externe* Variante – folgende Gesichtspunkte:

- Stärkung des Selbsthilfegedankens und Reduzierung der Abhängigkeit von Experten
- hohe intrinsische Motivation und Eigeninitiative der Teilnehmer
- ökonomische Vorteile (honorarfrei)
- wechselseitige Unterstützung, Ermutigung und Feedback
- Gelegenheit zur Erweiterung des begrenzten persönlichen Erfahrungsrahmens, zum Kennenlernen neuer/anderer Perspektiven (auch konfrontativ!) und zum Austausch von Ideen
- *eine* Möglichkeit zur Wahrnehmung von Fortbildungsverpflichtungen, zum Lernen/Verfeinern neuer Methoden und Techniken
- *eine* von vielen Maßnahmen zur Qualitätssicherung (Vergleichsmöglichkeiten mit professionellen Standards, Evaluation mittels „peer review")
- emotionaler Beistand in schwierigen Situationen und Konflikten (auch: andere Personen haben *ähnliche* Probleme/Belastungen)

- Atmosphäre der Offenheit durch weitgehende Unabhängigkeit von der Kontrolle/Evaluation durch die Administration (wenig Angst vor Sanktionen oder „Karriereschäden")
- relativ große Freiheit der Gruppenzusammensetzung (Leitlinien: Vertrauen, wahrgenommene Kompetenz, persönliche Sympathie etc.)
- Förderung von Selbstbeobachtung, Selbstreflexion und Selbstsupervision (fachliche, persönliche und systembezogene Einflußgrößen)
- Gelegenheit zum Erwerb von Fähigkeiten und Erfahrungen *außerhalb* der formalen Struktur eines Ausbildungsprogramms oder eines „offiziellen" Fortbildungsangebots
- Nutzung der jeweiligen persönlichen Stärken (spezielle Kenntnisse, Fertigkeiten und Erfahrungen einzelner Teilnehmer)
- „stellvertretende" Lernerfahrungen: Vorbildwirkung, Lernen am Modell
- vorbeugende Wirkung gegen Isolation am Arbeitsplatz, Streß und „Burnout"
- Nebenprodukt: größerer Zusammenhalt und intensivere Kooperation zwischen Kollegen.

Nachteile. Kollegiale Supervision bietet natürlich auch einige *Nachteile* und *Risiken*. In Anlehnung an die oben bereits verwendete Literatur geht es dabei in erster Linie um folgende:

- Überhöhte Ansprüche und illusorische Ziele
- Gefahr der Überforderung bei zu großen Problemen
- fehlende Kompetenz für bestimmte Themen, Prozesse und Inhalte
- *gemeinsame* „blinde Flecken" durch fehlende Außenperspektive („Schmoren im eigenen Saft")
- mangelhafte Aufgaben- und Zielorientierung (fehlende Lernmotivation, zu informelle Treffen, „Kaffeeklatsch-Atmosphäre")
- inadäquate Schwerpunktsetzungen (z.B. emotionale Unterstützung geben, wo eine *aktive* Problemorientierung notwendig wäre)
- zu heterogene Gruppenzusammensetzung (Personen aus völlig unterschiedlichen Tätigkeitsbereichen ohne Transfermöglichkeiten)
- Notlösung bzw. Ersatz für andere Supervisionsangebote (wenn z.B. aus finanziellen Gründen externe professionelle Supervision unterbleibt).

Trotz dieser Nachteile, denen durch gewisse Maßnahmen (vgl. unten) vorgebeugt werden kann, ist die Indikation zu kollegialer Supervision eigentlich *immer* gegeben: In der Ausbildung wird sie als *Begleitung* zu professioneller Supervision empfohlen; in späteren Berufsjahren erfüllt sie als alleinige Maßnahme wichtige Aufgaben zur Sicherung der Qualität der geleisteten Arbeit. Auch gibt es Kombinationsmöglichkeiten mit professionell-externen Supervisionsangeboten (vgl. Thiel, 1994) bzw. die Möglichkeit, in Sondersituationen *andere* Unterstützungsformen (z.B. persönliche Therapie, Selbsterfahrung etc.) wahrzunehmen. Kollegiale Supervision ist zudem – als „Selbsthilfe-Initiative" – überall dort angezeigt, wo keine Gelegenheit zur externen Supervision vorhanden ist.

Empfehlungen zur praktischen Durchführung kollegialer Supervision. Auf Basis der bisherigen Ausführungen lassen sich folgende Hinweise für die praktische Durchführung externer „Peer Supervision" geben:

Empfehlungen zur praktischen Durchführung kollegialer Supervision. Auf Basis der bisherigen Ausführungen lassen sich folgende Hinweise für die praktische Durchführung externer „Peer Supervision" geben:

- Selbstauswahl der Gruppenmitglieder nach Sympathie, Vertrauen und Kompetenz (günstig: kollegiale Gruppe aus *verschiedenen* Arbeitsfeldern/Institutionen, allerdings *nicht zu heterogen*);
- Konsens der Teilnehmer über Sinn und Zweck der kollegialen Supervision sowie über Themen, Anliegen und Vorgehensweisen (auch: realistische Ansprüche und Grenzen!);
- Klare organisatorische Rahmenbedingungen (Regelmäßigkeit, feste Termine, Pünktlichkeit von Beginn und Ende, Regelung von Terminabsagen, Verantwortlichkeit für Protokolle etc.);
- Trotz Betonung einer angenehmen Atmosphäre: Geeignetes „*Setting"* wählen (also eher nicht im Café, im Speiselokal oder im Schwimmbad tagen...);
- Durchgängige Arbeitsorientierung (Vorbereitung und Nachbereitung der Sitzungen, „Hausaufgaben", Protokolle und Dokumentation etc.);
- Verzicht auf formale, von außen gesetzte Strukturen; dafür aber adäquate *selbstinitiierte* Rollenverteilung (z.B. nach Bedarf im Wechsel Sitzungsleitung, „Moderatoren", Zeitnehmer bzw. Prozeßbeobachter festlegen etc.);
- Groborientierung des Vorgehens an den Problemlöseschritten des oben skizzierten Arbeitsmodells (vgl. Leitfragen in Anhang G); günstig: Supervisanden ist das Modell als Strukturierungshilfe bereits vertraut;
- Beachten der Grundregeln und Basiskompetenzen von Therapie und Supervision (vertrauensvolle Atmosphäre, Transparenz, offene Kommunikation, unterstützende Beziehung, Motivation, Ziel- und Aufgabenorientierung, konstruktives Feedback, Anstöße geben, beim Problemlösen assistieren, lösungsorientiertes Vorgehen etc.);
- Gezielte Ressourcenorientierung: Stärken der einzelnen für die Gruppe zugänglich machen (insgesamt: Quid pro quo);
- Sporadische Selbstreflexion/Selbstevaluation der Gruppe: Zwischenbilanzen, Feedback und Motivationsklärung (Was ist okay? Was könnten wir anders machen/verbessern?);
- Kombinationsmöglichkeiten nutzen (z.B. mit professioneller Einzelsupervision oder externer Teamsupervision etc.);
- Optional: externen Supervisor hinzuziehen, falls dies nötig oder gewünscht ist;
- Grenzen kollegialer Supervision beachten (siehe oben: „Nachteile und Risiken").

Im Vergleich zu anderen Formen sind bei kollegialer Supervision relativ wenige Veränderungen des Grundmodells vonnöten. Der wesentliche Punkt liegt wohl in der kondensierten Aufbereitung der elementaren Struktur (z.B. in Form eines knappen Orientierungs-Leitfadens), so daß die *Selbstanwendung* erleichtert wird. Rahmenbedingungen und Vorgehensweisen wurden in den obigen Empfehlungen schon betont. Falls diese adäquat befolgt werden, ist kollegiale Supervision ein sehr nutzbringendes Hilfsmittel für Therapeuten auf allen beruflichen Entwicklungsstufen.

IV

Praktische Anregungen,
Hilfsmittel und Methoden für die
Therapieausbildung und Supervision

15   Umgang mit Zeit und Struktur

Nicht nur in der Therapie, sondern besonders bei Supervision ist die zur Verfügung stehende Zeit ein kostbares – und teures, weil bezahlungspflichtiges – Gut. Die nachfolgenden Ausführungen sollen dazu beitragen, die gesamte Supervision wie auch die einzelnen Sitzungen so zu strukturieren, daß ein optimaler Umgang mit dem Faktor „Zeit" erleichtert wird (vgl. auch Hennige, 1995).

15.1 Strukturierung der einzelnen Supervisionssitzungen

Wie der gesamte Supervisionsprozeß folgt auch jede einzelne Sitzung einem bestimmten Muster: Der Übergang aus dem Alltag zur Supervision (etwa in Form einer kurzen Einstimmung auf die bevorstehende Stunde) mündet in die Vorbereitungs- und Startphase, in der wichtige Themen/Anliegen vereinbart und Entscheidungen über die jeweilige Tagesordnung fallen. Die „eigentliche" Supervision läuft dann in der zentralen, intensiven Arbeitsphase, die gegen Ende auf eine Art und Weise wieder „ausklingt", daß (z.B. mittels Rekapitulation wichtiger Ergebnisse und Lernerfahrungen) der Übergang zurück in den Alltag erfolgen kann (Abbildung 35):

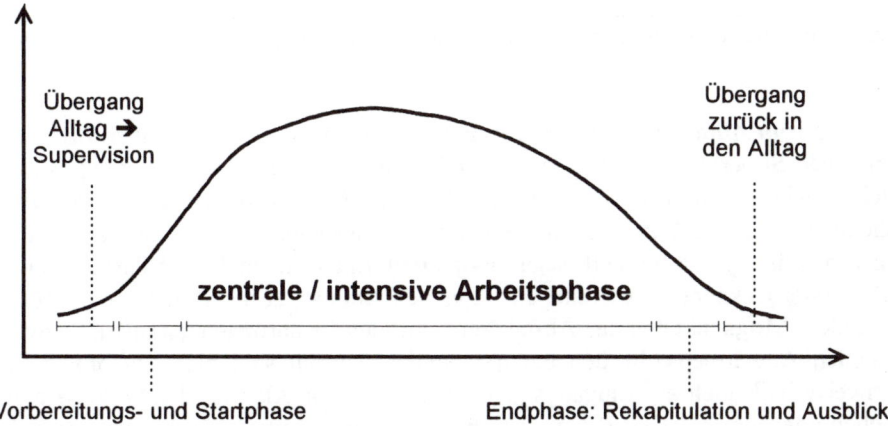

Abbildung 35. Zeitstruktur einer Supervisionssitzung.

Mit Ausnahme dieser globalen Grundstruktur, die sich in vielen Supervisionsmodellen findet, wird für die Selbstmanagement-Supervision die Notwendigkeit einer *konzeptadäquaten Sitzungsstrukturierung* deutlich, die insbesondere mit dem obigen Prozeßmodell kompatibel ist. Anderweitig präsentierte Vorschläge (z.B. Ehinger & Hennig, 1994, S.39 ff.; Scobel, 1989, S.158 ff. etc.) sind auf einer konkreten Handlungsebene deshalb für uns nur bedingt brauchbar. Dafür gibt es auf der *Prozeß*ebene manche Ähnlichkeiten zur Strukturierung einer typischen Sitzung der Selbstmanagement-*Therapie* (Kanfer et al., 1996, S.389 ff.); *inhaltlich* ergeben sich für die *Supervision* dann doch einige Differenzierungen, die nachfolgend erläutert werden.

Bei der Skizzierung der Abläufe orientiere ich mich an der nachfolgenden Übersicht 36 und gehe zudem davon aus, daß *grundlegende* Entscheidungen (z.B. Einzel-, Team- oder Ausbildungssupervision) schon gefallen, elementare Spielregeln klar sowie Beziehung, Motivation und Setting in geeignetem Maße vorhanden sind.

Übergang vom Alltag zur Supervision

Vorbereitungs- und Startphase
- Anknüpfen an der letzten Sitzung (und den vereinbarten „Hausaufgaben")
- Entscheidungen über heutige Themen

Zentrale Arbeitsphase einer Sitzung
- Thema 1
- Thema 2
  usw.

Ziel- und lösungsorientierte Arbeit an den Themen/Anliegen des Supervisanden: Prozeßmodell („Kernprozeß") reguliert Fokus, Ebenen, Art und Hilfsmittel der Supervision (vgl. Kap.11)

Endphase: Rekapitulation und Ausblick

Übergang zurück in den Alltag

Übersicht 36. Strukturierung einer typischen Supervisionssitzung.

Übergang vom Alltag zur Supervision. Fast immer ist es günstig, nicht sofort mit der eigentlichen Supervision zu beginnen, sondern einen *graduellen Übergang* vom beruflichen wie privaten Alltag zur anstehenden Supervisionsarbeit zu vollziehen. Schließlich waren die Supervisanden noch bis vor wenigen Minuten mit ganz anderen Dingen beschäftigt, hatten evtl. selbst Patiententermine, Kontakt mit Partner/Familie/Kindern oder Bekannten oder eine anstrengende Anfahrt. „Small-talk" zur Begrüßung oder andere Möglichkeiten des Abschaltens von den Erfahrungen „draußen" bzw. des langsamen Anwärmens für den bevorstehenden Termin sind hier angebracht. Beispielsweise hilft auch ein Eingangs-„Blitzlicht" o.ä. zur Klärung der Frage: Kann es losgehen oder gibt es „Reste" bzw. Erfahrungen von draußen, die so bedeutsam sind, daß sie zu Beginn der Stunde unbedingt zum Thema werden müssen?

Vorbereitungs- und Startphase. Falls es sich nicht um die *allererste* Sitzung handelt (für die den Empfehlungen in Kap.10.2 ff. gefolgt werden kann), beginnt der *inhaltliche* Einstieg jeweils in Anknüpfung an die letzte Sitzung – insbesondere mit den vereinbarten „Hausaufgaben". Wesentliche Fragen sind u.a.: Gelang es, die geplanten Strategien umzusetzen? Wenn ja: mit welchen Effekten? Welche funktionalen Bedingungen sind für eventuelle Umsetzungsprobleme verantwortlich? Welche *positiven*

Lernerfahrungen gibt es zu vermelden? Hat der Supervisand in eigener Regie zusätzliche/neue Ideen gefaßt oder kreative Strategien entwickelt? Für welche sonstigen konstruktiven Beiträge und Kompetenzen kann der Supervisand verstärkt werden? Ist eine Weiterarbeit am alten Thema nötig oder können wir mit dem Status Quo zufrieden sein? Im Anschluß daran fallen Entscheidungen über die Themen der heutigen Sitzung. Dazu werden gemeinsam die Wünsche, Anliegen, Probleme und Ziele gesichtet, und zwar am besten in Form einer *Kurzskizze* wichtiger Orientierungsdaten (z.B. „Ich möchte klären, ob es in irgendeiner Form an mir liegt, daß ich mit Patient X nicht zurechtkomme" ... „Ich werde übermorgen meine erste Patientin mit Borderline-Diagnose sehen und fühle mich orientierungslos" ... „Irgendwie habe ich das Gefühl, daß mich im Team niemand ernst nimmt!" etc.). In Kooperation zwischen Supervisor und Supervisand(en) werden Prioritäten gesetzt und eine zumindest vorläufige Tagesordnung mit Zeiteinteilung festgelegt. Für diese Vorbereitungs- und Startphase kann im wesentlichen den Empfehlungen gefolgt werden, die in *Schritt 1* unseres Kernmodells auf der Mikro-Ebene *(„Einstieg und erste Orientierung")* formuliert wurden, insbesondere den Kriterien für bzw. gegen die Selektion geeigneter Supervisionsanliegen. Bei Problemen mit der Supervisor/Supervisand-Beziehung oder Beziehungsproblemen in Gruppen, Teams und Organisationen muß man sich hier oft länger aufhalten als geplant (bzw. manche aus der Interaktion entstehenden Konflikte als neuen/zusätzlichen Fokus nehmen). Strosahl & Jacobson (1986, S.188) haben darauf hingewiesen, daß das Aufstellen einer Tagesordnung schwieriger sein kann, als es auf den ersten Blick aussieht. Der Supervisor steht dabei immer in der Gefahr, entweder (a) die Planung zu direktiv und wenig empathisch nach seinem Gutdünken zu bestimmen und starr an vorgefaßten Punkten zu kleben oder aber (b) aus Angst, als rigide zu gelten, vorschnell bei geringsten Abweichungen ständig die Tagesordnung zu ändern, was eine zielführende Arbeit unmöglich macht. Daher ist eine feine Mischung aus Lenkung und Flexibilität erforderlich, um eine reibungslose Einigung zu erzielen und dann zur zentralen Arbeitsphase der jeweiligen Sitzung übergehen zu können.

Zentrale Arbeitsphase. Idealerweise nimmt dieser Abschnitt sowohl zeitlich als auch von der motivational-emotionalen Intensität her gesehen den größten Raum der Sitzung ein und verläuft möglichst unbeeinträchtigt von externen Störungen. Im wesentlichen kommt es zu einem rekursiven Durchlauf der *Schritte 2 bis 5* des Supervisionsmodells, welches jeweils beim vereinbarten „target" startet und dementsprechend mehrfach durchlaufen werden kann. Dabei reguliert das Prozeßmodell („Kernprozeß") sowohl Fokus, Ebenen, Art und Hilfsmittel der Supervision (vgl. Kap.11) und die ziel- und lösungsorientierte Arbeit an den Themen/Anliegen des Supervisanden. Um sowohl Klärungs- als auch Bewältigungsschritte einzuleiten, die für die Realsituation des Supervisanden passen, sind flexibles Vorgehen, das permanente Einkalkulieren der Notwendigkeit des Umplanens und eine Orientierung des weiteren Handelns an den jeweils eintretenden Ergebnissen hilfreich.

Endphase: Rekapitulation und Ausblick. Um eine konsequenzenlose Supervision zu vermeiden (Motto: „Schön, daß wir mal darüber geredet haben...") und den Supervisanden dabei zu helfen, die Informationen der Supervisionsarbeit für den beruflichen Alltag konstruktiv zu nutzen, werden gegen Ende die wichtigsten Ergebnisse der Sitzung zusammengefaßt und konkrete weitere Schritte (in Form von „Hausaufgaben") für die In-Vivo-Situation vereinbart. Zudem können Anliegen/Vorschläge für das nächste Mal eingeholt und weitere Planungen besprochen werden.

Übergang zurück in den Alltag. Mit einem „Rückmelde-Blitzlicht" zum Ablauf der zurückliegenden Stunde (+ und –) oder ähnlichen Interventionen kann der Abschluß der Supervision und die Rückkehr in den Alltag erleichtert werden. Mit „Small-talk", Verabschiedung bzw. dem Übergang in geselliges Beisammensein geht die jeweilige Supervisionssitzung dann auch „offiziell" zu Ende.

15.2 Dauer, Turnus und „Timing" von Supervision

„Endliche" vs. „unendliche" Supervision. Aus dem zentralen Ziel des Selbstmanagement-Ansatzes, wonach am Ende aller Bemühungen die *Autonomie* der beteiligten Personen stehen sollte, läßt sich ableiten, daß auch bei jeder Supervision die *prinzipielle Fähigkeit* der Supervisanden (bzw. Teams oder Institutionen) *zu effektiver eigenständiger Berufsausübung* als Leitmotiv gelten muß. In Analogie zur Situation von Alltagsmenschen, die in der Regel nicht erst dann lebenstüchtig sind, wenn ihnen stets ein Therapeut an der Seite steht*, kann eine lebenslange, professionelle (und somit bezahlte) Dauersupervision nicht vorbehaltlos befürwortet werden. Bei aller Akzeptanz der Tatsache, daß „blinde Flecken" genauso wie manche neuen Lösungen nur durch Konfrontation mit externen Perspektiven entdeckt werden können, sollte immer auch die Frage gestellt werden, ob permanente Supervision im betreffenden Fall vielleicht eine *problemaufrechterhaltende* Funktion erfüllt, zu einem „Teil des Problems" wird (vgl. Epe & Fischer-Epe, 1995) oder die Selbsthilfepotentiale bzw. Eigenverantwortung von Supervisanden untergräbt. Was statt einer endlosen Supervision allerdings unbedingt aufrechterhalten werden sollte, sind (1) kontinuierliche intensive Selbst- und Fremdreflexion der eigenen Arbeit, der eigenen Person und der jeweiligen kontextuellen/systemischen Einbindung, (2) ständige Selbst- und Fremdevaluation des beruflichen Handelns sowie (3) persönliche und (für unser Thema besonders wichtig:) *professionelle* Weiterqualifikation – und zwar über das berufsständisch verpflichtende Minimalkriterium „Anschluß an aktuelle Entwicklungen des Berufsfelds halten" hinaus.

Interessanterweise hat sich bereits vor längerer Zeit Schmidbauer (1986) aus psychoanalytischer Perspektive zur Frage „endliche vs. unendliche Supervision" geäußert. Trotz aller konzeptuellen Unterschiede gibt es *im Kern* eine Parallele zur Selbstmanagement-Philosophie; auch Schmidbauer plädiert für die *Endlichkeit* von Supervision und tritt gleichzeitig für einen prinzipiell unendlichen Prozeß der Auseinandersetzung mit sich und seinem Beruf ein: „Meine analytische Supervision ist ‚unendlich' in dem Sinn, daß mir eine leiterlose Kollegengruppe in der Praxis längst zu einer wichtigen Hilfe geworden ist, die ich nicht missen möchte" (Schmidbauer, 1986, S.53), oder: „Wenn wir davon ausgehen, daß zwar die Ausbildung in ei-

---

* Der geringe Prozentsatz von Personen, die – in Anlehnung an die Terminologie bei Kanfer et al. (1996, S.10) – eine *Dauerbegleitung* oder kontinuierliche psychosoziale Betreuung benötigen, ist hier nicht gemeint.

nem Beruf irgendwann einmal abgeschlossen ist, für die psychosozialen Berufe aber eine dauernde Reflexion und Auseinandersetzung mit diesem Beruf notwendig bleibt, wird auch deutlicher, daß die Supervision beides ist: eine begrenzte Vermittlung von Wissen, Erfahrung und Selbstkritik, die einen unbegrenzten Prozeß auslösen und aufrechterhalten sollte" (S.63), oder auch: „Die endliche Supervision kann die Sachkompetenz bis zur individuell erreichbaren Leistungsmöglichkeit fördern und wird dann nicht mehr gebraucht. Die unendliche Supervision bezieht sich auf den nicht auflösbaren Widerspruch des Berufs der 'neuen Helfer', die ihre emotionale Kompetenz innerhalb zweckrational bestimmter Strukturen (Dienstzeit, gleichförmige Leistung) einsetzen sollen. Zwischen beiden gibt es zahlreiche Überschneidungen. Denn ein wichtiges Teilziel der endlichen Supervision ist erreicht, wenn der Supervisand in sich das Bedürfnis nach einer unendlichen Auseinandersetzung mit seinem Beruf erleben kann und nicht davon ausgeht, daß er irgendwann wie eine fertige Helfermaschine vom Ausbildungsfließband läuft und hinfort nur noch funktionieren muß" (S.67/68).

Schmidbauer bevorzugt für diese lebenslange Reflexionsaufgabe – auch unter dem Kostenaspekt – kollegiale Supervisionsgruppen. Ganz in Einklang mit dem Selbstmanagement-Gedanken wendet er sich gegen eine kontinuierliche professionelle, d.h. von Supervisanden selbst zu finanzierende Dauersupervision. Somit ist in späteren Phasen der Berufslaufbahn der interaktive Austausch mit erfahrenen und kompetenten Kollegen erste Wahl. In Kap. 13.3 haben wir uns spezieller mit solchen und ähnlichen Unterstützungsalternativen nach dem offiziellen Ende einer Supervision beschäftigt.

Zielabhängige Dauer der Supervision. Statt des gedankenlosen Plädoyers für eine professionelle Dauersupervision steht somit die Frage nach den Zielen und Anliegen der jeweiligen Personen im Vordergrund (vgl. Anfangsphase!), um den erforderlichen Zeitraum einer Supervision in etwa von den zur Bearbeitung anstehenden Themen (inkl. der jeweiligen Problemlösung, Zielerreichung etc.) abhängig machen zu können. Viele Anliegen lassen sich außerdem möglicherweise mit alternativen Angeboten (Selbsterfahrung, Institutionsberatung, Fortbildung etc.) oder in eigener Regie (Peer-Supervision) besser bearbeiten. Andere Verpflichtungen (z.B. *kontinuierlicher* Austausch mit externen Perspektiven etc.) kann Supervision sowieso weder aufheben noch ersetzen. Die zielgerichtete Inanspruchnahme von Supervision überhaupt bestimmt also in unserem Verständnis die *Dauer* des jeweiligen Supervisionsprozesses, zusammen mit dem kontinuierlichen Beobachten der Fortschritte der Supervisionsarbeit. Sobald Supervisanden oder auch Teams, Gruppen bzw. Institutionen in der Lage sind, ihre professionellen Aufgaben hinreichend zu erfüllen (und keine neuen/weiteren Anliegen zur Bearbeitung anstehen), kann die Supervision wieder beendet werden. Wenn die Supervision zudem auf der Basis eines Kompetenzmodells als *Befähigung zur eigenständigen Bewältigung von Arbeitsaufgaben* verstanden wird, besteht eine hohe Wahrscheinlichkeit, daß Supervisanden in Zukunft nicht bei der kleinsten Kleinigkeit wieder die Dienste des Supervisors in Anspruch nehmen, sondern zu autonomen Lösungen in der Lage sind. Der Aufbau von Selbsteffizienz ist somit der beste Schutz vor unangebrachter Langzeit-Supervision*.

---

* Ich möchte allerdings auf eine Problematik hinweisen, die sich aus der materiellen Verstärkung der Supervisionstätigkeit für Supervisoren ergeben kann: Aus Existenzgründen sind Supervisoren möglicherweise nicht sonderlich an einer Autonomie ihrer Supervisanden interessiert, sondern eher daran, diese in einem „hinreichenden Stadium der Inkompetenz und

Dieses *zielorientierte, zweckabhängige* Verständnis von Supervision beeinflußt deren Dauer immer dann, wenn es sich um frei vereinbarte Kontrakte handelt. In anderen Fällen ist die Länge der Supervision klar durch externe Vorgaben von Ausbildungs- und Supervisionsordnungen geregelt. So machen fast alle Psychotherapieausbildungen (z.B. AGPT, 1995/1996) Angaben zu Anzahl, Umfang und Gesamtdauer der während eines Curriculums erforderlichen Supervision, und auch Supervisionsordnungen von Institutionen (freie Träger der Sozialarbeit, Wohlfahrtsverbände oder Kliniken) geben äußere Rahmenbedingungen vor.

Turnus und „Timing" der einzelnen Sitzungen. Ein optimaler Turnus der Supervisionssitzungen ist nicht ein für allemal apodiktisch zu bestimmen. In der Praxis ist häufig ein Kompromiß zu finden zwischen den Extremen (a) einer rigiden wöchentlichen Abfolge, unabhängig vom Vorliegen akuter Probleme und (b) einer völlig bedarfsgesteuerten Inanspruchnahme der Supervision, die sich dann leicht in der Erfüllung einer „Feuerwehr-Funktion" erschöpfen kann. Erfahrungsgemäß sind Abstände von 14 Tagen bzw. 3 bis 4 Wochen günstig, wobei sich bei Ausbildungssupervision die Ausbildungsgruppe dazwischen mindestens noch einmal *ohne* Supervisor treffen sollte. In der Endphase eines Supervisionsprozesses sind im Zuge des allmählichen Ausblendens dann natürlich längere Zeitabstände (z.B. 2 bis 3 Monate) adäquat. Bei Fallsupervision sollte Gelegenheit dazu bestehen, daß Supervisanden die wichtigsten Erkenntnisse der letzten Supervisionssitzung (in Form einer Hausaufgabe) im zwischenzeitlichen Klientenkontakt umsetzen können. Daher sollten die Supervisionstermine einerseits nicht zu eng aufeinander folgen, so daß die vorbesprochenen Interventionen noch gar nicht in der realen Praxis ausprobiert werden konnten oder aber keine akuten neuen Anliegen vorhanden sind; andererseits dürfen sie auch nicht zu weit auseinanderliegen, so daß die letzte Sitzung längst in Vergessenheit geraten ist und kein kontinuierliches Lernen oder Arbeiten stattfinden kann.

Auch das *„Timing"* hängt in diesem Modell somit hochgradig von den jeweiligen *Zielen* ab: Falls die übergeordnete Devise beispielsweise lautet: „Kontinuierliches schrittweises Lernen von bestimmten Kompetenzen während der Ausbildung fördern", so ist eine *regelmäßige* Terminvereinbarung wichtig. Falls der Fortgang der nächsten Supervisionsstunde aber elementar vom Ablauf des nächsten Klententermins des Supervisanden bestimmt wird, kann sie erst im Anschluß an diesen stattfinden. Hinsichtlich des Prinzips der zielabhängigen Vergabe von Supervisionsterminen ist sowohl auf wohldosierte Anforderungen (erfolgreich zu bewältigende kleine Schritte!) als auch auf eine *ressourcenorientierte Perspektive* zu achten, wonach Kontakte auch bei *Erfolg* stattfinden (was eine ideale Möglichkeit der Verstärkung von Selbsteffizienz darstellt!). Um das Selbsthilfepotential von Supervisanden nicht zu untergraben, sollten bei *kleineren* „Mißerfolgen" zwischen den vereinbarten Supervisionssitzungen auch keine Extra-Supervisionstermine eingeschoben werden – außer es wäre so vereinbart, oder es handelt sich um eine außergewöhnliche Krisensituation.

Dependenz" zu halten. Sie gleichen dann einem Taxifahrer, der seine Fahrgäste chauffiert und sich – jedesmal wieder von Neuem – dafür bezahlen läßt, daß er sie von A nach B bringt. Der *Fahrlehrer*, mit dessen Tätigkeit wir unsere Selbstmanagement-Supervision gerne metaphorisch vergleichen, befähigt hingegen seine Fahrschüler, selbst zu fahren und macht sich für diese dann allmählich überflüssig...

16 Einsatz von Hilfsmitteln und Medien

Supervisoren sind (analog zu Therapeuten in der Therapie) mit ihren Kompetenzen ein sehr wichtiges Instrument im Supervisionsprozeß. Ihre Effektivität können sie durch eine breite Palette von Hilfsmitteln und Medien sinnvoll unterstützen. Im ersten Teil dieses Kapitels (16.1) stehen zunächst Möglichkeiten der Dokumentation, Protokollführung und Falldarstellung sowie Fragebögen und Beobachtungssysteme im Blickfeld. Anschließend (16.2) wenden wir uns dem Einsatz hilfreicher Medien zu und analysieren den Nutzen von Video-/Audio-Aufzeichnungen, Computer etc. bis hin zu „kreativen Materialmedien".

16.1 Hilfsmittel zur Dokumentation, Protokollierung und Falldarstellung

Nach einleitenden Bemerkungen zum Sinn und Zweck von Dokumentation für die *generelle* klinisch-psychologische Arbeit und einigen Leitlinien für Falldarstellungen (16.1.1) werden Empfehlungen zur speziellen Protokollierung *der Supervisionsarbeit* gegeben (16.1.2), bevor schließlich ein Überblick über supervisionsrelevante Fragebögen, Arbeitsbögen/Checklisten und Beobachtungssysteme folgt (16.1.3).

16.1.1 Dokumentation, Protokollierung und Falldarstellung = allgemein

Die Dokumentation professioneller Arbeit gehört zu den ethisch-berufsständischen Pflichten von Psychotherapeuten (APA, 1981; BDP, 1986, 1993). Zur theoretischen Fundierung und praktischen Umsetzung existieren mehrere Publikationen mit Orientierungscharakter (vgl. z.B. Föderation Deutscher Psychologenvereinigungen, 1994; Laireiter, 1994; Laireiter, Lettner & Baumann, 1996 etc.), die den Hintergrund dieses Kapitels ausmachen, ohne hier näher ausgeführt werden zu müssen. Pragmatisch betrachtet ist Dokumentation jedoch nie Selbstzweck, sondern immer als Hilfsmittel für andere Aufgaben zu betrachten, wie z.B. (a) Nachweis einer sachgerechten Dienstleistung (Qualitätskontrolle), (b) Legitimation von Kosten (z.B. gegenüber Trägern, Krankenkassen oder den Klienten), (c) Therapiesteuerung, (d) Optimieren der eigenen klinischen Urteilsbildung bei der diagnostisch-therapeutischen Arbeit, (e) Erleichterung der eigenen praktischen Tätigkeit (Verbindlichkeit von Abmachungen, Anschluß finden an die letzte Stunde, systematisches Weiterarbeiten an vereinbarten Zielen etc.). Eine wichtige (edukative) Aufgabe von Supervisoren besteht daher auch darin, Supervisanden zu einer adäquaten Erfüllung ihrer Dokumentationspflichten anzuleiten.

In den folgenden Abschnitten steht vor allem die Leitfrage im Vordergrund: „Wie kann eine gute Dokumentation die *Supervision* erleichtern?" Zu diesem Zweck werden wir uns zunächst auf eine supervisionsbezogene Protokollierung der geleisteten Arbeit konzentrieren, um nach dem Abriß von Leitlinien für schriftliche Falldarstellungen bzw. mündliche Fallpräsentationen einige Aufgaben von Supervisoren betrachten, die sie zur effektiven Begleitung ihrer Supervisanden bei diesen Aktivitäten erfüllen sollten.

Praxisnahe Dokumentation und Protokollierung der geleisteten Arbeit. In den meisten Arbeitsfeldern, die im weitesten Sinne klinisch-psychologische Tätigkeiten umfassen, ist die Einbindung in routinemäßige Dokumentationssysteme oder statistische Datenerfassungsprozeduren mittlerweile selbstverständlich. Dies gilt auch als *ein* Mittel zur Qualitätssicherung nach DIN ISO 9000 ff. (vgl. z.B. Kordy, 1992 etc.).

Für die *unmittelbare Supervision* der klinisch-psychologischen Arbeit sind direkte Informationen zum Prozeß und Inhalt der jeweiligen Therapiesitzung, zum Interaktionsverhalten von Therapeut/Klient und zur klinischen Urteilsbildung bei Planungen und Entscheidungen des Therapeuten besonders von Bedeutung. Die *Minimalversion* für die Dokumentation diagnostisch-therapeutischer Sitzungen (auch) zu Supervisionszwecken stellt ein inhaltlich offener Kurzprotokoll-Bogen dar, den Kanfer et al. (1996, S.568) präsentiert haben. Er enthält Raum für Eintragungen zu folgenden Punkten:

(1) Allgemeine Angaben (z.B. Name, Datum, anwesende Personen, Ort, Art der Tätigkeit etc.),
(2) Hausaufgabe(n) seit der letzten Sitzung (Verlauf/Effekte?),
(3) Stundenprotokoll (Verlauf, Ziele, Maßnahmen, Effekte, Vereinbarungen etc.),
(4) Neue Informationen/Hypothesen?
(5) Schwierigkeiten während der Sitzung („Binnen-Probleme"),
(5) Noch einzuholende Zusatzinformationen,
(6) Neue Hausaufgabe(n) bis zur nächsten Sitzung, und
(7) Grobplanung der nächsten Stunde.

Zusätzlich sollten sich Supervisanden Gedanken zu ihren in der Supervision zu bearbeitenden Fragestellungen, Anliegen, Themen und Problemen machen, d.h. sich z.B. anhand folgender Fragen auf die jeweilige Supervisionssitzung vorbereiten:

- Was genau ist mein Anliegen für die Supervision? Was ist meine Fragestellung?
- Wo „hakt" es für mich? Bei welchen Punkten möchte ich weiterkommen?
- Was möchte ich heute von der Supervision bzw. *vom Supervisor?*
- Welche Informationen sind für die Supervision notwendig?
- Welche Unterlagen (Befunde, Audio-/Videoaufzeichnungen) sind wichtig?
- Was kann ich noch zu einer ökonomischen Vorbereitung auf die Sitzung beitragen (z.B. Stand des Zählwerks von Tonband-/Videogerät notieren, Übersichtsblatt mit Daten/Terminen des Klienten erstellen, wichtige funktionale Hypothesen notieren etc.)?

Es ist zu hoffen, daß manche dieser Fragen im Lauf der Zeit von den Supervisanden auch im Sinne einer „Selbstsupervision" genutzt werden und zu einer eigenständigen

Lösung zumindest kleinerer Probleme des diagnostisch-therapeutischen Alltags führen. Supervisanden sind – auf Basis ihrer Dokumentation und Protokollführung – immer dann „gut" auf ihre Supervisionssitzungen vorbereitet, wenn es dem Supervisor möglich ist, zügig in den sog. „Kernprozeß" des obigen Supervisionsmodells einzusteigen.

Schriftliche Falldarstellungen, mündliche Fallpräsentationen und supervisionsbezogene „Fallskizzen". Für die Fallsupervision sind insbesondere Fertigkeiten zur adäquaten Kondensation relevanter Informationen relevant, so daß die Supervision effizient an den jeweiligen Problemstellen des Falles ansetzen kann. Allzu weitschweifige Ausführungen relevanter Sachverhalte sind daher ebenso kontraproduktiv wie die Konzentration auf irrelevante Nebensächlichkeiten. Aus diesen Gründen sind von verschiedensten Seiten Vorschläge zur Fallpräsentation in der Supervision unterbreitet worden (vgl. z.B. Biggs, 1988; Cheston, 1992; Glickauf-Hughes & Campbell, 1991; Loganbill & Stoltenberg, 1983; Murdock, 1991 u.v.a.). Neben der Dokumentation adäquaten klinischen Arbeitens haben sie auch zum Ziel, den *Prozeß der Fallkonzeptualisierung* und damit die klinische Urteilsbildung von Therapeuten zu verbessern. Ihr Hauptnachteil besteht allerdings darin, daß sie je nach Hintergrund-Theorie unterschiedliche Auffassungen hinsichtlich „relevanter" Informationen vertreten und dementsprechend unterschiedliche Schwerpunkte setzen, so daß sie für unsere Zwecke nur bedingt brauchbar sind.

Speziell für Verhaltenstherapeuten sind seit dem klassischen „SORKC-Modell" (Kanfer & Saslow, 1965) oder dem „Schulte-Schema" (Schulte, 1974) viele Leitlinien zur Falldarstellung und -bearbeitung ausgearbeitet worden (vgl. stellvertretend z.B. Bartling et al., 1992; Caspar, 1996; Kanfer et al., 1996, S.560-565; Schulte, 1996 u.v.a.). Allerdings hängen sowohl Ausführlichkeit als auch Schwerpunktsetzung von den jeweiligen *Zielen* ab. An einen Fallbericht, der nach wissenschaftlichen Standards als „Einzelfallstudie" aufgemacht und in einer Fachzeitschrift publiziert werden soll, sind z.B. andere Beurteilungskriterien anzulegen als an eine Falldarstellung, die der Antragsbegutachtung zwecks Kostenübernahme durch eine Krankenkasse dient. Schriftliche Fallberichte zum Nachweis adäquaten verhaltenstherapeutischen Denkens und Arbeitens (als Abschlußarbeit einer längerfristigen Ausbildung: vgl. z.B. AVM, 1987; TAVT, 1992; Tittelbach & Pöhlmann, 1994 etc.) verfolgen andere Zwecke als mündliche Fallpräsentationen auf Fachkongressen oder gar vor Laiengremien. Wiederum andere Schwerpunkte setzen sog. *supervisionsbezogene „Fallskizzen"*, mit denen ich solche ausschnitthaften Fallberichte bezeichnen möchte, die ausschließlich für den Einstieg in die unmittelbare Bearbeitung mittels Supervision gedacht sind.

Leitfäden für *schriftliche Falldarstellungen* (vgl. Anhang H) bieten sehr *umfassende* Schablonen für Fallberichte. Mündliche Fallpräsentationen und supervisionsbezogene „Fallskizzen" sind demgegenüber meist ausschnitthafte Teildarstellungen. Dabei gehört es zu den didaktisch-edukativen Aufgaben von Supervisoren, ihre Supervisanden für eine adäquate schriftliche wie mündliche Präsentation fallbezogener Informationen zu *befähigen* und auch auf eine *zweckbezogene Darstellungsart* hinzuarbeiten.

Bei *mündlichen* Falldarstellungen kann ebenfalls eine Orientierung an den obigen Leitlinien erfolgen; meist ist noch mehr Wert auf eine *zweckorientierte* sowie *adressa-*

tenspezifische Aufbereitung zu legen (Wozu *dient* die Fallpräsentation: Zur Illustration von Theorie? Zur praktischen Demonstration des Vorgehens wie z.B. bei einem Workshop? Zur eigenen Supervision? Wer ist das *Auditorium*: Fachleute? Supervisoren? Andere psychosoziale Berufsgruppen? Laien?). Auch ist im Vergleich zur schriftlichen Form der unterstützende Einsatz von Medien (Folien, Dias, Audio- und Videobänder, in Zukunft möglicherweise auch Computer) möglich.

Die *supervisionsbezogenen „Fallskizzen"* sind für unser Thema natürlich besonders relevant. Damit versuchen Supervisanden, die relevanten Klienteninformationen hinsichtlich der Ausgangsfrage: „Was will ich eigentlich von der Supervision?" so auf den „Punkt" zu bringen, daß der Supervisor mit der lösungsbezogenen Bearbeitung (nach dem Muster des „Kernprozesses") beginnen kann. Die effektive Reduktion von Informationen (ohne Wesentliches wegzulassen!) muß in in der Supervision allerdings schon frühzeitig gelernt und geübt werden (Übersicht 37):

Supervisionsbezogene „Fallskizze"

Ausgangsfragen: Was möchte ich genau von der Supervision bei diesem Fall? Grund für meine Darstellung? Was ist der „Stand der Dinge"? Wo hakt es für mich? Wo soll es hingehen? Welche Informationen sind für den Supervisor nötig, um mein Problem/Anliegen zu verstehen? Welche der sonst üblichen Themenbereiche für Falldarstellungen kann ich weglassen? Welche Themenbereiche sind besonders relevant? etc.

Wesentliche Klienteninformationen: Angaben zu dessen Person und Lebenssituation, Anmeldegründe und Überweisungswege, Diagnosen, Hauptprobleme und funktionale Zusammenhänge (Kurzüberblick), Klientenziele und -erwartungen, bisheriger Verlauf (+ / -), bisherige Strategien mit Begründung und Verlauf, Beschreibung der eigenen Probleme im Umgang mit dem Klienten (Anliegen? Thema?), Bedingungshypothesen etc.

Übersicht 37. Anleitung zu einer supervisionsbezogenen „Fallskizze".

Ausgangspunkt kann eine *absolute Kurzskizzierung* des betreffenden Anliegens sein, wie z.B.: „Ich habe eine 39jährige Patientin, die seit 13 Jahren an intensiven Wasch- und Kontrollzwängen leidet. Bisher sind 5 Sitzungen gelaufen und ich frage mich, ob beim derzeitigen Stand der Dinge nicht doch eine *stationäre* Behandlung günstiger wäre..." Zur Klärung dieser Ausgangsfrage notwendige zusätzliche Daten können bei Bedarf nachgereicht werden; ausführliche Informationen zu weiteren Themen (z.B. Beziehungs- und Motivationsaspekte, Kompetenzdefizite, Besonderheiten des Klienten, die nur aufgrund seiner Lerngeschichte verständlich werden, fehlende Themenbereiche, persönliche Anteile des Supervisanden, Kontext- oder Systemeinflüsse etc.) kommen im Zuge der eigentlichen Supervision sowieso dazu. In der Regel ist der betreffende Fall noch „im Fluß", d.h. mitten in der Bearbeitung, so daß eine hohe Chance besteht, durch die Supervisionsarbeit konstruktiv in den Entwicklungsprozeß einzugreifen und positive Anstöße zu geben. Dazu begleitet der Supervisor bereits die

Schilderung solcher „Fallskizzen" in Orientierung an den Schritten des „Kern-prozesses": Er greift wesentliche Punkte empathisch auf, stellt zusätzliche Fragen, lenkt die Aufmerksamkeit auf unterrepräsentierte Aspekte, assistiert bei Problem- und Zieldefinitionen, bringt funktionale Bedingungen/Zusammenhänge auf den Punkt und hilft auf diese Weise beim Entdecken neuer Lösungen. Bei Bedarf greift er auch zu zusätzlichen Methoden (z.B. Inszenierungstechniken: vgl. Kap.17), die statt der bisher ineffektiven subjektiven Sichtweise und Lösungsversuche neue/veränderte Perspekti-ven (bereits bei der Darstellung von Anliegen des Supervisanden) ermöglichen. Die vom Supervisanden vorbereitete „Fallskizze" ist also nur der allererste Beginn der gemeinsamen Supervisionsarbeit und erweitert sich im Zuge des kooperativen Pro-blemlöseprozesses zu einer (hoffentlich) konstruktiven Fallbearbeitung.

Aufgaben des Supervisors im Umgang mit Dokumentation, Protokollierung und Falldarstellungen. Während es im Verständnis der Selbstmanagement-Supervision eine permanente Pflichtaufgabe von *Supervisanden* ist, durch adäquate Vor- und Nachbereitung der Sitzungen (z.B. Protokolle) zum Supervisionserfolg beizutragen, kann der *Supervisor* seinerseits diesen Prozeß durch folgende Aktivitäten unterstüt-zen:

- Prinzipielles Hinarbeiten auf eine adäquate Dokumentation/Protokollierung/Fallpräsen-tation
- als Modell vorangehen bzw. didaktisch-edukativ die notwendigen Fertigkeiten vermitteln
- Orientierung an anerkannten Leitfäden/Standards (siehe Anhang H)
- effektive Prozeßbegleitung (Anliegen klären helfen, zielführende/aufmerksamkeitslenkende Fragen stellen, zu ausführliche Fallschilderungen „bremsen", Information auf den „Punkt" bringen, Supervisanden am Thema halten, Anregungen und Anstöße geben, neue Perspek-tiven begünstigen etc.)
- Eintritt in den „Kernprozeß" ermöglichen
- bei allen Fallberichten Schweigepflicht/Datenschutz beachten bzw. Daten anonymisieren (Vorsicht bei Publikationen und Kongreßbeiträgen!)
- am Schluß der Fallbearbeitung: Aufgaben/Hausaufgaben = weiterführende Schritte ablei-ten (Konsequenzen? Schlußfolgerungen? etc.) und Feedback über den Fortgang geben las-sen.

Angesichts der mangelhaften Validität von sprachlichen *Berichten über* Therapieab-läufe (vgl. z.B. Chodoff, 1972) sind auch Falldarstellungen wenn immer möglich durch Video- oder Audioaufzeichnungen der Realsituation sowie durch Fragebögen, Arbeitsblätter, Checklisten, „Ratings" oder Beobachtungsdaten (vgl. unten, Kap.16.2) zu unterstützen.

16.1.2 Dokumentation und Protokollierung *der Supervisionsarbeit*

Daß auch die *Supervisionsarbeit* (von Supervisand *und* Supervisor) in geeigneter Form protokolliert werden sollte, läßt sich mit ähnlichen Argumenten begründen wie die Dokumentation klinischer Tätigkeit insgesamt: Einerseits dient dies zur Legitima-tion verantwortungsvollen Tuns und zum Nachweis sachgerechten Arbeitens nach den

„Regeln der Zunft", andererseits zur Erleichterung der Supervision für beide Seiten, zur Verbesserung des praktischen Arbeitens (vgl. auch White, Rosenthal & Fleuridas, 1993), zur Optimierung der diagnostisch-therapeutischen bzw. supervisionsbezogenen Urteilsbildung und zur (Selbst-)Reflexion des eigenen Erlebens und Handelns. Juristisch und ethisch sind Supervisoren für ihre Tätigkeit selbst verantwortlich, so daß sie in eigenem Interesse für eine geeignete Form des Nachweises fachlich korrekten Arbeitens zu sorgen haben. In den USA sind Supervisoren in bestimmten Situationen *für das Tun ihrer Supervisanden verantwortlich*, nämlich dann, wenn sie (1) eine notwendige Supervision *unterlassen* (also unerfahrene Supervisanden unkontrolliert mit Klienten arbeiten lassen), wenn (2) ihre Supervisanden grundlos oder vorzeitig eine weiterhin notwendige Therapie mit Klienten beenden, oder wenn sie (3) von sexuellen Übergriffen ihrer Supervisanden Kenntnis erhalten (vgl. Huber & Baruth, 1987).

Bridge & Bascue (1990, S.85) haben 5 allgemeine Empfehlungen für die Dokumentation der Supervisionsarbeit genannt, deren Kern ich nachfolgend in eigenen Worten wiedergeben möchte:

(1) Die Supervision sollte genauso regelmäßig und aussagekräftig dokumentiert werden wie die sonstige professionelle Arbeit (Diagnostik, Beratung, Therapie etc.), und zwar verhaltensnah, präzise und sprachlich verständlich.
(2) Dabei sollten auch sämtliche bei der klinischen Arbeit verwendeten Dokumente/Hilfsmittel mit notiert werden (z.B. medizinische Untersuchungsergebnisse von Patienten, Audio- und Videobänder, Testbefunde etc.), um belegen zu können, daß sowohl Supervisand als auch Supervisor ihre Entscheidungen auf einer adäquaten Datenbasis getroffen haben.
(3) Die Supervisionsdokumentation des Supervisors sollte sowohl seine Einschätzungen bezüglich der Qualität der therapeutischen Arbeit seines Supervisanden als auch bezüglich der unmittelbaren Supervision umfassen.
(4) Die Supervisionsdokumentation sollte Aufzeichnungen über sämtliche Behandlungsvorschläge oder didaktische Empfehlungen enthalten, die der Supervisor während der Supervisionssitzung seinem Supervisanden gegeben hat. Diese können getrennt notiert und dem Supervisanden zugänglich gemacht/mitgegeben werden.
(5) Der Supervisand sollte von der Tatsache unterrichtet werden, daß der Supervisor Protokolle führt. Der Supervisor sollte in der Anfangsphase der Supervision seine Supervisanden über Form und Inhalte seiner Dokumentation informieren (evtl. anhand eines leeren Formulars) und bei Bedarf Kopien für Supervisanden anfertigen, um gemeinsam Fortschritte, Lernerfahrungen oder verbesserungsbedürftige Defizite evaluieren zu können.

Allerdings sollten bei der Dokumentation nicht allein die administrative Funktion der Supervision (Kontrolle fachgerechten Arbeitens, Patientenschutz etc.) oder die Verantwortungs- bzw. Aufzeichnungspflicht des Supervisors (um im Zweifelsfall „seine Haut retten" zu können) im Vordergrund stehen. Im positiven Sinne dienen „gute" Protokolle dazu, die praktische Supervisionsarbeit erheblich zu erleichtern. Der Rest dieses Abschnitts bezieht sich daher auf Hinweise zum Führen von Protokollen und Aufzeichnungen, um den unmittelbaren Supervisionsprozeß für beide Seiten konstruktiv zu unterstützen. Dazu gehören m.E. sowohl aussagekräftige *Stundenproto-*

kolle der einzelnen Supervisionstermine als auch ein *Supervisions-Gesamtplan*, und zwar sowohl für Supervisanden als auch für Supervisoren*.

Supervisions-Stundenprotokolle. In Anlehnung an den oben erwähnten Kurzprotokoll-Bogen für Therapiesitzungen (Kanfer et al., 1996, S.568) oder die „Supervisory Record Form" (SRF: Bridge & Bascue, 1990) sollten sich Supervisoren wie Supervisanden einen Protokollbogen anfertigen, der Angaben zu folgenden Daten vorsieht (Übersicht 38):

A. Formale Angaben und Planung (Kopfleiste):
- Datum, Teilnehmer, Ort und Dauer der Sitzung
- Hausaufgaben seit der letzten Sitzung
- Vorgesehene / geplante Themen für diese Sitzung

B. Tatsächlicher Stundenablauf (Hauptteil des Protokollblattes):
- Kurzskizze bearbeiteter Themen/Anliegen/Fälle, dazu jeweils:
  - ◆ Problemanalyse inkl. aufrechterhaltende funktional-systemische Bedingungen
  - ◆ erarbeitete Ziele, Schlußfolgerungen und Lösungen
- Besondere Beobachtungen/Abläufe (z.B. typische Muster, „Binnenprobleme", Beziehung? Motivation? etc.)
- + / – Daten für die Gesamtplanung (Ressourcen, Stärken, positive Kompetenzen vs. weitere Lernziele)
- Sonstiges (z.B. Feedback-Informationen, verwendete Hilfsmittel/Medien etc.)

C. Erledigungen bis zum nächsten Mal (Fußleiste):
- Hausaufgaben für Supervisanden und für den Supervisor
- evtl. geplante Themen für die nächste Sitzung

Übersicht 38. Inhaltliche Vorschläge für einen Protokollbogen der Supervisionssitzungen.

Die obigen Inhalte haben sich für die Minimal-Protokollierung einer Selbstmanagement-Supervision als hilfreich herausgestellt. Ein *Beispiel* für die optische Aufmachung eines solchen Protokollbogens ist in Anhang D abgedruckt. Es zeigt, daß es nicht von vornherein nötig ist, für *sämtliche* der oben angeführten Inhalte spezielle Datenfelder bereitzuhalten, sondern daß die relevanten Angaben je nach Bearbeitungsschwerpunkten der Sitzung eingetragen werden können. Außerdem sollte dieses Beispiel nur als unverbindlicher Vorschlag angesehen werden und als Anregung dafür dienen, sich einen subjektiv passenden Protokollbogen für den eigenen Bedarf zu entwerfen.

Supervisions-Gesamtplan. Um die Gefahr einer konzept- und konsequenzenlosen Supervision zu verringern, sollten alle bedeutsamen Entwicklungen und Abläufe der einzelnen Stunden mit einem *Supervisions-Gesamtplan* in Beziehung gesetzt werden. Idealerweise stehen die Supervisionssitzungen mit dem Gesamtplan in einem *rezipro-*

---

* Bei der Darstellung beschränke ich mich auf die Versionen für *Supervisoren*; Supervisanden können daraus – mit wenigen Änderungen – leicht ihre eigenen Varianten erstellen.

ken Verhältnis, d.h. bedingen sich wechselseitig. Es ist ein Spezifikum unseres Supervisionsmodells, daß es angesichts der ständigen Dynamik und Fluktuation eine *flexible* Planung ermöglicht – immer in Abhängigkeit von den jeweils neu eintretenden Ergebnissen und Entwicklungen. Alle noch so konkret vollzogenen Planungsschritte haben dabei immer nur „Gültigkeit bis auf Weiteres" und müssen bei veränderter Ausgangslage korrigiert werden.

Bei jeder Ausbildungssupervision empfiehlt es sich, daß sowohl der Supervisor als auch der Supervisand einen Ordner (eine Mappe, Akte oder ein Heft) anlegt, in dem alle supervisionsrelevanten Informationen zu finden sind. Während die äußere Form der Aufzeichnungen den jeweiligen Personen überlassen bleiben kann, sollten einige Inhalte auf alle Fälle enthalten sein, so z.B. persönliche Daten der Supervisanden, wichtige formale Vereinbarungen (z.B. Dauer der Gesamtsupervision, Anzahl/Turnus der Sitzungen), Kontrakte, Lernziele, Prä-Post-Zustandsbeschreibungen (im Hinblick auf diagnostisch-therapeutische Kompetenzen), Zwischenbilanzen, Angaben zu Fortschritten, Stärken und Ressourcen, sämtliche Evaluationsmaßnahmen, Fragebögen, Verlaufskontrollen u.ä. Bei aller Dokumentation der Gesamtplanung muß aber deutlich sein, daß sie kein Selbstzweck ist, sondern der Einordnung/Veranschaulichung bisheriger Informationen und der weiteren Konzeption der konkreten Supervisionsarbeit dient. Wie die nachfolgende Abbildung 36 zeigt, gehören dazu auch die jeweiligen Stundenprotokolle:

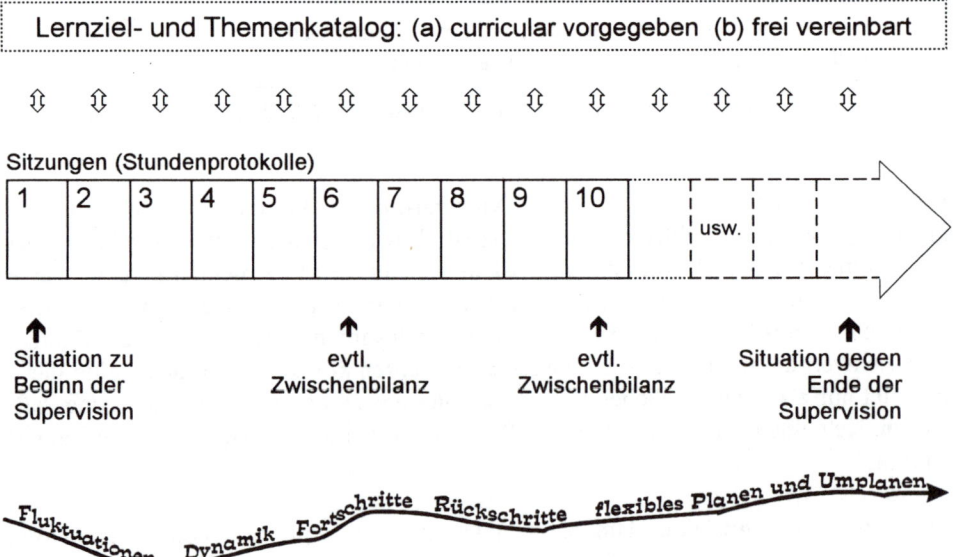

Abbildung 36. Gesamtplanung der Supervision (Übersicht).

Der untere Teil der Abbildung signalisiert, daß es (im Gegensatz zur linearen Anordnung der Stundenprotokolle in Ordnern oder Akten) in der realen Supervisionspraxis ein ständiges Auf und Ab, Fluktuationen, Dynamik, Fortschritte, Rückschritte, Plateaus und Stagnationen gibt, was für alle Beteiligten die permanente Notwendigkeit flexiblen Umplanens nach sich zieht. Manche Stundenprotokolle bzw. Pläne sind dann angesichts neuer Gegebenheiten schnell Makulatur; dies ist jedoch kein Grund, auf eine entsprechende Dokumentation oder Planung zu verzichten. In Anhang D sind noch entsprechende Bögen für die *Gesamtplanung einer Selbstmanagement-Supervision* abgedruckt, die – eventuell in abgewandelter Form – als Praxishilfe fungieren können. Dabei ist es bei allen Einschätzungen des IST- bzw. SOLL-Zustands, bei allen Lernzielvereinbarungen und Supervisionsplanungen selbstverständlich, daß diese mit einem Maximum an Kooperation und Offenheit zwischen den Beteiligten erfolgen, und daß sämtliche dokumentierten Unterlagen streng vertraulich behandelt, d.h. unter Verschluß gehalten werden.

16.1.3 Fragebögen und Beobachtungssysteme: Ein Überblick

Wichtige Hilfsmittel für die Dokumentation, Protokollierung und Evaluation von Therapieausbildung und Supervision stellen verhaltensnah konstruierte Fragebögen sowie Systeme zur direkten Verhaltens- und Interaktionsbeobachtung dar. In der Forschung und Evaluation der Psychotherapie insgesamt sind entsprechende Meßmittel seit jeher sehr gebräuchlich (vgl. z.B. Bergin & Garfield, 1994; Schaap et al., 1993 etc.). Ich beschränke mich in diesem Abschnitt allerdings auf solche Instrumente, die sich speziell auf unser Thema beziehen.

Fragebögen. Die bislang für Ausbildungs- und Supervisionszwecke verwendeten und in der Literatur genannten Fragebögen haben sehr unterschiedlichen Fokus und heterogene Zielrichtungen. Je nach Konzept und Verwendungszweck beziehen sie sich eher auf die Supervisor/Supervisand-Beziehung, auf „Skills" der Kandidaten im Hinblick auf die Lernziele von Ausbildungscurricula, auf das Verhalten des Supervisors oder auf spezifische Supervisionsaspekte (wie z.B. Entwicklungsstufen der Supervisanden: vgl. Hogan, 1964; Frank & Vaitl, 1985, 1987). Meist sind sie als Fremd- oder Selbst-„Ratings" angelegt; ab und zu existieren auch Parallelversionen für Supervisor und Supervisand zum späteren Vergleich der Perspektiven. In manchen Forschungsarbeiten werden Fragebögen verwendet, die eigentlich für *Therapie* konzipiert sind (z.B. „Barrett-Lennard-Relationship-Inventory" BLRI: Barrett-Lennard, 1962; „Counselor Rating Form" CRF: Barak & LaCrosse, 1977; vgl. die Übersicht bei Holloway, 1984, S.169/170). Beim derzeitigen Entwicklungsstand ist die psychometrische Qualität vieler Instrumente noch nicht überprüft worden (Ausnahmen: FSPT, SPRS, SQ, SSI, vgl. nächste Seite: Übersicht 39). Viele wurden – auf der Basis des jeweiligen Hintergrundmodells – von den jeweiligen Autoren aufgrund ihrer klinischen Erfahrung zusammengestellt, besitzen allenfalls Augenscheinvalidität und sind unterschiedlich konkret, d.h. verhaltensnah formuliert. Neben fehlenden teststatistischen Kennwerten und Normen, unklarer Faktorenstruktur und fehlenden Angaben zu Objektivität, Reliabilität und Validität muß als weitere Einschränkung hervorgehoben werden, daß es sich meist um englischsprachige Versionen handelt, deren *direkte* Übertragbarkeit auf den deutschen Sprachraum zumindest fraglich ist.

Die nachfolgende Zusammenstellung (Übersicht 39) enthält – ohne Anspruch auf Vollständigkeit – häufig in Publikationen zitierte Supervisionsfragebögen:

- *Clinical Session Supervision Form – CSSF* (Leith et al., 1989, S.104): Jeweils 5stufige Einschätzung der Skills von Supervisanden; Basis: kognitives VT-Konzept von Leith et al. (1989); Hauptzweck: Feedback und Evaluation sowie weitere Supervisionsplanung; liegt auch als Selbsteinschätzungsversion für Supervisanden vor (Clinical Session *Self-Supervision* Form: S.106).

- *Counselor Evaluation of Supervisors – CES* (Bernard, 1981): Fragebogen für Supervisanden, 7stufige Einschätzung von 41 Items zum Verhalten des Supervisors; keine übergeordneten Dimensionen, sondern itemspezifische Einzelauswertung zum Zweck des Feedbacks an den Supervisor.

- *Diagnostic Session Supervision Form – DSSF* (Leith et al., 1989, S.104): Jeweils 5stufige Einschätzung der *diagnostischen* Fertigkeiten von Supervisanden; Basis: kognitives VT-Konzept von Leith et al. (1989); Hauptzweck: Feedback und Evaluation von Diagnostiksitzungen sowie weitere Ausbildungs- und Supervisionsplanung; ebenfalls als Selbsteinschätzungsversion verfügbar (Diagnostic Session *Self-Supervision* Form: S.107).

- *Evaluation of Counselor Behaviors (Long Form) – ECB* (Bernard & Goodyear, 1992, S.283 ff.): 50 Items, davon 26 auf Therapiesitzungen, 24 auf die dazugehörige Supervision bezogen; jeweils 7stufige Einschätzung des Supervisandenverhaltens durch den Supervisor; konzeptuelle Basis: Supervisionsmodell von Bernard & Goodyear (1992).

- *Evaluation of Supervision Form – ESF* (Leith et al., 1989, S.111/112): Basis: kognitives VT-Konzept von Leith et al. (1989); jeweils 5stufige Einschätzung der konkreten Umsetzung ihrer 13 Hauptaufgaben von *Supervisoren* (vgl. Kap.13.1.4); Einschätzung erfolgt sowohl durch Supervisanden als auch als per Selbsteinschätzung der Supervisoren; Hauptzweck: Feedback und Evaluation des *Supervisoren*verhaltens.

- *Evaluation of Therapist Performance (Short Form) – ETP* (Bernard & Goodyear, 1992, S.286 f.): Kurzform in Anlehnung an den ECB (vgl. oben); 18 Items zur jeweils 7stufigen Einschätzung des Supervisandenverhaltens durch den Supervisor (3 übergeordnete Dimensionen: Prozeßfertigkeiten, Konzeptualisierung, Personfaktoren).

- *Fragebogen zur Supervision von Psychotherapien – FSPT* (Frank & Vaitl, 1985, 1987): Auf das Entwicklungsmodell von Hogan (1964) bezogener deutschsprachiger Fragebogen; Teil I mit 4 Skalen (Therapeutische Unsicherheit/Sicherheit, verhaltenstheoretisch geprägter Arbeitsstil, Lern- und Kritikbereitschaft, selbstbewußte Kritikhaltung) enthält Items zur Kompetenz; Teil II mit 5 Skalen bezieht sich auf Supervisionsbedürfnisse (Bedürfnis nach emotionaler Unterstützung, nach Kompetenzbeurteilung und -erweiterung, nach emotionalem Freiraum in der Supervision, nach fall- und methodenzentrierter Supervision, nach Aktivierung durch die Supervision); gute psychometrische Werte hinsichtlich Trennschärfe, Reliabilität und Validität.

- *Mid-Term/End of Term Supervision Form – MT/ETSF* (Leith et al., 1989, S.108): Zur Mitte bzw. gegen Ende des Curriculums jeweils 5stufige Einschätzung der Fertigkeiten von Supervisanden, bezogen auf das gesamte kognitiv-verhaltenstherapeutische Ausbildungscurriculum der Autoren; Hauptzweck: Feedback und Evaluation des Ausbildungsstands; ebenfalls als Selbsteinschätzungsversion verfügbar (Mid-Term/End of Term *Self-Supervision* Form: S.109/110).

- **Personal History (Preparation for Supervision) – PH (PfS)** (Mead, 1990, S.145 ff.): Breit angelegter Fragebogen (Mischung aus offenen Fragen und „Ratings") zu demographischen Daten, beruflicher Sozialisation, therapeutischer Orientierung, Selbsteinschätzung therapeutischer Stärken und Schwächen mithilfe einer Vielzahl konkreter Items auf 5stufigen Skalen, Wünsche, Ziele und Erwartungen bezüglich Supervision und Supervisor etc.; Zeitpunkt der Vorgabe: Vor Beginn/Anfangsphase der Supervision.
- **Supervision Questionnaire – SQ** (Worthington & Roehlke, 1979): Auf den *Supervisor* bezogen; Evaluation der Supervision: 7stufige generelle Einschätzung der Effektivität; 5stufiges Rating des Supervisorenverhaltens mittels 46 Items (keine übergeordneten Dimensionen).
- **Supervisor Emphasis Rating Form – SERF** (Lanning, 1986): Supervisoren sollen 60 Verhaltensweisen von Beratern auf einer 7stufigen Skala danach einschätzen, welche davon sie während der Supervision besonders betonen werden; vier übergeordnete Kategorien (professionelles Verhalten, Prozeß, persönliche/konzeptuelle Aspekte).
- **Supervisor Evaluation Form – SEF** (Sleight, 1990): 42 Items umfassender Fragebogen zur jeweils 5stufigen Evaluation der Effektivität des Supervisors; 5 übergeordnete Dimensionen (Information und methodische Unterstützung, Erfüllung supervisorischer Pflichten, Erleichterung interpersonaler Kommunikation, Förderung der Autonomie von Supervisanden, Funktion als professionelles Vorbild).
- **Supervisor Personal Reaction Scale – SPRS** (Holloway & Wampold, 1983): Vom Supervisor auszufüllender Fragebogen mit 32 Items mit jeweils 5 Stufen; 3 übergeordnete Faktoren (Einschätzung des Supervisanden, Selbsteinschätzung, Supervisionsatmosphäre = „level of comfort"); Angaben über Faktorenstruktur und Reliabilität liegen vor; auch als „Trainee Personal Reaction Scale" TPRS für Supervisanden verfügbar.
- **Supervisor Rating Form – SRF:** Umdeklarierte Version der „Counselor Rating Form" CRF von Barak & LaCrosse (1977).
- **Supervisory Focus and Style Questionnaire – SFSQ** (Yager, Wilson, Brewer & Kinnetz, 1989, zit. nach Bernard & Goodyear, 1992, S.295-299): Teil I „Attribute des Supervisors" (affektive Beziehungsgestaltung, gefragt/einbezogen werden wollen, Direktivität/Kontrolle), Teil II „Fokus der Supervision" (Prozeß, Konzeptualisierung der Klientenanliegen, persönliche Einflüsse), Teil III „Stil des Supervisors" (didaktisch-lehrend, therapeutisch-beratend, kollegial) mit insgesamt 60 Items zur Einschätzung auf 4 Stufen.
- **Supervisory Perception Form – SPF** (Heppner & Roehlke, 1984): 6stufige Einschätzung von 25 Items auf 2 Dimensionen (Einfluß des Supervisors, Lernmotivation des Supervisanden); Version für Supervisanden und Supervisoren verfügbar.
- **Supervisory Styles Questionnaire – SSI** (Friedlander & Ward, 1984): 7stufige Einschätzung von 33 Adjektiven zur Beschreibung des generellen Supervisionsstils; identische Version für Supervisoren (Selbsteinschätzung) und Supervisanden (Fremdeinschätzung des Supervisors); Hauptdimensionen: Attraktivität, interpersonelle Sensibilität, Aufgabenorientierung.
- **Supervisory Working Alliance Inventory – SWAI** (Efstation, Patton & Kardash, 1990): Fragebogen mit entsprechenden Versionen für Supervisoren und Supervisanden; Supervisor-Version mit 23 Items und 3 übergeordneten Dimensionen (Rapport, Fokus auf Klienten, Identifikation des Supervisanden mit dem Supervisor); Supervisanden-Version mit 19 Items und 2 Dimensionen (Rapport, Fokus auf Klienten), jeweils Einschätzung auf 7stufiger Skala.
- **Working Alliance Inventory – WAI** (Horvath, 1982): Fragebogen mit entsprechenden Versionen für Supervisoren und Supervisanden; jeweils 36 Items zur Einschätzung auf 7stufigen Skalen mit 3 übergeordneten Dimensionen (Aufgabenorientierung, Beziehung, Effektivität).

Übersicht 39. Häufig verwendete Fragebögen zur Supervision.

In Anbetracht der oben genannten Einschränkungen könnten die angeführten Instrumente als Ausgangsbasis genommen werden, um in den kommenden Jahren – in Kooperation von Forschung und Praxis – (a) die vorliegenden Versionen intensiv psychometrisch zu überprüfen, (b) auf ihre praktische Brauchbarkeit und Effektivität zu analysieren und (c) adäquate Fragebögen für bestimmte Zwecke *anders* oder *neu* zu konzipieren. Die Übersicht 39 verdeutlicht auch, daß es gerade bei Betonung einer *zielabhängigen* Supervision notwendig ist, Fragebögen zweckorientiert einzusetzen bzw. – in Einklang mit dem jeweiligen Hintergrundkonzept – auf die spezifischen Themen, Verwendungszwecke und Einsatzfelder hin zu adaptieren bzw. neu zu entwickeln.

Für unsere *Selbstmanagement-Supervision* liegen im Moment folgende speziellen Instrumente vor:

- *Fragebogen zur Supervision – FB-S* (Anfangsphase therapeutischer Ausbildungssupervision): Anhang C
- *Nachbefragungsbogen – FB-ENDSUP:* Anhang F
- *Supervisions-Stundenbogen – SSB:* Anhang E
- *Evaluationsbogen für Therapiesitzungen – EfTS* (Kanfer et al., 1996, S.566/567)
- *Evaluationsbogen für Supervision – EfS* (Kanfer et al., 1996, S.569-571)
- *Protokollbogen für Supervision – PfS* (Version für Supervisanden und Supervisoren): Anhang D
- *Gesamtplanung der Supervision* – Anhang D

Beim derzeitigen Entwicklungsstand trifft auch auf diese genannten Bögen die Kritik unklarer psychometrischer Güte und Struktur zu. Hier sind Praktiker und Forscher gemeinsam aufgerufen, sich sowohl mit Kreativität als auch mit wissenschaftlich-skeptischen Analysen an die Aufgabe zu machen, die Qualität der bislang präsentierten Instrumente künftig zu verbessern und sich wissenschaftlich adäquaten Standards anzunähern.

Neben solchen Fragebögen sind auch *supervisionsbezogene Arbeitsbögen* und *„Checklisten"* zu erwähnen:

So haben z.B. John & Fallner (1980, S.123 ff.) eine Fülle von Materialien abgedruckt, die zur Unterstützung der direkten Supervisionsarbeit in bestimmten Phasen dienen können. Diese reichen von Klärungshilfen (Was ist Supervision? Fragen zur Motivation, Suche nach Supervisionsthemen) über Selbstreflexionsbögen für Supervisanden (Wer bin ich? Wie verhalte ich mich, wenn...?), Lerndiagnosen und Lernzielplanungen für die Supervision, Arbeitsbegleitbögen für diverse Kommunikations-, Interaktions- oder Gruppenübungen (Angst- bzw. Verunsicherungsprofil, Interaktionsbild, Harmonie und Dissonanz etc.) bis hin zu Praxismaterialien für den unmittelbaren Supervisionsprozeß (Situationsbeschreibung, Zielformulierung, Planung des Vorgehens etc.; Fragen zur Analyse von Institutionen etc.). Gester (1990) präsentiert eine umfangreiche Checkliste zur Analyse von Systemeinflüssen in der Supervision. Prest, Schindler-Zimmerman & Sporakowski (1992) stellen aus familientherapeutischer Sicht eine vierseitige Checkliste mit Gesichtspunkten für die erste Supervisionssitzung vor. Letztlich sind auch alle Fragenkataloge, Hinweislisten und Übersichtstabellen der vorliegenden Arbeit (bis hin zur Lernzieltaxonomie in Anhang A) unter dieser Rubrik zu subsumieren.

Auch für diese Arbeitsbögen und Checklisten gilt, daß sie größtenteils von Superviso-ren auf Basis ihrer klinischen Erfahrungen („selbstgestrickt") zusammengestellt wur-den. Sie können jedoch für bestimmte praktische Zwecke enorm brauchbar sein, vor allem, wenn man ihren Anregungsgehalt nutzt und sie als willkommenen Ideenfundus für eigene konzeptsyntone Entwicklungen nimmt.

Beobachtungssysteme. Gegenüber Fragebogenverfahren haben Beobachtungssysteme (vgl. unten: Übersicht 40) den Vorteil, daß sie *direkte Verhaltensdaten* erfassen. Eine der wichtigsten Kompetenzen für effektive Supervisoren (und Therapeuten) ist das Beobachten verbaler, non- und paraverbaler Abläufe. Dafür können ausgereifte stan-dardisierte Beobachtungssysteme, wie sie auch in der Psychotherapieforschung Ver-

---

- *Blumberg's Interactional Analysis – BIA* (Blumberg, 1970): im Original 15 Beobach-tungskategorien für Interaktionen; modifizierte Version (Holloway & Wampold, 1983) für Interaktionen zwischen Supervisor und Supervisand: 5 Kategorien bezüglich Superviso-ren (Unterstützung, Informationsvermittlung, Fragen, Vorschläge, Kritik), 4 Kategorien bezüglich Supervisanden (um Rat oder Meinung bitten, Informationen geben, positives sozial-emotionales Verhalten, negatives sozial-emotionales Verhalten), 2 Restkategori-en (Schweigen, Abspielen von Audio-/Videoaufzeichnungen); adäquate Reliabilitätsda-ten vorhanden; Verwendungszweck: Prozeßforschung und Evaluation.
- *Category System for Therapist Behavior – CSTB* (Elliott, 1979): Kategoriensystem auf Basis der Literatur zu sog. „Helfer-Fertigkeiten" (4stufiges „Rating" von 10 Kategori-en: geschlossene Fragen, offene Fragen, allgemeine Ratschläge, Prozeßratschläge, Reflexion, Interpretation, Rückversicherung/Bestätigung, Meinungsverschiedenheiten, Selbstöffnung, Information); nur auf Therapeuten bezogen; Reliabilitätsangaben vor-handen.
- *Coding System of Interaction in Psychotherapy – CIP* (Schindler, 1991, S.61; Schindler, Müller, Hohenberger-Sieber & Hahlweg, 1988): 20 Therapeutenkategorien mit 6 übergeordneten Dimensionen (Einfühlung, Unterstützung, Exploration, Erklärung, Direktiven, Klassifikation); 18 Klientenkategorien mit 7 übergeordneten Dimensionen (Emotionale Öffnung, Problembeschreibung, einfache Antworten, Änderungsberichte, Mitarbeit/Initiative, Klärung, hemmendes Verhalten); gute Reliabilitäts- und Validitäts-werte.
- *Counselor and Client Verbal Response Category System – CCVRCS* (Hill, Green-wald, Reed, Charles, O'Farrell & Carter, 1981): 14 disjunkte Kategorien für das verbale Kommunikationsverhalten von Therapeuten (Strukturieren, offene Fragen, Reflektieren, Interpretieren etc.) bzw. 9 Kategorien für Klienten (Fragen, Beschreibungen, Einsicht etc.); gute Reliabilitäts- und Validitätswerte.
- *Structural Analysis of Social Behavior – SASB* (Benjamin, 1974): 3 Ebenen (Beziehung zu/Reaktionen in Richtung auf andere Personen; eigene Reaktion auf das Verhalten anderer; innerpsychische Ereignisse); nicht speziell auf Therapie oder Su-pervision bezogen, sondern *generelles* Beobachtungsschema für soziales Verhalten von Personen, sehr komplex und aufwendig.
- *Verbal Response Modes – VRM* (Stiles, 1978): Kategoriensystem zur verbalen Kom-munikation vor dem Hintergrund der klientenzentrierten Therapie; drei prinzipielle Di-mensionen: Quelle, Bezugsrahmen und Fokus; drei bipolare Inhaltsdimensionen: In-formativität/Aufmerksamkeit, (Un-)/Voreingenommenheit, Nachgiebigkeit/Direktivität. Kategorien: Selbstöffnung, Fragen, Ratschläge geben, Zuhören, anerkennende Zu-stimmung, Schweigen, Feststellen von Tatsachen, Interpretation, Reflexion etc.

Übersicht 40. Einige Beobachtungssysteme für Therapieforschung und Supervision.

wendung finden, eine große Hilfe sein (vgl. vorige Seite). Diese beziehen sich in der Regel auf Verhaltensweisen und Interaktionskategorien, die sich für eine effektive Psychotherapie als entscheidend herausgestellt haben (vgl. z.B. Elliott, Hill, Stiles, Friedlander, Mahrer & Marginson, 1987; Schaap et al., 1993, S.118 ff.). Ein Blick auf die Übersicht 40 verdeutlicht auch, daß es in Zukunft noch erforderlich sein wird, spezielle Adaptationen und Neukonzeptionen für das Spezialgebiet „Supervision" zu entwickeln.

Für die Selbstmanagement-Supervision ist vor allem das CIP (Schindler et al., 1988) interessant, weil es bereits Kategorien enthält, die dem Prozeßmodell Kanfers (Kanfer & Grimm, 1980; Kanfer & Schefft, 1988) entnommen sind. Neben der besonderen Bedeutung solcher Codierungssysteme für die Supervisionsforschung sind die dort angesprochenen Kategorien aber auch für die alltägliche Supervisionspraxis relevant: Sie lenken nämlich die Aufmerksamkeit der Supervisoren auf Elemente, die sie bei ihrer Arbeit besonders beachten sollten. Neben der Nutzung allgemeiner Fertigkeiten der Selbst- und Fremdbeobachtung sind Hilfsmittel wie Audio- und Videoaufzeichnungen (vgl. unten, Kap.16.2) oder der Einsatz von Methoden wie z.B. „Interpersonal Process Recall" (IPR: vgl. Kap.17) für Supervisoren von hoher Bedeutung und sollten auch in der Supervisionsausbildung (sowie der Supervision für Supervisoren) entsprechenden Raum einnehmen.

16.2 Einsatz von Medien

16.2.1 Video

Angesichts unserer Bevorzugung eines möglichst datennahen Vorgehens („actual data approach": Dryden & Thorne, 1991, S.21) sind Videoaufzeichnungen ein hervorragendes Hilfsmittel für die Supervisionsarbeit. Wie die Sammelbände von Kügelgen (1989) oder Ronge & Kügelgen (1993), das Buch von Dowrick (1991) oder ein Artikel von Sczudlek (1989) zeigen, ist Video mittlerweile sowohl in Ausbildung als auch Forschung und Praxis der Klinischen Psychologie ein weitverbreitetes und intensiv genutztes Medium. Entgegen manchen Befürchtungen produzieren Videoaufnahmen in der Regel keine nennenswerten Negativeffekte auf Klienten oder die Therapiesituation (Lambert & Hill, 1994, S.96); wenn überhaupt, sind es die *Therapeuten*, die zögern und „Widerstände" bzw. Evaluationsängste zeigen.

Für die Therapieausbildung und Supervision lassen sich mehrere *Einsatzalternativen* von Video unterscheiden:

- Video-*Präsentation* (z.B. Lehrfilme von „guten" Therapeuten und vorbildlichem Therapeutenverhalten mit dem Schwerpunkt „Beobachtungslernen am Modell")
- Video-*Analyse* (z.B. von Therapeut-Klient-Interaktionen oder schwierigen Therapiesituationen; Schwerpunkt: objektivierende funktionale Analyse kritischer Abläufe)

- Video-*Feedback* (Rückmeldung positiver und verbesserungsbedürftiger Aspekte nach üblichen Feedback-Regeln: vgl. Kap.17; z.B. bezogen auf konkretes Verhalten der Kandidaten in Ausbildungs- und Therapiesituationen; auch in Form von Selbstkonfrontation möglich)
- Video-*Projekte* (z.B. kooperatives Erstellen themenspezifischer Lehr- oder Dokumentarfilme durch Supervisoren und Supervisanden in Anlehnung an diverse Projektbeschreibungen bei Ronge & Kügelgen, 1993).

Dabei können die ersten drei Varianten auch gut kombiniert werden. Besondere Einsatzmöglichkeiten für Video bieten das „Interpersonal Process Recall" (IPR), das „Integrative Didaktisch-Experientielle Trainingsprogramm" (IDET) sowie das „Microtraining" (vgl. Kap.17). Für Supervisionszwecke werden hilfreiche Effekte des Video von vielen Autoren geschildert (vgl. z.B. Bernard & Goodyear, 1992, S.58 ff.; Carifio & Hess, 1988, S.21/16; Goldberg, 1985; Hansen et al., 1976; Linden & Janssen, 1986; Yenawine & Arbuckle, 1971 etc.). Seine *Hauptvorteile* bestehen in:

- Vorliegen optischer und akustischer Informationen bezüglich des „realen" Geschehens (*direkte* Beobachtung statt „Reden über ...")
- Möglichkeit des wiederholten, minutiösen Betrachtens verbaler, nonverbaler und paraverbaler Kommunikations- und Interaktionsabläufe zwischen Personen und in Gruppen
- selektive Analysemöglichkeiten (z.B. *bestimmtes* Verhalten *bestimmter* Personen; z.B. *nur* Bild, *nur* Ton etc.)
- Selbstbeobachtung/Selbstkonfrontation mit Fremdfeedback kombinierbar
- Hilfsmittel für positives Feedback bei adäquater Performanz
- Hilfsmittel zur Identifikation verbesserungsbedürftiger Aspekte (z.B. Kompetenzdefizite)
- Analyse funktionaler Bedingungen bei kritischen Abläufen.

Die *Nachteile* von Video sind in erster Linie Informationsüberladung, Platzbedarf der technischen Ausrüstung, Veränderung des Settings durch Kamera, Mikrophon, Kabel, Licht etc. oder Evaluationsängste der beteiligten Therapeuten (vgl. auch Bernard & Goodyear, 1992, S.58 ff.).

Angeregt durch Publikationen von Bernard & Goodyear (1992, S.59 ff.) oder Breunlin, Karrer, McGuire & Cimmarusti (1988) möchte ich folgende *Empfehlungen* zum Umgang mit Video in der Supervision geben:

- *Anfangshemmungen abbauen:* Supervisanden (auf der Basis einer positiven Arbeitsbeziehung) an Video und Videofeedback „gewöhnen"; z.B. erst unter vier Augen, dann in der Gruppe; erst dem Supervisor bei dessen Therapie zusehen, dann Betrachten von Bändern mit dem Supervisanden; erst mit Audiobändern (Tonbandcassette) arbeiten, dann auf Video umsteigen etc.
- *Beherrschen der Technik* (Aufnahme, Wiedergabe, Licht, Ton etc.): Es ist zwar keine TV- oder Hollywood-Qualität erforderlich, aber es sollte doch für ausreichende Beleuchtung, adäquaten Ton und ein scharfgestelltes Bild gesorgt sein, das ein adäquates Betrachten der relevanten Personen bzw. Abläufe erlaubt.
- *Zielorientierter Videoeinsatz* (transparent für alle Beteiligten): Wobei soll die Videoaufnahme helfen? Einsatz zu Demonstrationszwecken? Für funktionale Verhaltensanalyse? Für videogestütztes Feedback bei Rollenspielen? etc.

- *Verbindung* zwischen *äußerlich beobachtbaren Abläufen* und den *inneren Erfahrungen* der Beteiligten *herstellen* (z.B. emotionale Befindlichkeit, therapeutische Hypothesen, Absichten und Strategien des Supervisanden bei der jeweiligen Aktion etc.). Eine ideale Verkörperung dieses Prinzips stellt das „Interpersonal Process Recall" (IPR: Kap.17) dar.
- Betrachten der Videosequenzen *vorbereiten* (z.B. Markieren relevanter Bandstellen, Notieren der Zählwerkanzeige etc.): Nichts ist nerviger als eine Sitzung, bei der viel Zeit mit unnötigem Hin- und Herspulen oder dem Betrachten „falscher" Ausschnitte verschwendet wird.
- *Konstruktives Videofeedback:* Sowohl positive Ausschnitte würdigen als auch verbesserungsbedürftige Aspekte konkret ansprechen (und am besten gleich in Form eines Rollenspiels aktiv durchspielen). Dabei allgemeine Feedback-Regeln (vgl. S.406) beachten.

16.2.2 Nutzung anderer Medien (z.B. Cassettenrecorder, „Knopf-im-Ohr", Computer)

Audio-Aufnahmen (Cassettenrecorder). Tonbandaufnahmen kamen – entsprechend der technischen Entwicklung – in der Therapieforschung und -praxis wesentlich früher zum Einsatz als Video. Carl Rogers war in den 40er Jahren der erste, der statt der üblichen Gedächtnisprotokolle („process notes") von Therapiestunden mit Audio-Aufnahmen arbeitete und auf diese Weise einen direkteren Zugang zu den „tatsächlichen" Abläufen ermöglichte. Auch wenn gegenüber der heutigen Videotechnik der gesamte visuelle Kanal fehlt, sind Tonbandaufzeichnungen den rein verbalen Schilderungen weit überlegen. Deshalb wird der Cassettenrecorder auch in Therapieausbildung und Supervision als willkommenes Hilfsmittel genutzt (vgl. z.B. Goldberg, 1985; Yenawine & Arbuckle, 1971 etc.).

Die *Vorteile* von Audio-Aufnahmen liegen u.a. darin, daß im Vergleich zu Video relativ wenig Equipment und Platzbedarf erforderlich sind, daß die Technik weniger Ansprüche an die Bedienung stellt, eine vergleichsweise unauffällige Plazierung von Mikrophon und Cassettenrecorder möglich ist und daß die heutigen Cassetten universell einsetzbar bzw. fast überall abspielbar sind (sogar zuhause, unterwegs im „Walkman" oder im Auto). Als *Nachteile* sind mögliche Anfangshemmungen bei den Beteiligten zu nennen („Oh Gott, was habe ich für eine gräßliche Stimme...!") sowie die Tatsache, daß gegenüber Video nur der akustische Kanal erfaßt werden kann – mit der Konsequenz eines Informationsdefizits bezüglich non- und paraverbaler Interaktionsmuster. Der hohe Zeitaufwand der späteren Analyse und Besprechung wird meist durch die intensiven Lernfortschritte und Erkenntnisse wieder relativiert.

Sobald die Beteiligten mit der jeweiligen Technik praktisch vertraut und auch anfängliche Reserviertheiten gegenüber Cassettenaufnahmen abgebaut sind, können Audio-Aufzeichnungen in Ausbildung und Supervision wertvolle Dienste leisten. Dazu ist wiederum ein *zielorientierter* Einsatz sinnvoll (Wozu sollen die Aufnahmen dienen?). Von der Antwort auf diese Frage hängt auch die jeweilige Vor- und Nachbereitung ab (z.B. Was soll aufgenommen werden? Welche Stellen – Zählwerk! – sollen in der Supervision besonders analysiert werden? Welche Fragestellung steht im Vordergrund? etc.). Analog zum Vorgehen bei Videoaufnahmen gibt der Supervisor konstruktives Feedback, bezieht zusätzlich zu den akustischen Informationen das innere Befinden des Supervisanden (Emotionen, Kognitionen, diagnostisch-therapeutische Überlegungen etc.) mit ein und motiviert diesen, seine Cassetten auch zur Selbstbeobachtung/Selbstkonfrontation bzw. in Peer-Supervision zu nutzen.

Eine interessante Variante stellt der Einsatz eines *Zweikanal-Stereo-Cassettenrecorders* dar (vgl. z.B. Harmatz, 1975; Hurt & Mattox, 1990; Kanfer et al., 1996, S.535). Dieser macht es technisch möglich, auf dem *einen* Kanal das Originalgeschehen während der Therapiestunde aufzuzeichnen, während der Supervisor – hinter einer Einweg-Beobachtungsscheibe sitzend – seine Kommentare auf den *anderen* Kanal spricht. Der Supervisand kann später beide Kanäle zusammenschalten und sowohl den Ablauf der Stunde als auch das Feedback des Supervisors mitverfolgen.

„Knopf-im-Ohr" („bug-in-the-ear"). Bei dieser Prozedur führt der Supervisand seine Arbeit durch, während er einen Mini-Kopfhörer im Ohr trägt, der über Kabel oder Funk mit einer Sprechanlage verbunden ist. An diese ist auch das Mikrophon seines Supervisors angeschlossen, der aus einem Nebenraum mit Einwegspiegel das aktuelle Geschehen beobachtet und bei Bedarf Anweisungen/ anerkennende Kommentare gibt, die nur der Supervisand, nicht aber z.B. dessen Klient hören kann. Gallant & Thyer (1989), die in ihrem Überblicksbeitrag die relevante Literatur gesichtet haben, plädieren aufgrund positiver Effekte für einen verstärkten Einsatz dieses Hilfsmittels in Ausbildung und Supervision. Auch wenn es sich noch um ein Relikt aus der technokratischen Frühphase der Verhaltenstherapie handeln dürfte, hat sich die Technik zwischenzeitlich so weiterentwickelt, daß drahtlose Mini-Geräte auf dem Markt sind, die einen unauffälligen Einsatz erlauben. Zudem sind – einen kompetenten und mit seinen Kommentaren möglichst sparsamen Supervisor vorausgesetzt – weniger Störungen des Geschehens zu erwarten als bei dauernden Unterbrechungen (per „phone-ins" oder ständige Therapeutenwechsel), wie sie für „Live-Supervisionen" typisch sind. Die „Knopf-im-Ohr"-Prozedur empfiehlt sich besonders für Supervisanden in der Anfangsphase, die noch wenig Routine vorweisen können, so daß ein hoher Bedarf an unmittelbar steuernden/korrigierenden Eingriffen durch den Supervisor wahrscheinlich ist. Das Feedback des Supervisors ist ein gutes Mittel zum „Shaping" (Kap.17) von Kompetenzen des Supervisanden, wobei insgesamt auf eine Ausgewogenheit zwischen korrigierenden/hinweisgebenden und bestätigenden/unterstützenden Bemerkungen zu achten ist, die zudem kurz und prägnant zu formulieren sind. In jedem Fall ist zunächst auf beiden Seiten etwas Übung zum Umgang mit dieser Technik vonnöten (z.B. Probedurchgänge in Rollenspielen), bevor sie tatsächlich bei realen Therapiesitzungen zum Einsatz kommt.

Computer-Einsatz. Die rasante Entwicklung der Mikroelektronik hat auch vor der Klinischen Psychologie nicht haltgemacht. Bereits seit längerer Zeit werden Computer für statistische Berechnungen, Textverarbeitung, Datenbanken sowie für diagnostische und therapeutische Zwecke eingesetzt (vgl. z.B. Ager, 1991; Romanczyk, 1986; Stoloff & Couch, 1992 etc.). Speziell für Ausbildung und Supervision sind noch viele Entwicklungsmöglichkeiten denkbar: Neben der Übertragung bereits existierender Angebote auf unsere Zwecke (z.B. Computersimulationen von Therapiesitzungen:

Sharf & Lucas, 1993, Präsentation „guten" Therapeutenverhaltens auf CD-ROM für Lehrzwecke, Literaturrecherchen etc.) können andere Einsatzfelder vorerst nur angedacht werden. So eröffnen virtuelle Programme (Stichwort: „Cyberspace") eventuell die Chance, einen Teil künftiger Therapeutentrainings in Analogie zum Pilotentraining per Simulator zu gestalten. Online-Dienste per Internet könnten eine Supervision über extreme räumliche Entfernungen, die weltweite Konsultation von Experten oder zusammengeschaltete Videokonferenzen bei Kongressen zu ermöglichen. Hier eröffnet die Kooperation von Psychologen, Psychotherapeuten und Supervisoren (als „Experten ihres Faches") mit Wissenschaftlern technischer Disziplinen (z.B. Mikroelektronikern, Hardware- und Softwarespezialisten etc.) in Zukunft möglicherweise Entwicklungschancen, von denen wir heute nicht einmal zu träumen wagen. Umgekehrt schiebt die zielorientierte Grundhaltung unseres Ansatzes – gepaart mit wissenschaftlicher Skepsis – allen grundlos optimistischen Hoffnungen einen Riegel vor. So wird sich künftig *empirisch* zeigen müssen, ob sog. „Zukunftstechnologien" tatsächlich eine Hilfe für Ausbildungs- und Supervisionszwecke darstellen können und mehr sind als nur protegierte Hoffnungsträger der Werbeindustrie.

„Low-Tech"-Medien. Heidack (1993, S.481) hat Medien mit „High-Tech"-Qualität (Video, Computer, Elektronik etc.) von solchen mit „Low-Tech"-Qualität unterschieden. Zu letzteren gehören beispielsweise Pinwand, Flipchart oder Overhead-Folienprojektor, Mediotheken (mit Lernhilfen oder Materialsammlungen), Literaturlisten oder Behandlungsmanuale, die besonders für die Therapieausbildung von Bedeutung sind (zu Vor- und Nachteilen: vgl. Kanfer et al., 1996, S.304 ff.). Auch „Setting"-Bestandteile wie Einweg-Beobachtungsscheiben oder großflächige Standspiegel zur Selbstbeobachtung sind hier zu nennen. Mit solchen weniger aufwendigen Hilfsmitteln nähern wir uns den kreativen Materialmedien, wie sie im folgenden Kapitel beschrieben sind.

16.2.3 Kreative Materialmedien

Im Gegensatz zu primär auf *Sprache* fixierten Supervisionsmethoden versuchen sog. „kreative Materialmedien" (z.B. Farbstifte, Puppen, Musikinstrumente etc.: vgl. z.B. Richter & Fallner, 1989; Schreyögg, 1991a, S.385 ff.) einen über die verbale Kommunikation hinausgehenden Zugang. Die verwendeten Medien sind dabei Mittel zum Zweck: einerseits als Träger von (rationaler und emotionaler) Information, andererseits auch als Ausdrucks- und Gestaltungsmittel. Mit Schreyögg (1991a, S.386) können kreative Materialmedien „...über ihre sachliche Informationsfunktion hinaus Menschen bisher unbekannte Wahrnehmungs-, Denk- und Handlungsbereiche erschließen helfen". Dies erklärt auch den Adjektivzusatz „kreativ", weil ein Materialmedium allein (wie z.B. eine Kreide für die Tafelbeschriftung eines Lehrers) lediglich ein zweckorientiertes Arbeiten ermöglicht, ohne automatisch neue Erfahrungen zu eröffnen.

Richter (1989a, S.41 ff.) hat als wichtigste *Funktionen* kreativer Materialmedien folgende Gesichtspunkte genannt, die ich hier im Kurzabriß anführen möchte:

400

(1) Ausdrucksmöglichkeit für bislang Ungesagtes

(2) Ansprechen einer Vielzahl von Sinnen und Ausdrucksmöglichkeiten („ganzheitlicher" Zugang)

(3) Kreativitätsförderung und Perspektivenerweiterung

(4) Hilfsmittel für diagnostische Beurteilungen

(5) Konkretisieren/Verdeutlichen innerer Vorgänge

(6) Mobilisierung/Intensivierung von Gefühlen, Impulsen und Konflikten

(7) Gewinnen von Einsichten

(8) Experimentierfeld für neue Erfahrungen und alternative Lösungsmöglichkeiten

(9) Fremdfeedback, Selbst- und Fremdwahrnehmung

(10) Übende und anbahnende Funktionen

(11) Erfolgs- und Bestätigungserlebnisse.

Beispiele für solche kreativen Materialmedien sind (vgl. auch Richter & Fallner, 1989) u.a. Tonklumpen, Farbstifte, bunte Bausteine oder Plättchen, Magnettafeln mit bunten Magnetsymbolen, Collagen, überdimensionierte Papierbögen und Fingerfarben, Texte, Märchen, Gedichte, Metaphern, Popsongs oder klassische Musikstücke, Kasperlpuppen oder Marionetten, Musik- und Rhythmusinstrumente, Ansichtskarten oder Fotos, Wollfäden, Knetmasse und vieles mehr. Schreyögg (1991a, S.390 ff.) weist auf die jeweilige *„Ladung"*, d.h. den unterschiedlichen Anregungsgehalt solcher Medien hin. Dieser kann einerseits durch die angesprochenen Sinnesmodalitäten geprägt sein (Musikinstrument/akustisch, Tonbrocken/kinästhetisch, Malstifte/optisch); andererseits sind typische Assoziationen bzw. überzufällig häufige „kollektive Prädispositionen" bestimmter Medien bei deren Einsatz zu berücksichtigen (wie z.B. Kasperlpuppen = Kinderspiel; Tonklumpen = matschen etc.). Die verwendeten Medien müssen sowohl zum Kontext, zu den Personen und zur jeweiligen Entwicklungsphase der Supervision passen: So wären Kasperlpuppen oder Fingerfarben in der ersten Supervisionssitzung mit Führungskräften wohl kontraindiziert; hier würden z.B. Organigramme oder ein Arbeiten mittels Metaplan-Technik (Mehrmann, 1994) besser passen. Solche eher sachlichen Materialien sind ein krasser Gegensatz zu regressionsförderlichen Medien (Spiel mit Puppen, Knetmasse, Sand und Matsch etc., also Dinge, die typischerweise frühere Erfahrungen provozieren). Neben „vor-geladenen" Medien gibt es auch eher „ungeladene", die im Prinzip vielerlei Gestaltungs- und Verwendungsmöglichkeiten offenlassen (z.B. Farbstifte, Bausteine etc.).

Kreative Materialmedien können auch bei einer Selbstmanagement-Supervision wertvolle Hilfsmittel darstellen, insbesondere zur Problemformulierung, zur Rekonstruktion der IST-Situation und zur funktionalen Analyse relevanter problemaufrechterhaltender Bedingungen, aber auch zur Zielformulierung und bei der Suche nach neuen/veränderten Perspektiven. Es ist dabei die Aufgabe des Supervisors, eine passende Auswahl der Medien zu treffen, Supervisanden zur Mitarbeit zu motivieren und den Erkenntnisprozeß zu strukturieren, die Medienarbeit mit weiterführenden Dialogen zu kombinieren, im Wechsel erfahrungsorientiertes Lernen und Reflexion dieser Erfahrungen zu stimulieren und sich am Vorgehen der ethnographischen Methode (Kap.17) zu orientieren. Es kann hilfreich sein, sich für die praktische Arbeit einen „Supervisionskoffer" mit entsprechenden Materialen zusammenzustellen; die typisch problem- und zielorientierte Arbeitsweise des Selbstmanagement-Supervisors zeigt sich aber auch darin, daß er sich primär an den Anliegen und Personen orientiert, nicht jedoch am Inhalt seines Koffers. Im Einzelfall heißt das, daß der Koffer geschlossen bleiben kann, falls die darin befindlichen Hilfsmittel unnötig oder inadäquat sind. Zudem ist den Anregungen Richters (1989a, S.61) zu folgen, der einige Merkmale „kreativer Supervisoren" beschreibt (z.B. selbst Spaß an solchen Methoden haben, solide Grundkenntnisse im praktischen Umgang mit den Grundtechniken besitzen, Experimentierfreude und spielerischen Umgang zeigen etc.), wozu insbesondere Einfallsreichtum bei der Umsetzung bzw. spontanen Neuentwicklung von Techniken gehört, nicht aber das gedankenlose Abspulen des im Koffer befindlichen Medienrepertoires. Denn „kreativ" sind immer nur die Menschen, nicht jedoch die Materialmedien, mit denen sie hantieren – und das Wichtigste bleibt die Frage: Was mache ich mit den damit produzierten Inhalten/Prozessen?

Insgesamt ist beim Einsatz *sämtlicher* oben geschilderten Medien – von „High-Tech" bis „Low-Tech" bis zu den kreativen Materialien – Goldberg (1985) zuzustimmen, der eine *zielorientierte Planung* des jeweiligen Vorgehens befürwortet. Diese entspricht einem fundamentalen Prinzip unserer Selbstmanagement-Supervision und trifft auf jegliche Methoden und Hilfsmittel zu, die in unserer Praxis (auf Basis des Problemlösevorgehens im „Kernprozeß") Verwendung finden.

17 Wichtige Methoden für die Ausbildung und Supervision nach dem Selbstmanagement-Konzept: Ein alphabetisches Glossar

In diesem Kapitel wird eine Auswahl wichtiger Supervisionsmethoden in alphabetischer Reihenfolge nach Art eines Glossars präsentiert; hilfreiche Querverweise sind dabei mit einem ➤ gekennzeichnet. Aus Platzgründen kann nur ein Kurzabriß erfolgen; eine *ausführlichere* Publikation für Zwecke der Supervisorenausbildung (mit theoretischem Hintergrund, praktischer Anleitung und konkreten Anwendungsbeispielen) ist langfristig geplant. Sie soll eine weitere Grundlage für empirische Forschung schaffen, die dann auch genauere Informationen hinsichtlich der Indikation, Verwendungszwecke, Einsatzbereiche, Effekte (bzw. Risiken) und Kombinationsmöglichkeiten mit anderen Strategien liefern könnte. In diesem Methodenglossar werde ich weder auf elementare Gesprächsführungstechniken (z.B. Paraphrasieren, Konkretisieren, Interpretieren, zugewandte Grundhaltung etc.) noch auf Prozesse eingehen, die schon im Arbeitsmodell behandelt wurden (Beziehungs- und Motivationsaufbau, Trennung von Problemen/Tatsachen oder Zielen/Utopien, Problemlösen und Entscheiden, Generalisierung und Transfer etc.). Auch typische *therapeutische* Standardmethoden (z.B. Fliegel et al., 1994; Linden & Hautzinger, 1993), gruppendynamische Übungen (Antons, 1996; Rechtien, 1992), Methoden aus anderen Supervisionskonzepten (z.B. Brandau & Schüers, 1995) oder aus der Erwachsenenbildung (z.B. Brühwiler, 1994) sind allenfalls in ihren direkt auf VT-Ausbildung/Supervision bezogenen Facetten enthalten. Dabei wird ein unterschiedlicher Auflösungsgrad deutlich, der von „Mini-Interventionen" bis zu umfangreichen Programmpaketen (z.B. ➤ IDET) reicht.

Arbeitspanorama: Erlebnisorientierte bildnerische Darstellung persönlicher Sozialisationserfahrungen mit dem Thema „Arbeit"; kann (einzeln oder in Gruppen) als Panorama über die gesamte Lebensspanne entworfen werden. Im Originalvorgehen (Heinl, Petzold & Fallenstein, 1983) werden drei Hauptphasen der Durchführung unterschieden: (1) Produktion, (2) Auswertung/Aufarbeitung und (3) Schlußfolgerungen. In der Produktionsphase werden Papierbögen der Größe DIN A 2 und bunte Wachsmalkreiden benötigt; zunächst wird ein Brainstorming oder eine imaginative/meditative Vorphase zur intensiveren Beschäftigung mit „Arbeit" vollzogen, wobei Supervisanden ihre Erlebnisse nach freien Stücken auf ihr Arbeitsblatt malen. In *unserem* Ansatz läßt sich die Technik entweder für eine Beschäftigung mit der *aktuellen* Arbeitssituation (Diagnostik des IST-Zustands) oder lösungsorientiert zur Planung deren künftiger Veränderung/Verbesserung einsetzen (von IST nach SOLL).

Aufgaben (auch: „Hausaufgaben") stellen ein durchgängiges Merkmal der Selbstmanagement-Supervision dar. Sie dienen diagnostischen Klärungs- oder therapeutischen Bewältigungsversuchen und haben somit entweder mehr beobachtenden oder mehr intervenierenden Charakter. Analog zum Umgang mit Hausaufgaben in der *Therapie* (Kanfer et al., 1996, S.416 ff.; Shelton & Ackerman, 1978; Shelton & Levy, 1981) signalisieren solche Aufgaben den Supervisanden, daß die Supervision für die Realsituation „draußen" gedacht ist. Sie dienen dem schlüssigen Umsetzen von Reden in Handeln, indem die Quintessenz der Ergebnisse der jeweiligen Stunde in aktive Schritte zum erfahrungsorientierten Lernen übersetzt wird. Sie halten Supervisanden am Thema, wobei größere Ziele mittels „Salami-Taktik" in kleine, handhabbare Portionen (Teilziele) zerlegt werden müssen. Idealerweise entwickeln sich solche Aufgaben in Kooperation zwischen Supervisand und Supervisor aus der Bearbeitung der jeweiligen Anliegen der Supervisionsstunde.

Aufgabenanalyse („task analysis" bzw. Interventionsanalyse): Jede geplante Aufgabe oder Intervention kann zunächst hinsichtlich der für ihre Erledigung notwendigen Voraussetzungen untersucht werden. Eine entscheidende Frage ist dabei: „Was muß der Supervisand können und wissen, um eine spezielle Aufgabe (z.B. Durchführung einer Konfrontationstherapie) überhaupt umsetzen zu können?" In der Regel werden die drei Bereiche (1) Wissen, (2) Können und (3) Motivation analysiert und dann der SOLL-Zustand mit dem derzeitigen IST-Zustand (*tatsächlich* vorhandenes Wissen, Können und Motivation) in Beziehung gesetzt. Durch dieses – in der Problemlöse-Terminologie „Rückwärtsarbeiten" genannte – Verfahren ergeben sich Hinweise auf zu erwartende Schwierigkeiten bei der Aufgabenerledigung oder auf eventuell einzuschaltende Zwischenschritte (z.B. Aufbau notwendiger Kompetenzen, Motivationsaufbau etc.). Nach diesem Prinzip, das in der Literatur auch als Interventionsanalyse (Kanfer et al., 1996, S.302) oder „task analysis" (Greenberg, 1984: vor allem für Forschungszwecke) bezeichnet wird, kann auch eine ➤ Rollenanalyse bestimmter Positionen in Organisationen vollzogen werden.

Bedingungsanalyse, funktional-systemische: Notwendige Voraussetzung für die Planung jeglicher Interventionen zur Veränderung der IST-Situation; konzentriert sich auf die Klärung der aktuell problem*aufrechterhaltenden* Einflußfaktoren (vgl. Kap.11.2).

Beobachtung: Eine der wichtigsten Methoden verhaltenstherapeutischer Supervision, wobei zwischen konkret-verhaltensnaher *Beobachtung* und *Interpretation* der Beobachtungsdaten unterschieden werden muß. Die Beobachtung richtet sich besonders auf verbale, nonverbale und paraverbale Elemente der Kommunikation und Interaktion, kann als ➤ Selbst- oder Fremdbeobachtung ablaufen und mit Unterstützung bestimmter Hilfsmittel (Video, Spiegel) vollzogen werden. Grundlegende Beobachtungsfertigkeiten von Supervisanden und Supervisoren müssen in der Regel gelernt und geübt werden. Sie umfassen auch die Beobachtung von Interaktions- bzw. Gruppenprozessen und Systemdynamik sowie von Reaktionen des Gegenüber auf eigene Interventionen. Relevante Literatur: Faßnacht (1995); Martin & Wawrinowski (1991); Schulte, Elke, Hartung & Künzel (1994).

Brainstorming: „Klassische" Methode zur Unterstützung von Problemlöseprozessen (vgl. D'Zurilla & Goldfried, 1971; Wheeler & Janis, 1980 etc.) bei der eine Phase des freien Ideenflusses, der unzensierten Produktion von Alternativen von einer Auswertungs- und Beurteilungsphase gefolgt wird. In der Supervision kann diese Methode sowohl zur Bedingungsanalyse, Zielanalyse und Lösungssuche eingesetzt werden, wobei Supervisoren die Rolle des Prozeßbegleiters einnehmen und auf das Einhalten der Stop- und Go-Phasen achten. In der Regel wird das Brainstorming zur Entwicklung umsetzbarer konstruktiver Handlungen benutzt und mündet in weiterführende Schritte (Aufgaben/Hausaufgaben).

Burnout-Prävention: Supportive Unterstützung von Supervisanden mit dem Ziel, eine kontinuierliche Überforderung bis hin zu Burnout zu vermeiden. In der Regel setzen sich präventive Maßnahmen aus folgenden Elementen zusammen: ➤ Streßbewältigung (Sensibilisierung für Belastungssignale, effektives Bewältigen professioneller Probleme, Aufbau von Entspannungs- und Ausgleichsmöglichkeiten, Grenzen beachten etc.), Entwicklung realistischer Einstellungen gegenüber Klienten und Therapie, ➤ Disputation berufsbezogener Illusionen, Aufbau eines realistischen Optimismus, Förderung von Genuß und Genießen, Differenzierung von Problemen/Tatsachen und Zielen/Utopien, Nutzung eigener Einflußmöglichkeiten und Ressourcen. Speziell für die Ausbildung von Verhaltenstherapeuten haben Schmelzer & Pfahler (1991) die wichtigsten Strategien praxisnah zusammengefaßt.

Chaining: Verkettung von vorher gelernten Einzelkomponenten zu einer Gesamtstrategie (vgl. auch Reinecker, 1986, S.91; Beispiel: „Zuerst haben wir X geübt, dann Y. Jetzt versuchen wir mal beides zu kombinieren...“). Die Methode stellt meistens nur eine kleine Facette bei ➤ Kompetenztrainings oder ➤ Rollenspielen dar.

Coaching (a) im lerntheoretischen Sinn: Mini-Interventionsmethode bei Kompetenztrainings und Rollenspielen, bei der der Supervisor den Supervisanden bei bestimmten Schritten begleitet und ihm während der Handlungsausführung noch wichtige Tips und Hinweise gibt. Dazu stellt er sich z.B. mit geringem Abstand hinter den Supervisanden und flüstert ihm relevante Hinweise zu (z.B. „Ein klein wenig lauter!“ oder „Jetzt fragen Sie doch einmal, woran er X denn merken würde!“). Meist kombiniert mit ➤ Prompting.

Coaching (b) im Management-Bereich: ➤ Rollencoaching.

Columbo-Technik: Gesprächsführungsstrategie in Anlehnung an den Stil des Fernseh-Inspektors Columbo, der in seiner naiven, liebenswert-trotteligen Art in scheinbar zerstreuter Weise sehr zielstrebig seine Informationen sammelt (vgl. Kanfer & Schefft, 1988, S.336 ff.; Sackmann, 1990, S.358 f.). Beispiele: „Entschuldigung, ich bin mir nicht sicher, ob ich das schon richtig verstanden habe, deswegen möchte ich dazu noch einiges von Ihnen wissen“, ... „Wahrscheinlich wundern Sie sich über die Art meiner Fragen, aber könnte es sein, daß...?“ Ähnlichkeiten mit der ➤ ethnographischen Methode.

Coping (aktives vs. emotionales): Diese beiden wichtigsten Bewältigungsmechanismen beim Umgang mit Problemen haben Lazarus & Folkman (1984) bzw. Rothbaum, Weisz & Snyder (1982) ausführlich beschrieben. *Aktives Coping* bedeutet ein eingreifendes Verändern der äußeren Situation, während *emotional-passives Coping* durch eine innere Anpassung an unveränderliche Gegebenheiten vonstatten geht. Dazu ist eine Differenzierung von Problemen/Tatsachen bzw. Zielen/Utopien hilfreich, denn nur bei prinzipiell veränderbaren Situationen ist eine aktive Problembewältigung möglich; falls es aber um längst vergangene Ereignisse, „Tatsachen des Lebens“ oder unerreichbare Utopien geht, muß eine emotionale Anpassung erfolgen. Supervision kann sowohl bei der Klärung als auch bei der Planung der/Entscheidung über die jeweils optimalen Strategien assistieren.

Disputation irrationaler Überzeugungen: Methode aus der rational-emotiven Therapie (Ellis, 1977), die hier dazu dient, dysfunktionale (= problemerzeugende) persönliche Einstellungen von Supervisanden zu erkennen, zu überprüfen und ggf. konstruktiv zu verändern. Janzen & Meyers (1981) haben diesbezüglich einige bei Therapeuten häufig anzutreffenden Überzeugungen zusammengestellt (z.B. „Ich muß jederzeit mit all meinen Klienten erfolgreich sein“ ... „Nur wenn ich das Leid meiner Klienten im Innersten spüre und am eigenen Leibe miterlebe, kann ich ihnen helfen“ etc.), die Supervisoren – auf Basis einer tragfähigen Beziehung – sanft oder konfrontativ attackieren können. Ziel ist ein kognitives Umstrukturieren in lösungsförderliche Richtung. Verwandte Strategien: ➤ Konfrontieren, ➤ Provokation.

Ethik-Training geht über die rein kognitive Beschäftigung mit ethischen Standards hinaus und arbeitet ethisch brisante Themen auf eine Weise auf, die – mit Hilfe von erfahrungsorientiertem Lernen via ➤ Rollenspiele, ➤ Simulationen, Szenarien, ➤ Planspiele mit unterschiedlichen Rollen etc. – Supervisanden hilft, im „Ernstfall" ihrer späteren Arbeit damit geschickter umgehen zu können. Wie die Beispiele von Eberlein (1987), Gawthrop & Uhleman (1992), Kitchener (1986) oder Welfel & Lipsitz (1983) zeigen, werden aus simulierten Erfahrungen präventive ➤ Coping-Strategien für die Realsituation abgeleitet (➤ „Prehearsal").

Ethnographische Methode: In Analogie zum ethnomethodologischen Forscher (Garfinkel, 1967), der als „Außenstehender" zu fremden Völkerstämmen kommt, die nach zunächst völlig unbekannten Spielregeln zusammenleben, tastet sich der Supervisor an die „innere Welt" und die Systemregeln seiner Supervisanden heran, indem er unvoreingenommen beobachtet, Fragen stellt, sich von Mitgliedern des Systems über die dortigen Gepflogenheiten aufklären und sich deren Wissen/Kompetenzen zeigen und erklären läßt etc. Das Vorgehen, das – mit anderer Orientierung – seitens der Ethnopsychoanalyse (Pühl, 1992) Verwendung findet, kann sowohl im Einzelkontext als auch besonders bei Teamsupervision/Organisationsberatung eingesetzt werden (vgl. auch Fatzer, 1990c, S.96 ff.). Es nutzt vor allem ➤ reflektierende/hypothetische Fragen und hat den Vorteil, mit einer freundlich-naiven Rolle (➤ Columbo-Technik) Selbstverständlichkeiten und Tabus zu erfragen – gleichzeitig aber zu *hinterfragen* und/oder „bewußt" zu machen. Damit hat die Methode sowohl diagnostische als auch (für das jeweilige System) „aufklärerische" Funktion. Im Kontext unseres Supervisionsmodells wird nach einer Klärung wichtiger Spielregeln immer auch die Frage „Ändern vs. Akzeptieren?" gestellt; je nach der Antwort schließen sich weitere Bearbeitungsschritte an.

Fading: Bezeichnung für das allmähliche Ausblenden bisheriger Hilfestellungen (vgl. auch Reinecker, 1986, S.91/92); kann bei *jedem* Prozeß des Lernens bestimmter ➤ Kompetenzen, jedoch auch auf die Gesamtsupervision bezogen eingesetzt werden. Fading setzt zunächst den Aufbau der notwendigen Fertigkeiten des Supervisanden zum autonomen Handeln („empowerment") voraus.

Falldarstellung: Notwendige Methode bei jeder Form von Fallsupervision. Ein entsprechender Leitfaden für Falldarstellungen nach den Richtlinien der Selbstmanagement-Therapie findet sich in Anhang H. Jede „gute" Falldarstellung läuft auf ein Kondensieren/Komprimieren relevanter Informationen für Supervisionszwecke hinaus. Die Ausführlichkeit kann zwischen kurzen Fallskizzen und ausführlichen Falldarstellungen (auch für Publikationszwecke oder für wissenschaftliche Kongresse) variieren. Ziel ist eine adäquate Rekonstruktion der bisherigen Fallbearbeitung des Supervisanden inkl. seiner kognitiven Strategien und emotionalen/persönlichen Anteile, um positive Ansätze zu verstärken und bei Problemfällen – auf Basis der jeweiligen Problemanalyse im „Kernprozeß" – neue Lösungen entwickeln zu können.

Feedback: Effektiver Weg der Begleitung von Verhaltensänderungen, sei es durch verbale Rückmeldung des Supervisors, Audio- oder Videofeedback, Feedback von Gruppenmitgliedern oder mittels Fragebögen, Fremd- und Selbsteinschätzungen etc. Jedes Feedback sollte sein: (1) direkt statt indirekt, (2) eindeutig statt vage, (3) spezifisch statt generell, (4) verhaltens- statt personbezogen, (5) konstruktiv statt kritisch-destruktiv und (6) unmittelbar folgend statt zeitlich verzögert. Feedback kann sich auf adäquates wie inadäquates Verhalten beziehen (Verstärkung vs. Korrekturvorschläge, Alternativen!). Für effektives Feedback muß der Supervisor glaubwürdig und vertrauenswürdig sein und dem Supervisanden signalisieren, daß er ihm helfen möchte, aus Fehlern zu *lernen*, nicht jedoch ihn als Person zu kritisieren. Dabei hat jedes Feedback sowohl informative als auch motivationale Wirkung. Relevante Literatur: z.B. Ford, 1979, S.99 ff.; Rechtien, 1992, S.200 ff.

Flexibilitätstraining (Umgang mit Überraschungen): Da bei jeder Form psychosozialer Arbeit mit unerwarteten Situationen zumindest *zu rechnen* ist, sind Strategien wie Umgang mit

Überraschungen, Neues ausprobieren, kreativ und flexibel sein etc. dringend erforderlich (Kanfer et al., 1996, S.425 f.). Flexibilitätstraining setzt allerdings bereits *gewisse* Basiskompetenzen und Sicherheit voraus, so daß es erst in späteren Supervisionsphasen eingesetzt werden sollte. Auch für erfahrene Therapeuten, die mit der Mehrzahl ihrer beruflichen Aufgaben gut zurechtkommen, ist diese Strategie hilfreich. Daher ist eigentlich bei jeder Praxissupervision am Ende zu fragen: „Gesetzt den Fall, es würde jetzt ganz anders laufen als soeben in der Supervision besprochen – was könnte passieren? ... Was dann?"

Freire-Methode zum Aufbau eines „kritischen Bewußtseins": Aktive, auf dem pädagogischen Modell von Paolo Freire (1973) fußende Methode zum bewußten, erfahrungsorientierten Lernen. Statt der Präsentation fertiger Erkenntnisse werden Personen (z.B. mittels didaktischer Materialien, Fotos, Filmen, Plakaten, Lesetexten) zunächst mit bestimmten Themen in Kontakt gebracht; im zweiten Schritt werden dazu eigene Meinungen formuliert oder vorhandene Ansichten hinterfragt. Im Supervisionskontext kann die Methode dazu benutzt werden, Theoriearbeit didaktisch aufzubereiten, die Hypothesenbildung von Supervisanden bei ihren Fallbearbeitungen anzuregen, kritisch zu analysieren und zu problematisieren bzw. eingebrachte Anliegen zu *re*-präsentieren (als Probleme, die zu *lösen* sind). Der Supervisor kann durch ein Bombardement mit problemformulierenden Fragen („Was heißt eigentlich XY?" ... „Weshalb ist XY wichtig?" ... „Wozu dient XY?" etc.) bzw. durch fortgesetzte Warum- und Wozu-Fragen die Reflexion und den Erkenntnisgewinn von Supervisanden begleiten (vgl. auch ➤ reflektierende Fragen und ➤ sokratische Methode). Danach folgen handlungsorientierte Schritte.

Gedankenstop: Strategie aus der kognitiven Verhaltenstherapie (vgl. Reinecker, 1986, S.136), um destruktive Gedanken und Selbstgespräche von Supervisanden zu stoppen. Es handelt sich primär um eine *Unterbrechungs*strategie, die für sich allein nicht ausreicht; daher sind unbedingt konstruktive ➤ Coping-Strategien (z.B. ➤ Selbstinstruktionen zur Bewältigung) anzuschließen.

Grenzen beachten: Abgeleitet aus ihrer Arbeit mit schwierigen Borderline-Patienten haben Linehan & McGhee (1994, S.182/183) das Achten auf eigene Grenzen als *permanente Methode* für Supervisanden betont. Ihrer Ansicht nach sollten Therapeuten für ihre persönlichen und professionellen Grenzen sensibel sein und in der aktuellen Therapiesituation z.B. ihren Patienten mitteilen, welches Verhalten sie tolerieren können und welches nicht. Zwar wäre es leichter, sich dafür an festen Leitlinien zu orientieren; genaugenommen lernt man bestimmte Grenzen aber erst dadurch kennen, daß man sich ihnen nähert oder Versuche unternimmt, sie zu überschreiten. Supervisoren sollten die Arbeit am Rande eigener Grenzen bei ihren Supervisanden zunächst *begleiten* und zu einer eigenständigen Fähigkeit für später ausbauen, da andernfalls ernste Probleme auftreten können, die meist mit persönlicher Therapie und intensiver Arbeit zu behandeln sind.

Humor ist eine generell hilfreiche Strategie im Therapie- und Supervisionskontext (vgl. z.B. Höfner & Schachtner, 1995; Simon, 1993; Titze, Eschenröder & Salameh, 1994; Wippich & Derra-Wippich, 1996 etc.). Ziel ist, Abstand zu sich selbst und zu eigenen Überzeugungen zu gewinnen (insbesondere zu rigiden Einstellungen, die *Teil* der Probleme sein können. Außerdem ergeben sich in der Regel emotionale Erleichterung und ein Stimmungswandel von negativen zu positiven Gefühlszuständen. Der Supervisor kann dazu – ausgehend von einer kooperativen Arbeitsbeziehung – die gesamte Supervisionsatmosphäre in eine spielerische verwandeln; jedoch muß die Art seines Humors zu ihm selbst und zum Supervisanden passen und mit Empathie verknüpft sein. Dies impliziert, Supervisanden wie Klienten niemals auszulachen, zu verspotten oder zu verhöhnen, nicht deren gesamte Person abzuwerten oder das Ganze zu einer

Sketchparade oder Satireshow werden zu lassen. In der Regel wirken milde Formen von Humor am besten, eventuell kombiniert mit ➤ provokativen Strategien, wobei in der unmittelbaren Aktionssituation sehr sensibel auf die jeweilige Wirkung geachtet wird und weiterführende ➤ Coping-Strategien folgen.

Hypothetische Fragen erweitern den Wahrnehmungsrahmen, indem sie in „Was-wäre-wenn..."-Form mögliche Alternativen in der Phantasie anregen (vgl. auch ➤ Freire-Methode, ➤ reflektierende Fragen, ➤ sokratische Methode). Dadurch ergeben sich in der Regel Perspektivenwechsel, veränderte Definitionen von Problemen und Zielen und neue Lösungen. Beispiele für solche Fragen, die in Abhängigkeit von den verfolgten Zielen *unterschiedlich* zu stellen sind, wären: „Was wäre, wenn Ihr Klient *wirklich* all das tun würde, was Sie von ihm erwarten?" ... „Was dürfte bei diesem Fall/in diesem Team/in dieser Institution *keinesfalls* passieren?" ... „Wenn Sie Ihr Problem/Anliegen *malen* oder *gestalten* sollten – wie würde es aussehen?" ... „Was würde die Leitung/der Träger tun, wenn Ihr Team plötzlich... (und umgekehrt)?" ... „Wenn Sie unsere Supervision optimal nutzen würden – welche Verbesserungen könnten Sie dann möglicherweise für sich verzeichnen? Wer würde es woran merken?" etc. Günstig für den Einsatz solcher Fragen in unserem Rahmen ist eine prinzipielle Ziel-, Lösungs- und Zukunftsorientierung in Verbindung mit einem verhaltensorientierten Vorgehen, um aus der Klärungsarbeit handlungsrelevante Schritte ableiten zu können.

Imaginative Verfahren sind im Rahmen der Supervision für unterschiedliche Zwecke einzusetzen (vgl. Keßler & Roth, 1995): Sie können sich auf die genauere Analyse des IST-Zustands beziehen, als Zielphantasien künftiger SOLL-Zustände angelegt sein (➤ Ziel- und Wertklärung) oder mögliche Schritte/Wege für konstruktive Lösungen produzieren. Im Gegensatz zu der üblichen Gesprächsführung und bloßen *kognitiven* Überlegungen implizieren sie eine intensivere emotionale Beteiligung und einen anderen Wahrnehmungszugang. Sie sind pragmatisch auf die Konstruktion zielführender Schritte ausgerichtet.

Informationsbeschaffung: In all den Fällen, wo Supervisionsprobleme auf mangelhaftes oder überholtes Wissen zurückgehen, müssen Supervisanden zur Beschaffung der relevanten Informationen veranlaßt werden. Dies kann in Form von Anregungen, bei Bedarf (z.B. aus Gründen des Patientenschutzes) aber auch mittels verpflichtender Anweisungen geschehen. Neben Fachbüchern und Fachzeitschriften kommen zunehmend elektronische Medien (CD-ROMs, Internet etc.) zum Einsatz. Angesichts der explodierenden Informationsmenge sind effektive Suchstrategien, ein informiertes „kollegiales Netz" und entsprechende Ressourcen vor Ort (Bibliotheken, Literaturdienste und vernetzte Computeranschlüsse) hilfreich. Supervisoren haben dabei die Aufgabe, Supervisanden auf relevante Fachbeiträge hinzuweisen (was eigenes Informiertsein voraussetzt).

Inszenierungstechniken sind erlebnisorientierte Verfahren, die über das Reden oder kognitive Schwerpunkte der Supervision hinausgehen und sowohl IST- als auch SOLL-Zustände in symbolischer Form *re*-präsentieren. Dies kann durch kreative Materialmedien (Bausteine, Stifte/Wachsmalkreiden, Ton etc.: vgl. Kap.16.2.3), Collagen, Verfremden, Karikieren/Parodieren, Musik/Tanz oder durch szenisches Darstellen mit ➤ Rollenspielen bzw. ➤ Skulpturtechniken in Gruppen geschehen. Viele Ansatzpunkte sind dem Gestalt- oder Psychodrama-Ansatz bzw. der handlungsorientierten Pädagogik (Jank & Meyer, 1994, S.355 ff.) entlehnt, stellen jedoch keinen Selbstzweck dar, sondern dienen immer der Vorbereitung späterer Lösungsschritte.

Integratives didaktisch-experientielles Trainingsprogramm (IDET): Ursprünglich der klientenzentrierten Gesprächstherapie nach Rogers entstammendes Programmpaket zur systematischen Vermittlung der GT-Basisvariablen (vgl. Carkhuff, 1969; Carkhuff & Berenson, 1967; Truax & Carkhuff, 1967; vgl. auch Ford, 1979, S.109 ff.). Unter impliziter Nutzung von Effekten des ➤ Modell-Lernens und ➤ operanter Lernprinzipien werden die „facilitative conditions" (Empathie, emotionale Wärme, Echtheit/Kongruenz) in Form von ➤ Kompetenztraining („skills training") erlernt. Dabei mischen sich didaktische Elemente (➤ Lektüre, Anhören von Tonbändern mit modellhaften Demonstrationen durch Experten) mit erfahrungsorientiertem praktischen Lernen (z.B. Üben in Gruppen, Audiofeedback, ➤ Rollenspiele mit „peers", supervidierte Interviews mit Realklienten etc.). Ähnlichkeiten mit Methoden des ➤ Interpersonal Process Recall sowie ➤ Microtraining.

Interpersonal Process Recall (IPR): Diese von Kagan und Mitarbeitern (z.B. Kagan, 1980, 1984; Kagan & Schauble, 1969 etc.) entwickelte Methode kann sowohl in der Forschung als auch in der Therapieausbildung, Supervision und Supervisionsausbildung (vgl. Bernard, 1989) Verwendung finden. Das IPR war ursprünglich ein Programmpaket zum Vermitteln effektiven Kommunikationsverhaltens, das im Original etwa 30 bis 50 Stunden dauert; nach einer didaktischen Einführung in den betreffenden Lernschritt folgen dort strukturierte praktische Übungen mit Video. Für die *Supervision* steht die *stimulierte Erinnerung* („stimulated recall") innerer Ereignisse bei interpersonalen Kommunikationsabläufen im Mittelpunkt: Video-Aufzeichnungen therapeutischer Sitzungen werden minutiös analysiert; dabei stellt der Supervisor in der Rolle des *kritisch-forschenden Fragers* („critical inquirer") in einer offenen, nicht-wertenden Atmosphäre Fragen wie z.B. „Was haben Sie in dieser Szene genau gedacht/gefühlt?" ... „Welche Bilder/Eindrücke hatten Sie hier?" ... „Welche Strategie haben Sie mit dieser Frage verfolgt?" ... „Was vermuten Sie, geht gerade in der anderen Person vor?" ... „Sind Sie zufrieden mit dem eigenen Verhalten?" etc. Auf diese Weise hilft er Supervisanden einerseits beim Entdecken kognitiver wie emotionaler „innerer" Ereignisse, gibt andererseits ➤ Feedback und Hinweise zum weiteren Umgang mit kritischen Gesprächssituationen. Hauptvorteil dieses Vorgehens ist, die Aufmerksamkeit auf eine Fülle von Faktoren lenken zu können, die normalerweise automatisch/unbewußt ins Interaktionsgeschehen einfließen (Gedanken, Gefühle, Bilder, Eindrücke, Absichten bezüglich therapeutischer Strategien etc.) und diese Informationen im Zusammenhang mit den extern beobachtbaren Abläufen für weiteres Lernen zu nutzen. Im Idealfall lernen Supervisanden auch den *Prozeß* des IPR, den sie dann (z.B. in ihrer Peer-Supervision) mit Kollegen praktizieren können.

Johari-Fenster: Gruppenmethode, die das gegenseitige ➤ Feedback (Fremdwahrnehmung) zu einer Verbesserung der Selbstwahrnehmung nutzt (Rechtien, 1992, S.95 ff.). Entsprechend dem rechten Teil der Abbildung 37 (vgl. nächste Seite) soll auf diese Weise eine Vergrößerung des Bereichs I und eine Verkleinerung von II, III und IV erreicht werden.

Kommunikation und Kommunikationsstrukturen (Analyse von): Besonders im Hinblick auf Beziehung und Interaktion ist für Supervisoren und Supervisanden wichtig, die jeweiligen Kommunikationsstrukturen näher zu analysieren. In Anlehnung an Watzlawick et al. (1969) enthält jede Botschaft nach Schulz von Thun (1981) einen (1) Sachaspekt, (2) Beziehungsaspekt, (3) eine Selbstoffenbarung und (4) einen Appell. In *Gruppen* ist auch auf typische Kommunikationsmuster (sternförmig, kreisförmig etc.) bzw. auf gewisse gruppendynamische Typen (wie z.B. „Harmonisierer", „Schafe und Wölfe", „Vielredner" oder „Schweiger" etc.) zu achten.

Kompetenztraining: Auf der Basis einer Kompetenzdiagnostik (vgl. Kap.6.1/6.2) und in Abhängigkeit von spezifizierten Lernzielen werden die entsprechenden Fertigkeiten an Ausbildungskandidaten vermittelt. Nach dem Vorbild von ➤ IDET oder ➤ Micro-training werden

mir selbst bekannt | mir selbst nicht bekannt | mir selbst bekannt | mir selbst nicht bekannt

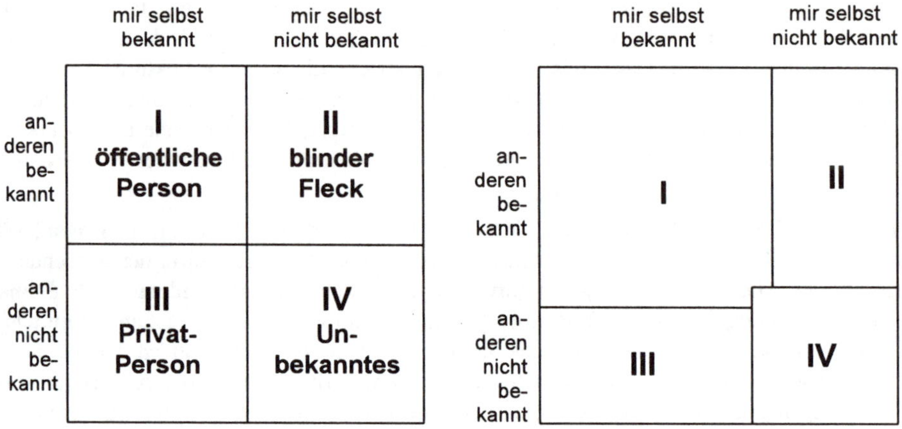

I öffentliche Person	**II** blinder Fleck
III Privat-Person	**IV** Un-bekanntes

an-deren be-kannt

an-deren nicht be-kannt

an-deren be-kannt

an-deren nicht be-kannt

I   **II**   **III**   **IV**

Abbildung 37. Phänomenologie der Wirkungsweise des „Johari-Fensters" (Text siehe S.409).

größere Kompetenzen in kleinere Portionen zerlegt, zunächst theoretisch-didaktisch eingeführt und modellhaft in vivo oder anhand von Lehrfilmen demonstriert. Danach folgt meist das Ein-üben in Form von ➤ Rollenspielen, vollzogen nach üblichen Regeln der Lernpsychologie (In-struktion, ➤ Shaping, sukzessive Approximation, ➤ Feedback und Video-Feedback, ➤ Mo-dell-Lernen, ➤ Coaching, ➤ Chaining etc.). Durch wiederholtes Üben kommt sowohl ein Pro-zeß der Routinisierung als auch ein Angstabbau bzw. der Aufbau von „self-efficacy" in Gang. In späteren Phasen des Kompetenzerwerbs ist das Herausarbeiten von ➤ Regeln (Indikation, zielgeleiteter Einsatz der Strategie), der Aufbau prozeduralen Wissens und der Transfer auf neue/andere Situationen möglich. Der Supervisor begleitet das Kompetenztraining durch op-timale Dosierung der jeweiligen Lernschritte, durch ➤ Feedback für Erfolg bzw. konstruktive ➤ Kritik bei Mißerfolg. Hilfreich sind Begleitmanuale und konkrete Technikbeschreibungen (z.B. bezüglich verhaltenstherapeutischer Standardtechniken: vgl. z.B. Fliegel et al., 1994 oder Linden & Hautzinger, 1993 etc.). Beispiele für gut operationalisierte Programmpakete bezüg-lich verhaltenstherapeutischer Grundkompetenzen sind auch die Beiträge von Hirschenberger et al. (1987) oder Leith et al. (1989).

Konfrontieren ist für optimales Lernen unvermeidlich. In der Supervision (vgl. auch Kersting & Lehmenkühler-Leuschner, 1988) sind Indikationen dafür z.B. akute diagnostisch-therapeutische Fehler des Supervisanden, Verstöße gegen die Regeln der Zunft bzw. gegen ethisch-berufsständische Standards oder destruktives (aber unbemerktes) Interaktionsverhal-ten. Levine & Tilker (1974, S.186) geben dazu folgende Empfehlungen: Auf Basis einer ver-trauensvollen Beziehung sollte der Supervisor seine konfrontative Bemerkung äußern, sie als seine Wahrnehmung deklarieren und sich dann auf die konkreten Daten beziehen, an denen er seine Bemerkung festmacht. Danach wird konstruktiv nach Lösungen (Abhilfe, Alternativen?) für die Zukunft gesucht. Neben solchen Konfrontationen durch den Supervisor ist für die Ausbildung auch *Selbst*konfrontation durch ➤ Selbstbeobachtung (Betrachten von Audio- und

Video-Bändern eigener Sitzungen, ➤ Spiegel-Übungen) sowie die externe Konfrontation (durch die Supervisions-*Gruppe* bzw. andere Personen) hilfreich. Insgesamt fördert *jeder* Austausch mit externen Perspektiven das eigene Lernen.

Kontrakte: Verträge (egal ob mündlich oder schriftlich) spezifizieren Vereinbarungen über Ziele, Rechte und Pflichten der jeweiligen Vertragspartner. *Therapeutische* Verträge sind bei Kanfer et al. (1996, S.422 ff.) zusammenfassend beschrieben. Über *Supervisionskontrakte* habe ich mich an anderer Stelle (Kap.10.2.3) ausführlicher geäußert; ein Beispiel für einen ausformulierten Vertragstext Beispiel findet sich im Anhang B.

Kreative Methoden nutzen entsprechende Materialmedien als Hilfsmittel (vgl. Kap.16.2.3). Ihr Ziel liegt in einer veränderten Wahrnehmungsperspektive für Probleme und Ziele sowie im Entdecken andersartiger Lösungsalternativen. Relevante Literatur: Schreyögg (1991a, S.385 ff.).

Kreativitätstechniken sind kognitive Methoden, die speziell zum Problemlösen (insbesondere zum Schritt „Alternativen finden") eingesetzt werden. Außer ➤ Brainstorming sind hier Synektik, morphologische Analyse und 635-Technik zu nennen (Bödiker & Lange, 1975, S.145 f.). Allen Techniken ist gemeinsam, daß sie das Problem aus dem üblichen Betrachtungsrahmen herausnehmen, vielen Lösungsassoziationen freien Lauf lassen, ein großes Thema in lauter Einzelkomponenten zerlegen und nach einer Phase kreativer Ideenfindung zur Auswertung und konkreten Lösungsplanung kommen. Ihre Prinzipien können leicht von kognitiven auf psychosoziale Problemstellungen übertragen werden.

Kriseninterventionen machen ein Abweichen vom üblichen Selbstmanagement-Vorgehen erforderlich: Statt viel Zeit und Geduld für „entdeckendes Lernen" verwenden zu können, implizieren Kriseninterventionen eine aktiv- direktive „zupackende" Haltung des Supervisors, der auch die Verantwortung für bestimmte Schritte übernehmen muß (z.B. Darf der Supervisand in einer akuten Krise die Therapie mit einem Patienten überhaupt fortführen? etc.). Krisen können den Supervisanden *direkt* (eigene Krise) oder *indirekt* (Krise von dessen Klienten) betreffen; in jedem Fall stellen sie ein subjektiv-existenziell relevantes, bedrohliches Ereignis im Leben von Personen dar, oft mit einem Trauma oder Schock als emotionalem Begleiteffekt (was zu blindem Aktionismus oder Handlungslähmung führen kann). Als unmittelbare Konsequenz kann die „übliche" Supervision – mit dem Ziel der sachlichen Bearbeitung professioneller Themen und Probleme – nur bedingt weiterlaufen, so daß in der Regel *supportive* Arbeit erforderlich ist und vorgefaßte Pläne geändert werden müssen. Je nach Art und Intensität der Krise (Beispiele: Supervisand wurde von Klienten mit Messer bedroht, Suizid oder Suizidversuch von Patienten, plötzlicher Todesfall in der Familie des Supervisanden etc.) sind unterschiedliche Strategien angebracht. Für das jeweilige Vorgehen in der Praxis kann den bekannten Problemlöseschritten und weiteren Empfehlungen aus der einschlägigen Literatur gefolgt werden (z.B. Slaiken, 1990; Sonneck, 1989, 1991; Bongar, 1991 etc.).

Kritik, konstruktive: Wichtige Lernhilfe für Supervisanden zur Verbesserung des therapeutischen Verhaltens. Die Kritik des Supervisors sollte dabei verhaltensbezogen, konkret, auf Verbesserungsmöglichkeiten ausgerichtet sein und vor allem *erwünschtes* Alternativverhalten spezifizieren, das danach – eventuell in Form von ➤ Rollenspielen – eingeübt werden kann. Kritik darf nie die einzige ➤ Feedback-Strategie von Supervisoren sein, sondern sollte immer in einem ausgewogenen Verhältnis zur positiven Verstärkung adäquaten Verhaltens stehen.

„Lautes Denken" („think aloud"): Methode aus der kognitiven Verhaltenstherapie, bei der die jeweiligen Personen ihre inneren Kognitionen und Emotionen laut verbalisieren, während sie bestimmte Handlungen ausführen (vgl. Meichenbaum, 1977). Im Supervisionskontext hat

dies (a) diagnostische Zwecke (Analyse von Informationsverarbeitungsstrategien, Überlegungen zur Therapieplanung, klinische Urteilsbildung, interferierende emotionale Betroffenheit, dysfunktionale persönliche Überzeugungen, Planungsfehler etc.); außerdem kann (b) eine modellhafte Demonstration konstruktiver klinischer Urteilsbildung durch den Supervisor erfolgen. Für konstruktive Lernzwecke wird die Strategie meist kombiniert mit ➤ Rollenspielen, ➤ Selbstinstruktionen oder ➤ „Prehearsal".

Lektüre: Das Lesen von Grundlagenliteratur (Bücher, Fachzeitschriften etc.) ist *ein* Mittel zur Umsetzung der ethischen Verpflichtung, professionelles Arbeiten auf dem aktuellem Stand der „Zunft" zu gewährleisten. Supervisoren kommt dabei eine wichtige Expertenfunktion (als Kenner „guter" und praxisrelevanter neuer Literatur) zu. Sie können entweder Anstöße geben und Neugier wecken, den Anfragen, Wünschen und Interessen ihrer Supervisanden entgegenkommen, falls notwendig Lektüre aber auch direkt verordnen bzw. als verpflichtende Prüfungsliteratur in den jeweiligen Ausbildungsrichtlinien verankern.

Lernzielanalyse, -diagnose und -planung: Anknüpfend an frühe Modelle von Mager (1965, 1973) oder Krathwohl, Bloom & Masia (1978) hat Meyer (1994) die wesentlichen Elemente der Operationalisierung, Analyse und Hierarchisierung von Lernzielen zu einem umfangreichen Trainingsprogramm zusammengefaßt. Hinweise daraus sind sowohl für die Entwicklung von Ausbildungscurricula, für die Taxonomie therapeutischer Kompetenzen (vgl. Anhang A) als auch für die unmittelbare Planung von Ausbildungs- und Supervisionsstunden hilfreich. Zudem sind klar definierte Lernziele eine Voraussetzung für die Evaluation von Fortschritten.

Live-Supervision wird besonders von familientherapeutisch geprägten Supervisionsrichtungen häufig benutzt (vgl. S.51/52). Sie ist in verschiedenen Varianten durchführbar („phone-in", „bug-in-the-ear", „knock-on-the-door", innerer Kreis von „Arbeitern" mit äußerem Kreis von Beobachtern/Supervisoren, Supervision durch eine Einweg-Beobachtungsscheibe, wobei die Beobachter jederzeit in eine aktive Rolle überwechseln können etc.). Ein wesentlicher Vorteil liegt darin, daß der Supervisor direkt ins Geschehen *eingreifen* kann, falls es erforderlich wird. Verwandte Methode: ➤ „Reflecting Team".

Managerial Grid: Training für Führungskräfte zum Erwerb eines partizipativen Führungsstils (vgl. Rechtien, 1992, S.131-134). Kernpunkt ist ein Verhaltensgitter („grid") aus den beiden Dimensionen „Aufgabenorientierung" und „Personorientierung", die bildlich ein Koordinatensystem (jeweils 1 = niedrig bis 9 = hoch) aufspannen. Nach einer Diagnose des bisherigen Führungsverhaltens, der Arbeitsbeziehungen und eventuellen Konfliktpunkte im Unternehmen werden in Seminarwochen entsprechende Veränderungsmaßnahmen geplant und umgesetzt, welche insbesondere auf einen sowohl hoch sach- als auch hoch personorientierten Führungsstil (Kombination 9;9 = hohe Arbeitsleistung von begeisterten Mitarbeitern) abzielen.

Mentales Üben („mental practice"): Wic Kurpius & Morran (1988, S.369 f.) beschreiben, stellt sich der Supervisand bestimmte (z.B. kritische) Therapiesituationen in der Phantasie vor und reagiert dann so, als wäre die Situation *tatsächlich* gegeben. Die Methode ist vielseitig einsetzbar, da in einem geschützten Rahmen alle möglichen Situationen, Probleme, Klienten-typen oder Interventionsstrategien mental durchgespielt werden können. Anhand der jeweiligen Abläufe kann der Supervisor positives ➤ Feedback geben, konstruktive ➤ Kritik üben und fehlende Fertigkeiten schrittweise mit dem Supervisanden einüben (➤ „Prehearsal"). Durch Übungs*wiederholung* wird zunehmend Routine und Angstabbau erreicht. Später ist die Methode auch in eigener Regie oder im Rahmen von Peer-Supervision einzusetzen. Sie dient der Handlungs*vorbereitung* und soll die Wahrscheinlichkeit erhöhen, daß die mental geübten Fertigkeiten später auch auf die Realsituation zu übertragen sind (vgl. Christmann, 1995).

412

Meta-Kommunikation: Wichtige Methode zur Klärung, Behebung und Prävention von Störungen der zwischenmenschlichen Kommunikation (vgl. Watzlawick et al., 1969; Rechtien, 1992, S.207-211; Schulz von Thun, 1981, S.91 ff.). Unter Nutzung der Regeln für ➤ Feedback, konstruktive ➤ Kritik und ➤ Konfrontieren wird nicht über den Inhalt, sondern über den *Ablauf* eines Interaktionsprozesses gesprochen (z.B.: „Mir fällt auf, daß die Mehrzahl des Teams den Schilderungen von Frau A. schweigend zugehört hat. Ich weiß nicht, ob ich das als Zustimmung, Ablehnung oder Gleichgültigkeit interpretieren soll, und möchte das gerne klären...").

Metaphern und Geschichten sind ebenfalls ein Weg, in symbolisch-analoger Form einen anderen Wahrnehmungszugang zu IST/SOLL-Zuständen oder Lösungswegen zu erhalten. In der Tradition hypnotherapeutischer Ansätze Milton Ericksons (vgl. Rosen, 1985) sind viele Hinweise aus der Literatur zum Umgang mit „rechtshemisphärischen Sprachformen" zu nutzen (vgl. z.B. Gordon, 1986; Muran & DiGiuseppe, 1990; Watzlawick, 1982 etc.).

Metaplan-Technik: Methode zur Moderation von Gruppen, die aus dem Management-Sektor stammt und zur Förderung von Problemlöse- und Entscheidungsprozessen in Unternehmen eingesetzt wird. Mit genau vorgegebenen Hilfsmitteln (z.B. Kärtchen, Posters, Stifte, Nadeln etc., die im Handel komplett als Moderatorenkoffer oder „Metaplan-Toolbox" zu erwerben sind) werden Poster-Stellwände zur Visualisierung von Fragestellungen, Themen und Lösungen benutzt. Sowohl für die Planung und Durchführung von Workshops, die Raumausstattung, Beschriftung von Karten und Packpapierwänden, das Verhalten des Moderators, den Wechsel zwischen Plenum und Kleingruppenarbeit, die Bewertung von Lösungen durch Punktvergabe etc. gibt es Metaplan-Spielregeln (Mehrmann, 1994). Der Nachteil einer sehr „kopflastigen" Orientierung wird dadurch ausgeglichen, daß die Struktur der Methode automatisch sämtliche Mitglieder der Gruppe aktiv einbezieht sowie langatmige, ineffektive Diskussionen verhindert.

Microtraining (auch: Microcounseling, Microteaching): Diese Methoden sollen wegen ihrer besonderen Bedeutung ausführlicher dargestellt werden. Dem *Microtraining* liegt der Gedanke zugrunde, daß sich komplexe Verhaltensweisen (z.B. Gesprächsführung) zum Zweck des systematischen Lehrens und Lernens in ihre kleineren Bestandteile zerlegen lassen. In einer Reihe von Veröffentlichungen (z.B. Forsyth & Ivey, 1980; Ivey, 1971, 1974, 1983; Ivey & Authier, 1978; Ivey & Galvin, 1984) konnte gezeigt werden, daß auf diese Weise spezifische *Einzel*fertigkeiten leichter einzuüben und dann zu *komplexeren* Verhaltensmustern verschmelzen sind (➤ Chaining). Wie der Begriff *Microcounseling* nahelegt, stammt der Ansatz ursprünglich aus dem Beratungssektor* , wo auf diese Weise elementare Fertigkeiten der Gesprächsführung vermittelt werden. Im Original-Ansatz von Ivey und Mitarbeitern werden in ca. 45 Trainingsstunden die Fertigkeiten der nachfolgenden Lernzielhierarchie Schritt für Schritt von unten nach oben aufgebaut (Abbildung 38, vgl. nächste Seite).

Nach Ivey und Galvin (1984, S.209) läuft jede Trainingseinheit wie folgt ab: Als erstes wird einer kleinen Gruppe von Ausbildungskandidaten eine kurze Videosequenz gezeigt, in der ein Klient – um den Realitätsgehalt der Szene zu erhöhen – direkt vom Bildschirm aus in Richtung der Zuschauer spricht und sein Problem/Anliegen vorträgt. Dann wird das Band ge-

---

* Zur Begriffsdifferenzierung: *Microcounseling* betrifft m.E. primär den Anwendungsbereich „Beratung", während *Microteaching* eher auf die implizierten *generellen* Prozesse abzielt und den Lehr- und Lernaspekt betont (in allen möglichen Anwendungsfeldern). *Microtraining* ist vielleicht der für *unsere* Zwecke passendste Begriff, da er zusätzlich auch *praktisches Einüben* umfaßt.

stoppt, und die Supervisanden werden gefragt: „Was würden *Sie* jetzt zu diesem Klienten sagen?" In der Regel entwickeln die Ausbildungskandidaten eine ganze Reihe spontaner (qualitativ unterschiedlicher) Antwortalternativen, die kurz hinsichtlich ihrer Adäquatheit eingeschätzt werden. Danach beginnt das eigentliche Gesprächstraining nach folgenden Schritten:

    1.) Kurze theoretische Einführung in die zu erwerbende Fertigkeit.

    2.) Betrachten eines Videobands mit einem „Modell-Therapeuten", der die Fertigkeit demonstriert.

    3.) Präsentation von ➤ Lektüre, die sich näher mit der betrachteten Fertigkeit beschäftigt.

    4.) Einüben der Fertigkeit, danach Video-/Audio-Feedback.

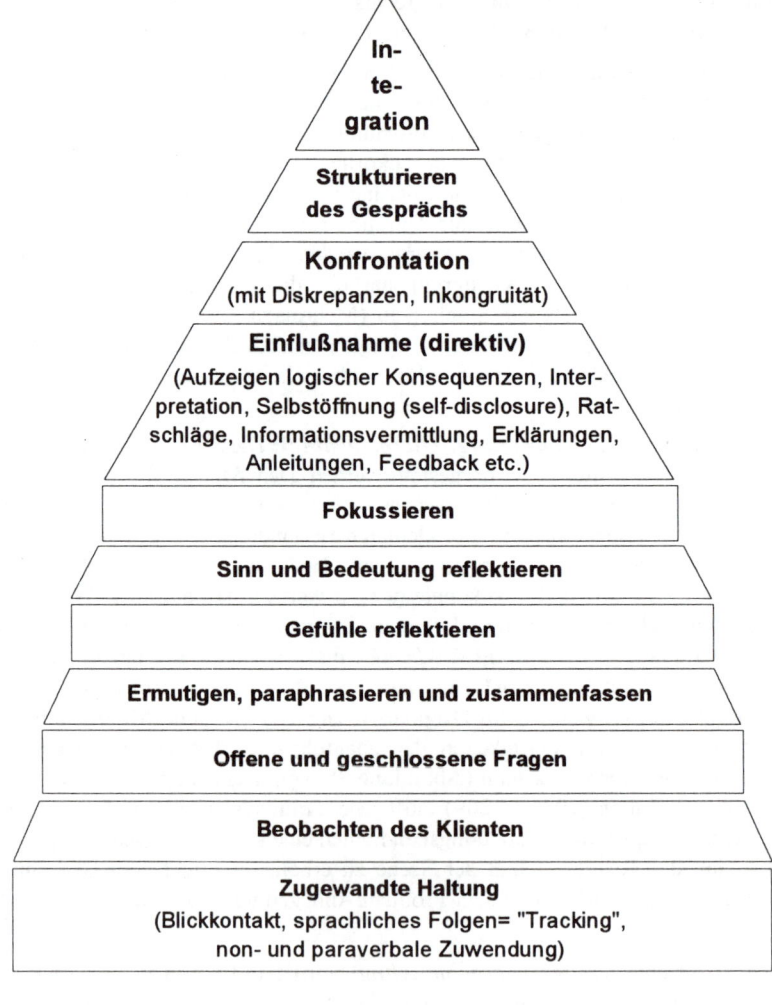

Abbildung 38. Hierarchischer Aufbau der Lernziele beim Microtraining (Ivey & Galvin, 1984, S.210).

Der Supervisor/Trainer gibt didaktische Instruktionen und ➤ Feedback sowie emotionale Unterstützung für Kandidaten beim Betrachten der aufgezeichneten Übungssituationen. Für einen Trainingsdurchgang wird insgesamt etwa eine Stunde Zeit benötigt, wobei es notwendig sein kann, für erneute Durchläufe nochmals 30 bis 45 Minuten zusätzlich einzuplanen. Die wichtigsten Lernprinzipien des Microtrainings sind dabei ➤ (Selbst-)Beobachtung, Diskrimination von Hinweisreizen, ➤ Modell-Lernen, didaktische Präsentation, Video-Feedback (vgl. Kap.16.2.1) und ➤ operante Methoden (Verstärkung). Laut Ivey & Galvin (1984, S.209) sind für jede spezifische Fertigkeit etwa zwei bis vier Stunden Lernzeit zu veranschlagen.

Modell-Lernen stellt eine der bedeutsamsten Lernformen in Ausbildung und Supervision dar. In der Tradition Banduras (1986; zusammenfassend auch Bauer, 1996) werden systematisch die Effekte des Lernens am Vorbild bzw. durch Beobachtung genutzt. Neben dieser „klassischen" Nutzung sind spezielle Varianten möglich: Bei der „Selbstmodell-Technik" (Hosford & Barmann, 1983, S.56 f.) werden aus der Videoaufzeichnung einer Therapiesitzung des Supervisanden nur die *positiven* Szenen betrachtet, was besonders für hochängstliche Kandidaten günstig ist, um Selbstwertgefühl aufzubauen. Beim *kognitiven* Modell-Lernen (Kurpius & Morran, 1988, S.370 f.) demonstriert der Supervisor effektive klinische Urteilsbildung, indem er anhand des Videobands einer eigenen Therapiesitzung seine Hypothesen, Entscheidungswege und Schlußfolgerungen mittels ➤ lautem Denken offenbart.

Motivationsanalyse: Wie in Kap.10.3.3 beschrieben, lauten die entscheidenden Fragen zur Klärung, Schaffung und Aufrechterhaltung eines motivationalen Supervisionsfundaments: „Wozu ist der Supervisand derzeit wie stark motiviert?" bzw. „Wozu kann er motiviert werden/sich motivieren?" Auch beim Auftauchen von „Widerstand" sollte eine solche Bedingungsanalyse der Motivation vollzogen werden.

„Nichtstun" als Intervention ist keine „leere Response" oder Null-Reaktion (vgl. Mead, 1990, S.102 f.), sondern das *absichtsvolle Unterlassen* bestimmter Schritte oder *Ignorieren* von Stimuli. Nichtstun des Supervisors ist besonders dann indiziert, wenn eine hohe Wahrscheinlichkeit besteht, daß die Beschwerden von Klienten oder Supervisanden von selbst wieder verschwinden, sich von alleine bessern und ein Eingreifen unnötig ist.

Operante Methoden wie positive/negative Verstärkung, Bestrafung, Löschung, Kontingenzmanagement, Response-cost etc. (vgl. Reinecker, 1986, S.89 ff.) gehören seit jeher zum Standardrepertoire von Verhaltenstherapeuten und werden – oft in kombinierter Form – auch für Ausbildungs- und Supervisionszwecke eingesetzt. In unserem Ansatz werden diese Methoden vor allem für ➤ Selbstkontrollzwecke verwendet (wenn z.B. ein Supervisand mit sich selbst vereinbart: „Ich werde erst dann wieder meinem Lieblingshobby nachgehen und ins Kino gehen, wenn ich das vermaledeite Gespräch mit Herrn X geführt habe, das ich schon seit Wochen vor mir herschiebe...").

Organigramme sind optische Veranschaulichungen von (formalen) Organisationsstrukturen. Sie verdeutlichen Zuständigkeiten, Dienstwege, hierarchische und laterale Aufgliederungen einer Institution und stellen ein wichtiges Hilfsmittel bei Organisations- und Institutionsberatung dar. Relevante Literatur: z.B. Malik (1989).

Organisationsentwicklungstraining: Bezeichnung für Ansätze, die durch Verhaltens- und Einstellungsänderungen der Organisationsmitglieder sowie durch Veränderung von Organisationsstrukturen die Organisation leistungsfähiger, effizienter und die Arbeitsbedingungen befriedigender machen sollen (Rechtien, 1992, S.145 ff.); meist orientiert an gruppendynamischen Sensitivity-Trainings.

Paradoxe Interventionen können auch im Supervisionskontext Verwendung finden, um statt einem Verharren in alten Gewohnheiten neue Lösungen in Gang zu setzen (z.B.: „So wie ich Ihren Hang zum Perfektionismus kenne, werden Sie die Falldarstellung sicher nicht bis zu unserem nächsten Termin in 14 Tagen schaffen...!?"). Möglicherweise greifen solche Strategien bei Supervision jedoch weniger gut, weil Supervisanden nicht mehr „naiv" sind und die paradoxe Absicht erkennen. Relevante Literatur: Dowd & Trutt, 1988; Kern, 1993; Seltzer, 1986.

Personalentwicklung: Methode zur Steigerung der Leistungsfähigkeit von Organisationen durch Analyse, Förderung und Weiterentwicklung des Potentials ihrer Mitarbeiter (Sonntag, 1992). Neben fachlichen Qualifizierungsmaßnahmen sind auch Angebote zur „Persönlichkeitsförderung" (z.B. bessere Kommunikation, soziale Kompetenz) sowie zum Umgang mit beruflichem Streß zu subsumieren. Enger Zusammenhang mit ➢ Organisationsentwicklung oder auch ➢ Rollencoaching.

Planspiele sind Szenarien mit einer Vielzahl von Personen, Organisationsebenen und Handlungsanweisungen, mit denen die vernetzten Zusammenhänge größerer Organisationseinheiten ➢ simuliert werden sollen (z.B. „die Fachklinik", „das Jugendamt", „das Beratungszentrum" etc.). Entsprechend der jeweiligen Institution werden sämtliche relevanten Positionen (von der Chefärztin bis zum Hausmeister, vom Abteilungsleiter bis zur Küchenhilfe) besetzt und mit bestimmten Rolleninstruktionen versehen. In der Regel werden erfahrungsorientierte Spielabschnitte von Reflexionsphasen abgelöst, in denen eine Auswertung der vorherigen Erfahrungen erfolgt. Relevante Literatur: Broich, 1980; Daigl, 1988; Keim, 1992; Klippert, 1992.

„Prehearsal": Wichtige Selbstmanagement-Methode zum „Vorausüben" kritischer Situationen in Form von Rollenspielen (vgl. Kanfer et al., 1996, S.349). Statt einer Diskussion möglicher Fehler und Mißerfolge wird konstruktiv auf Lösungsalternativen für bestimmte schwierige Situationen der Zukunft hingearbeitet. Günstig ist hierbei eine Kombination von ➢ Problemlösen, ➢ Rollenspielen und positiven ➢ Selbstinstruktionen.

Problemlösen mit den Schritten (1) Allgemeine Orientierung (2) Problemdefinition und -formulierung, (3) Suche nach Alternativen, (4) Entscheidung und (5) Evaluation/Verifikation ist seit D'Zurilla & Goldfried (1971) eine Basisstrategie kognitiver Verhaltenstherapeuten. Es bildet die Grundstruktur der Phasenmodelle der Selbstmanagement-Therapie und -Supervision und ist außerdem zur Selbstanwendung bei „Binnenproblemen" geeignet (vgl. die ausführliche Darstellung in Kap.11 und 12).

Prompting (vgl. auch Reinecker, 1986, S.92) ist die Bezeichnung für kleine Hilfestellungen des Supervisors, damit Supervisanden den nächsten Teilschritt besser erledigen können („Noch ein klein bißchen lauter..."). Auch Schritte der Aufmerksamkeitslenkung („Noch mehr auf zugewandte Haltung achten...") oder nonverbale Gesten (zustimmendes Nicken, „anschiebende" Handbewegung etc.) sind darunter zu subsumieren. Die Methode wird meist beim Aufbau von ➢ Kompetenzen verwendet und mit ➢ Coaching kombiniert.

Provokation: Auf Basis einer guten Supervisionsbeziehung werden Supervisanden durch provokative Bemerkungen zur Veränderung von Einstellungen, Gewohnheiten oder neuen Handlungsweisen herausgefordert. Wie die Beschreibung von Strategien bei Farrelly (1991) oder Höfner & Schachtner (1995) zeigt, kann dies in einer sehr direkten Form geschehen (z.B. „Wenn Sie so weitermachen, dann wollen Sie uns wahrscheinlich nur zeigen, wie wenig lernfähig Sie sind – aber naja, mit fast 40 Jahren setzt einem das Alter schon manche Grenzen...!" ... „Erklären Sie unserer Gruppe endlich mal, welchen Sinn diese Strategie machen soll!?" ... „Jetzt haben Sie als Neurologe Gelegenheit, zu zeigen, was Sie noch von Hirnphysiologie wissen..."). Im Rahmen des Selbstmanagement-Vorgehens sind eher *sanfte* Formen des Herausforderns üblich – diese dann allerdings *kontinuierlich* („Welchen kleinen Schritt könnten Sie tun, um noch sicherer zu werden?" ... „Was nützt das jetzt für den nächsten praktischen Schritt?" etc.). Provokative Strategien sind auch ideal mit ➢ Humor zu kombinieren.

Prozeßanalyse: Systematische Beobachtung/Auswertung von Prozeßabläufen in Teams, Gruppen oder Dyaden (z.B. zwischen Supervisor und Supervisand). Konzentriert sich auf wiederkehrende Muster mit dem Ziel, Hindernisse zu beseitigen und Potentiale zu nutzen; kann mit bestimmten Erhebungsmethoden (Fragebögen, systematische Interaktionsprozeßbeobachtungen etc.) unterstützt werden (vgl. z.B. Rechtien, 1992, S.218 ff.).

„Reflecting Team": Von Andersen (1990) beschriebene Methode, um bestimmte Abläufe aus mehreren Perspektiven zu analysieren und dadurch neue/andersartige Problemdefinitionen sowie Lösungen zu erhalten. Die beteiligten Personen tauschen in einem offenen Dialog abwechselnd ihre Eindrücke, Empfindungen, Sichtweisen sowie Vorschläge für Lösungsstrategien etc. aus. Für das „Setting" zur Durchführung in der Praxis gibt es mehrere Möglichkeiten: Nachdem beispielsweise eine Kerngruppe (z.B. 2 Therapeuten) eine Zeitlang mit Klienten gearbeitet hat, stoßen Beobachter, die zuvor durch eine Einwegscheibe das Geschehen verfolgt haben, dazu und geben ihre Kommentare zum abgelaufenen Geschehen, während Therapeuten und Klienten zunächst schweigend zuhören und anschließend nach ihren Eindrücken befragt werden. Dies kann – u.U. im Wechsel zwischen Therapeuten und Beobachtern – mehrfach wiederholt werden. Bei fehlender Einwegscheibe kann das Ganze (mit „In-Group" und „Out-Group") im gleichen Raum stattfinden. Die Methode ist auch für kollegiale Supervision, Fallbesprechungen in Teams oder für die Supervision von Supervisoren einsetzbar.

Reflexion unter Anleitung (mittels reflektierender Fragen) kann im Gegensatz zur eben beschriebenen Methode des „Reflecting Team" auch im Einzelkontakt erfolgen. Der Supervisor stellt hierzu eine Reihe reflektierender Fragen, um bestimmte Erfahrungen von Supervisanden zu klären, zu analysieren, ihre subjektive Wertigkeit zu erfahren und – bei entsprechender Bearbeitungsmotivation – anschließend in einen Bewältigungsprozeß einzutreten. Beispiele für solche Fragen können sein: „Wie ist das genau bei Ihnen?" ... „Was läuft da ab?" ... „Was sagt Ihnen das?" ... „Was bedeutet das für Sie?" ... „Was könnte dieses Gefühl anzeigen im Hinblick auf das, was Ihnen im Leben/Beruf wichtig ist?" ... „Ist das wichtig für Sie?" ... „Wie wichtig ist das für Sie?" ... „Was machen Sie jetzt mit dieser Einsicht?" ... „Was möchten Sie ab heute in dieser Hinsicht anders machen?" etc. Verwandte Methoden sind z.B. die ➢ Freire-Methode, ➢ hypothetische Fragen, ➢ Provokation oder ➢ Ziel- und Wertklärung. Idealerweise geht die Reflexion unter Anleitung später in *Selbst*reflexion über.

„Reframing" und „Relabeling": Bezeichnung für Gesprächsstrategien (vgl. Watzlawick et al., 1979, S.116 ff.), die bestimmten Ereignissen dadurch eine neue Bedeutung/Wertigkeit geben, daß der jeweilige Rahmen umgedeutet (Reframing) oder das Ereignis mit einem neuen Etikett versehen wird (Relabeling). So könnte man einem Supervisanden, der es als absolute Blamage empfindet, daß ein Kind trotz seiner Förderung das Klassenziel nicht erreichen konnte, eventuell dadurch weiterhelfen, daß man seine Aufmerksamkeit auf weitaus belastendere Situationen (Unfall, Tod etc.) lenkt. Einem Supervisanden mit hoher Angst vor Gruppen (die dazu führt, daß er solche Angebote vermeidet) könnte man dadurch unterstützen, daß seiner Angst ein neues Etikett verliehen wird (= „natürliches Lampenfieber, das Sie in optimale Arbeitsspannung versetzt und dadurch erst effektiv macht..."). Beide Beispiele zeigen, daß diese Techniken selten alleine ausreichen, sondern daß zusätzliche Bewältigungsstrategien erforderlich sind.

Regeln abstrahieren: Der Supervisor assistiert seinen Supervisanden auch dabei, aus bestimmten Abläufen konstruktive Schlußfolgerungen zu ziehen (z.B. durch Fragen wie:

„Welche Konsequenzen hat diese Einsicht/Beobachtung?" ... „Was sagt Ihnen das?" ... „Welches Muster/welche Regel läßt sich daraus ableiten?"... „In welchen Situationen könnten Sie diese Regel noch anwenden?" etc.). Der Supervisor lenkt durch solche Fragen die Aufmerksamkeit auf relevante Prozesse und Inhalte und achtet darauf, daß der Supervisand *adäquate* Regeln erkennt („Aha, wenn X, dann Y" ... „Bei Störfällen: Stop! Erst nachdenken!" ... „Vorsicht, erst Bedingungsanalyse durchführen, dann Methoden einsetzen" etc.). Relevante Literatur: Hayes (1989).

Rollenanalyse: Methode von French & Bell (1982, S.148 ff.), die auf die Klärung der Rollenanforderungen an bestimmte Positionen in Institutionen ausgerichtet ist (Eck, 1990b, S.217 ff.). Durch den Vergleich der erwarteten mit tatsächlichen Wirkungen wird auf eine optimale Ausgestaltung der jeweiligen Rolle durch den Positionsinhaber hingearbeitet. Dazu hilft die Klärung von Fragen wie z.B.: „Welches sind die zentralen Aufgaben, wie werden sie bislang erfüllt, wie sehen die üblichen Verfahrensabläufe und Dienstwege aus?" ... „Wer macht was mit wem bzw. für wen? Welche Beziehungen/Verbindungen existieren?" Verwandte Methoden: ➤ Rollenverhandeln, ➤ SOFT-Analysis.

Rollencoaching: Ursprünglich aus dem Sport stammender Begriff (Coach = Trainer); Instrument der ➤ Personalentwicklung bzw. supervisionsverwandte Arbeitsform im Profit-Sektor (vgl. z.B. König, 1995; Roth, Brüning & Edler, 1995; Schreyögg, 1995b, 1995c; Whitmore, 1994 etc.). Oberstes Ziel ist ein optimales Ausfüllen der jeweiligen Rolle im Unternehmen sowie eine Leistungsverbesserung der „gecoachten" Personen (meist Führungskräfte und Manager), gemessen in Einheiten wie Umsatzsteigerung, Gewinnerhöhung etc., wobei der Coach die Funktion eines Trainers und psychotherapie-ähnlichen Solidarpartners (Schreyögg, 1995b, S.225) erhält. Dazu werden Krisen- und Streßbewältigung, Karriereberatung, Arbeits- und Zeitplanung, Selbstmotivation, Fähigkeiten zur System-/Institutionsanalyse, Kommunikation, strategisches Denken und optimales Führungsverhalten etc. vermittelt.

Rollenkonfliktlösung: Methode zur ➤ Rollenanalyse in Konfliktsituationen. Durch ein ritualisiertes Vorgehen anhand bestimmter „Spielregeln" moderiert der Leiter einen Prozeß, bei dem konflikthafte Rollenmerkmale offen/direkt anzusprechen sind, um danach das Konfliktpotential durch Modifikation bestimmter Rolleninhalte bzw. von Rollenverhalten reduzieren zu können (Eck, 1990b, S.225 ff.). Bei max. 8-10 Personen sind erfahrungsgemäß 6-10 Termine erforderlich, wobei die Analyse auf das gemeinsame Erarbeiten konstruktiver Lösungen ausgerichtet ist und zu schriftlichen Vereinbarungen über konkrete Schritte für alle Teilnehmer führen sollte.

Rollenspiel: Das Rollenspiel (vgl. z.B. Fliegel et al., 1994) zählt auch im Bereich der VT-Ausbildung und Supervision zu den „Standardtechniken" (Akamatsu, 1980). Es nimmt eine Art Zwischenposition zwischen (a) reinen Verbalberichten (Reden *über* reale Geschehnisse) und (b) der *tatsächlichen* Erfahrung in der Realsituation ein, indem es weit über das Gespräch hinausgeht und eine intensivere Beteiligung der Personen auf allen Verhaltens- und Erlebnisebenen impliziert, jedoch im Vergleich mit dem „Ernstfall" bei unerwarteten Schwierigkeiten immer noch die Möglichkeit bietet, zu unterbrechen und aus dem Prozeß „auszusteigen".

Kanfer et al. (1996, S.419 ff.) haben fünf wichtige Funktionen des Rollenspiels hervorgehoben, welche auf die spezielle Situation der Therapieausbildung und Supervision übertragen werden:

(1) Diagnostische Funktion. Supervisor und Supervisand erhalten durch Rollenspiele eine exaktere Beurteilungsmöglichkeit darüber, welche therapeutischen Kompetenzen bereits vorhanden sind bzw. welche noch fehlen. Hier zahlen sich auch technische Hilfsmittel (z.B.

Audio- und Videoaufnahmen) sowie das externe ➤ Feedback aus Sicht mehrerer Personen (z.B. einer Supervisionsgruppe) aus.

(2) „Als-ob-Charakter". Die künstliche Situation des Rollenspiels bietet für Supervisionszwecke die ausgezeichnete Möglichkeit, im geschützten spielerischen Rahmen (a) mit einer breiten Palette hypothetischer Situationen zu experimentieren (vgl. ➤ Simulationen: Taylor & Schneider, 1989) sowie (b) sich gedanklich und gefühlsmäßig in verschiedene Perspektiven hineinzuversetzen. Letzteres kann auch bedeuten, eine bestimmte Rollenvorgabe zu befolgen, wobei ziel- und lösungsorientierte Varianten günstig sind (z.B. so tun, als ob es *ideal* wäre, als ob es OK wäre, oder z.B. einen selbstsicheren Therapeuten spielen...).

(3) Anwendung in Gruppen. Rollenspiele in Supervisionsgruppen haben mehrere Vorteile: (a) Mitspieler können – z.B. nach Aussehen, Mimik, Gestik und „persönlicher Art" – gezielt ausgesucht werden. (b) Mehrere Personen bedeuten immer mehrere Ideen und Perspektiven: Dadurch sind gerade für „kritische" Situationen viele praktikable Varianten und Lösungen zu finden; außerdem ist ➤ Feedback aus multiplen Quellen möglich. (c) Bestimmte Gruppenmitglieder lassen sich für andere als Modell einsetzen. (d) Viele Arten des Rollentauschs (vgl. nächster Punkt) sind möglich.

(4) Rollentausch. Bei jedem Rollenspiel existiert die Möglichkeit, per Rollentausch in die Rolle einer anderen Person zu schlüpfen. Dies trägt normalerweise dazu bei, die Perspektive der jeweils anderen Person besser zu verstehen und die Situation aus anderen Blickwinkeln wahrzunehmen.

(5) Übungseffekte. Wiederholte Versuchsdurchgänge mit Feedback und Anleitung zu konstruktiven Verbesserungen bringen einen Abbau von Ängsten bzw. umgekehrt den Aufbau von Selbsteffizienz mit sich.

Für die Ausbildungs- und Supervisionspraxis ist ein Vorgehen nach folgenden Schritten sinnvoll (wobei in der Regel die Schritte 2 und 3 mehrfach durchlaufen werden):

1.) *Vorbereitung* auf die Rollenspielsituation (Vorbesprechung, Klärung, Konkretisierung);
2.) Rollenspiel-*Durchführung;*
3.) Feedback und korrektives Lernen;
4.) Auswertung, Zusammenfassung der Ergebnisse und Transfer;
5.) Hausaufgabe (kleiner Schritt zur realen Umsetzung der Rollenspiel-Ergebnisse im Alltag).

Rollenverhandeln zielt auf eine Balance zwischen den mit einer Rolle verbundenen Erwartungen und der Interpretation/Ausgestaltung durch den jeweiligen Rolleninhaber ab. Nach Abschluß eines Interventionsvertrags wird auf einer sachlich-aufgabenbezogenen Ebene unter weitgehender Ausblendung emotionaler Beteiligung an der Verbesserung von Arbeitsbeziehungen gearbeitet (vgl. Eck, 1990b, S.219 ff.). Dazu folgen die Teilnehmer den Schritten Problemdiagnose/Situationsanalyse, klärender Austausch von Zielen/Wünschen, Verhandeln neuer Lösungen (nach dem Grundsatz „quid pro quo": eins für das andere) und Stabilisierung des Erreichten. Ähnlich wie bei den verwandten Strategien ➤ Rollenanalyse oder ➤ Rollenkonfliktlösung wird auf das Entwickeln handlungsrelevanter, zukunftsorientierter Schritte geachtet, die als schriftliche Vereinbarungen festgehalten werden.

Selbstbeobachtung (auch: Selbstkonfrontation, Selbstreflexion): Eine der wichtigsten Methoden für Therapeuten und Supervisoren, die – nach erstmaligem Erwerb – zu einer kontinuierlichen Fertigkeit werden sollte. Selbstbeobachtung muß zunächst über *Fremd*feedback gelernt werden und setzt ➤ *Beobachtungs*fähigkeiten voraus; erfahrene Therapeuten/Supervisoren schaffen es dann, bei ihrer Arbeit den Fokus der Aufmerksamkeit sowohl auf sich selbst als auch auf die anderen Personen und die anstehenden Sachaufgaben zu richten. Selbstbeobachtung geht idealerweise mit Unterstützung durch Video bzw. ➢ Spiegel-Übungen vonstatten; auch das Anhören von Cassetten-Aufnahmen eigener Sitzungen zählt dazu, wobei diese Vorgehensweisen schon als *Selbstkonfrontation* (Fuller & Manning, 1973) zu bezeichnen sind. Die Selbst*reflexion* bezieht sich auf die *Auswertung* der durch Selbstbeobachtung und Selbstkonfrontation gewonnenen Erkenntnisse (z.B. durch ➢ Regeln abstrahieren, auch durch Fragen: „Was ab jetzt?"). Idealerweise setzen sich diese Aktivitäten in der Selbstsupervision fort. Literatur speziell zum Einsatz in Supervision: Haferkamp (1989).

Selbstinstruktionen (vgl. Meichenbaum, 1977) sind ein *Teil* vieler anderer Strategien, beziehen sich auf die *kognitive* Verhaltensebene und haben sowohl diagnostische (➢ lautes Denken bezüglich der bisherigen Abläufe) als auch therapeutische Funktion (Formulierung *konstruktiver* Selbstinstruktionen für *kritische* Situationen). Sie helfen bei der Konzentration auf *relevante* Aspekte der Situation, sollten positiv, konkret und lösungsorientiert sein und mit handlungsorientierten Bewältigungsmethoden (➢ „Prehearsal", ➢ Rollenspiel) verbunden werden. Morran et al. (1995) versuchen, konstruktive Selbstinstruktionen für die Förderung der klinischen Urteilsbildung von Supervisanden zu nutzen.

Selbstkontrolle: Seit Frederick Kanfer dieses Paradigma in die Verhaltenstherapie eingeführt hat, gehören entsprechende Methoden – insbesondere bei konflikthaften Situationen – zum Standardrepertoire der kognitiven Verhaltenstherapie (vgl. Reinecker, 1978; Logue, 1995 etc.). Auch für Supervisoren und Supervisanden ist es wichtig, Selbstkontrolle in den zwei paradigmatischen Varianten zu praktizieren, nämlich „Widerstehen einer Versuchung" (z.B. persönliche Vorteile aus Klientenkontakten; finanziell lukrativer, aber ethisch bedenklicher Auftrag) oder „Ertragen einer aversiven Situation" (z.B. die Mühen einer Aus- oder Weiterbildung auf sich nehmen, um ein „guter" Therapeut/Supervisor zu sein).

Shaping: Schrittweises Ausformen eines bestimmten Verhaltens von „0" bis zu einem Optimum (anknüpfend am IST-Zustand, orientiert an Lernzielen = SOLL-Zustand). Relevante Literatur: Reinecker (1986, S.90/91).

Simulationen („Szenarien"): Themenspezifische ➢ Rollenspiele, mit denen edukative Zwecke verfolgt werden (z.B. Umgang mit XY lernen). Nach Taylor & Schneider (1989) werden dazu entweder hypothetische Szenarien konstruiert oder reale Erlebnisse rekonstruiert, um ein ➢ Coping auf Probe bzw. eine antizipatorische Problembewältigung im Sinne des ➢ „Prehearsal" einzuleiten. Simulationen machen „lebendiges" Lernen möglich, sind Planungshilfen für Lösungen, helfen bei der Emotionsverarbeitung und erleichtern den Übergang vom Planen zum realen Handeln, indem sie – wie beim ➢ Mentalen Üben – für eine kognitive Repräsentation von konstruktiven Handlungsweisen sorgen. Simulierte Szenarien sind auch für die ➢ Ethik-Ausbildung günstig.

Künftig wird sich möglicherweise aufgrund des technischen Fortschritts das Potential für Simulationen per Computer erhöhen (vgl. auch Sharf & Lucas, 1993). Hier sind noch einige Entwicklungsmöglichkeiten z.B. für das Erlernen von Problemlösefertigkeiten in komplexen Systemen (vgl. Dörner et al., 1983) oder für eine „virtuelle Therapeutenausbildung" – in Analogie zum Flugsimulator beim Pilotentraining – zu erwarten (Stichwort: „cyberspace").

Skulptur-Arbeit (vgl. z.B. von Schlippe & Kriz, 1993) ist eine erlebnisorientierte ➢ Inszenierungstechnik, die aus der Familientherapie stammt und für unsere Zwecke im Gruppenkontext dafür benutzt werden kann, entweder den momentanen IST-Zustand oder einen erwünschten SOLL-Zustand bildhaft mit Personen zu stellen. Dabei kann der Realitätsgehalt durch eine gezielte Auswahl von Personen aus der Gruppe, die den Konfliktpartnern ähneln, sowie durch den Einsatz sozio- bzw. psychodramatischer Elemente (Doppeln, Rollentausch etc.) verstärkt werden. Relevante Literatur für den Einsatz in der Supervision: z.B. Fallner (1989); Hawkins & Shohet (1989).

SOFT-Analysis: Methode zum Einstieg in die ➤ Rollenanalyse oder das ➤ Rollencoaching mittels des Herausarbeitens wichtiger Rollenmerkmalen anhand des Akronyms S (satisfactions), O (opportunities), F (faults) und T (threats). Kann zur Analyse der IST-Situation sowie zur Klärung potentieller SOLL-Zustände eingesetzt werden und geht normalerweise in einen systematischen Problemlöseprozeß über (vgl. Eck, 1990b, S.231 ff.).

Sokratische Methode: Eine besonders für das Selbstmanagement-Vorgehen wichtige Gesprächsführungstechnik, die mittlerweile von mehreren Supervisionsansätzen verwendet wird (z.B. Brandau, 1991b, S.31; Lippenmeier, 1990a, 1990b; Overholser, 1991, 1993a, 1993b). Durch eine Serie von Fragen, die auf der Basis eines aufmerksamen, empathischen Zuhörens kreative kognitive Prozesse bei Supervisanden stimuliert, wird selbstentdeckendes Lernen gefördert. Die Fragen lenken einerseits die Aufmerksamkeit des Supervisanden auf bislang unbeachtete Inhalte/Prozesse, implizieren meist gewisse Direktiven/Aufforderungen, helfen Unvollständigkeiten/logische Inkonsequenzen zu entdecken und Ereignisse/Einstellungen aus *unterschiedlichen* Perspektiven zu betrachten. Supervisanden werden dadurch veranlaßt, ihre Meinung zu äußern und zu bewerten, Hypothesen zu verteidigen oder zu verwerfen; auch werden induktive Schlußfolgerungen gezogen, Regelhaftigkeiten abgeleitet und auf diese Weise Probleme, Ziele und Lösungen neu/andersartig definiert. Verwandte Strategien: ➤ Ethnographische Methode, ➤ Freire-Methode, ➤ hypothetische Fragen, ➤ Provokation, ➤ Reflexion unter Anleitung etc.

Spiegel-Übungen sind zur ➤ Selbstbeobachtung und Selbstkonfrontation während der Ausbildung und Supervision gedacht. Mit Hilfe eines Standspiegels oder eines großen Wandspiegels erhalten Supervisanden unmittelbares Feedback über ihr Interaktionsverhalten (vgl. Kanfer et al., 1996, S.532). Vor dem Einsatz dieser Spiegel-Übungen sollten allerdings bereits *Grund*kompetenzen der Gesprächsführung vorhanden sein, da die entstehenden Interferenzen (durch die gleichzeitige Selbstbeobachtung) die Interaktion stören können.

Störfall-Analyse: Systematische Methode zum Umgang mit „Binnen-Problemen" bei Therapie oder Supervision, wobei der Kernprozeß des ➤ Problemlösens auf die eigene Person angewandt wird (genauere Beschreibung des Vorgehens: Kap.12.4).

Streßmanagement: Diese auch für Supervisanden wichtige Methode setzt sich aus vielen Einzelbausteinen (z.B. Identifikation von Streßauslösern, Sensibilisierung für Streßsymptome, systematischem ➤ Problemlösen, aktivem und emotionalem ➤ Coping, Setzen realistischer Ziele, ➤ Zeitplanung und Arbeitsorganisation etc.) zusammen und ist meist nach dem Vorbild des Streßimpfungstrainings (Meichenbaum, 1985) organisiert ist. Die meisten Programme (vgl. auch Wagner-Link, 1995), beziehen diverse Entspannungsmethoden ein und stellen ein Hilfsmittel zur Prävention von ➤ Burnout dar.

Survey-Feedback (=Daten-Feedback): Methode aus der Organisationsberatung, bei der die Einstellungen der Mitglieder einer Institution erfragt und anschließend an die Befragten auf allen Hierarchieebenen rückgemeldet werden. Nach Rechtien (1992, S.134/135) setzt die nochmalige intensive Beschäftigung mit den Befragungsergebnissen einen Prozeß der Analyse, Interpretation und Weiterverarbeitung in Gang, indem Problemsituationen und ihre Bedingungen weiter analysiert und bearbeitet, neue Zusammenhänge hergestellt, Vergleiche gezogen und schließlich Lösungsalternativen entwickelt werden sollen.

Symbolisieren: Sogenannte rechtshemisphärische Darstellungsmethode, um zu veränderten oder zusätzlichen Wahrnehmungsperspektiven zu gelangen (vgl. auch Jank & Meyer, 1994,

S.360); kann sowohl zur IST- als auch SOLL-Analyse verwendet werden. Entsprechend dem in westlichen Gesellschaften bevorzugten optischen Wahrnehmungskanal kommen vor allem ➤ Visualisierungstechniken, Skizzen, ➤ Skulpturen und ➤ Inszenierungstechniken zum Einsatz, unterstützt durch kreative Materialmedien (vgl. Kap.16.2.3).

Teamentwicklungstraining: Wie Rechtien (1992, S.142 ff.) beschreibt, besteht das Ziel dieser Methode in einer Verbesserung von Kommunikation und Arbeitseffizienz des betreffenden Teams. Zunächst werden Aspekte wie Arbeitsziele, Kommunikationswege, Vertrauen und Unterstützung, Umgang mit Konflikten, vorhandenes Wissen und Fähigkeiten, Umgang mit Leitung/Führung etc. von den Teammitgliedern beurteilt/eingeschätzt; auf Basis der Analyse des IST-Zustands geht es in der Folge um die Entwicklung eines besseren wechselseitigen Verständnisses, um das Erkennen und Verbessern von Zusammenhängen innerhalb der Gesamtabläufe der Organisation, Verbesserung der Kommunikation und Kooperation etc. (vgl. auch Niedermair, 1993; Voigt, 1993).

Therapieanweisung: „Administrative" Maßnahme, bei der der Supervisor (z.B. aus Gründen des Patientenschutzes) dem Supervisanden eine klare Anweisung gibt, wie er die jeweilige Therapie durchzuführen habe (vgl. Lieb, 1993).

Umstrukturierung der Umgebung (Kontext/Setting ändern): Auch in Therapie und Supervision ergeben sich viele Lösungen dadurch, daß Aspekte des Kontexts oder des Settings geändert werden. Dies können minimale Veränderungen (z.B. Umgestaltung der Sitzanordnung während der Therapie, Verlegung der Therapie in geeignete Gruppenräume etc.) sein, manchmal jedoch auch größere Umstrukturierungen der Gesamtorganisation (Klinikabläufe, Dienstwege, Kostenregelungen etc.).

Ungewöhnliche Supervisionsmethoden: In der Supervisionsliteratur (insbesondere der systemisch-konstruktivistisch orientierten: Neumann-Wirsig & Kersting, 1993) werden viele Methoden genannt, die zum Teil etwas „exotischen" Anstrich haben, jedoch für bestimmte Zwecke (nicht als Standard!) unter bestimmten Bedingungen hilfreich sein können. Einige Beispiele: *Odysseus-Schweinehirt-Kommunikation:* Diese Technik wird von Kersting (1991a, S.142) geschildert. In Anlehnung an die Sage von Odysseus, der – heimgekehrt nach Ithaka – die Geschichte seiner Irrfahrt einem Hirten (eigentlich aber seinem anwesenden und zuhörenden Sohn) erzählt, kann sich der Supervisor z.B. mit seinem Co-Supervisor austauschen, während die zu supervidierende Gruppe *anwesend* ist und deren Dialoge/Hypothesen mitbekommt.

Eine Variation des Vorgehens stellt die *„Open-Staff"-Sitzung* dar (Kersting, 1991a, S.142): Auch hier besprechen sich zwei Supervisoren in Anwesenheit der zu supervidierenden Supervisandengruppe, wobei neben ihnen ein dritter leerer Stuhl steht, auf den sich Supervisanden setzen können, wenn sie sich am Gespräch der Supervisoren beteiligen möchten.

Strategien nach Art des *„Magischen Theaters"* (Kersting, 1991a, S.143 ff.) stören durch ➤ Metakommunikation ein in sich kreisendes System; durch Parodien, Übertreibungen und Karikieren werden bestimmte Abläufe ad absurdum geführt. Solche Interventionen zielen auf ein Reflektieren bisheriger Kommunikationsspiele und Systemregeln ab, die dadurch aufgedeckt, unterbrochen und konstruktiv verändert werden können. Eine ähnliche Vorgehensweise haben Landau-Stanton & Stanton (1986) mit ihrem *„Pick-a-Dali-Circus"-Modell* beschrieben.

Visualisierungstechniken sind auf die optische Veranschaulichung bestimmter Sachverhalte ausgerichtet, z.B. durch das Malen von Bildern, Skizzen, Modellieren, wobei meist kreative Materialmedien (vgl. Kap.16.2.3) zum Einsatz kommen. Sie können für die Falldarstellung (Ishiyama, 1988), aber auch allgemein zur Unterstützung der Problem- und Zielanalyse verwendet werden. Dazu gehört auch das „Mind-mapping" (vgl. Langner-Geißler, 1993). Verwandte Techniken: ➤ Inszenierungsmethoden, ➤ Metaplan-Technik, ➤ Symbolisieren.

Wissensvermittlung: In manchen Phasen der Ausbildung und Supervision muß der Supervisor selbst als Wissensvermittler auftreten, theoretische Sachverhalte erklären, die Verbindung zu bestimmten Grundlagentheorien herstellen etc. Auch wenn im Rahmen der Selbstmanagement-Supervision vieles auf ein Aktivieren der Supervisanden zur eigenständigen ➤ Informationsbeschaffung hinausläuft, kann – z.B. zum modellhaften Demonstrieren der Verknüpfung von Theorie und Praxis – ein „VT-Teaching" (Lieb, 1993) erforderlich sein.

Zeitmanagement: Zusammenstellung von Methoden, um eigene Ziele und Aufgaben in der zur Verfügung stehenden Zeit adäquat erledigen zu können. Meist Kombination von Hinweisen zur rationellen Arbeitsorganisation, Prioritätensetzung, Zielplanung mit Zeitplantechnik. Relevante Praxisliteratur: Maher & Cook (1985), Seiwert (1987).

Zielanalyse: ➤ Lernzielanalyse.

Ziel- und Wertklärung: Prozeß, der im Supervisionskontext auf das Entdecken/Produzieren potentieller Ziele, Hoffnungen, Wünsche und Perspektiven aus ist und vor allem dann in Gang gesetzt wird, wenn Zielperspektiven unklar oder zu komplex sind bzw. gänzlich fehlen. Mit einer Vielzahl von Strategien, die meist über imaginative oder erlebnisorientierte Methoden laufen, werden Supervisanden zunächst mit möglichen Perspektiven in Kontakt gebracht. Sie lernen auch, „neue Träume zu träumen" (vgl. z.B. Kanfer et al., 1996, S.431 ff.; Schmelzer, 1983, 1994c etc.). Entscheidend für die spätere Zielerreichung ist eine realistische Auswertung sowie Konkretisierung der produzierten Zielideen und das Zerlegen von Fernzielen in handlungsrelevante Schritte (vgl. Kap.11.3 bis 11.5).

Zirkuläre Fragen stammen aus dem familientherapeutisch-systemischen Kontext und lenken die Aufmerksamkeit auf die jeweiligen Beziehungen der Personen eines Systems untereinander (vgl. z.B. „Wie fühlt sich Ihr Kollege, wenn Sie mit der Leitung gemeinsame Sache machen?" ... „Was machen Sie als Leitung, wenn es A und B gelingt, die entstandenen Konflikte zu lösen und eine bessere Beziehung zueinander zu entwickeln?" ... „Wer im Team gibt wem die beste Unterstützung, wenn es um Arbeitsprobleme geht?"). Solche Fragen dienen sowohl der Informationssammlung als auch der Aufmerksamkeitslenkung auf Beziehungszusammenhänge und der Produktion neuer Informationen. Die Technik hat auch therapeutische Aspekte, indem sie z.B. ein unmittelbares Reagieren auf die Antworten der jeweils anderen Personen ermöglicht. Relevante Literatur: Brandau & Schüers (1995, S.90 ff.); Penn (1982); von Schlippe & Kriz (1993).

Alle genannten Interventionen stellen im vorliegenden Ansatz jedoch keinen Selbstzweck dar. Sie sollten nur dann zum Einsatz kommen, wenn sie *indiziert* sind, d.h. wenn aufgrund der Supervisionsplanung (anhand der funktional-systemischen Analyse aufrechterhaltender Bedingungen sowie der Klärung möglicher Ziele) zu erwarten ist, daß mit ihrer Hilfe die jeweiligen Zwecke erfüllt werden können. Eine Orientierung am Mehrebenen-Prozeßmodell – insbesondere am „Kernprozeß" – ist daher für Interventionsentscheidungen vorrangig.

Ausblick

Am Schluß dieser Arbeit möchte ich noch ein kurzes zukunftsorientiertes Fazit versuchen und die Frage stellen: Was bleibt nach 17 Kapiteln zur verhaltenstherapeutischen Supervision mit Blick nach vorn?

Zunächst müssen die künftigen Erfahrungen in Forschung und Praxis zeigen, ob die Selbstmanagement-Supervision die hier theoretisch formulierten Ansprüche tatsächlich erfüllen wird, ob sie eine ähnlich „integrative Kraft" entwickeln kann, wie sie viele dem Selbstmanagement-Modell insgesamt zuerkennen, sowie ob sie in der Lage ist, nicht nur im therapeutischen Kontext (insbesondere während der Ausbildung), sondern auch für psychosoziale Teams, Institutionen und Organisationen Hilfestellung zu geben. Die Bemühungen um ein klar formuliertes Konzept mit operationalisierten Begriffen und Vorgehensweisen können in einigen Bereichen zumindest einmal gewisse *Voraussetzungen* für mehr und bessere (d.h. praxisnahe und anwendungsbezogene) Forschung schaffen.

Supervision jedweder Orientierung ist allerdings kein Allheilmittel für alles und schon gar keine Nachbesserungsinstanz für primäre Versäumnisse im psychosozialen Sektor, die durch unzureichende Ausbildung, schlechte Personalausstattung, permanente Überforderung oder mißliche Systembedingungen entstehen. Die *Voraussetzungen* für hohe Qualität psychosozialer Dienstleistungen müssen zunächst einmal in den Prozeß *eingebracht* werden, bevor Supervision (als Maßnahme der *sekundären* Qualitätssicherung: vgl. auch Schmelzer, 1995) „greifen" kann.

In Zukunft wird es auch darauf ankommen, den Stellenwert von Supervision im *Gesamtzusammenhang* psychosozialer Tätigkeiten und Dienstleistungen genauer zu klären, ihre Stärken (und Schwächen) herauszuarbeiten und eine bessere differentielle Indikation zu ermöglichen. Die oft beschworene „Integration" oder ein schulenübergreifender Ansatz kann nicht bedeuten, beliebige Konzepte und Vorgehensweisen zu einem eklektischen Mischmasch „zusammenzurühren", sondern auf der Basis eines Meta-Modells viele Mini-Befunde der Grundlagenforschung mit praktisch bewährten Supervisionserfahrungen zu kombinieren. Möglicherweise hat das Problemlösekonzept – insbesondere in seiner Variante zum Umgang mit dynamisch-komplexen Systemen – hier besondere Vorteile. Es ermöglicht Therapeuten (und Supervisoren), ihre Rolle als „Navigatoren im System" wahrzunehmen und – ohne Illusion der Kontrolle oder beliebiger Steuerbarkeit – angesichts des ständigen Umgangs mit Unwägbarkeiten und Entscheidungen unter Unsicherheit soweit handlungsfähig zu bleiben, daß sie zumindest Anstöße/Anreize geben und hilfreiche „Verstörungen" setzen können.

Die *verhaltenstherapeutisch* orientierte Supervision steht für mich an dem Punkt, wo sie ihre freiwillige Selbstbeschränkung auf „Ausbildungssupervision" aufgeben und sich auch als Supervision der späteren Berufspraxis sowie als Begleitung/Beratung von Teams, Institutionen und Organisationen profilieren kann. Dazu wird es erforderlich sein, bisherige Stärken (z.B. klar operationalisierte Lernziele und Curricula, effektive Lehr- und Lernstrategien, „skills approach", Problemlösen als Meta-Modell,

Zielorientierung, Evaluation etc.) um zusätzliche Bereiche zu ergänzen (z.B. Wissen und Kompetenzen zum Umgang mit gruppen-, institutions-/organisations- und systembezogenen Strukturen und Abläufen etc.). Außerdem sind bewährte Prinzipien und Vorgehensweisen speziell auf die Supervision zu übertragen oder neu zu entwickkeln (z.B. Fragebögen, Beobachtungssysteme, Methoden und Techniken) und dort auf Effektivität hin zu prüfen.

Es wäre wünschenswert, wenn sich die Weiterentwicklung therapeutischer wie supervisorischer Ansätze in Zukunft stärker als bisher an sachlichen Argumenten orientierte. Auch dafür könnte eine wissenschaftliche Grundorientierung die Leitlinien vorgeben. Es zeichnet sich leider ein gegenteiliger Trend ab, nach dem fachfremde Motive (z.B. Sicherung von Pfründen) oder politisch-gesamtgesellschaftliche Zwänge (z.B. Finanzengpässe der öffentlichen Sozialsysteme) ein Übergewicht erhalten. Beides wird sich auf die Praxis der Supervision auswirken und möglicherweise „amerikanische Verhältnisse" produzieren: So berichtete Munson schon 1989 darüber, daß die Supervision dort immer weniger zur Verbesserung der fachlichen Dienstleistungen von Therapeuten genutzt werden kann, weil es zunächst einmal um die Frage geht: „Wie schaffe ich es als Therapeut, daß mein Klient die Therapie von seiner Versicherung bezahlt bekommt?"

Am Thema Supervision lassen sich für mich paradigmatisch die Grundelemente des Theorie-Praxis-Problems beobachten, welches viele ja als unlösbares *Dilemma* betrachten. Wenn die Ansicht Kanfers (1996) zutrifft, wonach die Kluft damit zu tun hat, daß Theoretiker und Praktiker in völlig unterschiedlichen Kontexten mit jeweils anderen Anforderungen und Spielregeln arbeiten (wobei keine Seite von vornherein „besser" oder „schlechter" ist), so wird es künftig auf das Entwickeln eines *realistischen* Theorie-Praxis-Verhältnisses ankommen: Weder eine völlige Verschmelzung noch eine gegenseitige Abschottung können die Lösung sein. Vielmehr lassen sich auf der Basis eines übergreifenden Orientierungsmodells viele Befunde der Grundlagenforschung nutzen und heuristische Regeln für den Umgang mit klinisch bedeutsamen Aufgabenstellungen in der Praxis ableiten. „Es sollte ... deutlich werden, daß der Kliniker nicht als Wissenschaftler handeln kann. Es ist jedoch dennoch möglich, den Versuch einer Annäherung an wissenschaftliche Methodik in klinischer Diagnostik und Behandlung zu unternehmen. Dazu müssen verschiedene Aspekte wie kritisches wissenschaftliches Denken, Bewußtheit über die Fallstricke der Alltagslogik, der Sprache und der Struktur der Beziehung in Betracht gezogen werden, um einen für den Klienten maximalen Therapieeffekt zu erzielen" (Kanfer, 1996, S.16). Ich möchte hinzufügen: Dasselbe trifft auf Therapieausbildung und Supervision zu.

Frederick Kanfer hat auch auf die zunehmende Bedeutung von Personen aufmerksam gemacht, die als „Vermittler" und „Brückenbauer" zwischen Theorie und Praxis fungieren. Hier haben m.E. Ausbilder und Supervisoren ihren besonderen Platz, was aber gleichzeitig die Aufgabe beinhaltet, sich als kompetente „Wanderer zwischen zwei Welten" zu bewähren. Lebenslange theoretische wie praktische Fort- und Weiterbildung, die Bereitschaft zu kontinuierlichem professionellen Austausch, der Aufbau von kollegialen Gruppen, von persönlichen und technischen Kommunikationsnetzen etc. sind hier nur als einige Beispiele für entsprechende Aktivitäten dieses Personenkreises zu nennen.

Supervisoren haben m.E. auch die Verpflichtung, auf institutionelle Versäumnisse hinzuweisen und ihre Fähigkeiten zur Verbesserung der psychosozialen und gesellschaftlichen Verhältnisse insgesamt einzusetzen. Dazu setze ich große Hoffnungen in Ansätze der Kompetenzvermittlung und des „empowerment", um Personen besser für den Umgang mit den spezifischen Anforderungen ihrer Arbeitssituation zu qualifizieren, Performanzhindernisse aus dem Weg zu räumen sowie auf die Strukturen ihres Arbeitsfeldes so einzuwirken, daß die „eigentlichen" Arbeitsaufgaben besser umzusetzen sind. Mir ist bewußt, daß diese Haltung auch idealistische und utopische Anteile hat und das Risiko einer grandiosen Selbstüberschätzung der Möglichkeiten in sich birgt. Aber das andere Extrem wären Supervisoren, die prekäre psychosoziale Mißstände zu ihrem eigenen Vorteil ausnutzen, Supervisanden (z.B. durch Selbsterfahrung oder „Reden über") ihre Lage gerade so ertragen helfen und die Erfolglosigkeit ihrer Bemühungen dadurch hinwegerklären, daß man Menschen oder Systeme von außen sowieso nicht verändern könne (vgl. Haley, 1995).

In Abwandlung der Gedanken von Shalit (1990, S.126) möchte ich abschließend formulieren: Jede „gute" Supervision hat zum Ziel, Personen aus dem Stadium professioneller Impotenz herauszuführen, sie vor der Illusion der Omnipotenz zu bewahren und stattdessen therapeutische bzw. psychosoziale Kompetenz zu zeigen. Es wäre schön, wenn die vorliegende Arbeit einen kleinen Beitrag dazu leisten könnte.

V

Anhang

Anhang A

Lernzieltaxonomie therapeutischer Kompetenzen

(laut dem 7-Phasen-Modell der Selbstmanagement-Therapie; genauere Beschreibung siehe KRS = Kanfer, Reinecker & Schmelzer, 1996)

Phase 1	Eingangsphase: Schaffung günstiger Ausgangsbedingungen

Schlagworte/ Oberbegriffe	Grobe Lernziele	Feingerasterte Lernziele („Mini-Skills")
Aufbau einer kooperativen Therapeut-Klient-Beziehung	therapeutisches Basisverhalten/ Gesprächs-führung und Interaktion	• Zuhören • verbale/nonverbale Zuwendung und Unterstützung (Ivey & Authier, 1978) • Gespräch führen, strukturieren und in Gang halten • Fragen zum Zweck der Verhaltensanalyse/funktionalen Analyse • Verstärken von Offenheit, Vertrauen, Kooperation beim Klienten • ruhige, sanktionsfreie Atmosphäre schaffen • emotionale Wärme, Echtheit/Kongruenz • Therapeut als „Modell" (6 Denkregeln) • Rapport herstellen („joining", „leading", „pacing", „seeding")
Rollen-strukturie-rung	a) Verdeut-lichen der Spielregeln seitens des Therapeuten	• Therapeut als „Änderungsassistent/-katalysator" • Th. als „professioneller Helfer" (Dienstleistung im Interesse der Ziele von Klienten) • Th. trägt Verantwortung für den *fachlichen* Ablauf der Therapie • transparentes Vorgehen • Hypothesenleitung • kontinuierliche Fort- und Weiterbildungsverpflichtung • Vorbereiten von Klienten auf die Therapie („role induction" etc.) • Kontrollieren eigener Motive/Interessen seitens des Therapeuten
	b) Verdeut-lichen der Klientenrolle	• Offenheit • aktive Mitarbeit • Selbstbeobachtung (incl. Notizen machen) • Vereinbarungen einhalten • mit betreffendem Therapeuten kooperieren • *Arbeits*beziehung akzeptieren • Therapie hohe Priorität im Alltag einräumen • Befolgen der 6 Denkregeln
	c) Verdeut-lichen von Grenzen	• keine Übernahme von Verantwortung *für Klienten* • keine Problemlösung stellvertretend für Klienten • Therapeut übernimmt keine Funktionen als Mutter/Vater, Lehrer, Richter, Liebhaber etc. • Festhalten am äußeren „Setting" (z.B. fixe Sprechzeiten, spezielle Räume etc.) • adäquater (begrenzter) Körperkontakt • keine Therapie mit Freunden/Untergebenen etc. (Vermeiden von Rollenkonflikten)

(Fortsetzung: Rollenstrukturierung)	Beachten und Aufrechterhalten der Beziehungsaspekte	• Kenntnis der „Kriterien einer kooperativen Beziehung" (+/-) • kontinuierliches Registrieren der „Kriterien für eine gute Beziehung" in der Praxis • Wissen um einen gezielten Beziehungsaufbau sowie Kompetenzen zur praktischen Umsetzung
	Aufbau von „Arbeitsorientierung" und Eigenaktivität	• Einführen von/Umgang mit therapeutischen Aufgaben und Hausaufgaben (diagnostischer bzw. therapeutischer Schwerpunkt; „Feedback") • Fördern und differentielles Verstärken positiver Lösungsansätze (in Richtung „self-efficacy") • Fördern und differentielles Verstärken eigeninitiierter Schritte („small steps"!) • empathischer Umgang mit „Initialparadoxon" und „Scheuklappenphänomenen" • *veränderte* kognitive Strukturierung in kleinen Ansätzen

Problembezogene Informationssammlung	Sichtung der Eingangsbeschwerden („Screening")	• Suche nach IST/SOLL-Diskrepanzen (Überblick, Makro-Ebene, Sammeln)
		• *Veränderung* der Problemperspektive/des Bezugsrahmens (z.B. durch kontrollierte Informationsverarbeitung)
		• Kenntnis von „Screening"-Prozeduren und Fähigkeiten zu deren Umsetzung
		• Nutzung von Hilfsmitteln (Fragebögen, Verhaltensinventare, Problemlisten, Verhaltensbeobachtung, Selbstbeobachtung, psychologische Tests, physiologische Meßmethoden, Anamnesebögen etc.)
		• Prä-Evaluation inkl. klassifikatorischer Diagnostik
		• Wissen und Können bezüglich folgender Punkte:
		  ▪ Unterschiede Verhaltensdiagnostik/Persönlichkeitsdiagnostik
		  ▪ aktuelle Klassifikationssysteme
		  ▪ Leistungstests
		  ▪ „Screening"-Verfahren
		  ▪ Fragebögen (Anamnese/Verhaltensinventare/störungsbildspezifische Verfahren)
		  ▪ Verhaltensbeobachtung
		  ▪ Selbstbeobachtung

	Sichtung von Eingangserwartungen	• Registrieren diverser Erwartungen (in verschiedenen Bereichen): implizit/explizit • Herausarbeiten von „subjektiven Krankheitsüberzeugungen" („health beliefs") und deren Verhaltenskonsequenzen bei Klienten • Schaffen *realistischer* Erwartungen • transparente Vermittlung *eigener* Erwartungen • Induktion von „Hoffnung auf Therapieerfolg"
	erste Überlegungen betr. therapeutische Ansatzpunkte	• Suche nach Startpunkten für die Therapie • Setzen von Schwerpunkten (Relevanz!) • Setzen von Prioritäten (Zeit!) • Berücksichtigen adäquater Pro-/Contra-Kriterien für die Auswahl therapeutischer Ansatzpunkte
„Äußere" Merkmale der Therapiesituation	Organisatorische Belange und „Setting"-Faktoren	• Klären/Besprechen organisatorischer Fragen mit Klienten (Kosten, Häufigkeit/Dauer der Termine etc.) • Klarheit über eigenen Zuständigkeitsbereich sowie Grenzen (Überweisung an andere?) • Setting: Optimierung der äußeren Therapiesituation

Globale Entscheidungsregel für Phase 1:
Grundvoraussetzungen > inhaltliches Problemlösen! (sonst: Störfall-Analyse)

Phase 2	Aufbau von „Änderungsmotivation" und vorläufige Auswahl von Änderungsbereichen

Schlagworte/ Oberbegriffe	Grobe Lernziele	Feingerasterte Lernziele („Mini-Skills")
Motivieren durch Grundbedingungen des Selbstmanagement-Konzepts	Klienten maximale Beteiligung am Therapieprozeß gestatten	• Mitbeteiligung, Kooperation, gemeinsame Entscheidungen etc. • Klienten Ziele selbst setzen lassen („goal setting") • mit maximaler Transparenz vorgehen • Prinzip der Freiwilligkeit und Recht auf „Widerstand"
	auf Steigerung der „self-efficacy" hinarbeiten	• kleine Schritte, erfolgreiche *kleine* Episoden verstärken etc. • Klienten zu Selbststeuerung und Selbstmotivation anleiten
Reduktion von Demoralisierung und Resignation	realistisches Maß an Optimismus vermitteln	• Aufmerksamkeit auf (u.U. kleine) positive Selbsthilfemöglichkeiten und Stärken lenken • positive Stimmungsinduktion (bzw. Vermeidung kontinuierlicher/ ausschließlicher Konzentration auf Negativaspekte) • Ressourcen (re)aktivieren • Aufmerksamkeitslenkung auf „weniger graue" Flecken und positive Aspekte
	Hoffnung induzieren („Änderungen sind möglich")	• Antizipation positiver Ergebnisse • neue Träume träumen lassen • kleine Änderungen in Gang setzen • kleine Erfolge registrieren und würdigen • empathische Unterstützung: „Ich als Therapeut *helfe* bei Änderungsversuchen"
Motivationsanalyse	kontinuierliches Berücksichtigen der momentanen Motive und Ziele von Klienten	• Motive und Ziele der Klienten wahrnehmen, beachten und berücksichtigen • im „Strom der Ziele und Motive des Klienten mitschwimmen"
	Einsatz der „Motivationsanalyse" (präventiv und akut)	• Klären der Fragen: Notwendiges *Wissen*, *Können* bzw. notwendige *Motivation* vorhanden? Gibt es *Hindernisse*? • präventiv jeweils notwendige Handlungsvoraussetzungen schaffen
Einsatz spezieller Motivationsstrategien	a) Motivationsstrategien, die am negativen Problemzustand *P* ansetzen	• mit Inkonsistenzen/Widersprüchen konfrontieren • ins Extreme übertreiben • Disputation/ABCDE-Technik à la RET (Ellis, 1977) • intensivierte Selbstbeobachtung • Erhöhen des Leidensdrucks durch Verdeutlichung der negativen Konsequenzen • *andere* beobachten und Vergleiche ziehen lassen • „reframing" bzw. „relabeling"

(Fortsetzung: Spezielle Motivations-strategien)	b) Motivations-strategien, die am Weg von *P* nach *Z* ansetzen	Motivationshindernisse beseitigen: • Erfahrungen mit Änderungen machen lassen (Ziel: Angst vor Veränderung abbauen) • Neues ausprobieren (gegen Verhaltensträgheit bzw. „alte Gewohnheiten") • paradoxe Interventionen bei „gelernter Inkompetenz" (z.B. Erklärung eigener Hilflosigkeit durch den Therapeuten) • sekundäre Gewinne aus dem Problemverhalten thematisieren und durch andere Vorteile aus der Therapie überlagern • bei fehlenden Informationen: Informationen vermitteln bzw. suchen lassen • bei fehlenden Fähigkeiten: Fähigkeiten *aufbauen* • „Widerstand" erlauben • langfristige, weit entfernte, globale Zielvorstellungen in handhabbare Schritte zerlegen (Fuß-in-die-Tür, Schweizer-Käse-Methode, Salami-Taktik etc.) • Lenken der Aufmerksamkeit auf positive Aspekte • „Seeding" • Selbstbelohnung • Nutzung zentraler persönlicher Zielvorstellungen und Lebensmotive für therapierelevante Ziele (Premack-Prinzip) • materielle Belohnungsanreize/Selbstbelohnung/Verträge mit sich selbst • natürliches Umfeld als Motivationshilfe nutzen
	c) Motivations-strategien, die an den Zielen *Z* ansetzen: Ansätze zur Ziel- und Wertklärung (ZWK)	• Anreize schaffen • neue Träume träumen lassen • erlebnisorientierte Übungen/Selbstexperimente/Rollenspiele zum lebendigen *Erleben* von Zielalternativen nutzen (auch: andere fragen, miterleben, Lernen am Modell) • Neugier wecken • „Flow"-Erfahrungen suchen und nutzen • Ziel- und Werteindikatoren nutzen • Ziel- und Wertklärung im eigentlichen Sinn (ZWK) • Auswertung der ZWK-Übungen: Nutzung für relativ kurzfristige therapeutische Motivierung (zentrale Themen!)
Vorläufige Auswahl von Änderungs-bereichen	sachliche Auswahl-gesichtspunkte	• Pro-/Contra-Kriterien kennen und berücksichtigen (KRS 1996, Übs.18/19, S.222/223) • „Probleme" von „Fakten" (sowie „Ziele" von „Utopien") trennen
	motivations-abhängige Auswahl-kriterien	• 5 grundlegende Motivationsfragen an Klienten berücksichtigen (KRS 1996, S.225 ff.)
	Ändern vs. Akzeptieren	• therapeutische Ansatzpunkte festlegen (Startpunkte vs. irrelevante Themenbereiche trennen) • aktive vs. emotionale Coping-Strategien auswählen • eventuell unlösbare „Fakten" in lösbare „Probleme" umwandeln

Phase 3		Verhaltensanalyse und funktionales Bedingungsmodell
Schlagworte/ Oberbegriffe	**Grobe Lernziele**	**Feingerasterte Lernziele („Mini-Skills")**
Situative Verhaltensanalyse: Von der Makro- zur Mikro-Ebene	genaue Beschreibung des IST-Zustandes	• Deskription des Problemverhaltens auf 3 Manifestationsebenen • Deskription von Intensität, Frequenz, Oszillation, Verlaufscharakteristika, Typisierung etc.
	horizontale Analyse der IST-Situation	• S-O-V-K-Analyse durchführen • funktionale Analyse der vorhergehenden und nachfolgenden Bedingungen: V=f (vorher/nachher) • Analyse der α-, β-, γ-Determinanten (multifaktorielle Analyse)
	Entwicklung des Problemverhaltens	• Genese eruieren • Unterschied zwischen Genese und Aufrechterhaltung
	Analyse subjektiver Krankheitsüberzeugungen	• Versuch der Skizzierung eines „health beliefs model" (HBM) inkl. seiner Konsequenzen für den Klienten • Berücksichtigen des HBM für die Therapie
	bisheriger Umgang mit dem Problemverhalten?	• sogenannte „Selbstkontroll-Versuche" explorieren und bei der Therapieplanung berücksichtigen

Kontextuelle Verhaltensanalyse: Von der Mikro- zur Makro-Ebene	Analyse von Plänen und Regeln	• vertikale Verhaltensanalyse/Plananalyse durchführen:
		  ▪ V=f (Ziele/Pläne)?
		  ▪ Analyse von unten nach oben („bottom-up")
		  ▪ Analyse von oben nach unten („top-down")
		• Aufstellen von Ziel- und Planhierarchien

	Analyse von Systembedingungen	• Skizzierung von Zusammenhängen/Vernetzungen („Arbeitsskizzen" von Einwirkungen/Auswirkungen/Wechselwirkungen)
		• Struktur von Systemen (implizite und explizite „Spielregeln" im System, Funktion der Probleme im System, Regelkonflikte?)
		• dynamische Strukturen (zyklisch wiederkehrende Strukturen: Entwicklungen/Grenzen des Systems, Schwellenübergänge?)
		• Suche nach „Druckpunkten" bzw. Grenzen des Systems
		• Konsequenzen für die Therapie:
		  ▪ Systemregeln akzeptieren?
		  ▪ Systemregeln ändern?
		  ▪ Mit welchen Teilsystemen arbeiten?

Erstellen eines funktionalen Bedingungsmodells	Skizzierung *zentraler* Hypothesen eines funktionalen Bedingungsmodells	• Identifikation auslösender und verstärkender Bedingungen im Netz von Variablen • Verbindungen zu aktuellen Theorien herstellen (z.B. Ätiologie von bestimmten Störungsbildern) • Aufdecken von Informationslücken • Formulieren von Alternativhypothesen • plausible Begründung/Ableitung der resultierenden Interventionen aus dem funktionalen Bedingungsmodell

Phase 4	Vereinbaren therapeutischer Ziele

Schlagworte/ Oberbegriffe	Grobe Lernziele	Feingerasterte Lernziele („Mini-Skills")
Klären von Therapiezielen	Ziel- und Wertsysteme von Klienten berücksichtigen	• Thematisieren von Zielen auf Basis der bisher deutlich gewordenen Motive • Erwartungsrekapitulation (als Indikatoren von Zielen) • Rekapitulation bisheriger Motive während des Therapieverlaufs • Erschließen von Zielen auf der Basis realen Verhaltens: $V = f\,(\text{Ziele})$
	Aufmerksamkeitslenkung auf *neue* Aspekte und Konzentration auf *therapeutisch* relevante Ziele	• Strukturierte Aufgaben/Hausaufgaben zur Zielfindung • Beobachtung/Selbstbeobachtung hinsichtlich persönlicher Ziele und Werte • Arbeit mit Ziel und Werte-Indikatoren (vgl. KRS 1996, Tab.19, S.439/440) • Phantasieübungen/gelenkte Imaginationen zum Thema „Ziel- und Wertklärung" (ZWK) • „Brainstorming" von Zielideen ohne rationale Zensur
Gemeinsame Zielanalyse	Operationalisieren/Konkretisieren bislang vager Zielperspektiven	• Präzisieren/Konkretisieren/verhaltensnahes Beschreiben von Zielen • *positive* Zielformulierung
	kognitive Ordnung	• Einsatz von Veranschaulichungshilfen (Grafiken, Skizzen, Metaphern etc.) • Aufstellen von Ziel- und Planhierarchien
	Dekomposition von Mehrfachzielen	• Konkretisieren von „Zielbündeln" mit widersprüchlichen (positiven *und* negativen) Konsequenzen • Zerlegen in Teil-/Zwischenziele, Nah-/Fernziele bzw. Ober- und Unterziele • Festlegen von Prioritäten
	Abstimmen von Zielen auf die Kapazitäten von Klienten	• Einschätzung und Berücksichtigung kognitiver Voraussetzungen und Kompetenzen (ggf. Aufbau oder Zielrevision) • Einschätzung und Berücksichtigung der verhaltensmäßigen Voraussetzungen und Kompetenzen (dto.)
	Überprüfen des Realitätsgehalts von Zielen	• Trennung von „Zielen" und „Utopien" • Bremsen unrealistischer Ambitionen
	Einplanen des natürlichen Umfelds	• Nutzen positiver Ressourcen (z.B. soziales Netzwerk) • Umgehen, Eingrenzen bzw. Akzeptieren hemmender Faktoren (Zielrevision?)
	Normative/ ethisch-moralische Aspekte berücksichtigen	• eigene Wertvorstellungen (als Therapeut) reflektieren und umsetzen • Berücksichtigen von Wertvorstellungen der Klienten

Konsens über therapeu-tische Ziel-perspektiven	Passung von Zielen/Stan-dards vs. reales Verhalten	• 4 Möglichkeiten (1 bis 4) vgl. KRS 1996, Abb.10, S.51
	Einsatz von Entscheidungs-hilfen	• z.B. „balance sheet" etc.
	Aushandeln von Vereinbarungen	• Orientierung an Verhandlungstechniken • Nutzung von „Verträgen"
	Hinarbeiten auf Änderungs-*verpflichtungen*	• Formulieren ernstgemeinter Absichtserklärungen und umsetzbarer Vorsätze (Kanfer & Karoly, 1972): vgl. KRS 1996, S.285 ff.
	Vorbereiten ei-ner optimalen Zielumsetzung	• kleine Schritte in Richtung großer Ziele planen • Konkretisierung von alternativen Wegen (nach Art, Ort, Zeitpunkt etc.)

Phase 5	Planung, Auswahl und Durchführung spezieller Methoden

Schlagworte/ Oberbegriffe	Grobe Lernziele	Feingerasterte Lernziele („Mini-Skills")
Planung spezieller Methoden (Auswertung der Phasen 1 bis 4)	Nutzung therapeutischer Wissens-speicher	• Nutzung des eigenen Bedingungswissens zum Erstellen eines Bedingungsmodells • Nutzung des eigenen Änderungswissens zum Erstellen eines Än-derungsmodells (inkl. „Störungswissen") • Reflexion ethisch-moralischer Schranken • Wissens- und Handlungskompetenzen der Klienten berücksichti-gen • Strategische und taktische Planung
	Verarbeitung vorliegender Klienten-informationen	(vgl. KRS 1996, Übs.34, S.299)
	Umgang mit Standard-methoden	• Wissen um Standardmethoden und praktische Kompetenzen zu de-ren Umsetzung • prozedurales Wissen hinsichtlich Indikation und Effektivität (Grundlagenforschung!)
	Nutzung von von Methoden aus *anderen* Therapierich-tungen	• zielorientierter Einsatz (nach den Kriterien in KRS 1996, S.302)

(Fortsetzung)	Analyse der potentiellen Maßnahmen	• „Interventionsanalyse" der Anforderungen (KRS 1996, Übs.36, S.302)
Entscheidung über Interventionen	Befolgen heuristischer Entscheidungsregeln	(vgl. KRS 1996, Übs.37, S.307 ff.)
Durchführung der entsprechenden Maßnahmen	Umsetzung konkreter Maßnahmen in die Praxis und Begleitevaluation	• fach- und sachgerechte Berücksichtigung der notwendigen Abläufe • Adaptation von Standardtechniken an den jeweiligen Einzelfall • Kombination verschiedener Maßnahmen • Einsatz von Hilfsmitteln (z.B. Video, Biofeedback etc.) • Nutzung von Alltagsangeboten (gemeindepsychologische Aspekte) (zur Evaluation: vgl. unten, Phase 6)

Phase 6	Evaluation therapeutischer Fortschritte

Schlagworte/ Oberbegriffe	Grobe Lernziele	Feingerasterte Lernziele („Mini-Skills")
kontinuierliche therapiebegleitende Diagnostik	hypothesengeleitetes Vorgehen und ergebnisorientiertes Optimieren	• „Feedforward/Feedback"-Steuerung (kontinuierliches Orientieren an den realen Abläufen) • Hintergrundwissen hinsichtlich des erwartungsgemäßen Ablaufs von Interventionen • Kriterien für Erfolg und Mißerfolg aufstellen (adäquat gerastert!) • Klienten zu Evaluation motivieren • Vermittlung der Prozesse „Selbst-Evaluation" und „Realitätstestung"
Prä/Post-Evaluation	Auswahl und Einsatz von Prä/Post-Evaluationsmaßnahmen	• fach- und sachgerechter Einsatz adäquater Maßnahmen zu Prä/Post-Vergleichen • Wissen um Ergebnisse/Strategien der aktuellen Therapieforschung • Wissen um Probleme und Möglichkeiten von Prä/Post-Vergleichen (vgl. KRS 1996, Übs.42, S.322)
„Zielabhängige Evaluation" in der Praxis	Ziel der Evaluation festlegen (Was genau?)	• problemzentrierte Evaluation (Mikro-Ebene) • systembezogene Evaluation (Makro-Ebene = „Hintergrundkontrolle") • Evaluation von Selbstmanagement-Prozessen (KRS 1996, Übs.44, S.326)
	Auswahl der Evaluationsmethoden (Womit?)	• Kenntnis prinzipieller Evaluationsmethoden • problembezogene Evaluationsmethoden (störungsbildbezogen) • Nutzung zieloffener Evaluationsmethoden und Protokollierungssysteme • „goal attainment scaling" (GAS)
	Zweck festlegen	• Kernfrage: Wozu soll evaluiert werden?
	Bedingungen der Evaluation berücksichtigen	• Prinzip der maximalen Evaluation

Phase 7		Endphase – Erfolgsoptimierung und Abschluß der Therapie
Schlagworte/ Oberbegriffe	**Grobe Lernziele**	**Feingerasterte Lernziele („Mini-Skills")**
Stabilisierung und Transfer therapeutischer Fortschritte	Einsatz lerntheoretischer Prinzipien der Stabilisierung/ Generalisierung	• Verstärkung/Selbstverstärkung • Überlernen • Ausblenden/Überblenden von Kontingenzen • Variation von Stimuli/Situationen während der Therapie • Variation von Reaktionen = Aufbau von flexiblen Strategien • Einüben neuer Verhaltensweisen in der natürlichen Umgebung • „In-vivo"-Therapie • maximale Annäherung der Therapiesituation an die kritische „real-life"-Situation • systematisches Einbeziehen von „therapeutischen Hausaufgaben" • Einbeziehen des sozialen Systems von Klienten (z.B. subjektiv bedeutsame Lebenspartner) • Training von „Mediatoren" • Einsatz von Selbstregulations- und kognitiven Vermittlungsprozessen (z.B. Abstrahieren von Regeln)
Arbeit an restlichen therapeutischen Ansatzpunkten bzw. Bearbeiten neuer therapeutischer Ziele	Rückkehr zu/ Wiedereinstieg an bestimmten Stellen des 7-Phasen-Modells	• neuerlicher Durchlauf des Modells
Erlernen von „Selbstmanagement" als Prozeß	Erlernen von Selbstmanagement-Fertigkeiten	• Abstrahieren allgemeiner Prinzipien • Erwerb von generellen Prozessen und übergeordneten Regeln • Erwerb von Möglichkeiten des prinzipiellen Umgangs mit Problemen (Selbstbeobachtung, Problemlösen, Aufbau/Einsatz konkreter Bewältigungsstrategien, Effektivitätsbeurteilung der Bewältigungsstrategien in der Realität) • Rekapitulation bisheriger diagnostisch-therapeutischer Schritte (Ziel: Abstrahieren von Prozeßregeln) • Einsatz prozeßorientierter Fragen (z.B. Wie sind wir bei der Bearbeitung vorgegangen? Nach welchen Kriterien haben Sie gehandelt? Was haben Sie aus diesem Ablauf gelernt? etc.)
	gezielte Prävention von Mißerfolgen und Rückfällen	• Identifikation potentieller Rückfall-Situationen • Antizipieren und Vorbereiten eines effektiven Umgangs mit künftigen Risikosituationen • aktives Einüben von Bewältigungsstrategien („prehearsal") • Antizipieren potentieller Probleme der nahen Zukunft in der Phantasie • prophylaktisches Planen für den Notfall („fail-safe planning")

(Fortsetzung Phase 7)		
Beendigen/ Ausblenden der Kontakte	präventive Möglichkeiten aus früheren Phasen	(vgl. KRS 1996, Übs.49, S.352)
	optimales Ausblenden der Kontakte	(vgl. KRS 1996, Übs.50, S.353)
	Beendigen der Beziehung und Umgang mit Ablösungsproblemen	(vgl. KRS 1996, S.351-355)
Abschluß- „Feedback"	Durchführung von Abschluß- „Feedback"- Sitzungen	• ergebnisbezogene Bilanz (Verbesserungen/Verschlechterungen während der Therapie, Therapieziele und deren Erreichung etc.) • ablaufbezogene Bilanz (positive und negative Erfahrungen; Eindrücke vom therapeutischen „Setting"; wichtige Fortschritte und Lernerfahrungen) • beziehungsorientierte Bilanz (Einschätzung des Therapeuten als Person; Einschätzung der therapeutischen Beziehung sowie Kritik am Therapeuten)
„Follow-up"/ Katamnesen	Vorbereitung von „Follow-up"/ Katamnesen	• Planung und Durchführung von Katamnese-Maßnahmen • Fähigkeit zur Durchführung von Katamnesegesprächen • Erstellen bzw. Nutzung von Hilfsmitteln (z.B. Fragebögen für die Katamnese)

Umgang mit dem 7-Phasen-Modell insgesamt

- Kenntnis der jeweiligen Schwerpunktziele (sowie deren Befolgen)
- Kenntnis von Positiv-/Negativkriterien und deren Berücksichtigung
- Phasen*aufstieg* beim Vorliegen positiver Kriterien
- Erkennen von „Binnenproblemen" (nicht erfüllte Schwerpunktziele = Negativkriterien)
- Durchführen von „Störfall-Analysen" (Binnenprobleme bearbeiten; Phasen*abstieg* etc.)

Beispiel eines Supervisionsvertrags

(Name/Anschrift der Institution
 bzw. des Supervisors)

Supervisionsvertrag

Zwischen .... und .... wird
                        (Institution)   (Supervisor)
folgender Vertrag geschlossen:

- .... (Supervisor) leistet für .... (Team/Einzelperson/Institution)
  insgesamt ..... Stunden Einzelsupervision/Teamsupervision/Gruppensupervision/Leitungs-
  beratung/ ....

- Gegenstand/Thema/Ziel der Supervision ist: ....

- Beginn: .... Voraussichtliches Ende der gesamten Supervision: ....
  In gemeinsamer Entscheidung ist optional eine Verlängerung der Supervision um maximal
  .... Sitzungen möglich.

- Teilnehmer: ....

- Ort der Supervision: .... ; pro Termin ist eine Sitzungsdauer von
  .... Stunden vorgesehen; die Termine finden im Abstand von .... Tagen/Wochen statt.

- Alle Inhalte der Supervision unterliegen der absoluten Schweigepflicht. Die Institutionsleitung wird lediglich über formale Abläufe informiert. *In Absprache mit den Teilnehmern*
  können allerdings solche Inhalte, die für den reibungslosen Betrieb der Institution relevant
  sind, für gemeinsame Gespräche mit der Leitung genutzt werden. Ziel ist dann die Gewähr-
  leistung/Verbesserung der institutionellen Abläufe und Dienstleistungen.

- .... (Supervisor) erhält für seine Dienstleistung ein Honorar von
  .... DM pro Stunde (à .... Minuten). Der Supervisor erstellt monatliche/viertel-
  jährliche Rechnungen und muß diese Einkünfte selbständig versteuern.

- Fahrtkosten und Spesen: ❑ sind im Honorar enthalten ❑ werden gegen Vorlage entsprechender Belege erstattet ❑ werden mit einer Pauschale von .... DM pro
  Sitzung abgegolten.

- Besondere Vereinbarungen (z.B. Probesitzungen, Teilnahmepflicht, Teilnahme der Leitung,
  innerhalb/außerhalb der Dienstzeit etc.): ....

(Ort, Datum, Unterschriften)

Fragebogen zur Supervision (FB-S)

© **Dieter Schmelzer**

(Anfangsphase therapeutischer Ausbildungssupervision)

Anmerkung: Komprimierte Fassung; im Original kann der Fragebogen direkt ausgefüllt werden.

Liebe Supervisandin, lieber Supervisand,

der vorliegende Fragebogen soll helfen, Ihre Supervision möglichst effektiv zu gestalten. Da zu einer Supervision nicht nur „fachliche" sondern auch persönliche Aspekte gehören, möchte ich Sie bitten, mir einige Hintergrundinformationen zu Ihrer Person zu liefern. Dies erleichtert es mir, die Supervision optimal auf Ihre Belange zuzuschneiden.

Selbstverständlich gibt es keine richtigen oder falschen Antworten – „richtig" ist das, was auf Ihre Person und Situation zutrifft. Sämtliche Informationen werden streng vertraulich behandelt und unterliegen der Schweigepflicht. Sie selbst bestimmen, ob und welche Aspekte Sie eventuell mit mir oder in Ihrer Supervisionsgruppe noch ausführlicher diskutieren wollen.

Sie können davon ausgehen, daß aus diesen Antworten kein abschließendes „Persönlichkeitsbild" konstruiert werden wird. Manche Antworten (besonders die, welche über die Ebene „objektiver" Daten hinausgehen) werden sowieso nur momentane Stimmungen und Eindrücke widerspiegeln und in einigen Wochen oder Monaten ganz anders ausfallen.

Einige Fragen dienen außerdem dazu, daß Sie sich mit bestimmten Themen, die zu unserem Therapeutenberuf gehören, näher beschäftigen. Sie stoßen möglicherweise Aspekte an, die auch in einer Selbsterfahrung während der Ausbildung intensiver bearbeitet werden können. Deshalb bekommen Sie den ausgefüllten Fragebogen wieder zurück und können ihn dann zu Ihren sonstigen Supervisions-Unterlagen nehmen.

Falls Sie bestimmte Fragen nicht beantworten möchten (oder beim besten Willen nicht beantworten können), machen Sie einen entsprechenden Vermerk oder lassen die Angaben weg.

Vielen Dank schon im voraus für Ihre Mühe und Mitarbeit!

Allgemeine Angaben:

Name/Vorname, Beruf, evtl. Zusatzangaben (z.B. Promotion, Klinischer Psychologe/ Psychotherapeut BDP, begonnene/abgeschlossene andere Ausbildungen etc.)

Dienstadresse/Telefon; Privatadresse/Telefon

Geburtsdatum, Geburtsort; Staatsangehörigkeit, Konfession

Familienstand; Eigene Kinder? (falls ja, Angabe von Vorname und Alter)

Wohnsituation (z.B. Mietwohnung, Haus, WG)

Ausbildung und berufliche Entwicklung:

Kurzer Überblick über die Schullaufbahn (von – bis; Schule/Schulart; Verlauf? Art des Schulabschlusses, damaliges Alter)

Überblick über die weitere Ausbildung, z.B. Studium, Weiterbildung (von – bis; Fachrichtung, Ort/Institution; Verlauf? Art des Ausbildungsabschlusses, damaliges Alter)

Eventuelle früher ausgeübte Berufe oder Tätigkeiten (in zeitlicher Reihenfolge)

Angaben über die jetzige Tätigkeit (Aufgabengebiete, Zuständigkeitsbereich)

Kurze Beschreibung der derzeitigen therapeutischen Grundorientierung

Drei Gründe, weshalb Sie TherapeutIn geworden sind (werden möchten)

Zu ergänzende Satzanfänge:

Therapie ist für mich...
Eine meiner Stärken im beruflichen Bereich...
Der häufigste Fehler von TherapeutInnen ist...
Eine der Sachen, auf die ich in meinem Leben stolz bin...
Vielleicht besteht eine meiner Schwächen darin...
Manche glauben irrtümlicherweise, daß Therapie...
Ich bewundere manche TherapeutInnen wegen...
In der Zukunft möchte ich nicht noch einmal den Fehler machen...
In meinem Privatleben...
Es fällt mir schwer, zuzugeben...
Ein zentrales Element in meinem Leben...
Ein Nachteil bei der Therapieausbildung ist...
Das Wichtigste für TherapeutInnen sollte sein...

Sonstiges:

Liebste Freizeitbeschäftigungen (1./2./3.)
Persönliche Hobbies (1./2./3.)
Situationen, in denen ich mich wohlfühle (...im Alltag / ...im Beruf)
Situationen, die mir unangenehm sind (...im Alltag / ...im Beruf)
Wichtige Erfahrungen und prägende Einflüsse im Zuge meiner bisherigen beruflichen Entwicklung (z.B. Schlüsselerlebnisse, Personen, Bücher, Filme, Ideen, Grundorientierungen, Fortbildungsveranstaltungen, Workshops o.ä.)

Supervisionsbezogene Angaben:

— Kurze Angabe der wichtigsten Gründe, weswegen Sie Supervision suchen (1./2./3.)
— Derzeitige andere Gelegenheiten zu Supervision (z.B. im Team, in einer Ausbildungsgruppe, im Rahmen einer anderen Ausbildung o.ä.)
— Was möchten Sie während der Supervision lernen/weiterentwickeln?
— Welche Probleme/Konflikte möchten Sie im Rahmen der Supervision angehen?
— Welche persönlichen Stärken könnten Sie in Ihrer Arbeit noch mehr nutzen?
  Wie sind Sie auf mich als Supervisor gekommen?
— Was verstehen Sie unter Supervision?
— Haben Sie Vorerfahrungen mit Supervision (beschreiben Sie diese evtl. näher)?
— Was erwarten Sie sich konkret von unserer gemeinsamen Supervisionsarbeit?
— Wie würden Sie eine „ideale" Beziehung zu einem Supervisor beschreiben?
— Welche persönlichen Eigenschaften sollte Ihrer Meinung nach ein „guter" Supervisor besitzen? Welche nicht?
— Was sollte ein „guter" Supervisor tun? Was nicht?
— Wie lange sollte Ihre Supervision dauern?
— Woran werden wir beide erkennen, ob/daß unsere Supervision „erfolgreich" ist?
— Was können Sie selbst zum Gelingen Ihrer Supervision beitragen?
— *Wie sollte die Zusammenstellung der Supervisionsgruppe aussehen?*

Bitte nützen Sie für eventuelle weitere Bemerkungen/Fragen/Kommentare/Kritik Ihrerseits die Rückseite dieses Fragebogens. Vielen Dank!

Protokollbögen für die Supervision
(für Supervisoren und Supervisanden)

(1)
Protokollbogen
für jede Sitzung

SUPERVISION am:	_____ AE
Teilnehmer:	Ort:
Hausaufgabe(n):	geplante Themen:
Ablauf	
Hausaufgabe(n) neu:	
Grobplanung der nächsten Sitzung:	vorbereiten/erledigen:

(2)
Einschätzung der
Ausgangssituation

AUSGANGSSITUATION	Datum:
Formalia/Vereinbarungen:	
Wichtige Anliegen/Erwartungen/Wünsche:	Lernerfordernisse nach Meinung des Sr.:
Stärken/Ressourcen nach Meinung des Sd.:	Stärken/Ressourcen nach Meinung des Sr.:
Sonstiges:	

(3)
Zwischenbilanz-Bogen

ZWISCHENBILANZ		Datum:
Lernziele und Anliegen Sd.:	Fort-schritte?	Lernerfordernisse nach Meinung Sr.:
Stärken/Ressourcen nach Meinung des Sd.:		Stärken/Ressourcen nach Meinung des Sr.:
Sonstiges:		

(4)
Einschätzung der Situation gegen Ende

ENDE DER SUPERVISION	Datum:
Wichtige Lernerfolge (aus Sicht des Sd.):	Wichtige Lernerfolge (aus Sicht des Sr.):
Stärken/Ressourcen nach Meinung des Sd.:	Stärken/Ressourcen nach Meinung des Sr.:
Sonstiges:	

Supervisions-Stundenbogen (SSB)

(adaptierte Version des Klienten-/Klientinnen-Stundenbogens von Grawe, Caspar & Ambühl, abgedruckt in Grawe & Braun, 1994; Verwendung und Abdruck erfolgt mit freundlicher Genehmigung durch Professor Dr. Klaus Grawe, Universität Bern)

Name: Datum: Sitzung:

Anleitung:

Wie haben Sie die heutige Supervisionssitzung erlebt? Bitte kreuzen Sie an, wie sehr Sie den nachfolgenden Feststellungen zustimmen können, oder wie sehr Sie diese verneinen:

überhaupt		eher	weder	eher		ja, ganz
$-③$	$-②$	$-①$	$⓪$	$+①$	$+②$	$+③$
nicht	nein	nein	noch	ja	ja	genau

1. Heute habe ich mich in der Beziehung zum Supervisor wohlgefühlt.	$-③$ $-②$ $-①$ $⓪$ $+①$ $+②$ $+③$
2. Heute ist die Supervision etwas an meiner momentanen Situation vorbeigegangen.	$-③$ $-②$ $-①$ $⓪$ $+①$ $+②$ $+③$
3. Heute sind mir einzelne Möglichkeiten zur Lösung meiner Supervisionsanliegen klarer geworden.	$-③$ $-②$ $-①$ $⓪$ $+①$ $+②$ $+③$
4. Im Moment fühle ich mich durch den Supervisor darin unterstützt, wie ich gerne sein möchte.	$-③$ $-②$ $-①$ $⓪$ $+①$ $+②$ $+③$
5. Ich finde, der Supervisor müßte meinen Gefühlen mehr Beachtung schenken.	$-③$ $-②$ $-①$ $⓪$ $+①$ $+②$ $+③$
6. Ich habe manchmal das Gefühl, der Supervisor denkt etwas anderes über mich, als er mir sagt.	$-③$ $-②$ $-①$ $⓪$ $+①$ $+②$ $+③$
7. Nach der heutigen Sitzung ist mir ziemlich unklar, worauf die Supervision eigentlich abzielt.	$-③$ $-②$ $-①$ $⓪$ $+①$ $+②$ $+③$
8. Gegenwärtig habe ich das Gefühl, daß ich selber etwas zur Supervision beitragen kann.	$-③$ $-②$ $-①$ $⓪$ $+①$ $+②$ $+③$
9. Heute war es mir gut möglich, auf Anregungen des Supervisors einzugehen.	$-③$ $-②$ $-①$ $⓪$ $+①$ $+②$ $+③$
10. Heute habe ich das Gefühl, daß wir in der Supervision wirklich vorwärts gekommen sind.	$-③$ $-②$ $-①$ $⓪$ $+①$ $+②$ $+③$
11. Die heutige Sitzung hat mich in meinen bisherigen Einstellungen verunsichert.	$-③$ $-②$ $-①$ $⓪$ $+①$ $+②$ $+③$

12. Während der Sitzung war mir manchmal unklar, warum der Supervisor so vorgeht.	-③	-②	-①	⓪	+①	+②	+③
13. Nach der heutigen Sitzung bin ich fest entschlossen, die besprochenen Probleme anzupacken.	-③	-②	-①	⓪	+①	+②	+③
14. Heute ist mir klarer geworden, weshalb ich in bestimmten Berufssituationen gerade so und nicht anders reagiere.	-③	-②	-①	⓪	+①	+②	+③
15. Ich glaube, ein anderes supervisorisches Vorgehen wäre für mich besser geeignet.	-③	-②	-①	⓪	+①	+②	+③
16. Was wir heute in der Supervisionsstunde gemacht haben, war für mich teilweise sehr unangenehm.	-③	-②	-①	⓪	+①	+②	+③
17. Ich hätte mir heute mehr Hilfe und Ratschläge vom Supervisor gewünscht.	-③	-②	-①	⓪	+①	+②	+③
18. Ich habe das Gefühl, daß ich mich selbst und meine Probleme besser verstehe.	-③	-②	-①	⓪	+①	+②	+③
19. Heute habe ich in der Supervisionsstunde schmerzhafte Gefühle erlebt.	-③	-②	-①	⓪	+①	+②	+③
20. Ich glaube kaum, daß mir die heutige Sitzung für meinen Berufsalltag etwas bringt.	-③	-②	-①	⓪	+①	+②	+③
21. Ich glaube, daß ich mich jetzt besser so verhalten kann, wie ich gerne möchte.	-③	-②	-①	⓪	+①	+②	+③
22. Ich finde die Sichtweise, die der Supervisor von meinen Problemen hat, zu einfach.	-③	-②	-①	⓪	+①	+②	+③
23. Heute machte mir der Supervisor einen etwas unsicheren Eindruck.	-③	-②	-①	⓪	+①	+②	+③
24. Ich fühle mich jetzt Situationen gewachsen, denen ich mich bisher nicht gewachsen gefühlt habe.	-③	-②	-①	⓪	+①	+②	+③
25. Heute fehlte mir in der Supervisionsstunde eine klare Linie.	-③	-②	-①	⓪	+①	+②	+③
26. Ich glaube, es wird mir immer besser möglich, meine Probleme aus eigener Kraft zu lösen.	-③	-②	-①	⓪	+①	+②	+③
27. Ich finde, der Supervisor ist heute zu sehr von seinen Vorstellungen ausgegangen.	-③	-②	-①	⓪	+①	+②	+③
28. Ohne Supervision würde ich mich gegenwärtig ziemlich hilflos fühlen.	-③	-②	-①	⓪	+①	+②	+③
29. Heute sind mir Zusammenhänge klar geworden, die ich bisher nicht gesehen habe.	-③	-②	-①	⓪	+①	+②	+③

Raum für weitere Bemerkungen, Kommentare oder Fragen:

Nachbefragungsbogen (FB-ENDSUP)

Meine hauptsächlichen Anliegen/Lernziele für Supervision waren:

1.)	%	6.)	%
2.)	%	7.)	%
3.)	%	8.)	%
4.)	%	9.)	%
5.)	%	10.)	%

↑ ↑

(Bitte tragen Sie dahinter noch ein, zu wieviel % Sie das Anliegen/Lernziel als *erreicht* betrachten.)

Folgendes habe ich im Verlauf der Supervision außerdem gelernt:

Diese Anliegen kamen zu kurz/müssen von mir noch anderweitig bearbeitet werden:

Folgende Bereiche habe ich als meine besonderen Stärken bzw. Schwächen erkannt:

Stärken: (keine falsche Bescheidenheit...)	Schwächen: (jetzt aber ehrlich antworten...)
Wie/wo könnte ich diese Stärken noch besser in meiner Arbeit nutzen?	Wie werde ich künftig mit diesen Schwächen umgehen?

Folgende Strategien, Vorgehensweisen etc. haben mir...

...am meisten weitergeholfen:	...am wenigsten gebracht:

Gut fand ich am Supervisor:	Weniger gut fand ich:

Bitte bewerten Sie die nachfolgenden Bereiche nach dem Schulnoten-System:
1 = sehr gut; 2 = gut; 3 = befriedigend; 4 = ausreichend; 5 = mangelhaft; 6 = ungenügend

Zur Supervision allgemein:		Zum Supervisor:	
Setting und räumliche Verhältnisse	Gelegenheiten zur Mitbeteiligung	vertrauenerweckende Person	didaktisches Geschick
Lernklima	problem- und zielorientiertes Arbeiten	offen und fair bei Rückmeldungen	Fähigkeit, Theorie und Praxis zu verbinden
Anregungsgehalt (neue Ideen etc.)	konkretes, datennahes Vorgehen	Transparenz des Vorgehens	adäquate Unterstützung
„roter Faden" erkennbar	Lernerfolg (Globaleinschätzung)	respektierte meine Autonomie	Empathie und Sensibilität

Im Interesse künftiger Supervisanden hätte ich folgende Verbesserungsvorschläge:

Sonstige Eindrücke, Fragen, Kommentare und Rückmeldungen:

447

Anhang G

Übersicht: Leitfragen für den „Kernprozeß"

Einstieg und erste Orientierung (Schritt 1)

- (Allererster Kontakt:) Was führt Sie zu mir?
- (sonst:) Worum soll es heute gehen? Welche Anliegen (Wünsche, Hoffnungen, Erwartungen) haben Sie für die heutige Sitzung?
- Welche Hilfe möchten Sie *wofür*? Welche Hilfe erwarten Sie *von mir*? Was möchten Sie heute profitieren? Was soll sich positiv verändern?
- (In Gruppen/Teams:) *Wer* hat heute *welche* Anliegen?
- (Bei *mehreren* Anliegen:) Was ist derzeit am wichtigsten bzw. dringlichsten? Was kann noch warten? Was wollen wir uns davon *für heute* vornehmen? In welcher Reihenfolge? Womit sollen wir anfangen? Wieviel Zeit sollen wir in etwa dafür veranschlagen?
- Gibt es sonst noch wichtige Themen, klärungsbedürftige Fragen – oder können wir anfangen?

Situationsanalyse: Klären des IST-Zustands (Schritt 2)

- Um welches Problem geht es genau? Können Sie ein typisches Beispiel dafür schildern?
- Was IST eigentlich genau los? Welche typischen Muster laufen ab?
- Was macht die Situation/die Abläufe zum „Problem"?
- Was hält das Ganze aufrecht? (Horizontale, vertikale und systembezogene Bedingungsanalyse)
- Wer hat welchen „Gewinn" vom derzeitigen Stand der Dinge?
- Welche persönlichen Einstellungen/Erfahrungen spielen eine Rolle?
- Welche Systemfaktoren (Kontext, Umgebung, institutionelle Regeln etc.) sind beteiligt?
- Wie erklären Sie sich selbst das Problem?
- Geht es überhaupt um ein (prinzipiell änderbares) PROBLEM oder um eine (unabänderliche) TATSACHE?
- Wann ist es *besser*? Wann ist es *kein* Problem? Was ist da anders?
- Was wurde bereits versucht/was nicht (mit welchen Effekten)?

Zielfindung: Klären möglicher SOLL-Zustände (Schritt 3)

- Was SOLL werden? Wie wäre es OK? Wie wäre es *ideal*?
- Wie müßte die Situation sein, daß Sie *ein klein wenig zufriedener* wären?
- Wie müßte es sein, daß *andere* beteiligte Personen zufrieden wären?

- Wann wäre diesbezüglich unsere Supervision nicht mehr notwendig?
- Geht es um (erreichbare) ZIELE oder um (unerreichbare) UTOPIEN?
- Was möchten Sie beibehalten/so lassen?
- Was möchten Sie erreichen, ändern, an Kompetenzen lernen?
- Was müssen Sie wohl oder übel akzeptieren/so hinnehmen?

Suche und Auswahl von Lösungen (Schritt 4)

- Welche Wege (als Mittel zum Ziel) sind prinzipiell möglich?
  (Auswertung der Schritte 2 und 3; evtl. „Brainstorming")
- Welche Lösungen möchten Sie tatsächlich umsetzen?
  (Was genau, wie, in welchen Situationen etc.)
- Was ist alles dazu notwendig? Sind die Voraussetzungen/Kompetenzen dazu vorhanden?

Umsetzung der Lösungen und Effektkontrolle des Vorgehens (Schritt 5)

- Welcher u.U. kleine Schritt wäre *als erstes* möglich?
- Was werden Sie konkret bis zu unserem nächsten Treffen versuchen?
- Wer/was kann bei der unmittelbaren Lösungsumsetzung helfen?
- Woran werden Sie erkennen, daß der Schritt erfolgreich war und Sie sich Ihren Zielen nähern? Woran erkennen Sie Mißerfolge (oder „Rückfälle" in unproduktive Muster)?
- Wie werden Sie weitermachen, wenn... (X oder Y) eintritt?

Abschluß der Episode und Transfer (Schritt 6)

- Können wir das Ganze für heute so stehenlassen?
- Was haben Sie aus der heutigen Episode gelernt?
- Was ist davon evtl. auch in *anderen* Situationen einsetzbar?
- Welchem weiteren Thema sollen wir uns zuwenden?
  (= Wiedereinstieg in das Modell)

Hier auch Zwischenbilanz hinsichtlich Beziehung, Motivation, Setting möglich:

- Wie haben Sie heute die Art unseres gemeinsamen Arbeitens empfunden?
- Ist die Art und Weise, wie ich als Supervisor vorgehe, für Sie OK?
- Kann ich etwas tun, um die nächsten Sitzungen für Sie noch effektiver zu gestalten?
- Gibt es Wünsche/Interessen Ihrerseits, die wir künftig noch besser berücksichtigen sollten?
- Ist unser „Setting" soweit für Sie in Ordnung?

Leitfaden für verhaltenstherapeutische Falldarstellungen

(in Anlehnung an ähnliche Leitfäden von AVM, 1987; TAVT, 1992 oder Tittelbach & Pöhlmann, 1994; persönliche Daten von Klienten sind zu anonymisieren)

A. Allgemeine Angaben

- Angaben zu den jeweiligen Personen (mit soziodemographischen Daten zur
  Lebenssituation)
- Kontext/Rahmen der Behandlung; Anzahl der bisherigen Sitzungen, Dauer und
  Zeitraum
- Formale Diagnosen (laut DSM oder ICD)
- Wichtige Anamnesedaten (sowie evtl. medizinische Befunde oder psychologische
  Testergebnisse)
- Anmeldegründe und Überweisungswege etc.

B. Beschreibung und funktional-systemische Analyse der Probleme

- Makro-Ebene: *Kurze Übersicht* über Probleme sowie Stärken/Ressourcen
- Mikro-Ebene: Einzeldarstellung der wichtigsten Problembereiche (evtl. *Auswahl*
  treffen) anhand *typischer* Problemmuster und Problemsituationen, dazu jeweils:
  - Deskription (auf verschiedenen Verhaltensebenen; Intensität, Frequenz, Oszillation,
    typischer Verlauf, Exzeß oder Defizit?)
  - Horizontale Verhaltensanalyse: Vorausgehende, begleitende und nachfolgende Bedin-
    gungen, die das Problem funktional aufrechterhalten
  - Entwicklung des Problemverhaltens (Genese/Anamnese) sowie subjektives Krank-
    heitsmodell („health beliefs") und dessen Konsequenzen (= bisheriger Umgang mit dem
    Problemverhalten)
  - Kontext des Problemverhaltens: Vertikale Verhaltensanalyse (zentrale Ziele und Plä-
    ne?) und Systemanalyse (Systemregeln? Druckpunkte? etc.)
- Zurück zur Makro-Ebene: Funktionale Gewichtung der Einzelprobleme, bereichs-
  übergreifende Ziele/Pläne, systemische Zusammenhänge und Systemregeln, plausi-
  ble funktional-systemische „Erklärung" der bestehenden Probleme; Nutzung von
  Stärken und Ressourcen

C. Zielanalyse und Therapieplanung

- Wichtige Behandlungsziele (in Einklang mit den Leitmotiven und Lebenszielen der
  Klienten)?

- Lösungsschritte und Methoden (mit „relativ rationaler" Begründung auf Basis der Zielanalyse und funktional-systemischen Bedingungsanalyse)
- Global denken, lokal handeln: Zentrale Ansatzpunkte? Prioritäten? Reihenfolge der Schritte?

D. *Therapieverlauf*

- Beschreibung des Gesamtverlaufs (wichtig: Zusammenhang zur Therapieplanung herstellen!)
- evtl. Detailbeschreibung wichtiger Sitzungen
- Erforderliche Modifikationen der Therapieplanung?

E. *Evaluation*

- Prä/Post und therapiebegleitend (evtl. verwendete Meßinstrumente/Ergebnisse als Anlage)
- Erfolge/Mißerfolge?
- Zielerreichung (evtl. in %)?
- Nebenwirkungen + / - ?
- Erwartungsentsprechender/erwartungswidriger Verlauf?

F. *Reflexion und Diskussion des Falles inkl. eigener Interventionen*

- Therapeut-Klient-Beziehung?
- Persönliche Anteile?
- Schwierigkeiten?
- Emotionale Betroffenheit?
- Therapie- und Änderungsmotivation?
- Mitarbeit/Eigeninitiative?
- Subjektive Erklärungen von Erfolgen/Mißerfolgen bzw. des Verlaufs der Behandlung
- Einfluß von Supervision
- Prognose bezüglich der Klienten
- ggfs. Schlußfolgerungen für zukünftiges eigenes Tun

G. *Anhang*

- Fragebögen, Evaluationsmittel, Diagramme etc.
- evtl. verwendete Literatur

Literatur

Abelson, R. P. (1981). Psychological status of the script concept. American Psychologist, 36, 715-729.

Abramson, L. (Ed.).(1989). Social cognition and clinical psychology. A synthesis. New York: Guilford.

Acheson, K. A. & Gall, M. D. (1987). Techniques in the clinical supervision of teachers. Preservice and inservice applications (2nd ed.). New York: Longman.

Ager, A. (Ed.).(1991). Microcomputers in clinical psychology. New York: Wiley.

Akademie für Jugendfragen Münster (Hrsg.).(1979). Supervision im Spannungsfeld zwischen Person und Institution. Freiburg/Br.: Lambertus.

Akamatsu, T. J. (1980). The use of role-play and simulation technique in the training of psychotherapy. In A. K. Hess (Ed.), Psychotherapy supervision. Theory, research and practice (pp.209-225). New York: Wiley.

Alberts, G. & Edelstein, B. (1990). Therapist training: A critical review of skill training studies. Clinical Psychology Review, 10, 497-511.

Alonso, A. (1985). The quiet profession. Supervisors of psychotherapy. New York: Macmillan.

Alperin, D. E., Gray, S. W. & Wik, R. (1990). Two models of social work field education: A multidimensional view. The Clinical Supervisor, 8(2), 5-18.

Alssid, L. L. & Hutchison, W. R. (1977). Comparison of modeling techniques in counselor training. Counselor Education and Supervision, 17(1), 36-41.

American Psychological Association, Committee on Training in Clinical Psychology (1947). Recommended graduate training program in clinical psychology. American Psychologist, 2, 539-558.

American Psychological Association (APA).(1981). Ethical principles of psychologists. American Psychologist, 36, 633-638.

Andersen, T. (Ed.).(1990). Das Reflektierende Team. Dialoge und Dialoge über die Dialoge. Dortmund: Verlag modernes lernen.

Anderson, H. & Goolishian, H. (1991). Supervision als kooperativer Dialog. In H. Brandau (Hrsg.), Supervision aus systemischer Sicht (S.69-78). Salzburg: Otto Müller.

Anderson, J. (1988). The supervisory process in speech-language pathology and audiology. Boston: College Hill.

Andriessen, H. C. I. & Miethner, R. (1985). Praxis der Supervision. Beispiel: Pastorale Supervision. Eschborn bei Frankfurt/M.: Fachbuchhandlung für Psychologie.

Anschau, P. (1987). Organisationsinterne Supervision im kirchlichen Bereich. Supervision, 12, 61-70.

Antons, K. (1996). Praxis der Gruppendynamik. Übungen und Techniken (6.Aufl.). Göttingen: Hogrefe.

Aponte, J. F. & Lyons, M. J. (1980). Supervision in community settings: Concepts, methods, and issues. In A. K. Hess (Ed.), Psychotherapy supervision. Theory, research and practice (pp.381-406). New York: Wiley.

Arbeitsgemeinschaft für Verhaltensmodifikation (Hrsg.; Redaktion: A. Laireiter & H. Mackinger).(1987). Organisationsstruktur der AVM, Modell der Aus- und Weiterbildung, Vereinsstatuten u.a.m. Salzburg: AVM.

Arbeitsgemeinschaft Psychotherapie (AGPT).(1995/1996). Ausbildungs- und Prüfungsordnung für psychologische Psychotherapeutinnen und Psychotherapeuten. Beilage zur Zeitschrift Verhaltenstherapie und psychosoziale Praxis, 1/1996.

Archer, R. P. & Peake, T. H. (1984). Learning and teaching psychotherapy: Signposts and growth stages. In T. H. Peake & R. P. Archer (Eds.), Clinical training in psychotherapy (= The Clinical Supervisor, Volume 2, Number 4; pp.61-74). New York: Haworth.

Argelander, H. (1980). Die Struktur der „Beratung unter Supervision". Psyche, 34, 54-77.

Association for Counselor Education & Supervision Interest Group (1995). Ethical guidelines for counseling supervisors. Counselor Education and Supervision, 34(3), 270-276.

Auckenthaler, A. (1991). Dabeisein ist nicht alles. Anmerkungen zu den Grenzen von Supervision. Pro Familia Magazin, 19, 14-16.

Auckenthaler, A. (1992). Der Praktiker und das Rationale. Wenn Supervision ungemütlich wird. In A. Auckenthaler & D. Kleiber (Hrsg.), Supervision in Handlungsfeldern der psychosozialen Versorgung (S.101-111). Tübingen: DGVT.

Auckenthaler, A. (1995). Supervision psychotherapeutischer Praxis. Organisation – Standards – Wirklichkeit. Stuttgart: Kohlhammer.

Auckenthaler, A. & Kleiber, D. (Hrsg.).(1992). Supervision in Handlungsfeldern der psychosozialen Versorgung. Tübingen: DGVT.

Ausubel, D. (1968). Educational psychology. New York: Holt.

Bachmair, S., Faber, J., Hennig, C., Kolb, R. & Willig, W. (1994). Beraten will gelernt sein. Ein praktisches Lehrbuch für Anfänger und Fortgeschrittene (5.Aufl.). München: Psychologie Verlags Union.

Bachmann, K. M. & Böker, W. (Hrsg.).(1994). Sexueller Mißbrauch in Psychotherapie und Psychiatrie. Bern: Huber.

Baer, G. (1994). Supervision in der Kindertagesstätte. In H. Pühl (Hrsg.), Handbuch der Supervision 2 (S.281-293). Berlin: Edition Marhold.

Baker, J. N., Healy, M. & Lenzi, M. (1991). Interagency community settings: Supervision in a therapeutic foster home program. The Clinical Supervisor, 9, 153-183.

Balint, M. (1989a). Psychotherapeutische Fortbildung des praktischen Arztes. In C. Nedelmann & H. Ferstl (Hrsg.), Die Methode der Balint-Gruppe (S.71-93). Stuttgart: Klett-Cotta (Orig. 1954).

Balint, M. (1989b). Der Arzt, sein Patient und die Krankheit. In C. Nedelmann & H. Ferstl (Hrsg.), Die Methode der Balint-Gruppe (S.94-114). Stuttgart: Klett-Cotta (Orig. 1955).

Ball, J. D. & Gingras, T. (1991). Psychotherapy and its supervision in the U.S. military. The Clinical Supervisor, 9, 115-134.

Baltes, P. B., Reese, H. W. & Nesselroade, J. R. (1977). Life-span developmental psychology: Introduction to research methods. Belmont (CA): Wadsworth.

Bandura, A. (1969). Principles of behavior modification. New York: Holt.

Bandura, A. (1977). Self-efficacy: Toward a unifying theory of behavioral change. Psychological Review, 84, 191-215.

Bandura, A. (1978). The self system in reciprocal determinism. American Psychologist, 33, 344-358.

Bandura, A. (1979). Sozial-kognitive Lerntheorie. Stuttgart: Klett-Cotta.

Bandura, A. (1986). Social foundations of thought and action: A social cognitive theory. Englewood Cliffs (NJ): Prentice-Hall.

Barak, A. & LaCrosse, M. B. (1977). Comparative perceptions of practicum counselor behavior. Counselor Education and Supervision, 16, 202-208.

Barlow, D. H., Hayes, S. C. & Nelson, R. O. (1984). The scientist-practitioner: Research and accountability in clinical and educational settings. New York: Pergamon.

Barrett, C. L. & Wright, J. H. (1984). Therapist variables. In M. Hersen, L. Michelson & A. S. Bellack (Eds.), Issues in psychotherapy research (pp.361-391). New York: Plenum.

Barrett-Lennard, G. T. (1962). Dimensions of perceived therapist response as causal factors in therapeutic change. Psychological Monographs, 76 (43), whole No.453.

Barthe, H.-J. (1985). Gruppenprozesse in der Teamsupervision – konstruktive und destruktive Effekte. Praxis der Kinderpsychologie und Kinderpsychiatrie, 34, 142-148.

Bartlett, F. C. (1932). Remembering: A study in experimental and social psychology. Cambridge: University Press.

Bartlett, W. E., Goodyear, R. K. & Bradley, F. O. (Eds.).(1983). Supervision in counseling II [special issue]. The Counseling Psychologist, 11, 7-79.

Bartling, G, Echelmeyer, L., Engberding, M. & Krause, R. (1992). Problemanalyse im therapeutischen Prozeß. Leitfaden für die Praxis (3.Aufl.). Stuttgart: Kohlhammer.

Bateson, G. (1982). Geist und Natur. Frankfurt/M.: Suhrkamp.

Bauer, A. & Bauer, U. (1990). Macht und Kränkung als Korrelate pflegender Berufe. Supervisions- und Balint-erfahrungen mit Krankenschwestern und -pflegern. In H. Pühl (Hrsg.), Handbuch der Supervision. Beratung und Reflexion in Ausbildung, Beruf und Organisation (S.464-476). Berlin: Marhold.

Bauer, A. & Gröning, K. (1994). Frauensupervision: Solidarität und Konkurrenz feministischer Schwestern. In H. Pühl (Hrsg.), Handbuch der Supervision 2 (S.254-271). Berlin: Edition Marhold.

Bauer, M. (1996). Modelllernen in der Verhaltenstherapie – Prinzipien und Techniken. In H. S. Reinecker & D. Schmelzer (Hrsg.), Verhaltenstherapie, Selbstregulation, Selbstmanagement – Frederick H. Kanfer zum 70.Geburtstag (S.223-233). Göttingen: Hogrefe.

Baum, B. E. & Gray, J. J. (1992). Expert modeling, self-observation using videotape, and acquisition of basic therapy skills. Professional Psychology: Research and Practice, 23, 220-225.

Bauman, W. F. (1972). Games counselor trainees play: Dealing with trainee resistance. Counselor Education and Supervision, 11(4), 251-256.

Baumann, S. (1987). Der Gegenstand psychodynamisch orientierter Supervision in der Frühförderung. Frühförderung interdisziplinär, 6, 150-158.

Bauriedl, T. (1980). Beziehungsanalyse. Das dialektisch-emanzipatorische Prinzip der Psychoanalyse und seine Konsequenzen für die psychoanalytische Familientherapie. Frankfurt/M.: Suhrkamp.

Bauriedl, T. (1984). Die Auflösung von Beziehungsstörungen in Balintgruppen. Supervision, 6, 47-59.

Bauriedl, T. (1993). Psychoanalytische Perspektiven in der Supervision. Supervision, 23, 9-35.

Beck, A. T., Rush, A. J., Shaw, B. F. & Emery, G. (1981). Kognitive Therapie der Depression. München: Urban & Schwarzenberg (4.Aufl.: 1994).

Becker, H. (1991). Teamsupervision in der psychiatrischen Klinik. Psychiatrische Praxis, 18, 167-172.

Becker, H. (Hrsg.).(1995). Psychoanalytische Teamsupervision. Göttingen: Vandenhoek & Ruprecht.

Becker, S. (1990). Die Supervision in der Behandlung psychotischer Jugendlicher. In R. Lempp (Hrsg.), Die Therapie der Psychosen im Kindes- und Jugendalter (S.177-186). Bern: Huber.

Beerlage, I. & Fehre, E.-M. (Hrsg.).(1989). Praxisforschung zwischen Intuition und Institution. Tübingen: DGVT.

Behler, T. (1993). Alles ganz anders und doch wieder ähnlich. Überlegungen zur Akquisition und Beratung im Profit- und Non-profit-Bereich. Forum Supervision, 1, 80-94.

Behrend, S. (1993). Einige Überlegungen zu Akquisition, Kontrakt und Prozeß oder: Umwege erhöhen die Ortskenntnisse. Forum Supervision, 1, 72-79.

Belardi, N. (1992). Supervision. Von der Praxisberatung zur Organisationsentwicklung. Paderborn: Junfermann.

Belardi, N. (1994). Zur geschichtlichen Entwicklung: Von der Supervision zur Organisationsberatung. In H. Pühl (Hrsg.), Handbuch der Supervision 2 (S.335-343). Berlin: Edition Marhold.

Bellingrath, J. (1994). Gibt es eine verhaltenstherapeutische Identifikation? Überlegungen zu Zielsetzungen in Weiterbildung und Supervision von VerhaltenstherapeutInnen. Verhaltenstherapie und psychosoziale Praxis, 26, 19-36.

Bellucci, J. E. (1972). Microcounseling and imitation learning: A behavioral approach to counselor education. Counselor Education and Supervision, 12(2), 88-97.

Benjamin, L. S. (1974). Structural analysis of social behavior. Psychological Review, 21, 392-425.

Bennis, W. G., Benne, K. D. & Chin, R. (1985). The planning of change (4th ed.). New York: Holt.

Benshoff, J. M. (1993). Peer supervision in counselor training. The Clinical Supervisor, 11, 89-102.

Berg, I. K. (1992). Familien-Zusammenhalt(en). Dortmund: Verlag modernes lernen.

Berger, P. L. & Luckmann, T. (1970). Die gesellschaftliche Konstruktion der Wirklichkeit. Eine Theorie der Wissenssoziologie. Frankfurt/M.: Fischer.

Bergin, A. E. & Garfield, S. L. (Eds.).(1971). Handbook of psychotherapy and behavior change. New York: Wiley.

Bergin, A. E. & Garfield, S. L. (Eds.).(1994). Handbook of psychotherapy and behavior change (4th ed.). New York: Wiley.

Berker, P. (Hrsg.).(1986). Supervision im Feld [Themenheft]. Supervision, 9, 1-73.

Berker, P. (1988). Lernen, was Supervision ist. Supervision, 13, 51-61.

Berker, P. (1989a). Das Unfertige und Unverstandene – Versuch über den Erfolg der Supervision. Supervision, 16, 69-71.

Berker, P. (Hrsg.).(1989b). Supervision in alternativen Projekten [Themenheft]. Supervision, 15, 1-76.

Berker, P. (1994). Externe Supervision – Interne Supervision. In H. Pühl (Hrsg.), Handbuch der Supervision 2 (S.344-352). Berlin: Edition Marhold.

Berker, P. (Hrsg.).(1995a). Kontrollsupervision [Themenheft]. Supervision, 27, 3-85.

Berker, P. (1995b). Kollegiale Supervisionsgruppen – kompetent, vertrauensvoll, entlastend. Supervision, 27, 70-75.

Berker, P. & Jansen, B. (1990). „Familienbetrieb" – Zum Konzept der Teamsupervision. In P. Berker & W. Weigand (Hrsg.), Supervision [Sonderheft März 1990], 82-84.

Berman, J. S. & Norton, N. C. (1985). Does professional training make a therapist more effective? Psychological Bulletin, 98, 401-407.

Bernard, J. M. (1979). Supervisor training: A discrimination model. Counselor Education and Supervision, 19, 60-68.

Bernard, J. M. (1981). Inservice training for clinical supervisors. Professional Psychology, 12, 740-748.

Bernard, J. M. (1989). Training supervisors to examine relationship variables using IPR. The Clinical Supervisor, 7(1), 103-112.

Bernard, J. M. & Goodyear, R. K. (1992). Fundamentals of clinical supervision. Boston (MA): Allyn & Bacon.

Berne, E. (1970). Spiele der Erwachsenen. Psychologie der menschlichen Beziehungen. Reinbek: Rowohlt (engl. Orig.: 1964: Games people play. New York: Grove Press).

Bernler, G. & Johnsson, L. (1993). Supervision in der psychosozialen Arbeit. Integrative Methodik und Praxis. Weinheim: Beltz.

Bernstein, B. L. & Lecomte, C. (1979). Self-critique technique training in a competency-based practicum. Counselor Education and Supervision, 19, 69-76.

Berufsverband Deutscher Psychologen (BDP).(1986). Berufsordnung für Psychologen. Report Psychologie, 11, 9-10/43-46.

Berufsverband Deutscher Psychologen (BDP).(1993). Dokumentation in klinisch-psychologischen Einrichtungen und Praxen. Report Psychologie, 18 (9/93), 5-7.

Beutler, L. E. & Kendall, P. C. (Eds.).(1995). Training and therapy outcome [special section]. Journal of Consulting and Clinical Psychology, 63, 179-213.

Beutler, L. E., Machado, P. P. P. & Neufeldt, S. A. (1994). Therapist variables. In A. E. Bergin & S. L. Garfield (Eds.), Handbook of psychotherapy and behavior change (4th ed.; pp.229-269). New York: Wiley.

Beutler, L. E. & McNabb, C. (1981). Self-evaluation for the psychotherapist. In C. E. Walker (Ed.), Clinical practice of psychology: A guide for mental health professionals (pp.397-439). New York: Pergamon.

Biggs, D. A. (1988). The case presentation approach in clinical supervision. Counselor Education and Supervision, 27(3), 240-248.

Binder, J. L. (1993). Is it time to improve psychotherapy training? Clinical Psychology Review, 13, 301-318.

Bion, W. R. (1970). Attention and interpretation. In Seven Servants. Four works by Wilfried R. Bion. New York: Jason Aronson.

Bion, W. R. (1990). Lernen durch Erfahrung. Frankfurt/Main: Fischer.

Birtsch, V. & Tscheulin, D. (Hrsg.).(1980). Ausbildung in Klinischer Psychologie und Psychotherapie. Ziele, Inhalte und Methoden in Lehre und Studium. Weinheim: Beltz.

Blaney, P. H. (1986). Affect and memory: A review. Psychological Bulletin, 99, 229-246.

Blankman, J., Dobrof, J. & Wade, K. (1993). Moving up without falling down: Forming groups to aid new supervisors. The Clinical Supervisor, 11, 135-143.

Blesken, K. W. (1989). Systemisch orientierte Supervision in der Psychotherapie von Kindern und Jugendlichen. Praxis der Kinderpsychologie und Kinderpsychiatrie, 38, 322-329.

Blesken, K. W. (1992). Supervision im Allgemeinkrankenhaus.In A. Auckenthaler & D. Kleiber (Hrsg.), Supervision in Handlungsfeldern der psychosozialen Versorgung (S.42-58). Tübingen: DGVT.

Blocher, D. H. (1966). Developmental counseling. New York: Ronald Press.

Blocher, D. H. (1983). Toward a cognitive developmental approach to counseling supervision. The Counseling Psychologist, 11, 27-34.

Blumberg, A. (1970). A system for analyzing supervisor-teacher interaction. In A. Simon & G. Boyer (Eds.), Mirrors for behavior (Vol.3). Philadelphia: Research for Better Schools.

Bödiker, M.-L. & Lange, W. (1975). Gruppendynamische Trainingsformen. Techniken, Fallbeispiele, Auswirkungen im kritischen Überblick. Reinbek: Rowohlt.

Boettcher, W. (1990). Kontraktgespräche in der Lehrsupervision. Ein kommentiertes Transskript. In W. Boettcher & G. Leuschner (Hrsg.), Lehrsupervision. Beiträge zur Konzeptionsentwicklung (2.Aufl.; S.153-184). Aachen: Kersting.

Boettcher, W. & Leuschner, G. (Hrsg.).(1990). Lehrsupervision. Beiträge zur Konzeptionsentwicklung (2.Aufl.). Aachen: Kersting.

Bögel, R. (1994). Evaluierung. In L. von Rosenstiel, C. M. Hockel & W. Molt (Hrsg.), Handbuch der Angewandten Psychologie. Grundlagen, Methoden, Praxis (IV-6; S.1-9). Landsberg: Ecomed.

Bolk-Weischedel, D. (1986). Supervision in der tiefenpsychologisch orientierten Psychotherapie. Zeitschrift für personenzentrierte Psychologie und Psychotherapie, 5, 271-277.

Bommert, H. (1980). Ausbildung in klinisch-psychologischer Diagnostik. In V. Birtsch & D. Tscheulin (Hrsg.), Ausbildung in Klinischer Psychologie und Psychotherapie. Ziele, Inhalte und Methoden in Lehre und Studium (S.86-108). Weinheim: Beltz.

Bongar, B. (1991). The suicidal patient: Clinical and legal standards of care. Washington (DC): American Psychological Association.

Bootzin, R. R. & Ruggill, J. S. (1988). Training issues in behavior therapy. Journal of Consulting and Clinical Psychology, 56, 703-709.

Borders, L. D. (1991). A systematic approach to peer group supervision. Journal of Counseling and Development, 69, 248-252.

Borders, L. D., Bernard, J. M., Dye, H. A., Fong, M. L., Henderson, P. & Nance, D. W. (1991). Curriculum guide for training counseling supervisors: Rationale, development, and implementation. Counselor Education and Supervision, 31, 58-80.

Borders, L. D. & Leddick, G. R. (1987). Handbook of counseling supervision. Alexandria (VA): Association for Counselor Education and Supervision.

Bordin, E. S. (1983). A working alliance based model of supervision. The Counseling Psychologist, 11, 35-42.

456

Borduin, C. M. (1991). Clinical child psychology training in the juvenile justice system: Treatment demands, therapist development, and supervisory process. The Clinical Supervisor, 9, 135-151.

Borus, J. F. & Groves, J. E. (1982). Training supervision as a separate faculty role. American Journal of Psychiatry, 139, 1339-1342.

Borwick, I. (1990). Systemische Beratung von Organisationen. In G. Fatzer & C. D. Eck (Hrsg.), Supervision und Beratung: Ein Handbuch (S.363-387). Köln: Edition Humanistische Psychologie.

Bosch, M. (1990). Ko-Evolution und Supervision in der entwicklungsorientierten Familientherapieausbildung. In H. Pühl (Hrsg.), Handbuch der Supervision. Beratung und Reflexion in Ausbildung, Beruf und Organisation (S.110-118). Berlin: Edition Marhold.

Böse, R. & Schiepek, G. (1989). Systemische Theorie und Therapie. Ein Handwörterbuch. Heidelberg: Asanger.

Bower, G. H. (1981). Mood and memory. American Psychologist, 36, 129-148.

Boyd, J. (1978). Counselor supervision: Approaches, preparation, practices. Muncie (IN): Accelerated Development Inc.

Bradley, L. J. (1989). Counselor supervision: Principles, process, practice. Muncie (IN): Accelerated Development Inc.

Brandau, H. (Hrsg.).(1991a). Supervision aus systemischer Sicht. Salzburg: Otto Müller.

Brandau, H. (1991b). Supervision als Koevolution oder Sokrates als Supervisor. In H. Brandau (Hrsg.), Supervision aus systemischer Sicht (S.11-42). Salzburg: Otto Müller.

Brandau, H. (1991c). NLP und Systemische Super-VISIONEN in Trance. In H. Brandau (Hrsg.), Supervision aus systemischer Sicht (S.176-193). Salzburg: Otto Müller.

Brandau, H. & Schüers, W. (1995). Spiel- und Übungsbuch zur Supervision. Salzburg: Otto Müller.

Brannon, D. (1985). Adult learning principles and methods for enhancing the training role of supervisors. The Clinical Supervisor, 3, 27-41.

Brauner, T. (1990). Supervision für soziale Projekte – Überleben als Beratungsfokus? In H. Pühl (Hrsg.), Handbuch der Supervision. Beratung und Reflexion in Ausbildung, Beruf und Organisation (S.233-240). Berlin: Edition Marhold.

Brehm, S. S. & Brehm, J. W. (1981). Psychological reactance: A theory of freedom and control. New York: Academic Press.

Breunlin, D. C., Karrer, B. M., McGuire, D. E. & Cimmarusti, R. A. (1988). Cybernetics of videotape supervision. In H. A. Liddle, D. C. Breunlin & R. C. Schwartz (Eds.), Handbook of family therapy training and supervision (S.194-206). New York: Guilford.

Bridge, P. & Bascue, L. O. (1990). Documentation of psychotherapy supervision. Psychotherapy in Private Practice, 8, 79-86.

British Association for Counselling (1991a). BAC code of ethics and practice for trainers. In W. Dryden & B. Thorne (Eds.), Training and supervision for counselling in action (pp.170-173). London: Sage.

British Association for Counselling (1991b). BAC code of ethics and practice for the supervision of counsellors. In W. Dryden & B. Thorne (Eds.), Training and supervision for counselling in action (pp.174-180). London: Sage.

Broich, J. (1980). Rollenspiele mit Erwachsenen. Anleitungen und Beispiele für Erwachsenenbildung, Sozialarbeit, Schule mit Bibliographie zur Spielpädagogik. Reinbek: Rowohlt.

Bruch, M. & Hoffmann, N. (Hrsg.).(1996). Selbsterfahrung in der Verhaltenstherapie? Berlin: Springer.

Brühwiler, H. (1994). Methoden der ganzheitlichen Jugend- und Erwachsenenbildung (2.Aufl.). Opladen: Leske & Budrich.

Brunk, M. (1991). Applications of context to supervision in university counseling centers. The Clinical Supervisor, 9, 91-113.

Brunner, E. J. (1993). Organisationsdynamik. In W. Schönig & E. J. Brunner (Hrsg.), Organisationen beraten. Impulse für Theorie und Praxis (S.95-110). Freiburg/Br.: Lambertus.

Buchinger, K. (1988a). Der systemische Ansatz in der Beratung von Institutionen des Gesundheitswesens. In L. Reiter, E. J. Brunner & S. Reiter-Theil (Hrsg.), Von der Familientherapie zur systemischen Perspektive (S.159-171). Berlin: Springer.

Buchinger, K. (1988b). Teamsupervision in Institutionen. Gruppenpsychotherapie und Gruppendynamik, 24, 1-14.

Buchinger, K. (1990). Balintgruppe – Gruppensupervision – Teamsupervision: Indikation und Methode. In H. Pühl (Hrsg.), Handbuch der Supervision. Beratung und Reflexion in Ausbildung, Beruf und Organisation (S.131-148). Berlin: Edition Marhold.

Buer, F. (1996). Psychodramatische Supervision. Supervision, 29, 81-92.

Burns, C. I. & Holloway, E. L. (1989). Therapy in supervision: An unresolved issue. The Clinical Supervisor, 7(4), 47-60.

457

Busch, H.-J. & Deserno, H. (1989). Zur Dynamik einer Institutionalisierung. Überlegungen im Rahmen der Supervision eines Projekts alternativer Gesundheitsarbeit. Supervision, 15, 55-64.

Butzko, H. G. (1994). Supervision in Wirtschaftsunternehmen. In H. Pühl (Hrsg.), Handbuch der Supervision 2 (S.316-330). Berlin: Edition Marhold.

Caemmerer, D. von (1970). Praxisberatung (Supervision) – ein Quellenband. Freiburg/Br.: Lambertus.

Caligor, L., Bromberg, P. M. & Meltzer, J. D. (Eds.).(1984). Clinical perspectives on the supervision of psychoanalysis and psychotherapy. New York: Plenum.

Campbell, D. T. & Stanley, J. C. (1963). Experimental and quasi-experimental designs for research on teaching. In N. L. Gage (Ed.), Handbook of research on teaching (pp.171-246). Chicago: Rand McNally.

Cantor, N. & Kihlstrom, J. F. (Eds.).(1981). Personality, cognition, and social interaction. Hillsdale (NJ): Lawrence Erlbaum.

Cantor, N. & Mischel, W. (1979). Prototypes in person perception. In L. Berkowitz (Ed.), Advances in experimental social psychology (Vol.12). New York: Academic Press.

Cantwell, P. & Holmes, S. (1994). Social construction: A paradigm shift for systemic therapy and training. Australian and New Zealand Journal of Family Therapy, 15(1), 17-26.

Carey, M. P. & Burish, T. G. (1987). Providing relaxation training to cancer chemotherapy patients: A comparison of three delivery techniques. Journal of Consulting and Clincal Psychology, 55, 732-737.

Carifio, M. S. & Hess, A. K. (1988). Was kennzeichnet den „idealen" Supervisor? Report Psychologie, 13 (5-6), 18-27 (am. Orig. 1987: Who is the ideal supervisor? Professional Psychology: Research and Practice, 18, 244-250).

Carkhuff, R. R. (1969). Helping and human relations: A primer for lay and professional helpers (Vols. 1 & 2). New York: Holt, Rinehart, and Winston.

Carkhuff, R. R. & Berenson, B. G. (1967). Beyond counseling and psychotherapy. New York: Holt, Rinehart & Winston.

Carver, C. S. & Scheier, M. F. (1981). Attention and self-regulation: A control-theory approach to human behavior. New York: Springer.

Caspar, F. (1989). Beziehungen und Probleme verstehen. Eine Einführung in die psychotherapeutische Plananalyse. Bern: Huber.

Caspar, F. (Hrsg.).(1996). Psychotherapeutische Problemanalyse. Tübingen: DGVT.

Chaiklin, H. & Munson, C. E. (1983). Peer consultation in social work. The Clinical Supervisor, 1, 21-34.

Chalfin, R. M. & Altieri, J. (1991). Supervised treatment of an obsessional patient by a psychiatric resident utilizing psychotherapy and pharmacotherapy. American Journal of Psychotherapy, 45, 43-52.

Cheston, S. E. (1991). A case presentation paradigm: A model for efficient use of small group or individual counselor supervision. The Clinical Supervisor, 9, 149-159.

Chi, M. T. H., Glaser, R. & Farr, M. J. (1988). The nature of expertise. Hillsdale (NJ): Lawrence Erlbaum.

Chodoff, P. (1972). Supervision of psychotherapy with videotape: Pros and cons. American Journal of Psychiatry, 128, 819-823.

Chomsky, N. (1965). Aspects of the theory of syntax. Cambridge (MA): MIT Press.

Christmann, F. (1995). Mentales Training. Anwendung in Psychotherapie, Beratung und Supervision. Göttingen: Verlag für Angewandte Psychologie.

Clark, H. B., Waden, T. A., Brownell, K. D., Gordon, S. G. & Tarte, R. D. (1983). Sources of continuing education for behavior therapists: The utility of journals, conferences, and other informational sources. The Behavior Therapist, 6, 23-26.

Clarkson, P. & Gilbert, M. (1991). The training of counsellor trainers and supervisors. In W. Dryden & B. Thorne (Eds.), Training and supervision for counselling in action (pp.143-169). London: Sage.

Cohn, R. (1975). Von der Psychoanalyse zur Themenzentrierten Interation. Stuttgart: Klett-Cotta.

Cole, C. W., Oetting, E. R. & Miskimins, R. W. (1969). Self-concept therapy for adolescent females. Journal of Abnormal Psychology, 74, 642-645.

Collins, D. & Bogo, M. (1986). Competency-based field instruction: Bridging the gap between laboratory and field learning. The Clinical Supervisor, 4(3), 39-52.

Collins, F. L. jr., Foster, S. L. & Berler, E. S. (1986). Clinical training issues for behavioral psychology. Professional Psychology: Research and Practice, 17, 301-307.

Conen, M.-L. (1989). Teamsupervision in alternativen Projekten. Supervision, 15, 4-14.

Connemann, R. (1993). Methoden in Supervisions- und Fallbesprechungsgruppen mit Lehrern. Psychologie in Erziehung und Unterricht, 40, 53-62.

Conrad, G. & Pühl, H. (1983). Team-Supervision. Gruppenkonflikte erkennen und lösen. Berlin: Marhold.

458

Cormier, L. S., Hackney, H. & Segrist, A. (1974). Three counselor training models: A comparative study. Counselor Education and Supervision, 14, 95-104.

Cremerius, J. (1992). „Der Lehranalytiker begeht jeden einzelnen dieser Fehler." In U. Streeck & H.-V. Werthmann (Hrsg.), Lehranalyse und psychoanalytische Ausbildung (S.52-69). Göttingen: Vandenhoeck & Ruprecht.

Cremerius, J. (1994a). Wenn wir Psychoanalytiker die psychoanalytische Ausbildung analysieren, müssen wir sie psychoanalytisch organisieren! In R. Frühmann & H. Petzold (Hrsg.), Lehrjahre der Seele. Lehranalyse, Selbsterfahrung, Eigentherapie in den psychotherapeutischen Schulen (S.57-91). Paderborn: Junfermann.

Cremerius, J. (1994b). Kritische Überlegungen zur Supervision in der institutionalisierten psychoanalytischen Ausbildung. In H. Pühl (Hrsg.), Handbuch der Supervision 2 (S.419-431). Berlin: Edition Marhold.

Cross, D. G. (1985). The age of accountability. Australian and New Zealand Journal of Family Therapy, 6, 129-135.

Cytrynbaum, S., Ginath, Y., Birdwell, J. & Brandt, L. (1979). Goal attainment scaling: A critical review. Evaluation Quarterly, 3, 5-40.

Czichos, R. (1993a). Change-Management. Konzepte, Prozesse, Werkzeuge für Manager, Verkäufer, Berater und Trainer. München: Reinhardt.

Czichos, R. (1993b). Creaktivität und Chaos-Management. München: Reinhardt.

Daigl, K. A. (1988). Kleine Planspiele für Helfer. Anregungen zur Selbsthilfe, Reflexion, Supervision in Praxis und Ausbildung. Freiburg/Br.: Lambertus.

Dana, R. H. & May, W. T. (Eds.).(1987). Internship training in professional psychology. Washington (DC): Hemisphere Publishing Co.

Dawson, J. (1926). The case supervisor in a family agency. Family, 6, 293-295.

Degenhardt, C. (1994). Möglichkeiten und Grenzen der Supervision im Allgemeinkrankenhaus. In H. Pühl (Hrsg.), Handbuch der Supervision 2 (S.242-253). Berlin: Edition Marhold.

Degwart, I. & Krüger, D. (1990). Systemischer Ansatz in der Supervision. In P. Berker & W. Weigand (Hrsg.), Supervision [Sonderheft März 1990], 71-72.

Deissler, K. G. (1990). Zur Konstruktion eines systemtherapeutischen Kontextes an einer psychiatrischen Landesklinik. Zeitschrift für systemische Therapie, 8, 238-247.

Deitering, F. G. (1995). Selbstgesteuertes Lernen. Göttingen: Verlag für Angewandte Psychologie.

Delaney, D. J. (1972). A behavioral model for the practicum supervision of counselor candidates. Counselor Education and Supervision, 12(1), 46-50.

Denker, R. (1994). Freud inauguriert die psychoanalytische Supervision. Die Therapie der Pferdehysterie des „kleinen Hans" als Modellfall schon 1908. In Verein für Psychoanalytische Sozialarbeit (Hrsg.), Supervision in der psychoanalytischen Sozialarbeit (S.60-85). Tübingen: edition diskord.

Dennig, U. (1993). Zur Identitätsentwicklung einer Psychologin, die Supervisorin wurde. Forum Supervision, 1, 55-78.

Derra-Wippich, I. (1991). Supervision von Supervisoren: mit einem Interview zur Supervision in strategischer Therapie mit Tony Manocchio. In H. Brandau (Hrsg.), Supervision aus systemischer Sicht (S.158-166). Salzburg: Otto Müller.

Deutsche Gesellschaft für Supervision (Hrsg.).(1992). Materialien für die Supervisions-Praxis. Hille: Ursel Busch Fachverlag.

Deutsche Gesellschaft für Verhaltenstherapie (Hrsg.).(1986). Verhaltenstherapie – Theorien und Methoden. Tübingen: DGVT.

Deutsche Gesellschaft für Verhaltenstherapie (Hrsg.).(1989). Fort- und Weiterbildung in der DGVT. Tübingen: DGVT.

Deutschmann, M. (1990). Ich-strukturelle und kognitive Störungen chronisch Schizophrener als Herausforderung an psychiatrische Team-Supervision. In H. Pühl (Hrsg.), Handbuch der Supervision. Beratung und Reflexion in Ausbildung, Beruf und Organisation (S.213-232). Berlin: Marhold.

Deutschmann, M. (1994). Psychiatrische Team-Supervision. In H. Pühl (Hrsg.), Handbuch der Supervision 2 (S.217-234). Berlin: Edition Marhold.

DeVoge, J. T. & Beck, S. (1978). The therapist-client relationship in behavior therapy. In M. Hersen, R. M. Eisler & P. Miller (Eds.), Progress in behavior modification (Vol.6, pp.204-248). New York: Academic Press.

Dewey, J. (1910). How we think. Boston: Heath.

Dickhaut, H. H. & Luban-Plozza, B. (1990). Balintarbeit. In H. Pühl (Hrsg.), Handbuch der Supervision. Beratung und Reflexion in Ausbildung, Beruf und Organisation (S.302-321). Berlin: Edition Marhold.

Diesinger, I. & Mehring, G. (1996). Aus- und Weiterbildung in Verhaltenstherapie an anerkannten Instituten. In H. S. Reinecker & D. Schmelzer (Hrsg.), Verhaltenstherapie, Selbstregulation, Selbstmanagement – Frederick H. Kanfer zum 70.Geburtstag (S.435-456). Göttingen: Hogrefe.

Dobson, K. S. & Shaw, B. F. (1988). The use of treatment manuals in cognitive therapy: Experience and issues. Journal of Consulting and Clinical Psychology, 56, 673-680.

Dobson, K. S. & Shaw, B. F. (1993). The training of cognitive therapists: What have we learned from treatment manuals? Psychotherapy, 30, 573-577.

Dodenhoff, J. T. (1981). Interpersonal attraction and direct-indirect supervisor influence as predictors of counselor trainee effectiveness. Journal of Counseling Psychology, 28, 47-52.

Doehrman, M. J. (1976). Parallel processes in supervision and psychotherapy. Bulletin of the Menninger Clinic, 40, 3-104.

Domann, G. (1994). Die Lehranalyse – ein nicht eingelöstes Versprechen? Möglichkeiten und Grenzen psycho-analytischer Ausbildung. In R. Frühmann & H. Petzold (Hrsg.), Lehrjahre der Seele. Lehranalyse, Selbsterfahrung, Eigentherapie in den psychotherapeutischen Schulen (S.41-56). Paderborn: Junfermann.

Donabedian, A. (1966). Evaluating the quality of medical care. Milbank Memorial Fund Quarterly, 44, 166-203.

Donnelly, C. & Glaser, A. (1992). Training in self-supervision skills. The Clinical Supervisor, 10, 85-96.

Dörner, D. (1976). Problemlösen als Informationsverarbeitung. Stuttgart: Kohlhammer.

Dörner, D. (1989). Die Logik des Mißlingens. Reinbek: Rowohlt.

Dörner, D., Kreuzig, H. W., Reither, F. & Stäudel, T. (Hrsg.).(1983). Lohhausen: Vom Umgang mit Unbestimmtheit und Komplexität. Bern: Huber.

Dowd, E. T. & Trutt, S. D. (1988). Paradoxical interventions in behavior modification. In M. Hersen, R. M. Eisler & P. M. Miller (Eds.), Progress in behavior modification (Vol. 23, pp.96-130). Beverly Hills (CA): Sage.

Downing, C. J. & Maples, M. F. (1979). School counselor field supervision: A model. Counselor Education and Supervision, 19, 153-160.

Dowrick, P. W. (1991). Practical guide to using video in the behavioral sciences. New York: Wiley.

Doyle, R. E. (1982). The counselor's role communication skills, or the roles counselors play: A conceptual model. Counselor Education and Supervision, 22(2), 123-131.

Doyle, W. W. jr., Foreman, M. E. & Wales, E. (1977). Effects of supervision in the training of nonprofessional crisis-intervention counselors. Journal of Counseling Psychology, 24, 72-78.

Drabman, R. S. (1985). Graduate training of scientist-practitioner-oriented clinical psychologists: Where we can improve. Professional Psychology: Research and Practice, 16, 623-633.

Dreesmann, H. & Kraemer-Fieger, S. (Hrsg.).(1994). Moving – Neue Managementkonzepte zur Organisation des Wandels. Frankfurt/Main: Frankfurter Allgemeine Zeitung & Wiesbaden: Gabler.

Dryden, W. & Feltham, C. (1994). Developing counsellor training. London: Sage.

Dryden, W. & Thorne, B. (Eds.).(1991). Training and supervision for counselling in action. London: Sage.

Dubin, S. S. (1972). Obsolescence or lifelong education: A choice for the professional. American Psychologist, 27, 486-498.

Dübjohann, M. (1993). Kompetenz durch Supervision. München: Don Bosco.

Durlak, J. A. (1979). Comparative effectiveness of paraprofessional and professional helpers. Psychological Bulletin, 86, 80-92.

D'Zurilla T. J. & Goldfried, M. R. (1971). Problem solving and behavior modification. Journal of Abnormal Psychology, 78, 107-126.

Eberlein, L. (1987). Introducing ethics to beginning psychologists: A problem-solving approach. Professional Psychology: Research and Practice, 18, 353-359.

Eck, C. D. (1990a). Elemente einer Rahmentheorie der Beratung und Supervision. In G. Fatzer & C. D. Eck (Hrsg.), Supervision und Beratung: Ein Handbuch (S.17-52). Köln: Edition Humanistische Psychologie.

Eck, C. D. (1990b). Rollencoaching als Supervision. In G. Fatzer & C. D. Eck (Hrsg.), Supervision und Beratung: Ein Handbuch (S.209-247). Köln: Edition Humanistische Psychologie.

Eck, C. D. (1990c). Projektberatung und Projektbegleitung. In G. Fatzer & C. D. Eck (Hrsg.), Supervision und Beratung: Ein Handbuch (S.327-340). Köln: Edition Humanistische Psychologie.

Edding, C. (1985). Supervision – Teamberatung – Organisationsentwicklung, Ist denn wirklich alles dasselbe? Supervision, 7, 9-24.

Edelmann, W. (1994). Lernpsychologie (3.Aufl.). München/Weinheim: Psychologie Verlags Union.

Edelstein, B. A. (1985). Empirical evaluation of clinical training. The Behavior Therapist, 8, 67-70.

Edelstein, B. A. & Berler, E. S. (1987). Evaluation and accountability in clinical training. New York: Plenum.

Efstation, J. F., Patton, M. J. & Kardash, C. M. (1990). Measuring the working alliance in counselor supervision. Journal of Counseling Psychology, 37, 322-329.

Ehinger, W. & Hennig, C. (1994). Praxis der Lehrersupervision. Leitfaden für Lehrergruppen mit und ohne Supervisor. Weinheim: Beltz.

Eichberger, M. (1990). TZI in der Gruppensupervision mit LehrerInnen. In H. Pühl (Hrsg.), Handbuch der Supervision. Beratung und Reflexion in Ausbildung, Beruf und Organisation (S.441-451). Berlin: Edition Marhold.

Ekstein, R. (1964). Supervision of psychotherapy: Is it teaching? Is it administration? Or is it therapy? Psychotherapy: Theory, Research and Practice, 1, 137-138.

Ekstein, R. & Wallerstein, R. S. (1972). The teaching and learning of psychotherapy (2nd ed.). New York: International Universities Press (Erstauflage 1958).

Elliott, R. (1979). How clients perceive helper behaviors. Journal of Counseling Psychology, 26, 285-294.

Elliott, R. (1984). A discovery-oriented approach to significant change events in psychotherapy: Interpersonal process recall and comprehensive process analysis. In L. Rice & L. S. Greenberg (Eds.), Patterns of change: Intensive analysis of psychotherapy process (pp.249-286). New York: Guilford.

Elliott, R., Hill, C., Stiles, W. B., Friedlander, M. L., Mahrer, A. R. & Margison, F. R. (1987). Primary therapist response modes: Comparison of six rating systems. Journal of Consulting and Clinical Psychology, 55, 218-223.

Ellis, A. (1977). Die rational-emotive Therapie: Das innere Selbstgespräch bei seelischen Problemen und seine Veränderung. München: Pfeiffer (5.Aufl.: 1993).

Ellis, M. V. (1991). Research in clinical supervision: Revitalizing a scientific agenda. Counselor Education and Supervision, 30, 238-251.

Engberding, M. (1996). Problemlösen – Ein Orientierungsmodell für Analyse und Therapie psychischer Störungen. In F. Caspar (Hrsg.), Psychotherapeutische Problemanalyse (S.87-131). Tübingen: DGVT.

Engelhardt, W. (1994). Supervision. In M. Zielke & J. Sturm (Hrsg.), Handbuch Stationäre Verhaltenstherapie (S.975-982). Weinheim: Psychologie-Verlags-Union.

Epe, C. & Fischer-Epe, M. (1995). Wenn die Lösung zum Problem wird: Überlegungen zum Sinn und Unsinn fortlaufender Supervision in Teams. In F.-W. Wilker (Hrsg.), Supervision und Coaching. Aus der Praxis für die Praxis (S.188-198). Bonn: Deutscher Psychologen Verlag.

Ericsson, K. S. & Simon, H. A. (1980). Verbal reports as data. Psychological Reports, 87, 215-251.

Estadt, B. K., Compton, J. R. & Blanchette, M. C. (Eds.).(1987). The art of clinical supervision. A pastoral counseling perspective. New York: Paulist Press.

Evans, D. R. (1976). A systematized introduction to behavior therapy training. Journal of Behavior Therapy and Experimental Psychiatry, 7, 23-26.

Evans, M. D. (1979). Factors related to the outcome of treatment for sexual dysfunction (Doctoral dissertation, University of California, Berkeley). Dissertation Abstracts International, 39, 4026 B.

Everett, C. A. (1980). Supervision of marriage and family therapy. In A. K. Hess (Ed.), Psychotherapy supervision. Theory, research and practice (pp.367-380). New York: Wiley.

Everett, C. A. & Koerpel, B. J. (1986). Family therapy supervision: A review and critique of the literature. Contemporary Family Therapy, 8, 62-74.

Externbrink, D. & Schmitz, K. (1990). Supervision aus der Sicht der ärztlichen Leitung. Sozialpsychiatrische Informationen [Themenschwerpunkt Supervision], 20(2), 35-38.

Fallner, H. (1989). Skulptieren in der Supervision. In K. F. Richter & H. Fallner (Hrsg.), Kreative Medien in der Supervision und Psychosozialen Beratung (S.101-120). Hille: Busch.

Farrelly, F. (1991). Provokative Supervision: Ein Life-Transkript. In H. Brandau (Hrsg.), Supervision aus systemischer Sicht (S.211-225). Salzburg: Otto Müller.

Faßnacht, G. (1995). Systematische Verhaltensbeobachtung. Eine Einführung in die Methodologie und Praxis (2.Aufl.). München: Reinhardt.

Fatzer, G. (1990a). Phasendynamik und Zielsetzung der Supervision und Organisationsberatung. In G. Fatzer & C. D. Eck (Hrsg.), Supervision und Beratung: Ein Handbuch (S.53-84). Köln: Edition Humanistische Psychologie.

Fatzer, G. (1990b). Institutions- und Systemdynamik der Supervision. In G. Fatzer & C. D. Eck (Hrsg.), Supervision und Beratung: Ein Handbuch (S.85-108). Köln: Edition Humanistische Psychologie.

Fatzer, G. (1990c). Teamsupervision als Organisationsentwicklung. In G. Fatzer & C. D. Eck (Hrsg.), Supervision und Beratung: Ein Handbuch (S.257-276). Köln: Edition Humanistische Psychologie.

Fatzer, G. (1990d). Die lernfähige Organisation. In G. Fatzer & C. D. Eck (Hrsg.), Supervision und Beratung: Ein Handbuch (S.389-408). Köln: Edition Humanistische Psychologie.

461

Fatzer, G. (1990e). Rollencoaching als Supervision von Führungskräften. Supervision, 17, 42-49.

Fatzer, G. & Eck, C. D. (Hrsg.).(1990). Supervision und Beratung: Ein Handbuch. Köln: Edition Humanistische Psychologie.

Feixas, G. (1992). A constructivist approach to supervision: Some preliminary thoughts. International Journal of Personal Construct Psychology, 5, 183-200.

Feltham, C. & Dryden, W. (1994). Developing counsellor supervision. London: Sage.

Fengler, J. (1986a). Supervision. Eine allgemeine Einführung. Geistige Behinderung, 25, 252-265.

Fengler, J. (1986b). Supervision, Intervision und Selbsthilfe. Gruppendynamik, 17, 59-64.

Fengler, J. (1993). Supervision in gestalttheoretischer Perspektive. Gestalt Theory, 15(3-4), 208-216.

Fengler, J., Sauer, S. & Stawicki, C. (1994). Peer-Group-Supervision. In H. Pühl (Hrsg.), Handbuch der Supervision 2 (S.188-198). Berlin: Edition Marhold.

Ferenczi, S. & Rank, O. (1924). Die Entfaltung der Psychoanalyse. Wien/Leipzig/Zürich.

Feyerabend, P. (1983). Wider den Methodenzwang (3.Aufl.). Frankfurt/M.: Suhrkamp.

Fiala, E. (1986). Supervision als systematische Reflexion beruflichen Handelns in psychosozialen Praxisfeldern. Unveröffentlichte Dissertation, Universität Salzburg, Institut für Psychologie.

Fiedler, M. (1990). Supervision in der Sozialarbeiterausbildung. In H. Pühl (Hrsg.), Handbuch der Supervision. Beratung und Reflexion in Ausbildung, Beruf und Organisation (S.63-67). Berlin: Edition Marhold.

Fiedler, P. A. (1986). Verhaltenstherapie in Gruppen. Überblick und Perspektiven. Gruppendynamik, 17, 341-360.

Fiedler, P. A. (1987). Problemorientierte Arbeitsgruppen in der Psychotherapie. Verhaltensmodifikation und Verhaltensmedizin, 8, 111-133.

Fiedler, P. A. (1995). Psychoedukative Gruppenkonzepte in der Verhaltenstherapie. Eine systematisierte Übersicht über zugängliche Konzepte und Therapiemanuale. Verhaltensmodifikation und Verhaltensmedizin, 16, 35-53.

Fiedler, P. A. (1996). Die Förderung der Selbst- und Mitverantwortung von Patienten in verhaltenstherapeutischen Gruppen. In H. S. Reinecker & D. Schmelzer (Hrsg.), Verhaltenstherapie, Selbstregulation, Selbstmanagement – Frederick H. Kanfer zum 70.Geburtstag (S.209-222). Göttingen: Hogrefe.

Fiedler, P. (1996a). Verhaltenstherapie in und mit Gruppen. Psychologische Psychotherapie in der Praxis. Weinheim: Psychologie Verlags Union.

Filsinger, D. (1992). Der institutionelle Handlungskontext als Gegenstand von Supervision und Organisationsberatung. In A. Auckenthaler & D. Kleiber (Hrsg.), Supervision in Handlungsfeldern der psychosozialen Versorgung (S.78-100). Tübingen: DGVT.

Filsinger, D. & Kleiber, D. (unter Mitarbeit von Möller, H. und Rommelspacher, B.).(1987). Modellversuche „Fachkräfte für die psychosoziale Versorgung": Abschlußbericht. Berlin: FU/FHSS.

Filsinger, D. & Schäfer, J. (1992). Supervision im Kontext. Supervision, 21, 28-50.

Filsinger, D., Schäfer, J. & Vollendorf, M. (1991). Supervision in einem neuen Arbeitsfeld am Beispiel der AIDS-Arbeit. Pro Familia Magazin, 19(6), 18-20.

Findeklee, R. M. (1986). „Stellungswechsel" – oder das Babel-Phänomen. Erfahrungen aus dem Arbeitsfeld Psychiatrie. Supervision, 9, 25-38.

Finger, G. & Steinebach, C. (Hrsg.).(1992). Frühförderung zwischen passionierter Praxis und hilfloser Theorie. Freiburg/Br.: Lambertus.

Fisch, R., Weakland, J. H. & Segal, L. (1987). Strategien der Veränderung. Systemische Kurzzeittherapie. Stuttgart: Klett-Cotta.

Fischer, E. (1993). Anleitung zur kollegialen Supervision. GwG-Zeitschrift, 24 (90), 36-37.

Fischer, H. R. (Hrsg.).(1995). Die Wirklichkeit des Konstruktivismus. Zur Auseinandersetzung um ein neues Paradigma. Heidelberg: Auer.

Fisseni, H.-J. & Fennekels, G. (1995). Das Assessment-Center. Eine Einführung für Praktiker. Göttingen: Verlag für Angewandte Psychologie.

Flammer, A. (1990). Erfahrung der eigenen Wirksamkeit. Einführung in die Psychologie der Kontrollmeinung. Bern: Huber.

Fleming, H. & Benedek, T. (1966). Psychoanalytic supervision. New York: Grune & Stratton.

Fliegel, S., Groeger, W. M., Künzel, R., Schulte, D. & Sorgatz, H. (1994). Verhaltenstherapeutische Standardmethoden. Ein Übungsbuch (3.Aufl.). München: Psychologie Verlags Union.

Flosdorf, P., Schuler, A. & Weinschenk, R. (1987). Anleiten, Befähigen, Beraten im Praxisfeld Heimerziehung. Formen und Möglichkeiten zur Verbesserung und Erhaltung der beruflichen und persönlichen Kompetenz der Mitarbeiter in der Heimerziehung. Freiburg/Br.: Lambertus.

Föderation Deutscher Psychologenvereinigungen (1994). Leitsätze zur Dokumentation klinisch-psychologischer/psychotherapeutischer Interventionen. Bonn: Deutscher Psychologen Verlag.

Ford, J. D. (1979). Research on training counselors and clinicians. Review of Educational Research, 49, 87-130.

Forsyth, D. R. & Ivey, A. E. (1980). Microtraining: An approach to differential supervision. In A. K. Hess (Ed.), Psychotherapy supervision. Theory, research and practice (pp.242-261). New York: Wiley.

Foulkes, S. H. (1978). Praxis der gruppenanalytischen Psychotherapie. München: Reinhardt.

Fox, R. (1983). Contracting in supervision: A goal oriented process. The Clinical Supervisor, 1, 37-49.

Frank, R. (1995). Psychotherapie-Supervision. Report Psychologie, 20 (4/95), 33-46.

Frank, R. (1996). Das Gießener Weiterbildungsmodell in Klinischer Psychologie/Verhaltenstherapie: Konzepte und Ergebnisse. In H. S. Reinecker & D. Schmelzer (Hrsg.), Verhaltenstherapie, Selbstregulation, Selbstmanagement – Frederick H. Kanfer zum 70.Geburtstag (S.457-475). Göttingen: Hogrefe.

Frank, R., Rzepka, U. & Vaitl, D. (1996). Auswirkungen von Psychotherapie-Supervision auf die Entwicklung von Psychotherapeuten. In H. Bents, R. Frank & E.-R. Rey (Hrsg.), Erfolg und Mißerfolg in der Psychotherapie (S.218-239). Regensburg: Roderer.

Frank, R. & Vaitl, D. (1985). Supervision von Psychotherapien: Kurzbericht über einen Fragebogen (FSPT). Zeitschrift für Klinische Psychologie, 14, 325-330.

Frank, R. & Vaitl, D. (1986). Empirische Analysen zur Supervision von Psychotherapien. Zeitschrift für personenzentrierte Psychologie und Psychotherapie, 5, 255-269.

Frank, R. & Vaitl, D. (1987). Entwicklung eines mehrdimensionalen Fragebogens zur Erfassung von Supervisionsaspekten (FSPT). Diagnostica, 33, 30-42.

Frank, R., Walter, B. & Vaitl, D. (1992). Spannungsfeld Supervision: eine Verlaufsstudie zur Beziehung zwischen Supervisoren und Supervidierten während einer verhaltenstherapeutischen Supervision. In J. Margraf & J. C. Brengelmann (Hrsg.), Die Therapeut-Patient-Beziehung in der Verhaltenstherapie (S.265-294). München: Röttger.

Freeman, E. M. (1990). Assessment of substance abuse problems: Implications for clinical supervision. The Clinical Supervisor, 8(2), 91-108.

Freeman, S. C. (1993). Structure in counseling supervision. The Clinical Supervisor, 11, 245-252.

Freimuth, J. (1994). Wie weit sind organisatorische Veränderungsprozesse planbar? In H. Dreesmann & S. Kraemer-Fieger (Hrsg.), Moving – Neue Managementkonzepte zur Organisation des Wandels (S.87-105). Frankfurt/Main: Frankfurter Allgemeine Zeitung & Wiesbaden: Gabler.

Freimuth, J. & Hoets, A. (1994). Umgang mit Widerständen in organisatorischen Veränderungsprozessen. In H. Dreesmann & S. Kraemer-Fieger (Hrsg.), Moving – Neue Managementkonzepte zur Organisation des Wandels (S.107-128). Frankfurt/Main: Frankfurter Allgemeine Zeitung & Wiesbaden: Gabler.

Freire, P. (1973). Pädagogik der Unterdrückten: Bildung als Praxis der Freiheit. Reinbek: Rowohlt.

Freitag-Becker, E. (1990). Leitungs-Supervision – ein Erfahrungsbericht. Supervision, 17, 20-29.

French, W. & Bell, E. (1982). Organisationsentwicklung. Stuttgart: UTB.

Frenzel, P. (Hrsg.).(1991). Selbsterfahrung als Selbsterfindung. Regensburg: Roderer.

Freud, A. (1994). Probleme der Lehranalyse. In R. Frühmann & H. Petzold (Hrsg.), Lehrjahre der Seele. Lehranalyse, Selbsterfahrung, Eigentherapie in den psychotherapeutischen Schulen (S.95-107). Paderborn: Junfermann (Originaltext: 1938).

Freud, S. (1909). Analyse der Phobie eines fünfjährigen Knaben. GW VII. Frankfurt/M.: Fischer.

Freud, S. (1912). Ratschläge für den Arzt bei der psychoanalytischen Behandlung. In: Ges. Werke, Band VIII (S.375-387). Frankfurt/M.: Fischer.

Friedlander, M. L. & Ward, L. G. (1984). Development and validation of the Supervisory Styles Inventory. Journal of Counseling Psychology, 31, 541-557.

Friedman, R. (1991). Ten commandments for the family therapist. The Clinical Supervisor, 9, 181-186.

Frisch, M. B. (1989). An integrative model of supervisory training for medical center personnel. Psychological Reports, 64, 1035-1042.

Fuhrer, U. (1984). Mehrfachhandeln in dynamischen Umfeldern. Göttingen: Hogrefe.

Fuller, F. F. & Manning, B. A. (1973). Self-confrontation reviewed: A conceptualization for video playback in teacher education. Review of Educational Research, 43, 469-528.

Fürstenau, P. (1970). Institutionsberatung. Gruppendynamik, 3, 219-233.

Fürstenau, P. (1995). Fortbildungskonsultation und -supervision für Supervisorinnen und Supervisoren. Supervision, 27, 11-15.

Gabbard, G. O. (Ed.).(1989). Sexual exploitation in professional relationships. Washington (DC): American Psychiatric Press.

Gaertner, A. (Hrsg.).(1979). Supervision: Materialien 7 (3.Aufl.). Kassel: Gesamthochschule.

Gaertner, A. (1982). Teamsupervision. Supervision, 2, 56-69.

Gagné, R. M. (1969). Die Bedingungen des menschlichen Lernens. Hannover: Schroedel.

Galassi, J. P. & Trent, P. J. (1987). A conceptual framework for evaluating supervision effectiveness. Counselor Education and Supervision, 26(4), 260-269.

Gallant, J. P. & Thyer, B. A. (1989). The „bug-in-the-ear" in clinical supervision: A review. The Clinical Supervisor, 7(2/3), 43-58.

Gambrill, E. (1990). Critical thinking in clinical practice. Improving the accuracy of judgments and decisions about clients. San Francisco: Jossey-Bass.

Gambrill, E. & Stein, T. J. (1983). Supervision. A decision-making approach. Beverly Hills (CA): Sage.

Garb, H. N. (1989). Clinical judgment, clinical training, and professional experience. Psychological Bulletin, 105, 387-396.

Garfield, S. L. (1977). Research on the training of professional psychotherapists. In A. S. Gurman & A. M. Razin (Eds.), Effective psychotherapy: A handbook of research (pp.63-83). Oxford: Pergamon.

Garfield, S. L. & Bergin, A. E. (1994). Introduction and historical overview. In A. E. Bergin & S. L. Garfield (Eds.), Handbook of psychotherapy and behavior change (4th ed.; pp.3-18). New York: Wiley.

Garfinkel, H. (1967). Studies in ethnomethodology. Englewood Cliffs (NJ): Prentice-Hall.

Garlichs, A. (1984). Balintgruppenarbeit mit Lehrern. Supervision, 5, 43-66.

Gavilan, M. R. & Ryan, C. A. (1979). A competency-based program in counselor education. Counselor Education and Supervision, 19, 146-152.

Gawthrop, J. C. & Uhlemann, M. R. (1992). Effects of the problem-solving approach in ethics training. Professional Psychology: Research and Practice, 23, 38-42.

Geißler, K. A. (1984). Supervision in der Erwachsenenbildung – Ein Konzept zur Entwicklung des Pädagogischen Verhältnisses durch die Arbeit an der Dozentensubjektivität. Supervision, 5, 67-77.

Geißler, K. A. & Hege, M. (1981). Konzepte sozialpädagogischen Handelns (2.Aufl.). München: Urban & Schwarzenberg.

Gelso, C. J. (1979). Research in counseling: Methodological and professional issues. The Counseling Psychologist, 8, 7-36.

Gerspach, M. (Hrsg.).(1991). Supervision für soziale Dienste am Beispiel der Gemeinde Riedstadt. Mainz: Matthias-Grünewald-Verlag.

Gester, P.-W. (1990). Checkliste zur Reflexion von Einflußvariablen auf Supervisionsprozesse (1). You can never kiss a system. Sozialpsychiatrische Informationen, 20(2), 14-18.

Getzel, G. S. & Salmon, R. (1985). Group supervision: An organizational approach. The Clinical Supervisor, 3, 27-43.

Getzels, J. W. & Guba, E. G. (1957). Social behavior and the administration process. The School Review, 65, 423-441.

Gfäller, G. R. (1986). Team-Supervision nach dem Modell von S. H. Foulkes. In H. Pühl & W. Schmidbauer (Hrsg.), Supervision und Psychoanalyse. Plädoyer für eine emanzipatorische Reflexion in den helfenden Berufen (S.69-110). München: Kösel.

Gfäller, G. R. (1990). Die Reflexion des institutionellen Umfeldes in der gruppenanalytischen Supervision. In H. Pühl (Hrsg.), Handbuch der Supervision. Beratung und Reflexion in Ausbildung, Beruf und Organisation (S.194-212). Berlin: Edition Marhold.

Gfäller, G. R. (1995). Konfliktbewältigung an bayerischen Gymnasien. Forum Supervision, 3 (5), 105-124.

Giesecke, M. & Rappe-Giesecke, K. (Hrsg.).(1983). Kommunikation in Balintgruppen. Ergebnisse interdisziplinärer Forschung. Stuttgart: Fischer.

Gitterman, A. (1989). Field instruction in social work education: Issues, tasks, and skills. The Clinical Supervisor, 7(4), 77-91.

Glasersfeld, E. von (1985). Einführung in den radikalen Konstruktivismus. In P. Watzlawick (Hrsg.), Die erfundene Wirklichkeit (S.16-38). München: Piper.

Glickauf-Hughes, C. & Campbell, L. F. (1991). Experiential supervision: Applied techniques for a case presentation approach. Psychotherapy, 28, 625-635.

Gnädinger, H. (1990). Teamsupervision und Balintansatz. In G. Fatzer & C. D. Eck (Hrsg.), Supervision und Beratung: Ein Handbuch (S.277-309). Köln: Edition Humanistische Psychologie.

Goin, M. & Kline, F. (1974). Supervision observed. Journal of Nervous and Mental Diseease, 158, 208-243.

Goldberg, C. (1986). Understanding the impaired practitioner. Psychotherapy in Private Practice, 4, 25-34.

Goldberg, D. A. (1985). Process notes, audio, and video tape: Modes of presentation in psychotherapy training. The Clinical Supervisor, 3, 3-13.

Goldfried, M. R. & D'Zurilla, T. J. (1969). A behavior-analytic model for assessing competence. In C. D. Spielberger (Ed.), Current topics in clinical and community psychology (pp.151-196). New York: Academic Press.

Goldfried, M. R. & Robins, C. (1983). Self-schema, cognitive bias, and the processing of therapeutic experiences. In P. C. Kendall (Ed.), Advances in cognitive-behavioral research and therapy (Vol.2, pp.33-80). New York: Academic Press.

Goldstein, A. P. (1966). Prognostic and role expectancies in psychotherapy. Journal of Psychotherapy, 20, 35-44.

Goldstein, W. (1982). Supervision made simple. Bloomington (IN): Phi Delta Kappa Educational Foundation.

Goodyear, R. K. (1982). Psychotherapy supervision by major theorists [Videotape series]. Manhattan (KS): Instructional Media Center, Kansas State University.

Gordon, D. C. (1986). Therapeutische Metaphern. Paderborn: Junfermann.

Görlitz, G. & Hippler, B. (1992). Selbsterfahrung in der Ausbildung zum Verhaltenstherapeuten – Erfahrungsbericht. Verhaltenstherapie, 2, 151-158.

Gotthardt-Lorenz, A. (1986). Supervision für Sozialarbeiterinnen und Sozialarbeiter im Jugendamt. Supervision, 9, 59-66.

Gotthardt-Lorenz, A. (1994). „Organisationssupervision“: Rollen und Interventionsfelder. In H. Pühl (Hrsg.), Handbuch der Supervision 2 (S.365-379). Berlin: Edition Marhold.

Grawe, K. (Hrsg.).(1980). Verhaltenstherapie in Gruppen. München: Urban & Schwarzenberg.

Grawe, K. (1987). Psychotherapie als Entwicklungsstimulation von Schemata. Ein Prozeß mit nicht vorhersehbarem Ausgang. In F. Caspar (Hrsg.), Problemanalyse in der Psychotherapie (S.72-87). Tübingen: DGVT.

Grawe, K. (1988). Der Weg entsteht beim Gehen. Ein heuristisches Verständnis von Psychotherapie. Verhaltenstherapie und psychosoziale Praxis, 20, 39-49.

Grawe, K. (1992). Komplementäre Beziehungsgestaltung als Mittel zur Herstellung einer guten Therapiebeziehung. In J. Margraf & J. C. Brengelmann (Hrsg.), Die Therapeut-Patient-Beziehung in der Verhaltenstherapie (S.215-244). München: Röttger.

Grawe, K. (1994). Psychotherapie ohne Grenzen. Von den Therapieschulen zur Allgemeinen Psychotherapie. Verhaltenstherapie & psychosoziale Praxis, 26, 357-370.

Grawe, K. (1995). Psychotherapie und Statistik im Spannungsfeld zwischen Wissenschaft und Konfession. Ein Kommentar zur Auseinandersetzung um unser Buch „Psychotherapie im Wandel – von der Konfession zur Profession“. Zeitschrift für Klinische Psychologie, 24, 216-228.

Grawe, K. (1996). Klärung und Bewältigung. Zum Verhältnis der beiden wichtigsten therapeutischen Veränderungsprinzipien. In H. S. Reinecker & D. Schmelzer (Hrsg.), Verhaltenstherapie, Selbstregulation, Selbstmanagement – Frederick H. Kanfer zum 70.Geburtstag (S.49-74). Göttingen: Hogrefe.

Grawe, K. & Braun, U. (1994). Qualitätskontrolle in der Psychotherapiepraxis. Zeitschrift für Klinische Psychologie, 23, 242-267.

Grawe, K., Donati, R. & Bernauer, F. (1994). Psychotherapie im Wandel. Von der Konfession zur Profession. Göttingen: Hogrefe.

Grawe, K. & Dziewas, H. (1978). Interaktionelle Verhaltenstherapie. Sonderheft I/1978 der Mitteilungen der DGVT (S.27-49). Tübingen: DGVT.

Grawe, K., Grawe-Gerber, M., Heiniger, B., Ambühl, H. & Caspar, F. (1996). Schematheoretische Fallkonzeption und Therapieplanung – Eine Anleitung für Therapeuten. In F. Caspar (Hrsg.), Psychotherapeutische Problemanalyse (S.189-224). Tübingen: DGVT.

Greben, S. E. & Ruskin, R. (Eds.).(1994). Clinical perspectives on psychotherapy supervision. Washington (DC): American Psychiatric Press.

Greenberg, L. S. (1984). Task analysis: The general approach. In L. N. Rice & L. S. Greenberg (Eds.), Patterns of change. Intensive analysis of psychotherapy process (pp.124-148). New York: Guilford.

Greenberg, L. S. (1986). Change process research. Journal of Consulting and Clinical Psychology, 54, 4-9.

Greenberg, L. S. & Safran, J. D. (1990). Emotional-change processes in psychotherapy. In R. Plutchik & H. Kellerman (Eds.), Emotion: Theory, research and experience, Vol. 5: Emotion, psychopathology and psychotherapy (pp.59-85). San Diego: Academic Press.

Greenwald, A. G. (1980). The totalitarian ego. American Psychologist, 35, 603-618.

Groeben, N. & Scheele, B. (1977). Argumente für eine Psychologie des reflexiven Subjekts. Darmstadt: Steinkopff.

Gröll, J. & Körner, W. (1991). Klinisch-psychologische Systemkonzepte. In G. Hörmann & W. Körner (Hrsg.), Klinische Psychologie. Ein kritisches Handbuch (S.107-142). Reinbek: Rowohlt.

Gröning, K. (1993). Marketing in der Supervision: Nein danke? – Ja bitte? Forum Supervision, 1, 59-71.

Guest, P. D. & Beutler, L. E. (1988). Impact of psychotherapy supervision on therapist orientation and values. Journal of Consulting and Clinical Psychology, 56, 653-658.

Guidano, V. F. & Liotti, G. (1985). A constructivistic foundation for cognitive therapy. In M. J. Mahoney & A. Freeman (Eds.), Cognition and psychotherapy (pp.101-142). New York: Plenum.

465

Gulanick, N. & Schmeck, R. R. (1977). Modeling, praise, and criticism in teaching empathic responding. Counselor Education and Supervision, 16, 284-290.

Gunzelmann, T., Schiepek, G. & Reinecker, H. (1987). Laienhelfer in der psychosozialen Versorgung: Meta-Analysen zur differentiellen Effektivität von Laien und professionellen Helfern. Gruppendynamik, 18, 361-384.

Guy, J. D. (1987). The personal life of the psychotherapist. New York: Wiley.

Haan, D. & van Kessel, L. (1993). The role of learning-hypothesis in the facilitation of the learning process in supervision. The Clinical Supervisor, 11, 45-62.

Hackney, H. L. & Cormier, L. S. (1993). Beratungsstrategien, Beratungsziele (3.Aufl.). München: Ernst Reinhardt.

Hackney, H. L. & Goodyear, R. K. (1984). Carl Rogers' client-centered supervision. In R. F. Levant & J. M. Shlien (Eds.), Client-centered therapy and the person-centered approach:

Haferkamp, C. J. (1989). Implications of self-monitoring theory for counseling supervision. Counselor Education and Supervision, 28(1), 290-297.

Haken, H. (1990). Synergetik. Eine Einführung. Berlin: Springer.

Haley, J. (1995). Über die Kunst, Supervisor zu sein, ohne zu wissen, wie man jemanden verändert. Zeitschrift für systemische Therapie, 13, 39-50 (am. Orig. in: Journal of Systemic Therapy, 1993, Winter, 41-52).

Halgin, R. P. (1986). Pragmatic blending of clinical models in the supervisory relationship. The Clinical Supervisor, 3, 23-46.

Hamburg, P. & Herzog, D. (1990). Supervising the therapy of patients with eating disorders. American Journal of Psychotherapy, 44, 369-380.

Hansen, J. C., Pound, R. & Petro, C. (1976). Review of research on practicum supervision. Counselor Education and Supervision, 16(2), 107-116.

Hansen, J. C., Robins, T. H. Grimes, J. (1982). Review of research on practicum supervision. Counselor Education and Supervision, 22(1), 15-24.

Hansen, J. C. & Warner, R. W. jr. (1971). Review of research on practicum supervision. Counselor Education and Supervision, 10(3), 261-272.

Hantschk, I. (1994). Rollenberatung. In H. Pühl (Hrsg.), Handbuch der Supervision 2 (S.162-172). Berlin: Edition Marhold.

Hargens, J. & Grau, U. (1992). Konstruktivistisch orientierte Supervision – Nutzen und Nützen selbstrückbezüglicher Reflexionen. In W. Pallasch, W. Mutzeck & H. Reimers (Hrsg.), Beratung – Training – Supervision. Eine Bestandsaufnahme über Konzepte zum Erwerb von Handlungskompetenz in pädagogischen Arbeitsfeldern (S.232-240). Weinheim: Juventa.

Hargens, J. & Grau, U. (1995). Systemisch-konstruktivistische Supervision. In F.-W. Wilker (Hrsg.), Supervision und Coaching. Aus der Praxis für die Praxis (S.27-40). Bonn: Deutscher Psychologen Verlag.

Harmatz, M. G. (1975). Two-channel recording in the supervision of psychotherapy. Professional Psychology, 6, 478-480.

Harrar, W. R., VandeCreek, L. & Knapp, S. (1990). Ethical and legal aspects of clinical supervision. Professional Psychology: Research and Practice, 21, 37-41.

Hart, G. M. (1982). The process of clinical supervision. Baltimore: University Park Press.

Hartmann, A., Murjahn, B., Bay, T., Fritzsche, K., Gallisch, M., Scheidt, C., Stein, B., Weidmann, W., Wirsching, M. & Wittich, A. (1994). Supervisionsgruppen mit Krankenpflegepersonal und Stationsteams: Ergebnisse einer empirischen Untersuchung. Gruppenpsychotherapie und Gruppendynamik, 30, 144-161.

Hattie, J. A., Sharpley, C. F. & Rogers, H. J. (1984). Comparative effectiveness of professional and paraprofessional helpers. Psychological Bulletin, 95, 534-541.

Hautzinger, M. (1986). Die Beurteilung von Verhaltenstherapeuten bei der Behandlung depressiver Patienten. Zeitschrift für personenzentrierte Psychologie und Psychotherapie, 5, 315-328.

Hawkins, P. & Shohet, R. (1989). Supervision in the helping professions. An individual, group and organizational approach. Milton Keynes (PA): Open University Press.

Hawthorne, L. (1975). Games supervisors play. Social Work, 20, 179-183.

Hayes, R. L. (1990). Developmental group supervision. Journal for Specialists in Group Work, 15, 225-238.

Hayes, S. C. (1989). Rule-governed behavior, cognition, contingencies, and instructional control. New York: Plenum.

Heckhausen, H. (1965). Wachsen und Lernen in der Genese von Persönlichkeitseigenschaften. In H. Heckhausen (Hrsg.), Bericht über den 24.Kongreß der Deutschen Gesellschaft für Psychologie (S.125-132). Göttingen: Hogrefe.

Heckhausen, H. (1987). Perspektiven einer Psychologie des Wollens. In H. Heckhausen, P. M. Gollwitzer & F. E. Weinert (Hrsg.), Jenseits des Rubikon: Der Wille in den Humanwissenschaften (S.121-142). Berlin: Springer.

Heckhausen, H., Gollwitzer, P. M. & Weinert, F. E. (Hrsg.).(1987). Jenseits des Rubikon: Der Wille in den Humanwissenschaften. Berlin: Springer.

Hector, M. A., Elson, S. E. & Yager, G. G. (1977). Teaching counseling skills through self-management procedures. Counselor Education and Supervision, 17(1), 12-22.

Heekerens, H.-P. (1985). Ein tätigkeitsfeldorientiertes Teilcurriculum im Rahmen des Studienschwerpunktes Klinische Psychologie am Institut für Psychologie der Technischen Universität Berlin. In D. Kleiber (Hrsg.), Von der Klinischen Psychologie zur psychosozialen Praxis (S.46-54). Tübingen: DGVT.

Hege, M. (1983). Literaturhinweise zur Balintarbeit. Supervision, 4, 71-75.

Hege, M. (1990). Männer und Frauen in der Supervision. In P. Berker & W. Weigand (Hrsg.), Supervision [Sonderheft März 1990], 33-43.

Hege, M. (1994). Ethik und Supervision. Supervision, 25, 12-23.

Hegenscheidt-Renartz, M. (1986). Spiegelphänomene in einer an Balint orientierten Supervision des Therapeutenteams einer Suchtklinik. Gruppenpsychotherapie und Gruppendynamik, 22, 198-211.

Heidack, C. (Hrsg.).(1993). Lernen der Zukunft. Kooperative Selbstqualifikation – die effektivste Form der Aus- und Weiterbildung im Betrieb (2.Aufl.). München: Lexika-Verlag.

Heigl-Evers, A., Brocher, T. H., Fürstenau, P., Hoffmann, S.-O., Körner, J., Lindner, W.-V., Neubig, H., Rosin, U., Stucke, W., Trenkel, A. & Wesiack, W. (Hrsg.).(1988 ff.). Die Balint-Gruppe in Klinik und Praxis (Bd.1 ff.). Berlin: Springer.

Heinevetter, A. (1989). Vom Wunsch zur Wirklichkeit. Arbeitsleben und Supervision. Supervision, 15, 28-45.

Heinl, H., Petzold, H. & Fallenstein, A. (1983). Das Arbeitspanorama. In H. Petzold & H. Heinl (Hrsg.), Psychotherapie und Arbeitswelt (S.356-408). Paderborn: Junfermann.

Hennige, U. (1995). Zeitgemäßes und Unzeitgemäßes. Die Bedeutung des Faktors Zeit in der Supervision. Supervision, 28, 75-85.

Henry, W. E., Sims, J. H. & Spray, S. L. (1973). Public and private lives of psychotherapists. San Francisco: Jossey-Bass.

Heppner, P. P. (1978). A review of the problem-solving literature and its relationship to the counseling process. Journal of Counseling Psychology, 25, 366-375.

Heppner, P. P. & Handley, P. G. (1981). A study of the interpersonal influence process in supervision. Journal of Counseling Psychology, 28, 437-444.

Heppner, P. P. & Roehlke, H. J. (1984). Differences among supervisees at different levels of training: Implications for a developmental model of supervision. Journal of Counseling Psychology, 31, 76-90.

Herdieckerhoff, E. (1990). Besonderheiten der externen Supervision in der Alkoholklinik. Sozialpsychiatrische Informationen, 20(2), 22-25.

Herrmann, T. (1976). Die Psychologie und ihre Forschungsprogramme. Göttingen: Hogrefe.

Hertel, G. & Wrede, A. (1991). Supervision mit Ärzten – einige nachträgliche Ideen. Zeitschrift für systemische Therapie, 9, 191-200.

Hess, A. K. (Ed.).(1980a). Psychotherapy supervision. Theory, research and practice. New York: Wiley.

Hess, A. K. (1980b). Training models and the nature of psychotherapy supervision. In A. K. Hess (Ed.), Psychotherapy supervision. Theory, research and practice (pp.15-25). New York: Wiley.

Hess, A. K. (1986). Growth in supervision: Stages of supervisee and supervisor development. The Clinical Supervisor, 4(1-2), 51-67.

Hess, A. K. (1987). Psychotherapy supervision: Stages, Buber, and a theory of relationship. Professional Psychology: Research and Practice, 18, 251-259.

Hess, K. A. & Hess, A. K. (1980). Supervision of psychotherapy with adolescents. In A. K. Hess (Ed.), Psychotherapy supervision. Theory, research and practice (pp.306-322). New York: Wiley.

Heyne, C. & Mitarb. (1991). Tatort Couch. Sexueller Mißbrauch in der Therapie – Ursachen, Fakten, Folgen und Möglichkeiten der Verarbeitung. Zürich: Kreuz.

Hill, C. E., Charles, D. & Reed, K. G. (1981). A longitudinal analysis of changes in counseling skills during doctoral training in counseling psychology. Journal of Counseling Psychology, 28, 428-436.

Hill, C. E., Greenwald, C., Reed, K. G., Charles, D., O'Farrell, M. K. & Carter, J. A. (1981). Manual for the counselor and client verbal response category system. Columbus: Marathon.

Hillman, J. (1972). The myth of analysis. New York: Harper & Row.

Hinnen, P. (1990). Gestaltansatz der Supervision. In G. Fatzer & C. D. Eck (Hrsg.), Supervision und Beratung: Ein Handbuch (S.123-141). Köln: Edition Humanistische Psychologie.

Hinrichs, R. (1992). Selbstanalyse und psychisches Skotom: Zur Struktur und Überwindung eines Problems. In L. v. Werder & J. Peter (Hrsg.), Die Selbstanalyse in Therapie und Selbsthilfe (S.26-39). Weinheim: Deutscher Studien Verlag.

Hirschenberger, R. H., McGuire, P. S. & Thomas, D. R. (1987). Criterion-referenced, competency-based training in behavior modification. In B. A. Edelstein & E. S. Berler (Eds.), Evaluation and accountability in clinical training (pp.299-329). New York: Plenum.

Hoffman, L. W. (1994). The training of psychotherapy supervisors: A barren scape. Psychotherapy in Private Practice, 13(1), 23-42.

Hoffmann, F. (1989). Gegen den Sand im Getriebe. Supervision, 16, 26-32.

Höfner, E. & Schachtner, H.-U. (1995). Das wäre doch gelacht! Humor und Provokation in der Therapie. Reinbek: Rowohlt.

Hogan, R. A. (1964). Issues and approaches in supervision. Psychotherapy: Theory, Research, and Practice, 1, 139-141.

Holloway, E. L. (1984). Outcome evaluation in supervision research. The Counseling Psychologist, 12, 167-174.

Holloway, E. L. (1992). Supervision: A way of teaching and learning. In S. D. Brown & R. W. Lent (Eds.), Handbook of counseling psychology (pp.177-214). New York: Wiley.

Holloway, E. L. (1995). Clinical supervision. A systems approach. Thousand Oaks (CA): Sage.

Holloway, E. L., Freund, R. D., Gardner, S. L., Nelson, M. L. & Walker, B. R. (1989). Relation of power and involvement to theoretical orientation in supervision: An analysis of discourse. Journal of Counseling Psychology, 36, 88-102.

Holloway, E. L. & Hosford, R. E. (1983). Towards developing a prescriptive technology of counselor supervision. The Counseling Psychologist, 11, 73-77.

Holloway, E. L. & Johnston, R. (1985). Group supervision: Widely practiced but poorly understood. Counselor Education and Supervision, 24(4), 332-340.

Holloway, E. L. & Neufeldt, S. A. (1995). Supervision: Its contribution to treatment efficacy. Journal of Consulting and Clinical Psychology, 63, 207-213.

Holloway, E. L. & Wampold, B. E. (1983). Patterns of verbal behavior and judgments of satisfaction in the supervision interview. Journal of Counseling Psychology, 30, 227-234.

Holub, E. A. & Lee, S. S. (1990). Therapists' use of nonerotic physical contact: Ethical concerns. Professional Psychology: Research and Practice, 21, 115-117.

Horan, J. J. (1972). Behavioral goals in systematic counselor education. Counselor Education and Supervision, 11(3), 162-170.

Hörmann, G. (Hrsg.).(1994). Im System gefangen. Zur Kritik systemischer Konzepte in den Sozialwissenschaften. Münster: Hans Zygowski Bessau Verlag.

Horvath, A. O. (1982). Working alliance inventory (revised edition). Vancouver (BC): Simon Fraser University.

Hosford, R. E. & Barmann, B. (1983). A social learning approach to counselor supervision. The Counseling Psychologist, 11, 51-58.

Hosford, R. E. & Johnson, M. E. (1983). A comparison of self-observation, self-modeling, and practice without video feedback for improving counselor interviewing behaviors. Counselor Education and Supervision, 23(1), 62-70.

Huber, C. H. & Baruth, L. G. (1987). Ethical, legal, and professional issues in the practice of marriage and family therapy. Columbus (OH): Merrill.

Hüppauf, H. (1985). Supervision als Einflußsicherung in Organisationen oder: Was macht der Wirt mit dem Bier im Gesicht? Supervision, 7, 63-73.

Huppertz, N. (1975). Supervision. Analyse eines problematischen Kapitels der Sozialarbeit. Neuwied: Luchterhand.

Hurt, D. J. & Mattox, R. J. (1990). Supervisor feedback using a dual-cassette recorder. The Clinical Supervisor, 8(2), 169-172.

Ingram, R. E. & Zurawski, R. (1981). Choosing clinical psychologists: An examination of the utilization of admission criteria. Professional Psychology, 12, 684-689.

Innerhofer, P. (1977). Das Münchner Trainingsmodell. Berlin: Springer.

Innerhofer, P. (1993). Elterntraining. In M. Linden & M. Hautzinger (Hrsg.), Verhaltenstherapie (S.129-134). Berlin: Springer.

Irle, G. (1984). Strategisches Handeln als Bindeglied zwischen Institution und Person. In Gesamthochschule Kassel (Hrsg.), Beiträge zur Supervision (Bd.3). Kassel: Gesamthochschule.

468

Ishiyama, F. I. (1988). A model of visual case processing using metaphors and drawings. Counselor Education and Supervision, 28(2), 153-161.

Ivey, A. E. (1971). Microcounseling: Innovations in interviewing training. Springfield (IL): Thomas.

Ivey, A. E. (1974). Microcounseling and media therapy: The state of the art. Counselor Education and Supervision, 13, 172-183.

Ivey, A. E. (1983). Intentional interviewing and counseling. Monterey (CA): Brooks/Cole.

Ivey, A. E. & Authier, J. (1978). Microcounseling: Innovations in interviewing, counseling, psychotherapy, and psychoeducation (2nd ed.). Springfield (IL): Charles C. Thomas.

Ivey, A. E. & Galvin, M. (1984). Microcounseling: A metamodel for counseling, therapy, business, and medical interviews. In D. Larson (Ed.), Teaching psychological skills. Models for giving psychology away (pp.207-228). Monterey (CA): Brooks/Cole.

Jaffa, T. (1987). Psychotherapy training in child psychiatry. Psychoanalytic Psychotherapy, 3, 61-65.

Jakubowski-Spector, P., Dustin, R. & George, R. L. (1971). Toward developing a behavioral counselor education model. Counselor Education and Supervision, 10(3), 242-250.

Janis, I. L. & Mann, L. (1977). Decision making. A psychological analysis of conflict, choice and commitment. New York: Free Press.

Jank, W. & Meyer, H. (1994). Didaktische Modelle. Frankfurt/M.: Cornelsen/Scriptor.

Jansen, B. (1989). Zur Konzeptualisierung von Supervision, insbesondere des Institutionenbezuges in der Supervision. Gruppenpsychotherapie und Gruppendynamik, 25, 171-179.

Jansen, B. & Langthaler, W. (1990). Zur Stellung der Lehrsupervision im Kontext der Supervisionsausbildung. Ein Interview. In W. Boettcher & G. Leuschner (Hrsg.), Lehrsupervision. Beiträge zur Konzeptionsentwicklung (2.Aufl., S.46-63). Aachen: Kersting.

Janzen, W. B. & Myers, D. V. (1981). Assertion for therapists: A professional bill of rights. Psychotherapy: Theory, Research, and Practice, 18, 291-298.

Jensen, J. P., Bergin, A. E. & Greaves, D. W. (1990). The meaning of eclecticism: New survey and analysis of components. Professional Psychology: Research and Practice, 21, 124-130.

Jensen, R. E. (1979). Competent professional service in psychology: The real issue behind continuing education. Professional Psychology, 10, 381-389.

John, R. & Fallner, H. (1980). Handlungsmodell Supervision. Mayen: Louis Schreder.

Jonas, H. (1984). Das Prinzip Verantwortung. Versuch einer Ethik für die technologische Zivilisation. Frankfurt/M.: Suhrkamp.

Jordi, W. (1990). Aus der Geschichte des Berufsverbandes für Supervision und Praxisberatung. Psychosozial, 13/I (Nr.41), 41-56.

Juergens, G. (1983). Überblick zur Familientherapie: Ausbildung, berufliche Situation, Supervision. In K. Schneider (Hrsg.), Familientherapie in der Sicht psychotherapeutischer Schulen (S.438-462). Paderborn: Junfermann.

Kaatz, S. (1985). Ein Strukturmodell der Supervisionstätigkeit. Verhaltensmodifikation, 6, 188-201.

Kadushin, A. (1968). Games people play in supervision. Social Work, 13, 23-32.

Kadushin, A. (1976). Supervision in social work. New York: Columbia University Press (2nd ed.: 1985).

Kadushin, A. (1990). Supervision in der Sozialarbeit. Supervision, 18, 4-24.

Kadushin, A. (1992a). Social work supervision: An updated survey. The Clinical Supervisor, 10, 9-27.

Kadushin, A. (1992b). What's wrong, what's right with social work supervision. The Clinical Supervisor, 10, 3-19.

Kagan, N. (1980). Influencing human interaction – eighteen years with IPR. In A. K. Hess (Ed.), Psychotherapy supervision. Theory, research and practice (pp.262-283). New York: Wiley.

Kagan, N. (1984). Interpersonal process recall: Basic methods and recent research. In D. Larson (Ed.), Teaching psychological skills. Models for giving psychology away (pp.229-244). Monterey (CA): Brooks/Cole.

Kagan, N. & Schauble, P. G. (1969). Affect simulation in Interpersonal Process Recall. Journal of Counseling Psychology, 16, 309-313.

Kahleyss, M. (1979). Zur Supervision der Arzt-Patient-Beziehung an einer internen Fachklinik. Ein Beitrag zur klinischen Psychosomatik. Praxis der Psychotherapie und Psychosomatik, 24, 135-148.

Kähling, I. & Nel, C. (1995). Neue Projekte: Die Produktion der „Meistersinger von Nürnberg". Supervisorische Begleitung eines Projektteams am Frankfurter Opernhaus. Forum Supervision, 3 (5), 125-136.

Kahn, W. J. (1976). Self-management: Learning to be your own counselor. Personnel and Guidance Journal, 55, 176-180.

Kahneman, D., Slovic, P. & Tversky, A. (Eds.).(1982). Judgment under uncertainty: Heuristics and biases. New York: Cambridge University Press.

Kaiser, P. (1980). Kompetenztraining zur Bewältigung von Lebenssituationen als Beispiel integrativer Psychotherapie. In W. Schulz & M. Hautzinger (Hrsg.), Kongreßbericht 1980 „Klinische Psychologie und Psychotherapie" (Bd.1, S.141-155). Tübingen/Köln: DGVT/GwG.

Kallabis, O. (1992). Gestaltung von Dreieckskontrakten – eine Kontraktierung zwischen drei Interessensvertretern. Supervision, 22, 14-29.

Kaminski, G. (1982). What beginning skiers can teach us about actions. In M. von Cranach & R. Harre (Eds.), The analysis of action: Recent theoretical and empirical advances (pp.99-114). Cambridge: Cambridge University Press.

Kämmerer, A. (1983). Die therapeutische Strategie „Problemlösen". Münster: Aschendorff.

Kamphuis, M. (1968). Die persönliche Hilfe in der Sozialarbeit unserer Zeit. Eine Einführung in die Methode der Einzelfallhilfe für Praxis und Ausbildung (3.Aufl.). Stuttgart: Enke.

Kanfer, F. H. (1970). Self-regulation: Research, issues and speculations. In C. Neuringer & J. L. Michael (Eds.), Behavior modification in clinical psychology (pp.178-220). New York: Appleton-Century-Crofts.

Kanfer, F. H. (1975). Self-management methods. In F. H. Kanfer & A. P. Goldstein (Eds.), Helping people change: A textbook of methods (pp.309-356). New York: Pergamon.

Kanfer, F. H. (1987). Selbstregulation und Verhalten. In H. Heckhausen, P. M. Gollwitzer & F. E. Weinert (Hrsg.), Jenseits des Rubikon: Der Wille in den Humanwissenschaften (S.286-299). Berlin: Springer.

Kanfer, F. H. (1989). The scientist-practitioner connection: Myth or reality? A response to Perrez. New Ideas in Psychology, 7, 147-154.

Kanfer, F. H. (1990). The scientist-practitioner connection. Professional Psychology: Research and Practice, 21, 264-270.

Kanfer, F. H. (1995). Motivation and emotion in behavior therapy. In K. Dobson & K. Craig (Eds.), Advances in cognitive-behavior therapy. Thousand Oaks (CA): Sage.

Kanfer, F. H. (1996). Wissenschaftliche Grundlagen der Psychotherapie. In W. Senf & M. Broda (Hrsg.), Praxis der Psychotherapie (S.13-17). Stuttgart: Thieme.

Kanfer, F. H. & Busemeyer, J. R. (1982). The use of problem solving and decision making in behavior therapy. Clinical Psychology Review, 2, 239-266.

Kanfer, F. H. & Goldstein, A. P. (Eds.).(1991). Helping people change. A textbook of methods (rev. 4th ed.). New York: Pergamon.

Kanfer, F. H. & Grimm, L. G. (1980). Managing clinical change: A process model of therapy. Behavior Modification, 4, 419-444.

Kanfer, F. H. & Karoly, P. (1972). Self-control: A behavioristic excursion into the lion's den. Behavior Therapy, 3, 398-416.

Kanfer, F. H. & Phillips, J. S. (1966). Behavior therapy: A panacea for all ills or a passing fancy? Archives of General Psychiatry, 5, 114-128.

Kanfer, F. H. & Phillips, J. S. (1970). Learning foundations of behavior therapy. New York: Wiley (deutsch 1975: Lerntheoretische Grundlagen der Verhaltenstherapie. München: Kindler).

Kanfer, F. H., Reinecker, H. & Schmelzer, D. (1991). Selbstmanagement-Therapie. Ein Lehrbuch für die klinische Praxis. Berlin: Springer.

Kanfer, F. H., Reinecker, H. & Schmelzer, D. (1996). Selbstmanagement-Therapie. Ein Lehrbuch für die klinische Praxis (2., veränd. Aufl.). Berlin: Springer.

Kanfer, F. H. & Saslow, G. (1965). Behavioral analysis: An alternative to diagnostic classification. Archives of General Psychiatry, 12, 529-538.

Kanfer, F. H. & Saslow, G. (1969). Behavioral diagnosis. In C. M. Franks (Ed.), Behavior therapy: Appraisal and status (pp.417-444). New York: McGraw-Hill (deutsch 1974: Verhaltenstheoretische Diagnostik. In D. Schulte (Hrsg.), Diagnostik in der Verhaltenstherapie (S.24-59). München: Urban & Schwarzenberg).

Kanfer, F. H. & Schefft, B. K. (1988). Guiding the process of therapeutic change. Champaign (IL): Research Press.

Karnath, J. (1989). Supervision und Beratungskultur in der alternativen Szene. Supervision, 15, 65-72.

Kaslow, D. & Friedman, D. (1986). The development of professional identity in psychotherapists: Six stages in the supervision process. The Clinical Supervisor, 4, 29-50.

Kaslow, F. W. (1986). Supervision, consultation and staff training – creative teaching/learning processes in the mental health profession. The Clinical Supervisor, 4(1-2), 1-16.

Kauderer-Hübel, M. & Hübel, M. (1987). Gruppenarbeit mit Mediatoren: Supervision von Herzgruppenbetreuern. In P. Esser (Hrsg.), Psychologische Gruppenarbeit im Rahmen der Rehabilitation von Herzpatienten (S.117-128). Stuttgart: Enke.

Kaupp, B. (1993). Supervision im Reisebüro. Wohin soll die Reise gehen? Forum Supervision, 1, 107-115.

470

Kazdin, A. E. (1994). Methodology, design, and evaluation in psychotherapy research. In A. E. Bergin & S. L. Garfield (Eds.), Handbook of psychotherapy and behavior change (4th ed., pp.19-71). New York: Wiley.

Keim, H. (Hrsg.).(1992). Planspiel, Rollenspiel, Fallstudie. Zur Theorie und Praxis lernaktiver Methoden. Köln: Wirtschaftsverlag Bachem.

Kern, H. J. (1993). Evaluation paradoxer Interventionen. Zeitschrift für Klinische Psychologie, Psychopathologie und Psychotherapie, 41, 170-189.

Kernberg, O. (1984). Veränderungen in der Natur der psychoanalytischen Ausbildung, ihrer Struktur und ihrer Standards. In R. S. Wallerstein (Hrsg.), Veränderungen bei Analytikern und in der Analytikerausbildung. Schriftenreihe der Internationalen Psychoanalytischen Vereinigung (Bd.4, S.59-65).

Kerson, T. S. (Ed.).(1994). Field instruction in social work settings [special issue]. The Clinical Supervisor, 12 (1), 1-223.

Kersting, H. J. (1991a). Konstruktivistische Teamsupervision oder „Wie störe ich ein Arbeitssystem". In H. Brandau (Hrsg.), Supervision aus systemischer Sicht (S.133-150). Salzburg: Otto Müller.

Kersting, H. J. (1991b). Intervention: Die Störung unbrauchbarer Wirklichkeiten. In T. M. Bardmann, H. J. Kersting, H.-C. Vogel & B. Woltmann (Hrsg.), Irritation als Plan. Konstruktivistische Einredungen (S.108-133). Aachen: Kersting.

Kersting, H. J. (1992). Kommunikationssystem Supervision. Unterwegs zu einer konstruktivistischen Beratung. Aachen: Kersting.

Kersting, H. J. (1993). Till Eulenspiegels verwirrende Spiele - Konstruktivismus und Supervision. In H. Neumann-Wirsig & H. J. Kersting (Hrsg.), Systemische Supervision oder: Till Eulenspiegels Narreteien (S.13-30). Aachen: Kersting.

Kersting, H. J. & Krapohl, L. (1994). Teamsupervision. In H. Pühl (Hrsg.), Handbuch der Supervision 2 (S.95-111). Berlin: Edition Marhold.

Kersting, H. J., Krapohl, L. & Leuschner, G. (Hrsg.).(1988). Diagnose und Intervention in Supervisionsprozessen. Aachen: Kersting.

Kersting, H. J. & Lehmenkühler-Leuschner, A. (1988). Konfrontation in der Supervision. In H. J. Kersting, L. Krapohl & G. Leuschner (Hrsg.), Diagnose und Intervention in Supervisionsprozessen (S. 114-123). Aachen: Kersting.

Kersting, H. J. & Neumann-Wirsig, H. (Hrsg.).(1992). Supervision. Konstruktion von Wirklichkeiten. Aachen: Kersting.

Kersting, H. J. & Neumann-Wirsig, H. (Hrsg.).(1996). Systemische Perspektiven in der Supervision und Organisationsentwicklung. Aachen: Kersting.

Kersting, H. J., Vogel, H.-C., Nebel, G. & Bürger, B. (1995). Systemische Interventionen in der Supervision von Arbeitssystemen (Teamsupervision). Supervision, 28, 59-74.

Kessel, L. van & Haan, D. (1993a). The Dutch concept of supervision: Its essential characteristics as a conceptual framework. The Clinical Supervisor, 11, 5-27.

Kessel, L. van & Haan, D. (1993b). The intended way of learning in supervision seen as a model. The Clinical Supervisor, 11, 29-44.

Keßler, B. H. & Roth, W. L. (1995). Imaginative Verfahren in der Supervision. In F.-W. Wilker (Hrsg.), Supervision und Coaching. Aus der Praxis für die Praxis (S.41-64). Bonn: Deutscher Psychologen Verlag.

Kiesler, D. J. (1966). Some myths of psychotherapy research and the search for a paradigm. Psychological Bulletin, 65, 110-136.

Kihlstrom, J. F. & Nasby, W. (1981). Cognitive tasks in clinical assessment: An exercise in applied psychology. In P. C. Kendall & S. D. Hollon (Eds.), Assessment strategies for cognitive-behavioral interventions (pp.287-317). New York: Academic Press.

Kimmig-Pfeiffer, A. & Schabel, U. (1994). Supervision – mehr als Pflege für die Pflegenden. Erfahrungen im Supervisionsprozeß mit Pflegenden. Forum Supervision, 2, 88-96.

Kiresuk, T. J. & Sherman, R. E. (1968). Goal attainment scaling: A general method for evaluating comprehensive community mental health programs. Community Mental Health Journal, 4, 443-453.

Kitchener, K. (1986). Teaching applied ethics in counselor education: An integration of psychological processes and philosophical analysis. Journal of Counseling and Development, 64(5), 306-310.

Klatte, J. (1983). Supervision in der Familientherapie. In E. J. Brunner (Hrsg.), Eine ganz alltägliche Familie. Beispiele aus der familientherapeutischen Praxis (S.171-184). München: Kösel.

Kleefeld, H. (1994). Die Entwicklung der Supervision an der Abteilung für Kinder- und Jugendpsychiatrie Tübingen aus der Sicht des Pflegepersonals. In Verein für Psychoanalytische Sozialarbeit (Hrsg.), Supervision in der psychoanalytischen Sozialarbeit (S.51-59). Tübingen: edition diskord.

Kleiber, D. (Hrsg.).(1985). Von der Klinischen Psychologie zur psychosozialen Praxis – Neue Wege in der Aus-, Fort- und Weiterbildung. Tübingen: DGVT.

471

Kleiber, D. & Wehner, T. (1988). Fehlerfreundlichkeit: Ein Plädoyer zur Vitalisierung nicht intendierter Ereignisse (Handlungsfehler, therapeutische Mißerfolge u.a.). In D. Kleiber & A. Kuhr (Hrsg.), Handlungsfehler und Mißerfolge in der Psychotherapie. Tübingen: DGVT.

Klinger, E. (1975). Consequences of commitment to and disengagement from incentives. Psychological Review, 82, 1-25.

Klinger, E. (1977). Meaning and void: Inner experience and the incentives in people's lives. Minneapolis: University of Minnesota Press.

Klinger, E. (1987). Current concerns and disengagement from incentives. In F. Halisch & J. Kuhl (Eds.), Motivation, intention, and volition (pp.337-347). Springer: Berlin.

Klinglmair, A. (1991). Systemisch-evolutionäre Supervision in Institutionen. In H. Brandau (Hrsg.), Supervision aus systemischer Sicht (S.88-100). Salzburg: Otto Müller.

Klippert, H. (1992). Planspiele in Schule und Lehrerfortbildung. Überlegungen zur Implementation des Planspiels in der Schule. In H. Keim (Hrsg.), Planspiel, Rollenspiel, Fallstudie. Zur Praxis und Theorie lernaktiver Methoden (S.219-250). Köln: Wirtschaftsverlag Bachem.

Klüsche, W. (1990). Professionelle Helfer. Anforderungen und Selbstdeutungen. Aachen: Kersting.

Kluwe, R. (1979). Wissen und Denken. Stuttgart: Kohlhammer.

Knoke, H. (1993). Teamsupervision in Kindertagesstätten. Erfahrungen mit einer fachpsychologischen Begleitung erzieherischer Arbeit. Praxis der Kinderpsychologie und Kinderpsychiatrie, 42, 83-87.

Koetz, A. G. (1994). Fallbeispiel Öffentliche Verwaltung: Von der „organisierten Unverantwortung" zum „Als-ob-Wettbewerb". In H. Dreesmann & S. Kraemer-Fieger (Hrsg.), Moving – Neue Managementkonzepte zur Organisation des Wandels (S.289-316). Frankfurt/Main: Frankfurter Allgemeine Zeitung & Wiesbaden: Gabler.

König, E. & Volmer, G. (1994). Systemische Organisationsberatung. Grundlagen und Methoden (3.Aufl.). Weinheim: Deutscher Studien Verlag.

König, G. (1995). Coaching. Ein neues Arbeitsfeld für Psychologen?...! In F.-W. Wilker (Hrsg.), Supervision und Coaching. Aus der Praxis für die Praxis (S.248-262). Bonn: Deutscher Psychologen Verlag.

König, K. (1991). Praxis der psychoanalytischen Therapie. Göttingen: Vandenhoek & Ruprecht.

Kordy, H. (1992). Qualitätssicherung: Erläuterungen zu einem Reiz- und Modewort. Zeitschrift für Psychosomatische Medizin und Psychoanalyse, 38, 310-324.

Kosko, B. (1992). Neural networks and fuzzy systems. A dynamical systems approach to machine intelligence. Englewood Cliffs (NJ): Prentice-Hall.

Kosko, B. (1995). Fuzzy-logisch: Eine neue Art des Denkens. Düsseldorf: Econ.

Kottje-Birnbacher, L. & Birnbacher, D. (1995). Ethische Aspekte der Psychotherapie und Konsequenzen für die Therapeutenausbildung. Psychotherapeut, 40(2), 59-68.

Kraiker, C. (Hrsg.).(1974). Handbuch der Verhaltenstherapie. München: Kindler.

Krapohl, L. & Langthaler, W. (1990). Zur Stellung der Lehrsupervision im Kontext der Supervisorenausbildung. Ein Interview. In W. Boettcher & G. Leuschner (Hrsg.), Lehrsupervision. Beiträge zur Konzeptionsentwicklung (2.Aufl., S.64-77). Aachen: Kersting.

Krasner, L. (1969). Behavior modification – values and training: The perspective of a psychologist. In C. M. Franks (Ed.), Behavior therapy. Appraisal and status (pp.537-566). New York: McGraw-Hill.

Krasner, L. (1982). Behavior therapy: On roots, contexts, and growth. In G. T. Wilson & C. M. Franks (Eds.), Contemporary behavior therapy (pp.11-61). New York: Guilford.

Krathwohl, D. R., Bloom, B. S. & Masia, B. B. (1978). Taxonomie von Lernzielen im affektiven Bereich. Weinheim: Beltz.

Kratochwill, T. R., Bergan, J. R. & Mace, F. C. (1981). Practitioner competencies needed for implementation of behavioral psychology in the schools: Issues in supervision. School Psychology Review, 10, 434-444.

Krauskopf, W. (1982). Teamsupervision in der Strafentlassenenhilfe – ein Werkstattbericht. Supervision, 2, 4-16.

Kriwat, G. (1987). Kindertagesstätten-Beratung in Berlin – organisationsinterne und berufsbegleitende Beratung „vor Ort". Supervision, 12, 31-47.

Kron, F. W. (1993). Grundwissen Didaktik (2.Aufl.). München: Reinhardt.

Kruger, L. J., Cherniss, C., Maher, C. A. & Leichtman, H. M. (1988). A behavior observation system for group supervision. Counselor Education and Supervision, 27(4), 331-343.

Krüger, R. T. (1990). Psychodrama als Supervisionsmethode. In H. Pühl (Hrsg.), Handbuch der Supervision. Beratung und Reflexion in Ausbildung, Beruf und Organisation (S.323-339). Berlin: Edition Marhold.

Krumboltz, J. D. (1966). Behavioral goals for counseling. Journal of Counseling Psychology, 13, 153-159.

Krumboltz, J. D. & Potter, B. (1980). Verhaltenstherapeutische Techniken für die Entwicklung von Vertrauen, Kohäsion und Zielorientierung in Gruppen. In K. Grawe (Hrsg.), Verhaltenstherapie in Gruppen (S.56-65). München: Urban & Schwarzenberg.

Kügelgen, B. (Hrsg.).(1989). Video in Psychiatrie und Psychotherapie. Berlin: Springer.

Kuhn, D. (1978). Introduction. In: Stage theories of cognitive and moral development (reprint no. 13). Cambridge (MA): Harvard Educational Review.

Kurpius, D. J. & Morran, D. K. (1988). Cognitive-behavioral techniques and interventions for application in counselor supervision. Counselor Education and Supervision, 27(4), 368-376.

Kutschera, G. (1991). NLP und die „Strukturen der Magie" in der Supervision. In H. Brandau (Hrsg.), Supervision aus systemischer Sicht (S.229-234). Salzburg: Otto Müller.

Kutter, P. (1983). Psychoanalytische Supervisionsgruppen an der Hochschule. Psyche, 37, 237-253.

Kutter, P. (1990). Das direkte und indirekte Spiegelphänomen. In H. Pühl (Hrsg.), Handbuch der Supervision. Beratung und Reflexion in Ausbildung, Beruf und Organisation (S.291-301). Berlin: Edition Marhold.

Kutter, P. (1994a). Zur Theorie und Methode von Kontrollanalysen. In R. Frühmann & H. Petzold (Hrsg.), Lehrjahre der Seele. Lehranalyse, Selbsterfahrung, Eigentherapie in den psychotherapeutischen Schulen (S.461-478). Paderborn: Junfermann.

Kutter, P. (1994b). Spiegelungen und Übertragungen in der Supervision. In H. Pühl (Hrsg.), Handbuch der Supervision 2 (S.52-62). Berlin: Edition Marhold.

Kutzik, A. J. (1977). The social work field. In F. W. Kaslow et al. (Eds.), Supervision, consultation, and staff training in the helping professions. San Francisco: Jossey-Bass.

Lair, C. V. (1980). Geropsychotherapy: Training and supervision. In A. K. Hess (Ed.), Psychotherapy supervision. Theory, research and practice (pp.323-334). New York: Wiley.

Laireiter, A.-R. (1994). Dokumentation psychotherapeutischer Fallverläufe. Zeitschrift für Klinische Psychologie, 23, 236-241.

Laireiter, A. & Elke, G. (Hrsg.) (1994). Selbsterfahrung in der Verhaltenstherapie. Konzepte und praktische Erfahrungen. Tübingen: DGVT.

Laireiter, A., Lettner, K. & Baumann, U. (1996). Dokumentation von Psychotherapie. Möglichkeiten und Grenzen. In F. Caspar (Hrsg.), Psychotherapeutische Problemanalyse (S.315-343). Tübingen: DGVT.

Laliotis, D. A. & Grayson, J. H. (1985). Psychologist heal thyself: What is available for the impaired psychologist? American Psychologist, 40, 84-96.

Lambert, M. J. (1974). Supervisory and counseling process: A comparative study. Counselor Education and Supervision, 14 (1), 54-60.

Lambert, M. J. (1980). Research and the supervisory process. In A. K. Hess (Ed.), Psychotherapy supervision. Theory, research and practice (pp.423-450). New York: Wiley.

Lambert, M. J. (1989). The individual therapist's contribution to psychotherapy process and outcome. Clinical Psychology Review, 9, 469-485.

Lambert, M. J. & Arnold, R. C. (1987). Research and the supervisory process. Professional Psychology: Research and Practice, 18, 217-224.

Lambert, M. J. & Beier, E. G. (1974). Supervisory and counseling process: A comparative study. Counselor Education and Supervision, 14, 54-60.

Lambert, M. J. & Hill, C. E. (1994). Assessing psychotherapy outcomes and processes. In A. E. Bergin & S. L. Garfield (Eds.), Handbook of psychotherapy and behavior change (4th ed., pp.72-113). New York: Wiley.

Landau-Stanton, J. & Stanton, M. D. (1986). Family therapy and systems supervision with the „Pick-a-Dali circus" model. The Clinical Supervisor, 4(1-2), 169-181.

Langlotz-Weis, M. & Sturm, J. (1986). Supervision in einer verhaltenstherapeutisch orientierten Klinik für psychosomatische Erkrankungen. Zeitschrift für personenzentrierte Psychologie und Psychotherapie, 5, 329-332.

Langner-Geißler, T. (1993). Pinwand und Flipchart. Hilfen zur Präsentation von Informationen. Pädagogik, 45, 20-23.

Lankton, S. (1991). In die Rolle des anderen schlüpfen. In H. Brandau (Hrsg.), Supervision aus systemischer Sicht (S.226-228). Salzburg: Otto Müller.

Lanning, W. (1986). Development of the supervisor emphasis rating form. Counselor Education and Supervision, 25, 191-196.

Larrabee, M. J. & Miller, G. M. (1993). An examination of sexual intimacy in supervision. The Clinical Supervisor, 11, 103-126.

Larson, D. (Ed.).(1984). Teaching psychological skills. Models for giving psychology away. Monterey (CA): Brooks/Cole.

Lauth, G. W. & Schlottke, P. F. (1993). Training mit aufmerksamkeitsgestörten Kindern. Weinheim: Beltz.

473

Lazar, R. A. (1990). Supervision ist unmöglich: Bions Modell des „Container und Contained". In H. Pühl (Hrsg.), Handbuch der Supervision. Beratung und Reflexion in Ausbildung, Beruf und Organisation (S.371-394). Berlin: Edition Marhold.

Lazar, R. A. (1994a). Einige Hauptaspekte von W. R. Bions Modell der Gruppe und ihre Anwendung in der Supervision und Beratung sozialer Institutionen. In Verein für Psychoanalytische Sozialarbeit (Hrsg.), Supervision in der psychoanalytischen Sozialarbeit (S.86-120). Tübingen: edition discord.

Lazar, R. A. (1994b). W. R. Bions Modell „Container-Contained" als eine psychoanalytische Leitidee in der Supervision. In H. Pühl (Hrsg.), Handbuch der Supervision 2 (S.380-402). Berlin: Edition Marhold.

Lazarus, A. A. (1969). The content of behavior-therapy training. In R. D. Rubin & C. M. Franks (Eds.), Advances in behavior therapy, 1968 (pp.189-192). New York: Academic Press.

Lazarus, A. A. (1993). Tailoring the therapeutic relationship, or being an authentic chameleon. Psychotherapy, 30, 404-407.

Lazarus, R. S. & Folkman, S. (1984). Stress, appraisal, and coping. New York: Springer.

Leddick, G. R. & Bernard, J. M. (1980). The history of supervision: A critical review. Counselor Education and Supervision, 19, 186-196.

Leffers, C.-J. (Hrsg.).(1990). Leitungsberatung – Rolle der Leiter in organisationsbezogenen Beratungsprozessen [Themenheft]. Supervision, 17, 4-76.

Leffers, C.-J. (Hrsg.).(1992a). Kontrakt in der Supervision [Themenheft]. Supervision, 22, 6-93.

Leffers, C.-J. (1992b). Einflußgrößen der Kontraktgestaltung aus der Sicht des Beraters. Supervision, 22, 8-13.

Leffers, C.-J. (1992c). Stationsbezogene Supervision mit Krankenpflegekräften. Besonderheiten, Schwierigkeiten beim Zustandekommen und in der Durchführung von SV. GwG-Zeitschrift, 87, 23-28.

Leffers, C.-J. & Wieringa, C. F. (1990). Das Team im Umfeld der Institution – Von der Teamsupervision zur Institutionsberatung. In P. Berker & W. Weigand (Hrsg.), Supervision [Sonderheft März 1990], 85-88.

Lefrancois, G. R. (1986). Psychologie des Lernens (2.Aufl.). Berlin: Springer.

Lehmenkühler-Leuschner, A. (1984). Supervision für Erzieherinnen in Tageseinrichtungen für Kinder. Supervision, 5, 5-12.

Lehmenkühler-Leuschner, A. (1990). Rollenlernen in der Lehrsupervision. In W. Boettcher & G. Leuschner (Hrsg.), Lehrsupervision. Beiträge zur Konzeptionsentwicklung (2.Aufl., S.232-244). Aachen: Kersting.

Lehrmann, C. (1990). Vom „Wir brauchen keine Supervision!" zum richtigen Supervisor. Eine Anleitung für Supervisionswillige und solche, die es werden wollen. Sozialpsychiatrische Informationen, 20(2), 25-29.

Leinfelder, F. (1987). Organisationsinterne Supervision in der Fortbildung. Supervision, 12, 49-60.

Leinfelder, F. (1994). Die Steuerung der Prozeßdynamik in der Gruppen- und Teamsupervision. Forum Supervision, 2, 96-110.

Leith, W. R., McNiece, E. M. & Fusilier, B. B. (1989). Handbook of supervision: A cognitive behavioral system. Boston: College Hill.

Lempp, R. (1994). Die Entwicklung der Supervision am klinischen Jugendheim der Abteilung für Kinder- und Jugendpsychiatrie der Universität Tübingen. In Verein für Psychoanalytische Sozialarbeit (Hrsg.), Supervision in der psychoanalytischen Sozialarbeit (S.21-32). Tübingen: edition discord.

Lesser, R. (1984). Supervision. Illusions, anxieties, and questions. In L. Caligor, P. M. Bromberg & J. D. Meltzer (Eds.), Clinical perspectives on the supervision of psychoanalysis and psychotherapy (pp.143-152). New York: Plenum.

Leuschner, G. (Hrsg.).(1982). Teamsupervision [Themenheft]. Supervision, 2, 1-70.

Leuschner, G. (1979). Gedanken zur Rolle des Lehrsupervisors. In Akademie für Jugendfragen Münster (Hrsg.), Supervision im Spannungsfeld zwischen Person und Institution (S.50-65). Freiburg/Br.: Lambertus.

Leuschner, G. (1990). Aspekte einer Konzeption von Lehrsupervision. In W. Boettcher & G. Leuschner (Hrsg.), Lehrsupervision. Beiträge zur Konzeptionsentwicklung (2.Aufl., S.111-128). Aachen: Kersting.

Leuschner, G. (1993). Macht und Machtkontrolle in sozialen Institutionen als Fokus in der Supervision. Forum Supervision, 1, 47-58.

Leuschner, G. & Schaaf, J. (1988). Angewandte Gruppendynamik in der Teamsupervision und Organisationsberatung – ein Arbeitsbericht. In H. J. Kersting, L. Krapohl & G. Leuschner (Hrsg.), Diagnose und Intervention in Supervisionsprozessen (S. 81-99). Aachen: Kersting.

Levenberg, S. B. & Wagner, M. K. (1976). Smoking cessation: Long-term irrelevance of mode of treatment. Journal of Behaviour Therapy and Experimental Psychiatry, 7, 93-95.

Levenson, E. A. (1984). Follow the fox. In L. Caligor, P. M. Bromberg & J. D. Meltzer (Eds.), Clinical perspectives on the supervision of psychoanalysis and psychotherapy (pp.153-167). New York: Plenum.

Levine, F. M. & Tilker, H. A. (1974). A behavior modification approach to supervision of psychotherapy. Psychotherapy: Theory, Research, and Practice, 11, 182-188.

Lewin, K. (1936). Principles of topological psychology. New York: McGraw-Hill.

Lewin, K. (1946). Action research and minority problems. Journal of Social Issues, 2, 34-64.

Lewin, K. (1947). Subjective and objective elements in the social field: The three step procedure. Human Relations, 1.

Liddle, H. A., Breunlin, D. C. & Schwartz, R. C. (Eds.).(1988). Handbook of family therapy training and supervision. New York: Guilford.

Lieb, H. (Hrsg.).(1993). Supervision. Bad Dürkheim: Institut für Klinische Verhaltenstherapie (IFKV).

Lieb, H. (1994). Selbsterfahrung als Selbstreferenz: Zur Integration von Selbsterfahrung in die verhaltenstherapeutische Supervision. In A.-R. Laireiter & G. Elke (Hrsg.), Selbsterfahrung in der Verhaltenstherapie (S.80-105). Tübingen: DGVT.

Lieb, H. (1995). Verhaltenstherapie, Systemtheorie und die Kontrolle menschlichen Verhaltens. Ein Beitrag zur Paradigmendiskussion in der Psychotherapie. Regensburg: Roderer.

Lieb, H. (1996). Selbstorganisation und Selbstmanagement aus verhaltenstherapeutischer und systemtherapeutischer Sicht. In H. S. Reinecker & D. Schmelzer (Hrsg.), Verhaltenstherapie, Selbstregulation, Selbstmanagement – Frederick H. Kanfer zum 70.Geburtstag (S.83-105). Göttingen: Hogrefe.

Lieb, H. & Kosarz, P. (1983). Skills von Therapeuten/Verhaltenstherapeuten. In H. Lieb (Hrsg.), Supervision (S.35-36). Bad Dürkheim: Institut für Klinische Verhaltenstherapie (IFKV).

Linden, M. & Hautzinger, M. (Hrsg.).(1993). Verhaltenstherapie. Berlin: Springer.

Linden, M. & Janssen, T. (1986). Einübung psychotherapeutischer Kompetenzen durch videounterstützte Supervision der Anamneseerhebung in der Psychiatrie. Zeitschrift für personenzentrierte Psychologie und Psychotherapie, 5, 333-345.

Lindsay, C. A., Crowe, M. B. & Jacobs, D. F. (1987). Continuing professional education for clinical psychology. A practice-oriented model. In B. A. Edelstein & E. S. Berler (Eds.), Evaluation and accountability in clinical training (pp.331-363). New York:

Linehan, M. M. (1980). Supervision of behavior therapy. In A. K. Hess (Ed.), Psychotherapy supervision. Theory, research and practice (pp.148-180). New York: Wiley.

Linehan, M. M. & McGhee, D. E. (1994). A cognitive-behavioral model of supervision with individual and group components. In S. E. Greben & R. Ruskin (Eds.), Clinical perspectives on psychotherapy supervision (pp.165-188). Washington (DC): American Psychiatric Press.

Linster, H. W. & Panagiotopoulos, P. (1994). Supervision in der klientenzentrierten Psychotherapieausbildung. In H. Pühl (Hrsg.), Handbuch der Supervision 2 (S.432-446). Berlin: Edition Marhold.

Lippenmeier, N. (1990a). Axiome aus dem Sokratischen Dialog als Grundlage einer Fortbildung für Lehrsupervisoren. In W. Boettcher & G. Leuschner (Hrsg.), Lehrsupervision. Beiträge zur Konzeptionsentwicklung (2.Aufl., S.251-268). Aachen: Kersting

Lippenmeier, N. (1990b). Die Bedeutung des sokratischen Prinzips für und im Supervisionsprozeß. In H. Pühl (Hrsg.), Handbuch der Supervision. Beratung und Reflexion in Ausbildung, Beruf und Organisation (S.412-421). Berlin: Edition Marhold.

Lippenmeier, N. (1992). Kontraktlernen in der Lehrsupervision. Supervision, 22, 69-77.

Lippitt, G. & Lippitt, R. (1979). Der Beratungsprozeß in der Praxis. In B. Sievers (Hrsg.), Organisationsentwicklung als Problem. Stuttgart: Klett.

Lippitt, G. & Lippitt, R. (1984). Beratung als Prozeß. Goch: Bratt.

Lipponer, R. (1988). Supervision und Personalentwicklung in der Werkstatt für Behinderte. Erste Erfahrungen aus einem Werkstattverbund. Geistige Behinderung, 27, 121-126.

Little, B. R. (1983). Personal projects: A rationale and method for investigation. Environmental Behavior, 15, 273-309.

Littrell, J. M., Lee-Borden, N. & Lorenz, J. (1979). A developmental framework for counseling supervision. Counselor Education and Supervision, 19, 129-136.

Lloyd, M. E. & Whitehead, J. S. (1976). Development and evaluation of behaviorally taught practica. In S. Yen & R. W. McIntyre (Eds.), Teaching behavior modification. Kalamazoo (MI): Behaviordelia.

Loch, W. (1989). Balint-Seminare: Zweck, Methode, Zielsetzung und Auswirkung auf die Praxis. In C. Nedelmann & H. Ferstl (Hrsg.), Die Methode der Balint-Gruppe (S.217-236). Stuttgart: Klett-Cotta.

Locke, E. A. & Latham, G. P. (1984). Goal setting: A motivational technique that works! Englewood Cliffs (NJ): Prentice-Hall.

Loganbill, C., Hardy, E. & Delworth, U. (1982). Supervision: A conceptual model. The Counseling Psychologist, 10, 3-42.

Loganbill, C. & Stoltenberg, C. (1983). The case conceptualization format: A training device for practicum. Counselor Education and Supervision, 22(3), 235-241.

Logue, A. W. (1995). Self-control: Waiting until tomorrow for what you want today. Englewood Cliffs (NJ): Prentice Hall.

Lorenzen, P. (1994). Konstruktivismus. Journal for General Philosophy of Science, 25, 125-133.

475

Ludewig, K. (1991). Grundarten des Helfens. Ein Schema zur Orientierung der Helfer und der Helfer der Helfer. In H. Brandau (Hrsg.), Supervision aus systemischer Sicht (S.54-68). Salzburg: Otto Müller.

Lutz, R. (1996). Das verhaltensdiagnostische Interview (2.Aufl.). Stuttgart: Kohlhammer-Urban (im Druck).

Lutz, R. & Koppenhöfer, E. (1981). Supervisionserfahrung bei einer verhaltenstherapeutischen Fallarbeit. Mitteilungen der DGVT, 13, 76-86.

Luxen, U., Trautmann-Werkshage, I. & Weber, A. (1995). Supervision und Industrie. Gedanken zur Begegnung zweier Kulturen, aufgezeigt am Beispiel der Berufsausbildung der Volkswagen AG. Forum Supervision, 3, 42-62.

Lynch, R. T. (1995). Supervision in rehabilitation counseling: Applications of theory to understand supervision style and the supervisory working alliance. Journal of Applied Rehabilitation Counseling, 26, 3-11.

Maelicke, B. (Hrsg.).(1994). Beratung und Entwicklung sozialer Organisationen. Baden-Baden: Nomos.

Mager, R. F. (1965). Lernziele und programmierter Unterricht. Weinheim: Beltz (Neuauflage 1977: Lernziele und Unterricht).

Mager, R. F. (1973). Zielanalyse. Weinheim: Beltz.

Maher, C. A. & Cook, S. A. (1985). Time management. In C. A. Maher (Ed.), Professional self-management. Techniques for special service providers (pp.23-43). Baltimore: Brookes.

Mahon, B. R. & Altmann, H. A. (1977). Skill training: Cautions and recommendations. Counselor Education and Supervision, 17(1), 42-50.

Mahoney, M. J. (1977). Kognitive Verhaltenstherapie. Neue Entwicklungen und Integrationsschritte. München: Pfeiffer (am. Orig. 1974).

Mahoney, M. J. (1977a). Publication prejudices: An experimental study of confirmatory bias in the peer review system. Cognitive Therapy and Research, 1, 161-175.

Mahoney, M. J. (1985). Psychotherapy and human change processes. In M. J. Mahoney & A. Freeman (Eds.), Cognition and psychotherapy (pp.3-48). New York: Plenum.

Mahoney, M. J. (1990). Representations of self in cognitive psychotherapies. Cognitive Therapy and Research, 14, 229-240.

Mahoney, M. J. (1993). Theoretical developments in the cognitive psychotherapies. Journal of Consulting and Clinical Psychology, 61, 187-193.

Maier, H. W. (1985). Teaching and training as a facet of supervision of care staff: An overview. Journal of Child Care, 2, 49-52.

Makover, R. B. (1992). Training psychotherapists in hierarchical treatment planning. Journal of Psychotherapy Practice and Research, 1, 337-350.

Malik, F. (1989). Strategie des Managements komplexer Systeme (3.Aufl.). Bern/Stuttgart: Haupt.

Mancuso, J. C. & Ceely, S. G. (1980). The self as memory processing. Cognitive Therapy and Research, 4, 1-25.

Manteufel, A. & Schiepek, G. (1994). Systemkompetenz. Orientierung und Handeln in komplexen Sozialsystemen. Verhaltenstherapie und psychosoziale Praxis, 26, 203-216.

Marek, L. I., Sandifer, D. M., Beach, A., Coward, R. L. & Protinsky, H. O. (1994). Supervision without the problem: A model of solution-focused supervision. Journal of Family Psychotherapy, 5(2), 57-64.

Margraf, J. & Brengelmann, J.C. (Hrsg.).(1992). Die Therapeut-Patient-Beziehung in der Verhaltenstherapie. München: Röttger.

Mark-Stemberger, B. & Kessler, F. (1991). Supervision im Krankenhaus. Psychologie in der Medizin, 2(3-4), 30-36.

Markus, H. & Nurius, P. (1986). Possible selves. American Psychologist, 41, 954-969.

Markus, H. & Wurf, E. (1987). The dynamic self-concept: A social-psychological approach. Annual Review of Psychology, 38, 299-337.

Martin, E. & Wawrinowski, U. (1991). Beobachtungslehre. Theorie und Praxis reflektierter Beobachtung und Beurteilung. Weinheim: Juventa.

Maslach, C. (1982). Burnout – the cost of caring. Englewood Cliffs (NJ): Prentice-Hall.

Matarazzo, R. G. (1971). Research on the teaching and learning of psychotherapeutic skills. In A. E. Bergin & S. L. Garfield (Eds.), Hanndbook of psychotherapy and behavior change (pp.895-924). New York: Wiley.

Matarazzo, R. G. & Garner, A. M. (1992). Research on training for psychotherapy. In D. K. Freedheim (Ed.), History of psychotherapy. A century of change (pp.850-877). Washington (DC): APA.

Matarazzo, R. G. & Patterson, D. R. (1986). Methods of teaching therapeutic skill. In S. L. Garfield & A. E. Bergin (Eds.), Handbook of psychotherapy and behavior change (3rd ed., pp.821-843). New York: Wiley.

Maturana, H. R. (1985). Erkennen: Die Organisation und Verkörperung von Wirklichkeit (2.Aufl.). Braunschweig: Vieweg.

Mazza, J. (1988). Training strategic therapists: The use of indirect techniques. In H. A. Liddle, D. C. Breunlin & R. C. Schwartz (Eds.), Handbook of family therapy training and supervision (S.93-109). New York: Guilford.

McCarthy, P. R., Danish, S. J. & D'Augelli, A. R. (1977). A follow-up evaluation of helping skills training. Counselor Education and Supervision, 17, 29-35.

McCarthy, P., DeBell, C., Kanuha, V. & McLeod, J. (1988). Myths of supervision: Identifying the gaps between theory and practice. Counselor Education and Supervision, 28(1), 22-28.

McCarthy, P., Kulakowski, D. & Kenfield, J. (1994). Clinical supervision practices of licensed psychologists. Professional Psychology: Research and Practice, 25, 177-181.

McFall, R. M. (1985). Nonbehavioral training for behavioral clinicians. The Behavior Therapist, 8, 27-30.

McNeill, B. W., Stoltenberg, C. D. & Pierce, R. A. (1985). Supervisees' perceptions of their development: A test of the counselor complexity model. Journal of Counseling Psychology, 32, 630-633.

McNeill, B. W. & Worthen, V. (1989). The parallel process in psychotherapy supervision. Professional Psychology: Research and Practice, 20, 329-333.

McRoy, R. G., Freeman, E. M. & Logan, S. (1986). Strategies for teaching students about termination. The Clinical Supervisor, 4(4), 45-56.

Mead, D. E. (1990). Effective supervision: A task-oriented model for the mental health professions. New York: Brunner/Mazel.

Mehrmann, E. (1994). Moderierte Gruppenarbeit mit Metaplan-Technik. Düsseldorf: Econ.

Meichenbaum, D. (1979). Kognitive Verhaltensmodifikation. München: Urban & Schwarzenberg (am. Orig. 1977).

Meichenbaum, D. (1985). Stress inoculation training. New York: Pergamon.

Meichenbaum, D. & Gilmore, J. B. (1984). The nature of unconscious processes: A cognitive-behavioral perspective. In K. Bowers & D. Meichenbaum (Eds.), The unconscious reconsidered (pp.273-294). New York: Wiley.

Meidinger, H. (1987). Supervision von Beratungslehrern als eine Aufgabe des Schulpsychologen. Report Psychologie, 12 (11-12), 23-27.

Meidinger, H. (1991). „Schulhausinterne Supervision" – ein Beispiel systembezogener Beratung in der Schule. Psychologie in Erziehung und Unterricht, 38, 292-297.

Merl, H. & Merl, C. (1991). Systemische Aspekte der Teamsupervision. In H. Brandau (Hrsg.), Supervision aus systemischer Sicht (S.151-157). Salzburg: Otto Müller.

Metzinger, T. (Hrsg.).(1995). Bewußtsein. Beiträge aus der Gegenwartsphilosophie. Paderborn: Ferdinand Schöningh.

Meyer, E. & Niederschmid, T. (1990). Wie wird man Lehrsupervisor? Ergebnisse einer Umfrage bei bundesdeutschen Ausbildungsinstituten. In W. Boettcher & G. Leuschner (Hrsg.), Lehrsupervision. Beiträge zur Konzeptionsentwicklung (2.Aufl., S.85-95). Aachen:

Meyer, H. L. (1994). Trainingsprogramm zur Lernzielanalyse (13.Aufl.). Weinheim: Beltz Athenäum.

Meyer, R. J. jr. (1978). Using self-supervision to maintain counseling skills: A review. Personnel and Guidance Journal, 57, 95-98.

Miars, R. D., Tracey, T. J., Ray, P. B., Cornfeld, J. L., O'Farrell, M. & Gelso, C. J. (1983). Variation in supervision process across trainee experience levels. Journal of Counseling Psychology, 30, 403-412.

Michelson, R. W. (1994). Social work practice with the elderly: A multifaceted placement experience. The Clinical Supervisor, 12 (1), 181-197.

Middleman, R. R. & Rhodes, G. B. (1985). Competent supervision. Making imaginative judgments. Englewood Cliffs (NJ): Prentice-Hall.

Miller, G. A. (1969). Psychology as a means of promoting human welfare. American Psychologist, 24, 1063-1075.

Miller, G. A., Galanter, E. & Pribram, K. H. (1960). Plans and the structure of behavior. New York: Holt, Rinehart & Winston (deutsch 1973: Strategien des Handelns – Pläne und Strukturen des Verhaltens. Stuttgart: Klett).

Mintz, E. E. (1983). Gestalt approaches to supervision. The Gestalt Journal, Spring 1983.

Misek-Schneider, K. (1995). Supervision psychologischer Tätigkeit in geschlossenen Einrichtungen am Beispiel des Gefängnisses. Praxis der Klinischen Verhaltensmedizin und Rehabilitation, 8 (30), 148-155.

Moldawsky, S. (1980). Psychoanalytic psychotherapy supervision. In A. K. Hess (Ed.), Psychotherapy supervision. Theory, research and practice (pp.126-135). New York: Wiley.

Moras, K. (1993). The use of treatment manuals to train psychotherapists: Observations and recommendations. Psychotherapy, 30, 581-586.

Mordock, J. B. (1990). The new supervisor: Awareness of problems experienced and some suggestions for problem resolution through supervisory training. The Clinical Supervisor, 8(1), 81-92.

Moreland, J. R., Ivey, A. E. & Philips, J. S. (1973). An evaluation of microcounseling as an interviewer tool. Journal of Consulting and Clinical Psychology, 41, 294-300.

Morran, D. K., Kurpius, D. W., Brack, C. J. & Brack, G. (1995). A cognitive-skills model for counselor training and supervision. Journal of Counseling & Development, 73, 384-389.

Morris, R. J. & Magrath, K. H. (1983). The therapeutic relationship in behavior therapy. In M. J. Lambert (Ed.), Psychotherapy and patient relationships (pp.154-189). Homewood (IL): Dorsey Press.

Morton, T. D. & Kurtz, P. D. (1980). Educational supervision: A learning theory approach. Social Casework: The Journal of Contemporary Social Work, 61, 240-246.

Mühlfeld, C. (1994). Der Mensch als ärgerliche Tatsache – Der erkenntnistheoretische Stellenwert des Individuums in der selbstreferentiellen Systemtheorie. In G. Hörmann (Hrsg.), Im System gefangen. Zur Kritik systemischer Konzepte in den Sozialwissenschaften (S.113-139). Münster: Hans Zygowski Bessau Verlag.

Müller, B. & Müller-Ebert, J. (1994). Die Bedeutung der Lehrtherapie in der Gestalttherapie. In R. Frühmann & H. Petzold (Hrsg.), Lehrjahre der Seele. Lehranalyse, Selbsterfahrung, Eigentherapie in den psychotherapeutischen Schulen (S.223-256). Paderborn:

Münch, W. (1979). Supervision von Lehrergruppen. In K. A. Geißler (Hrsg.), Gruppendynamik für Lehrer (S.145-181). Reinbek: Rowohlt.

Münch, W. (1984a). Die Bearbeitung von beruflichen Konflikt- und Krisenerlebnissen in der Supervisionsgruppe – Gruppensupervision mit Lehrern. Supervision, 5, 13-25.

Münch, W. (1984b). Gruppensupervision von Lehrern. Ihre Bedeutung für die Sozialisation von Schülern. Gruppenpsychotherapie und Gruppendynamik, 20, 185-193.

Münch, W. (1986). Die Arbeit mit Lehrern in Supervisionsgruppen. In H. Pühl & W. Schmidbauer (Hrsg.), Supervision und Psychoanalyse. Plädoyer für eine emanzipatorische Reflexion in den helfenden Berufen (S.127-156). München: Kösel.

Münch, W. (1990). Zur Arbeit mit Übertragung und Gegenübertragung in Supervisionsgruppen für Lehrer: Die Abwehr ödipaler Verantwortung. In H. Pühl (Hrsg.), Handbuch der Supervision. Beratung und Reflexion in Ausbildung, Beruf und Organisation (S.452-463). Berlin: Edition Marhold.

Munson, C. E. (1989). Editorial: Trends of significance for clinical supervision. The Clinical Supervisor, 7(4), 1-8.

Munson, C. E. (1993). Clinical social work supervision (2nd ed.). New York: Haworth.

Muran, J. C. & DiGiuseppe, R. A. (1990). Towards a cognitive formulation of metaphor use in psychotherapy. Clinical Psychology Review, 10, 69-85.

Murdock, N. L. (1991). Case conceptualization: Applying theory to individuals. Counselor Education and Supervision, 30, 355-365.

Mutzeck, W. & Pallasch, W. (Hrsg.).(1983). Handbuch zum Lehrertraining. Konzepte und Erfahrungen. Weinheim: Beltz.

Myrick, R. D. & Kelly, F. D. jr. (1971). A scale for evaluating practicum students in counseling and supervision. Counselor Education and Supervision, 10(4), 330-336.

Neber, H. (Hrsg.).(1987). Angewandte Problemlösepsychologie. Münster: Aschendorff.

Nedelmann, C. (1989). Einleitung. In C. Nedelmann & H. Ferstl (Hrsg.), Die Methode der Balint-Gruppe (S.19-51). Stuttgart: Klett-Cotta.

Nedelmann, C. & Ferstl, H. (Hrsg.).(1989). Die Methode der Balint-Gruppe. Stuttgart: Klett-Cotta.

Neimeyer, R. A. (1993). An appraisal of constructivistic psychotherapies. Journal of Consulting and Clinical Psychology, 61, 221-234.

Neisser, U. (1979). Kognition und Wirklichkeit. Prinzipien und Implikationen der kognitiven Psychologie. Stuttgart: Klett-Cotta.

Nellessen, L. (1988). Interne, externe und nebenberufliche Supervision. Supervision, 12, 5-18.

Nellessen, L. (1990). Die Gruppendynamik in der Supervision. In G. Fatzer & C. D. Eck (Hrsg.), Supervision und Beratung: Ein Handbuch (S.159-170). Köln: Edition Humanistische Psychologie.

Nelson, B. (1965). The psychoanalyst as mediator and double agent. Psychoanalytic Review, 52, 45-60.

Nelson, G. L. (1978). Psychotherapy supervision from the trainee's point of view: A survey of preferences. Professional Psychology, 9, 539-550.

Neumann, J. von & Morgenstern, O. (1947). Theory of games and economic behavior. Princeton: Princeton University Press.

Neumann-Wirsig, H. & Kersting, H. J. (Hrsg.).(1993). Systemische Supervision oder: Till Eulenspiegels Narreteien. Aachen: Kersting.

478

Nevid, J. S. & Gildea, T. J. (1984). The admission process in clinical training: The role of the personal interview. Professional Psychology: Research and Practice, 15, 18-25.

Newman, A. S. (1981). Ethical issues in the supervision of psychotherapy. Professional Psychology, 12, 690-695.

Nezu, A. M. & Nezu, C. M. (Eds.).(1989). Clinical decision making in behavior therapy. Champaign (IL): Research Press.

Nezu, A. M. & Nezu, C. M. (1993). Identifying and selecting target problems for clinical interventions: A problem-solving model. Psychological Assessment, 5, 254-263.

Niedermair, G. (1993). Teamentwicklung im praktischen Kontext. Zeitschrift für Sozialpsychologie und Gruppendynamik in Wirtschaft und Gesellschaft, 18, 9-26.

Niederschmid, T. (1984). Das Phänomen des Unbewußten in der analytisch orientierten Supervision, dargestellt an Eröffnungsszenen. Supervision, 6, 73-90.

Nielebock, F. & Ramminger, E. (1994). Lehrersupervision – wo Schule neu erfunden wird. In Verein für Psychoanalytische Sozialarbeit (Hrsg.), Supervision in der psychoanalytischen Sozialarbeit (S.188-198). Tübingen: edition diskord.

Nietzel, M. T. & Fisher, S. G. (1981). Effectiveness of professional and paraprofessional helpers. A comment on Durlak. Psychological Bulletin, 89, 555-565.

Nisbett, R. & Ross, L. (1980). Human inference: Strategies and shortcomings of social judgment. Englewood Cliffs (NJ): Prentice-Hall.

Nisbett, R. & Wilson, T. D. (1977). Telling more than we can know: Verbal reports on mental processes. Psychological Review, 84, 231-259.

Nisivoccia, D. (1990). Teaching and learning tasks in the beginning phase of field instruction. The Clinical Supervisor, 8(1), 7-22.

Norcross, J. C. (1988). Supervision of integrative psychotherapy. Journal of Integrative and Eclectic Psychotherapy, 7, 157-166.

Oberborbeck, K. W. & Regel, G. (1979). Zur Gruppen-Supervision von Mitarbeitern sozialer Einrichtungen: Ziele und methodische Aspekte unter Berücksichtigung analytischer Gesichtspunkte sowie der Themenzentrierten Interaktion (Ruth C. Cohn). Praxis der Kinderpsychologie und Kinderpsychiatrie, 28, 17-29.

Oberhoff, B. (Hrsg.).(1986). Supervision im Ausland: USA, Niederlande, Schweiz, Österreich [Themenheft]. Supervision, 10, 1-63.

Olsen, D. C. & Stern, S. B. (1990). Issues in the development of a family therapy supervision model. The Clinical Supervisor, 8(2), 49-65.

Orlinsky, D. E. (1994). Research-based knowledge as the emergent foundation for clinical practice in psychotherapy. In P. F. Talley, H. H. Strupp & S. F. Butler (Eds.), Psychotherapy research and practice. Bridging the gap (pp.99-123). New York: Basic Books.

Orlinsky, D. E., Grawe, K. & Parks, B. K. (1994). Process and outcome in psychotherapy. In A. E. Bergin & S. L. Garfield (Eds.), Handbook of psychotherapy and behavior change (4th ed., pp.270-376). New York: Wiley.

Orth, I. & Petzold, H. (1988). Methodische Ansätze der Integrativen Bewegungstherapie im Bereich der Supervision. Motorik, 11, 44-56.

Orth, I. & Petzold, H. (1995). Gruppenprozeßanalyse – ein heuristisches Modell für Integrative Arbeit in und mit Gruppen. Integrative Therapie, 21, 197-212.

Ottomanelli, G. A. (1978). Patient improvement, measured by the MMPI and the Pyp, related to paraprofessional and professional counselor assignment. International Journal of the Addictions, 13, 503-507.

Overbeck, A. (1990). Die Entfaltung eines therapeutischen Raumes auf kinder- und jugendpsychiatrischen Stationen mit Hilfe der bifokalen Team-Supervision. Psychosozial, 13/I (Nr.41), 7-17.

Overholser, J. C. (1991). The Socratic method as a technique in psychotherapy supervision. Professional Psychology: Research and Practice, 22, 68-74.

Overholser, J. C. (1993a). Elements of the Socratic method: I.Systematic questioning. Psychotherapy, 30, 67-74.

Overholser, J. C. (1993b). Elements of the Socratic method: II.Inductive reasoning. Psychotherapy, 30, 75-85.

Pallasch, W. (1991). Supervision. Neue Formen beruflicher Praxisbegleitung in pädagogischen Arbeitsfeldern. Weinheim: Juventa.

Pallasch, W., Mutzeck, W. & Reimers, H. (Hrsg.).(1992). Beratung – Training – Supervision. Eine Bestandsaufnahme über Konzepte zum Erwerb von Handlungskompetenz in pädagogischen Arbeitsfeldern. Weinheim/München: Juventa.

Patterson, C. H. (1983). A client-centered approach to supervision. The Counseling Psychologist, 11, 21-25.

Paulus, P. (1994). Selbstverwirklichung und psychische Gesundheit. Göttingen: Hogrefe.

Payne, P. A. & Gralinski, D. M. (1968). Effects of supervisor style and empathy on counselor learning. Journal of Counseling Psychology, 15, 517-521.

Payne, P. A., Weiss, S. D. & Kapp, R. A. (1972). Didactic, experiential, and modeling factors in the learning of empathy. Journal of Counseling Psychology, 19, 425-429.

Peake, T. H. & Archer, R. P. (Eds.).(1984). Clinical training in psychotherapy (= The Clinical Supervisor, Volume 2, Number 4). New York: Haworth.

Peake, T. H. & Philpot, C. (1991). Psychotherapy with older adults: Hopes and fears. The Clinical Supervisor, 9, 185-202.

Pearson, R. E. (1981). Basic skills for leadership of counseling groups. Counselor Education and Supervision, 21(1), 30-37.

Pedder, J. (1986). Reflections on the theory and practice of supervision. Psychoanalytic Psychotherapy, 2, 1-12.

Penn, P. (1982). Zirkuläres Fragen. Familiendynamik, 8, 198-220.

Petermann, F. (1992). Einzelfalldiagnose und klinische Praxis (2.Aufl.). München: Quintessenz.

Petermann, F. (Hrsg.).(1995). Lehrbuch der klinischen Kinderpsychologie. Göttingen: Hogrefe.

Petermann, F. (Hrsg.).(1995a). Pädagogische Supervision. Salzburg: Otto Müller.

Peterson, A. V. & Parr, G. D. (1989). Five cycle process of practicum supervision. Journal of Reality Therapy, 9, 68-71.

Peterson, R. L., McHolland, J. D., Bent, R. J., Davis-Russell, E., Edwall, G. E., Polite, K., Singer, D. L. & Stricker, G. (Eds.).(1991). The core curriculum in professional psychology. Washington (DC): APA.

Petzold, H. (1991-1993). Integrative Therapie. Methoden und Modelle zu einer schulenübergreifenden Psychotherapie, 3 Teilbände. Paderborn: Junfermann.

Phillips, D. C. & Kelly, M. E. (1975). Hierarchical theories of development in education and psychology. Harvard Educational Review, 45, 351-375.

Piaget, J. (1946). Psychologie der Intelligenz (2.Aufl.). Zürich: Rascher.

Piaget, J. (1976). Die Äquilibration der kognitiven Strukturen. Stuttgart: Klett.

Pierce, R. M., Carkhuff, R. R. & Berenson, B. G. (1967). The effects of high and low functioning counselors upon counselors in training. Journal of Clinical Psychology, 23, 212-215.

Pierce, R. M. & Schauble, P. G. (1970). Graduate training of facilitative counselors: The effects of individual supervision. Journal of Counseling Psychology, 17, 210-215.

Plessen, U. & Kaatz, S. (1985). Supervision in Beratung und Therapie. Salzburg: Otto Müller.

Plutchik, R. (1990). Emotions and psychotherapy: A psychoevolutionary perspective. In R. Plutchik & H. Kellerman (Eds.), Emotion. Theory, research, and experience (Vol.5: Emotion, psychopathology, and psychotherapy; pp.3-41). New York: Academic Press.

Pols, H. (1988). Fragenkatalog zur Evaluation von Leitungsverhalten. In M. Heiner (Hrsg.), Selbstevaluation in der Sozialen Arbeit (S.278-296). Freiburg/Br.: Lambertus.

Ponterotto, J. G. & Zander, T. A. (1984). A multimodal approach to counselor supervision. Counselor Education and Supervision, 24(1), 40-50.

Pope, K. S. & Bouhoutsos, J. C. (1986). Sexual intimacy between therapists and patients. New York: Praeger.

Powell, D. J. (1989). Clinical supervision – a ten-year perspective. The Clinical Supervisor, 7(2/3), 139-147.

Powers, W. T. (1973). Behavior: The control of perception. Chicago: Aldine.

Prest, L. A., Schindler-Zimmerman, T. & Sporakowski, M. J. (1992). The initial supervision session checklist (ISSC): A guide for the MFT supervision process. The Clinical Supervisor, 10, 117-133.

Prochaska, J. O., DiClemente, C. C. & Norcross, J. C. (1992). In search of the structure of change. In Y. Klar, J. D. Fisher, J. M. Chinsky & A. Nadler (Eds.), Self change. Social psychological and clinical perspectives (pp.87-114). New York: Springer.

Protinsky, H. & Preli, R. (1987). Interventions in strategic supervision. Journal of Strategic and Systemic Therapies, 6, 18-23.

Przytulla, H. (1985). Supervision – eine problematische Methode, Probleme am Arbeitsplatz zu lösen. Frühförderung interdisziplinär, 4, 151-156.

Pühl, H. (1986). Supervision in der Ausbildung: Bindeglied zwischen Theorie und Praxis. In H. Pühl & W. Schmidbauer (Hrsg.), Supervision und Psychoanalyse. Plädoyer für eine emanzipatorische Reflexion in den helfenden Berufen (S.22-44). München: Kösel.

Pühl, H. (1989). Alternativprojekte: Der Kollektivmythos als Chef. Supervision, 15, 15-27.

Pühl, H. (Hrsg.).(1990a). Handbuch der Supervision. Beratung und Reflexion in Ausbildung, Beruf und Organisation. Berlin: Edition Marhold.

Pühl, H. (1990b). Psychoanalytisch-orientierte Supervision. In H. Pühl (Hrsg.), Handbuch der Supervision. Beratung und Reflexion in Ausbildung, Beruf und Organisation (S.395-406). Berlin: Edition Marhold.

Pühl, H. (1990c). „Wilde" oder „professionelle" Supervision. In H. Pühl (Hrsg.), Handbuch der Supervision. Beratung und Reflexion in Ausbildung, Beruf und Organisation (S.53-57). Berlin: Edition Marhold.

Pühl, H. (1990d). Erstkontakt, Beginn und Nachfrageanalyse in der Team-Supervision. In H. Pühl (Hrsg.), Handbuch der Supervision. Beratung und Reflexion in Ausbildung, Beruf und Organisation (S.161-174). Berlin: Edition Marhold.

Pühl, H. (1991). Psychoanalytische Supervision. In H. Pühl & W. Schmidbauer (Hrsg.), Supervision und Psychoanalyse (S.7-14). Frankfurt/M.: Fischer.

Pühl, H. (1992). Supervision als praktische Ethnopsychoanalyse. Supervision, 22, 38-45.

Pühl, H. (Hrsg.).(1994a). Handbuch der Supervision 2. Berlin: Edition Marhold.

Pühl, H. (1994b). Der Supervisor als Lehrer und Leiter. In H. Pühl (Hrsg.), Handbuch der Supervision 2 (S.353-364). Berlin: Edition Marhold.

Pühl, H. (1994c). Supervision in der (Fach-)Hochschul-Ausbildung. In H. Pühl (Hrsg.), Handbuch der Supervision 2 (S.406-418). Berlin: Edition Marhold.

Pühl, H. (1994d). Supervision für Lehrer und Schule. In H. Pühl (Hrsg.), Handbuch der Supervision 2 (S.272-280). Berlin: Edition Marhold.

Pühl, H. & Schmidbauer, W. (Hrsg.).(1986). Supervision und Psychoanalyse. Plädoyer für eine emanzipatorische Reflexion in den helfenden Berufen. München: Kösel.

Purton, C. (1991). Selection and assessment in counsellor training courses. In W. Dryden & B. Thorne (Eds.), Training and supervision for counselling in action (pp.33-48). London: Sage.

Rabinowitz, F. E., Heppner, P. P. & Roehlke, H. J. (1986). Descriptive study of process and outcome variables of supervision over time. Journal of Counseling Psychology, 33, 292-300.

Raguse, H. (1990a). Supervision – angewandte Psychoanalyse? In G. Fatzer & C. D. Eck (Hrsg.), Supervision und Beratung: Ein Handbuch (S.171-180). Köln: Edition Humanistische Psychologie.

Raguse, H. (1990b). Gruppensupervision. In G. Fatzer & C. D. Eck (Hrsg.), Supervision und Beratung: Ein Handbuch (S.249-256). Köln: Edition Humanistische Psychologie.

Rappaport, J. (1985). Ein Plädoyer für Widersprüchlichkeit: Ein sozialpolitisches Konzept des „empowerment" anstelle präventiver Ansätze. Verhaltenstherapie und psychosoziale Praxis, 17, 257-278.

Rappe-Giesecke, K. (1990). Theorie und Praxis der Gruppen- und Teamsupervision. Berlin: Springer.

Rappe-Giesecke, K. (1994). Supervision. Gruppen- und Teamsupervision in Theorie und Praxis (2., überarb. u. erw. Aufl.). Berlin: Springer.

Rechtien, W. (1992). Angewandte Gruppendynamik. Ein Lehrbuch für Studierende und Praktiker. München: Quintessenz.

Reichel, R. (1989). Integrative Supervision. Gestaltmethoden in der Praxisberatung in Heimen. Integrative Therapie, 15, 284-304.

Reichenbach, H. (1938). Experience and prediction. Chicago: University of Chicago Press.

Reinecker, H. (1978). Selbstkontrolle. Verhaltenstheoretische und kognitive Grundlagen, Techniken und Therapiemethoden. Salzburg: Otto Müller.

Reinecker, H. (1983). Grundlagen und Kriterien verhaltenstherapeutischer Forschung. Salzburg: AVM.

Reinecker, H. (1986). Methoden der Verhaltenstherapie. In Deutsche Gesellschaft für Verhaltenstherapie (Hrsg.), Verhaltenstherapie. Theorien und Methoden (S.64-178). Tübingen: DGVT.

Reinecker, H. (1994a). Grundlagen der Verhaltenstherapie (2.Aufl.). Weinheim: Psychologie Verlags Union.

Reinecker, H. (Hrsg.).(1994b). Lehrbuch der Klinischen Psychologie. Modelle psychischer Störungen (2.Aufl.). Göttingen: Hogrefe.

Reinecker, H. & Schindler, L. (1996). Aus- und Weiterbildung. In J. Margraf (Hrsg.), Lehrbuch der Verhaltenstherapie, Band 1: Grundlagen, Diagnostik, Verfahren, Rahmenbedingungen (S.491-498). Berlin: Springer.

Reinecker, H. & Schmelzer, D. (Hrsg.).(1996). Verhaltenstherapie, Selbstregulation, Selbstkontrolle – Frederick H. Kanfer zum 70.Geburtstag. Göttingen: Hogrefe.

Reinecker-Hecht, C. & Reinecker, H. (1996). Frederick H. Kanfer – Person und Werk. In H. Reinecker & D. Schmelzer (Hrsg.), Verhaltenstherapie, Selbstregulation, Selbstmanagement – Frederick H. Kanfer zum 70.Geburtstag (S.1-7). Göttingen: Hogrefe.

Reising, G. N. & Daniels, M. H. (1983). A study of Hogan's model of counselor development and supervision. Journal of Counseling Psychology, 30, 235-244.

Reisman, J. M. (1980). Child psychotherapy. In A. K. Hess (Ed.), Psychotherapy supervision. Theory, research and practice (pp.287-305). New York: Wiley.

Remley, T. P. jr., Benshoff, J. M. & Mowbray, C. A. (1987). A proposed model for peer supervision. Counselor Education and Supervision, 27(1), 53-60.

Retzer, A. (1990). Systemische Supervision. In H. Pühl (Hrsg.), Handbuch der Supervision. Beratung und Reflexion in Ausbildung, Beruf und Organisation (S.357-370). Berlin: Edition Marhold.

Reynolds, B. C. (1938). Learning and teaching in the practice of social work. New York: Rinehart & Co.

Rice, A. K. (1963). Enterprise and its environment. London: Tavistock.

Rice, L. N. (1980). A client-centered approach to the supervision of psychotherapy. In A. K. Hess (Ed.), Psychotherapy supervision. Theory, research and practice (pp.136-147). New York: Wiley.

Rich, P. (1993). The form, function, and content of clinical supervision: An integrated model. The Clinical Supervisor, 11, 137-178.

Richard, R. & Rodway, M. R. (1992). The peer consultation group: A problem-solving perspective. The Clinical Supervisor, 10, 83-100.

Richmond, M. (1917) Social diagnosis. New York: Russell Sage Foundation (reprint 1965, New York: Free Press).

Richter, K. F. (1989a). Kreative Methoden in Supervision und Beratung. In K. F. Richter & H. Fallner (Hrsg.), Kreative Medien in der Supervision und Psychosozialen Beratung (S.36-67). Hille: Busch.

Richter, K. F. (1989b). Supervision in der Erwachsenenbildung. Integrative Therapie, 15, 305-312.

Richter, K. F. & Fallner, H. (Hrsg.).(1989). Kreative Medien in der Supervision und Psychosozialen Beratung. Hille: Busch.

Ricken, H.-J. (1994). Supervision in der Polizei. Supervision im Spannungsfeld polizeilicher, supervisorischer und psychologischer Wertvorstellungen. Forum Supervision, 2, 127-137.

Rieken, I. (1988). Die Zeitleiste. Ein Visualisierungsverfahren zur Selbstevaluation in Selbsthilfegruppen. In M. Heiner (Hrsg.), Selbstevaluation in der Sozialen Arbeit (S. 206-218). Freiburg/Br.: Lambertus.

Rigazio-DiGilio, S. A. & Anderson, A. A. (1994). A cognitive-developmental model for marital and family therapy supervision. The Clinical Supervisor, 12, 93-118.

Rioch, M. J. (1980). The dilemmas of supervision in dynamic psychotherapy. In A. K. Hess (Ed.), Psychotherapy supervision. Theory, research and practice (pp.68-77). New York: Wiley.

Robiner, W. N., Arbisi, P. & Edwall, G. E. (1994). The basis of the doctoral degree for psychology licensure. Clinical Psychology Review, 14, 227-254.

Robiner, W. R. & Schofield, W. (1990). References on supervision in clinical and counseling psychology. Professional Psychology: Research and Practice, 21, 297-312.

Rodenhauser, P. (1995). Experiences and issues in the professional development of psychiatrists for supervising psychotherapy. The Clinical Supervisor, 13, 7-22.

Rodway, M. R. & Rogers, G. (1993). A comparison of the academic and articulated approaches to graduate field education. The Clinical Supervisor, 11, 37-54.

Roecken, S. & Weis, J. (1987). Erfahrungen bei der Anwendung von Goal Attainment Scaling (GAS) in der Evaluation einer psychiatrischen Übergangseinrichtung. Zeitschrift für Klinische Psychologie, 16, 158-173.

Rogers, C. R. (1942). The use of electronically recorded interviews in improving psychotherapeutic techniques. American Journal of Orthopsychiatry, 12, 429-434.

Rogers, T. B. (1981). A model of the self as an aspect of the human information processing system. In N. Cantor & J. F. Kihlstrom (Eds.), Personality, cognition, and social interaction (pp.193-214). Hillsdale (NJ): Lawrence Erlbaum.

Romanczyk, R. G. (1986). Clinical utilization of micro-computer technology. New York: Pergamon.

Ronge, J. & Kügelgen, B. (Hrsg.).(1993). Perspektiven des Videos in der klinischen Psychiatrie und Psychotherapie. Berlin: Springer.

Rose, S. D. & LeCroy, C. W. (1987). Group therapy: A behavioral and cognitive perspective. In C. E. Walker (Ed.), The handbook of clinical psychology: Theory, research, and practice (Vol.II, pp.1028-1058). Homewood (IL): Dow Jones-Irwin.

Rosen, S. (1985). Die Lehrgeschichten von Milton H. Erickson. Hamburg: ISKO-Press.

Rosenstiel, L. von, Regnet, E. & Domsch, M. (Hrsg.).(1995). Führung von Mitarbeitern. Handbuch für erfolgreiches Personalmanagement. Stuttgart: Schäffer-Poeschel.

Ross, A. O. (1992). The sense of self: Research and theory. New York: Springer Publishing Co.

Rost, W.-D. (1988). Als Supervisor in einer Fachklinik – Ein Erfahrungsbericht. Supervision, 14, 50-60.

Rotering-Steinberg, S. (1988). Kollegiale Praxisberatung. Supervision, 13, 75-85.

Rotering-Steinberg, S. (1990). Ein Modell kollegialer Supervision. In H. Pühl (Hrsg.), Handbuch der Supervision. Beratung und Reflexion in Ausbildung, Beruf und Organisation (S.428-440). Berlin: Edition Marhold.

Roth, J. K. (1990). Die Balint-Gruppe: ein Klassiker der Supervision. In G. Fatzer & C. D. Eck (Hrsg.), Supervision und Beratung: Ein Handbuch (S.143-158). Köln: Edition Humanistische Psychologie.

Roth, S. A. (1986). Peer supervision in the community mental health center: An analysis and critique. The Clinical Supervisor, 4(1-2), 159-168.

Roth, W. L., Brüning, M. & Edler, J. (1995). Coaching – Reflexionen und empirische Daten zu einem neuen Personalentwicklungsinstrument. In F.-W. Wilker (Hrsg.), Supervision und Coaching. Aus der Praxis für die Praxis (S.201-224). Bonn: Deutscher Psychologen Verlag.

Rothbaum, F., Weisz, J. R. & Snyder, S. S. (1982). Changing the world and changing the self: A two process model of perceived control. Journal of Personality and Social Psychology, 42, 5-37.

Rotholz, T. & Werk, A. (1984). Student supervision: An educational process. The Clinical Supervisor, 2, 15-27.

Rubinstein, G. (1992). Supervision and psychotherapy: Toward redefining the differences. The Clinical Supervisor, 10, 97-116.

Ruckgaber, K.-H. (1989). Die Einrichtung von externer psychoanalytischer Supervision in der Kinder- und Jugendpsychiatrie. Praxis der Kinderpsychologie und Kinderpsychiatrie, 38, 210-215.

Russell, R. K., Crimmings, A. M. & Lent, R. W. (1984). Counselor training and supervision: Theory and research. In S. D. Brown & R. W. Lent (Eds.), Handbook of Counseling Psychology (pp.625-681). New York: Wiley.

Russell, R. K. & Petrie, T. (1994). Issues in training effective supervisors. Applied & Preventive Psychology, 3, 27-42.

Sackmann, S. (1990). Diagnose von sozialen Systemen. In G. Fatzer & C. D. Eck (Hrsg.), Supervision und Beratung: Ein Handbuch (S.341-361). Köln: Edition Humanistische Psychologie.

Safran, J. D. (1993). Breaches in the therapeutic alliance: An area for negotiating authentic relatedness. Psychotherapy, 30, 11-24.

Sagebiel, F. & Zundel, E. (1983). Supervision von Gruppenarbeit im sozialtherapeutischen Feld. Gruppenpsychotherapie und Gruppendynamik, 19, 174-189.

Salvesberger, M. H. (1995). Wie entstehen supervisorische Pleiten? Erfahrungen aus einem Supervisionsprojekt des PI Baden (NÖ). Organisationsberatung, Supervision, Clinical Management, 2, 175-184.

Sandler, J., Dare, C. & Holder, A. (1988). Die Grundbegriffe der analytischen Therapie. Stuttgart: Klett.

Sauer, J. (1996). Skizzen einer mißglückten Teamsupervision. Supervision, 29, 52-64.

Savickas, M. L., Marquart, C. D. & Supinski, C. R. (1986). Effective supervision in groups. Counselor Education and Supervision, 26(1), 17-25.

Schaap, C., Bennun, I., Schindler, L. & Hoogduin, K. (1993). The therapeutic relationship in behavioural psychotherapy. New York: Wiley.

Schaeffer, D. (1992). (AIDS)-Supervision und professionelles Handeln. Supervision, 21, 10-27.

Schäfer, J. (1992). Supervision in der AIDS-Arbeit. In A. Auckenthaler & D. Kleiber (Hrsg.), Supervision in Handlungsfeldern der psychosozialen Versorgung (S.59-77). Tübingen: DGVT.

Schäffter, O. (1990). Institutionsberatung für Einrichtungen und Projekte der Erwachsenenbildung. In H. Pühl (Hrsg.), Handbuch der Supervision. Beratung und Reflexion in Ausbildung, Beruf und Organisation (S.268-282). Berlin: Edition Marhold.

Schank, R. & Abelson, R. (1977). Scripts, plans, goals, and understanding: An inquiry into human knowledge. Hillsdale (NJ): Lawrence Erlbaum.

Scharff, D. E. (1992). The object relations of the therapist. The Clinical Supervisor, 10, 165-172.

Schaub, H. A. (1994). Supervision und Beratung in der Klinik. Psychologie in der Medizin, 5(3), 18-22.

Schaub, H. A. & Schwall, H. J. (1988). Der Bumerang – oder: Supervision auf einer verschlossenen psychiatrischen Langzeitstation. Sozialpsychiatrische Informationen, 18, 32-37.

Scheffler, S. (1989). Supervision in selbstorganisierten sozialen Projekten: Frauenberatungs-, Schwangerschaftskonfliktberatungsstellen, Drogenberatung. Integrative Therapie, 15, 345-351.

Schein, E. H. (1987). Process consultation (Vol. I & II). Reading (MA): Addison-Wesley.

Schein, E. H. (1990). Epilog. Organisationsberatung: Wissenschaft, Technologie oder Philosophie? In G. Fatzer & C. D. Eck (Hrsg.), Supervision und Beratung: Ein Handbuch (S.409-419). Köln: Edition Humanistische Psychologie.

Schiepek, G. (1986). Systemische Diagnostik in der Klinischen Psychologie. Weinheim und München: Psychologie Verlags Union, Beltz.

Schiepek, G. (Hrsg.).(1987). Systeme erkennen Systeme. München/Weinheim: Psychologie Verlags Union.

Schiepek, G. (1991). Systemtheorie der Klinischen Psychologie. Beiträge zu ausgewählten Problemstellungen. Braunschweig: Vieweg.

Schiepek, G. & Kaimer, P. (1996). Systemische Diagnostik im Fluß praktischer Erfahrungen. In F. Caspar (Hrsg.), Psychotherapeutische Problemanalyse (S.269-301). Tübingen: DGVT.

Schiepek, G., Manteufel, A. & Reicherts, M. (1993). Dynamik und Struktur in komplexen Sozialsystemen. In G. Schiepek & H. Spörkel (Hrsg.), Verhaltensmedizin als angewandte Systemwissenschaft (S.141-155). Bergheim: Mackinger.

Schigutt, R. (1991). Wege aus der Sackgasse: Von der Kontrollanalyse zur systemischen Supervision. In H. Brandau (Hrsg.), Supervision aus systemischer Sicht (S.167-175). Salzburg: Otto Müller.

Schild, W. (1988). Praxisberatung als Lernstruktur in der Praxisorientierten Ausbildung von Sozialarbeitern/Sozialpädagogen. Supervision, 13, 11-23.

Schindler, L. (1991). Die empirische Analyse der therapeutischen Beziehung. Beiträge zur Prozeßforschung in der Verhaltenstherapie. Berlin: Springer.

Schindler, L., Müller, U., Hohenberger-Sieber, E. & Hahlweg, K. (1988). Codiersystem zur Interaktion in der Psychotherapie (CIP): Manual für den Beobachter. München: Max-Planck-Institut für Psychiatrie, Psychologische Abteilung (unveröff. Manuskript).

Schindler, R. (1994). Die Lehranalyse im Lichte der schulischen Entwicklung der Psychotherapie. In R. Frühmann & H. Petzold (Hrsg.), Lehrjahre der Seele. Lehranalyse, Selbsterfahrung, Eigentherapie in den psychotherapeutischen Schulen (S.27-39). Paderborn: Junfermann.

Schlee, J. (1992). Beratung und Supervision in kollegialen Unterstützungsgruppen. In W. Pallasch, W. Mutzeck & H. Reimers (Hrsg.), Beratung – Training – Supervision. Eine Bestandsaufnahme über Konzepte zum Erwerb von Handlungskompetenz in pädagogischen Arbeitsfeldern (S.188-199). Weinheim: Juventa.

Schlippe, A. von & Kriz, J. (1993). Skulpturarbeit und zirkuläres Fragen. Eine integrative Perspektive auf zwei systemtherapeutische Techniken aus der Sicht der personenzentrierten Systemtheorie. Integrative Therapie, 19, 222-241.

Schmelzer, D. (1983). Problem- und zielorientierte Therapie: Ansätze zur Klärung der Ziele und Werte von Klienten. Verhaltensmodifikation, 4, 130-156.

Schmelzer, D. (1985). Problem- und zielorientierte Verhaltenstherapie. Teil I: Zu einigen Kernannahmen des aktuellen verhaltenstherapeutischen Vorgehens. Verhaltensmodifikation, 6, 101-151.

Schmelzer, D. (1986). Problem- und zielorientierte Verhaltenstherapie. Teil II: Das „OPTIMIZE"-Prozeßmodell als Orientierungsrahmen für die Praxis. Verhaltensmodifikation, 7, 3-110.

Schmelzer, D. (1994a). Zur Bedeutung von „Selbsterfahrung", „Selbstreflexion" und „Selbstmodifikation" in der Ausbildung von Verhaltenstherapeuten. In R. Frühmann & H. Petzold (Hrsg.), Lehrjahre der Seele – Lehranalyse, Selbsterfahrung, Eigentherapie in den psychotherapeutischen Schulen (S.257-301). Paderborn: Junfermann.

Schmelzer, D. (1994b). Berufszentrierte Selbsterfahrung: Das Konzept der „Zielorientierten Selbstreflexion". In A.-R. Laireiter & G. Elke (Hrsg.), Selbsterfahrung in der Verhaltenstherapie (S.45-56). Tübingen: DGVT.

Schmelzer, D. (1994c). Ziel- und Werteklärung – ein zentraler Prozeß der Selbstmanagement-Therapie. In Fachverband Sucht e.V. (Hrsg.), Therapieziele im Wandel? (S.79-93). Geesthacht: Neuland.

Schmelzer, D. (1994d). Kontextklärung: Das Optimieren der therapeutischen Rahmenbedingungen. In S. K. D. Sulz (Hrsg.), Das Therapiebuch. Erfahrene Psychotherapeuten berichten, wie sie Therapie machen (S.24-31). München: CIP-Medien.

Schmelzer, D. (1994e). Erwartungsklärung, Motivationsklärung und Aufbau von Therapiemotivation. In S. K. D. Sulz (Hrsg.), Das Therapiebuch. Erfahrene Psychotherapeuten berichten, wie sie Therapie machen (S.32-48). München: CIP-Medien.

Schmelzer, D. (1995). Supervision in der Verhaltenstherapie: Ziele und Aufgaben unter dem Aspekt Förderung der therapeutischen Qualität. In Fachverband Sucht e.V. (Hrsg.), Qualitätsmerkmale in der stationären Therapie Abhängigkeitskranker – Praxisorientierte Beiträge (S.109-127). Geesthacht: Neuland.

Schmelzer, D. (1996). Selbsterfahrung in der Verhaltenstherapie: Grunderfordernis, Luxus oder notwendiges Übel? In M. Bruch & N. Hoffmann (Hrsg.), Selbsterfahrung in der Verhaltenstherapie? (S.125-194). Berlin: Springer.

Schmelzer, D. & Pfahler, E. (1991). Zur Therapieausbildung in der Praxis: Umgang mit beruflichem Streß und Prävention von „Burnout" – Möglichkeiten für Verhaltenstherapeuten. Verhaltensmodifikation und Verhaltensmedizin, 12, 29-54.

Schmidbauer, W. (1986). Über endliche und unendliche Supervision. In H. Pühl & W. Schmidbauer (Hrsg.), Supervision und Psychoanalyse. Plädoyer für eine emanzipatorische Reflexion in den helfenden Berufen (S.45-68). München: Kösel.

Schmidbauer, W. (1990). Die Supervision der Supervisoren. In H. Pühl (Hrsg.), Handbuch der Supervision. Beratung und Reflexion in Ausbildung, Beruf und Organisation (S.48-52). Berlin: Edition Marhold.

Schmidt, J. P. (1979). Psychotherapy supervision: A cognitive-behavioral model. Professional Psychology, 10, 278-284.

Schmidt, M. G. (1990). Supervision im Krankenhaus unter Einbeziehung psychoanalytisch-systemischer Gesichtspunkte. Gruppenpsychotherapie und Gruppendynamik, 26, 221-232.

Schmidtchen, S. (1985). Darstellung eines Ausbildungs- und Supervisionskonzeptes zum Erwerb psychotherapeutischer Basiskompetenzen im Rahmen des Psychologiestudiums. In D. Kleiber (Hrsg.), Von der Klinischen Psychologie zur psychosozialen Praxis (S.40-45). Tübingen: DGVT.

Schneewind, U.-J. (1989). Konzepte und Methoden Integrativer Einzelsupervision. Integrative Therapie, 15, 313-335.

Schneider, F. & Buchkremer, G. (1995). Weiterbildung in Psychotherapie: Ein Aspekt von Qualitätssicherung. Psycho, 21(5), 220-228.

Schneider, H.-R. (1990). Wahn und Institution. Zur Supervision in der Psychiatrie. Psychosozial, 13/I (Nr.41), 35-40.

Schneider, S. (1992). Transference, counter-transference, projective identification and role responsiveness in the supervisory process. The Clinical Supervisor, 10, 71-84.

Schneider, W. & Shiffrin, R. M. (1977). Controlled and automatic humnan information processing: I.Detection, search, and attention. Psychological Review, 84, 1-66.

Schönig, W. & Brunner, E. J. (Hrsg.).(1993). Organisationen beraten. Impulse für Theorie und Praxis. Freiburg/Br.: Lambertus.

Schoppig, L. (1987). Systemtherapeutische Supervision im Kinder- und Jugendheim. Konstanz: Hartung-Gorre.

Schott, H. (1992). Die Selbstanalyse als eine praktische Methode bei Freud. In L. von Werder & J. Peter (Hrsg.), Die Selbstanalyse in Therapie und Selbsthilfe (S.11-25). Weinheim: Deutscher Studien Verlag.

Schreyögg, A. (1986). Konzepte zur Supervisionsgruppe. In H. Petzold & R. Frühmann (Hrsg.), Modelle der Gruppe in Psychotherapie und psycho-sozialer Arbeit (Bd.II, S.171-206). Paderborn: Junfermann.

Schreyögg, A. (1989). Supervision therapeutischer Arbeit in Organisationen. Kritik und Neubestimmung. Integrative Therapie, 15, 260-283.

Schreyögg, A. (1990a). Die ethische Dimension in der Supervision. In H. Pühl (Hrsg.), Handbuch der Supervision. Beratung und Reflexion in Ausbildung, Beruf und Organisation (S.9-21). Berlin: Edition Marhold.

Schreyögg, A. (1990b). Integrative Gestaltsupervision: Ein methodenplurales Modell. In H. Pühl (Hrsg.), Handbuch der Supervision. Beratung und Reflexion in Ausbildung, Beruf und Organisation (S.340-356). Berlin: Edition Marhold.

Schreyögg, A. (1990c). Organisationsanalytische Perspektiven in der Supervision von Suchtkliniken. Suchtgefahren, 36, 107-122.

Schreyögg, A. (1991a). Supervision – ein integratives Modell: Lehrbuch zu Theorie & Praxis. Paderborn: Junfermann.

Schreyögg, A. (1991b). Was hat „Integrative Gestaltsupervision" mit Therapie zu tun. Supervision, 19, 53-69.

Schreyögg, A. (1991c). Organisationsberatung in stationären Einrichtungen für Psychotherapie. Integrative Therapie, 17, 300-319.

Schreyögg, A. (1992). Evaluationsstudien zur Supervision. Integrative Therapie, 18, 387-401.

Schreyögg, A. (1994a). Supervision II: Didaktik und Evaluation. Integrative Supervision in der Praxis. Paderborn: Junfermann.

Schreyögg, A. (1994b). Coaching und seine potentiellen Funktionen. In H. Pühl (Hrsg.), Handbuch der Supervision 2 (S.173-187). Berlin: Edition Marhold.

Schreyögg, A. (1995a). Die Supervision stationärer Therapie-Systeme als moderne Form der Organisationsberatung. In F.-W. Wilker (Hrsg.), Supervision und Coaching. Aus der Praxis für die Praxis (S.129-187). Bonn: Deutscher Psychologen Verlag.

Schreyögg, A. (1995b). Coaching – wer braucht das? In F.-W. Wilker (Hrsg.), Supervision und Coaching. Aus der Praxis für die Praxis (S.225-247). Bonn: Deutscher Psychologen Verlag.

Schreyögg, A. (1995c). Coaching. Eine Einführung für Praxis und Ausbildung. Frankfurt/Main: Campus.

Schreyögg, A. & Belardi, N. (Hrsg.).(1995). Supervision und Organisationsentwicklung in der Schule [Themenheft]. Organisationsberatung, Supervision, Clinical Management, 2, 103-173.

Schroll, J. T. & Walton, R. N. (1991). The interaction of supervision needs with technique and context in the practice of live supervision. The Clinical Supervisor, 9, 1-14.

Schüers, W. (1991). Supervision und Vision – Parallelen zur Tradition der Heiler. In H. Brandau (Hrsg.), Supervision aus systemischer Sicht (S.43-53). Salzburg: Otto Müller.

Schulte, D. (Hrsg.).(1974). Diagnostik in der Verhaltenstherapie. München: Urban & Schwarzenberg.

Schulte, D. (1996). Therapieplanung. Göttingen: Hogrefe.

Schulte, D., Elke, G., Hartung, J. & Künzel, R. (1994). Systematische Beobachtung. In L. von Rosenstiel, C. M. Hockel & W. Molt (Hrsg.), Handbuch der Angewandten Psychologie. Grundlagen, Methoden, Praxis (III-3; S.1-19). Landsberg: Ecomed.

Schultes, J. (1989). Entwicklungslinien – Veränderungen eines Alternativprojektes durch Organisationsberatung. Supervision, 15, 46-54.

Schulz, W. (1986). Klinische Urteilsbildung und Supervision in der klientenzentrierten Gesprächspsychotherapie. Zeitschrift für personenzentrierte Psychologie und Psychotherapie, 5, 279-296.

Schulz von Thun, F. (1981). Miteinander reden: Störungen und Klärungen. Psychologie der zwischenmenschlichen Kommunikation. Reinbek: Rowohlt.

Schumacher, M. A. C. (1993). Mut zum aufrechten Gang! Supervision zwischen Gut und Böse?! Forum Supervision, 1, 35-46.

Schütze, F. (1984). Professionelles Handeln, wissenschaftliche Forschung und Supervision. Versuch einer systematischen Überlegung. In N. Lippenmeier (Hrsg.), Beiträge zur Supervision (Bd.3; S.262-389). Kassel: Gesamthochschule Kassel.

Schwarzer, R. (1993). Streß, Angst und Handlungsregulation (3., überarb. u. erw. Aufl.). Stuttgart: Kohlhammer.

Schwemmer, O. (1976). Theorie der rationalen Erklärung. München: Beck.

Schwinger, T. (1984). Zur Funktion der Supervision für Mitarbeiter psychosozialer Einrichtungen am Beispiel therapeutischer Wohngemeinschaften. Gruppenpsychotherapie und Gruppendynamik, 19, 334-344.

Schwinger, T. (1986). Psychodrama als Supervisionsmethode. Zeitschrift für personenzentrierte Psychologie und Psychotherapie, 5, 297-313.

Scobel, W. A. (1989). Was ist Supervision? (2.Aufl.). Göttingen: Verlag für Medizinische Psychologie im Verlag Vandenhoeck & Ruprecht.

Scotton, B. W. (1985). Observations on the teaching and supervision of transpersonal psychotherapy. Journal of Transpersonal Psychology, 17, 57-75.

Sczudlek, G. (1989). Der Einsatz von Videofeedback in der verhaltenstherapeutischen Behandlung. Report Psychologie, 14(9), 36-39.

Searles, H. (1955). The informational value of the supervisor's emotional experiences. Psychiatry, 18, 135-146.

Seiderer-Hartig, M. (1980). Beziehung und Interaktion in der Verhaltenstherapie. Theorie, Praxis, Fallbeispiele. München: Pfeiffer.

Seiwert, L. (1987). Das 1 x 1 des Zeitmanagement. Speyer: Gabal.

Seltzer, L. F. (1986). Paradoxical strategies in psychotherapy. A comprehensive overview and guidebook. New York: Wiley.

Shalit, E. (1990). Experiential supervision as an adjunct to regular supervision of psychotherapy. The Clinical Supervisor, 8(1), 109-130.

Shanfield, S. B., Matthews, K. L. & Hetherly, V. (1993). What do excellent psychotherapy supervisors do? American Journal of Psychiatry, 150, 1081-1084.

Sharf, R. S. & Lucas, M. (1993). An assessment of a computerized simulation of counseling skills. Counselor Education and Supervision, 32(4), 254-266.

Sharon, D. (1986). The ABCX model – implications for supervision. The Clinical Supervisor, 4(1-2), 69-94.

Shazer, S. de (1989a). Wege der erfolgreichen Kurzzeittherapie. Stuttgart: Klett-Cotta.

Shazer, S. de (1989b). Der Dreh. Überraschende Wendungen und Lösungen in der Kurzzeittherapie. Heidelberg: Auer.

Shazer, S. de (1992). Das Spiel mit Unterschieden. Wie therapeutische Lösungen lösen. Heidelberg: Auer.

Shelton, J. L. & Ackerman, J. M. (1978). Verhaltensanweisungen. Hausaufgaben in der Beratung und Psychotherapie. München: Pfeiffer.

Shelton, J. L. & Levy, R. L. (1981). Behavioral assignments and treatment compliance. Handbook of clinical strategies. Champaign (IL): Research Press.

Sherry, P. (1991). Ethical issues in the conduct of supervision. The Counseling Psychologist, 19, 566-584.

Shiffrin, R. M. & Schneider, W. (1977). Controlled and automatic human information processing: II.Perceptual learning, automatic attending, and a general theory. Psychological Review, 84, 127-190.

Shirk, S. R. & Phillips, J. S. (1991). Child therapy training: Closing gaps with research and practice. Journal of Consulting and Clinical Psychology, 59, 766-776.

Siegers, F. M. J. (Hrsg.).(1974). Praxisberatung in der Diskussion. Formen, Ziele, Einsatzfelder. Freiburg/Br.: Lambertus.

Siegers, F. M. J. (1990). Professionalisierung von Supervision. In H. Pühl (Hrsg.), Handbuch der Supervision. Beratung und Reflexion in Ausbildung, Beruf und Organisation (S.34-47). Berlin: Edition Marhold.

Sieland, B. (1985). Selbst- und Metareflexion als Methode und Ziel im Rahmen von Ausbildung, Selbsthilfe und Psychotherapie. In P. Fischer (Hrsg.), Therapiebezogene Diagnostik – Ansätze für ein neues Selbstverständnis (S.24-38). Tübingen: DGVT.

Siemes, J. (1995). Supervision und Recht. Organisationsberatung, Supervision, Clinical Management, 2, 185-194.

Simon, F. B. (1993). Hinter dem Eulenspiegel – Warum Supervision ohne Humor witzlos ist. In H. Neumann-Wirsig & H. J. Kersting (Hrsg.), Systemische Supervision oder: Till Eulenspiegels Narreteien (S.31-46). Aachen: Kersting.

Simon, F. B. & Stierlin, H. (1984). Die Sprache der Familientherapie: Ein Vokabular. Kritischer Überblick und Integration systemtherapeutischer Begriffe, Konzepte und Methoden. Stuttgart: Klett-Cotta.

Simons, P. R. J. (1992). Lernen, selbständig zu lernen – ein Rahmenmodell. In H. Mandl & H. F. Friedrich (Hrsg.), Lern- und Denkstrategien. Analyse und Intervention (S.251-264). Göttingen: Hogrefe.

Singer, J. L. (1985). Transference and the human condition: A cognitive-affective perspective. Psychoanalytic Psychology, 2, 189-219.

Singer, J. L., Sincoff, J. B. & Kolligian, J. jr. (1989). Countertransference and cognition: Studying the psychotherapist's distortions as consequences of normal information processing. Psychotherapy, 26, 344-355.

Skovholt, T. M. & Ronnestad, M. H. (1992). The evolving professional self. Stages and themes in therapist and counselor development. New York: Wiley.

Slaiken, K. A. (1990). Crisis intervention: A handbook for practice and research (2nd ed.). Needham Heights (MA): Allyn & Bacon, Longwood Division.

Sleight, C. C. (1990). Off-campus supervisor self-evaluation. The Clinical Supervisor, 8(1), 163-171.

Snyders, R. (1986). Emancipatory supervision in family therapy. The Clinical Supervisor, 4(4), 3-25.

Sommer, G. (1977). Kompetenzerwerb in der Schule als primäre Prävention. In G. Sommer & H. Ernst (Hrsg.), Gemeindepsychologie (S.70-98). München: Urban & Schwarzenberg.

Sondermann, J. (1992). Supervision mit Pflegeeltern. Supervision, 21, 64-73.

Sonneck, G. (1989). Krisenintervention bei Suizidalität und Lebenskrisen. Suizidprophylaxe, 16, 55-72.

Sonneck, G. (Hrsg.).(1991). Krisenintervention und Suizidverhütung. Ein Leitfaden für den Umgang mit Menschen in Krisen (2.Aufl.). Wien: Facultas.

Sonntag, K. (Hrsg.).(1992). Personalentwicklung in Organisationen. Psychologische Grundlagen, Methoden und Strategien. Göttingen: Hogrefe.

Spice, C. G. & Spice, W. H. (1976). A triadic method of supervision in the training of counselors and counseling supervisors. Counselor Education and Supervision, 16, 251-258.

Spiess, W. (Hrsg.).(1991). Gruppen- und Teamsupervision in der Heilpädagogik: Konzepte, Erfahrungen. Bern: Haupt.

Spooner, S. E. & Stone, S. C. (1977). Maintenance of specific counseling skills over time. Journal of Counseling Psychology, 24, 66-71.

Stahlberg, D., Osnabrügge, G. & Frey, D. (1985). Die Theorie des Selbstwertschutzes und der Selbstwerterhöhung. In D. Frey & M. Irle (Hrsg.), Theorien der Sozialpsychologie, Bd.III: Motivations- und Informationsverarbeitungstheorien (S.79-124). Bern: Huber.

Stahmer, I. & Brauner, T. (1994). Öffentliche Verwaltung: Über große Pläne und kleine Schritte eine Soziale Institution zu verändern. In H. Pühl (Hrsg.), Handbuch der Supervision 2 (S.235-241). Berlin: Edition Marhold.

Stake, J. E. & Oliver, J. (1991). Sexual contact and touching between therapist and client: A survey of psychologists' attitudes and behavior. Professional Psychology: Research and Practice, 22, 297-307.

Stark, A. (1988). Supervision an der Fachhochschule als Beitrag zur Professionalisierung von Sozialarbeitern. Supervision, 13, 63-73.

Steffen, W. (1989). „Ich mag sie halt...". Supervision, 15, 73-76.

Steiner, S. (1991a). Supervision des Therapeuten – eine Hilfe für den Patienten? Über Interventionsformen in der Supervision und ihren Einfluß auf den Patienten. Praxis der Psychotherapie und Psychosomatik, 36, 182-188.

Steiner, S. (1991b). Widerstand und Abwehr in der Supervision. Aus der Praxis der Einzel- und Teamsupervision (unter besonderer Berücksichtigung institutionsbezogener Aspekte). Psychotherapie, Psychosomatik, medizinische Psychologie, 41, 401-406.

Steinhelber, J., Patterson, V., Cliffe, K. & LeGoullon, M. (1984). An investigation of some relationships between psychotherapy supervision and patient change. Journal of Clinical Psychology, 40, 1346-1353.

Stemmer-Lück, M. (1991). Sexueller Mißbrauch – ein Thema in der Supervision. Supervision, 20, 33-47.

Stiles, W. B. (1978). Manual for taxonomy of verbal response modes. Chapel Hill: University of North Carolina Press.

Stock-Döring, I. (1990). Organisationsentwicklung als Aufgabe der betrieblichen Fort- und Weiterbildung in den v. Bodelschwinghschen Anstalten Bethel. Sozialpsychiatrische Informationen [Themenschwerpunkt Supervision], 20(2), 18-22.

Stoloff, M. L. & Couch, J. V. (Eds.).(1992). Computer use in psychology: A directory of software (3rd ed.). Washington (DC): American Psychological Association.

Stoltenberg, C. (1981). Approaching supervision from a developmental perspective: The counselor complexity model. Journal of Counseling Psychology, 28, 59-65.

Stoltenberg, C. D. & Delworth, U. (1987). Supervising counselors and therapists. A developmental approach. San Francisco: Jossey-Bass.

Stoltenberg, C. D., McNeill, B. W. & Crethar, H. C. (1994). Changes in supervision as counselors and therapists gain experience: A review. Professional Psychology: Research and Practice, 25, 416-449.

Storm, C. L. & Heath, A. W. (1991). Problem-focused supervision: Rationale, exemplification, and limitations. Journal of Family Psychotherapy, 2, 55-70.

Stout, C. E. (1987). The role of ethical standards in the supervision of psychotherapy. The Clinical Supervisor, 5(1), 89-97.

Strauman, T. J. & Higgins, E. T. (1993). The self construct in social cognition: Past, present, and future. In Z. V. Segal & S. J. Blatt (Eds.), The self in emotional distress (pp.3-40). New York: Guilford.

Streeck, U. (1989). Supervision im psychiatrischen Krankenhaus. In G. M. Borsi (Hrsg.), Die Würde des Menschen im psychiatrischen Alltag (S.137-147). Göttingen: Vandenhoek & Ruprecht.

Streeck, U. & Werthmann, H.-V. (Hrsg.).(1992). Lehranalyse und psychoanalytische Ausbildung. Göttingen: Vandenhoeck & Ruprecht.

Strohschneider, S. & von der Weth, R. (Hrsg.).(1993). Ja, mach nur einen Plan. Pannen und Fehlschläge – Ursachen, Beispiele, Lösungen. Bern: Huber.

Strömbach, R., Fricke, P. & Koch, H.-B. (1975). Supervision. Protokolle eines Lernprozesses. Gelnhausen/Berlin: Burckhardthaus-Verlag.

Strosahl, K. & Jacobson, N. S. (1986). Training and supervision of behavior therapists. The Clinical Supervisor, 4(4), 183-206.

Strotzka, H. (1990). Supervision im Krankenhaus. In Amt für Jugend und Familie der Stadt Wien (Hrsg.), Symposion Supervision in sozialen Institutionen (S.10-19). Wien: Ausbildungszentrum für Sozialberufe/Institut für Heimerziehung.

Strotzka, H., Czerwenka-Wenkstetten, G. & Wilfing, H. (1987). Berufsbegleitung in der Sozialarbeit durch Supervision und Fortbildung. Soziale Arbeit, 36, 278-285.

Strupp, H. H. & Bergin, A. E. (1967). Research in individual psychotherapy: A bibliography (Public Health Service Publication No.1944). Washington (DC): National Institute of Mental Health.

Strupp, H. H., Butler, S. F. & Rosser, C. L. (1988). Training in psychodynamic therapy. Journal of Consulting and Clinical Psychology, 56, 689-695.

Strupp, H. H. & Schacht, T. E. (Eds.).(1984). The training of clinical psychologists [special feature]. The Clinical Psychologist, 37(1), 19-35.

Sturm, J. & Zielke, M. (1984). Klinische Verhaltenstherapie in der Psychosomatik (Bd.8). Düsseldorf: Schriftenreihe GPT e.V.

Stutts, M. L. (1991). Supervision in comprehensive rehabilitation settings: The terrain and the traveler. The Clinical Supervisor, 9, 33-57.

Sulzer-Azaroff, B., Thaw, J. & Thomas, C. (1975). Behavioral competencies for the evaluation of behavior modifiers. In W. S. Wood (Ed.), Issues in evaluating behavior modification (pp.47-98). Champaign (IL): Research Press.

Sweet, A. (1984). The therapeutic relationship in behavior therapy. Clinical Psychology Review, 4, 253-272.

Szecsödy, I., Kächele, H. & Dreyer, K. (1993). Supervision – an intricate tool for psychoanalytic training. Zeitschrift für psychoanalytische Theorie und Praxis, 8, 52-70.

Tanenbaum, R. L. & Berman, M. A. (1990). Ethical and legal issues in psychotherapy supervision. Psychotherapy in Private Practice, 8, 65-77.

Tarachow, S. (1963). An introduction to psychotherapy. New York: International Universities Press.

Taub, B. R., Porter, J. E. & Frisch, G. R. (1988). Training for psychotherapy supervisors: A supervision traineeship program. The Clinical Supervisor, 6, 75-84.

Taylor, S. E. (1983). Adjustment to threatening events: A theory of cognitive adaptation. American Psychologist, 38, 1161-1173.

Taylor, S. E. & Schneider, S. K. (1989). Coping and the simulation of events. Social Cognition, 7, 174-194.

Teising, M. (1995). Psychoanalytisch orientierte Teamsupervision in der Gerontopsychiatrie: Welche speziellen Aufgaben werden dem Supervisor gestellt? Forum Supervision, 3(5), 99-104.

Textor, M. R. (1995). Familientherapie: Zur Vereinbarkeit von Therapieansätzen. Psycho, 21(7), 405-408.

Tharp, R. G. & Wetzel, R. J. (1975). Verhaltensänderung im natürlichen Sozialfeld. München: Urban & Schwarzenberg.

Thiel, H.-U. (1994). Professionelle und kollegiale Supervision – Begründung und Praxis ihrer Kombination. In H. Pühl (Hrsg.), Handbuch der Supervision 2 (S.199-211). Berlin: Edition Marhold.

Thiel, H.-U. (1996). Supervision als spezifische Form der Beratung. Verhaltenstherapie und psychosoziale Praxis, 28, 37-48.

Thomä, H. (1992). Die unendliche Lehranalyse als Supertherapie. In U. Streeck & H.-V. Werthmann (Hrsg.), Lehranalyse und psychoanalytische Ausbildung (S.131-161). Göttingen: Vandenhoeck & Ruprecht.

Thomä, H. & Kächele, H. (1985). Lehrbuch der psychoanalytischen Therapie. 1.Grundlagen. Berlin: Springer.

Thomä, H. & Kächele, H. (1988). Lehrbuch der psychoanalytischen Therapie. 2.Praxis. Berlin: Springer.

Thomas, M. (1988). Zentralität und Selbstkonzept. Bern: Huber.

Tillmanns, A. (1990). Supervision in der Verhaltenstherapieausbildung. In H. Pühl (Hrsg.), Handbuch der Supervision. Beratung und Reflexion in Ausbildung, Beruf und Organisation (S.98-109). Berlin: Edition Marhold.

Tillmanns, A. (1994). Supervision in der Verhaltenstherapieausbildung. In H. Pühl (Hrsg.), Handbuch der Supervision 2 (S.447-457). Berlin: Edition Marhold.

Tittelbach, E. & Pöhlmann, K. (1994). Leitfaden zur Falldarstellung im Rahmen der AVM-Ausbildung (erhältlich über: Arbeitsgemeinschaft für Verhaltensmodifikation, AVM-Geschäftsstelle, c/o Frau Dagmar Frey, Westliche Ringstraße 40, 96163 Gundelsheim).

Titze, M., Eschenröder, C. T. & Salameh, W. A. (1994). Therapeutischer Humor – ein Überblick. Integrative Therapie, 20, 200-234.

Truax, C. B. (1961). A scale for measurement of accurate empathy. Madison: University of Wisconsin.

Truax, C. B. & Carkhuff, R. (1967). Toward effective counseling and psychotherapy: Training and practice. Chicago: Aldine.

Truax, C. B. & Mitchell, K. M. (1971). Research on certain therapist interpersonal skills in relation to process and outcome. In A. E. Bergin & S. L. Garfield (Eds.), Handbook of psychotherapy and behavior change. New York: Wiley.

Tscheulin, D. (1980a). Lernziel Therapeutisches Basisverhalten. In V. Birtsch & D. Tscheulin (Hrsg.), Ausbildung in Klinischer Psychologie und Psychotherapie. Ziele, Inhalte und Methoden in Lehre und Studium (S.109-128). Weinheim: Beltz.

Tscheulin, D. (1980b). Lernziel Therapeutisches Selbsterleben. In V. Birtsch & D. Tscheulin (Hrsg.), Ausbildung in Klinischer Psychologie und Psychotherapie. Ziele, Inhalte und Methoden in Lehre und Studium (S.143-164). Weinheim: Beltz.

Tscheulin, D. (1980c). Das integrative Ausbildungsmodell: Die Verbindung von didaktischen und therapeutischen Zielsetzungen bei der Ausbildung in Therapeutischem Basisverhalten. In V. Birtsch & D. Tscheulin (Hrsg.), Ausbildung in Klinischer Psychologie und Psychotherapie. Ziele, Inhalte und Methoden in Lehre und Studium (S.215-228). Weinheim: Beltz.

Tübinger Akademie für Verhaltenstherapie (TAVT).(1992). Leitfaden für die Dokumentation von Therapien während der Weiterbildung in VT. Verhaltenstherapie, 2, 98-100.

Turk, D. C. & Salovey, P. (Eds.).(1988). Reasoning, inference, and judgment in clinical psychology. New York: Free Press.

Turk, D. C. & Speers, M. A. (1983). Cognitive schemata and cognitive processes in cognitive-behavioral interventions: Going beyond the information given. In P. C. Kendall (Ed.), Advances in cognitive-behavioral research and therapy (Vol. 2, pp.1-31). New York: Academic Press.

Uchtenhagen, A. (Hrsg.).(1990). Supervision in Institutionen [Schwerpunktthema]. Psychosozial, 13/I (Nr.41), 3-56.

Ullrich de Muynck, R. & Ullrich, R. (1976). Das Assertiveness-Training-Programm ATP. Einübung von Selbstvertrauen und sozialer Kompetenz (Band I-III). München: Pfeiffer.

Upchurch, D. W. (1985). Ethical standards and the supervisory process. Counselor Education and Supervision, 25, 90-98.

Upper, D. & Ross, S. (1985). Handbook of behavioral group therapy. New York: Plenum.

Velmerig, C. O. (1992). Als Schlauchbootfahrer unterwegs. Gedanken zu meiner Institutionalität als „freier Supervisor" und ihrer Bedeutung für meine Kontraktverhandlungen. Supervision, 22, 46-68.

Verein für Psychoanalytische Sozialarbeit (Hrsg.).(1994). Supervision in der psychoanalytischen Sozialarbeit. Tübingen: edition diskord.

Vester, F. (1984). Neuland des Denkens. Vom technokratischen zum kybernetischen Zeitalter. München: dtv.

Vogel, H.-C. (1994). Identität als Produkt gelungener Selbsteinredung. In W. Klüsche (Hrsg.), Professionelle Identität in der Sozialarbeit/Sozialpädagogik (S.29-51). Aachen: Kersting.

Vogel, H.-C., Bürger, B., Nebel, G. & Kersting, H. J. (1994). Werkbuch für Organisationsberater. Texte und Übungen. Aachen: Kersting.

Voigt, B. (1993). Team und Teamentwicklung. Organisationsentwicklung, 12, 34-49.

Vollmoeller, W. (1990). Rechtliche Aspekte externer psychiatrischer Supervisionen. Sozialpsychiatrische Informationen, 20(2), 12-14.

Vollmoeller, W. (1991). Zur Problematik externer Supervision in der Psychiatrie. Psychiatrische Praxis, 18, 173-177.

Wack, O. G. (1994). Beratung und Supervision in der Erwachsenenbildung. In H. Pühl (Hrsg.), Handbuch der Supervision 2 (S.294-315). Berlin: Edition Marhold.

Wagner, C. A. & Smith, J. P. jr. (1979). Peer supervision: Toward more effective training. Counselor Education and Supervision, 18, 288-293.

Wagner-Link, A. (1995). Verhaltenstraining zur Streßbewältigung. Arbeitsbuch für Therapeuten und Trainer. München: Pfeiffer.

Wallerstein, R. S. (Ed.).(1981). Becoming a psychoanalyst. A study of psychoanalytic supervision. New York: International Universities Press.

Walter, J. & Peller, J. (1994). Lösungs-orientierte Kurztherapie. Ein Lehr- und Lernbuch. Dortmund: Verlag modernes Lernen.

Walther, V. N. & Mason, J. (1994). Social work field instruction in a perinatal AIDS setting. The Clinical Supervisor, 12 (1), 33-52.

Wark, L. (1995). Defining the territory of live supervision in family therapy training: A qualitative study and theoretical discussion. The Clinical Supervisor, 13, 145-162.

Wasik, B. H. & Fishbein, J. E. (1982). Problem solving: A model for supervision in professional psychology. Professional Psychology, 13, 559-564.

Watkins, C. E. jr. (1991). Psychodiagnostic assessment supervision: What do we really know about it? Professional Psychology: Research and Practice, 22, 3-4.

Watkins, C. E. jr. (1992). Reflections on the preparation of psychotherapy supervisors. Journal of Clinical Psychology, 48, 145-147.

Watkins, C. E. jr. (1993). Development of the psychotherapy supervisor: Concepts, assumptions, and hypotheses of the supervisor complexity model. American Journal of Psychotherapy, 47, 58-74.

Watkins, C. E. jr. (1994). The supervision of psychotherapy supervisor trainees. American Journal of Psychotherapy, 48, 417-431.

Watkins, C. E. jr. (1995). Psychotherapy supervisor and supervisee: Developmental models and research nine years later. Clinical Psychology Review, 15, 647-680.

Watkins, C. E. jr., Schneider, L. J., Haynes, J. & Nieberding, R. (1995). Measuring psychotherapy supervisor development: An initial effort at scale development and validation. The Clinical Supervisor, 13, 77-90.

Watzlawick, P. (1982). Die Möglichkeit des Andersseins. Zur Technik der therapeutischen Kommunikation. Bern: Huber.

Watzlawick, P. (Hrsg.).(1985). Die erfundene Wirklichkeit. Wie wissen wir, was wir zu wissen glauben? München: Piper.

Watzlawick, P., Beavin, J. H. & Jackson, D. D. (1969). Menschliche Kommunikation. Bern: Huber.

Watzlawick, P., Weakland, J. H. & Fisch, R. (1979). Lösungen. Zur Therapie und Praxis menschlichen Wandels (2.Aufl.). Bern: Huber.

Webb, N. B. (1989). Supervision of child therapy: Analyzing therapeutic impasses and monitoring countertransference. The Clinical Supervisor, 7(4), 61-76.

Weed, L. J. (1971). The problem oriented record as a basic tool in medical education, patient care and clinical research. Annals of Clinical Research, 3, 131-134.

Weigand, W. (1982). Supervision für eine institutionelle Alternative. Supervision, 2, 38-55.

Weigand, W. (1984). Von den Schwierigkeiten der Supervision in pädagogischen Arbeitsfeldern. Supervision, 5, 78-92.

Weigand, W. (Hrsg.).(1985). Supervision als Organisationsberatung [Themenheft]. Supervision, 7, 1-94.

Weigand, W. (Hrsg.).(1988). Organisationsinterne Supervision [Themenheft]. Supervision, 12, 1-95.

Weigand, W. (1989). Sozialarbeit – das Ursprungsland der Supervision. Integrative Therapie, 15, 248-259.

Weigand, W. (1990a). Interventionen in Organisationen: Ein Grenzgang zwischen Teamsupervision und Organisationsberatung. In H. Pühl (Hrsg.), Handbuch der Supervision. Beratung und Reflexion in Ausbildung, Beruf und Organisation (S.175-193). Berlin: Edition Marhold.

Weigand, W. (1990b). Analyse des Auftrags in der Teamsupervision und Organisationsberatung. In G. Fatzer & C. D. Eck (Hrsg.), Supervision und Beratung: Ein Handbuch (S.311-326). Köln: Edition Humanistische Psychologie.

Weigand, W. (1990c). Lehrsupervision – ein Spiegelbild der Profession. In W. Boettcher & G. Leuschner (Hrsg.), Lehrsupervision. Beiträge zur Konzeptionsentwicklung (2.Aufl., S.96-110). Aachen: Kersting.

Weigand, W. (1992). Interventionsregeln für den Kontrakt in Organisationen. Supervision, 22, 30-37.

Weigand, W. (1993). Die Faszination des Geldes und des fremden Feldes – Supervision in Wirtschaftsunternehmen. Supervision, 24, 3-11.

Weigand, W. (1994a). Teamsupervision: Ein Grenzgang zwischen Supervision und Organisationsberatung. In H. Pühl (Hrsg.), Handbuch der Supervision 2 (S.112-131). Berlin: Edition Marhold.

Weigand, W. (1994b). Leitungsberatung. In H. Pühl (Hrsg.), Handbuch der Supervision 2 (S.152-161). Berlin: Edition Marhold.

Weigand, W. (Hrsg.).(1996). Von der Teamsupervision zur Supervision in Organisationen [Themenheft]. Supervision, 29, 3-80.

Weigand, W. & Wieringa, C. F. (Hrsg.).(1990). Geschichte der Supervision [Themenheft]. Supervision, 18, 1-67.

Weikert, M. (1991). Supervision ehrenamtlicher Betreuer von AIDS-Erkrankten. In S. R. Dunde (Hrsg.), Beratungsführer zu AIDS für Angehörige psychosozialer und medizinischer Berufe (S.110-121). Stuttgart: Hippokrates.

Weinshel, E. M. (1982). The functions of the training analysis and the selection of the training analyst. International Review of Psychoanalysis, 9, 434-444.

Weiß. K. (1991). Psychodrama – Soziometrie. Ein Supervisionskonzept. Supervision, 19, 38-52.

Welfel, E. R. & Lipsitz, N. E. (1983). Wanted: A comprehensive approach to ethics research and education. Counselor Education and Supervision, 22(4), 320-332.

Wellendorf, F. (1986). Supervision als Institutionsanalyse. In H. Pühl & W. Schmidbauer (Hrsg.), Supervision und Psychoanalyse. Plädoyer für eine emanzipatorische Reflexion in den helfenden Berufen (S.157-175). München: Kösel.

Wellendorf, F. (1990). Supervision und institutionelle Analyse. Sozialpsychiatrische Informationen, 20(2), 29-35.

Wellendorf, F. (1994). Supervision als Institutionsanalyse und zur Nachfrageanalyse. In H. Pühl (Hrsg.), Handbuch der Supervision 2 (S.26-36). Berlin: Edition Marhold.

Werder, L. von & Peter, J. (Hrsg.).(1992). Die Selbstanalyse in Therapie und Selbsthilfe. Weinheim: Deutscher Studien Verlag.

Wessler, R. L. & Ellis, A. (1980). Supervision in rational-emotive therapy. In A. K. Hess (Ed.), Psychotherapy supervision. Theory, research and practice (pp.181-191). New York: Wiley.

Wessler, R. L. & Ellis, A. (1983). Supervision in counseling: Rational-emotive therapy. The Counseling Psychologist, 11, 43-49.

West, J. D., Bubenzer, D. L., Cantrell, R. P. & Arnold, M. S. (1992). Using the phone-in procedure: Supervision of supervision. The Clinical Supervisor, 10, 185-193.

Westen, D. (1988). Transference and information processing. Clinical Psychology Review, 8, 161-179.

Westermann, E. (1991). Personenzentrierte Supervision – ein Handlungsmodell. Supervision, 19, 70-78.

Westmeyer, H. (1979). Die rationale Rekonstruktion einiger Aspekte psychologischer Praxis. In H. Albert & K. H. Stapf (Hrsg.), Theorie und Erfahrung. Beiträge zur Grundlagenproblematik in den Sozialwissenschaften (S.139-162). Stuttgart: Klett.

Wheeler, D. D. & Janis, I. L. (1980). A practical guide for making decisions. New York: Free Press.

Whiston, S. C. & Emerson, S. (1989). Ethical implications for supervisors in counseling of trainees. Counselor Education and Supervision, 28(1), 318-325.

White, L. J., Rosenthal, D. M. & Fleuridas, C. L. (1993). Accountable supervision through systematic data collection: Using single-case designs. Counselor Education and Supervision, 33(1), 32-46.

White, R. W. (1959). Motivation reconsidered: The concept of competence. Psychological Review, 66, 297-333.

Whitmore, J. (1994). Coaching für die Praxis. Eine klare, prägnante und praktische Anleitung für Manager, Trainer, Eltern und Gruppenleiter. Frankfurt/Main: Campus.

Wickramasekera, I. (1991). Behavioral medicine: Using the High Risk Model and the Trojan Horse Procedure to lead the somatizing patient out of the somatic closet. The Clinical Supervisor, 9, 59-89.

Widauer, H. (1991). Supervision in Institutionen und ihre Mitarbeiter: am Beispiel der Veränderung des Arbeitsklimas im Krankenhaus. In H. Brandau (Hrsg.), Supervision aus systemischer Sicht (S.116-122). Salzburg: Otto Müller.

Widauer, H. (1994). Institutionssupervision durch ein Team von Supervisoren. Projekt Supervision im Krankenhaus. Forum Supervision, 2, 97-110.

Wieringa, C. F. (1979). Supervision in ihren unterschiedlichen Entwicklungsphasen. In Akademie für Jugendfragen Münster (Hrsg.), Supervision im Spannungsfeld zwischen Person und Institution (S.10-21). Freiburg/Br.: Lambertus.

Wieringa, C. F. (1990). Notizen zu: Leiter und Leiterrollen im Sozialmanagement. Supervision, 17, 50-57.

Wilker, F.-W. (Hrsg.).(1995). Supervision und Coaching. Aus der Praxis für die Praxis. Bonn: Deutscher Psychologen Verlag.

Williams, B. E. (1988). Conspiracy of silence: Staff management crisis on an adolescent milieu unit. The Clinical Supervisor, 6, 83-100.

Willutzki, U. (1995). NovizInnen und erfahrene TherapeutInnen: Brauchen alle dieselbe Supervisionsform? Verhaltenstherapie und psychosoziale Praxis, 27, 419-435.

Wilson, G. T. & Evans, I. M. (1977). The therapist-client relationship in behavior therapy. In A. S. Gurman & A. M. Razin (Eds.), Effective psychotherapy: A handbook of research (pp.544-565). New York: Pergamon.

Wilson, S. J. (1981). Field instruction. Techniques for supervisors. New York: Free Press.

Winfrey, L. P. L. & Goldfried, M. R. (1986). Information processing and the human change process. In R. E. Ingram (Ed.), Information processing approaches to clinical psychology (pp.241-258). New York: Academic Press.

Winnicott, D. W. (1973). Vom Spiel zur Kreativität. Stuttgart: Klett.

Wippich, J. & Derra-Wippich, I. (1996). Lachen lernen. Einführung in die Provokative Therapie Frank Farrellys. Paderborn: Junfermann.

Wipplinger, R. & Reinecker, H. (1994). Zur Normenproblematik in der Verhaltenstherapie. Bergheim: Mackinger.

Wirbals, H. (1993). Gruppensupervision mit Hebammen in einem Modellprojekt. Forum Supervision, 1, 104-113.

Wirbals, H. (1994). „Und das machen Sie alles?" oder „Der rote Faden bin ich selbst". Identitätsüberlegungen eines Freiberuflichen. Forum Supervision, 2, 111-126.

Wittenberger, G. (Hrsg.).(1984a). Supervision als angewandte Psychoanalyse [Themenheft]. Supervision, 6, 1-101.

Wittenberger, G. (1984b). Supervision zwischen Psychoanalyse und Sozialarbeit. Supervision, 6, 3-36.

Wittenberger, G. (1990). Supervisionsausbildung und Lehrsupervision. In W. Boettcher & G. Leuschner (Hrsg.), Lehrsupervision. Beiträge zur Konzeptionsentwicklung (2.Aufl., S.15-28). Aachen: Kersting.

Wittern, J. O. (1992). Erfahrungen mit Supervision in einem Zentrum der beruflichen Rehabilitation. In A. Auckenthaler & D. Kleiber (Hrsg.), Supervision in Handlungsfeldern der psychosozialen Versorgung (S.29-41). Tübingen: DGVT.

Wittgenstein, L. (1970). Über Gewißheit. Frankfurt/M.: Suhrkamp.

Wittgenstein, L. (1978). Philosophische Grammatik (2.Aufl.). Frankfurt/Main: Suhrkamp.

Wittgenstein, L. (1980). Philosophische Untersuchungen (2.Aufl.). Frankfurt/Main: Suhrkamp.

Wittmann, L. & Wittmann, S. (1986). Widerstand als Chance. Zur Rekonzeptualisierung des Widerstandsbegriffs in der Verhaltenstherapie. Zeitschrift für Klinische Psychologie, Psychopathologie und Psychotherapie, 34, 217-233.

Wolf, M. (1994). Institutionsanalyse in der Supervision. In H. Pühl (Hrsg.), Handbuch der Supervision 2 (S.132-151). Berlin: Edition Marhold.

Wolff, T. (1969). Undergraduates as campus mental health workers. Personnel and Guidance Journal, 48, 294-304.

Wolpe, J. (1972a). Supervision transcripts: I – Fear of success. Journal of Behaviour Therapy & Experimental Psychiatry, 3, 107-110.

Wolpe, J. (1972b). Supervision transcripts: II – Problems of a novice. Journal of Behaviour Therapy & Experimental Psychiatry, 3, 199-203.

Wolpe, J. (1972c). Supervision transcripts: III – Some problems in a claustrophobic case. Journal of Behaviour Therapy & Experimental Psychiatry, 3, 301-305.

Wolpe, J. (1973a). Supervision transcripts: IV – Planning therapeutic tactics. Journal of Behaviour Therapy & Experimental Psychiatry, 4, 41-46.

Wolpe, J. (1973b). Supervision transcript: V – Mainly about assertive training. Journal of Behaviour Therapy & Experimental Psychiatry, 4, 141-148.

Wolpe, J. (1973c). Supervision transcripts: VI – Hypochondriacal neurosis. Journal of Behaviour Therapy & Experimental Psychiatry, 4, 249-255.

Wolpe, J. (1973d). Supervision transcripts: VII – Neglecting the case history and other elementary errors. Journal of Behaviour Therapy & Experimental Psychiatry, 4, 365-370.

Wölpert, F. (1985). Frühförderung und Familiendynamik – Überlegungen zur Notwendigkeit von Supervision. Frühförderung interdisziplinär, 4, 145-150.

Worthington, E. L. jr. (1984). An empirical investigation of supervision of counselors as they gain experience. Journal of Counseling Psychology, 31, 63-75.

Worthington, E. L. jr. (1987). Changes in supervision as counselors and supervisors gain experience: A review. Professional Psychology: Research and Practice, 19, 189-208.

Worthington, E. L. & Roehlke, H. J. (1979). Effective supervision as perceived by beginning counselors-in-training. Journal of Counseling Psychology, 26, 64-73.

Yager, G. G. & Park, W. D. (1986). Counselor self-supervision. Journal of Counseling and Human Service Professions, 1, 6-17.

Yager, G. G., Wilson, F. R., Brewer, D. & Kinnetz, P. (1989). The development and validation of an instrument to measure counseling supervisor focus and style. Paper presented at the annual meeting of the American Education Research Association, San Francisco (unpublished instrument cited in Bernard & Goodyear, 1992, p.295).

Yalom, I. D. (1989). Theorie und Praxis der Gruppenpsychotherapie. Ein Lehrbuch. München: Pfeiffer.

Yen, S. & McIntyre, R. W. (Eds.).(1976). Teaching behavior modification. Kalamazoo (MI): Behaviordelia.

Yenawine, G. & Arbuckle, D. (1971). Study of the use of video-tape and audio-tape as techniques in counselor education. Journal of Counseling Psychology, 28, 1-6.

Yogev, S. (1982). An eclectic model of supervision: A developmental sequence for beginning psychotherapy students. Professional Psychology, 13, 236-243.

Zadeh, L. A. (1965). Fuzzy sets. Information and Control, 8, 338-353.

Zapotoczky, H.-G. & Bruckner, M.-A. (1985). Supervision in der Verhaltenstherapie. Verhaltensmodifikation, 6, 202-213.

Zeller, D. (1990). Supervision nach dem Verfahren Urteilsbildung. In G. Fatzer & C. D. Eck (Hrsg.), Supervision und Beratung: Ein Handbuch (S.181-192). Köln: Edition Humanistische Psychologie.

Zemlin, J.-U. & Missel, P. (1994). Konzeptevaluation als Aufgabe interner Qualitätssicherung am Beispiel einer Fachklinik für Alkohol- und Medikamentenabhängige. Sucht aktuell, 1(2), 4-7.

Zielke, M. (1980). Ausbildungsziel: Training und Supervision von Laientherapeuten. In V. Birtsch & D. Tscheulin (Hrsg.), Ausbildung in Klinischer Psychologie und Psychotherapie. Ziele, Inhalte und Methoden in Lehre und Studium (S.165-181). Weinheim: Beltz.

Zielke, M. (1982). Supervision. In R. Bastine, P. A. Fiedler, K. Grawe, S. Schmidtchen & G. Sommer (Hrsg.), Grundbegriffe der Psychotherapie (S.403-406). Weinheim: edition psychologie.

Zielke, M. (1994). Förderung und Entwicklung interaktionellen Problemlöseverhaltens in Gruppen. In M. Zielke & J. Sturm (Hrsg.), Handbuch Stationäre Verhaltenstherapie (S.345-360). Weinheim: Psychologie Verlags Union.

Zimmer, D. (Hrsg.).(1983). Die therapeutische Beziehung. Weinheim: edition psychologie.

Zimmer, D. (1996). Supervision in Verhaltenstherapie. In J. Margraf (Hrsg.), Lehrbuch der Verhaltenstherapie, Band 1: Grundlagen, Diagnostik, Verfahren, Rahmenbedingungen (S.525-536). Berlin: Springer.

Zimmer, D. & Zimmer, F. T. (1996). Das Konzept der funktionalen Beziehungsgestaltung in der Verhaltenstherapie. In H. S. Reinecker & D. Schmelzer (Hrsg.), Verhaltenstherapie, Selbstregulation, Selbstmanagement – Frederick H. Kanfer zum 70.Geburtstag (S.131-143). Göttingen: Hogrefe.

Zimmer Höfler, D. (1990). Supervision in der Institution – Subsystem oder Supersystem. Strukturell-systemische Betrachtungsweise und Methodenintegration in der Supervision. Psychosozial, 13/I (Nr.41), 22-34.

Sachverzeichnis

500

507

Klinische Psychologie

Jürg Willi
Ökologische Psychotherapie

*1996, XX/306 Seiten, geb., DM 59,–/sFr. 56,–
öS 431,– • ISBN 3-8017-0963-9*

Jürg Willi führt mit der ökologischen Dimension ein neues theoretisches Modell in die Psychotherapie ein, welches neuartige Perspektiven für die therapeutische Praxis und für die Forschung eröffnet. In diesem Buch werden vor allem drei für die Praxis wichtige Aspekte von Psychotherapie behandelt: das ökologische Konzept der supportiven Psychotherapie, die koevolutive Fokaltherapie und die koevolutive Fokusformulierung, die eine flexible Fallkonzeption zwischen dem Einzel-, Paar- und Familiensetting ermöglicht.

Dietmar Schulte
Therapieplanung

*1996, VI/342 Seiten, DM 48,–/sFr. 48,–/öS 350,–
ISBN 3-8017-0910-8*

Wie kann ich einem Patienten mit psychischen Störungen helfen? Welche psychotherapeutischen Methoden sind indiziert? Ist der Patient motiviert und änderungsbereit? Das vorliegende Buch zeigt Psychotherapeuten, wie sie Antworten auf solche Fragen finden können, wie sie eine Therapie über den gesamten Verlauf hinweg planen können und welche Diagnostik dazu erforderlich ist. Das Buch eignet sich für das Studium und die Weiterbildung sowie als Nachschlagewerk für Praktiker.

Herwig Scholz
Syndrombezogene Alkoholismustherapie

*Ein verlaufsorientierter Stufenplan für die Praxis
1996, 206 Seiten, DM 49,80/sFr. 49,80/öS 364,–
ISBN 3-8017-0811-X*

Das Buch stellt die diagnostischen und therapeutischen Aufgaben bei der Behandlung Alkoholkranker vor. Schwerpunkte werden vor allem auf die Motivationsarbeit, den Umgang mit konkreten Abwehrmechanismen sowie die individuelle Therapieplanung gelegt. Neuartig ist die direkte verlaufsorientierte Anpassung der einzelnen Behandlungsschritte (wie sie sich beginnend mit dem Erstkontakt bis zum Ende der Langzeittherapie ergeben) an die konkreten, in der Abstinenzzeit zu erwartenden Krisen und Rückfallfaktoren.

Rainer Sachse
Praxis der Zielorientierten Gesprächspsychotherapie

*1996, 258 Seiten, DM 49,80/sFr. 49,80/öS 364,–
ISBN 3-8017-0809-8*

Das Buch stellt die therapeutische Praxis der zielorientierten Gesprächspsychotherapie dar. Es behandelt die Ziele therapeutischer Prinzipien und insbesondere die therapeutischen Handlungsmöglichkeiten dieser Psychotherapieform. Es konzentriert sich darüber hinaus auf typische Prozeßschwierigkeiten von Klienten wie z.B. ungünstige Problembearbeitungen oder Vermeidungsstrategien und deren konstruktive Handhabung durch den Therapeuten. Dies ermöglicht Therapeuten ein schnelleres und valideres Erkennen von relevanten Klientenprozessen und die Entwicklung zielführender therapeutischer Strategien.

 Hogrefe · Verlag für Psychologie
Rohnsweg 25 • 37085 Göttingen